The Brazilian Economy: Growth and Development
/ Werner Baer

빠우-브라질 총서 **05**

브라질 경제: 성장과 발전

1판1쇄 | 2019년 6월 17일

지은이 | 베르너 베어
옮긴이 | 김영석

펴낸이 | 정민용
편집장 | 안중철
편 집 | 강소영, 윤상훈, 이진실, 최미정

펴낸 곳 | 후마니타스(주)
등록 | 2002년 2월 19일 제2002-000481호
주소 | 서울 마포구 신촌로14안길 17(노고산동) 2층
전화 | 편집_02.739.9929/9930 영업_02.722.9960 팩스_0505.333.9960

블로그 | humabook.blog.me
S N S | humanitasbook
이메일 | humanitasbooks@gmail.com

인쇄 | 천일_031.955.8083 제본 | 일진_031.908.1407

값 35,000원

ISBN 978-89-6437-329-3 04320
     978-89-6437-239-5 (세트)

이 도서의 국립중앙도서관 출판예정도서목록(CIP)은 서지정보유통지원시스템 홈페이지(seoji.nl.go.kr)와
국가자료종합목록 구축시스템(kolis-net.nl.go.kr)에서 이용하실 수 있습니다. (CIP제어번호: CIP2019020877)

빠우-브라질 총서 **05**

브라질 경제

: 성장과 발전

베르너 베어 지음 | 김영석 옮김

후마니타스

3부 결론

| 그림 차례 |

이들에게 이 책을 바친다.

마리안느, 피터, 다미안, 크리스토퍼, 카렌

* * *

이 책에 도움을 준 이들에게 감사드린다.

카밀라 티에미 알베스, 에드뭉드 아망, 세안 앙스트, 매튜 번연,

로렌스 드 지스트, 조아낌 길료뚜, 찰스 뮬러, 제임스 핀크스태프

브라질: 주(州)와 지역 구분

01

서문

21세기 첫 10년이 끝나갈 무렵 브라질은 세계 주요 신흥경제국 중 하나로 부상했다. 브라질은 브릭스BRICS 5개 회원국(브라질, 러시아, 인도, 중국, 남아프리카공화국) 중 유일한 라틴아메리카 국가이다. 브라질은 광물, 식품, 철강, 중형 항공기의 세계 주요 수출국 중 하나이며, 자동차, 트럭, 그리고 기타 다양한 내구성 소비재 및 자본재를 생산하는 대규모 산업단지를 보유하고 있다. 브라질은 또한 국제자본이 선호하는 투자 대상국으로 국제자본 흐름의 5% 정도를 유치하고 있다. 이뿐만 아니라 브라질 경제의 부활은 소득불평등과 극빈층 감소도 이끌어 내고 있다. 즉, 브라질은 경제성장과 사회적 형평성을 동시에 달성한 사례로 소개되고 있다.

이러한 우호적 변화는 금융 안정화와 더불어 이루어졌다. 브라질은 수년간의 하이퍼인플레이션과 경제안정화정책의 실패 경험을 딛고 금융 안정화를 달성하는 독특하고 성공적인 방법을 고안해 냈다.

이러한 사회경제적 성취와 더불어 2014년 월드컵과 2016년 리우데자네이루 올림픽 개최국 선정은 브라질 국민들의 자부심을 고취할 만한 성과였다.

이러한 업적은 어떻게 달성되었는가? 얼마나 실제적이고 얼마나 오랫동안 지속될 것인가?

이 책 제1부의 역사적·제도적 분석과 제2부의 다양한 주제별 분석이 그 답을 제공할 것이다.

개요

브라질은 1930년대의 대공황과 특히 제2차 세계대전 이후 엄청난 사회경제적 변화를 겪어 왔다. 브라질 경제는 수세기 동안 소수의 1차산품 수출이 주도해 왔다. 그러나 상대적으로 짧은 기간에 대규모의 다변화된 산업부문이 브라질 경제의 지배적인 위치를 차지했다. 이와 동시에 주로 농촌에 거주하던 인구의 도시 이주로 급속한 도시화도 이루어졌다.

이러한 빠른 사회경제적 변화는 몇 가지 숫자로 예시할 수 있다. 브라질 인구는 1900년 1,740만 명에서 2013년에는 1억9,800만 명으로 증가했으며, 2015년에는 2억 명을 넘어설 것으로 예상된다. 1940년에는 인구의 30%가 도시에 거주했다. 이 비율은 2011

년에 87%로 증가했다.[1] 농업이 국내총생산GDP에서 차지하는 비중은 1947년 28%에서 2011년 5.8%로 하락했지만, 산업이 GDP에서 차지하는 비중은 1947년 20%에서 2011년에는 26.9%로 증가했다.

60년이 넘은 산업화 시대를 거친 후인 2011년에 브라질은 연간 300만 대의 자동차, 3,500만 톤의 철강, 6천만 톤의 시멘트, 590만 대의 텔레비전, 6,620만 대의 휴대전화, 480만 대의 냉장고를 생산했다. 브라질의 포장도로 네트워크는 1960년에 1만3,357킬로미터에서 2012년에는 22만 킬로미터로 증가했다. 브라질의 2007년 발전설비용량은 9만6,294메가와트이다. 브라질의 엠브라에르Embraer는 중형 항공기에 특화된 세계 3위의 항공기 제조업체이며, 1996~2011년 동안 전 세계에 1천 대의 중형 항공기를 공급했다.

이 기간 동안 농업이 선도적인 부문은 아니었지만 상당한 성장을 이루었다. 경작지 면적은 1920년에 660만 헥타르에서 2006년에는 7,670만 헥타르로 확대되었다. 목초지는 1970년에 1억5,400만 헥타르에서 2006년에는 1억7,200만 헥타르로 증가했다. 브라질은 설탕과 오렌지주스의 세계 최대 생산국이며, 대두, 소고기, 담배의 세계 최대 수출국이다.

그러나 이러한 성과에도 불구하고 브라질은 아직도 선진 산업사회로 변화하지 못했다. 시민의 복지 측면에서 볼 때, 브라질은 여전히 개발도상국이다. 2011년 브라질의 1인당 GDP는 11,800달러였

● 2019년 현재, 브라질 인구는 2억1,239만 명으로 세계 5위이다.

다. 그러나 소득분포가 특정 계층과 지역에 편중되어 있는 것을 감안하면, 이 수치는 브라질의 일반 복지 수준을 나타내는 좋은 지표는 아니다. 2011년에 소득 상위 10% 가구평균소득이 하위 10% 가구의 39배였다.[2] 소득분배를 측정하는 지니계수는 0.54에 가깝다. 2001년에 1인당 국민소득은 지역별로 큰 차이를 보였다. 북동부 지역에 위치한 많은 주州들의 1인당 국민소득은 전국 평균의 절반 미만이었고, 남동부 지역은 전국 평균보다 34% 많았다.[3]

2010년에 상수도 보급률은 98%, 하수도 보급률은 55.5%,[4] 전력 보급률은 98%, 쓰레기수거 서비스율은 88.6%였다. 그리고 전체 가구의 93.7%가 냉장고를, 95.1%가 텔레비전을, 38.4%가 세탁기를, 57.8%가 유선전화기를,[5] 17.5%가 컴퓨터를(가정이나 인터넷 카페에서 인터넷에 접속할 수 있는 사람은 29.7%) 보유하고 있었다. 2010년 브라질 인구 1만 명당 의사는 17.6명(미국 27.9명, 스웨덴 33.7명)이었고, 인구 1만 명당 간호사와 조산사는 5.2명(미국 97.2명, 스웨덴 108.7명)이었다. 그리고 2005년에 인구 1천 명당 유아사망률은 29.6명(미국 6.5명, 스웨덴 2.8명)이었다.

이러한 사회적 지표는 단지 전국 평균일 뿐이다. 브라질의 많은 지역에 거주하는 인구는 이보다 훨씬 나쁜 조건에서 살고 있다. 예를 들어, 2003년 브라질 북부 도시 가구의 상수도 보급률은 83.3%였고, 북부 전체로는 57.5%로 남동부의 95.5%와 크게 대조된다.[6] 북동부 가구의 하수도 보급률도 34.7%에 불과했지만, 남동부는 80.8%였다. 2003년 브라질 북동부 가구 45.3%의 소득이 최저임금의 절반도 안 되었는데, 남동부는 이 비율이 15.6%였다.[7] 2004

년 브라질 연방 특구의 출생 시 기대수명은 74.6세였고, 북동부의 알라고아스Alagoas 주는 65.5세로 가장 짧았다. 2004년 인구 1천 명당 유아사망률은 히우그랑지두술Rio Grande do Sul 14.7명, 상파울루 17명, 마라녀웅Maranhão 43.5명, 알라고아스 55.7명이었다.

정책입안자들은 산업화가 브라질의 일반적인 성장과 개발에 기여할 뿐만 아니라 전통적 세계 산업 중심지에 대한 브라질의 경제적 의존도를 크게 감소시킬 것으로 기대했다. 19세기에 시작된 국제분업 체제는 대부분의 제3세계 국가들과 함께 브라질에게 1차산품 공급자의 역할을 부여했다. 따라서 브라질의 경제활동은 세계 산업 중심지의 성과에 크게 좌우되었다. 정책입안자들은 수입대체 산업화가 경제적 독립성을 높여 주길 희망했다. 그러나 산업화는 의존 관계의 성격을 변화시켰을 뿐이었다. 수입 비중(수입/GDP)은 크게 낮아지지 않았고, 수입 상품 구성만 변했다. 그 결과, 브라질은 전과 마찬가지로 대외무역에 의존적이었다. 또한 대규모 외국인 투자를 통해 가장 역동적인 부문의 산업화가 이루어졌기 때문에 생산수단의 개발 및 사용에 대한 외국의 영향력이 크게 증가했다.

브라질의 산업화 모델은 시장경제 이데올로기를 기초로 하고 있다. 즉, 산업화를 장려한 대부분의 행정부들이 사유재산권 보호와 민간 국내외 기업에 대한 의존을 강조했다. 그러나 수년 동안 국가는 원래 계획했던 것보다 훨씬 더 경제활동에 참여하게 되었다. 이는 국내 민간부문의 재정 능력이 부족하고 기술이 낙후되어 있었으며, 외국자본은 특정 분야에 진입하기를 꺼렸고, 정부는 외국자본이 특정 분야에 진입하는 것을 허용하지 않았기 때문이었다.

이 책은 브라질 경제의 역사적 변천 과정을 다루고 있다. 특히 산업화를 달성하기 위한 방법, 사회경제적 환경에 미친 영향, 경제의 구조 변화에 따른 사회경제제도의 조정을 중점적으로 다루고 있는데, 우리는 이 과정에서 등장한 서유럽의 혼합경제와는 구분되는 브라질만의 독특한 특성을 가진 국가자본주의와 민간자본주의가 혼합된 유형의 경제 시스템에 대해 살펴볼 것이다. 또한 20세기 말에 도입된 신자유주의 정책의 영향에 대해 검토하면서, 경제 현대화에도 불구하고 여전히 많은 저개발의 징후를 보이는 브라질의 경제정책과 경제 시스템에 대해서도 살펴볼 것이다.

물리적 환경과 인구통계학적 특성

브라질의 국토 면적은 851만 제곱킬로미터로 러시아, 캐나다, 중국, 미국에 이어 세계 5위이다. 남아메리카의 47%를 차지하고 있으며, 국토의 대부분이 지질학적으로 고대의 고지로 이루어져 있다. 육지의 약 57%는 해발 200~910미터의 고원, 40%는 해발 200미터 이하의 저지대, 그리고 나머지 3%는 910미터 이상이다. 사우바도르Salvador 시의 북부는 해안에서 내륙으로 점차 고도가 높아진다. 그러나 중부와 남부 해안을 따라 대서양에서 브라질 육지 쪽으로 접근하면, 산악 국가라는 인상을 받는다. 이는 중부와 남부의 브라질 고원지대가 대서양 쪽으로 급경사를 이루고 있기 때문이다. 이 벽과 같은 경사지는 대단층애Great Escarpment라고 불린다. 이러한 자연적 장벽 때문에 내륙 접근이 어려웠고, 20세기 이전에 남중부 고원 내륙의 개발이 늦춰진 주요 원인으로 지적되곤 했다.

아마존을 제외한 대부분의 주요 브라질 강의 발원지는 브라질 중부와 남동부에 있고, 대부분이 바다와 가까운 거리에 있다. 강이 내륙 안쪽으로 흐르기 때문에 국가의 가장 역동적인 지역에 자연적인 교통의 중심지가 없었다. 따라서 내륙 수로를 이용한 하천 교통은 브라질 발전에 중요한 역할을 수행하지 않았다. 빠라나Paraná 강은 서쪽 내륙으로 흐르는 많은 지류들이 합쳐져 본류를 이루고 남쪽 아르헨티나 방향으로 흐른다. 상프랑시스꾸San Francisco 강의 발원지는 남부이며, 북쪽으로 해안선을 따라 1,600킬로미터 이상을 흐르다가 동쪽으로 방향을 바꾼다. 대부분의 강이 대단층애를 통과하면서 급격하게 떨어지기 때문에 해양 선박의 내륙 항해는 불가능하다. 예를 들어, 상프랑시스꾸 강은 내륙 쪽으로 빠울루아퐁수Paulo Afonso 폭포 직전까지 약 300킬로미터를 항해할 수 있다. 아마존강만이 유일하게 내륙으로 항해가 가능하며, 이 강이 인구밀도가 낮고 개발되지 않은 미개척지를 연결하고 있다.

브라질은 주로 열대지방에 속하며 극단 기후는 거의 없다. 그러나

브라질의 기후는 단조롭게 일정한 것은 아니며, 정신이 혼미해질 정도로 못 견디게 덥고 습기가 많은 것도 아니다. 만약 특정 지역의 브라질 사람들이 기운이 없어 보인다면, 이를 기후 때문에 어쩔 수 없는 것으로 해석해서는 안 되며, 식사나 질병과 같은 다른 요소들을 점검해 보아야 한다.[8]

적도 근처에 위치한 아마존 상따렝Santarem의 평균기온은 화씨 78.1도(섭씨 25.6도)이며, 건조한 북동부 지역에서 기록된 최고 기온은 화씨 106.7도(섭씨 41.5도)이지만 해안을 따라 먼 남쪽으로 갈수록 기온은 훨씬 낮아진다. 리우데자네이루의 가장 더운 달의 평균기온은 화씨 79도(섭씨 26.1도)이다. 내부의 고지대는 같은 위도의 해안 지역보다 기온이 낮다. 상파울루 남부에 위치한 주에서만 서리가 내린다.

브라질 대부분의 지역에서 강수량은 적당하다. 강수 부족은 북동부 지역으로 국한되어 있으며, 연간 강수량이 254밀리미터 미만인 지역들이 있다. 북동부 대부분은 연간 강수량이 508~635밀리미터이다. 이 지역의 주된 문제는 폭우가 내리거나 가뭄이 지속되는 것과 같은 불규칙한 강우이다.[9] 연간 강우량이 2,032밀리미터 이상인 매우 습한 지역은 아마존 저지대의 북쪽, 벨렝Belém의 북쪽 해안, 대단층애의 여러 지역, 빠라나 주의 서쪽 일부 지역 등 4곳이 있다.

브라질은 지리적으로 북부, 북동부, 중서부, 남동부, 남부 5개의 광역권으로 구분된다. 중서부, 남동부, 남부의 대부분의 주들을 포괄하는 중남부도 종종 지리적 구분으로 사용된다.

천연자원

브라질에는 다양한 종류의 광물자원이 풍부하다. 철광석(추정 매장량 480억 톤), 망간(추정 매장량 2억800만 톤) 및 기타 산업 광물을 보유하고 있다. 이 밖에도 상당한 양의 보크사이트, 구리, 납, 아연, 니켈, 텅스텐, 주석, 우라늄, 석영 크리스털, 산업용 다이아몬드 및 보석을 보유하고 있다.

1960년대 후반까지 브라질의 광물 매장 현황에 대해 알려진 것이 많지 않았으나, 현대적인 탐사 기술과 장비(예: 위성)를 사용하면서 새로운 대규모 발견이 이루어졌다.[10] 예를 들어, 최근까지 대부분의 광물 매장량은 브라질 중부를 통과하는 산맥(특히 미나스제라이스Minas Gerais 주)에 위치하는 것으로 여겨졌다. 그러나 1967년에 아마존 지역에 위치한 까라자스Carajás 산맥에서 막대한 규모의 철광석(추정 매장량 180억 톤)이 발견되었다. 또한 1960년대 후반에 아마존에서 많은 양의 보크사이트가 매장되어 있는 것이 알려졌다. 볼리비아와의 국경 근처에서 발견된 주석 매장량은 볼리비아의 전체 주석 매장량보다 더 많은 것으로 추정되었으며, 1970년대에 바이아Bahia 주에서는 상당한 규모의 구리가 매장되어 있는 것을 발견했다.

제2차 세계대전 이후 수십 년 동안 브라질의 에너지원이 크게 바뀌었다. 1946년 에너지 공급의 70%가 장작과 목탄이었다. 그러나 2011년에는 석유와 수력발전이 78%를 차지했다. 불행하게도 브라질의 에너지 자원은 광물자원만큼 풍부하지 않다. 최근까지 알려진 유일한 석탄 매장지는 상따까따리나Santa Catarina 주의 남쪽에 있다. 그러나 이 석탄은 재와 황의 함유 비율이 높아서 철강 제조용 점결탄coking coal 생산에 전량 사용할 수 없는 등 품질이 좋지 않다. 이로 인해 금속 가공용 석탄의 65% 정도를 수입에 의존하고 있다. 1970

년대에 아마존 지역의 깊은 곳에서 새로운 석탄 매장지가 발견되었으나, 아직 완전히 개발되지 않았다.

브라질의 석유 매장량은 오랫동안 자급자족이 불가능했다. 1970년대 초까지 대부분의 유전이 바이아와 세르지삐Sergipe 주에 있었지만, 석유 생산량은 국내 소비량의 20% 수준에 그쳤다. 국영 석유 회사인 뻬뜨로브라스Petrobras의 근해 탐사로 인해 리우데자네이루 주의 깡뿌스Campos, 세르지삐 주, 아마존강 하구 근처에서 새로운 유전 발견이 이루어졌다. 새로 발견된 유전의 매장량이 상당히 컸다. 2005년까지 브라질의 석유 확인 매장량은 110억 배럴로 추산된다. 2003년까지 국내 석유 생산량이 국내 소비량의 88%에 이르렀으며 2007년에는 석유의 자급자족을 달성했다.

브라질의 수력발전 잠재력은 15만 메가와트로 추정되는 등 세계에서 가장 큰 규모 중 하나이다. 1950년대까지는 수력발전 잠재력이 가장 큰 장소가 인구 집중 지역에서 너무 멀리 떨어져 있어서 개발이 어려운 것으로 여겨졌다. 그러나 그 이후 북동부의 빠울루아퐁수Paulo Afonso와 보아에스뻬랑사Boa Esperança의 수력발전소, 남동부의 일랴소우떼이라Ilha Solteira, 미나스제라이스의 뜨레스마리아스Tres Marias 수력발전소 건설과 함께 이 장소의 개발이 빠르게 진행되었다. 1970년대 중반에는 파라과이와의 국경 지역에 세계 최대 규모의 이따이뿌Itaipu 수력발전 프로젝트가 시작되었고, 1983년에 첫 번째 터빈이 가동을 개시했다. 2011년에는 수력발전이 총 에너지소비의 75%를 차지했다.

인구

브라질은 세계 5위의 인구 대국으로 2013년에 인구수가 2억 명을 돌파했다. 그러나 국토 면적이 거대해 인구밀도는 상대적으로 낮다. 2005년 브라질의 평균 인구밀도는 제곱킬로미터당 21명(아르헨티나 14명, 멕시코 53명, 콜롬비아 37명)이다. 그러나 아마존의 3.3명에서 상파울루의 149.0명에 이르기까지 지역별로 상당한 차이가 있다. 2001년 지역별 인구 비중은 아마존 7.6%, 북동부 28.1%, 남동부 42.6%, 남부 14.9%, 중서부 6.8%였다.

브라질 인구의 지역 분포는 해안에서 수백 킬로미터 이내에 집중되어 있다는 특징이 있다. 내륙으로의 인구이동은 20세기가 되어서야 비로소 이루어졌고, 특히 남부에서 두드러졌다. 브라질 내륙 수도 브라질리아Brasília(1960년 완공)와 이 도시를 연결하는 도로건설, 그리고 1960년대와 1970년대의 도로건설 붐으로 인해 내륙으로의 이주가 크게 증가했다.[11]

인구증가율은 20세기 중반에 높은 수준이었지만 점차 감소했다. 1950년대 3%에서 1960년대에는 2.9%, 1970년대에는 2.5%, 1980년대에는 2%, 2000~04년에는 1.2%를 기록했다. 20세기 중반에 인구증가율이 높았던 이유는 출생률이 계속 높은 수준을 유지한 반면, 사망률은 급격히 감소했기 때문이었다. 이로 인해 14세 이하의 인구 비율이 높아졌다. 이 비율은 1995년에 39.5%(미국 21.6%, 독일 15.2%)에서 2005년에는 37.7%로 현저히 감소했다. 15세 이상 브라질 인구의 문해율은 1950년 49%에서 1970년에는 61%, 2004

년에는 88%로 증가했다. 그러나 기능적 문맹˚을 감안할 경우 문해율은 75%로 낮아진다.[12] 문해율의 증가는 최근의 높은 취학률과 밀접하게 연관되어 있다. 2004년에 7~13세 연령층의 초등학교 취학률은 99.5%, 14~19세 연령층의 중·고등학교 취학률은 74.9%, 20~24세 연령층의 대학교 취학률은 20.1%였다.

젊은 인구의 비율이 높은 것이 일정 부분 경제활동참가율이 낮은 이유를 설명해 주고 있다. 브라질의 경제활동참가율은 1950년 32.9%에서 1970년에는 31.8%로 낮아졌으나, 이후 점차 증가해 1995년 45.9%, 2005년 49.1%를 기록했다. 브라질의 인종 구성은 매우 다양하다. 한 브라질 인구 전문가는 다음과 같이 언급했다.

> 인종 구성이 브라질보다 복잡한 장소는 전 세계 어느 곳에도 없다. 인류의 모든 주요 종족과 백인, 흑인, 황인, 적赤인 등 구분 가능한 모든 인종들이 이 거대한 대륙의 절반을 차지하고 있는 나라의 인구를 구성하고 있다.[13]

19세기 후반까지 브라질 인구는 주로 포르투갈인, 아프리카인, 아메리카 원주민의 후손으로 구성되었다. 식민지 시대와 19세기에 상당한 규모의 혼혈이 이루어졌고, 오늘날 인구의 대부분은 이들 혼혈의 후손이다. 19세기 후반과 20세기 초반에 이탈리아, 포르투

● 기능적 문맹은 조금은 읽고 쓸 수 있으나, 정상적인 사회·경제적 관계 내에서 그것들을 사용할 수 있는 충분한 자질을 갖추지 못하는 경우를 의미한다.

갈, 스페인, 독일, 폴란드, 중동에서 많은 사람들이 이민을 왔다. 이 이민자들은 주로 남동부와 남부 브라질에 정착했다. 20세기 후반, 많은 수의 일본인이 주로 상파울루와 빠라나 주에 이주했다. 오늘 날 일본계 브라질 인구는 80만 명이 넘는다.

이러한 인구의 다양성에도 불구하고 고도의 문화적 통합을 이루 었다. 아마존 지역 깊은 곳의 소수의 원주민을 제외하고 모든 브라 질 국민은 포르투갈어를 사용하며, 지역별로 억양 차이(미국보다 작 은 정도)가 약간 있다. 브라질 사회에 대한 전문가 중 한 명은 다음 과 같이 언급했다.

브라질 '국민'과 국가를 구성하는 모든 인종과 국적의 브라질 사람들 사이에는 강력하고 깊은 유대감이 있다. 그들은 공통의 이상, 공통의 취향, 공통의 문제, 공통의 영웅, 공통의 과거, 공통의 유머감각을 공 유한다.[14]

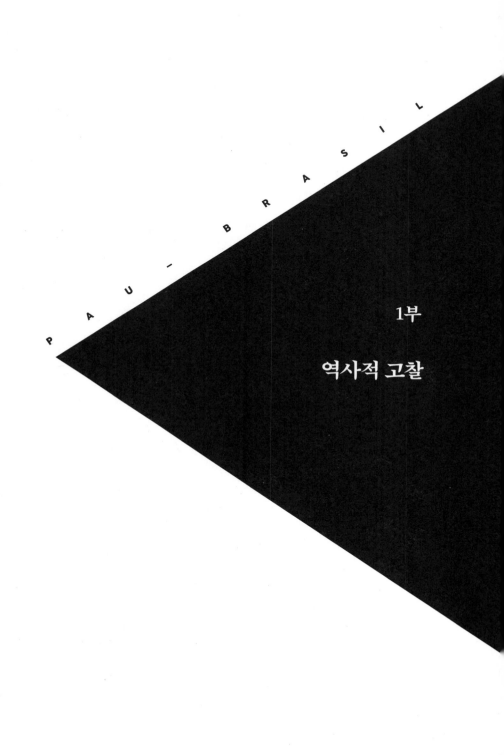

P A U - B R A S I L

1부

역사적 고찰

식민지 시대와 19세기

16세기 초 식민지 시대에 브라질은 포르투갈의 관심을 끌지 못했다. 포르투갈은 광활한 면적을 차지했지만, 스페인이 페루와 멕시코 정복을 통해 획득한 것과 같은 경제적 부를 창출하지는 못했다. 브라질에는 귀금속이 발견되지 않았고, 광업과 광산에 물자를 공급하는 농업부문에 활용할 수 있는 잘 조직되고 정착해서 살고 있는 원주민이 없었다.[1] 이와 달리, 브라질에는 흩어져 사는 유목 원주민들이 있었는데, 포르투갈 식민지 개척자들이 옮긴 질병으로 인구수가 감소했고, 대농장에서 일할 수 있도록 규율을 확립하거나 훈련시키는 것이 쉽지 않았다.[2]

브라질의 국명은 이 지역 최초의 수출품인 브라질나무paubrasil에서 유래한 것이다. 이 나무의 껍질은 유럽에서 염료로 사용되었다.

브라질나무의 채취는 수익성이 좋은 활동이었으나, 영구적인 정착이나 이를 지원하는 부문의 발전이 이루어지지 않았다.[3]

브라질 최초의 주요 수출품은 설탕이었다. 1520년 무렵 대서양의 포르투갈령 섬에서 사탕수수 제당 장인과 설탕 상인들이 브라질로 이주하면서 사탕수수 재배가 시작되었다. 사탕수수 재배와 설탕 수출이 급속히 증가하면서 그 이후 20세기까지 브라질의 경제성장을 주도한 일련의 1차산품 수출 주기 중 제1차 주기cycles가 시작되었다.[4]

초기 사회경제 조직

초기에 브라질이 포르투갈에 제공할 수 있는 경제적 이익이 크지 않아 보였고 인력도 부족했기 때문에 브라질 식민지의 정치경제 조직이 중앙 집중화되지 않는 결과를 낳았다. 무역은 주로 민간 상인들의 손에 맡겨졌고, 초기 정착 시설도 자기 비용으로 특정 지역(까삐따니아capitanías)에 정착하고 개발할 수 있는 권리를 부여받은 민간 수증자들(도나따리오donatários)에 의해 건설되었다. 이들은 식민지 개척자들(꼴로니스따colonistas)에게 토지를 매각했고, 다양한 상업 활동을 장려했다. 따라서 브라질의 초기 식민화는 "본질적으로 민간 준정부 기관의 특성을 갖는 벤처사업"이었다.[5] 16세기 중반에 총독이 임명되어 사우바도르 시에서 식민지 전체를 관할했지만, 18세기 후반까지 여전히 지방정부의 권한이 더 강력했다. 따라서 "주요 정책의 윤곽만 유럽에서 정해졌고, 이 정책의 실제 시행과 해석은 총독과 시의회에 맡겨졌다."[6]

이 지방정부는 다시 대농장(파젠다fazenda)과 제당공장(엔제뉴engenho) 소유주에 의해 지배되었고, 경제·사회 생활의 중심지는 연안 지역의 대규모 설탕 플랜테이션이었다.[7]

설탕 수출 주기

브라질의 첫 수출품인 설탕은 주로 '조나다마따'zona da mata로 알려진 브라질 북동부의 습한 연안 지역에서 생산되었다. 이 지역은 우수한 재배 조건 이외에도 유럽으로 제품을 선적하고 아프리카 노예 노동력을 수용하는 데 유리한 위치였다. 이 지역의 원주민 노동자가 부족하자, 포르투갈 식민 개척자들은 아프리카로부터 노예(주로 앙골라 출신)를 수입해 사탕수수 농장에서 일을 시켰다.

설탕의 급속한 확산은 '조나다마따'를 단일경작 지역으로 바꾸었다. 설탕 수출량은 1세기 동안 꾸준히 증가했다. 생산량 증가는 경작지의 확장(이용 가능한 토지의 공급이 풍부했기 때문)과 노예 인구의 증가로 인한 것이지 생산과정의 변화나 생산성의 증가로 인한 것이 아니었다. 사탕수수는 대부분 대농장에서 재배되었다(당시 평균 규모의 대농장에서 일하는 노예의 수는 약 80~100명[8]이었다).

당시 브라질의 유일한 국내경제 연계는 설탕 재배 지역과 동북부 내륙지역(각각 아그레스치agreste와 세르떠웅Sertão 지역) 사이에 있었으며, 북동부 내륙지역의 잉여농산물 생산량을 설탕 지역의 인구에게 공급했다. 내륙지역의 인구는 포르투갈 이민자들과 그들의 노예들, 도망친 노예들, 혼혈인 까보끌루caboclo °로 구성되어 있었다. 그들은 아주 원시적인 방법으로 경작과 목축을 수행했지만, 수출 지역의 성장을 지원하기에 충분한 잉여농산물을 생산할 수 있었다.

설탕 수출은 대농장 소유주뿐만 아니라 마케팅, 자금조달, 해상운송, 노예 거래 등 다양한 분야의 경제활동 종사자들에게 수익성이 좋은 사업이었다. 식민지가 일부 식량은 물론 공산품의 거의 대부분을 수입에 의존하고 있었기 때문에 수입상들 또한 상당한 이익을 거두었다.

셀수 푸르따두는 브라질의 과거 식민지 경제에 대한 분석에서 브라질의 생산구조와 북미 영국 식민지의 생산구조의 근본적 차이에 대해 주목했다. 북미 영국 식민지 대부분은 소농으로 구성되어 있었으나, 브라질의 수출 농업은 대규모 단일경작지로 구성되어 있었다. 그 결과, 북미 지역의 소득은 브라질보다 훨씬 균등하게 분배되었다. 이로 인해 북미에서는 식민지 초기에 대규모의 국내시장이 출현할 수 있었고, 이것이 다시 독립적인 상업과 산업부문이 발전할 수 있는 토대가 되었다. 그러나 브라질에서는 자산과 소득의 집중으로 인해 국내시장 규모가 작았고, 이로 인해 식민지 경제구조가 계속 정체되었다.[9]

어느 정도 설득력이 있지만, 이러한 주장이 식민지 시대에 완전

● 백인과 원주민의 혼혈.

히 부합하는 것은 아니다. 산업과 상업 부문에서 규모의 경제는 19세기와 20세기에 비해 그 당시에는 상대적으로 덜 중요했다. 또한 그 당시 경제가 설탕과 면화 부문에서 비교우위를 가지고 있었기 때문에 산업 발전은 자원을 배분하는 효율적 방법이 아니었을 것이라고 주장할 수도 있다.

푸르따두는 또한 초기의 설탕 수출이 경제의 다른 부문에 큰 영향을 미치지 못했다는 설득력 있는 분석을 제시했다. 그는 설탕 수출 잉여의 대부분이 상인이나 대농장 소유주에게 돌아갔으며, 상인은 그 수익을 해외에 투자하고 대농장 소유주는 수익의 상당 부분을 소비재와 자본재(노예 포함) 수입에 지출했다고 밝혔다.[10] 그는 수출지향적 노예경제에서 투자와 소득의 관계가 매우 약했는데, 이는 대부분의 투자지출이 인력과 자본을 수입하는 데 사용되었고, 노예를 유지하는 데 드는 경상지출은 대부분 현물로 지급되었기 때문이라고 지적했다. 노예를 이용해 지역 인프라를 구축하는 것과 같은 형태의 투자도 현금흐름이 수반되지 않았다.

화폐경제가 매우 제한되어 있었기 때문에 수출 침체는 경제 전반에 거의 영향을 미치지 못했고, 상품과 노예의 수입이 감소하고 화폐경제의 상대적 중요성이 하락하는 정도에 그쳤다.[11] 설탕 경제가 국내경제에 미치는 영향은 내륙의 목축 경제가 유일했다. 수출 감소는 이 부문의 위축을 일으킬 수 있었는데, 이는 수출 감소로 인해 자급형 경제(즉, 화폐경제 외부의 자급자족 부문)로 점차 변화했기 때문이었다. 침체된 설탕 경제 부문에서 내륙으로 이주가 발생하고 판매 목적의 목축업에서 자급형 목축업으로 경제활동이 전환되는 것은 푸르따두가 "경제의 퇴화"라고 지칭한 성장과 발전의 정반대 과정을 초래할 수 있다.[12] 이러한 과정은 브라질 경제 역사 전체 기간 동안 반복될 수 있었다. 이것은 브라질 고유의 사회경제적 조직으로 인해 수출 붐이 사회에 오랫동안 지속될 이차적인 영향을 미치지 않았다는 것을 잘 보여 주고 있다. 수출 주도의 발전이 이루어지기 위해서는 많은 전제 조건이 필요했으나, 브라질에는 이러한 전제 조건이 갖추어져 있지 않았다.

17세기 초 브라질은 세계 주요 설탕 공급자가 되었다. 윌리엄 글레이드에 따르면, 브라질의 설탕은 "영국-포르투갈 무역의 주요 상품인 아시아의 향신료를 대체했고, 브라질의 수출품은 유럽 대륙에서 유명했다."[13]

17세기가 저물어 가면서 수출 붐이 사라지기 시작했다. 설탕 수출 감소는 브라질의 기술 향상 실패 때문이 아니었다. 브라질 설탕의 가격은 영국이 소유한 카리브 플랜테이션의 설탕 가격보다 여전히 30% 낮았다. 설탕 수출 쇠퇴의 원인은 식민 '모국' 시장 수출에 대한 특혜를 가지고 있었던 영국, 네덜란드, 프랑스 식민지들이 점점 더 많은 양의 설탕을 공급했기 때문이었다.

설탕 플랜테이션은 사라지지 않았다. 그들의 소득 감소는 "농장에서의 노예의 자손 번식이 어느 정도 노예 수입을 대체"함에 따라 비용을 감소시킴으로써 부분적으로 상쇄되었다.[14] 위에서 언급했듯이, 일부 토지는 자급형 농업이나 늘어나는 해안 인구에게 공급할 식량 재배지로 전환되었다. 사우바도르 주변에서는 일부 토지가 담배 생산지로 바뀌었고 18세기 중엽에는 카카오가 재배되기 시작했다. 면화는 브라질 북동부에서 계속 재배되었으며, 18세기 후반(미국 혁명 당시)과 19세기(예: 미국 남북전쟁 동안)와 같이 짧은 기간의 수출 붐이 있었다.[15]

종합하면, 설탕 수출 주기cycle의 유산은 부정적이었다. 북동부 지역의 농업 조직은 원시적인 채로 남아 있었고, 연안 농장의 농업기술은 옛날 방식 그대로였다. 노예제도는 인적자본 육성을 저해했으며,[16] 자산 및 화폐 소득의 분배는 극도로 집중되어 있었다. 설탕 수출 주기의 많은 이익은 포르투갈과 외국 중개상이 차지했고, 대농장인 파젠다와 제당공장인 엔제뉴 소유자에게 귀속된 수익의 상당 부분은 기술과 인프라 개선보다는 소비재 수입에 지출되었다.

금 수출 주기와 중상주의 통제의 강화

1690년대에 미나스제라이스 주에서 금이 발견되면서 새로운 성장기가 시작되었다. 그 당시 통신 시스템이 취약했음에도 불구하고 금을 발견했다는 소식이 급속도로 퍼져 나갔고, 곧 사람이 살지 않았던 이 지역은 귀금속을 찾아 온 이주민들로 가득했다. 1690년에서 1760년 사이에 금 생산량은 꾸준히 증가했다(적은 규모였지만 약간의 다이아몬드도 생산되었다). 브라질이 18세기에 세계 금 생산량의 절반을 차지했다는 주장도 있다.[17]

금 수출 주기cycle는 경제활동의 중심지를 브라질의 중남부로 이동시켰다. 이주자들은 브라질 전역에서 몰려들었다. 쇠퇴하고 있는 북동부의 많은 사람들이 금을 찾아 이곳으로 왔다. 사탕수수 재배자들은 노예도 함께 데리고 왔다. 또한 소박한 남부의 농부와 목장주, 그리고 포르투갈 출신의 새로운 이민자가 유입되었다. 새로운 많은 도시가 광산 지역에 생겨나서 채광 활동에 대한 서비스 센터의 역할을 했고, 종전보다 훨씬 더 복잡한 직업군들이 출현했다. 장인 부문이 처음으로 등장했으며 광업 및 상업 부문을 대상으로 하는 민간 대부업도 출현했다.

광업의 상당 부분은 작은 규모로 운영될 수 있는 사금 채취였다. 따라서 생산 단위당 자본 및 노동 요구량이 적기 때문에 금광업에 대한 참여가 증가할 수 있었고, 결과적으로 북동부보다 소득집중도가 작았다.[18]

미나스제라이스의 광업 부문은 상당한 연계 효과를 나타냈다. 도시와 광업 센터에서의 식량 수요가 미나스제라이스뿐만 아니라 남쪽으로 멀리 떨어져 있는 상파울루와 북동부 지역에서까지 농업생산을 자극했다. 짐을 나르는 동물을 이용해 항구까지 금을 운송했기 때문에 노새와 같은 동물의 수요가 늘어나서 이들을 공급하는 남부의 많은 지역에 영향을 미쳤다. 금과 다이아몬드 수출이 계속 증가하는 소비재와 광산 용품의 수입에 필요한 자금을 지원했다.

광업 붐으로 인해 리우데자네이루가 주요 항구로 부상했고, 광물이 수출되고, 공산품이 수입되는 중심지가 되었다. 곧 그곳에 브라질의 주요 상점, 금융기관, 그리고 기타 다양한 서비스 활동이 자리를 잡았다. 1763년에 포르투갈 식민지의 행정 중심지가 사우바도르에서 리우데자네이루로 옮겨졌다.

브라질 식민지의 가치가 크게 높아짐에 따라 포르투갈 정부는 행정 통제를 크게 강화했다. 채광한 금의 5분의 1을 왕실에 납부하도록 광업 지구를 세심하게 감독했다. 개별 항해는 금지되었다. 모든 배들은 공식적으로 감시되는 호송대의 일부로서만 항해할 수 있었다. 특별 무역 독점 체제가 확립되었다. 현지 제조업은 엄격하게 통제되었으며, 대도시가 공급할 수 있는 물품을 브라질에서 생산하는 것은 금지되었다.[19]

새로운 제조업 부문과의 내부 연계성을 최소화함에 따라 식민지의 생산요소가 매우 원시적인 상태로 유지되었다. 개발이 미진했던 이유 중 하나는 교육에 대한 소홀함이었다. 브라질에서는 1776년 이전에 사실상 교육이 존재하지 않았다(1759년에 예수회가 추방되기 전까지 이들의 산발적인 노력은 제외). 1776년 이후에도 몇 개의 학교가 있었지만 인구의 문화적 수준에 거의 영향을 미치지 않았다.[20] 밀수를 통제하기 위해 교통인프라를 의도적으로 개발하지 않았다. 이로 인해 오랫동안 국내시장의 범위가 매우 제한적이었다.[21]

18세기 후반에 경제성 있는 광산 대부분이 고갈되면서 금 수출 주기가 끝났다. 광산 인구 중 일부는 브라질 중앙 고원으로 이동해 목축업을 계속했다. 다른 이들은 브라질 남부로 가서 농업에 종사했다. 많은 사람들이 미나스제라이스에 남아 농업에 종사했으나, 대부분이 자급을 위한 것이었다.

18세기 후반에는 브라질 북동부에서 수출 농업(특히 면화)의 부활이 일어났다. 마라녀웅, 뻬르낭부꾸Pernambuco, 바이아에서 면화 재배와 수출이 늘어났다.[22] 설탕 수출은 완전히 사라진 적은 없었고

18세기 후반에 부활했는데, 이때는 북동부 지역뿐만 아니라 상파울루에서도 설탕 붐이 있었다.

글레이드는 18세기 말 브라질의 상황을 다음과 같이 요약했다.

두 개의 뚜렷하게 분리된 브라질 주들 위로 무대의 막이 내려졌다. 북부에서 연안-아그레스치-세르떠웅 단지는 바닥에 쓰러져 있었다. 이 사회는 예전의 외부 교역과 연계된 역동성이 사라지자 내부의 제도적 구조로 인해 거의 마비되어 있었다. …… 남부는 금과 다이아몬드를 주제로 한 1막이 끝났다. 그러나 거기에는 좀 더 다양하고 개방된 사회가 남았고, 마치 개발의 막간극 같은 상태에 놓여 있었다. 이미 무대는 2막을 공연할 준비를 마쳤다. 이번에는 커피가 주제인 좀 더 긴 공연이었다.[23]

식민지 시기 말기

1807년에 나폴레옹이 포르투갈을 점령했을 때, 왕실은 영국의 보호하에 브라질을 향해 출항했다. 1808년에 왕실은 리우데자네이루에 포르투갈 제국의 수도를 설립했다. 공무원 일자리 창출과 서비스 및 제조업 부문에 대한 정부지출의 영향으로 이 도시의 성장이 촉진되었다. 왕실은 이 새로운 정부 소재지를 지원하는 인프라를 개선하기 위한 공사도 수행했다.

중상주의적 통제의 폐지로 무역이 증가했다. 1808년에 최초의 브라질은행Banco do Brasil 설립에 힘입어 포르투갈 상인과 외국 상인, 그리고 금융회사들의 활동이 활발해졌다. 브라질은행은 1829년까지 발권은행이자 상업은행의 역할을 수행했다.

이 기간 동안 처음으로 브라질에 인쇄기가 설치되었다. 왕실은 또한 여러 고등교육기관을 설립하고 수많은 유럽 과학자와 기술자를 컨설턴트로 브라질에 데려왔다. 국왕은 여러 유형의 산업 시설을 장려했다. 그러나 주로 영국제 수입품의 범람으로 산업이 뿌리를 내리지 못했다. 영국은 브라질의 해안 방어를 보장하는 대가로 브라질 시장에 대한 특별 접근권을 부여받았다.

1821년에 국왕은 포르투갈로 돌아갔고, 그의 아들을 섭정으로 남겼다. 얼마 후 포르투갈이 브라질을 다시 식민지 상태로 복귀시킬 것이라는 사실이 분명해짐에 따라 브라질 전역의 불만이 커졌으며, 이것이 섭정으로 하여금 1822년에 독립을 선언하게 만들었다. 1889년까지 브라질은 최고 통치권자가 황제인 군주제 국가였다. 제1대 황제는 동 뻬드루 1세Dom Pedro I였으며, 1831년부터 1840년까지 9년간의 섭정 기간을 거친 후 그의 아들 동 뻬드루 2세Dom Pedro II가 통치했다.

독립 직후 세기

1822년 독립을 선언했을 당시 브라질의 인구는 390만 명으로 추산되는데, 그중 120만 명이 노예였다.[24] 인구에 비해 국토의 크기가 매우 크고 19세기 내내 통신이 어려웠던 것을 감안하면, 브라질이 스페인 식민지에서 일어난 것처럼 여러 독립국가로 분리되지 않은 것은 놀라운 역사적 현상이다.

19세기에 브라질은 세계 산업의 중심국으로 부상한 대영제국이 지배하는 세계경제 체제에 편입되었다. 브라질은 식량과 원자재를 수출하고 공산품을 수입하는 주변국의 대표적 사례였다. 브라질 경제는 하나의 주요 수출품(커피)과 서너 개의 기타 수출품들(설탕, 면화, 코코아)에 의존하고 있었고, 외국(주로 영국) 공산품과 자본에 시장이 개방되어 있었다. 19세기 세계경제 체제에 브라질을 보다 효율적으로 통합하기 위해 금융, 상업, 교통인프라가 구축되었다.

커피 수출 주기

커피가 브라질에 유입된 시기는 18세기 초이지만, 처음에는 특수 품목으로 재배되었다. 커피는 주로 국내 및 유럽 주요 도시의 커피하우스에서 소비되었다. 산업혁명의 진전으로 인해 유럽과 북미의 생활수준이 향상됨에 따라 커피 소비량이 급격히 증가했다. 1840년대에 커피는 브라질의 주요 수출 품목이 되었다.[25]

〈표 2.1〉에서 알 수 있듯이 19세기에 커피 수출이 급속히 증가했다.[26] 1821~30년 동안 커피는 전체 수출의 19%를 차지했으며, 1891년에는 이 비중이 63%까지 상승했다.

1880년까지 브라질 커피의 대부분은 리우데자네이루의 북부와

표 2.1 | 19세기 커피 수출

(60킬로그램 자루 1천 개)

기간	수량
1821~30	3,178
1831~40	10,430
1841~50	18,367
1851~60	27,339
1861~70	29,103
1871~80	32,509
1881~90	51,631

자료: Caio Prado Junior, *Historia Econômica do Brasil*, 12th ed. (1970).

서부(주로 빠라이바Paraíba 계곡), 그리고 북동부(깡따갈루Cantagalo 지역)에서 재배되었다. 생산기술은 초보적이었고, 화폐경제의 밖에서 살았던 흑인과 물라뚜mulatto 노예들에 의해 재배되었다. 대농장 소유주인 파젠데이루fazendeiro가 플랜테이션을 운영했는데, 그는 "대농장 자체의 경제활동을 통제했을 뿐만 아니라 인접 지역의 사회 및 정치 문제에 대한 강력한 권위"를 행사했다.[27] 철도가 없는 시절에는 노새가 끄는 수레로 리우데자네이루 항구까지 커피를 운송했다. 파젠다와 수출 상점 사이의 커피 거래는 위탁 대리인(꼬미사리우스comissários)에 의해 수행되었다.[28]

1880년대 들어 빠라이바 계곡의 비옥한 땅이 척박해지면서 커피 생산지가 점차 상파울루 주의 남쪽으로 이동했고 그다음에는 서쪽으로 확대되었다. 1860년대에 영국의 자본과 기술로 상파울루 고원과 상투스 항구 사이의 해안 절벽 지역에 철도를 건설했고, 수십 년 뒤에는 상파울루 내륙 깊숙이 위치한 커피 재배지까지 철도가 연결되었다. 1880년대와 1890년대에 상파울루의 커피 생산이 빠르게 증가했다. 1890년 무렵 상투스를 통해 수출되는 커피의 양이 리우데자네이루와 같아졌으며, 1894년에는 상투스가 세계에서 가

장 중요한 커피 수출 중심지가 되었다.[29]

커피 농장이 상파울루 서쪽으로 계속 확장되면서 대규모 커피 재배 단지가 개발되었다. 이는 상대적으로 적은 수의 사람들만이 커피 재배지에 대한 소유권을 확립하고 이 토지에서 커피를 생산할 수 있는 경제적·정치적 힘을 가지고 있었기 때문이었다. 이 대규모 커피 재배 단지의 소유주들은 점점 더 많은 수의 자유민 노동자를 고용했으며, 1888년에 노예제도가 폐지되기 전에도 유럽 이주를 장려했다. 노예제도가 폐지된 이후 주로 유럽의 남동부(특히 이탈리아)에서 대규모 이민이 유입되었다.[30]

커피 수출이 19세기 대부분의 기간 동안 성장의 원동력이었음은 의심의 여지가 없다. 또한 19세기 후반에 커피 경제가 상파울루로 옮겨 가면서 국가의 경제 중심지도 점차 이 지역으로 이동했고, 현재까지도 이어지고 있다. 상파울루 커피 경제의 이차적인 효과인 유럽 이민자 고용, 인프라에 대한 외국인투자, 커피 재배자의 자본 축적, 그리고 이후 장에서 논의될, 이로부터 파생된 산업의 성장은 중남부와 나머지 지역(특히 북동부) 사이의 지역적 차이를 심화시켰다.

브라질 경제사를 전공한 일부 학자, 특히 셀수 푸르따두는 유럽과 미국보다 브라질이 낙후된 이유는 공산품 공급자인 영국의 특권적 지위와 브라질 국내 토착 상인 계층의 부재라고 주장했다. 따라서 정치권력이 지주 계층의 손에 놓여 있었고, 이들은 19세기 국제 노동 분업 체제와 이해관계를 같이하고 있었다. 푸르따두는 브라질과 미국의 독립 후 상황을 비교하면서 이러한 주장을 강조한다. 그는 19세기 미국의 진보와 브라질의 사회경제적 정체를 설명해 주는 중요한 제도적 요소로서 소규모 농업부문과 상인 계층의 영향, 그리고 공산품 공급업자에 대한 독립전쟁을 제시한다.[31]

푸르따두는 커피 경제의 부상에 대한 논의에서 비경제적 현상을 매우 민감하게 다루고 있다. 그는 기존의 대규모 설탕 농장 소유주와 새롭게 출현한 커피 농장 소유주 사이의 차이에 주목한다. 설탕 호황 시기에는 포르투갈 사람들이 상업을 독점했다. 따라서 설탕 농장 소유주들은 상업 활동과 동떨어져 있었고, 결코 대외 지향적 기업가로 발전하지 못했다. 그러나 커피 생산자들은 이 부문의 상거래와 밀접하게 연관되어 있었다. 그들은 또한 설탕 농장 소유주들보다 훨씬 더 정치권과 가까웠다. 따라서 이들은 자신들의 경제적 이해관계에 영향을 미칠 수 있는 국가의 잠재적 역할에 대해 다른 계층보다 더 잘 이해하고 있었다. 이러한 통찰력은 20세기 커피 부문에 대한 국가의 지원을 이해하는 데 매우 중요하다.[32]

기타 수출

비록 커피가 19세기 내내 수출에서 압도적 지위를 차지하고 있었지만, 다른 품목들의 수출도 지속되었다. 설탕 생산이 확대되었는데, 주로 국내시장의 성장에 기인했고 수출 증가율은 연평균 1% 미만이었다. 이처럼 느린 수출 증가는 미국의 설탕 생산 증가, 보호를 받는 유럽 시장에서의 사탕무 설탕*과의 경쟁, 그리고 쿠바산 저가 설탕과의 경쟁 때문이었다.[33]

면화 수출은 설탕보다 훨씬 좋지 않았다. 1850년부터 1900년까지 면화 수출은 43% 증가하는 데 그쳤다. 면화와 설탕의 수출 증가율이 낮은 가장 큰 이유는 내륙에서 항구까지의 높은 수송비용이었던 것으로 보인다.[34]

바이아의 담배 수출은 19세기 마지막 수십 년 동안 이루어졌다. 그러나 비효율적 생산방식으로 인해 브라질산 담배의 국제경쟁력이 떨어져서 담배 수출은 크게 증가하지 못했다. 19세기가 끝날 무렵, 바이아 남부에서 카카오 수출이 나타났다. 1907년 세이롱 Ceylon에서 다수확 카카오 품종을 들여온 이후 농장이 급속히 확대되었고, 브라질은 세계 주요 카카오 수출국이 되었다.

19세기의 마지막 수십 년 동안 아마존 지역에서 눈부신 수출 붐이 시작되었고, 아마존은 고무의 세계 주요 생산지가 되었다. 고무 수요가 빠르게 증가하고 가격도 함께 상승하자, 국내외 기업이 이 지역에 빠르게 진출해 생산설비를 갖추었다. 많은 노동인구가 야생 고무나무에서 수액을 채취하기 위해 브라질 북동부, 주로 세아라 Ceará 주에서 이주했다. 1870년대에 북동부에서 발생한 재앙에 가까운 가뭄으로 인해 많은 노동인구가 아마존으로 이주했다. 고무 수출은 1870년대에 연평균 6천 톤에서 1890년대에는 2만1천 톤, 그리고 20세기 첫 10년 동안은 3만5천 톤으로 증가했다. 이 마지막 기간 동안 브라질은 세계 고무의 90%를 공급했고, 1910년에는

● 18세기 중엽 유럽에서 열대작물인 사탕수수와 달리 온대작물인 사탕무로 설탕을 제조하는 제당 기술이 개발되어 유럽에서 사탕무 설탕이 생산되기 시작했다.

브라질 수출의 40%를 차지했다.[35]

1870년대에 고무나무의 씨앗(에베아hevea)이 밀반출되어서 런던의 큐가든Kew Gardens에서 시험 재배되었고, 1895년에 아시아에 고무 농장이 설립되었으며, 1899년에는 최초의 아시아산 고무제품이 세계시장에 출시되었다. 1910년대에는 세계 고무 공급이 증가하면서 고무 가격이 급격히 떨어졌다. 1921년의 고무 가격은 1910년 가격수준의 6분의 1 이하였다. 브라질은 훨씬 더 값싼 아시아산 제품과 경쟁할 수 없었고 점차 세계시장 점유율을 상실했다.

고무 붐이 브라질 경제에 미친 영향은 판단하기가 어렵다. 수익성이 좋았던 시기에 발행한 수익은 대부분 해외 수입과 과시적 소비에 사용되었다. 아마존 정글에 있는 도시인 마나우스Manaus에 지어진 유명한 오페라하우스가 대표적 예이다.

19세기의 공공정책

브라질이 독립하기 15년 전에 '망명' 중인 포르투갈 왕실은 브라질, 특히 리우데자네이루와 그 주변의 사회·문화·경제 활동을 다변화하기 위해 노력했다. 이러한 노력으로는 1808년 라틴아메리카 최초의 현대적 은행인 브라질은행의 설립, 리우데자네이루 증권거래소의 창립, 최초의 인쇄기 수입, 기술자 고용, 다양한 산업 활동(미나스제라이스와 상파울루의 야금 공장 설립과 같은)에 대한 지원 등이 있었다.[36] 2장에서 논의된 바와 같이, 이러한 초기 산업화 노력의 많은 부분이 독립 이후 공산품 수입에 대한 개방정책으로 의미를 잃었다. 이 기간 동안 수출관세와 더불어 수입관세가 부과되었지만, 재정수입의 주요 원천이었을 뿐이고 산업을 보호하려는 의도나 효과는 거의 없었다.

19세기 후반 정부의 주요 개발 프로젝트 중 하나는 철도 건설의 촉진이었다. 주요 정책 도구는 보조금과 최저 수익률 보장이었다.[37] 불행히도 이때 건설된 철도 네트워크는 여러 면에서 결함이 있었다. 다수의 독립된 회사가 철도를 건설·운영함에 따라 철도의 궤간이 천차만별이었다. 철도가 농장과 항구를 연결했지만 효율적이지 못했고, 많은 노선이 구불구불한 경향을 보였다. 그 결과 교통시스템은 국가를 하나의 통일된 시장으로 연결시키는 데 실패했다. 브라질의 철도 길이는 1854년 14킬로미터에서 1864년에는 474킬로미터, 1884년에는 3,302킬로미터, 1904년에는 1만6,360킬로미터, 그리고 1934년에는 3만3,106킬로미터로 늘어났다.[38]

대부분의 철도는 영국 회사에 의해 건설되었다. 1870년에 4개의 영국 회사가 브라질 철도의 72%를 소유했다. 1901년에 최저 수익률 보장이 중단된 이후, 대부분의 새로운 철도 노선 건설은 정부에 의해 이루어졌다. 정부는 또한 점진적으로 외국인 소유 민간 철도를 인수했다.[39]

19세기 전반에 걸쳐 중앙정부는 이따금 이민과 식민지 개척을 장려했다. 독립 직전에 포르투갈 왕실은 스위스 식민 개척자들을 모집해 이들의 이주 비용과 정착에 필요한 수단을 제공했다.[40] 노예제도의 존속으로 인해 이러한 형태의 계획을 확산시키는 것이 어려웠지만, 1820년대와 1830년대에 독일 이민자들을 모집하기 위한 조치들이 취해졌다. 노예제도가 폐지된 이후에는 브라질 남부에 대규모 이민이 유입되기 시작했다. 1888년 노예제 폐지와 1889년 공화국 수립 이후, 이민이 급증했다.[41]

이민으로 경제적 야망을 가진 사람들의 수가 늘어남에 따라 브라질 경제발전에 긍정적 영향을 미쳤다. 특히 남부 지역에서 이러한 영향이 컸다. 또한 "이민에 대한 공공 보조금은 단기적으로 인적자본의 질을 높이는 수단으로서 교육투자를 합리적으로 대체하는 것"이었다.[42]

19세기 말에 정부는 브라질의 주요 수출 부문에 대한 보호에 적극적이었다. 정부가 수익을 보장하고 설비에 대한 수입관세를 면제해 주는 등 자본집약적 핵심 제당공장(엔제뉴)에 대한 투자 인센티브를 제공했다.[43] 20세기의 첫 10년 동안 브라질의 커피 생산량은 세계 수요를 초과했고, 이는 커피 가격 하락을 초래했다. 상파울루 주는 5년 동안 새로운 커피나무 파종을 금지했고, 1907년에 상파울루 주(미나스제라이스 및 리우데자네이루 주와 협력해)는 최초의 가격안정정책을 도입했다(비록 이것은 따우바떼 협약Convênio de Taubaté으로 알려진 다자 협약이었지만, 상파울루 주가 거의 단독으로 이 프로그램을 관리했다). 상파울루 주는 가격을 안정시키기 위해 처음에는 커피 수출세, 나중에는 해외 차입금(중앙정부가 보증)을 이용해 시장에서 커피를 대량으로 구매했다.[44]

초기의 산업 성장

독립 이후 정부가 시장개방 정책을 채택함에 따라 식민지 말기에 공산품 생산을 장려하는 조치들이 무력화되었다. 독립 이전에도 브라질 시장 접근에 대한 특권을 누렸던 영국 제품이 확연하게 늘어났다. 1820년대에 통상협정이 체결된 이후 여타 유럽 국가와 미국 상품의 유입도 증가했다.[1] 1828년 수입관세율은 15%로 설정되었는데, 이는 자유주의 무역 시대를 선도하는 것이었다.

그러나 1840년대에 관세가 다시 인상되었고, 1844년 평균 관세율은 가격 기준으로 30%를 상회했다. 수입관세 인상의 주요 목적은 정부의 재정수입 증가였으나, 관세 인상의 보호주의 효과로 인해 다수의 섬유 회사가 설립되는 결과를 낳았다. 브라질 기업이 사용하는 원자재 및 기계류 수입은 관세가 면제되었다. 브라질 기업은 소비세도 면제받았다.[2] 1852년에 64개 공장과 작업장이 이러한 특혜를 받았다. 이 기업들은 섬유, 의류, 비누, 맥주, 주조, 유리제품, 가죽제품 등 광범위한 분야에 걸쳐 있었다.

1857년에 커피 이익집단의 압력으로 인해 일부 보호주의 정책이 폐지되고 관세율도 낮아졌다. 그러나 1860년대에는 재정적인 이유로 관세율이 다시 평균 50% 수준으로 인상되었으며, 이후 20년 동안 추가적인 보호무역 조치가 도입되었다.

19세기 중반에 소수의 생산시설이 특히 섬유 부문에 집중되어 있었다. 1844년의 관세율 인상과 기계 수입에 대한 특혜 제공을 계기로 1840년대 중반에 많은 섬유 회사가 설립되었다. 1870년대 전반에는 리우데자네이루와 상파울루 지역에서도 다수의 섬유 회사들이 설립되었다. 1885년까지 브라질에는 총 48개의 섬유 회사가 있었다. 그러나 당시 이들 회사 전체의 고용 인원이 3천 명을 약간 넘는 수준에 그치는 등 브라질 경제에 미치는 영향은 그리 크지 않았다.[3]

1880년대에 브라질의 산업이 크게 성장했고, 그 이후 30년 동안 이러한 추세가 지속되었다. 예를 들어, 1885년과 1905년 사이에 면화 생산량이 10배 이상 증가했고 다음 10년 동안에도 2배 더 증가했다(〈표 3.1〉 참조). 1914년 직전에 섬유 생산량은 이미 국내 소비의 85% 수준에 이르렀다. 1912년 의류, 신발, 음료, 담배 제품의 총생산량은 1929년 생산량의 약 40% 수준이었다(〈표 3.2〉 및 〈표 3.3〉 참조). 1920년대 후반에 브라질의 섬유 공장이 국내 수요의 90% 정도를 공급하고 있었다는 것을 감안할 때, 1914년 이전의 높

표 3.1 | 면화 직물 산업의 생산 추이: 1853~1948년

	생산시설 수	노동자 수	생산량(1천 미터)
1853	8	424	1,210
1866	9	795	3,586
1885	48	3,172	20,595
1905	110	39,159	242,087
1915	240	82,257	470,783
1921	242	108,960	552,446
1925	257	114,561	535,909
1929	359	123,470	477,995
1932	355	115,550	630,738
1948	409	224,252	1,119,738

자료: Stanley Stein, *The Brazilian Cotton Manufacture: Textile Enterpriseinan Underdeveloped Area, 1850-1950* (1957), p. 191.

표 3.2 | 실질생산지표: 1911~19년

(1929=100)

	섬유	의류, 신발, 기타 섬유	음료	담배	총계[a]
1911	75.4	41.7	37.2	38.2	60.9
1912	79.2	47.3	47.0	42.5	65.8
1913	76.5	46.8	53.8	46.6	65.3
1914	62.0	35.4	48.4	42.2	53.5
1915	91.9	38.9	38.6	40.9	70.8
1916	86.4	47.2	40.8	53.3	70.6
1917	100.9	52.2	38.6	41.3	78.5
1918	91.0	52.1	40.2	46.4	73.4
1919	105.6	54.0	48.8	65.0	85.4

자료: Villela and Suzigan, *Política do Governo e Crescimento da Economia Brasileira, 1889-1945* (1973), p. 432.
주: a. 이 열의 지수 계산에 1919년 가중치 사용.

은 생산량은 그 당시에도 이미 섬유 소비량의 상당 부분이 국내 생산자들에 의해 공급되었다는 것을 시사하는 것이다.[4]

〈표 3.4〉에서 알 수 있듯이, 자본형성capital formation과 관련된 지표들도 1914년까지 계속 증가(1901년 이후 자료만 이용 가능)했고, 제1차 세계대전이 발발하기 5년 전 무렵부터 매우 높은 수준을 유지했다. 예를 들어 이 기간에 시멘트 소비량은 12배(1901년 3만 7,300

표 3.3 | 산업생산지수: 1920~39년

(1929=100)

	1920	1921	1922	1923	1924	1925	1926	1927	1928	1929
총계	78.0	77.1	89.1	106.4	88.9	89.6	88.8	95.9	103.5	100.0
광업	126.8	99.8	108.4	94.2	81.3	93.6	95.8	85.7	104.7	100.0
제조업 합계	76.9	76.6	88.7	106.7	89.1	89.5	88.6	96.1	103.4	100.0
비금속광물	93.0	101.6	10.9	132.0	125.9	87.9	82.7	70.8	97.8	100.0
금속제품	43.7	46.2	47.5	59.7	51.7	62.7	56.1	53.1	78.0	100.0
종이제품	n.a.	n.a.	n.a.	n.a.	n.a.	n.a.	67.7	51.2	84.1	100.0
가죽제품	n.a.	n.a.	n.a.	n.a.	n.a.	n.a.	n.a.	n.a.	106.8	100.0
화학	55.5	52.1	58.7	79.4	82.8	87.8	96.8	105.1	108.8	100.0
향수, 비누	47.5	46.5	62.6	72.6	84.0	73.0	73.1	97.1	112.9	100.0
섬유	106.6	104.1	116.7	116.5	110.2	105.8	105.6	122.1	123.9	100.0
의류, 신발	61.7	55.0	63.6	65.6	77.8	76.2	72.9	86.6	95.5	100.0
식품	63.2	66.7	86.2	77.8	79.2	86.7	88.3	90.2	93.4	100.0
음료	64.2	63.2	73.2	76.1	70.0	75.5	81.0	92.6	96.4	100.0
담배	67.6	61.5	72.4	70.2	67.0	85.8	69.5	81.6	91.7	100.0
	1930	1931	1932	1933	1934	1935	1936	1937	1938	1939
총계	95.2	103.1	103.4	118.6	133.9	152.9	174.9	187.1	199.4	224.6
광업	91.1	85.8	82.3	86.2	85.0	96.3	104.5	128.3	140.1	137.7
제조업 합계	95.3	103.5	103.9	119.3	135.1	154.2	176.5	188.4	200.7	226.6
비금속광물	87.8	151.2	145.4	208.9	282.5	332.0	426.5	498.6	558.3	619.5
금속제품	81.9	71.9	90.2	130.5	155.3	172.2	202.0	225.3	274.1	397.7
종이제품	80.3	120.7	102.2	238.8	290.8	424.1	459.7	564.9	566.6	781.9
가죽제품	,121.0	118.7	107.8	137.2	146.1	172.8	152.8	175.3	160.1	161.0
화학	100.3	66.4	73.4	82.7	79.2	105.0	113.2	133.6	138.3	151.2
향수, 비누	77.9	77.0	95.6	107.8	153.7	157.0	285.9	221.0	255.9	259.2
섬유	97.2	125.6	127.4	131.0	145.7	165.4	195.8	207.5	219.8	247.0
의류, 신발	70.8	75.0	67.3	71.2	74.6	94.7	110.9	121.0	113.8	124.8
식품	107.9	102.3	99.3	111.6	116.9	128.6	132.4	120.9	125.5	124.9
음료	83.5	70.3	76.3	79.8	81.7	97.3	107.7	110.4	110.5	129.6
담배	86.7	87.7	85.5	88.5	135.5	102.0	121.2	143.4	148.4	120.3

자료: Villela et al., *Aspectos do Crescimento da Economia Brasileira, 1889-1969*, vol. 1 (1971). 추정치는 다음
자료를 참조. FIBGE, *Anuario Estatistico do Brasil*, 1939/40; IBGE, *Rencenseamento Geral do Brasil* (1920:
1940); 농업부, 통계국.
주: 각 산업 그룹별 지수는 센서스 해인 1919년과 1939년의 제조업 부가가치 비중으로 가중평균.

톤에서 1913년 46만5,300톤으로), 철강 소비량은 8배(6만9,300톤에서
58만9천 톤으로), 자본재 수입은 거의 4배 증가했다. 그 이후 기간의
산업 성장이 어떠했는가는 1920년 센서스 자료를 통해 확인할 수
있다(〈표 3.5〉 참조). 이 자료는 1919년까지의 정보를 반영하고 있
다. 1919년 말 기준으로 1만3,336개의 산업 시설이 있었고, 이 중

표 3.4 ┃ 자본형성 지표

	시멘트 소비량 (1천 톤)	철강 소비량 (1천 톤)	자본재 수입 지수 (1939=100)
1901	37.3	69.3	56.8
1902	58.8	107.0	31.7
1903	63.8	111.2	38.0
1904	94.0	127.3	41.3
1905	129.6	170.6	62.3
1906	180.3	220.3	66.1
1907	179.9	295.0	93.0
1908	197.9	267.6	96.4
1909	201.8	304.5	102.9
1910	264.2	362.3	118.7
1911	268.7	369.2	153.6
1912	367.0	506.6	205.3
1913	465.3	589.3	152.5
1914	180.8	200.5	63.4
1915	144.9	95.2	25.2
1916	169.8	96.9	32.2
1917	98.6	87.0	32.0
1918	51.7	50.0	36.9
1919	198.4	155.1	64.6
1920	173.0	279.7	108.1
1921	156.9	200.7	125.8
1922	319.6	201.6	91.5
1923	223.4	219.4	119.4
1924	317.2	349.6	151.0
1925	336.5	373.5	209.2
1926	409.7	399.4	154.7
1927	496.6	435.8	124.3
1928	544.2	483.1	133.2
1929	631.5	514.3	184.7
1930	471.7	259.2	99.7
1931	281.4	143.9	33.6
1932	310.0	165.7	28.9
1933	339.4	277.0	47.4
1934	449.6	343.6	82.9
1935	480.4	345.4	123.7
1936	563.3	386.7	114.5
1937	646.3	505.4	143.2
1938	667.5	355.7	122.5
1939	732.6	429.8	100.0
1940	759.2	414.5	56.4
1941	776.8	368.3	86.5
1942	818.8	262.8	67.1
1943	753.4	325.5	176.1
1944	907.4	492.6	166.7
1945	1,025.5	465.6	82.7

자료: Villela and Suzigan, *Política do Governo e Crescimento da Economia Brasileira, 1889-1945*, Serie Monográfica, no. 10, 2nd ed. (1973), p. 437; 철강: 농업부, 시멘트: 시멘트산업협회 통계국; 자본재 수입: 재무부 경제금융통계국.

표 3.5 | 설립일 기준 산업 시설: 1920년

설립 시기	산업 시설		산업 시설별 노동자 수	노동자당 마력	생산액(%)
	숫자	비율			
1884년까지	388	2.91	76	1.01	8.7
1885~89	248	1.86	98	1.48	8.3
1890~94	452	3.39	68	1.08	9.3
1894~99	472	3.54	29	1.05	4.7
1900~04	1,080	8.10	18	1.01	7.5
1905~09	1,358	10.18	25	1.17	12.3
1910~14	3,135	23.51	17	1.15	21.3
1915~19	5,936	44.51	11	1.02	26.3
(연대 미상)	267	2.00	16	1.77	1.6
합계	13,336	100.0	20[a]	1.13[a]	100.0

자료: *Recenseamento do Brasil*, vol. 5, Indústria (1919), p. 69.
주: a. 가중평균

55.4%가 1914년 이전에 설립된 것들이었다. 근로자 수 또는 근로자 1인당 설치된 가용 에너지 기준에 따르면, 제1차 세계대전 이전에 설립된 기업들이 전쟁 기간에 설립된 기업들보다 규모도 더 컸다(〈표 3.5〉 참조).

이 시기의 산업구조는 경공업 중심이었다. 섬유, 의류, 신발, 식품 산업이 1907년 산업생산의 57% 이상을 차지했고 이 비중이 1919년에는 64% 이상으로 증가했다.

초기의 산업 성장의 원동력은 자유민 이주노동자를 기반으로 한 커피 붐이었다. 커피 농장주와 외국자본이 커피 부문을 지원하기 위한 인프라(철도, 발전소 등) 투자에 자금을 지원했다.[5] 이러한 투자가 지역의 산업생산 증가를 위한 여건을 마련해 주었으며, 지역에서 생산된 부품에 대한 수요도 창출했다. 커피와 커피 관련 분야에 고용된 대규모 이민자 집단은 저가 소비재 시장을 형성했다. 워렌 딘은 상파울루에서 일어난 상황에 대해 다음과 같이 기술했다.

> 가격에 비해 무게가 너무 많이 나가서 아무리 초보적 기술이라도 현지에서 생산하는 것이 유럽에서 수입하는 것보다 저렴한 상품을 제일 먼저 생산했다. …… 가장 중요한 활동은 면, 가죽, 설탕, 시리얼, 목재와 같은 현지 농산물이나 진흙, 모래, 석회, 석재와 같은 비금속광물을 사용했다.[6]

초기 브라질의 생산업자들 대부분은 수입업자들이었다. 이들은 수입 활동을 하다가 어느 단계에 이르면 수입보다 국내에서 생산하는 것이 더 수익성이 높다는 것을 깨달았다. 특히 직물의 경우가 그러했다. 예를 들어 19세기에 설립되어 1917년에도 계속 영업을 하고 있는 13개 섬유 회사의 소유주가 모두 수입업자였다.[7] 이 회사들은 수입업자와 커피 농장주 모두로부터 자금을 조달했다. 또한 수입업자는 유럽 채권자들로부터 기계류 수입을 위한 자금을 조달하는 데 유리한 위치를 점하고 있었다.

일부 연구자들은 1890년대에 인플레이션을 유발하는 과도한 신용 확장(엥실랴멩뚜encilhamento)이 새로운 생산 기업 설립에 기여했다고 주장했다.[8] 그러나 다른 연구자들은 기존의 증거가 이 가설을

지지하지 않는다고 주장했다.[9]

1840년대 이후 가끔 시도된 관세 보호조치는 산업 성장에 크게 기여하지 못한 것으로 보인다.[10] 이따금 시행된 특정 부문에 대한 정부의 직접 지원도 마찬가지였다. 그러나 특정 부문(철도, 철강 회사에 대한 특별 양허 및 보조금)의 경우 정부의 직접지원이 중요했다는 것은 분명해 보인다. 마지막으로 띄엄띄엄 실시된 영국 파운드화에 대한 브라질 통화의 평가절하는 수입품 가격을 인상해 산업 성장을 촉진했다.[11]

앞서 살펴본 통계에서 제1차 세계대전 이전 8년 동안 생산능력이 크게 증가한 것에 주목할 필요가 있다. 〈표 3.4〉에서 알 수 있듯이, 자본형성 관련 모든 지표는 그 어느 때보다도 급격히 증가했다. 이러한 폭발적 성장은 부분적으로 그 당시 브라질의 수입 역량이 증가한 것에 기인했고, 1905~13년 동안 영국 파운드화에 대한 브라질 통화의 평가절상도 도움이 되었다. 특히 브라질 통화의 평가절상으로 외국 상품의 가격이 인하되고, 기계류 수입이 크게 증가했다. 근로자 1인당 마력(〈표 3.5〉)을 기준으로 볼 때, 1905~14년에 설립된 회사는 그 이전이나 제1차 세계대전 기간에 설립된 회사보다 더 자본집약적이었다(1885~1989년에 설립된 소수의 회사 제외). 또한 1920년에 이 회사들의 생산량이 1885~1904년 이전 또는 그 이후에 설립된 회사들보다 더 많았다.[12]

표 3.6 | 지수를 통해 본 브라질 수입의 급속한 변화

기간	소비재	원자재	연료	자본재	합계
1911~1913	100.0	100.0	100.0	100.0	100.0
1914~1918	45.1	47.8	65.0	22.2	44.6

자료: Villela et al., *Aspectos do Crescimento da Economia Brasileira, 1889-1969*, vol. 1 (1971), p. 174.
주: 연평균 수입액 기준 지수.

제1차 세계대전

최근까지 브라질 경제를 연구하는 대부분의 학자들은 제1차 세계대전이 산업생산과 생산능력 증가에 큰 영향을 미쳤다고 주장했다.[13] 그러나 이용 가능한 모든 자료를 면밀히 검토해 보면, 제1차 세계대전이 산업 발전의 촉매 역할을 하지 않았다는 것을 알 수 있다. 왜냐하면 이 시기에 해상운송의 중단으로 인해 생산능력 증대에 필요한 자본재 수입이 어려워졌고, 브라질에는 이러한 자본재산업이 존재하지 않았기 때문이다.

〈표 3.4〉의 세 가지 투자 관련 지표 역시 전쟁 중에 큰 폭으로 하락한 것을 암시하고 있다. 시멘트 소비량은 1913년 46만5천 톤에서 1918년 5만1,700톤으로 감소했다. 같은 기간에 철강 소비량이 58만9천 톤에서 5만 톤으로 감소했다. 자본재 수입 지수는 1912년 205.3에서 1917년 32.0으로 감소했다. 〈표 3.6〉은 1911~13년과 1914~18년 기간의 품목별 수입 변화를 비교 분석한 것인데, 다른 품목보다 자본재 품목의 수입이 가장 많이 감소한 것으로 나타났다.

〈표 3.2〉가 제시하고 있는 생산지표를 살펴보면, 섬유와 의류·신발 생산량이 크게 증가했고, 음료와 담배 생산량은 거의 변하지 않은 것을 알 수 있다. 1919년에 이 부문들이 전체 부가가치의 약 50%를 차지하고 있었다. 식품 산업은 연도별 자료가 부족해서 이 표에 포함되지 않았는데, 섬유 다음으로 가장 중요한 생산 활동 부문이었다. 식품 산업은 1907년 전체 부가가치의 19%를 차지했고, 1919년에는 이 비중이 20.5%였다. 식품 산업은 전쟁이 발발하기 5년 전에 생산능력이 크게 확장되었는데, 특히 설탕 정제 및 육류 포장 공장이 늘어났다. 육류 포장 공장은 1910~14년 동안 전력 생산능력이 거의 2배로 확대됨에 따라 성장이 촉진되었다.

제1차 세계대전의 영향은 브라질의 산업생산 능력을 확장하고 변화시키는 것이 아니라 오히려 전쟁 이전에 만들어진 식량 및 섬유 생산설비의 가동률을 높이는 것이었다. 생산량 증가분은 주로 국내경제에 공급되었지만 일부 직물은 아르헨티나 및 남아프리카에 수출되었고 설탕과 냉동육은 라틴아메리카 여러 나라로 보내졌다. 그러나 이 시기의 수출 물량은 제2차 세계대전 당시의 수출 성과와 비교하면 매우 적은 규모였다.

1920년대

1920년대 브라질 경제의 역동성은 커피 수출 붐에 기초하고 있었다. 커피의 수출 비중은 1919년 56%에서 1924년 75% 이상으

로 상승했다. 같은 기간 수출이 국민총생산GNP에서 차지하는 비중
은 5.7%에서 12.5%로 증가했다. 국제수지가 10년 동안 호조를 보
이면서 브라질 통화가 약간 절상되고 국내 물가수준도 상승함에 따
라 국내 산업이 누리고 있던 보호조치의 효과가 감소되었다.[14]

1920년대는 일반적으로 산업부문이 비교적 느리게 성장한 시기였
다. 산업생산 연평균 성장률은 1911~20년에 4.6%에서 1920~29
년에는 3%로 하락했다. 특히 섬유 생산은 매우 느린 성장을 보였다
(〈표 3.3〉 참조). 당시 직물은 가장 중요한 산업부문이었기 때문에
이 부문의 침체는 브라질 산업이 전반적으로 약세를 보였다는 것을
시사한다. 그러나 좀 더 면밀히 검토해 보면, 다른 하위 산업부문의
성장 속도가 빨라지고 산업 다각화 추세가 나타나고 있었다. 식품,
모자, 신발과 같은 일부 전통적 산업 분야는 1924~25년에 생산량
이 감소했지만 1926년 이후 회복되었다. 반면에 화학, 야금, 담배
등 새로운 분야는 상당한 성장을 경험했다. 섬유 이외의 제조업 부
문은 1925년에서 1929년 사이 수년간 산업 평균보다 높은 성장률
을 보였다.[15]

소규모 철강회사와 기타 자본재 기업이 새로 출현함에 따라 금속
제품 생산이 급속히 확대되었다. 물론 1920년대 초에 야금 부문의
규모가 작았기 때문에 성장률이 높게 나타난 측면도 있었다. 1920
년대 후반에는 국내 시멘트 생산이 시작되었다. 1924년에 시멘트
회사가 설립되어 2년 후인 1926년에 가동되기 시작했고, 시멘트
생산량은 1926년 약 3만 톤에서 1929년에는 9만6천 톤으로 증가
했다.[16]

1920년대의 산업 다각화는 여러 요인에 기인했다. 첫째, 제1차 세계 대전 이전에 존재했던 많은 수리업체가 전쟁 중에 사업을 확대했고, 전쟁 후에 그들의 이익을 재투자해 생산능력을 증가시켰다. 둘째, 외국자본은 시멘트, 철강, 다수의 내구성 소비재(대부분 조립 공장) 부문에 진입했다. 셋째, 정부는 새로운 부문의 기업체들에게 기계설비 수입에 대한 면세, 저금리 보장 대출 등과 같은 특별 지원을 제공했다.[17]

〈표 3.3〉의 산업생산 증가와 〈표 3.4〉의 자본형성 지표를 비교하면 몇 가지 흥미로운 관계를 알 수 있다. 1920년대에 생산이 상대적으로 느린 속도로 증가한 반면, 자본재 수입은 극적으로 증가해 제1차 세계대전 이전보다 높아졌다. 또한 주목할 만한 것은 투자활동의 신뢰할 수 있는 지표인 시멘트 및 철강의 소비가 크게 증가한 것이다. 브라질은 이 시기에 연간 산업생산은 완만하게 증가하면서 투자활동은 급격히 증가한 것이 분명해 보였다. 이것은 1920년대의 섬유 생산과 섬유 기계의 수입을 대조해 보면 특히 두드러진다(〈표 3.1〉과 〈표 3.7(a)〉 참조). 1921~29년 동안 섬유 생산량은 감소했지만, 섬유 기계 수입은 제1차 세계대전 이전 수준으로 상승했다. 〈표 3.7(b)〉는 섬유 기계와 기타 기계의 수입을 비교한 것인데, 1920년대 후반에 기타 기계 수입은 지속적으로 증가했으나, 섬유 기계 수입은 감소한 것을 보여 준다. 특히 이러한 수입의 변화는 새로운 산업부문에 대한 투자활동을 나타내는 것이다.

플라비우 베르시아니에 따르면, 산업 성장은 환율 변동과 정부 정책의 영향을 받았다. 제1차 세계대전 직후 세계 커피 가격 하락

표 3.7 । 기계류 수입

(a) 섬유 기계 수입(메트릭 톤)

1913	13,345	1921	6,295	1928	6,244
1915	2,194	1922	6,635	1929	4,647
1916	2,450	1923	8,838	1930	1,986
1917	2,002	1924	10,192	1933	2,051
1918	2,932	1925	17,859	1934	4,112
1919	2,753	1926	10,430	1935	3,875
1920	4,262	1927	6,744		

자료: Stein, *The brazilian Cotton Manufacture* (1957), p. 124.

(b) 산업 기계 수입(1천 파운드)

	섬유 기계	기타 기계
1918	314	760
1919	416	1,189
1920	752	3,587
1921	954	3,137
1922	839	1,443
1923	934	1,537
1924	1,128	2,44
1925	1,778	3,433
1926	1,050	3,306
1927	740	2,985
1928	755	3,415
1929	562	4,095
1930	283	2,220

자료: Flavio R. Versiani, "Before the Depression," 1929년 대공황이 라틴아메리카에 미친 영향에 대한 워크숍 자료, St. Antony's College, Oxford (1981년 9월 21~23일), p. 169. 자료는 *Comercio Exterior do Brasil* (각 년 호)에서 베르시아니가 추출한 것이다.

과 화폐 공급의 급속한 증가로 인해 브라질의 통화가치가 급격히 하락했다. 1924년에서 1926년 사이에는 긴축통화정책의 결과로 통화가치가 다시 상승했고, 그 이후에는 정책이 완화됨에 따라 다시 하락했다. 베르시아니는 다음과 같은 사실을 발견했다.

총소득에서 커피 수출이 차지하는 비중을 감안할 때, 커피 가격안정화 계획의 성공은 전반적인 생산 활동 수준에 긍정적인 영향을 미쳤다. 한편, 통화정책은 1924~26년과 1929~30년에 매우 긴축적이었다. 환율을 살펴보면, 1920년대 초와 1926~29년 기간에 브라질 통화가 평가절하되어 국내 생산자들의 경쟁력을 증진시켰다. 그러나 1923~26년 동안 밀레이스milreis화 의 평가절상은 반대의 결과를 가져왔다. 마지막으로 관세정책은 수입품의 상대가격이 낮아지도록 허용함에 따라 국내 산업에 해를 끼쳤다.[18]

베르시아니는 또한 환율의 움직임이 언제나 예상되는 효과를 가져 온 것은 아니라는 것을 보여 준다. 예를 들면 다음과 같다.

1910년부터 1923년까지 영국의 파운드화 가치는 떨어지고 브라질의 밀레이스화 가치도 낮아졌다. 이러한 통화가치 변동이 수입품의 국내 가격 움직임을 커지게 만들었다. 그 이후 3년 동안은 파운드화와 밀레이스화 가치 변동이 모두 수입품의 국내 가격을 낮추는 방향으로 움직였고, 그 결과 1923년부터 1926년까지 실질가격이 절반 수준으로 낮아졌다.[19]

저렴하고 우수한 품질의 외국 상품 유입은 산업생산의 느린 증가를 부분적으로만 설명해 준다. 〈표 3.8〉의 수입 구조 변화를 살펴보면, 전쟁 기간 동안 식품과 음료 수입이 급격히 감소하고 1920년대까지 지속되었다는 것을 알 수 있다. 반면, 섬유 수입은 다소 회

 당시 브라질의 통화 단위.

표 3.8 | 브라질 수입구조 변화: 1901~29년

			(%)
수입 범주	1901~10	1911~20	1921~29
광업	6.2	8.8	5.5
제조업	83.6	78.7	80.8
금속제품	12.3	13.0	13.8
기계류	4.8	4.7	7.4
전기장비	1.0	1.8	3.0
수송장비	2.6	4.0	8.0
화학	5.6	9.0	11.9
석유제품	15.1	10.9	12.1
식품	19.4	12.8	8.9
음료	6.0	4.1	2.1
비공산품(주로 밀)	10.2	12.5	13.7
합계	100.0	100.0	100.0

자료: Villela et al., *Aspectos do Crescimento da Economia Brasileira, 1889-1969*, vol. 1 (1971), p. 115.

복되었는데, 이는 국내 제품과 수입품의 경쟁을 시사하는 것이다. 또한 자본형성과 관련된 제품의 수입 비중이 가장 눈에 띄게 증가한 것을 알 수 있다.

느린 산업 성장은 특히 직물 부문의 경우 전쟁 기간 동안 국내 생산이 급증한 것에 일부 기인할 수 있다. 즉, 전쟁 기간 동안 국내에서 제조된 상품에 대한 시장이 형성될 것으로 예견됨에 따라 이 시기에 가동률이 높아진 것이다. 바꾸어 말하면, 상품 공급을 위한 전시의 생산능력 가동률 증가가 전쟁이 끝난 이후 기간에도 오랫동안 지속되었다는 것이다. 따라서 전후의 성장이 느린 부분적인 이유는 전쟁이 없었을 경우의 '정상적' 국내 생산 증가가 1914~19년 기간 중에 앞서서 일어났기 때문이다.

1920년대 생산 능력의 실질적인 증가는 제1차 세계대전에 기인한 것일 수도 있다. 첫째, 전시의 생산 증가가 기존 생산설비의 집중적인 사용을 통해 이루어졌고 설비에 대한 대체투자도 없었기 때문에 1920년대의 투자는 기존 설비의 대체와 수리를 위한 것이었을 수 있다. 둘째, 이 통계자료는 시차를 두고 가속화되는 현상이 나타난 것을 암시하고 있다. 즉, 생산량의 증가가 특히 섬유 부문에서 생산자들이 국내시장이 더 커질 것이라는 기대를 갖게 만들었고, 따라서 이들이 설비를 주문했는데 1920년대에 이 설비들이 인도되었다는 것이다.[20]

대공황

1930년대의 대공황은 브라질 수출에 심각한 영향을 미쳤다. 브라질 수출은 1929년 4억4,590만 달러에서 1932년에는 1억8,060만 달러로 감소했다.

1931년 커피 가격은 1925~29년 평균가격의 3분의 1이었고, 교역조건은 50% 악화되었다. 수출의 감소와 더불어 외국자본유입도 급감해서 1932년에는 거의 완전히 중단됐다. 민간기업의 해외 이윤 송금은 제외하더라도 수출 감소와 외채(1931년에 13억 달러 상회) 상환에 필요한 막대한 외환으로 인해 정부는 과격한 조치를 단행할 수밖에 없었다. 1931년 8월에 정부는 외채 상환을 중단하고 채무 재조정 협상을 시작했다. 브라질은 라틴아메리카에서 외환통제와 기타 직접 통제를 최초로 도입한 국가이기도 했다. 수입가격 상승을 초래한 통화가치 절하와 더불어 수입에 대한 직접 통제로 인해

수입 규모는 1929년 4억1,660만 달러에서 1932년에는 1억8,110만 달러로 하락했다.[21]

대공황 초기에 커피가 총수출의 71%, GNP의 10%를 차지했기 때문에 정부의 주된 관심사는 커피 부문을 지원하는 것이었다. 대공황과 더불어 세계 커피 수요는 급속히 하락했으나, 1920년대의 재배면적 확대로 인해 커피 생산량은 급격히 증가했다.[22] 세계 커피 시장 수요와 가격 하락의 영향으로부터 커피 부문과 나아가서는 국가경제를 보호하기 위해 커피 지원 프로그램이 주정부(주로 상파울루)에서 연방정부로 이관되었다. 1931년 5월에 전국커피위원회 Conselho National Café가 설립되었다. 이들은 커피를 전량 구매해 팔거나 저장할 수 없는 대량의 커피를 파기했다. 정부는 커피 부문을 보호하기 위해 특히 상파울루 주에서 부채에 시달리는 농가의 빚의 일부를 대신 상환해 통화량을 늘리고 채무자가 지불을 연기할 수 있도록 지원했다. 경제 재조정Reajustamento Econômico이라고 알려진 이 프로그램을 통해 농가 부채 50%가 축소되었다.[23]

브라질 농업에 대한 대공황의 부분적 충격 흡수제 역할을 한 또 다른 요소는 특히 상파울루 주의 경우 면화 생산의 급속한 성장이었다. 1920년대에 상파울루 주정부는 면화 재배 연구를 장려해 섬유질의 품질을 향상시켰으며 1930년대에는 많은 양의 종자를 배포했다. 주정부가 국내 및 국제 마케팅을 지원하고 면화의 상대가격이 상승해 1930년대에 면화 생산이 크게 증가했다. 1933년 이전에 브라질은 매년 1만 톤 이하의 면화를 생산했으나, 1934년에 상파울루 주에서만 9만 톤의 면화를 수확했다. 1929년에서 1940년 사이에 전 세계 면화 재배면적 중 브라질이 차지하는 비중이 2%에서 8.7%로 증가했으며, 브라질이 면화 수출량에서 차지하는 비중은 1920년 말 2.1%에서 1935~39년에는 18.6%로 증가했다.[24]

대공황 시기의 산업 성장

대공황 시기의 수입 감소와 커피 지원 프로그램에 의한 소득으로 창출된 국내 수요로 인해 공산품 부족과 이로 인한 공산품의 상대가격 상승이 야기되었다. 이것이 국내 산업생산이 폭발적으로 증가하는 촉매제 역할을 했다.

〈표 3.3〉에서 알 수 있듯이 1928년부터 침체를 보이던 산업생산이 1931년에는 완전히 회복되었고 그 후 8년 동안 2배 이상 증가했다. 특히 1939년까지 빠른 증가세를 보인 주목할 만한 분야는 섬유(1929년 대비 147%), 금속제품(1929년 대비 거의 3배). 종이제품(1929년 대비 약 7배)이었다.

자본형성 지표(〈표 3.4〉)를 살펴보면 1930년대 후반까지 투자 규모가 1920년대 수준에 못 미쳤다는 것을 알 수 있다. 1932년 자본재 수입은 제1차 세계대전 기간 중 가장 낮은 수준에 이르렀고, 그 이후에는 서서히 상승했지만 결코 1920년대의 최고점에 이르지 못했다. 1931년에 시멘트 소비(1929년 수준의 50% 미만으로 감소)와 철강 소비 모두 급감했지만, 1937년에 이전의 최고 수준을 회복했다.

제1차 세계대전 때와 마찬가지로 1930년대 상반기의 산업생산량 증가는 그동안 충분히 활용되지 않고 있었고, 그 이전 시기에 건설된 기존 생산설비의 가동률 증가에 기반을 두고 있었다고 결론지을 수 있다. 1930년대 후반이 되어서는 산업생산의 증가와 생산능력 확장이 동시에 이루어졌다. 소규모 제철소와 특히 몽레바지Monlevade에 위치한 베우구-미네이라Belgo-Mineira의 신규 제철소 개장과 더불어 철강 생산능력이 증가했다.[25] 이와 마찬가지로 새로운 시멘트 회사들이 출현했고, 제지 생산능력도 매우 빠르게 증가했다.

셀수 푸르따두는 커피 지원 정책을 일종의 케인스식 경기 대응 프로그램으로 간주한 최초의 경제학자이다. 그는 커피 지원 프로그램이 신용 확장을 통해 자금을 조달했다고 주장한다.[26] 최소 가격 보장을 통해 커피 부문과 이와 간접적으로 관련된 국내 부문의 고용 수준을 유지할 수 있었다. 커피 생산량이 계속해서 증가함에 따라 해당 부문의 수입이 가격 하락 폭보다 덜 떨어질 수 있었다.[27] 따라서 푸르따두는 다음과 같이 언급했다.

파괴된 제품●의 가치가 창출된 소득보다 훨씬 적다는 점에 주목하는 것이 중요하다. 우리는 케인스가 나중에 언급한 유명한 피라미드를 실제로 만들었다.●● 이런 방식으로, 대공황 때의 커피 지원 정책이 국민

───────────

● 커피

●● 케인스는 정부지출을 통해 경제의 생산능력을 증가시키지 않으면서 완전고용을 달

소득 증대의 주요 자극제가 되었다. 브라질은 의식하지 못한 채로 그때까지 선진국에서 시행된 것보다 더 큰 규모의 경기 대응적 정책을 수행했다.[28]

커피를 구매하고 남는 커피를 부분적으로 파괴하기 위해 경제에 투입된 돈과 그로 인해 창출된 소득이 투자지출 감소를 상쇄시켰다.[29]

푸르따두는 국내 소득과 구매력의 유지, 수입의 감소, 그리고 그에 따른 산업재의 상대가격의 상승이 국내시장을 활성화해 경제의 역동적 성장을 가능하게 만들었다고 주장했다. 산업부문의 생산능력이 여유가 있었고, 자본재산업 규모가 작았기 때문에 국내 수요의 증가는 바로 국내 생산 증가로 이어졌고, 이는 다시 국내 소득을 유지하고 그다음에는 이를 증가시키는 데 기여했다.

푸르따두에 대해 가장 비판적인 까를루스 뻴라에스는 이러한 주장을 여러 가지 방식으로 반박하려고 시도했다.[30] 그는 커피를 구입한 자금 대부분을 커피 수출세로 조달했다고 주장했다. 따라서 커피 지원 프로그램은 케인스 방식의 경기 대응적 메커니즘으로 간주될 수 없다는 것이었다.

또한 정부가 정통적 통화정책을 추진하고 있었기 때문에 브라질은행이 프로그램 지원을 위해 제공한 신용은 반드시 다른 부문에 대한 신용 감소를 수반했고, 따라서 순신용 창출은 거의 없었다는

성할 수 있으며, 그 예로 고대의 피라미드 건설이나 군사비 지출 등을 들었다.

것이다. 마지막으로, 삘라에스는 인위적으로 상대적 수익성을 왜곡했기 때문에 커피 지원 프로그램이 국가의 산업화에 지장을 초래했다고 주장했다.[31]

시머웅 시우베르는 이 문제를 다룬 실증연구에서 이러한 이슈들을 명확히 하고, 비록 그의 연구가 완전한 것은 아니지만 푸르따두의 분석이 기본적으로 정확하다는 것을 밝혔다.[32] 시우베르는 삘라에스의 주장에 상당한 의문을 제기했다. 예를 들어, 그는 1931년 5월부터 1933년 2월까지의 기간 동안 커피 구매 자금의 65%가 수출세로 조달된 것을 확인했다. 그러나 시우베르는 1933~34년 기간을 추가할 경우 커피 구매 자금의 48%만이 수출세로 조달되었음을 발견했다.[33] 또한 커피 생산 부문이 수출세를 전부 부담하는 것이 아니라 커피 소비자도 함께 부담(커피의 낮은 수요 탄력성에 기인)했기 때문에 커피 부문에 대한 세금의 순효과는 삘라에스가 주장한 것보다 작았다.[34]

또한 삘라에스는 수출자의 소득을 지원하기 위한 평가절하의 중요성과 커피 지원 프로그램이 교역조건이 악화되는 것을 막아 주었다는 사실을 무시했다. 이와 더불어 시우베르는 통화량이 10년 동안 100% 이상 증가했고 재정수지가 자주 적자를 보였다는 것을 감안하면, 1930년대의 통화정책이 정통적이지 않았다는 것을 보였다.[35]

마지막으로, 1930년대 커피 산업의 방어를 위한 조치가 어떻게 산업 발전을 저해했는지 확인하기는 어렵다. 커피 부문의 방어로 인한 총수요의 증가가 이로 인한 감소보다 더 커서 산업부문에 더 많은 투자가 이루어질 수 있었다.

제2차 세계대전

제1차 세계대전과 대공황 시기의 전반 5년 동안과 마찬가지로 제2차 세계대전 시기에 브라질의 산업생산 능력은 거의 확장되지 않았고, 생산량은 증가했다. 1939~45년 동안 산업생산은 연평균 5.4% 증가했다. 특히 이 기간 동안 금속제품(9.1%), 섬유(6.2%), 신발(7.8%), 음료·담배(7.6%)의 생산이 크게 증가했는데, 모두 수입이 급속히 감소한 부문들이었다. 운송장비 부문은 생산이 크게 감소(-11%)했는데, 이 부문은 수입이 없으면 생산능력을 완전히 가동할 수 없었기 때문이었다. 투자활동은 처음에는 감소했지만 1945년에 다시 상승했다(〈표 3.4〉 참조). 이는 전쟁 중에 브라질이 보우따헤동다Volta Redonda에 첫 번째 대규모 일관 제철소를 건설하기 위한 자본재 수입이 이루어졌기 때문이었다.[36]

철강 및 시멘트 산업을 제외하고는 전쟁 중 자본형성이 거의 이루어지지 않았고, 기존 설비의 가동률을 높이는 방법으로 생산량 증가가 이루어졌다. 따라서 전쟁이 끝나갈 무렵 브라질의 산업생산 능력의 상당 부분이 낡고 노후화된 상태에 있었다.[37]

전쟁 기간 동안 브라질의 공산품 수출은 빠르게 증가했다. 섬유는 한때 총수출의 20%를 차지했다. 그러나 전쟁 후 전통적인 수출국의 재출현과 브라질의 수출 성과 부진(빈번한 인도 지연 및 부적절한 품질관리)으로 인해 공산품은 전쟁이 끝날 무렵 수출 목록에서 사실상 사라졌다.

브라질의 초기 산업 성장 평가

우리는 제1차 세계대전 이전의 30년 동안 상당한 산업 성장이 일어난 것을 살펴보았다. 제1차 세계대전은 생산에 대한 자극제가 되었는데, 이는 당시에 투자가 이루어질 수 없었기 때문이다. 1920년대는 산업생산이 비교적 느린 성장을 보였지만, 제1차 세계대전이 생산자들의 기대에 미친 영향으로 인해 높은 투자가 있었다. 1930년대에는 수입 능력의 급격한 하락으로 인해 산업생산이 폭발적으로 증가했는데, 처음에는 기존 생산능력의 활용 증가 그 이후에는 생산능력 증대를 통해 이루어졌다.

그러나 1890년대부터 시작된 산업화의 지속 과정을 명확히 기술하는 것은 쉽지 않다. 이 시기를 산업 성장 시대와 산업화 시기로 구분할 수 있다. 산업 성장 시기는 1920년대 말까지 일어난 사건들을 특징으로 하는데, 그 기간 동안 산업 성장은 주로 경제를 주도했던 농업 수출에 의존했다. 일부 산업의 급속한 성장에도 불구하고 이 기간에 경제의 급격한 구조적 변화는 일어나지 않았다. 반면 산업화 시기에는 산업이 경제의 주도적인 성장 부문이 되어 뚜렷한 구조 변화가 일어났다.

브라질의 재화 생산 현황에 대한 자료는 브라질의 산업화 지속

과정에 대한 이러한 분류가 어느 정도 타당하다는 것을 보여 준다. 제1차 세계 대전 전후의 산업 성장에도 불구하고, 1907년과 1919년의 전체 재화 생산 중 산업이 차지하는 비중은 21%에 그쳤고, 농업이 나머지 79%를 차지했다. 그러나 1939년에는 산업의 비중이 43%까지 증가했다.[38] 비록 1930년의 산업 비중을 측정할 수 있는 센서스 자료가 없었지만, 1920년대의 산업 성장이 느렸던 것을 감안하면, 1930년대에 산업 비중이 급증했다고 결론 내릴 수 있다. 이 놀라울 정도로 높은 산업 비중은 부분적으로는 낮은 농산물 가격에 기인했다. 특히 커피 가격이 낮았는데, 대공황 시기의 가격 하락에서 완전히 회복되지 않아 1939년 가격은 1930년 가격보다 29% 낮은 수준이었다.

또한 공산품의 상대가격이 1920년대 초반보다 높았을 것이다. 비록 가격 변화에 대한 모든 정보가 이용 가능해 가격 조정을 하더라도, 상당한 구조 변화가 있었다는 느낌을 지우기에 충분한 정도로 1939년의 산업 비중을 낮추지는 못할 것이다.

1920년 이후 농업과 산업의 연평균 추정 성장률을 살펴보면, 1930년대가 되어서야 산업이 주도 부문이 되어서 일반 경제성장에 큰 영향을 미쳤음을 알 수 있다. 1920~29년, 1933~39년, 1939~45년의 연평균 성장률은 농업이 각각 -4.1%, 1.7%, 1.7%이고, 산업은 -2.8%, 11.3%, 5.4%이며, 전체로는 3.9%, 4.9%, 3.2%였다.[39]

1907년의 산업재 수입 비중(44.6%)은 매우 높은 수입 의존도를 보여 준다. 이 비율은 1919년(28.0%)과 1939년(20.0%)의 비율과

표 3.9 ⎪ 1919년과 1939년 브라질의 산업구조(부가가치에서 차지하는 비중)

	1919	1939
비금속광물	5.7	5.2
금속제품	4.4	7.6
기계류	0.1	3.8
전기장비	–	1.2
수송장비	2.1	0.6
목재	4.8	3.2
가구	2.1	2.1
종이제품	1.3	1.5
고무제품	0.1	0.7
가죽제품	1.9	1.7
화학	1.7[a]	b
의약품	1.2[a]	b
향수, 비누, 양초	0.7[a]	b
섬유	29.6	22.2
의류, 신발	8.7	4.9
식품	20.6	24.2
음료	5.6	4.4
담배	5.5	2.3
인쇄출판	0.4	3.6
기타	3.5	1.0
합계	100.0	100.0

자료: Censuses(1920; 1940).
주: a. 이 3개 품목의 1919년 비중 합계는 3.6%.
　　b. 이 3개 품목의 1939년 비중 합계는 9.8%.

비교해 매우 높은 수준인데, 1907년 센서스는 대기업의 생산량만 포함했기 때문이다.[40] 1907년에서 1919년, 그리고 1919년에서 1939년까지의 산업재 수입 비중 감소는 특히 제1차 세계대전과 1930년대에 일어난 수입대체를 반영하는 것이다.[41] 제1차 세계대전 이전의 산업 성장은 부분적으로 수입대체의 특성을 가지고 있었다. 산업생산은 이전에 수입된 공산품을 대체하기보다는 새로운 수요(이민자와 새로운 인프라 수요)를 충족시키기 위해 증가했다. 이러한 상황이 제1차 세계대전 이전, 특히 제1차 세계대전 중에 변경되

표 3.10 | 경제활동인구 분포: 1920년과 1940년

	1920	1940
1차 산업	70	67
2차 산업	14	10
3차 산업	16	23
합계	100	100

자료: Villela and Suzigan, *Politica do Governo*, p. 94.

었다. 그러나 초기의 수입대체는 앞서 밝힌 대로 산업화로 이어지지는 않았다. 산업화 과정은 1930년대가 되어서야 비로소 나타났다.

1919년과 1939년의 산업구조(〈표 3.9〉) 비교는 산업 성장과 산업화의 차이를 명확히 구분하는 데 도움이 된다. 1919년의 산업구조는 경공업에 의해 주도되었다. 섬유, 의류, 식품, 음료, 담배가 산업생산의 70%를 차지했다. 1939년에 이 그룹의 비중은 58%로 축소되었는데, 이는 금속제품, 기계 및 전기제품의 눈에 띄는 증가에 기인했다. 산업부문의 균형을 이루어 가는 움직임은 산업이 경제의 주도 부문이 될 가능성을 높이는 데 기여했고, 이것은 산업화 과정의 또 다른 특징이었다.

도널드 허들의 연구는 1930년대 말에 집중적인 산업화가 어느 정도 수행되었는지를 보여 준다. 총 공급에 대한 국내 공급의 비율을 살펴보면, 소비재의 경우 거의 100% 자급자족을 하고 있었고, 중간재는 80%, 투자재는 50% 이상이었다.[42]

〈표 3.10〉에서 알 수 있듯이, 브라질 산업부문의 주목할 만한 특징은 20세기 초 이후 고용 인원이 얼마 되지 않는다는 것이다.[43]

산업부문에 고용된 경제활동인구 비율은 실제로 감소했다. 그러나 1920년 센서스에서 사용된 서로 다른 분류 기준으로 인해 그 당시와 이후의 센서스 자료를 비교하는 것은 오류를 범하게 된다. 예를 들어, 1920년 센서스에서는 재단사와 재봉사를 2차 부문으로 분류했으나, 이후의 센서스는 이를 3차 부문으로 변경했다. 따라서 1920년의 산업부문 고용 인원은 1940년의 분류 기준을 적용했을 경우 훨씬 적어질 것이다. 불행하게도 이를 조정할 수 있는 정보가 충분하지 않다.[44] 비록 자료가 이용 가능하고 1920년의 산업부문 고용 인원 비율이 하향 조정되더라도 1920~40년 동안 산업부문의 노동력 고용 인원 증가율은 여전히 작을 것으로 보인다.

브라질 정부의 초기 경제계획 시도

1930년대까지는 브라질 정부의 경제발전, 특히 산업 발전을 계획하려는 시도가 거의 없었다. 그렇다고 정부가 특정 경제 부문을 지원하는 의도적인 정책을 갖고 있지 않았다는 의미는 아니다. 예를 들어, 이 장의 앞부분에서 어느 정도의 '계획'이 커피 지원 정책 수립에 포함된 것을 보았다. 또한 19세기 자유무역정책은 그 당시의 경제구조를 유지하기 위한 의도적인 프로그램을 대표했다.

19세기와 20세기 후반에 정부 내부와 외부 인사들이 브라질 경제에 대한 체계적 평가를 통해 국제수지와 기타 문제들을 다룰 정책을 권고한 적이 있었다. 한 가지 예가 1888~1902년 동안 재무장

관이었던 조아낌 무르치뉴Joaquim Murtinho의 안정화 프로그램이다.[45]

1930년대와 1940년대에는 브라질의 경제발전 방향을 제시하기 위한 경제구조에 대한 체계적인 분석과 평가가 더욱 빈번해졌다. 이는 외국인과 브라질인 모두에 의해 수행되었다. 1930년대에 처음으로 등장한 것은 1931년에 출판된 "니에마이어 보고서"Niemeyer Report였다. 이 보고서는 브라질 정부가 대공황으로 촉발된 경제위기 극복 방안을 연구하도록 초대한 오뚜 니에마이어Otto Niemeyer의 이름을 따서 명명되었다. 니에마이어는 많은 브라질 사람들이 이미 잘 인지하고 있는 것을 공개적으로 언급한 최초의 사람이었다. 즉, 브라질 경제의 최대 약점은 한두 개의 농작물 수출에 대한 높은 의존도라는 것이었다. 이 보고서는 왜 세계 위기가 선진 공업국보다 브라질 경제에 더 큰 타격을 입혔는지를 설명했다. 그러나 그 당시에 커피에 대한 과도한 의존을 비판한다는 것은 거의 신성모독으로 간주되었다. 따라서 브라질 정부는 이 보고서에 대해 큰 열의를 보이지 않았다.

니에마이어는 브라질의 경제구조를 다양화할 것을 주장했다. 이것은 농업 다각화를 의미했다. 그는 산업화 프로그램을 추천하지는 않았다. 그는 농업의 다각화가 그 부문의 소득을 높일 것이라고 믿었다. 이러한 농업의 다각화와 외환 저축이 결합하면 결국 새로운 산업에 투자하는 데 필요한 자금이 마련될 것이었다.[46]

"니에마이어 보고서"의 나머지 부분 대부분은 브라질의 공공 재정에 대한 비판과 이를 구조조정하는 방법에 할애되었다. 이 보고서는 브라질의 경제발전에 큰 영향을 미치지는 않았지만, 브라질 정부가 경제성장 방향을 놓고 경제 전반에 걸친 평가를 실시한 첫 번째 노력을 대변했다.

브라질 경제를 평가하고 경제구조의 변화와 이를 달성하기 위한 방안을 권고한 다음 시도는 브라질 정부와 미국 정부가 공동으로 후원하는 미국의 전문가 그룹으로 구성된 쿡 사절단Cooke Mission에 의해 이루어졌다. 이 사절단은 브라질이 제2차 세계대전에 참전한 이후 브라질이 전쟁에 기여할 수 있는 방안을 수립하기 위해 1942년과 1943년에 브라질을 방문했다.

쿡 사절단은 브라질 경제에 대한 최초의 체계적이고 분석적인 연구를 실행했고 그 실행 프로그램도 제시했다. 처음으로 지역적 관점에서 브라질 경제를 분석했다. 경제적 특성이 서로 다른 3개의 지역(북동/동부, 북/중부, 남부)으로 구분하고 각 지역별로 상이한 경제개발 프로그램을 입안할 필요가 있었다.[47] 쿡 사절단의 중요한 결론은 남부가 급속한 경제성장을 위한 최상의 조건을 가지고 있기 때문에 남부를 우선 중점 개발해야 한다는 것이었다. 남부의 개발 중심부로부터 다른 지역으로 성장이 확산될 것이라고 가정했다.

쿡 사절단은 급속한 성장에 장애가 되는 많은 요소들(현재 개발경제학자들에게 매우 친숙한 것들)을 지적했다. 특히 산업 발전에 장애가 되는 요소들로 부적합한 교통시스템, 연료 분배의 후진적 시스템, 산업투자를 위한 자금 부족, 외국자본 규제, 이민 제한, 부적절한 기술훈련 시설, 발전설비용량의 부족 등이었다.

쿡 사절단은 자본재산업의 발전을 위한 기반을 제공하는 철강산업의 확장, 목재 및 제지 산업의 발전, 내수용 및 수출용 섬유 생산 시설의 추가 확장 등을 권고했다.

사절단의 보고서에 따르면, 산업화 과제는 민간부문에 맡기고, 정부는 일반 산업 기획, 산업금융 개발, 기술교육에 집중하는 것이 바람직했다.

쿡 사절단의 기여는 그 당시에 브라질이 직면한 개발 문제 일부를 명확히 밝힌 것이었다. 그러나 정책에 즉각 반영된 것은 거의 없었다.

제2차 세계대전 이후 산업화
: 1946~61년

제2차 세계대전 직후 브라질의 산업화 과정이 지속된 것은 대공
황 시기와 유사한 상황, 즉 국제수지의 어려움 때문이었지만 그 궁
극적인 특징은 이전 시기와 완전히 달랐다. 1950년대에는 산업화
가 더 이상 외부 사건에 대한 방어적인 대응이 아니라 정부가 경제
를 현대화하고 성장률을 제고하기 위한 주요 정책 수단이 되었다.
정책입안자들은 브라질이 발전 목표를 달성하기 위해서는 더 이상
주요 상품의 수출에만 의존할 수 없다고 확신하게 되었다. 제2차
세계대전 이후 15년 동안 시행된 정책은 세계무역 동향과 브라질
정부의 역할에 기반을 두고 있었다. 따라서 우리는 먼저 이 기간 동
안 브라질의 대외무역 동향과 경제에 대한 정부의 역할에 대해 간
략히 살펴보는 것으로 이 장을 시작할 것이다.

브라질의 대외무역과 경제에 대한 정부의 역할

〈표 4.1〉은 제2차 세계대전 전후에 브라질의 수출 상품 구조가 커피, 코코아, 설탕, 면화, 담배 등 소수의 상품에 집중되어 있는 것을 제시하고 있다. 이 상품의 주요 시장은 미국과 서유럽이었다. 이와는 대조적으로, 수입 상품 구조는 편중되지 않고 각 상품 그룹이 총수입의 일정 부분을 차지하고 있었다. 제2차 세계대전 이후 공산품 소비재 수입의 현저한 감소와 자본재 및 연료 수입의 증가는 이 장의 뒷부분에서 논의할 수입대체 조치들의 영향에 따른 것이었다.

전쟁이 끝날 무렵 브라질은 수출에 크게 의존하고 있었고, 이에 대한 명시적 증거들이 존재한다. 1940년대 후반에 농업이 GNP의 가장 큰 비중을 점유했고, 1950년에는 농업이 경제활동인구의 60% 이상을 고용하고 있었다. 〈표 4.2〉는 국민소득과 농업생산량에서 농업 수출이 차지하는 비중을 보여 준다. 전쟁 직후에는 이 비중이 상당히 높아서 수출로 벌어들이는 수입收入의 변화가 국가경제 전체에 긍정적이든 부정적이든 매우 큰 영향을 미칠 수 있었다. 그 후 이 비중이 점차 감소한 이유는 수출 감소와 앞으로 살펴볼 수입대체산업화에 토대를 둔 국내경제의 성장 때문이었다.[1]

표 4.1 | 수출입 분포

(a) 상품별 수출 실적(달러화 기준 비중)

	1925~1929	1935~1939	1945~1949	1957~1959	1962
커피	71.7	47.1	41.8	57.9	53.0
면화	2.1	18.6	13.3	2.7	9.2
코코아	3.5	4.5	4.3	5.6	2.0
철광석	-	-	-	3.3	5.7
설탕	0.4	-	1.2	3.7	3.2
담배	1.9	1.6	1.8	1.2	2.0
사이잘삼	-	-	-	1.1	1.9
망간	-	-	-	2.5	2.2
고무	2.9	1.1	1.0	-	-
목재	0.4	1.0	3.5	3.9	3.2
기타	17.1	26.1	33.1	18.1	17.6
합계	100.0	100.0	100.0	100.0	100.0

(b) 지역별 수출 실적

	1925~29	1935~39	1945~49	1957~59	1962
미국	45.3	36.9	44.3	41.3	40.0
프랑스	10.3	6.9	2.3	3.4	3.4
독일	9.1	15.1	-	6.8	9.1
영국	4.4	9.7	9.1	6.7	4.4
네덜란드	5.7	3.7	2.7	4.2	6.1
이탈리아	5.2	2.5	2.7	2.7	2.9
일본	-	4.1	-	3.0	2.4
스웨덴	2.3	2.2	2.4	2.5	3.5
아르헨티나	6.0	4.8	9.0	6.6	4.0
우루과이	2.7	-	1.7	2.1	-
벨기에-룩셈부르크	2.7	3.2	4.1	-	2.5
기타	6.3	10.9	21.7	20.7	21.7
합계	100.0	100.0	100.0	100.0	100.0

(c) 상품별 수입 실적

	1938~39	1948~50	1961
식품, 음료, 담배	14.9	17.9	13.5
연료	13.1	12.8	18.8
원자재(연료 제외)	30.0	23.8	26.3
자본재	29.9	35.2	39.8
소비재 공산품	10.9	9.7	1.5
기타	1.2	0.6	0.1
합계	100.0	100.0	100.0

자료: Helio Schlittler Silva, "Comercio Exterior do Brasil e Desenvolvimento Eco nômico," *Revista Brasileira de Ciencias Sociais* (March 1962); Conselho Nacional de Eco nomia, *Exposição Geral da Situação Econômica do Brasil, 1961* (Rio de Janeiro, 1962); Banco do Brasil, *Relatorio* (1962).

표 4.2 | 국내 소득과 농업생산에서 농업 수출이 차지하는 비중: 1947~60년

(1953년 가격 기준, %)

(a) 국내 소득에서 농업 수출이 차지하는 비중

1947	14.9	1954	8.2
1948	14.1	1955	6.7
1949	11.8	1956	7.2
1950	9.3	1957	6.2
1951	9.4	1958	5.5
1952	7.5	1959	6.3
1953	7.9	1960	6.1

(b) 총농업생산에서 농업 수출이 차지하는 비중

1947	43.0	1954	21.6
1948	41.3	1955	23.4
1949	35.6	1956	25.9
1950	30.4	1957	21.8
1951	32.5	1958	20.6
1952	24.4	1959	23.8
1953	27.1	1960	23.2

자료: 다음 자료에서 계산. *Revista Brasileira de Economia* (1962); IBGE, *O Brasil em Numeros* (Rio de Janeiro, 1960).

1950년대 브라질의 전통적 수출 시장

전후 정책입안자들은 브라질의 전통적 수출 시장에 대해 비관적이었다. 1940년대 후반부터 1960년대 초반까지 브라질이 수출하는 상품의 연평균 세계 수출 증가율은 설탕이 3.8%로 가장 높았고 커피는 2.2%로 가장 낮은 반면, 공산품은 6.6%라는 높은 증가율을 보이고 있었다.[2] 그 당시 브라질이 주로 1차산품 수출에 의존하면서 높은 성장률을 달성하기를 희망한다는 것은 상상조차 어려운 일이었다. 설상가상으로 브라질 주요 수출 품목의 세계시장 점유율도 떨어지고 있었다. 브라질의 세계시장 점유율 쇠퇴의 주된 이유 중 하나는 전쟁 직후 커피 가격이 높은 수준을 유지한 것이었다. 그 당

표 4.3 | 세계무역 구조 변화: 1913~61년

(a) 세계 공산품 수출(경상가격 기준 비중)

	세계			사회주의 경제권 제외	
	1913	1929	1937	1913	1953
식품	29.0	26.1	24.8	27.0	22.6
농업 원자재	21.1	20.0	19.5	20.7	13.9
광업	14.0	15.8	19.5	14.7	19.8
제조업	35.9	38.1	36.2	37.6	43.7
합계	100.0	100.0	100.0	100.0	100.0

	1948	1953	1958		
1차 산품	55.5	51.0	48.2		
공산품	44.5	49.0	51.8		
합계	100.0	100.0	100.0		

자료: L. P. Yates, *Forty Years of Foreign Trade* (London: George Allen & Unwin, 1959); Joseph D. Coppock, *International Economic Instability: The Experience after World War II* (New York: McGraw-Hill, 1962).

(b) 지역별 세계 수입

수출국	비산업화 지역			라틴아메리카		
수입국	1953	1960	1961	1953	1960	1961
산업화 지역[a]	37.4	28.3	27.1	12.9	8.7	8.0
세계	31.5	24.8	24.3	9.8	6.8	6.5

자료: GATT, *International Trade* (1961).
주: a. 동유럽 제외, 일본 포함.

시 브라질 커피가 세계시장을 장악하고 있었으나, 커피 가격의 호조는 다른 국가의 경쟁자들이 커피 생산을 증가시키는 계기가 되었다.[3]

　브라질 수출의 운명은 1차산품, 특히 식품과 원자재의 수출에 불리한 세계시장의 추세와 궤를 같이하고 있었다. 〈표 4.3〉은 이러한 1차산품의 쇠퇴가 장기간에 걸친 추세임을 분명히 나타내고 있다. 〈표 4.3(b)〉는 세계 수입, 특히 비非산업국가에서 산업국가로의 수입이 상당히 줄어들었음을 보여 준다. 이 중 상당 부분이 라틴아메리카의 점유율 하락에 따른 결과였다. 특히 석유 및 석유제품을 제외할 경우, 이러한 1차산품의 수입 비중의 감소 폭은 더욱 컸을 것이다. 당시 1차산품을 생산하는 국가의 비관적 수출 전망에 대한 증거를 제시한 다수의 조사 자료가 있다. 예를 들어, 유엔은 개발도상국으로부터의 상품 수입에 대한 산업 선진국의 수요의 소득탄력성 추정치를 식료품(SITC 0-1) 0.76, 원자재(SITC 2-4) 0.60, 연료(SITC 3) 1.40, 공산품(SITC 5-8) 1.24 등으로 제시했다.[4]

브라질의 수출 전망을 가장 잘 나타내는 통계 분석은 미국의 커피 수요에 대한 소득 및 가격 탄력성에 관한 것이다. 이에 대해 조사한 연구자들은 커피 가격이 10% 상승하면 소비자의 커피 소비량이 2.5% 줄어드는 반면, 1인당 소득이 10% 증가하면 커피 소비량이 2.5% 증가한다고 제시했다.[5]

마지막으로, 선진국의 산업별 원재료 소비는 생산보다 느리게 증가하는 경향이 있는데, 이는 보다 효율적인 생산 기술을 사용하고 이로 인해 생산 단위당 원자재 투입량이 감소하기 때문이었다. 예를 들어, 미국의 GNP에서 원자재 소비가 차지하는 비율은 1904~13년 22.6%에서 1944~50년에는 12.5%로 감소했다.[6]

브라질 정책결정자들이 보기에 이러한 증거들은 브라질이 점차 세계무역 점유율을 상실하고 있는 국가 중 하나일 뿐 아니라 앞으로도 과거와 같은 좋은 성과를 거두기는 어려울 것으로 예상되는 국가에 해당된다는 것을 시사하는 것이었다. 브라질 경제를 연구하는 가장 좋은 방법은 브라질 정부가 수입대체산업화의 장려를 통해 경제의 구조 변화를 추진해 온 의사결정 과정을 살펴보는 것이다.

제2차 세계대전 직후

제2차 세계대전 시기의 급격한 수입 감소와 수출 호조로 인해 브라질의 외환보유액은 전쟁 발발 전 7,100만 달러에서 1945년에는 7억800만 달러로 크게 증가했다. 1945년 2월에 브라질 정부는 이익송금에 대한 일부 제약을 제외하고는 자유로운 외환 제도를 수립했다. 수입에 대한 수량 제약은 없었으며, 대부분의 자본거래에서도 외환을 자유롭게 사용할 수 있었다. 크루제이루cruzeiro의 대미달러 환율은 전쟁 전의 18.5크루제이루가 1953년까지 그대로 유지되었으며, 1945년에서 1953년 사이에 285% 상승했다.[7] 1945년에도 환율은 과대평가되어 있었는데, 왜냐하면 1937~45년 동안 브라질의 물가가 미국보다 80% 이상 상승했기 때문이다.[8]

크루제이루화의 과대평가가 지속된 이유는 브라질 정부의 많은 정책목표 때문이었다. 첫째, 정책입안자들은 수입에 대한 억눌린 수요를 충족시키기 위해 전시에 축적된 외환보유액을 사용하기를 열망했다. 둘째, 인플레이션이 주요 관심사였기 때문에, 국제수지 적자를 과거에 축적된 외환을 사용해 보전함으로써 물가를 낮추는 것이 정당한 것으로 간주되었다. 또한 평가절하로 인해 인플레이션이 상승할 수 있다는 우려도 있었다. 이러한 정책은 분명히 "새로운 도시 산업부문보다 전통적 토지 소유 계층의 이익"을 대변하는 것이었다.[9]

그러나 1년도 안 되어서 전쟁 중에 축적된 외환보유액 대부분이 수입 급증으로 인해 사라졌다. 〈표 4.4〉는 수입 수량이 40% 증가

표 4.4 | 수출입과 실질생산: 1944~50년(연간 성장률)

	수출		수입		실질GDP
	수량	가격	수량	가격	
1944/45	6	16	5	5	1
1945/46	21	49	-17	50	8
1946/47	-5	17	40	80	2
1947/48	3	3	-10	-8	7
1948/49	-11	-8	16	-1	5
1949/50	-13	24	22	-2	6

자료: Comissão Mista Brasil-Estados Unidos para Desenvolvimento Econômico, *Relatoria Geral*, vol. 1 (Rio de Janeiro, 1954); *Conjuntura Econômica*.

하고 달러 기준 수입 가격은 80% 증가한 반면, 수출 수량은 감소하고 수출 가격은 17% 증가한 것을 보여 준다. 실질GDP가 급격히 하락한 것이 수입 급증과 관련된 것인지는 확실하지 않지만, 어쨌든 실질성장률은 1948년에 다시 상승했고, 외환보유액이 고갈된 이후에도 1940년대 후반 내내 높은 성장세를 유지했다.

〈부록 표 A.1〉의 국제수지는 1947년까지 대부분의 외환보유액이 고갈되었다는 주장과 모순되는 것으로 보인다. 1946년에는 경상수지는 여전히 흑자였으며, 그다음 해에 비로소 적자로 전환되었고, 대부분의 외환보유액을 고갈시킬 정도로 경상적자 규모가 크지는 않았다. ● 브라질이 전쟁 기간에 유럽 국가들과의 거래에서 경상수지 흑자를 보였으나, 미국과의 거래에서는 적자였던 것을 감안하면 이러한 모순이 해결될 수 있다. 유럽 국가들의 통화는 전쟁 직후에 태환이 불가능했고, 브라질의 외환보유액 중 상당액이 이러한

● 〈부록 표 A.1〉의 국제수지는 1950년 이후 통계만 제시되어 있다.

통화로 구성되어 있었기 때문에 미국과의 적자 확대를 충당하기 위해 사용할 수 없었다.[10]

환율 통제: 1946~53년

제2차 세계대전 이후의 산업화 드라이브는 국제수지의 어려움을 극복하기 위한 조치의 의도하지 않은 결과였다. 1950년대가 되어서야 이러한 조치들이 산업단지를 조성하려는 의도적인 정책 수단이 되었다. 외환통제는 국가의 산업화 촉진을 위한 주요 도구 중 하나였다.

1947년 6월에 외환통제가 재도입되어 1953년 1월까지 지속되었다. 이 7년 동안 크루제이루화는 과대평가되었다. 이로 인해 수입이 늘어나고 1950년 한국전쟁의 발발로 더욱 자극을 받게 되자, 수입 수요를 통제하기 위해 수입허가제가 사용되었다.[11] 외환은 우선순위에 따른 다섯 가지 범주에 따라 이용할 수 있었다. 수입허가제 운영을 관할했던 브라질은행 수출입부CEXIM가 이 범주를 결정했다. 의약품, 살충제 및 비료와 같은 필수품은 자유롭게 수입될 수 있었고, 연료, 필수 식품, 시멘트, 종이, 인쇄장비 및 기계류는 수입허가를 위한 우선순위가 높게 부여되었다. 소비재는 불필요한 것으로 간주되어 가장 낮은 우선순위가 부여되었고 수입허가를 기다리는 긴 목록의 끝자락에 위치했다.[12] 또한 연간 자본 송금은 등록자본의 20%, 배당 송금은 8%로 제한되었다.

1945년에서 1950년 사이에 정부는 국제수지 균형을 이루기에 충분한 정도의 통제권을 행사했다. 이로 인한 성장의 희생이 필요했던 것은 아니라고 주장할 수도 있다. 예를 들어, 과대평가된 고정환율을 좀 더 유연하게 관리했다면, 통제의 부담을 좀 더 공평하게 분담시킬 수 있고 수출도 더 크게 자극할 수 있었을 것이다. 수입허가 기준은 과거 실적이었다. 각 수입업자는 수입허가제 도입 전의 거래 규모를 기준으로 일정 비율의 외환 할당량을 배정받았다. 이것은 매우 소극적인 정책이었다. 새로운 산업은 초기 운영 단계에서 해외 수입품에 의존하는 경우가 많았는데, 이러한 새로운 사업의 필요와 발전에 대해 고려하지 않았다.

외환에 대한 수요가 지나치게 커짐에 따라 수입허가제는 대기시간이 오래 걸리는 등 지연 문제와 운영에 있어서 많은 부정행위가 발생했다. 수입허가를 받은 수입업자들이 엄청난 이익을 냈기 때문에 "시스템 운영에 대한 부패 혐의가 증가한 것은 놀랄 일이 아니었다. 이에 대한 대안으로 시스템을 우회하는 밀수가 성행했다."[13]

1951년에 브라질은행 수출입부는 외환통제를 완화했는데, 이는 한국전쟁이 세계적인 분쟁으로 확산되어 해외에서 일반적인 공급 부족이 초래될 것이라는 믿음 때문이었다. 그 결과, 1948~50년에 평균 9억5천만 달러였던 수입이 1951/52년에 평균 17억 달러로 증가했다. 늘어난 수입의 55%가 자본재였고, 28%는 기타 생산재였다. 이것은 1950년대 브라질 정부의 주요 관심사였던 의도적인 산업화 정책이 반영된 결과였다. 수입 증가는 수출 가격, 특히 커피 가격의 상승에 의해 부분적으로 상쇄되었다. 그러나 수입 증가분

중 일부는 상업 연체금이나 공적 보상 융자로 조달되어야 했다. 보상 융자 금액은 1951년 2억9,100만 달러, 그리고 1952년에는 6억 1,500만 달러였다.

브라질이 이 기간 동안 과대평가된 고정환율제를 운영했지만, 보상 거래operações vinculadas를 통해 이러한 경직성을 우회할 수 있는 방법이 있었다. 특정 제품의 수출자는 외환수입을 직접 프리미엄을 받고 판매할 수 있었다. 이것은 "일종의 크루제이루화 '특별' 평가절하였으며, 이러한 거래가 수입허가제 마지막 몇 년 동안 크게 증가했다."[14] 이 시스템은 처음에는 잘 운영되었다. 브라질은행 수출입부가 이러한 거래에 대한 확고한 통제를 유지했고, 이와 관련된 수출 거래가 기본적인 성격(즉, 장려할 가치가 있는)을 가지고 있고 수입도 필수적인 성격인지를 감독했다. 그러나 이 기간 말에 이 시스템이 남용되면서 이러한 감독 기능이 약화되었다.

이러한 외환통제 시스템은 또한 새로운 자본의 유입을 막고, 이익송금과 자본유출을 자극하는 역할을 했다. 1949년과 1952년 사이에 1억7,300만 달러의 이익이 해외로 송금되었지만, 직접투자 순유입은 1,300만 달러에 불과했다. 자본흐름에 대한 통제에도 불구하고 이러한 큰 불균형이 발생했다.

복수환율 체제: 1953~57년

1953년 1월에 보다 유연한 환율제도를 지향하는 새로운 정책이 채택되었다. 법률 제1807호는 제한적으로 외환의 자유로운 매매를 허용했다. 이에 따라 자본과 이익의 유출입과 관광을 위한 외환 매매가 허용되었다. 수입과 대부분의 수출은 종전과 같이 브라질은행 수출입부가 통제하는 공식 외환시장(달러당 18.72크루제이루)에서만 거래할 수 있었으며, 국가경제에 중요하다고 여겨지는 자본거래 역시 마찬가지였다. 이와는 달리, 정부가 장려하는 특정 수출의 경우에는 부분적으로 또는 전적으로 자유로운 외환 매매가 허용되었다. 자본 이익에 대한 통제는 유지되었는데, 이자는 연간 8%, 이익은 10%를 초과할 수 없었다.

자유외환시장의 달러 환율이 공식 환율보다 높았다. 따라서 브라질 정부는 법률 제1807호를 사용해 특정 유형의 수출을 자극하려 했다. 이를 위해 1953년 2월에 통화금융감독SUMOC 지침 48을 통해 수출을 세 가지 범주로 구분했다. 첫 번째 범주와 두 번째 범주는 각각 외환수입의 15%와 30%를 외환시장에서 판매할 수 있었고, 세 번째 범주는 이 비율이 50%였다. 이후 여러 차례 지침이 변경되어 많은 품목들이 주요 수출품 범주에 포함되었고, 얼마 후 모든 제품이 세 번째 범주에 포함되었다.

전통적 수출(커피, 코코아, 면화)은 공식 환율로 환전되었다. 그러나 '최소 목록' 체계를 통해 예외가 허용되었다. 수출은 특정 최소 가격까지는 공식 환율로 환전되었으나, 그 이상의 외환은 시장환율로 판매하는 것이 허용되었다. 이러한 조치는 수출을 증가시키고 다각화하기 위해 도입되었다. 그러나 정부가 수출로 벌어들인 외환을 공식 시장에서 판매하도록 제한했기 때문에 이러한 정책의 효과는 전혀 느껴지지 않았다. 이것은 정치적이고 심리적인 이유로 도입되었지만, 관광과 이익송금에 대한 인센티브만 늘렸을 뿐 수출과 자본유입에 대한 자극이 되지 못하거나 오히려 줄이는 결과를 초래했다.

1953년 10월에 브라질 외환 제도의 근본적인 개혁이 시작되었다. 통화금융감독 지침 70과 법률 제2145호를 통해 복수환율제도를 수립했다. 법률 제2145호는 직접적인 양적 통제를 없애고 경매 제도를 제정했다. 수입은 그 필요성을 기준으로 다섯 가지 범주로 분류했다. 통화당국(통화금융감독)은 각 범주별로 외환을 할당했으며, 각 범주의 수입을 위한 환율은 경매로 책정되었다.[15]

일부 중요한 품목은 경매 시스템 적용을 배제했다. 여기에는 석유와 석유제품, 인쇄용지, 밀, 그리고 국가 개발에 필수적인 것으로 간주되는 장비가 포함되었다. 이러한 제품의 수입에 적용되는 환율은 평균 수출환율에 통화당국이 결정한 할증금을 더한 값으로 결정되었다. 이러한 제품이 총수입의 약 3분의 1을 차지했다.

수출과 관련해서, 브라질은행은 외환 매입에 대한 독점적 지위를 다시 부여받았고, 커피 수출은 공식 환율(18.72)에 5크루제이루, 기타 품목은 10크루제이루를 가산한 환율로 외환을 매입했다. 국가 개발에 필수적인 것으로 간주되었던 투자 이익과 외채원리금 송금은 공식 환율에 통화당국이 정한 할증금을 합한 환율이 적용되었다.

수년 동안 운영되면서 시스템은 여러 가지 변화를 겪었다. 많은 수입품의 범주가 바뀌었다. 경매에 최저 가격이 설정되었고 인플레이션을 따라잡기 위해 시간이 지남에 따라 상승했다. 수출 측면에서도 많은 변화가 일어나 결국 1955년 1월 네 가지 수출 범주가 제정되었다. 이 시스템은 한 번에 12개 이상의 공식 환율이 존재하게 되어 매우 복잡해졌다. 고든·그로머스는 다음과 같이 지적했다.

> 이 복수환율 시스템은 인플레이션이 계속되는 가운데 통화가치가 절하되는 방향으로 약간 진전된 것을 의미했다. 또한 외환시장의 수요와 공급을 일치시키는 시장 메커니즘을 확립했다. 또한 정부는 수입을 위한 외환거래로부터 큰 이윤을 얻었고, 수입허가 발행에 따른 행정적 부패 가능성도 없앴다.[16]

이 시스템은 수출 측면보다는 수입 측면에서 더 유연한 것으로 보였다. 수입 측면의 유연성은 관세 제도보다 우수했는데, 관세는 법령에 의해서만 조정될 수 있지만, 환율 적용 범주는 행정 결정에 의해 변경할 수 있었기 때문이다.

이 시스템은 대부분의 자본재, 농업 투입물 및 일부 선택된 산업을 우대했고, 그다음이 생산재이고 마지막이 소비재였다. 이 시스템의 도입은 수출에 큰 장애가 되었다. 정부는 여러 가지 이유로 수출에 적용되는 환율을 낮게 유지했다. 정부는 이 시스템을 통해 얻을 수 있는 추가 재정수입에 관심이 있었다. 또한 수출 환율을 낮게 유지해 교역조건의 악화 추세에 대응할 수 있다는 생각을 가지고 있었다. 그리고 마지막으로 정책입안자들은 수출 환율을 낮게 유지하는 것이 수출이 가능한 제품의 국내 가격이 오르는 것을 막는 방

법이 될 수 있다고 생각했다.[17]

환율 통제의 변화: 1957~61년

1957년 8월에 법률 제3244호가 통과되어 브라질의 환율제도는 다시 근본적인 변화를 겪었다. 종가관세가 도입되어 150%까지 상승했다. 환율 범주는 5개에서 2개로 축소됐다. '일반 범주'에는 원자재, 자본재 및 특정 필수 소비재의 수입이 포함되었고, '특정 범주'에는 필수로 간주되지 않는 모든 제품이 포함되었다. 특히 밀, 석유, 인쇄용지, 비료, 우선순위가 높은 기계류 수입 및 국가 개발에 필수적인 신용에 대한 원리금 지불에는 낮은 환율이 유지되었다. 이러한 환율은 원가환율câmbio de custo이라고 불렸고, 수출업체에 적용되는 평균환율보다 낮을 수 없었다. 수출과 금융거래에 적용되는 환율은 종전 규칙이 유지되었다.

1950년대 중반, 환율제도의 성격이 바뀌었다. 환율은 더 이상 국제수지의 어려움에 대처하는 수단으로 간주되지 않았고, 오히려 산업화를 촉진하기 위한 수단으로 더 많이 사용되었다. 그 당시 브라질의 정책입안자들은 산업화가 유발하는 구조 변화를 통해서만 높은 경제성장과 현대화를 달성할 수 있다고 확신했다. 이러한 사고의 변화에 대한 가장 좋은 증거는 그 이후 시행된 많은 후속 정책들이다.

가장 새로운 것은 앞서 언급한 1957년의 관세법이었는데, 이는 새로 성장하는 산업에 적절한 보호를 제공했다.[18] 1955년 초에 도입된 또 다른 조치는 통화금융감독 지침 113이었는데, 당초 이 지침은 주로 외국인직접투자를 유치하기 위해 제정된 것이었다. 이 지침에 따라 새로 성장하는 산업은 환커버* 없이도 자본재 설비를 수입할 수 있었다. 이 지침은 "외국인투자자는 현금이나 이연부채**의 형태가 아니라 이 장비가 사용되는 기업의 크루제이루화 자본출자로 처리하는 데 동의하는 조건하에서 기계 수입이 허용된다"고 기술하고 있다.[19] 이는 국가 발전을 위해 투자가 바람직하다고 여겨지는 경우에만 승인되었다. 이에 대한 승인 여부는 종전 수출입부가 개편되어 새로 출범한 브라질은행의 대외무역부CACEX가 결정했다.

1957년 이전에 운영되었던 수입통제 메커니즘에서 우선순위가 높은 1~3 범주에 속하는 특정 상품에 이러한 특례가 적용되었다. 그러나 대부분의 상품은 이 범주로 분류되지 않았다. 이러한 상품의 수입이 바람직한가를 결정하기 위해 대외무역부는 지침 113에 따른 특권을 부여하기 전에 통화당국, 기타 관련 공공기관, 비정부기구(전국산업연맹)와 협의해야 했다. 이러한 특권은 주로 산업 설비 전체 한 세트나 공장 현대화를 위한 일부 기존 설비에 대해 주어졌다. 지침 113의 특권을 제공받은 회사는 경제적으로 사용할 수

● 환거래로 매도초과 또는 매입초과 포지션이 발생했을 경우 이에 따른 환율 변동 위험을 회피하거나 자금의 과부족을 조절하기 위해 행하는 일련의 조치.

●● 이미 발생한 부채로 지급되어야 했으나 지급 시기가 지난 것.

있는 내용 연수 기간 동안 이 기계를 판매할 수 없으며 수입 장비의 가치에 상응하는 해외 직접 지불이 금지됐다.[20]

지침 113은 외국인투자자에게 분명히 유리했다. 그것이 없었다면, 외국인투자자들은 브라질에 시장환율로 송금해야 했고, 그 크루제이루화로 다시 경매를 통해 높은 환율로 달러를 매입해야 했다. 이익의 정도는 관련 경매 시장 범주의 외환 비용과 자유시장환율의 차이로 측정할 수 있다. 이 차이는 달러 수입의 경우 크지만 달러가 아닌 통화 수입의 경우에는 훨씬 적었다. 그러나 1958년 말에 세계 주요 수출국들 통화의 태환이 가능해진 이후 이러한 차이는 사라졌다.

1957년 관세법은 국내 산업 보호를 확대하고 강화시켰다. 대부분의 경우 관세율이 60%, 80%, 150%에 이를 정도였다. 국내 산업이 이미 충분히 공급할 수 있는 상품은 환율이 다른 범주보다 2~3배 높은 '특수 범주'로 분류되었다. 그러나 우대 산업과 필수 원자재는 원가환율로 수입할 수 있었고, 이는 강력한 보조금의 성격을 가지고 있었다.

그 이후 수년간 환율제도 관리에 많은 어려움이 발생했다. 우대 상품 수입에 적용되는 원가 환율은 인플레이션이 지속되는 상황에서 오랜 기간 동안 낮은 수준을 유지했다(1958년 10월까지 달러당 53크루제이루, 1959년 1월까지 80크루제이루를 유지했고, 그 이후 100크루제이루로 인상되었다). 정책 당국은 이러한 경직된 환율 재조정이 인플레이션을 효과적으로 억제한다는 모호한 생각을 갖고 있었다. 그러나 이 정책은 수입 구조와 자원배분의 왜곡을 초래했다.

1950년대 후반에 정부는 커피의 과잉생산에 대처해야 했다. 정부는 엄청난 양의 잉여 커피를 사들였고 이를 수출하고 벌어들인 외환의 50%를 수출자에게 지급했다. 수출자에게 지급된 가격과 수입자에게서 수령한 외환 가격의 차이로 정부는 추가 재정수입을 얻었고, 이 자금은 국내 커피 지원 프로그램과 기타 정부 활동에 사용되었다.

1959년 1월에 통화당국은 공산품 수출을 자유시장환율 적용 대상으로 분류했고, 그해 12월에 커피, 광유, 마모나(피마자유), 코코아를 제외한 다른 모든 상품 수출도 자유시장환율 적용 대상으로 추가했다. 1959년 4월에 수입 운임 지불도 자유시장환율 적용 대상으로 전환되었다.

1958년부터 1961년 3월까지 자유 시장의 달러 가격은 '일반 범주'에 적용되는 환율보다 낮았다. 이는 이익을 송금하는 외국 기업과 해외로 여행하는 브라질 사람들이 필수재 수입자들보다 더 좋은 환율을 적용받았다는 것을 의미했다. 이 제도가 시행된 마지막 몇 년 동안 정부는 수출업자와 수입업자로부터 강제로 대출을 받았다. 수입업자는 경매에서 프리미엄^{agio}을 지급해야 했지만 6개월 이후에나 외환을 수령했다. 수출업자는 외화가득액의 일부에 대해서만 크루제이루화를 지급받고, 나머지는 브라질은행이 발행한 6개월짜리 어음을 받았다.

환율제도 개혁: 1961~63년

1961년 초에 통화금융감독 지침 204에 따라 새로운 환율정책이
제정되었다. 원가 환율은 100크루제이루에서 200크루제이루로 인
상되었다. 일반 범주 수입에 자유시장환율이 적용되었다. 커피를
제외한 모든 수출 또한 자유시장환율 적용 대상이 되었다. 수입업
자에게 부과된 일종의 강제 대출은 수입어음letras de importação 제도
로 대체되었다. 수입어음 제도에 따라 수입업자는 매입한 외환에
해당하는 크루제이루화를 브라질은행 어음을 받고 150일 동안 예
치해야 했다.

기타 통화금융감독 지침은 커피 수출에서 얻은 외환도 자유시장
환율을 적용했고, 커피 수출업자는 커피 자루 1개당 22달러에 해당
하는 크루제이루화를 지급했고, 정부는 이 자금으로 과잉생산된 커
피 지원 프로그램에 사용했다. 다른 지침은 원가 환율 시스템을 폐
지해 모든 수입품이 자유시장환율을 적용받게 했다. 전반적으로 이
러한 조치들은 외환 시스템의 통일을 가져왔다.

1962년과 1963년은 정치적 위기가 지속되었고, 민족주의자들의
압력에 의해 1962년 말에 엄격한 이익송금법이 통과되었고, 수출
로 벌어들이는 외환수입이 계속 감소하고 인플레이션이 가속화되
었다.[21] 이 기간 동안 공식 '자유 환율'의 설정이 국내 인플레이션율
보다 크게 뒤쳐졌고, 이로 인해 새로운 유형의 수출을 자극하는 데
거의 도움이 되지 못했다.

유사 제품 법칙

외환 정책을 이렇게 길게 검토한 이유는 이것이 1950년대 수입 대체산업화의 주요 정책 수단 중 하나였기 때문이다. 이러한 정책들은 유사 제품 법칙의 엄격한 적용에 의해 보완되었다.

19세기의 마지막 10년 동안, 관세 보호는 유사 제품 법칙으로 언급될 만큼 일반화되어 있었다. 1911년에 '유사 제품 등록부'Register of Similar Products가 만들어졌다. 보호를 원하는 브라질 생산자는 그들이 생산했거나 생산하려는 제품의 등록을 신청할 수 있었다. 제2차 세계대전 이후, 특히 1950년대에 유사 제품 등록이 관세 보호와 높은 환율 범주 분류의 기초가 되었다. 어떤 제품이 보호를 받기 위한 '충분한 품질과 수량'의 정확한 의미는 유연하게 해석되었고, 당국의 재량적 판단에 달려 있었다.

이 법은 산업화 과정이 계속되면서 수직적 통합을 장려하는 방식, 즉 공급 회사의 출현으로 기업 내부에서나 국가 내부에서 수직적 통합을 유도하는 방식으로 적용되었다. 브라질에서 활동하는 미국 기업에 관한 연구에 따르면,

유사 제품의 법칙 운영은 외국인투자자가 수입에서 조립으로 전환하거나 조립에서 본격적인 제조로 전환하는 가장 강력한 인센티브였다. 이 인센티브의 본질적인 특징은 경쟁자와 관련해 우대 조치를 원하기보다는 시장에서 철저히 배제될 것을 두려워했다. 많은 경우에 일부 브라질 기업 또는 경쟁 관계에 있는 외국 기업이 현지 제조를 고려하

고 있다는 단순한 보고가 미국 회사가 현지 공장을 건설해 시장 지위를 유지하도록 움직이는 것을 촉발시키는 중요한 요인이었다.[22]

그러나 이 법칙은 많은 현지 단체들이 공급 회사를 설립하도록 유인했다. 따라서 정부의 초기 보호 장치가 '불요불급한' 성격의 산업(처음에는 경공업의 소비재 수입을 억제했다)을 자극했음에도 불구하고, 보완 정책을 통해 수직적 통합과 궁극적으로는 중공업의 자본재산업 발전에 실질적인 인센티브를 제공했다.

특별 계획 및 프로그램

1930년대와 제2차 세계대전 중 브라질의 자원을 효율적으로 활용하기 위한 계획을 세우려는 시도에 대해 앞서 살펴보았다. 전후 시기에도 이러한 시도가 계속되었고, 민간부문을 유인하기 위한 다양한 정책을 보완하기 위한 공공투자 프로그램이 시행되었다.

계획을 수립하려는 전후 첫 번째 시도는 SALTE 계획(SALTE는 보건, 식품, 교통, 에너지를 뜻하는 포르투갈어 낱말의 첫 번째 단어들로 만든 조어이다)이었다. 이것은 광범위한 경제계획이 아니라 4개 분야의 1950년부터 1954년까지의 5개년 공공지출 프로그램이었다.[23] 이기간의 총지출은 199억 크루제이루였고, 분야별로는 보건서비스 개선 26억 크루제이루, 식품 및 생산재 분야 현대화 27억 크루제이루, 교통시스템 현대화 114억 크루제이루, 에너지 설비용량 증대

32억 크루제이루였다.

불행하게도 이 계획은 1년도 안 되어 중단되었는데, 이는 실행상의 문제, 특히 자금조달의 어려움 때문이었다. 그러나 이 계획은 특별 개발 프로젝트뿐만 아니라 일반 정부 예산으로 추진하는 프로젝트도 포함되어 있었기 때문에 "일반 예산에서 개발 성격의 예산을 별도로 추려 내는 효과가 있었고, 이는 '기능별' 예산 편성으로 가는 첫걸음이었다."[24]

따라서 이 계획에 포함된 모든 프로그램을 시행하는 데 필요한 액수만큼의 예산을 모두 요구하지 않았다. 왜냐하면, 이미 30%는 일반 예산에 편성되어 있었기 때문이었다. 일반 예산에 편성되지 않은 나머지 70%를 조달하는 데 어려움이 있었다. 당초 자금조달 계획으로는 이 계획의 실행 결과로 발생할 추가 소득에 대한 과세, 브라질은행의 외환보유액 매각, 종가관세 조정에 따른 추가 세수 등으로 조달할 예정이었다. 그러나 70억 크루제이루의 예산이 부족했다. 정책입안자들은 이 자금을 차입을 통해 조달하기로 결정했다.

1년 후에 이 계획이 중단된 것은 재정수입과 차입 가능성에 대한 지나치게 낙관적인 예상 때문이었다. 이 계획을 수립한 사람들은 국제수지의 어려움이 발생할 가능성을 고려하지 않았기 때문에 외환보유액 매각을 통한 자금조달 계획의 실현 가능성이 줄어들었고, 인플레이션의 상승과 예산 적자로 인해 차입도 어려워졌다. 1951년에 계획이 중단된 이후 공공 프로젝트 계획 중 일부는 각 부처로 이전되었고, 재원이 마련되면 그때 계속되었다.

표 4.5 | 브라질-미국합동위원회 투자 제안: 1951~53년

(%)

	외화 투자	국내 통화 투자
철도	38	55
도로건설	2	–
항만건설	9	5
연안해운	7	3
전력	34	33
기타	10	4
합계	100	100

자료: *XI Exposição sôbre o Programa de BNDE Reaparelhamento Econômico* (Rio de Janeiro, 1962).

SALTE 계획은 본질적으로 경제사회 전반을 포괄하는 것이 아니었다. 이 계획은 민간부문이나 프로그램에 대한 목표를 설정하지 않았다. 이것은 기본적으로 5년간의 공공지출 프로그램이었다. 그러나 산업보다 뒤쳐져 있고 그래서 성장을 저해할 수 있는 경제의 다른 부문들에 대한 관심을 환기시켰다.

브라질-미국합동위원회Comissão Mista Brasil-Estados Unidos는 1951년에서 1953년까지 훨씬 더 야심차고 철저한 계획을 수립했다. 브라질과 미국의 전문가들이 브라질 경제에 대한 가장 완벽한 조사 중 하나를 수행했고, 일련의 인프라 프로젝트 투자계획을 수립했다. 이 사업을 위한 총투자금액은 외화 소요분 3억8,730만 달러, 크루제이루화 소요분 140억 크루제이루였다. 〈표 4.5〉는 각 프로젝트별 사업 예산을 표시한 것이다.

이 투자 범주에는 철도, 항구, 연안해운의 현대화와 발전설비용량 확충을 위한 프로젝트들이 포함되었고, 기타 범주에는 농업 장비 수입, 곡식 저장소 건설, 일부 산업 설비 건설 또는 확장 등이 포함되었다. 위원회는 또한 기술훈련, 수출 다변화, 지역별 소득격차

해소 방안(12장 참조), 통화 안정성 확보 방안 등에 대해 권고했다.

외화 소요분은 국제개발기구와 외국 정부의 직접 대출을 통해 조달할 예정이었고, 크루제이루화 소요분은 소득세에 추가로 부가되는 '강제 대출'과 보험회사, 사회보장 기관 등의 대출로 마련할 계획이었다.

합동위원회의 계획은 공식적으로 채택된 적이 없지만 여러 가지 유익한 효과가 있었다. 그 결과 인프라 및 여러 산업 프로젝트의 계획, 분석 및 자금조달을 지원하기 위해 경제개발은행BNDE이 설립되었다. 위원회의 많은 연구 결과는 이후 많은 프로젝트를 준비하는 데 사용되었고, 경제개발은행과 국제개발금융기관이 이 프로젝트에 자금을 지원했다. 이 위원회는 낙후되고 병목현상을 유발할 수 있는 경제 분야의 개발을 위한 프로젝트를 추진하는 자극제 역할을 하는 데 있어서 SALTE 계획보다 더 성공적이었다.

1953년에서 1955년 사이에 경제개발은행과 유엔라틴아메리카 경제위원회의 전문가들은 체계적이고 전반적인 계획 수립을 위해 협력했다.[25] 이들의 과업은 1939년부터 1953년까지 경제의 총체적 관계를 분석하고 향후 7년 동안의 저축률, 교역조건 등의 변화에 대한 여러 가정하의 전망을 수립하는 것이었다. 이 그룹의 주요 기능은 브라질의 정책입안자들이 경제성장을 좌우하고 다양한 유형의 정책결정에 의해 영향을 받을 수 있는 주요 변수(예: 저축률, 자본/산출 비율 또는 외국자본유입)에 주의를 환기시키는 것이었다. 경제성장률 제고는 1950년대 높은 인구증가율(3%를 상회) 때문에 정부의 가장 중요한 관심사였다.[26]

이러한 전후 일련의 개발계획과 그것들에 관한 격렬한 논의는 "브라질 지도자들 사이에서 개발에 관한 일종의 정치적 신비감을 퍼트렸고, 이는 후에 개발주의desenvolvimetismo라고 불렸다."[27] 상대적으로 짧은 기간 내에 높은 경제성장률을 달성하겠다는 개발에 관한 관심과 산업에 실질적인 영향을 미치는 정부의 역할은 주셀리누 쿠비체크Juscelino Kubitschek(1956~61년) 행정부의 특징이 되었다. 그가 취임한 다음날, 국가개발위원회National Development Council가 창설되어 목표 프로그램Programa de Metas이 수립되었다.

이 프로그램은 경제사회 전반을 포괄하는 개발계획이 아니었다. 공공투자 또는 기초산업의 모든 영역을 포함하지는 않았으며, 5년 동안 계획에 포함된 30개 기본 부문과 이 계획에 포함되지 않은 다른 부문의 개발에 필요한 재원을 서로 조화시키려고 시도하지 않았다. 정부와 민간부문에 모두 적용되는 목표를 제시했고, 에너지, 운송, 식량 공급, 기초산업 및 교육(특히 기술 인력 교육)의 5개 분야에 대한 계획이 수립되었다. 인프라 투자는 주로 병목현상을 해결하기 위한 것이었고, 이를 위한 기초 연구는 이미 브라질-미국합동위원회에 의해 완료되어 있었다. 분야별로 개별 프로젝트를 포함해 상세 목표를 제시한 경우도 많았지만, 여타 목표들은 개괄적으로 설정되었다.

기초산업의 목표는 철강, 알루미늄, 시멘트, 셀룰로오스, 자동차, 중장비 및 화학제품의 생산 증가에 관한 것이었다. 이들은 급속한 산업화를 위한 '성장 포인트' 산업으로 여겨졌다. 쿠비체크 행정부의 프로그램에 포함된 특별 프로젝트는 내륙에 새로운 수도 브라질

표 4.6 | 투자 프로그램: 1957~61년

(%)

	브라질 국내 생산 재화 및 서비스	수입 재화 및 서비스
에너지	48	37
수송	30	25
식품	2	6
기초산업	15	32
교육	5	–
합계	100	100

리아를 건설하는 것이었다. 이 프로젝트는 당장 경제의 생산력 증대에 기여하는 것이 아니고, 재원이 한정되어 있었기 때문에 이에 대한 격렬한 논쟁이 벌어졌다. 많은 사람들은 이 프로젝트의 장기적 이익이 초기 비용을 크게 상회했다고 주장했다. 왜냐하면 브라질리아 건설이 방대한 새로운 농지를 확보하는 계기가 되었고, 이것이 1970년대에 농산품 수출로 외화를 벌어들이는 것에 크게 기여했기 때문이다.

1957년부터 1961년까지 5년간의 투자액은 236억7천만 크루제이루와 23억 달러였다. 부문별 투자 프로그램은 〈표 4.6〉에 제시된 것과 같다.[28]

국내 통화 재원은 정부 예산(연방부 39.7%, 주정부 10.4%), 민간 기업 또는 민관 합작 기업(35.4%), 공공기관(14.5%)에서 마련할 예정이었다. 외화 자금은 국제기구 대출(대부분을 경제개발은행이 관리)과 앞서 토의한 다수의 유인책을 활용한 외국자본 유치를 통해 조달되었다.

쿠비체크 행정부에서 산업과 인프라 부문을 포함한 여러 분야에서 목표를 달성하는 데 상당한 진전이 있었다.

특별 인센티브 프로그램

1950년대 산업화에 기여한 대표적 정책으로 쿠비체크 행정부가 자동차와 특수 차량, 조선 및 중장비 산업을 촉진하기 위해 수립한 다수의 특별 프로그램이 있다. 이 프로그램들은 경제개발은행을 통해 마련되었다. 우대 산업은 특정 기간 동안 제조 장비, 원자재, 부품 등의 수입에 대한 특별 우대 서비스를 받았다.

이 프로그램 중 가장 성공적인 것은 자동차산업을 장려하기 위한 것이었다. 이 프로그램은 GEIA(자동차산업 집행 그룹)가 관할했다. 이 프로그램은 수년 동안 제조 장비 및 자동차 부품 수입에 실질적인 혜택을 제공했다. 이에 대응해 자동차 회사들은 점진적으로 브라질에서 제조된 부품으로 대체하는 정책에 협력했다. GEIA는 또한 브라질 기업이 자동차 부품 산업에 진입하고, 외국 기업과 기술 지원 협약을 체결하는 것을 지원했다. 일반적으로 "전문 부품의 생산을 브라질 공급업체 및 하도급업체에게 맡기는 계약을 장려했다. 이러한 조치를 통해 외부 판매 목적의 제조업체들로 구성된 대규모 부품 산업을 육성하고자 했다."[29] 마침내 자동차 회사는 경제개발은행으로부터 재정지원을 받을 수 있는 '기초산업'으로 분류되었다.

GEIA의 가이드는 국내에서 자동차 생산의 수직적 통합을 촉진시켰을 뿐만 아니라 바람직한 차량 조합을 유도하는 역할도 수행했다. 쿠비체크 행정부가 끝날 무렵 차량 생산의 절반이 승용차였고, 나머지는 특수 차량과 트럭으로 구성되었다. 다른 집행 그룹은 조선, 중장비, 트랙터 및 자동전화설비 산업의 창출에도 비슷한 노력을 기울였다.

산업화 정책의 영향

제2차 세계대전 이후의 산업화 과정에서 매우 높은 경제성장률을 달성했다. 1947~62년 기간의 연평균 경제성장률은 6%를 상회했다. 산업화가 가장 집중적으로 이루어진 기간인 1956~62년의 연평균 경제성장률은 7.8%였다. 1947년부터 1961년까지 총생산은 128% 증가했는데, 이 중 농산물생산은 87%, 산업생산은 262% 증가했다. 1947년에서 1961년까지 GDP 증가액에서 농업의 기여는 18%에 불과했고, 나머지는 비농업부문의 기여였다. 산업부문의 크기가 3배 이상 확대됨으로써 경제에 직간접적 영향을 미친 것이 핵심 요소였다. 이 기간에 고정투자 비율은 평균 15%로 낮았다는 것에 주목할 필요가 있다(〈부록 표 A.2〉). 이는 자본/산출 비율이 느리게 증가했다는 것을 의미한다.

투자 사업의 수입품 비중이 높았기 때문에 전체 투자율과 국제수지 적자가 상호 연관되어 있었다. 이것은 조사 대상 기간의 후반에 특히 그러했는데, 그 당시는 상당 규모의 민간자본유입에 의해 투자가 이루어지고 있을 때였다.

경제의 변화를 나타내는 징후는 GDP에서 각 경제 부문이 차지하는 비중의 변화이다(〈표 4.7〉 참조). 산업이 GDP에서 차지하는 비중은 꾸준히 증가해 1950년대 하반기에 농업을 추월하는 등 산

표 4.7 | GDP의 부문별 비중 변화: 1939~66년

(%)

	1939	1947	1953	1957	1960	1966
경상가격 기준						
농업	25.8	27.6	26.1	22.8	22.6	19.1
산업	19.4	19.8	23.7	24.4	25.2	27.2
기타 부문	54.8	52.6	50.2	52.8	52.2	53.7
합계	100.0	100.0	100.0	100.0	100.0	100.0
1953년 가격 기준						
농업		30.	26.1	24.6	22.2	21.9
산업		20.6	23.7	24.5	28.0	28.8
기타 부문		49.4	50.2	50.9	49.8	49.3
합계		100.0	100.0	100.0	100.0	100.0

자료: Fundação Getúlio Vargas, Centro de Contas Nacionais: *Conjuntura Econômica*.

업이 경제의 가장 역동적인 부문인 것이 분명했다.

제조업 부문의 구조 변화를 분석하기 위해서는 먼저 수입 구조의 변화를 간략히 살펴볼 필요가 있다. 수입 구조 변화를 검토하면서 GDP 대비 수입 비중의 하락 추세를 간과하지 말아야 한다. 〈표 4.8〉은 수입 상품의 구조 변화를 보여 주고 있는데, 1949년부터 1962년 사이에 가공품의 비중이 81%에서 68%로 감소한 것을 알 수 있다. 원자재의 수입 비중이 크게 증가했는데, 이 가운데 상당 부분은 브라질이 충분한 양을 보유하고 있지 않지만 새로운 산업이 제대로 기능하기 위해서는 매우 중요한 품목들(석유와 석탄 등)이었다.

새로운 산업은 생산과정의 마지막 단계뿐만 아니라 초기 단계의 생산 활동도 포함하고 있었다. 새롭게 출현한 산업구조는 수평적 관점과 수직적 관점 모두에서 상당한 균형을 이루고 있었다. 〈표 4.8〉은 부문별 수입대체 현황을 보여 주고 있는데, 전체 수입에서 차지하는 비중의 감소와 1949/50년의 평균 수입 비중 대비 감소(3

표 4.8 | 수입 상품 구조 변화

(%)

상품 그룹	1949년	1962년	1949~62년 수입 변화 (1949년 달러)
식품, 음료, 담배	4.58	3.13	+245; +25[a]
섬유	3.99	0.13	−89
의류, 신발	0.05	0.00	n.a.
목재	0.18	0.04	n.a.
종이 및 종이제품	2.36	2.58	+55
인쇄 및 출판	0.31	0.47	+320
가죽제품	0.27	0.01	n.a.
고무제품	0.12	0.07	n.a.
화학, 석유, 석탄제품	19.55	18.01	+5; −43; −42; −14[b]
비금속광물	2.04	1.33	−1
기초금속 및 금속제품	11.48	11.62	
선철	3.71	3.43	+27
비철금속	3.02	3.97	+108
기타	4.75	4.22	n.a.
기계류	14.21	12.99	
금속장비	7.06	7.64	+63
기타	7.15	5.35	−29
전기장비	6.61	6.27	+46
수송장비	14.30	10.17	
자동차	9.58	2.44	−60
기타	4.72	7.73	+112
기타 제조품	1.92	1.95	
총제조업	81.97	68.78	+45
원자재	18.03	31.22	
합계	100.00	100.00	
산업생산 변화		+213	
실질GNP 변화		+105	

자료: Serviço de Estatística Econômica e Financeira, *Comercio Exterior do Brasil* (각 년도). 이 자료의 기초 데이터는 산업센서스 분류와 일치하도록 재분류함.

주: 원 데이터는 경상 달러로 표시되어 있었음. n.a. = not available.
　a. 식품 +245; 음료 +25.
　b. 화학 +5; 석유 및 석탄 제품 −43; 비료 −14; 의약품 −42.

열 참조) 모두에서 이를 확인할 수 있다. 수입대체는 또한 비중이 변화하지 않거나 심지어 증가해서 실질 수입량이 증가한 부문에서도 일어났다. 왜냐하면 이러한 증가 규모가 산업생산 증가 규모에 비해 상당히 작기 때문이다. 이 기간 동안 산업생산은 3배 이상 늘어났다. 단지 3개 부문에서만 수입이 실질GDP(이 기간 동안 2배 증가)

표 4.9 | 총공급에서 수입이 차지하는 비중: 1949~66년

(%)

	1949	1955	1960	1962	1965	1966
자본재	59.0	43.2	23.4	12.9	8.2	13.7
중간재	25.9	17.9	11.9	8.9	6.3	6.8
소비재	10.0	12.2	4.5	1.1	1.2	1.6

자료: "A Industrialização Brasileira: Diagnostico e Perspectivas," *Programa Estrategico de Desenvolvimento, 1968-70*, Estudo Especial (Rio de Janeiro: Ministério do Planejamento e Coordenação Geral, January 1969).

보다 더 많이 증가했다는 사실은 이러한 해석에 더욱 힘을 실어주고 있다.

수입대체의 보다 정확한 측정은 국내 총공급 대비 수입의 변화이다.[30] 이것은 〈표 4.9〉에 제시되어 있다. 1949년에 소비재 및 중간재 산업에서 이미 상당한 수입대체가 이루어졌지만, 자본재는 수입비중이 59%로 여전히 해외 공급 비중이 높았다. 수직적 통합, 특히 후방 연계를 최대화하는 정책은 자본재 수입 비중의 급격한 감소를 가져온다. 전체 기간 동안 수입대체가 추진되었지만, 1950년대 중반과 후반에 큰 진전이 있었던 것으로 보인다. 왜냐하면 이때 자본재와 소비재의 총공급에서 수입이 차지하는 비중이 대폭 낮아졌기 때문이다. 중간재의 총공급에서 수입이 차지하는 비중은 1940년대 후반부터 크게 떨어졌다.[31]

브라질의 경제구조 변화를 관찰하는 또 다른 방법은 〈표 4.10〉에 요약된 바와 같이 제조업 부문이 총부가가치와 고용에서 차지하는 비중을 조사하는 것이다. 전통 산업(섬유, 식품, 의류)은 상대적 지위가 하락한 반면, 운송장비, 기계, 전기기계 및 가전제품, 화학제품과 같은 주요 수입대체산업이 차지하는 비중은 가장 두드러지

표 4.10 | 산업구조 변화: 총부가가치와 고용: 1939~63년

(%)

(a) 브라질 산업구조 변화: 1939~63년

	총부가가치			
	1939	1949	1953	1963
비금속광물	5.2	7.4	7.4	5.2
금속제품	7.6	9.4	9.6	12.0
기계	3.8	2.2	2.4	3.2
전기장비	1.2	1.7	3.0	6.1
수송장비	0.6	2.3	2.0	10.5
목재	5.3	6.1	6.6	4.0
종이제품	1.5	2.1	2.7	2.9
고무제품	0.7	2.0	2.2	1.9
가죽제품	1.7	1.3	1.3	0.7
화학제품	9.8	9.4	11.0	15.5
섬유	22.2	20.1	17.6	11.6
의류 및 신발	4.9	4.3	4.9	3.6
식품	24.2	19.7	17.6	14.1
음료	4.4	4.3	3.5	3.2
담배	2.3	1.6	2.3	1.6
인쇄 및 출판	3.6	4.2	3.5	2.5
기타	1.0	1.9	2.4	1.4
합계	100.0	100.0	100.0	100.0

(b) 브라질 산업고용 변화: 1950~63년

	1950	1960
비금속광물	9.7	9.7
금속제품	7.9	10.2
기계	1.9	3.3
전기장비	1.1	3.0
수송장비	1.3	4.3
목재	4.9	5.0
가구	2.8	3.6
종이제품	1.9	2.4
고무제품	0.8	1.0
가죽제품	1.5	1.5
화학제품	3.7	4.1
의약품	1.1	0.9
향수, 비누, 양초	0.8	0.7
플라스틱	0.2	0.5
섬유	27.4	20.6
의류 및 신발	5.6	5.8
식품	18.5	15.3
음료	2.9	2.1
담배	1.3	0.9
인쇄 및 출판	3.0	3.0
기타	1.7	2.1
합계	100.0	100.0

자료: IBGE, *Recenseamento Geral do Brasil, 1960*, Censo Industrial.

게 증가했다. 한편, 전통적인 산업에서는 고용보다 총부가가치가 상대적으로 감소한 반면, 많은 새로운 산업에서는 총부가가치의 증가가 고용 증가보다 컸다.

불균형과 병목현상

1950년대의 수입대체산업화 전략은 1960년대 정책입안자들이 지속적인 성장과 발전을 위해 노력해야 하는 과제를 유산으로 남겼다. 이러한 문제들은 이 책의 제2부에서 개별적으로 다룰 예정이지만 여기에서 간략한 개요를 제시하고자 한다.

제2차 세계대전 이후 대부분의 기간 동안 농업부문이 소홀히 취급[32]됐지만 연평균 4.5% 성장하는 등 인구증가율 3.1%와 비교해서 만족스러운 것으로 보인다. 그러나 좀 더 자세히 살펴보면 그 당시에 나타나기 시작한 실제적이고 잠재적인 문제들이 드러난다.

인구증가율이 식량 공급 증가율보다 낮았음에도 불구하고 어두운 그림자를 드리우는 또 하나의 요인이 있었다. 대규모의 농촌-도시 이주가 발생했고, 이로 인해 1950년대 도시인구증가율은 연간 5.4%에 이르렀다. 식량 생산량 증가의 대부분은 기존 농경지의 생산성 증가보다 새로운 경작지의 확대 때문이었다. 도시의 수요 충족을 위해 점점 더 먼 지역에서 식량을 공급함에 따라 농촌과 도시를 연결하는 교통인프라와 농업 마케팅 시스템의 부담이 커졌다(후진적 마케팅 시스템으로 인한 농산물 손실은 20%에 달했던 것으로 추산되었다). 1960년대 초반의 일반적 견해는 주요 소비지 인근에서 농업 생산성의 개선이 이루어지지 않는다면 산업 성장이 심각하게 저해될 수 있다는 것이었다. 식량 가격의 상승은 인플레이션 압력을 가중시킬 뿐 아니라 사회적 긴장도 증가시킬 수 있었다.

두 번째 큰 문제는 인플레이션 상승이었다. 6장에서 논의된 바와 같이, 인플레이션은 산업화 추진을 지원하기 위한 자원의 재분배에 긍정적인 역할도 수행했지만, 1960년대 초에는 강제 저축 메커니즘을 통한 성장에 대한 기여보다 인플레이션으로 인한 왜곡의 영향이 압도적으로 컸다.

세 번째 주요한 문제는 산업 성장이 지역별, 부문별, 소득 그룹별로 성장의 혜택을 고르게 분배하지 못해서 소득불평등 문제가 악화된 것이다. 이에 대한 시정을 요구하는 사회정치적 압력이 증가하고 있었다. 오랫동안 방치되고 후진적인 교육 시스템을 개선해야 하는 압박도 있었다. 교육 시스템 개선은 현대 산업 분야에 잘 훈련된 인력을 공급하고 사회적 이동성을 높여서 더 많은 인구가 산업화의 과실을 향유할 수 있도록 하기 위해서도 개선이 절실히 요구됐다.

마지막으로, 1950년대의 성장, 특히 하반기의 성장은 외국인직접투자자와 대출 형태의 외국자본유입을 통해 자금을 조달했는데, 이로 인해 국제수지 압력이 커지고 있었다. 1960년대 초에 브라질의 외채는 이미 20억 달러를 넘어섰다. 외채의 상당 부분은 단기외채였고, 원리금 상환액과 외국 기업의 이윤 송금이 합쳐져서 국제수지의 어려움이 가중되었다. 수입대체 정책을 일방적으로 추진하면서 수출진흥과 수출 다각화를 완전히 무시한 것이 국제수지 불균형 문제를 야기하고 있었다.

정체와 붐에서 외채위기까지
: 1961~85년

1960년대 초에 브라질 경제는 역동성을 잃었다. 1961년 실질 GDP 성장률이 10.3%를 기록한 이후 1962년, 1963년, 1964년에 각각 5.3%, 1.5%, 2.4%를 기록했다. 경기침체의 직접적인 원인은 1961년 8월 자니우 꽈드루스Jânio Quadros 대통령의 사임 후 지속된 정치 위기였다.[1] 1961년 8월 말 꽈드루스 대통령 사임부터 1964년 4월 주어웅 굴라르뜨João Goulart 정부 전복까지 정치적 격동기에는 일관된 경제정책이 없었다.

1960년대 말과 1970년대 초의 경제정책

1964년 쿠데타 이후 집권한 군사정권은 경제성장 회복을 위해 인플레이션의 통제, 누적된 가격 왜곡의 제거, 자본시장의 현대화, 필수 분야에 대한 투자 유도를 위한 인센티브 시스템의 창설, 국가의 생산능력 확대를 위한 외국인투자 유치, 인프라 및 중공업에 대한 공공투자 확대 등이 필요하다는 결론을 내렸다.

1964년 정권교체 이후 1년 동안 정책입안자들은 경제 안정화와 금융시장의 구조개혁을 강조했다. 전자는 고전적인 안정화 조치들(정부지출 삭감, 세금 징수 체계 개선을 통한 세수 확대, 신용 긴축, 임금인상 억제)로 구성되어 있었다.[2] 안정화 프로그램에는 지난 10년간 인플레이션 시기를 거치면서 누적된 가격 왜곡을 바로잡기 위한 조치들도 포함되어 있었다. 예를 들어 정부 통제로 일반물가에 비해 낮은 수준에 머물러 있는 공공사업 요금을 급격히 인상했다. 이것은 단기적으로 인플레이션을 상승시키는 영향(가격조정 인플레이션)이 있었으나, 장기적으로는 공공부문의 적자 감축으로 정부 보조금 지급이 감소했다.

이러한 정책들은 지속적으로 재정적자를 줄이는 효과가 있었다. 이에 따라 1963년에 GDP의 4.3%에 달했던 재정적자가 꾸준히 감소해 1971년에는 GDP의 0.3%로 감소했다. 인플레이션은 점차 낮아졌고, 1968~74년 동안 20% 내외 수준을 유지했다.

자본시장의 현대화 또한 지속적인 경제성장에 필수적인 것으로 간주되었다. 금융상품에 대한 물가연동제가 도입되어, 채무증서의 원금과 이자가 인플레이션에 따라 재조정되는 시스템이 도입되었다. 처음에는 정부 채권에 물가연동제가 적용되었기 때문에 정부의 재정적자 보전을 위한 차입이 인플레이션을 유발하는 것을 방지할 수 있었다. 물가연동제가 수년에 걸쳐 저축예금, 저축대부조합, 기업부채로 확대되었으며, 물가 변동을 반영해 주기적으로 기업의 자산을 재평가하는 메커니즘도 개발되었다.

1965년에 주식시장의 발전을 위한 제도적 기반을 마련하기 위해 자본시장법을 제정했고, 신주발행과 인수를 활성화하기 위해 투자은행의 설립을 장려했다. 산업 규모의 증가에 따른 새로운 신용 메커니즘도 개발되었다. 중소기업 매각이나 자본재 구입과 같은 거래에 대한 자금 지원을 위해 경제개발은행에 다수의 특별기금이 창설되었다.[3] 1964년에서 1974년까지 정부는 지역개발(특히 북동부 및 아마존 지역으로의 자원 이동을 촉진하기 위해)과 산업개발을 위한 자원 배분에 영향을 미치기 위해 세제 인센티브 제도를 적극 활용했다.

1964년 이후 안정화 정책을 추진하는 동안에도 공공투자 규모는 축소되지 않았다. 정부는 미국국제개발처USAID, 세계은행 및 미주개발은행과 협력해 발전 및 송배전, 도로, 도시 인프라, 중공업 등의 확충을 위한 분야별 연구도 수행했다. 이러한 프로젝트들이 완공되는 데 보통 3~4년이 소요되었고, 1960년대 후반이 되어서야 효과를 실감할 수 있었다.

마지막으로 1964년 이후 정부는 대외무역정책을 중시했다. 장기 경제성장을 위해서는 수출 증대와 다각화가 필수적인 것으로 간주되었다.[4] 따라서 수출세가 폐지되었고 수출 관련 행정 절차가 간소화되었으며 수출 인센티브 세제와 수출 우대 금융제도를 마련했다. 1968년에 통화의 과대평가를 피하기 위해 크롤링페그 환율제도가 제정되었다. 이로 인해 크루제이루화의 빈번한(그러나 예측할 수 없는) 소규모 평가절하가 이루어졌다. 이를 통해 인플레이션이 발생하더라도 통화가 과대평가되는 것을 방지해 통화에 대한 투기를 최소한으로 억제하고 환율이 정치적 쟁점이 되는 것을 방지했다.

1964년 이후 정부의 성과

1962~67년 동안 경제는 정체되었다. 이 기간 동안 연평균 경제성장률 3.7%에 불과했다. 그러나 1968년 들어 경기가 호황 국면에 접어들었고, 1968~73년의 연평균 성장률은 11.3%를 기록했다. 이는 앞서 언급한 군사정권 시절에 이루어진 개혁의 성과로 평가되었다. 〈부록 표 A.3〉에서 볼 수 있듯이, 산업이 연평균 12.6% 성장하면서 경제성장을 선도했다. 제조업 중에서 운송장비, 기계 및 전기장비가 가장 높은 성장률을 보였으나 직물, 의류, 식품과 같은 전통적인 분야는 성장 속도가 훨씬 느렸다(〈부록 표 A.4〉 참조).

1950년대와 1960년대 브라질의 성장에서 주목할 만한 특징은 낮은 투자율이었다. 총고정자본형성◦은 1949년 GDP의 약 14%에서 1959년에는 20%로 증가했고, 1970년대 초에는 평균 22%로

◦ 생산 주체가 구입 또는 자가 생산한 모든 자본재.

소폭 증가했다.[5] 경제 침체기와 호황기 모두 투자율이 일정한 수준을 유지한 이유는 1960년대 내내 유휴설비가 존재했고 이로 인해 많은 분야에서 추가적인 투자 없이도 생산을 확대할 수 있었기 때문이었다.[6] 1970년대 전반기에 평균 투자율은 27%로 상승했는데, 이는 가동률이 높아져서 유휴 생산설비가 사라짐에 따라 기업들이 신규 투자를 확대했기 때문이었다. 이것은 또한 높은 자본/산출 비율을 특징으로 하는 인프라 프로젝트와 중공업에 대한 정부의 대규모 투자에 따른 결과이기도 했다.

세금 징수를 늘리려는 군사정부의 노력으로 직접세와 간접세가 두드러지게 증가했다. 전자는 1959년 GDP의 5.2%에서 1970년대 중반에는 11%로 증가했고, 후자는 GDP의 12.8%에서 14.5%로 상승했다. 앞서 언급한 세제 인센티브 제도가 없었다면, 직접세 비율은 더욱 높았을 것이다.

〈부록 표 A.3〉은 1959~70년 동안 GDP에서 농업이 차지하는 비중이 급속히 감소했으며, 산업과 서비스의 비중이 거의 비슷한 수준을 유지한 것을 보여 주고 있다.

〈부록 표 A.1〉은 브라질의 국제수지를 요약한 것이다. 대외무역은 GDP보다 훨씬 빠르게 증가했다. 1970~73년의 연평균 수출 증가율은 14.7%였고 수입증가율은 21%였다. 그 결과 무역수지와 서비스수지 적자가 지속되었다. 그러나 1974년까지 대규모 공적자본과 민간자본의 유입으로 이러한 적자를 보전할 수 있었다. 이 시기에 브라질은 수출 상품을 다각화하는 데 성공했고, 자본재의 수입 비중이 눈에 띄게 증가했다.[7] 1964년 이후 정부가 대외무역을 개방함에 따라 GDP에서 수입이 차지하는 비중이 증가했다. 수입 비중은 1950년대 수입대체산업화 정책의 영향으로 1947~49년에 16%에서 1964년에는 5.4%로 낮아졌지만, 1974년에는 14%로 다시 증가했다.

소득분배 문제

브라질 경제성장의 결실은 매우 불균등하게 분배됐다. 〈표 5.1〉에서 알 수 있듯이 하위 40%가 차지한 소득 비중은 1960년 11.2%에서 1970년에는 9%로 감소했고, 그다음 40%의 소득 비중은 34.4%에서 27.8%로 낮아진 반면, 상위 5%의 소득 비중은 27.4%에서 36.3%로 높아졌다.[8]

소득불평등 문제와 관련해 이 시기에 제기된 문제 중 하나는 이러한 상황이 궁극적으로 경제성장의 지체로 이어질지 여부였다. 이는 소수의 고소득 인구만으로는 충분히 큰 시장을 형성해 높은 경제성장률을 유지하는 것이 어려울 수 있었기 때문이었다. 이러한 경제성장 정체 가능성 논란은 브라질의 절대 인구 규모가 크기 때문에 브라질에는 적용되지 않는 것으로 보였다. 당시 브라질 인구의 20%가 국가 전체 소득의 63%를 차지하고 있었는데, 이 20%가 절대 규모로는 2,200만 명으로 결코 작은 시장이 아니었다. 그러나 이것은 또 다른 질문을 제기했다. 이러한 새로운 이중 사회 구조가 출현해 두 개의 사회경제 계층이 함께 영속할 수 있는가라는 질문

표 5.1 | 소득분배 변화: 1960~70년

	소득분포(%)		달러 기준 1인당 소득	
	1960	1970	1960	1970
하위 40%	11.2	9.0	84	90
차상위 40%	34.3	27.8	257	278
차차상위 15%	27.0	27.0	540	720
최상위 5%	27.4	36.3	1,645	1,940
합계	100.0	100.0		

자료: IBGE, *Censo Demográfico* (1970).

이었다. 일부는 이를 "벨린디아(인도 내부의 벨기에Belgium in India, Belindia) 문제"라고 묘사했는데, 상대적으로 소득이 높은 약 2,200만 명의 인구와 매우 낮은 생계수준의 소득을 가진 8,500만 명의 인구가 한 나라에 공존하는 문제였다.[9]

오일쇼크: 영향 및 대응

1973년 11월의 오일쇼크로 석유 가격이 4배나 상승했다. 그 당시 브라질은 석유 소비량의 80% 이상을 수입에 의존하고 있었기 때문에 석유 수입액은 1973년 62억 달러에서 1974년에는 126억 달러로 증가했고, 경상수지 적자 규모는 17억 달러에서 71억 달러로 증가했다(〈부록 표 A.1〉 참조).

당시 브라질은 오일쇼크에 대응하기 위한 두 가지 대안을 가지고 있었다. 하나는 경제성장률을 낮추어서 비석유 수입을 축소하는 것이었고, 다른 하나는 상대적으로 높은 성장률을 계속 유지하는 것이었다. 후자는 외환보유액과 대외 부채의 실질적인 증가를 초래할 수 있었다. 정부는 후자를 선택했다. 먼저 이 결정의 이유를 살펴보겠다.

정치적 배경

1973년 말 석유수출국기구OPEC의 가격 혁명 이후 얼마 되지 않은 1974년 3월에 행정부의 교체가 있었다. 퇴임하는 에밀리우 가라스뜨라주 메디시Emílio Garrastazu Médici 정부는 브라질의 '경제적 기적'을 실현했다. 그러나 다른 한편으로는 앞서 언급한 소득불평등의 악화가 있었다. 세계은행의 로버트 맥나마라Robert McNamara 총재가 세계에서 경제성장의 결실을 보다 공평하게 분배하기 위한 노력이 전혀 없는 개발도상국 중 하나로 브라질을 지적함에 따라 브라질의 소득불평등 문제가 국제적으로 알려졌다. 또 다른 어두운 측면은 이 시기에 정점에 달한 정치 억압이었다.[10]

이러한 배경에서 집권하는 에르네스뚜 게이젤Ernesto Geisel 대통령은 급격한 성장의 감소를 수용할 수 없었다. 그 이유 중 하나는 정치적 억압을 점진적으로 축소하려는 것이었는데, 그는 경제성장이 이루어지는 가운데 이를 달성하는 것이 더 쉬울 것이라고 믿었다.[11]

게이젤 정부의 정책

게이젤 정부 초창기에는 총수요를 관리하기 위해 어느 정도 긴축적인 통화정책과 재정정책을 시행했고, 경제성장을 촉진하기 위한 정책적 대응은 1975년 제2차 국가개발계획Second National development plan(1975~79년)의 수립 시점에 이루어졌다. 제2차 국가개발계획은 다음 두 가지 목표를 가지고 대규모 투자 프로그램을 추진했다. 첫째는 기초산업재(철강, 알루미늄, 구리, 비료, 석유화학 등)와 자본재의 수입대체였고, 둘째는 경제 인프라(수력 및 원자력, 알코올 생산, 운송 및 통신)의 급속한 팽창이었다. 이러한 투자 중 많은 부분이 국영기업(에너지, 철강)에 의해 수행되었지만 다른 투자(특히 자본재)는 경제개발은행의 막대한 재정적 지원을 받아 민간부문에서 수행되었다.[12] 이 프로그램의 목표는 다음과 같다. 첫째, 석유 위기의 영향에 대한 강력한 경기 대응 정책으로 작용하고 합리적인 성장률을 유지하는 것이었다. 둘째, 수입대체 및 수출 다변화와 확장을 통해 경제구조를 변화시키고자 했다. 셋째, 셀수 마르톤에 따르면, "이 프로그램은 경상수지 적자를 보전하고 국제수지 조정을 연기하도록 국제금융기관을 유도하는 수단이었다."[13]

또 다른 학자들은 제2차 국가개발계획의 기본 아이디어가 에너지와 같은 부문에서 자급자족률을 높이고 새로운 유형의 비교우위를 개발하는 것이었다고 밝히고 있다.[14] 당시 기획부 장관을 지낸 헤이스 베요수는 단기적으로 인프라 및 중공업 투자수익률이 너무 낮아서 민간자본을 유치할 수 없다는 이유로 제2차 국가개발계획

표 5.2 | 수입/GDP 비율: 1973~81년

	1973	1974	1975	1976	1977	1978	1979	1980	1981
중간재									
종이	0.22	0.25	0.12	0.13	0.13	0.10	0.11	0.08	0.08
셀룰로오스	0.16	0.20	0.10	0.05	0.05	0.04	0.03	0.02	0.01
폴리에틸렌	0.76	0.99	0.34	0.72	0.38	0.45	0.15	0.03	0.02
플라스틱 튜브	0.13	0.63	0.21	0.45	0.33	0.35	0.47	0.08	0.03
철강	0.25	0.63	0.33	0.15	0.09	0.06	0.03	0.03	0.05
복합비료(NPK)	2.68	1.98	1.86	1.34	1.48	1.30	0.34	1.17	0.85
알루미늄	0.58								
자본재	0.66								
총생산 대비 수입량 지수(1973=100)									
	1973	1974	1975	1976	1977	1978	1979	1980	1981
합계	100	123	111	100	88	88	90	84	74
석유	100	93	93	94	88	93	97	78	77
자본재	100	125	144	98	70	67	64	65	57

자료: Albert Fishlow, "A Economia Política do Ajustamento Brasileiro aos Cheques do Petróleo: Uma Nota Sobre o Periodo 1974/84," *Pesquisa e Planejamento Econô mico* 16, no. 3 (December 1986); *Conjuntura Econômica.*

주: a. 국내생산을 위해 수입한 투입재 제외.

의 대규모 공공투자를 정당화했다. 그러나 국가가 이제 곧 진입하려는 새로운 수입대체 단계에서는 이러한 분야가 매우 중요하며, 궁극적으로는 민간부문에도 도움이 될 것으로 간주되었다. 베요수는 "브라질의 현재 상황을 고려할 때 시장 시스템에만 맡겨둔다면 철강, 비료, 석유화학, 비철금속 등에서 활동하는 민간부문을 볼 수 없을 것"이라고 말했다.[15]

성장을 우선시한다는 대안의 선택에 따른 결과는 〈부록 표 A.3〉과 〈부록 표 A.4〉, 그리고 〈표 5.2〉에서 볼 수 있다. 경제성장률은 "기적의 시대" 수준으로 상승하지는 않았지만 연평균 7% 수준을 유지했고, 산업생산 증가율도 연평균 7.5% 수준을 보였다. 〈부록 표 A.4〉에서 볼 수 있듯이 1970년대에 예외적으로 높은 성장률을

보인 분야는 금속제품, 기계, 전기기기, 종이제품 및 화학제품이었다. 〈표 5.2〉는 다양한 분야의 수입대체율(국내생산대비 수입 비율)을 포함하고 있는데, 1977년 이후 수입대체의 출현이 특히 두드러졌다는 것을 보여 준다. 이것은 아마도 1975년과 1976년에 시작된 많은 투자 프로젝트의 실질적인 효과가 나타나기까지 어느 정도 시간이 소요되었기 때문일 것이다.

외채 증가

성장을 우선시하는 대안의 선택은 외채의 급격한 증가를 의미했다. 고가의 석유 수입과 산업재, 특히 제2차 국가개발계획의 대규모 투자 프로그램에 필요한 물품을 수입하려면 해외 차입에 의존할 수밖에 없었다. 투자 프로그램이 수입을 대체하고 새로운 수출 능력을 창출해 미래의 외환 필요성을 줄여 줄 뿐만 아니라 외채원리금을 모두 상환할 수 있을 만큼의 무역흑자를 달성할 수 있다는 가정하에 부채를 통한 성장이 정당화되었다.[16]

브라질은 1973년 오일쇼크 이전부터 국제금융시장에서 대규모 차입을 늘려 왔다. 1960년대에 브라질 외채 규모는 큰 변동이 없었으나, 1969년부터 급증하기 시작했다. 이에 따라 브라질의 외채는 1969년 33억 달러에서 1973년에는 126억 달러로 증가했고, 이 기간 동안 연평균 외채 증가율은 25.1%에 달했다.[17](〈부록 표 A.1〉 참조). 그 기간 동안 총공공부채에서 민간 채권자로부터의 차입 비중은 27%에서 64%로 증가했다. 그러나 이 시기의 많은 투자자금이 국내에서 조달됐다. 노게이라 바치스따 주니어는 "외채가 급속히 증가했으나 해외로부터의 실제 자원 이전은 제한되어 있었는데, 이러한 명백히 모순적인 상황이 발생한 이유는 1973년까지의 외채 증가가 주로 외환보유액의 증가와 관련되어 있었기 때문"[18]이라고 밝히고 있다.

1968년부터 1973년까지 외채 증가의 3분의 2 이상이 외환보유액의 증가로 이어졌다. 따라서 순외채(총외채-외환보유액)는 1967년 31억 달러에서 1973년 62억 달러로 연평균 12.2%의 비교적 완만한 증가세를 보였다.

1973년 이후 상품수지와 서비스수지가 대규모 적자를 보이고 외채 이자 지급액이 증가하면서 경상수지 적자 규모가 급증(〈부록 표 A.1〉 참조)했고, 이로 인해 외채가 급증했다(외국인직접투자의 기여도 상대적으로 작았다). 순외채는 1973년 62억 달러에서 1978년 316억 달러로 증가해 연간 38.7%의 증가율을 보였으며, 총외채는 126억 달러에서 435억 달러로 증가했다.[19] 1973년에서 1978년 사이의 외채 증가는 외환보유액 증가보다는 경상수지 적자 보전을 위한 것이었다.

경제가 상대적으로 높은 성장세를 지속하는 데 외국자본의 유입이 크게 기여한 것은 분명하다. 1970~73년 동안 외국자본유입 규모는 GDP의 1.4%에서 1974~78년에는 GDP의 2.4%로 증가했으며, 외국자본의 총고정자본형성에 대한 기여는 1970~73년 5.3%에서 1974~78년에는 7.9%로 증가했다.[20] 특히 1974~78년 동안 투자율이 GDP의 25%를 상회했던 것에 주목할 필요가 있다.

대부분의 해외 차입은 공공부문, 즉 공기업, 주정부 및 다양한 공공기관에 의해 이루어졌다. 이로 인해 중장기외채 중 공공기관이 직접 차입했거나 보증한 공적 외채 비중은 1973년 51.7%에서 1978년에는 63.3%로 증가했다.

성장을 우선시하는 대안을 유지하기 위한 해외 차입 여건은 매우 좋았다. 첫째, 오일쇼크 이후 국제금융시장의 유동성이 매우 풍부했다. 국제 상업은행들은 석유달러petrodollars가 넘쳐나서 대출에 적극적이었고, 당시 국제금리가 상대적으로 낮았기 때문에 브라질의 해외 차입 증가는 쉽게 정당화될 수 있었다. 비록 상업은행의 대출이 국제개발금융기관의 대출보다 이자율이 높았지만, 해외 차입 비용은 감소하고 있었다. 국제 상업은행의 대출 이자율은 보조금 요소가 없었고, 런던은행간거래금리LIBOR에 1~2%의 스프레드가 붙었다. 부채의 평균 실질금리는 1974년 13.4%에서 1975년에는 5.9%로 하락했다가 1976년에는 6.9%로 소폭 상승했다. 그러나 외채가 지속적으로 확대되면서 초기의 유리한 상황이 악화되기 시작했고, 국제금리가 상승하기 시작하면서 외채가 스스로 증가하는 과정self-reinforcing process이 시작되었다. 1979년에 외채원리금상환 비율은 수출의 63%를 상회했다.

외채를 크게 늘려 자금을 조달한 많은 프로젝트가 수출 능력을 확장하고 새로운 부문의 수입을 대체하는 데 기여했다. 그러나 낭비적 요소도 많았다. 예를 들어 수력발전 잠재력이 큰 상황에서 게이젤 정부가 추진한 원자력 발전에 대한 대규모 투자가 합리적이었는지 또는 1970년대 말과 1980년대 초 철강에 대한 세계 수요가 감소하는 상황에서 새로운 제철소를 건설하는 것이 타당했는지에 대한 의문의 여지가 있다. 그러한 프로그램은 수입 의존적 요소가 많았으므로 이러한 프로젝트가 추진되지 않은 경우(또는 규모가 축소된 경우) 외채 증가율도 그만큼 낮아질 수 있었을 것이다.

외채위기를 향해

1979년 3월에 군사정권의 마지막 대통령인 주어웅 피게이레두 João Figueiredo가 취임했다. 그의 정치적 목표는 브라질을 완전히 민주적인 체제로 복원하고 행정부를 민간 대통령에게 양도하는 것이었다. 이 정치적 목표는 계속되는 경제적 위기에 의해 심하게 시험받았다. 피게이레두 정부는 인플레이션을 통제(6장 참조)하고, 이미 원리금 상환액이 수출의 3분의 2를 넘어선 외채 문제를 해결하는 한편, 경제가 침체 국면에 빠지는 것을 막아야 하는 딜레마에 직면했다.

1979년에 2차 오일쇼크가 발생해 교역조건이 급격히 악화되는 등 문제가 더욱 복잡해졌다. 1978년부터 여타 주요 수출품의 가격 하락으로 이미 교역조건은 악화되고 있었다.[21] 또한 미국의 긴축통화정책으로 인해 국제금리가 급격히 상승했다. 브라질 외채의 대부분이 변동금리 조건이었기 때문에 국제금리의 상승은 신규 외채의 차입비용뿐만 아니라 기존 외채의 원리금 상환 부담도 증가시켰다.

〈부록 표 A.1〉은 1978년과 1979년 사이에 수입이 크게 증가했고 이자 지급도 크게 증가한 것을 보여 준다.

브라질 정부가 직면한 또 다른 문제는 국제적 압력으로 인해 수출에 대한 재정 및 금융 보조금을 점진적으로 폐지해야 한다는 것이었다. 수출 증가의 필요성이 커짐에 따라 정부는 크루제이루화의 평가절하 크기와 빈도를 높일 필요가 있었다. 크루제이루화는 과대평가가 용인되고 있었는데, 이는 평가절하율(브라질의 인플레이션율과 주요 무역 상대국의 인플레이션율의 차이)이 인플레이션율보다 낮았기 때문이었다. 과거에는 수출 인센티브 프로그램이 있었기 때문에 크루제이루화의 과대평가가 수출에 큰 타격을 주지 않았다. 그러나 수출업체에 대한 세금 인센티브 및 보조금 삭감을 보상하기 위해 더 자주 더 큰 폭으로 평가절하를 실시할 필요가 있었다. 그런데 문제는 큰 폭의 평가절하가 인플레이션 압력을 상승시킬 것이고 이는 다시 외채를 차입한 기업의 재정적 부담을 크게 증가시킬 것이라는 점이었다.[22]

피게이레두 정부의 첫 5개월(1979년 3~8월) 동안 시행된 경제정책은 크루제이루화의 평가절하와 수출 인센티브 프로그램의 점진적인 폐지, 그리고 국제수지 불균형과 인플레이션에 대응하기 위한 경제성장세의 둔화를 추구했다. 기획부 장관 마리오 시몽셍Mario Simonsen은 인플레이션으로 인해 고정금리와 실질자본비용의 차이가 커짐에 따라 계속 증가하고 있는 일반 신용 보조금을 축소하려 했다. 그는 또한 재정 이전이 일반 예산에 암묵적으로 포함되는 것이 아니라 명시적으로 이루어지는 것을 추진했다(이것은 신용 긴축을 가져올 것이다). 이 밖에도 정부는 외부 차입을 통해 정부의 제약을 우회하는 국영기업의 지출에 대한 통제를 강화하고, 수입을 자유화하려 했다.

알버트 피쉬로우는 이러한 일련의 정책들에 대한 부정적인 반응을 다음과 같이 묘사했다.

민간부문의 비판자들은 이미 그들의 이익이 감소하고 있었기 때문에 경기침체의 타당성에 의문을 제기했다. 근로자들은 인플레이션이 가속화되고 임금의 물가연동이 1년에 1회만 이루어졌기 때문에 실질임금의 감소로 어려움을 겪고 있었다. 민간은행은 브라질은행이 중점 분야에 대한 중앙은행의 신용 보조금 공급원이 아니라 우량 고객을 놓고 자신들과 경쟁하는 것에 대해 불만을 가지고 있었다. 다른 부처 장관들은 자기 부처의 예산과 권력을 축소하는 것보다 지출을 늘리는 데 더 열정적이었다. …… 국영기업들은 자신들의 사업에 대한 통제를 거부했다.[23]

이러한 긴축정책에 대한 저항과 성장 둔화가 정치 개혁을 어렵게 한다고 인식됨에 따라 1979년 8월에 시몽셍 기획부 장관이 사임하고, 1968~73년의 "기적의 시대"에 경제를 운영했던 안또니우 델핑 네뚜António Delfim Netto가 기획부 장관으로 새로 임명되면서 경제정책이 반전되었다. 델핑 네뚜가 장관으로 임명되었을 때, 경제 분석가들은 높은 성장률이 공급 측면의 안정화를 가져올 수 있다고 주장했다. 즉, 농업과 산업(과잉생산능력을 가지고 있었다)의 생산을 늘려서 초과수요를 충족시킬 수 있다고 주장했다.

그러나 1979년 12월 정부는 위에서 언급한 압력에 대처하기 위한 몇 가지 어려운 조치의 필요성을 인식하고, 통화의 평가절하, 수출 보조금 및 다양한 세금 인센티브의 폐지, 공공서비스 가격인상, 농산물 수출 초과 수입에 대한 일시적 과세(나중에 폐지), 유사 제품 법칙과 자본유입액에 대한 예치 의무 폐지 등으로 구성된 '경제 패키지'를 도입했다. 이 조치들은 크루제이루화의 과대평가 문제를 해결하고 수출 보조금을 폐지하라는 외국의 정치적 압력을 완화하기 위한 조치였다. 평가절하와 공공서비스 가격인상이 인플레이션에 즉각적인 영향('조정적 인플레이션')을 미쳤지만, 이것은 단기적인 현상일 뿐이고 많은 세금 인센티브의 폐지가 궁극적으로 재정수입을 증가시켜서 통화팽창을 막아 주는 역할을 할 것으로 기대했다.

다음 달에는 몇 가지 보완 조치가 채택되었다. 정부는 1980년 초반에 그해의 평가절하가 40%로 제한될 것이며, 물가연동은 45%로 제한될 것이라고 선언했다. 또한 정부의 가격통제 활동이 증가했다. 이는 생산자가 평가절하로 인한 비용 증가분의 대부분을 전가시키는 것을 방지하기 위한 것이었다. 또한 공산품 가격의 통제가 커질수록 공공사업 및 농업 가격의 상승을 억제할 수 있었다.

물가연동지수의 45% 한도는 인플레이션 기대치를 낮추고, 이로 인한 인플레이션 압력에 제동을 가할 것으로 기대되었다. 평가절하율을 40%로 사전에 설정한 이유는 인플레이션이 평가절하율을 상회하면 통화의 과대평가로 수입품 가격이 낮아져서 인플레이션을 둔화시키는 역할을 할 수 있고, 외국과의 경쟁에 직면한 국내 산업이 합리화를 추진하도록 만들 것으로 기대했기 때문이었다. 평가절하를 예고한 또 다른 이유는 평가절하가 정해진 한도를 초과하지 않을 것이라고 보증하는 것이 위험을 줄여서 기업들이 국제자본시장에서의 차입을 증가시키도록 유도할 것으로 기대되었기 때문이었다. 또한 1979년 8월 이후 이자율이 통제되면서 국내저축에 대한 부정적인 힘으로 작용하고 있는 상황이었기 때문에 환율의 사전 고정(과대평가)으로 인한 해외 차입이 이를 보완해 줄 것으로 기대되었다. 그러나 앞으로 몇 개월 동안 인플레이션이 100%를 넘을 것이라는 것이 분명해졌고, 계획된 40%의 평가절하가 크루제이루화의 과대평가로 이어지고 국가의 경쟁력을 해칠 것이라는 점이 점차 분명해졌다.[24] 1980년 상반기에 정부는 신용 확대를 억제하고 공공지출과 공기업의 투자를 줄이려고 노력했지만 제한적인 성공을 거두는 데 그쳤다. 다양한 경제 부문이 그러한 삭감을 피하려고 노력하면서 부분적으로 성공했기 때문이었다.

1980년에서 1982년까지 임금정책은 1979년 10월 30일자 법률 제 6708호에 의해 제정된 제도를 따랐다. 임금은 1년에 2번 재조정되었는데, 가장 낮은 임금(최저임금의 3배까지)은 생활비 증가의 110%, 중간 임금(최저임금의 3배 이상, 10배 미만)은 100%, 높은 임금(최저임금의 10배 이상, 20배 미만)은 80%, 최저임금의 20배를 넘는 가장 높은 임금은 50%가 적용되었다. 생산성에 따른 추가 조정은 노사가 매년 협상을 통해 정해졌다. 이 방법은 소득재분배 영향이 있을 것으로 기대되었다. 그러나 가격통제기관이 에너지와 인건비 인상을 제품 가격에 반영하는 데 관대했고 이로 인해 인플레이

션이 더 심화됨에 따라 저소득층의 실질임금 인상 효과를 크게 희석시켰다.[25]

외채위기

브라질 정부는 국제수지 적자를 보전하기가 점점 더 어려워짐에 따라 1980년 후반에 거시경제정책을 근본적으로 바꿔야 하는 상황에 처했다. 기본 전략은 국내 수요를 줄여서 수입을 통제하는 것이었다. 브라질 정부는 새로운 정책들이 내수를 위한 생산을 감소시키고 수출을 진작시킬 수 있기를 희망했다. 통화정책은 점점 더 긴축적으로 바뀌었고, 다음과 같은 일련의 정통적 조치들이 도입되었다. 즉, 통화량과 환율을 사전에 고정시키려는 시도를 포기했고, 금융중개기관의 대출 증가를 제한했으며, 공공사업 요금이 재조정되었다(보조금 축소). 또한 이전에 통제 대상이었던 산업부문의 가격을 자유화시켰고, 국영기업의 투자도 크게 축소시켰다. 기획부의 부설기구인 '국영기업통제를위한특별위원회'Special Secretariat for the Control of State Enterprises, SEST를 설립하고 국영기업의 활동에 대한 통제를 강화했다.

요약하면, 피게이레두 행정부는 국제통화기금IMF에 의존하지 않고 스스로 긴축 프로그램을 수행하려고 시도했다. 위에서 언급한 조치들은 총수요를 줄이는 동시에 농업과 수출과 같이 긴요한 부문으로 자원을 배분하려는 노력이었다. 이러한 정책의 결과로 GDP

가 1.6% 줄어들고 산업생산도 5.5% 감소했다. 경기침체는 주로 내구성 소비재와 자본재에 큰 영향을 미쳤고 투자는 1980년에서 1981년 사이에 거의 11%나 감소했다.

브라질은 자발적 경제조정 프로그램을 통해 외채 문제를 해결하는 데 실패했고, 1982년 8월에 멕시코가 모라토리엄을 선언하고 이로 인해 라틴아메리카 국가들의 국제금융시장을 통한 외채 조달이 사실상 중단되는 또 다른 외부충격을 겪었다. 이로 인해 브라질은 국제 상업은행의 대출이 완전히 중단되는 상황에 직면했다. 라모나이에·모우라는 멕시코의 모라토리엄이 미친 영향에 대해 다음과 같이 기술했다.

> 멕시코 모라토리엄은 잠재적 외환위기의 신호였으며, 그중 가장 명백한 징후는 1982년 1분기부터 시작된 통화당국의 단기 부채 급증이었다. 그 해 3월 말에 …… 브라질중앙은행의 순대외지급 준비자산은 이미 마이너스였다. …… 브라질은 1982년 하반기에 출현한 유동성 위기에 대응할 능력이 전혀 없었다.[26]

1974년에 수출의 약 30%를 차지했던 원리금 상환액이 1982년에는 수출의 83%(이자 지급만으로는 52%)를 차지했다.[27] 노게이라 바치스따 주니어는 다음과 같이 지적했다.

> 1980년 들어 외채는 스스로 늘어나기 시작했다. 사실, 순이자 지급액은 1980~82년 경상수지 적자의 70%를 차지했다. 1980~81년에 순

자본흐름에서 순직접투자를 차감한 순금융자본 유입액은 거의 전부 순이자지급을 위해 사용되었다. 1982년에는 이자 지급액이 순금융자본 유입액보다 60억 달러가 많았다.[28]

1980년 이후의 자본수지 움직임과 대규모 경상수지 적자가 GDP를 초과하는 국내 수요 때문이 아니었다. 소비 및 투자 규모는 GDP보다 작아졌고 무역수지 흑자 규모는 1980년 GDP의 0.4%에서 1981~82년에는 약 3%, 그리고 1983년에는 5%로 증가했다.[29]

정부는 1982년 11월의 선거가 다가오고 있었기 때문에 주로 정치적인 이유로 IMF에 의존하지 않기 위해 노력했다. 그러나 자발적인 긴축 프로그램이 국제금융시장에서 호평을 받지 못했고 대외지급 준비자산이 바닥나고 단기금융시장에 대한 접근도 어려워지자, 정부는 마침내 1982년 12월에 IMF에 지원을 요청했다. 국제 상업은행들이 브라질의 외채의 만기를 연장해 주고 이자 지급을 위한 신규 대출을 제공해 주는 것이 브라질의 구조조정 프로그램에 대한 IMF의 승인 여부에 달려 있었다. 이로 인해 브라질은 그 이후 2년 동안 IMF의 지시를 따라야만 했다. 이 긴축 프로그램이 1983년과 1984년 내내 계속 시행되었다.[30]

IMF 프로그램의 주요 특징은 실질환율상승, 민간소비, 투자 및 재정지출을 줄이는 방식의 국내 수요 축소와 세금 인상이었다. 브라질 정부는 IMF의 긴축 프로그램을 이행했지만, IMF와의 관계 유지가 쉽지는 않았다. 이는 브라질 정부가 2년 동안 IMF의 정책 권고를 성실히 수행하겠다는 의지를 표명하는 "의향서"를 7번이나

IMF에 제출해야 했던 사실에서 잘 드러난다.[31]

브라질은 1983년 첫 번째 의향서에서 경상수지 적자 목표를 69억 달러로 설정했는데, 이는 무역수지가 60억 달러의 흑자를 달성해야 한다는 것을 의미했다. 국내 석유생산 증가와 에너지 대체 프로그램(예: 브라질의 알코올 프로그램[32])을 통해 석유 수입을 9.7% 감소시킬 수 있었다. 또한 경기침체로 인한 소득 감소 효과와 수입대체산업의 국내생산 위축으로 인해 소비재 수입이 20% 감소했다. 1983년 2월에 암시장에서의 크루제이루화에 대한 투기 물결이 있은 후 브라질은 다시 30%의 대규모 평가절하를 단행했다. 이로 인해 브라질은 IMF 이사회가 첫 번째 의향서를 승인하기도 전에 새로운 의향서를 제출해야 했다. 새로운 정책 패키지에서 브라질 당국은 수출 및 수입대체 부문에 특별 신용을 할당하는 조치를 포함시켰으며, 다음 12개월 동안의 통화량 조정은 환율 평가절하 수준과 일치시키고 이는 다시 일반물가지수 변동과 직접 연계될 것이라고 발표했다.

이러한 조치나 그 이후의 의향서에서 제시한 다른 조치들도 IMF와 합의한 목표를 달성하는 데 실패했다. 특히 공공부문 필요 차입액, 통화당국의 국내 자산, 국제수지 및 인플레이션율과 관련된 목표를 달성하지 못했다. IMF는 또한 실질임금이 이미 하락하고 있음에도 불구하고 1979년에 제정된 반년마다 물가에 연동해서 임금을 조정하는 임금법을 변경할 것을 요구했다.[33] IMF와 정책목표에 관한 논쟁이 이 기간 동안 계속되었지만, 브라질 정부는 정통적 구조조정 프로그램에 해당하는 여러 가지 조치들을 단행했다. 이러한 조치들로 인해 1980년과 1983년 사이에 실질환율이 40% 하락했고 통화량은 인플레이션율보다 훨씬 작은 수준으로 증가했으며, 세금 징수가 늘어나고 지출이 줄어들면서 재정적자가 줄어들었고 실질임금은 계속 하락했다.

이러한 조치들의 최종 결과는 1983년 이후 실질GDP의 감소(〈부록 표 A.3〉 참조), 특히 산업생산의 감소와 대규모 무역흑자의 출현이었다. 이것은 주로 수입의 급격한 감소에 기인했다. 수입 급감은 처음에는 주로 GDP 감소에 기인했지만, 나중에는 1970년대 수입 대체 프로그램의 영향이 지연되어 나타난 결과였다.

IMF와의 논쟁이 지속됨에 따라 무역수지가 점차 호전되고 있었음에도 불구하고 외국 채권단은 다년도 채무재조정을 통한 외채의 만기 연장이나 런던은행간거래금리LIBOR 스프레드 인하에 소극적이었다. 피쉬로우는 IMF 구조조정 프로그램에 대한 많은 경제학자들의 비판을 다음과 같이 요약했다.

브라질은 IMF 접근법의 한계를 보여 주는 전형적인 사례였다. 대외경제 부문이 인상적으로 개선되었다. …… 그러나 기대했던 국내경제의 안정화와 균형 잡힌 성장을 위한 조건들은 나타나지 않았다. 인플레이션은 줄어드는 대신 2배 이상 증가했다. 긴축통화정책과 정부채의 대량 발행으로 인한 고금리가 투자를 위축시켰다. 공공투자에 대한 통제와 함께 이것이 고정자본형성률의 감소를 가져왔는데, 1984년 이 비율은 16%로 전후 시기 중 가장 낮은 수준이었다. 공공부문 적자 규모는 계획보다 컸는데, 지출 통제나 세수 감소의 어려움뿐만 아니라 국내 부채에 대한 이자가 빠르게 증가했기 때문이었다. IMF 안정화 프로그램의 비판자들에게는 이러한 비대칭적 결과가 놀랄 만한 것은 아니었다. 브라질의 경험은 대내와 대외 균형을 연계시킨 이 프로그램에서 암묵적으로 가정하고 있는 통화주의 모델과는 다른 해석이 가능하다. 즉, 대외경제를 중시한 것이 대내 불균형의 중요한 원천이 되었다.[34]

다시 말해서 무역수지 흑자와 외채 이자 지급을 지속하는 정책이 국내 물가상승 압력 증가와 투자 감소로 이어졌다. 이는 평가절하의 속도 증가(6장 참조)로 유발된 인플레이션 영향과 외채 상환을 지속하기 위해 공공부문이 민간부문으로부터 더 많은 자원을 가져갔기 때문이었다. 구조조정 프로그램의 결과는 1983년과 1984년에 GDP의 5%에 해당하는 자원을 해외로 이전한 것이었다.

구조조정 기간의 영향

이 장에서 다룬 전체 기간을 통시적으로 살펴보면서 구조조정과 외채위기 기간의 가장 중요한 영향 몇 가지에 대해 살펴볼 것이다.

거시 동향

외채가 증가하고 경제성장을 이룬 1974~80년 동안 실질GDP는 48%, 1인당 GDP는 28% 증가했다(〈부록 표 A.3〉 참조). 경기침체기인 1981~83년에는 GDP는 5.1%, 1인당 GDP는 11.7% 하락했다.

경기회복기인 1984~86년 동안에는 GDP의 경우 1984년에 1980년 수준을 약간 상회했으며, 1986년에는 1980년보다 17.7% 증가했다. 그러나 1인당 GDP는 1986년에만 1980년 수준보다 1.7% 상승했다.

이 기간 동안 주목할 만한 구조적 변화가 있었다. 수출 상품과 서비스를 살펴보면, 상당한 수준의 경제개방이 이루어졌다. GDP 대비 수출 비중은 1972년 6.8%에서 1984년에는 12.8%로 상승했다. 그러나 수입은 1980년 GDP의 9.6%에서 1986년에는 GDP의 4.9%로 감소했는데, 이는 1970년대의 수입대체 정책과 1980년대의 긴축정책의 영향 때문이었다. 이로 인해 수입은 1980년 230억 달러에서 1985년에는 132억 달러로 급감했다. 이는 GDP의 감소와 1970년대 이루어진 대규모 수입대체산업 투자에 기인한 것이었다. 특히 수입대체산업화는 화학, 자본재, 철강, 비철금속, 에너지 분야에서 두드러졌다.

또한 〈부록 표 A.2〉에서 1970년대 중반 절정(1975년 GDP의 26.8%)에 도달했던 자본형성이 급격히 감소한 것에 주목할 필요가 있다. 투자율은 1970년대 후반에 22%로 떨어지고, 1980년대 외채위기 시기에는 16%로 급락했는데, 이는 국내저축과 해외저축이 모두 급감했기 때문이었다.

주요 부문별 GDP 비중을 보여 주는 〈부록 표 A.3〉은 1970년에서 1980년 사이에 경제 부문별 구조가 상당히 안정적이었지만, 1980년 이후에는 산업 비중이 감소(주로 제조업)하고 서비스 비중이 증가한 것을 보여 준다. 가장 두드러진 증가를 보인 부문은 금융이었다. 이는 물가연동 금융상품과 더불어 높은 인플레이션 시기에 은행과 금융중개기관들이 점차 중요한 역할을 담당한 것이 반영된 결과였다.

조정 프로그램의 소득분배 영향

게이젤 행정부의 목표 중 하나는 1970년대 후반과 1980년대 초 경제 "기적의 시대"의 급속한 경제성장에서 소외된 대중의 복지 증진과 소득분배를 향상시키는 것이었다. 실질임금 상승을 보여 주는 자료가 있다. 예를 들어, 〈표 5.3(a)〉는 실질최저임금이 1972년부터 1982년까지 거의 지속적으로 상승했다는 것을 보여 준다. 다만, 리우데자네이루 경우에는 임금 상승이 안정적이지도 못했고 강하지도 않았다. 〈표 5.3(b)〉는 1979년까지 육체노동자와 사무직의 평균 실질임금이 꾸준히 상승했다는 것을 보여 준다.

표 5.3 ǀ 주요 임금 및 급여 통계

(a) 실질최저임금, 1970~85년(1970년 가격 기준, 1970=100)

	상파울루	리우데자네이루		상파울루	리우데자네이루
1970	100.0	100.0	1978	113.2	108.9
1971	99.5	100.2	1979	108.8	102.9
1972	100.7	102.7	1980	114.2	105.2
1973	102.1	106.6	1981	118.7	104.1
1974	102.1	104.6	1982	124.4	104.5
1975	106.4	110.1	1983	114.9	93.9
1976	107.6	106.3	1984	116.6	87.5
1977	110.4	106.5	1985	131.2	90.0

자료: John Wells, "Distribution of Earnings, Growth and the Structure of Demand in Brazil During the Sixties," *World Development* (January 1974); *Conjuntura Econômica*, several issues.
주: 연평균 값은 매월 관측치의 산술평균이다. 13개월 임금, 즉 연말 보너스는 평균값 계산에 포함되었다. 상파울루와 리우데자네이루에 대해 각각 FIPE/USP와 제툴리우바르가스재단(FGV)의 소비물가지수를 할인율로 사용했다.

(b) 제조업 직종별 실질임금 및 급여

	관리직	기술자 및 사무직	생산직	가중평균
1970(2nd)	194	127	115	130
1971	210	129	117	130
1972	210	134	118	134
1973	221	140	124	141
1974	223	139	123	141
1975	233	147	137	153
1976	255	156	142	161
1977	244	160	146	164
1978	256	168	164	177
1979(1분기)	275	174	175	188
1979(2분기)	254	162	161	173
1980(1분기)	236	164	162	172
1980(2분기)	231	167	166	174
1981(1분기)	230	170	180	183
1981(2분기)	230	197	200	206
1982(1분기)	232	185	194	196
1982(2분기)	226	189	184	189
1983(1분기)	206	172	180	181
1983(2분기)	171	152	164	161
1984(1분기)	157	137	150	147

자료: D.Z. Ocio, "Salarios e Política Salarial," *Revista de Economia Política* 6, no. 2 (April-June 1986), pp. 5-26.
주: 임금과 급여의 차이는 직위가 회사 조직 내에 있는가 여부와 관련이 있다. 주요 임금 및 급여 자료는 상파울루 지역에 위치한 제조업체 샘플에서 구했다. 산업체 입지를 감안하면, 이 자료가 상향 편향되어 있을 가능성이 있다. 관리직은 이사, 매니저, 부서장 등을 포함한다. 생산직은 숙련, 반숙련, 미숙련 노동자를 포함한다. 가중평균: 관리직 가중치=2, 기술자 및 사무직=3, 생산직=5. 제뚤리우바르가스재단의 일반물가지수를 할인율로 사용했다.

(c) 근로자 월별 급여 수준(근로자 비율, %)

	1977	1979	1981	1983
MW[a]의 1/2 이하	13.4	10.9	12.1	12.7
MW의 1/2~1	20.9	18.5	15.8	18.3
MW의 1~2배	24.7	25.2	24.7	22.8
MW의 2~3배	10.2	10.7	12.6	11.8
MW의 3~5배	8.6	9.8	10.2	8.9
MW의 5~10배	5.8	7.0	7.0	7.5
MW의 10~20배	2.6	3.0	2.9	3.3
MW의 20배 이상	1.3	1.3	1.3	1.3
무급여[b]	12.5	13.6	13.4	13.4
합계	100.0	100.0	100.0	100.0

자료: IBGE, *Tabelas Selecionadas*, II (1984).
주: 1977년과 1979년 자료에 북동부 지역과 마뚜그로수두술(Mato Grosso do Sul), 마뚜그로수(Mato Grosso),
고이아스(Goiás) 주의 농촌인구는 포함되지 않았다. 1981년과 1982년 자료에 북동부의 농촌인구는 포함되지 않았다.
a. MW=최저임금(minimum wage)
b. 사회보장 혜택을 받는 사람만 포함했다. 사회보장혜택을 수혜받지 않는 사람은 제외했다.

〈표 5.3(c)〉는 급여 수준에 따른 근로자 비율을 나타내고 있는데, 근로자 상당수의 소득이 월 최저임금보다 적은 것을 알 수 있다. 이러한 근로자 비율은 1977년과 1981년 사이에 약간 감소했지만, 이후 다시 증가했다.

형평성을 제고하기 위한 임금정책이 인플레이션과 국제수지 위기가 악화된 1970년대 말에 도입되었다는 점을 강조해야 한다. 이는 임금정책의 효과에 대한 상당한 논쟁을 가져왔다. 주로 이것이 소득을 효과적으로 재분배하는지와 이것이 인플레이션 가속화의 주요 원인 중 하나인지에 대한 논쟁이었다. 브라질의 임금정책 영향에 대한 가장 좋은 분석은 로베르뚜 마세도에 의해 이루어졌다. 그는 새로운 임금정책에 대한 압박은 인플레이션율이 약 20%에서 약 40%로 2배가 되는 1974년에 시작된 것이라고 지적했다(1979년까지 인플레이션이 이 수준을 계속 유지했다). 따라서 반기별 임금 재조정에 대한 압박은 다음과 같은 사항을 고려한 것이었다.

명목임금이 1년에 1번 재조정되는데 인플레이션은 매년 2배가 된다면 이 조정 기간 사이의 실질임금 하락은 결과적으로 연평균 실질임금을 낮추게 된다. 단순한 직감으로도 실질임금이 인플레이션 증가율만큼 하락한다는 것을 알 수 있다.[35]

임금정책의 영향은 1980년 인구센서스 결과(〈표 5.4〉)와 비교해서 살펴보아야 한다. 이 자료는 평균 실질임금이 상승했음에도 불구하고 소득불평등이 1960년대에 계속 증가했고, 1970년대에도

표 5.4 | 소득분배: 1970~80년

(총소득 %)

소득분위	1970년	1980년
하위 20%	3.83	3.39
하위 50%	15.62	14.56
상위 10%	46.36	47.67
상위 5%	33.85	34.85
상위 1%	13.79	14.93

자료: IBGE, Division of DESPO/SUEGE.

표 5.5 | 소득분배와 제조업 통계: 1980~84년

(a) 소득분배 관련 지표

	1981	1983
지니계수	0.579	0.597
하위 40%의 전체 소득 비중	9.3%	8.1%
상위 10%의 전체 소득 비중	45.3%	46.2%

자료: IBGE, *Pesquisa Nacional por Amostragem de Domicílios* (1981; 1983).

(b) 기능별 소득분배

	1980	1981	1982	1983	1984
국민소득	100.0	100.0	100.0	100.0	100.0
노동소득분배율	50.0	51.8	51.2	48.7	46.7
비(非)노동소득분배율	50.0	48.2	48.8	51.3	53.3

자료: 노동부(Ministry of Labor), MTb/SES. "Política salarial e emprego: Situação recente e perspectivas," Projeto PNUDE-OIT, Bra/82/026 (November 1984).

(c) 제조업의 생산, 고용, 생산성 및 임금(1980=100)

	생산	고용	노동생산성	임금[a]	임금[b]
1981	88.7	92.7	95.7	95.5	97.8
1982	88.4	86.2	102.5	95.1	99.9
1983	83.2	79.8	104.3	79.2	85.5
1984	88.1[c]	77.1[d]	113.5[d]	66.2[d]	79.9[d]

자료: 구스따부 마이아 고메스(Gustavo Maia Gomes)가 IBGE와 FGV의 데이터를 이용해 추정
주: a. 산업재 도매가격 지수로 할인
　　b. 소비자가격지수로 할인
　　c. 1983년 1월/11월과 1984년 1월/11월 비교
　　d. 1983년 1월/9월과 1984년 1월/9월 비교

마찬가지였다는 것을 보여 주고 있다.

어느 연구 결과에 따르면, 1980년대 초 구조조정 프로그램의 부담은 다른 계층보다 저소득층에 더 많이 집중되었다. 〈표 5.5(a)〉를 보면 1981년과 1983년 사이에 개인 소득분배 집중도가 더욱 높아졌다는 것을 보여 준다. 〈표 5.5(b)〉를 보면, 같은 기간에 노동소득의 비율이 감소한 것을 알 수 있다. 〈표 5.5(c)〉는 생산이 고용보다 덜 줄어들었음을 나타내며, 1984년의 임금소득은 1980년의 66.2%에 불과했다. 구스따부 마이아 고메스는 다음과 같이 기술했다.

생산이 너무 많이 감소하지는 않았기 때문에 다른 생산비용과 이익의 감소 폭이 제조업에서의 임금 감소 폭보다 훨씬 작았다. 이 시기에 금융비용이 크게 증가한 것을 보여 주는 많은 증거가 있는데, 이는 금융 중개기관이 위기로부터 절대적으로 그리고 상대적으로 더 많은 이익을 얻었음을 시사하는 것이다.[36]

구조조정기에 나타난 위기와 공공부문의 역할

로제리오 베르넥은 브라질 공공부문에 대한 연구에서 공공부문이 지나치게 커서 외부충격에 대한 경제 조정이 어려웠다는 기존의 일반적 견해에 대해 의문을 제기했다. 그는 오히려 정반대였다고 주장했다. 즉, 조정 과정에서 가장 큰 부담을 떠안은 것은 공공부문이었다는 것이다.[37] 여기에서는 그의 연구 결과를 간략히 요약하고 자 한다.

1970년대에 브라질 정부의 가처분소득이 현저하게 감소했다. 브라질 정부의 GDP 대비 가처분소득 비중은 1970~73년에 평균 17%에서 1980년에는 10%로 하락했다. 이것은 보조금(예: 밀, 국내소비 커피 및 설탕, 대도시 철도운송)과 이전지출 때문이었다. 특히 GDP 대비 정부소비지출은 1.9%p 하락했다. 이는 정부의 재화와 용역 구매가 총생산보다 적게 증가했고 GDP 대비 정부의 인건비 지출이 1970~73년에 평균 7.9%에서 1980년에는 6.2%로 낮아졌기 때문이었다. 베르넥은 정부의 인건비 지출 감소가 "정부가 지급한 실질임금의 감소가 아니라 …… GDP 단위당 공무원 수가 줄었기 때문이었다"고 밝히고 있다.[38] GDP 대비 정부저축은 1970~73년 GDP의 5.8%에서 1980년에는 1.1%로 훨씬 더 감소했다.

1970년대 내내 브라질 경제에서 국영기업의 중요성이 크게 증가했다. 국영기업들은 '제2차 국가개발계획' 투자 프로그램의 상당 부분을 주도하고 있었다. 연방 공기업의 GDP 대비 고정투자 비율이 1970년 2.8%에서 1980년에는 8.2%로 증가했다. 1970~80년 연방 공기업의 매출은 영업비용보다 훨씬 컸다. 베르넥은 다음과 같이 밝히고 있다.

그 결과 이 시기 말까지 연방 공기업의 영업이익 규모가 충분히 커서 상당한 규모의 경상이익을 실현할 수 있었다. …… 이는 자본적 지출의 상당 부분이 내부에서 창출한 자금으로 충당되었음을 의미한다.[39]

그러나 이 기간이 지나면서 연방 공기업의 경상이익이 감소했고 결국에는 사라져버렸다. 1970년에서 1980년 사이에 연방 공기업의 GDP 대비 매출액 비중은 114% 증가했지만, 영업비용은 180% 증가했고 경상비용은 190% 증가했다. 베르넥은 영업비용의 구성 요소를 분석한 결과, 상품과 서비스 판매 비용이 213% 증가했고, 인건비가 37% 증가했으며, 생산 관련 세금은 거의 1,000% 증가한 것으로 나타났다. 임금 상승과 급여 지출은 급격한 고용 증가로 인한 것이 아니었다. 실제로 공기업의 제조업 부문 고용 비중은 1970년 14%에서 1980년에는 10.2%로 감소했다. 영업비용 증가의 대부분은 에너지 가격상승과 관련되어 있었다.

금융비용 지출이 1,000%가 넘게 증가한 것은 국영기업의 부채가 크게 늘어난 것과 관련이 있다. 국영기업의 자체 자금조달능력이 감소함에 따라 해외 차입을 늘려서 투자를 실행했다. 또한 1970년대 말에 이자율이 상승하고 1979년의 대규모 평가절하로 인해 공기업의 재정 부담은 극적으로 증가했다. 설상가상으로 인플레이션이 심화되면서 정부는 많은 공기업의 상품 가격을 인플레이션 억제 수단으로 사용했기 때문에 국영기업이 제공하는 상품과 서비스의 가격이 지속적으로 하락했다. 1975년과 1980년 사이에 가격 하락 폭은 전기통신 42%, 전력 24%, 평강 30%, 우편서비스 16%, 가스 39%였다. 결과적으로, 연방 공기업은 점점 더 투자 프로젝트의 자금조달을 정부와 부채에 의존했고, 1979년까지는 경상지출의 일부마저도 정부의 이전지급으로 충당해야 했다. 전체 기간 동안 연방 공기업의 자금조달 필요액은 1970년 GDP의 0.67%에서 1980

년에는 GDP의 10.8%로 증가했다.

1970~80년 기간에 주목할 만한 현상은 국영기업 투자의 중요성이 상대적으로 증가하고 일반정부 투자는 감소했다는 것이다. 베르넥은 다음과 같은 사실을 발견했다.

1970년대 공공부문 투자의 대부분은 국영기업의 생산능력 확장에 집중되었다. 공공 사회투자는 부차적인 것으로 간주되었다. 급속한 성장 전략을 유지하기 위해 절실히 요구되었던 사회투자 노력을 뒤로 미루었다.[40]

인플레이션과 경제 표류
: 1985~94년

1964년 집권한 브라질 군사정부의 주요 경제 목표 중 하나는 인플레이션과 가격 왜곡의 제거였다. 1973년까지 군사정부는 이러한 목표를 달성하는 데 비교적 양호한 성과를 거두었다. 인플레이션이 1964년 92%(1964년 4월 12개월 인플레이션이 100% 상회)에서 1973년에는 15.5%로 떨어졌다. 1968년부터는 인플레이션 하락과 고도성장을 동시에 달성했다. 이러한 성과는 정통적 재정 및 금융 안정화 조치, 임금상승 억제, 이전에 상대적으로 낮은 수준으로 유지된 통제가격의 재조정, 크롤링페그 환율제도의 도입, 정부가 인플레이션을 유발하지 않으면서 자금을 조달하고 저축을 장려하며 인플레이션 압력이 유발할 수 있는 가격 왜곡을 피할 수 있는 금융상품의 물가연동제 도입과 같은 조치들이 함께 추진된 결과였다.

1973년 이후에는 인플레이션 추세가 반전되었다. 〈부록 표 A.5〉에서 볼 수 있듯이 인플레이션은 1973년 이후 크게 상승했고 1978년에 급등한 이후 1980년에는 무려 224%에 이르렀다. 1980년까지는 높은 경제성장세가 지속되었으나, 1981년부터 1983년까지는 인플레이션이 높은 상태를 유지하면서 경제가 침체되었다.

1985년까지 군부가 주도하는 정치체제가 지속되는 가운데 가격변수의 움직임이 크게 출렁인 이유는 무엇인가? 군사정부 마지막 시기의 정책목표가 인플레이션에 어느 정도 영향을 미쳤는가? 브라질이 직면한 국제경제 환경 변화가 미친 영향은 어느 정도인가? 그리고 브라질의 제도 변화가 미친 영향은 무엇인가?

1970년대에 브라질의 인플레이션이 가속화됨에 따라 인플레이션의 근원, 영향, 관리 방법에 대한 논란을 불러일으켰다. 1970년대와 1980년대의 인플레이션에 관한 연구들은 1950년대와 1960년대의 인플레이션 논쟁을 대표하는 2개의 학파, 즉 통화주의자와 구조주의자로 구분할 수 있다.[1] 물론 그 이후로 구체적 주장과 이론적 내용에 많은 변화가 있었지만, 인플레이션 현상을 해석할 때 각 학파의 접근 방법이 상당한 연속성을 나타내고 있다. 우선 1970년대와 1980년대의 인플레이션 경험에 대한 두 가지 해석을 간단히 요약하고, 그다음에 이러한 이론들을 수용하거나 거부하는 근거가 되는 실증 분석에 대해 검토할 것이다.

브라질의 인플레이션에 대한 두 가지 시각

인플레이션에 관한 두 가지 학파 중 하나는 고전적이고 정통적인 이론을 주장하는 경제학자들(브라질인과 외국인, 특히 IMF와 관련된 인사들)로 구성되었다. 다른 하나는 신新구조주의자라고 불리는 학자들이었는데, 과거 구조주의 학파의 정신을 따르지만, 제도적이고 이론적인 통찰력을 가지고 있었다. 양측 모두 동일한 경험적 증거를 사용했다.

정통적 분석

정통적 접근 방법을 대표하는 전문지는 제뚤리우바르가스재단 FGV의 『꽁중뚜라 에꼬노미까』*Conjuntura Econômica*였다. 브라질 경제에 관한 최고의 전문지이지만 브라질의 인플레이션에 관한 논평은 확실히 정통적 학파에 편향되어 있었다. 예를 들어, 1984년 브라질의 경제 성과를 평가하면서 "정부의 예산통제 부족과 외환보유액 축적으로 인해 유발된 과도한 유동성" 때문에 높은 인플레이션이 발생했다고 비평했다. 그리고 "통화팽창이 없다면 경제성장세가 둔화되겠지만, 지속적인 경제성장을 위한 기반인 생산성 증가와 인플레이션의 억제가 1985년과 그 이후의 안정적 성장을 보장할 것"이라고 주장했다.[2]

이 학파의 가장 유명한 브라질 경제학자 중에는 안또니우 까를루스 렘그루베르Antonio Carlos Lemgruber와 끌라우지우 꼰따도르Claudio R. Contador가 있다. 렘그루베르의 실증연구에 따르면, 그는 "인플레이션을 막기 위해 불연속적 정책을 중단하는 동시에 통화량 증가율을 낮고 일정하게 유지하는 것을 목표로 삼아야 한다"고 결론지었다.[3]

꼰따도르 또한 이 학파에 상당한 공헌을 했다. 1970년대 중반의 연구에서 그는 인플레이션과 유휴 생산능력(필립스곡선 관계) 사이에 중요한 상충관계가 있다고 결론지었다. 만약 예상 인플레이션 조정이 매우 빠르게 이루어지면 필립스곡선은 수직에 가까워진다. 그러나 꼰따도르의 의견에 따르면, 만약 예상 인플레이션 조정이 느린 경우 "의도적으로 유발된 인플레이션은 실업을 줄이고 단기적으로 성장률을 높이는 매력적인 정책이 될 수 있다. 그러나 실업률 감소를 위한 정책 수단은 인플레이션이 지속적으로 상승하고 또는 정부가 지속적으로 인플레이션 기대치를 낮추는 데 성공할 경우에만 효과가 있다."[4]

다음의 논문에서 꼰따도르의 관점은 더욱 유연해졌다. 그는 1980년대까지 포함한 실증연구에서 다음과 같이 결론지었다.

> 인플레이션과 유휴 생산능력 사이의 상충관계가 안정적으로 유지되는 것은 불가능하다. …… 그러나 이것은 상충관계가 존재하지 않는다는 것을 의미하지는 않는다. 공급 충격이 없다면, 수요 압력으로 인한 생산 증가가 인플레이션을 상승시키는 것과 마찬가지로 인플레이션에 대응한 과감한 조치가 생산 감소를 초래할 것을 예상할 수 있다.[5]

브라질 인플레이션에 대해 오랫동안 연구한 학자인 페르낭두 지

올랑다 바르보사는 브라질의 경험에 대한 실증연구에서 다음과 같이 결론지었다.

> 전후 시기의 브라질 인플레이션의 기원은 통화정책과 재정정책 및 농업 충격에 있다. 석유수출국기구OPEC 카르텔이 최근 인플레이션 가속화의 주요 원인 중 하나라는 주장을 수용할 수 있는 충분한 경험적 증거는 없다. 이러한 결론은 브라질의 인플레이션 과정에 대한 통제는 전적으로 연방정부에 집중되어 있는 경제정책 수단에 달려 있다는 것을 의미한다.[6]

신구조주의자

신구조주의 학파의 이론에 대한 가장 완벽한 서술은 브레세르 뻬레이라·나카노의 책과 프랑시스꾸 로뻬스의 논문에 잘 정리되어 있다.[7] 이 학파 소속 학자들의 다양한 실증연구를 참조하면서 이들의 관점을 요약해 보자.

이들이 브라질의 인플레이션에 대한 전혀 다른 해석을 시도한 주요 동기는 1974~85년 동안 고도성장기, 정체기, 침체기에도 브라질의 인플레이션이 지속되었다는 사실 때문이었다. 통화주의자들이 통화량의 과도한 증가를 인플레이션의 원인(독립변수)으로 보는 것과 달리, 이 학파는 통화량 증가를 일반물가 상승에 따른 결과인 종속변수로 보았다.[8]

이 학파는 인플레이션이 기본적으로 기업, 노동조합 및 국가의 독점적 지배력에서 비롯된 것으로 보았다. 신고전주의 경제학자들이 모델에서 가정하는 경쟁 시스템과 달리 브라질과 같은 나라에서는 대기업(공공 및 민간 모두)과 노동조합이 "시장을 대신해 가격을 관리하려고 노력하는 계획 시스템이 있다. 반면, 정부는 시장 기능의 마비로 인해 다양한 유형의 통제를 통해 시장을 대신할 수밖에 없다."[9] 따라서 "기술관료적 자본주의"라는 시스템의 출현이 1970년대 인플레이션을 설명하는 토대를 제공하며, "물가, 금리 및 임금 조정을 통해 독과점 기업과 노동조합이 국민소득에서 차지하는 그들의 비중을 늘리려는 시도가 관리가격 인플레이션administered inflation*을 유발한다"고 지적했다.[10]

독과점 기업은 일반적으로 비용에 대한 일정한 이윤율markup을 가산하는 '비용할증가격설정'markup pricing을 할 수 있는 힘을 가지고 있다. 그러나 경기침체기에 매출이 감소함에 따라 이들 기업은 자본수익률(생산성은 불변이라고 가정)을 유지하기 위해 가격을 인상한다. 따라서 "경기침체가 긴축 통화·재정 정책에 기인하는 경우, 기업의 반응은 더 큰 가격과 마진의 상승이 될 것이다. 따라서 거시경제정책은 의도했던 것과는 정반대의 효과를 나타낸다."[11]

그 결과 비공식적인 물가연동indexation 과정이 출현하며, 비용 상승이 자동적으로 가격상승을 유발한다. 이러한 "관성 인플레이션"inertial inflation은 총수요 감소로 인한 가격 하락을 저해한다.[12] 이로 인해 나타나는 현상은 "기업, 부문, 사용자와 노동조합, 계층, 공

● 독과점 기업이 시장 지배력을 행사해 시장의 수요나 공급과는 관계없이 평균 비용에 일정한 이윤율을 더하여 높은 가격을 결정하게 되어 가격이 오르는 현상.

공부문과 민간부문 간의 인플레이션을 유발하는 자기 몫 챙기기 싸움이며, 이것은 경제적으로나 정치적으로 보다 강력한 부문으로 소득을 이전하는 메커니즘이 된다."[13]

그러나 브레세르 뻬레이라와 나카노는 이러한 과정이 인플레이션을 가속화시키지는 않으며, 그 수준을 유지하는 데에만 기여한다는 것을 강조한다. 그리고 "가격, 급여, 환율 또는 금리의 조정이 기존의 인플레이션 수준보다 더 크거나 작을 경우 또는 이러한 조정주기가 길거나 짧은 경우에만 인플레이션의 "가속이나 감속"을 유발한다"고 주장한다.[14]

국가는 종종 국가가 관할하는 영역(예: 공공사업 및 철강)에서 가격상승을 억제하려고 시도할 것이다. 그러나 조만간 상대가격이 왜곡될 것이고, 정부는 적자를 충당하기 위해 더 많은 돈을 발행하고 결국에는 국영기업의 가격을 올리게 된다. 두 조치 모두 "보정적"compensatory 또는 "교정적"corrective 인플레이션을 주입함으로써 인플레이션 과정이 지속되게 만든다.[15]

이러한 맥락에서 통화공급은 가격인상을 추인하는 수동적인 행위로 간주된다. 가격이 상승함에 따라 실질 통화공급량은 감소하는 경향이 있다.

이것은 유동성 위기와 경기침체를 불러일으킬 것이다. 당국의 목표가 경제성장을 유지하는 것이라고 가정하면, 명목 통화공급량을 늘릴 수밖에 없다. …… 따라서 통화공급은 단순히 가격상승에 수반되는 시스템의 내생변수가 된다. [결과적으로] 통화량은 실질생산량의 함수이

다.[16]

　브레세르 뻬레이라와 나카노는 또한 인플레이션 과정의 정치적
원인을 지적했다. 정치적으로 취약하거나 정당성이 거의 없는 정권
들에서는 정부가 지출 증가나 공공요금을 낮은 수준으로 유지하라
는 압력에 저항할 수 없어서 국영기업의 적자를 초래할 수 있다. 브
라질의 경우 쿠비체크, 굴라르뜨, 게이젤 정부가 그런 경우였다.
　인플레이션 과정에 대한 이 학파의 정책적 결론은 다음과 같다.

　시장을 통해 경제에 영향을 미치려는 모든 정통적orthodox 경제정책의
　효과는 거의 없다. 시장 전반에 영향을 미치려는 통화정책과 재정정책
　은 비효율적이다. 왜냐하면 일단 일반물가수준에서 조정이 이루어지
　면, 시장이 경제를 통제하기 위해 다시 움직일 것이기 때문이다.[17]

　이 경제학자들은 사실 전통적 거시경제정책이 기대했던 것과는
정반대의 결과를 초래할 수 있다고 생각했다. 경기순환주기의 아래
부분인 침체기에 기업은 마진을 늘리기를 원하는데, 이는 가격인상
(생산성 증가가 없다면)을 의미한다. 또한 경기침체를 초래하는 정통
적 정책을 사용하면 정부의 재정수입이 감소하고 예산 적자는 증가
한다.
　브레세르 뻬레이라와 나카노는 정통적 정책에 대한 최선의 대안
이 가격통제라고 확신했다. 그들은 가격통제가 초래할 시장 왜곡에
대해 알고 있었고, 그렇기 때문에 국가가 마진을 높여서 인위적으

로 가격을 높게 유지할 수 있는 독점 부문에 대한 통제에 집중할 것을 권고했다. 가격통제는 국가가 시장을 대체하는 결과를 가져온다. 이러한 방식으로 정부는 "자본축적, 소득 또는 국제수지 균형에 관한 정책들을 통해 특정 부문을 자극하고 다른 부문에는 불이익을 줄 수도 있다. 그러나 가격통제의 여지는 좁다." 이는 관리상의 어려움을 비롯한 여러 요인들 때문이다.

한편으로는 복잡한 정보수집 시스템이 필요하다. 다른 한편으로는 가격통제를 담당하는 공무원은 대개 기업으로부터 모든 유형의 압력을 받고 있으며, 단순히 이미 인상된 가격을 공식화하는 경우가 많다. …… 효과적인 가격통제 시스템은 기업이 마진을 높이는 것을 막을 뿐만 아니라 비용을 줄이도록 유도해 이들이 비용 증가를 가격에 전가하는 것을 막는 것이다.[18]

그러나 브레세르 뻬레이라와 나카노는 어떤 효과적인 안정화 정책이라도 고전적인 재정정책과 통화정책부터 가격, 금리, 임금 등에 대한 가격통제까지 가능한 모든 정책 수단을 사용해야 한다고 강조했다. 정통적 안정화 정책의 옹호론자들은 긴축정책이 모든 부문에 무차별한 방식으로 영향을 미친다고 주장하지만 "실제로는 주로 급여에만 영향을 미치고 만다." 따라서,

가격관리 정책은 가장 큰 불이익을 줄 사람들을 선택해야 한다. 원칙적으로 이들은 지대추구 계층과 우선순위가 높지 않은 부문의 비즈니

스 계층이어야 한다. …… 이자율, 환율, 임금, 그리고 과점 카르텔 부문의 가격과 같은 국가경제의 전략적 가격 변수를 통제해 이를 실행할 수 있다.[19]

프랑시스꾸 로뻬스의 연구는 브라질 인플레이션의 "관성"측면을 강조했다.[20] 브라질 경제에 대한 필립스곡선 관계를 통계적으로 확인할 수는 있었지만, 실제 인플레이션 수준과 비교해서 수요 충격의 크기는 상대적으로 작았다. 로뻬스는 대부분의 경제학자들이 수요 충격이든 공급 충격이든 다양한 인플레이션 충격 또는 기대의 역할을 강조한 사실에 주목했다. 그러나 그는 경제주체의 경직된 행위 패턴에서 유래한 관성 인플레이션이 브라질의 사례를 보다 더 잘 설명해 줄 수 있다고 믿었다. 기본 아이디어는 만성적인 인플레이션 상황에서 경제주체들이 가격을 책정할 때 방어적인 행동 패턴을 획득했다는 것이다. 그들은 주기적으로 과거의 실질소득 최고점을 회복하려고 노력했다. 모든 경제주체가 이러한 방식으로 행동한다면, 기존과 동일한 비율의 인플레이션이 영속적으로 유지되는 경향이 있다.

각 경제주체가 이전의 임금피크를 되찾기 위해 일정한 시차를 두고 명목임금을 재조정하는 근로자처럼 행동하는 경향이 있다.[21] 특정 시점 t의 실질임금 w_t는 과거 실질임금피크 w^*, 명목임금 조정 시차 T, 인플레이션율 q_t의 세 가지 요소에 의해 영향을 받는다. 따라서,

$$W_t = w(q_t, T, w^\cdot)$$

여기서 q_t 또는 T가 증가 할 때 w_t가 감소하고, $w^\cdot$가 증가하면 w_t 가 증가한다.

만약 모든 경제주체들이 이러한 방식으로 행동한다면, 인플레이 션은 다음과 같다.

인플레이션은 다양한 경제주체의 실질소득 피크, 각각의 실질소득의 재조정 빈도 및 상대가격 구조의 함수로 볼 수 있다. 만약 모든 경제주체가 불변의 실질소득 피크에 대한 정기적인 재조정 규칙을 채택하고 상대가격이 변하지 않는다면, 인플레이션율은 일정하게 유지될 것이다.[22]

로뻬스는 디플레이션 충격 없이 인플레이션율이 하락하기 위해서는 모든 경제주체가 이전의 실질소득 피크의 하락을 받아들여야 한다고 결론지었다.

로뻬스의 정책 권고는 브레세르 뻬레이라와 나카노의 정책 권고와 비슷했다. 그는 모든 가격과 임금의 동결, 그리고 수동적 통화정책과 재정정책으로 구성된 "비정통적 충격"을 옹호했다. 가격 동결은 일시적이어야 하며, 가격통제와 함께 점진적으로 압력을 낮추어야 할 것이다. 후반기에는 가격 동결로 인한 가격 왜곡을 수정하기 위해 적당한 가격인상이 허용될 것이다.[23]

1970년대와 1980년대 브라질의 인플레이션 경험을 살펴보고,

이용 가능한 증거들을 활용해 각 학파의 주장을 검토해 보자.

브라질에서 발생한 인플레이션의 일반적 배경

1970년대와 1980년대 브라질 경제에 관한 연구자들 대부분은 인플레이션의 근원으로 일련의 충격들을 지적한다. 이러한 충격에는 1973~74년의 유가 4배 상승, 1979년의 유가 2배 상승, 1980년대 초의 국제금리의 급격한 상승, 1979년과 1983년의 대규모 평가절하, 일부 자연재해(예: 식품과 같은 중요한 재화의 가격에 영향을 준 가뭄 및 홍수) 등과 같은 대외적 사건들이 있다. 물론 직접 영향을 받은 부문이 이러한 가격충격을 흡수할 경우 인플레이션이 일어나지 않을 것이다. 그러나 이 부문이 판매가격 인상을 통해 가격충격을 소비자에게 전가시킬 수 있고, 이 소비자가 다시 이 가격인상을 누군가에게 전가시킬 수 있는 위치에 있다면, 그 충격은 일반적인 가격수준에 영향을 미칠 연쇄적인 가격인상을 촉발시킬 것이다. 1973년 이후의 정치적·경제적 여건이 이러한 가격충격의 확산을 촉진하는 것이었고, 결국 인플레이션율을 상승시키는 상황이 연출되었다. 앞 장에서 게이젤 행정부에서 시작된 일부 정치적 변화를 요약했고, 부채 주도 성장을 선택한 결정 과정에 대해 설명했다. 이와 같은 힘들이 인플레이션의 유행에도 그대로 작용했다.

외부충격의 인플레이션 영향

1973년 이후 오일쇼크의 영향을 받은 부문은 생산비용 증가를 가격인상의 형태로 전가하려 했고, 정부는 가격통제의 정교한 메커니즘을 가지고 있음에도 불구하고 이러한 가격 전가 과정을 어느 정도 용인하는 것이 정치적으로 유용하다고 판단했다. 다르게 표현하자면, 정치적 상황을 고려할 때 정부는 외부충격의 영향을 고르게 분배하기 보다는 인플레이션 과정을 통해 자기 몫을 확보하려는 다툼을 용인하려 했다.[24]

〈표 6.1〉에서 알 수 있듯이, 정부가 오일쇼크의 충격을 약화시키고 수년에 걸쳐 분산시키려 시도했으나, 1973~74년의 수입 석유 가격 변화율이 국내 물가상승률보다 훨씬 컸다. 이 표는 또한 일반 물가지수로 표시된 일반 인플레이션율은 1973년과 1974년 사이에 2배로 높아졌고, 그 이후부터 1979년 두 번째 충격까지 30~48% 사이에서 변동했다는 것을 보여 주고 있다. 1978년을 제외하면 석유제품의 가격인상률이 일반물가 상승률보다 더 컸다. 1979년 이전의 다른 가격들을 살펴보면, 일반물가 상승률에 비해 빠르거나 느린 경우가 있었으나, 여러 부문들이 뒤처지지 않기 위해 끊임없는 다툼이 있었던 것은 분명했다. 비록 환율이 첫 번째 오일쇼크 당시에 다소 과대평가되어 있었지만 시차를 두고 인플레이션율에 따라 평가절하가 이루어졌는데, 이는 브라질과 무역 상대국들 간의 인플레이션율 차이가 반영된 결과로 볼 수 있을 것이다. 식료품 가격은 일반물가수준과 유사하거나 다소 높은 상승률을 보였다. 산업 평균 명목임금도 1979년까지 인플레이션율보다 높은 상승률을 보

표 6.1 | 주요 가격 지표들: 1970~85년

(%)

	일반가격 지수	환율	ORTN[a]	INPC[b]	원자재	식품	명목임금
1970	19.8	13.8	19.6		22.8	18.6	
1971	18.7	13.8	22.7		12.4	30.1	
1972	16.8	9.9	15.3		14.9	16.0	
1973	16.2	0.0	12.8		20.3	12.5	23.8
1974	33.8	18.9	33.3		44.2	37.4	35.8
1975	30.1	22.0	24.2		25.4	33.0	48.8
1976	48.2	35.2	37.2		38.0	50.1	51.8
1977	38.6	30.4	30.1		28.4	37.5	44.5
1978	40.5	29.7	36.2		35.2	51.9	47.4
1979	76.8	92.7	47.2		76.3	84.8	64.0
1980	110.2	61.7	50.8		110.7	130.8	114.3
1981	95.2	95.3	95.6	91.5	86.1	85.9	132.6
1982	99.7	95.8	97.8	97.9	85.1	98.9	122.9
1983	211.0	286.2	156.6	172.9	214.4	270.5	132.6
1984	223.8	218.5	215.3	203.3	234.4	242.4	190.3
1985	235.1	231.2	219.4	118.0	205.7	221.2	259.6

자료: *Conjuntura Econômica.*
주: a. 재무부조정가능채권(Obrigações Reajustaveis do Tesouro Nacional: ORTN)
　　b. 소비자물가지수(Indice Nacional de Preços ao Consumidor)

였다.[25]

　이 책의 이전 판은 특정 부문의 연간 가격변화율을 평균 인플레이션율과 비교한 지수를 제시함으로써 경제의 여러 부문별 가격변동에 대한 상세한 분석이 포함되어 있었다.[26] 농업과 제조업 부문의 가격이 전반적인 가격상승보다 뒤쳐지지 않았으며 이러한 시차도 상대적으로 매우 작았었다. 제조업 부문 내에서는 상당히 큰 차이가 있었는데, 화학 및 윤활제는 수년 동안 유리한 가격을 유지했고, 섬유, 전기제품, 기계, 신발, 의류는 가격인상이 뒤처졌다. 그러나 대부분의 부문들은 일반물가 상승과 맞추어 자신들의 가격도 뒤처지지 않게 잘 유지했다.

1979년과 1980년대 초반에 다수의 추가적인 충격이 발생해서 인플레이션이 가속화되었다. 브라질은 두 번째 오일쇼크와 국제금리의 급격한 상승(외채 부담 증가) 이외에도 1979년 말에 대규모의 평가절하를 실시했으며,[27] 저임금 근로자들의 실질임금을 크게 증가시키기 위한 새로운 임금법을 제정했다.[28] 1983년에는 두 번째 대규모 평가절하가 이루어졌고, 2년간의 흉년으로 농작물 수확이 줄어서 식량 가격이 크게 상승함에 따라 1983년부터 인플레이션 수준이 한층 더 높아졌다.[29]

〈표 6.1〉의 자료와 앞서 언급한 이전 판의 자료는 1979년과 1984년 사이에 일반물가 상승에 비해 매우 크게 그리고 지속적으로 뒤처진 부문은 거의 없다는 것을 살펴봤다. 그러나 일부 예외가 있었는데, 정부가 인플레이션을 완화시키기 위해 과감한 가격통제 조치를 실시한 금속제품과 섬유 및 목재와 같은 일부 전통적 산업 부문은 가격인상 다툼에서 뒤처졌다. 또한 1970년대 후반과 1980년대 초반에 증가했던 실질임금도 1983년부터 다시 하락하기 시작했다.

인플레이션 전파 메커니즘

브라질 경제에는 두 가지 종류의 인플레이션 전파 메커니즘이 있었다. 하나는 비용 증가(에너지 가격, 임금 또는 금리 상승으로 인한 비용 증가)를 제품 가격인상을 통해 신속하게 소비자에게 전가하는 역량이었다. 다른 하나는 인플레이션으로 인한 소득 감소를 물가연동제나 통화당국의 신용 확대를 통해 국가로부터 보전 받는 역량이었다.

표 6.2 | 산업별 시장집중도 변화

(%)

(a) 8개 대기업 부문별 매출액 비중

	1973	1977	1980	1983
비금속 광물	62.6	56.0	28.5	29.1
금속제품	47.5	50.4	36.0	42.4
기계	37.1	39.0	32.3	31.6
전기장비	53.2	52.2	37.1	37.7
수송장비	82.4	82.5	58.3	61.8
목재	35.0	41.8	44.3	48.5
가구	70.3	56.4	47.5	54.7
종이제품	36.7	39.5	35.1	45.2
고무제품	79.0	78.6	83.3	80.6
가죽제품	57.2	72.5	51.7	44.5
화학	74.2	73.2	71.6	72.4
의약품	52.0	47.0	49.9	64.0
향수, 비누, 양초	68.9	83.3	86.0	84.6
플라스틱제품	31.3	50.6	45.6	43.1
섬유	22.7	25.3	15.8	19.1
의류, 신발	49.0	47.2	47.3	46.6
식품	57.9	53.5	26.5	30.4
음료	69.7	57.8	58.6	53.6
담배	100.0	100.0	100.0	100.0
인쇄 및 출판	70.1	67.3	47.3	55.9
기타	63.3	59.8	40.4	45.2
평균	58.0	59.1	49.7	52.0

(b) 시장집중도와 상대가격 변화의 순위 상관계수

1974 C & 1974 P	.0723		
1974 C & 1975 P	.4901		
1977 C & 1977 P	.5522		
1977 C & 1978 P	.4388		
1980 C & 1980 P	-.1251		
1980 C & 1981 P	.4987		
1983 C & 1983 P	.0368		
1983 C & 1984 P	-.2684		

자료: "Quem é Quem na Economia Brasileira," *Visão* (각 년 호).
주: C = 시장집중도; P = 상대가격증가율. 유의수준 5%

전자의 경우, 브라질 산업의 과점 구조와 브라질 가격통제기관의 관대한 태도로 인해 공급 충격으로 인한 비용 상승을 소비자에게 전가하기가 쉬웠다.[30] 〈표 6.2(a)〉는 브라질 산업의 시장집중도를 추정한 것이다. 이를 부문별 상대가격 변화와 비교하면 시장집중도와 상대가격 변화 사이에 상관관계가 있음을 알 수 있다. 예를 들어, 섬유는 시장집중도가 가장 낮은 부문 중 하나이며 상대가격 조정이 뒤쳐졌다. 반면에 플라스틱, 화학 및 운송 자재와 같은 시장집중도가 높은 부문은 대체로 일반물가 상승과 비슷한 수준으로 가격이 인상되었다. 〈표 6.2(b)〉는 8년 동안 17개 부문에 대한 시장집중도와 부문별 상대가격 변동 간의 상관관계 순위를 보여 주고 있다. 유의수준 5%에서 검정통계량이 임계치보다 큰 경우가 4건으로 나타났다.●

두 번째 전파 메커니즘은 인플레이션으로 인한 손실을 방지하는 정부의 보증이다. 가장 두드러진 것은 금융상품의 물가연동, 농업 보조금 제공, 개발금융기관에 특별기금을 위탁해 특정 기업이나 은행을 구제하거나 특별 보조금 프로그램을 운영하는 것이었다. 이 메커니즘은 특정 상품의 가격에 직접적인 영향을 미치지는 않았지만 통화량을 증가시켜 일반물가수준에 영향을 미쳤다.

1979년에 임금의 물가연동제가 도입됨에 따라 인플레이션이 자동으로 전파될 가능성이 더 커졌다. 이것은 논쟁의 여지가 있는 문제였다. 1979년 이전에는 임금이 1년에 1번 조정되었는데, 낮은 예상 인플레이션율을 적용한 공식을 사용함에 따라 임금 하락을 초래했고, 이를 통해 인건비가 인플레이션에 미치는 영향을 줄였다. 또한 다음번 임금 조정 때까지 동일한 임금이 적용됨에 따라 그 기간 동안의 인플레이션 증가 역시 실질임금을 하락시켰다.[31] 1979년

● 통계적으로 유의미한 상관관계를 보인 경우가 4건이라는 의미.

말에 제정된 새로운 임금법은 반기마다 임금을 자동적으로 재조정하고, 소득분배의 형평성 개선을 위한 임금 재조정 공식을 도입했다. 소득이 법정 최저임금부터 그 3배까지에 해당하는 저소득층 근로자들의 임금은 인플레이션율의 110%가 인상됐다. 최저임금의 3배에서 7배 사이의 소득 계층에게는 100%가 적용됐다. 그리고 고소득층의 임금인상률은 일반물가 상승률보다 낮게 조정되었다. 이후 임금법의 변경으로 인해 반기 조정에 포함된 물가연동률을 점차 축소시켰다.[32]

〈부록 표 A.5〉는 실질최저임금이 1973년 이후 하락했고, 1970년대 말이 되어서야 상승한 것을 보여 준다. 반면에 중공업의 실질평균임금은 1979년을 제외하고는 매년 인플레이션보다 더 많이 상승했고, 1982년 이후 급격히 하락했다. 또한 상파울루의 산업부문의 실질임금은 1979년을 제외하고는 1983년까지 계속 상승했다. 그러나 이 자료는 매우 전문화된 노동 그룹의 평균임금에 관한 정보이다. 실질최저임금과 다른 임금지표들을 비교해 볼 때, 1970년대 내내 임금은 인플레이션 과정을 주도하는 주요 변수가 아니었다. 특히 임금이 1년에 1번 연례적으로 조정되었기 때문에 인플레이션이 급증한 이 시기에 근로자들 대부분의 실질임금이 낮아졌다.

인플레이션 과정의 통화 동향

인플레이션은 통화량 공급의 실질적인 증가 그리고/또는 통화 유통속도 증가가 이루어지지 않고는 발생할 수 없다. 브라질에서는 1976년에 실질 협의통화(M1) 증가율이 마이너스를 기록했다. 즉,

명목 통화공급 증가율이 인플레이션율보다 작았다.[33] 광의통화(M2: M1에 저축성 예금 포함)는 1973~84년 동안 4개년이 마이너스 증가율을 기록했고, 총유동성(M3: M2에 각종 예금 포함)은 3개년이 그러했다. 본원통화 증가율은 1974년을 제외하고 나머지 1970년대에 플러스를 기록했고, 1980~83년에는 다시 마이너스를 보였다. 마지막으로, 국내신용 실질 증가율은 세 자리 수대의 인플레이션이 시작된 1979년부터 마이너스로 전환되었다.

협의통화(M1)의 실질 증가율이 마이너스를 보인 이유는 인플레이션이 가속화됨에 따라 본원통화에 대한 수요가 감소했기 때문이었다. 인플레이션에 연동된 저축성 예금과 정기예금, 그리고 정부채권과 같은 준통화quasi-money에 대한 통화 수요가 증가했다. 특히 정부채권의 유동성이 매우 높아졌고, 이것이 광의통화(M2)와 총유동성(M3)의 움직임을 설명해 주고 있다. 또한 금융시스템의 통화자산(통화 및 요구불 예금)이 1972년의 43%에서 1984년에는 10%로 감소했다는 점에 주목할 필요가 있다. 따라서 "인플레이션으로 인해 통화당국이 얻을 수 있는 인플레이션 조세 수익(즉, 본원통화의 실질 가치 또는 통화당국의 무비용 부채에 인플레이션율을 곱한 것)은 감소했다."[34] 1980년대에 인플레이션이 가속화됨에 따라 협의통화(M1)의 유통속도 또한 증가했고, 본원통화monetary base는 1979년 GDP의 7%에서 1984년에는 GDP의 3.9%로 감소했다.

1970년대와 1980년대의 본원통화의 지속적인 증가는 정부의 예산외 활동에 크게 기인했다. 의회에서 통과된 예산안은 대개 흑자 예산이었다. 그러나 여기에는 국영기업의 예산, 그리고 중앙은행과 정부 소유 상업은행인 브라질은행의 이른바 통화 예산이 포함되지 않았다. 이 기관들은 정부가 전통적 예산안을 우회할 수 있게 해주었다. 재무부 장관과 기획부 장관을 역임한 마리오 시몽셍은 이 시기에 대해 다음과 같이 말했다.

> 브라질의 통화 시스템은 매우 특이하게 통화량 공급 확대에 편향되어 있었다. 특히 연방의회의 승인과는 별도로 연방정부가 언제든 재정적 자를 메우기 위해 화폐를 찍어 낼 수 있는 권한을 가지고 있었기 때문에 인플레이션을 방지하기 어렵다는 것을 누구나 다 알고 있었다. …… 정부가 적자를 보전하기 위해서 만이 아니라 민간부문에 보조금 성격의 대출을 제공하기 위해서도 화폐를 발행할 수 있었기 때문에 인플레이션을 방지하는 것이 더욱 어려웠다. 이것은 브라질만의 독특한 사례였다.[35]

인플레이션 통제를 위한 비정통적 시도 : 크루자두 플랜

군사정부 시절의 인플레이션 하락 추세가 1973년에 반전되었다. GDP디플레이터는 1974년과 1975년에 약 34%, 1976년과 1977년에는 약 47%를 기록했다. 1978년에는 40% 이하로 떨어졌고 1979년과 1980년에는 각각 55%와 90%로 상승했다. 1981년과 1982년 약 100%, 1983년에는 150%, 그리고 1984년에는 200%

이상으로 상승했다. 1986년 2월에는 12개월 GDP디플레이터가 약 300%에 도달했다.

프랑시스꾸 로뻬스와 그의 동료들의 저술[36]에 영향을 받은 조제 사르네이José Sarney 대통령은 1986년 2월 28일 텔레비전 연설을 통해 브라질의 인플레이션을 극적으로 낮추기 위한 법률 제2283호를 발표했다. 이 법(그리고 이를 일부 수정한 법률 제2284호)은 다음과 같은 조치들을 포함하고 있었다.

1. 최종 상품 가격에 대한 가격 동결.
2. 최저임금은 15%, 그리고 기타 임금은 지난 6개월 평균의 8%를 인상한 후 실질임금 동결.
3. 임대료와 주택담보대출은 8% 인상 없이 동결.
4. 종전 재조정일 또는 각 범주별 연간 '기준일' 대비 20% 이상 소비자물가지수가 상승할 때마다 자동적으로 임금을 조정하는 임금인상 시스템 폐지.
5. 계약 기간이 1년 미만인 경우 물가연동 조항 금지.
6. 크루제이루화를 대체한 새로운 화폐인 크루자두화(1크루자두 = 1,000크루제이루) 발행. 법률에서는 환율에 대한 구체적 기술이 없었지만 정부는 달러당 13.84크루자두로 환율을 고정하겠다는 의지를 분명히 밝혔다.[37]

크루자두 플랜은 브라질의 인플레이션을 "관성" 유형으로 진단한 분석가들에게서 강한 영향을 받았다.[38] 이들은 사르네이 대통령

(1985년 3월 취임)의 과도 민간 정부에서 경제정책 방향에 대해 보다 정통적인 방식으로 인플레이션 문제를 이해하고 전통적 해결책들을 주장하는 분석가들과 힘 대결을 벌였다.[39] 정권 이양이 진행되고 직접선거 선출직 공무원들이 이전 정권의 전통적 해결책들에 관한 영향력을 행사하게 되자, 불경기를 초래할 수 있는 정책을 추진하는 것이 점차 어려워졌다.

크루자두 플랜은 브라질의 인플레이션이 본질적으로 얼마나 '관성적'인가에 따라 성공 여부가 달려 있었다. 총수요의 초과 또는 총공급의 부족으로 인한 것이라면, 이 계획은 장기적으로 인플레이션을 억제하기에는 충분하지 않을 것이었다. 마이아 고메스는 다음과 같이 말했다.

1985년 4분기에 이미 몇몇 지표들은 공식 또는 비공식 물가연동만으로는 브라질의 인플레이션을 충분히 설명하지 못한다는 것을 나타내고 있었다. 우선 인플레이션이 가속되고 있었고, 관성의 관점에서 다루어질 수 없는 것이었다. 게다가 …… 일부 산업부문에서는 산업 설비 가동률이 100%에 이르렀다. …… 1984년부터 1985년 말까지 공공부문의 적자가 증가했다는 것을 나타내는 많은 증거가 있었다.[40]

실제로 1986년 2월 28일 이전에 정부는 재정 및 통화 불균형의 근원을 해결하기 위한 조치를 취했다. 1985년 8월에 지출을 효율적으로 통제하기 위해 재무부 예산과 '통화 예산'monetary budget(통화당국에 의해 운영되는 보조금 프로그램)이 부분적으로 통합되었다.

표 6.3 | 월별 가격 변화: 1986년과 1987년

(%)

	월별 일반가격	연별 일반가격	월별 도매가격	월별 소매가격
1986년				
1월	17.8	250.4	19.0	15.7
2월	22.4	289.4	22.2	21.8
3월	-1.0	242.5	-1.0	-0.3
4월	-0.58	217.5	-1.46	1.1
5월	0.32	195.6	0.09	0.79
6월	0.53	195.5	0.37	0.62
7월	0.63	154.6	0.58	0.58
8월	1.33	126.3	1.34	0.88
9월	1.09	109.6	0.67	0.95
10월	1.4	94.8	1.15	1.01
11월	2.5	73.7	2.1	2.1
12월	7.6	65.0	7.7	7.5
1987년				
1월	12.0	57.0	10.5	14.3
2월	14.1	55.8	10.4	14.5
3월	15.0	69.8	14.1	13.5
4월	20.1	105.1	21.0	21.5
5월	27.7	160.8	30.7	25.1
6월	25.9	226.5	26.3	27.2
7월	9.3	254.7	9.9	8.6
8월	4.5	265.8	3.7	6.6
9월	8.0	290.9	7.6	9.0
10월	11.2	328.5	11.7	10.6
11월	14.5	378.8	15.0	13.9
12월	15.9	415.8	16.1	16.3

자료: *Conjuntura Econômica.*

1986년 2월에는 브라질 국영 상업은행인 브라질은행이 중앙은행의 '할인' 제도를 이용해 본원통화를 창조할 수 있었던 '이동 계좌' movement account를 동결했다. 같은 달에 재무부 내에 모든 공공지출에 대한 통제를 중앙 집중화하기 위해 국고국이 창설되었다. 그리고 1985년 12월에는 의회가 금융거래에 대한 세율을 대폭 인상하고, 기업이 1년에 2번 소득세를 신고하고 개인 소득세 부담을 증가시키는 법안을 승인했다. 마지막으로, 크루자두 플랜이 도입되기 얼마 전에 금융통화위원회는 소비자신용의 최대 만기를 12개월에서 4개월로 단축하고, 소비자신용 관련 기타 규칙도 강화했다.

크루자두 플랜 시행 직후의 결과는 경제적 관점과 정치적 관점 모두에서 탁월했다. 일반물가지수로 측정한 월별 물가상승률은 1986년 2월 22%에서 3월 −1%, 4월 −0.6%, 5월 0.3%, 6월 0.5%로 낮아졌다(〈표 6.3〉 참조). 1985년에 8.3% 성장했고 1986년 1월과 2월에도 계속 성장세를 보였던 경제활동이 더욱 활성화되었다. 1986년 1분기 산업생산은 전년 동기 대비 8.6% 증가했고, 2분기와 3분기에도 각각10.6%와 11.7% 증가했다. 내구성 소비재 생산은 놀라운 속도로 성장했다. 12개월 성장률은 5월에서 8월 사이에 30%를 넘어섰다. 최소한 크루자두 플랜 도입 후 몇 개월 동안 대외거래도 월별 무역수지 흑자가 10억 달러에 달하는 등 호조를 지속했다. 겉으로 보기에 브라질은 견고한 대외 거래, 놀라운 성장과 실질임금의 상승, 실업 감소, 그리고 낮은 인플레이션을 달성한 것으로 보였다.

어려움과 모순의 발생

크루자두 플랜의 가격 및 임금 동결 목표는 관성 인플레이션을 중지시키는 것이었다. 크루자두 플랜의 내용이 복잡해서 브라질 국민들이 처음에는 인식하지 못했지만, 임금을 인상하고 가격을 동결한 것은 근로자들을 우대한 소득정책이었다. 브라질 국민들은 인플레이션이 점차 통제 불가능한 상황으로 치닫고 있는 가운데 나온 크루자두 플랜의 과감한 조치들에 대해 열성적으로 지지했고, 수백만의 시민들이 자발적으로 '사르네이의 가격 감시인'이 되어 가격 동결 위반 사례들을 신고했다. 이러한 대중의 열정에 힘입어 단기간에 소득정책이 효과를 거두었다. 실질임금은 극적으로 상승했다. 상파울루의 산업부문 평균 실질임금지수는 3월에 전월 대비 9.1% 상승했으며, 11월까지 1.5%가 더 올라서 최고치를 기록했다. 이에 상응하는 실질임금은 3월에 전월보다 9.8% 올랐고, 최고치를 기록한 11월에는 추가로 8.7%가 더 상승했다. 그러나 몇 주가 지나자 문제가 발생하기 시작했고 급속도로 심화되었다.

가격 동결의 자원배분 영향

크루자두 플랜에 참여한 경제학자들은 인플레이션을 끝장내기 위해 일시적으로 자원배분 시스템을 희생해야 한다고 주장했고, 가격 동결의 즉각적인 결과 중 하나가 자원배분 기능을 담당하는 가격 메커니즘의 작동 중단이었다. 가격 동결이 길어질수록 시장의 왜곡이 더욱 심각해졌다. 브라질의 인플레이션은 가격 동결 시점에 아직 '하이퍼'hyper 수준에 이르지 않았었고, 경제주체들은 상대적으로 짧은 간격으로 개별 상품의 가격을 조정하고 있거나 이미 조정을 완료한 상태였다. 따라서 1986년 2월 28일 기준으로 그 직전에 가격을 인상한 부문은 최근 평균 실질가격과 비교해서 유리한 위치에 있었고, 그날 이후 조만간 가격을 조정하려고 계획하고 있었던 부문은 뒤처지게 되었다. 311개 제품에 대한 연구에 따르면 84개 품목이 유리한 위치에 있었고, 35개 품목은 가격 동결 당시에 과거와 동일한 수준의 실질가격을 유지했고, 192개 제품은 가격인 상에 뒤처져 있었다. 후자에는 우유, 자동차, 육류 및 다양한 내구성 소비재가 포함되어 있었다.[41]

가격 동결로 인해 공공요금, 특히 전기요금이 뒤처졌다. 예를 들어, 1985년 2월부터 1986년 2월까지 리우데자네이루의 공공사업 요금은 201% 증가했지만 일반물가는 270% 가까이 상승했다. 이로 인해 공공사업 기업의 적자가 증가했고, 이들 기업의 경상지출과 자본지출에 대한 정부 보조가 불가피해지는 압력으로 작용했다. 급속한 경제성장을 계속하기 위해서는 병목현상을 제거해야 했고, 이를 위해서는 투자를 위한 자본지출을 연기시킬 수 없었다.

크루자두 플랜에 참여한 경제학자들은 일시적인 가격 동결이 필요하다는 데 동의했지만, 인플레이션 기대심리를 반전시키는 데 얼마나 오랜 시간이 걸릴지 모르기 때문에 가격 동결의 지속 기간에 대한 합의에 이르지 못했다. 그들은 2~3개월 정도를 생각했다. 그러나 그들은 조기 가격 동결 해제가 인플레이션 기대심리를 다시 자극하게 되고, 새로운 관성 인플레이션 조건이 형성될 수 있다는 두려움을 갖고 있었다. 시간이 지남에 따라 정치적 기준으로 경제 문제를 판단하게 되었는데, 이는 크루자두 플랜의 가격 동결이 정부에 대한 높은 지지율의 기초가 되었기 때문이었다. 즉, 대통령과 그의 정치적 자문가들은 제로 인플레이션을 이 정부의 경제적 성공

의 본질로 인식했고, 1986년 11월 의회 및 주지사 선거가 다가옴
에 따라 이를 유지하는 것을 매우 중요하게 생각했다. 의회는 또한
대통령의 임기를 결정할 권한을 가진 제헌의회의 역할도 수행할 예
정이었기 때문에 사르네이 대통령은 가능한 한 오랫동안 제로 인플
레이션(즉, 가격 동결) 유지를 열망했다. 정부에 참여한 경제학자들
은 늦어도 1986년 5월에 가격이 재조정되어야 한다고 주장했고, 6
월에 재무부 장관도 같은 입장이었으나, 이들의 주장은 정치적 이
유로 무시당했다.

필연적으로 가격 동결을 우회하려는 광범위한 시도가 나타났다.
'신제품' 출시, 속임수 포장, 자동차 및 기타 내구성 소비재에 대한
'추가 비용'이나 '프리미엄' 요구 등 가격통제를 회피하기 위한 온
갖 종류의 수법들이 출현했다. 새로운 자동차를 구입하려면 대기자
명단에 등재하고 기다리는 시간이 6개월 또는 그 이상으로 늘어났
지만, '프리미엄'을 지급하면 이 대기 시간을 단축시킬 수 있었다.
모든 품목이 부족해졌고, 물건을 구입하기 위해 길게 줄을 서는 것
이 점차 일반화되었다. 저소득층이 수요를 늘리고 생산업자는 공급
을 줄임에 따라 식품, 특히 우유와 육류가 부족해졌다. 식품이 부족
해지고 이에 대한 국민들의 불만이 커졌다. 그러나 정부는 비록 고
기를 사기 위해 줄을 서야 하더라도 가난한 사람들이 처음으로 규
칙적인 식단의 일부로 육류를 섭취할 수 있게 되었다고 선전했다.
정부는 그해 말에 육류 생산업자들과 마찰을 일으키며 그들의 가축
을 압수해야 하는 시점에 도달했다. 또한 정부는 식품 수입을 늘리
는 것을 승인했다. 정부는 세금을 삭감하고 보조금을 늘림으로써

글자 그대로 가격을 올리지 않고 공급을 늘리기 위해 노력했고, 재정에 대한 압력이 커졌다. 그러나 시간이 지날수록 가격 동결로 인한 문제가 더 커져만 갔고, 이를 유지하겠다는 정부와 대중의 의지가 약해지고 열망도 식어갔다.

과도한 성장

크루자두 플랜은 소비지출의 증가에 힘입어 경제성장을 지속(심지어는 가속화)했다. 소비지출은 실질임금 인상, 저축예금에 대한 물가연동제 폐지로 인한 저축의 소비 전환, 가격 동결로 인한 소비재의 실질가격 하락, 그리고 인플레이션 기대심리의 변화로 인한 자산효과● 로 인해 자극받았다.[42]

호황이 계속됨에 따라 많은 분야의 가동률이 생산능력에 근접하고 있으며, 단기적으로 생산능력을 확충할 가능성은 제한적이었다. 기업가들은 경제적 어려움이 심화되는 상황에서 투자하기를 주저했다. 제조업 평균 가동률은 크루자두 플랜 도입 당시 72%로 낮은 수준이었으나, 1986년 하반기에는 82%로 상승했다. 1987년 1월 무렵에는 제조업 부문 60% 정도의 가동률이 90%를 상회하고 있었다.[43]

크루자두 플랜 기간 동안 생산능력의 확충이 얼마나 이루어졌는

● 주식이나 부동산, 채권 등 자산의 가치가 증대됨에 따라 소비도 늘어나는 효과.

가를 규명하는 것은 어려운 일이다. 1980년대 중반에 브라질은 전반적으로 낮은 투자율을 보였는데, 이는 낮은 저축률과 관련되어 있었다. 1970년대 중반에 GDP 대비 투자율은 25%에 달했지만 1980년대 중반에는 16%로 감소했다. 이러한 추세는 1981~83년의 심각한 경기침체와 그 이후 1980년대 중반의 높은 소비지출에서 그 이유를 찾을 수 있다. 이는 또한 브라질이 외채원리금상환 규모가 급증해 자본 순유출국으로 전환된 사실과도 관련이 있다. 1980년대 중반에 외국자본유입이 감소한 것을 감안할 때 외채원리금상환은 GDP의 4~5% 정도의 해외저축 감소를 의미했다. 정부의 공공투자도 이전의 경제안정화정책 추진 과정에서 크게 삭감되었고, 국영기업도 가격 동결로 인해 신규 투자를 위한 내부자금 마련에 어려움을 겪었다. 민간투자도 크루자두 플랜의 성공 가능성에 대한 비관론과 가격 동결로 인한 불확실성의 증가로 인해 크게 위축되어 있었다. 또한 경제정책의 급격한 변화와 이로 인한 '게임의 규칙'의 빈번한 변경도 민간부문의 자본형성을 저해했다.

공공부문 적자

크루자두 플랜의 붕괴에 공공부문 적자가 어떤 역할을 했는가에 대해서는 논쟁의 여지가 있다. 크루자두 플랜의 근본적인 결함이 재정 통제 프로그램의 결핍이었다는 것은 널리 인정되고 있다. 인플레이션의 근원은 재정 불균형이라고 생각하고, 관성 인플레이션에 대해서는 결코 동의하지 않았던 학자들이 주로 이러한 견해를 가지고 있었다. 사실, 공공부문 적자의 역할은 복잡했다. 크루자두 플랜에는 세수 증대나 세출 삭감 방안이 없었다. 그러나 정부는 1985년 12월에 조세개혁을 실시했다. 이로 인해 1986년에 세수가 크게 증가할 것으로 기대되고 있었고, 예산을 통합하고 모니터링을 개선하기 위한 조치도 취해졌다.

또한 크루자두 플랜은 재정에도 유리한 결과를 가져왔다. 가격 동결은 '세금 징수 시차' 문제를 제거했다. 즉, 몇 주 또는 몇 달 전의 가격과 소득 흐름을 기준으로 세금이 부과되었기 때문에 세금 징수 시점에는 세입의 실질 가치가 세출의 실질 가치보다 낮아지는 문제가 사라졌다. 명목이자율의 인하와 고정환율로 인해 공공부문의 대규모 '영업외' 금융비용이 크게 줄어들었다. 더 많은 개선이 이루어질 수도 있었다. 그러나 중앙정부는 대규모 보조금 프로그램을 계속 유지했고, 연방정부와 지방정부 모두 공공부문에서 과도한 인력을 보유하고 있었다. 따라서 전체 공공부문의 적자 규모는 1986년 GDP의 3.7%(중앙정부 0.9%, 주정부 0.5%, 국영기업 2.3%)에 이르렀다.

공공부문의 적자가 인플레이션의 주요 원인인지 여부에 대한 판단은 정부 예산에 대한 자신의 의견에 따라 달라진다. 예산이 10% 흑자여야 한다고 생각한다면, 브라질 정부의 1986년 예산은 인플레이션을 유발하는 것이었다. 예산 적자는 언제든 개선될 수 있다. 그러나 예산 적자가 1986년 인플레이션의 근본적인 원인은 아니었다.

국제수지

환율이 너무 오랫동안 고정되어 있었다는 것은 거의 의심의 여지가 없었다. 1986년 3월 중순 이후 내수가 급증하고, 비록 측정은 할 수 없지만, 사실상의 인플레이션 발생은 크루자두화의 가치가 과대평가되었다는 것을 의미했다. 이것이 명백해지자 투기가 시작되었다. 그 결과 암시장 환율 프리미엄이 1986년 3월에 25%에서 1986년 11월에는 100% 이상으로 대폭 상승했다. 그해 8월부터 국제수지가 악화되었는데, 이는 수출업자에게 해외시장보다 국내시장이 더 매력적이었을 뿐 아니라 정부가 조만간 평가절하를 단행할 수밖에 없을 것이라고 명확히 예견할 수 있었기 때문이었다.

크루자두 플랜의 붕괴

크루자두 플랜의 위기는 대외 부문을 통해 나타났다. 1986년 중반에 접어들자 국제수지 중 자본수지 움직임이 극적으로 바뀌었다. 외국인직접투자 유입액은 1985년 8억 달러에서 1986년 상반기에는 1,500만 달러로 급격히 감소했다. 이익송금과 자본유출도 증가하고 있었다. 이를 보여 주는 명백한 신호는 암시장의 환율 프리미엄 상승이었다.

정부가 가격 재조정을 거부한 이유는 다음 두 가지 사항에 대한 고려 때문인 것으로 보인다. 첫째, 가격 동결이 이 계획의 정치적 성공을 상징하고 있었기 때문에 사르네이 대통령은 새로운 제헌의회 구성을 위한 선거가 치러지는 11월까지 이 계획을 수정하는 것을 꺼렸다. 둘째, 크루자두 플랜은 각 범주별로 연간 기준일 대비 누적 인플레이션이 20%를 상회하면 자동적으로 임금이 상승하도록 허용했기 때문에 정책입안자들은 가격인상이 인플레이션을 촉발시킬 가능성에 대해 두려워했다.

그러나 11월 15일 선거에서 승리한 직후, 정부는 급격한 조정을 포함한 제2차 크루자두 플랜을 발표했다. 이 프로그램의 주요 내용은 '중산층' 소비재 가격의 재조정과 이에 대한 세금 인상이었다. 자동차 가격은 80% 인상되었다. 그 밖에도 공공사업 35%, 연료 60%, 담배 및 주류 100%, 설탕 60%, 우유 및 유제품 100%의 가격인상이 이루어졌다. 또한 평가절하가 가능한 크롤링페그 환율제도와 저축에 대한 새로운 세금 인센티브가 도입되었다. 이러한 조치는 소비를 냉각시키기 위한 것이었다. 당시 많은 경제학자들이 경고했듯이, 불행하게도 가격인상은 저축을 자극하기보다는 소비를 전환시키는 경향을 나타냈다.

이러한 조치를 도입한 이후 인플레이션이 다시 살아났다. 자동인상 메커니즘이 작동하면서 임금이 상승했다. 월별 소비자물가 상승률은 1986년 12월에 7.7%로 상승했고, 1987년 1월에는 17.8%로 치솟았다. 그 이후에도 3월 14%, 4월 19%, 5월 26%를 기록하는 등 인플레이션이 폭발적으로 상승했다. 이에 따라 1987년 중반까지 12개월 인플레이션율은 1,000%를 훨씬 상회했다. 인플레이션 기대심리와 불확실성이 다시 나타났고, 1987년 6월 초에 단기

이자율은 2,000%로 상승했다. 마지막으로 중앙은행의 대외지급준비자산이 바닥나서 1987년 2월 20일 정부는 외채에 대한 일방적인 모라토리엄을 선언할 수밖에 없었다.

크루자두 플랜이 실패한 이유는 여러 가지가 있다. 그중 하나는 초기에 임금인상이 이루어진 것이었다. 이로 인해 경기가 이미 과열되어 있던 시기에 민간소비 증가로 인해 총수요가 급증했고, 대외 부문과 공공부문의 지출 증가로 상황이 더욱 악화되었다. 통화량도 초기에 너무 빠르게 증가했다. 계획이 실패했는데도 정부는 너무 오랫동안 가격 동결과 고정환율에 집착했다. 가격 동결로 인해 가격 메커니즘의 작동이 중단되고 경제의 큰 부문의 상대가격이 불리한 상황에 고착되었다. 근본적인 오류는 제로 인플레이션에 대한 집착이었다. 불리한 상황에 처한 경제 부문이 3~4개월 이상 자신들의 희생을 받아들일 것으로 기대하기는 어렵다. 선택적인 가격 재조정이 이루어지고 제로 인플레이션이 아니라 낮은 인플레이션을 강조했더라면 가격 동결 부문이 요구하는 프리미엄 수준이 낮아지고 공급부족 문제도 완화되었을 것이다. 또한 공공사업 요금도 가격 동결 이전에 인상하거나 가격 동결 이후에라도 민간부문과 더불어 점진적으로 재조정했다면, 국영기업의 불리한 상대가격으로 인해 초래된 많은 문제들도 미연에 방지할 수 있었을 것이다.

침체와 인플레이션의 반등

사르네이 대통령은 1990년 3월까지 계속 집권했다. 크루자두 플랜이 실패한 이후부터 퇴임까지 사르네이 행정부의 근본적인 문제는 그가 브라질 경제에 대한 장기 비전 또는 계획을 가지고 있지 않았다는 것이다. 그는 임기가 명확하게 정해지지 않은 대통령이었다. 그의 임기는 1986년 11월에 선출된 의회의 결정에 달려 있었다. 왜냐하면 이 의회는 1988년 헌법제정을 위한 제헌의회의 역할을 겸임하고 있었기 때문이었다. 사르네이는 임기가 4년에서 5년으로 연장되기를 열망했다. 크루자두 플랜의 실패로 그는 지지율이 하락했고, 정치적으로도 취약해졌다. 그의 임기에 대한 결정은 전적으로 의회와의 좋은 관계에 달려 있었다. 따라서 사르네이 대통령은 의회가 원하는 대로 경제정책을 이끌어 나갔다.

크루자두 플랜 기간과는 달리 1987~89년 동안 사르네이의 정책입안자들은 지속적인 안정화를 위해 정부 예산 적자를 통제하는 것이 중요하다는 것을 인식하고 있는 것으로 보였다. 그러나 과감한 긴축정책을 추진하지는 않았다. 재정 통제를 강화할 것이라는 약속을 했고, 일부 사소한 약속들이 지켜졌다. 그러나 위에서 언급한 정치적 이유로 인해 진정한 의미의 재정긴축 조치들은 이루어지지 않았다. 사르네이의 5년 임기가 승인될 즈음에 행정부는 의회보다 권위가 낮아져 있었다. 이는 의원들이 정부의 예산지출 삭감 노력에 협력하기보다는 자신의 지역구 프로젝트를 위한 예산 확보에 더 관심이 많았다는 것을 의미했다.

예산 적자가 지속됨에 따라 정부의 국내채무가 급속히 증가하고 인플레이션이 가속되었다. 국가부채의 증가로 인해 국채에 대한 신용도가 하락했으며, 이로 인해 급속한 금리인상이 요구되었다. 인플레이션이 심화되면서 국채의 만기도 줄어들었다. 이에 따라 실질 통화량((M1에서 M4까지) 증가율은 1986년 12월 31.7%에서 1989년에는 8.4%로 지속적으로 하락했다. 이자율이 상승하고 만기가 짧아짐(대부분 만기가 하루인 초단기)에 따라 정부의 재정적자 규모가 주로 금융시장의 차입 조건에 따라 좌우되는 상황이 발생했다.[44]

정부부채는 예산에 대한 부정적인 영향 이외에도 자금조달 방식의 특성으로 인해 통화량 통제에 부정적인 영향을 미쳤다. 정부는 (중앙은행을 통해) 높은 수익률과 짧은 만기의 국채를 발행했는데, 만약 금융중개기관이 시장에서 국채의 매입자를 찾지 못할 경우 이를 모두 '환매'buy back하기로 약속했다. 이런 방식으로 정부 채무증서의 자동 환매가 이루어짐에 따라 정부는 통화정책에 대한 통제권을 상실하게 되었다. 왜냐하면 단기자금 시장에서 기금이 인출되면 자동적으로 통화량이 증가하고, 인플레이션 기대심리로 인해 단기자금 시장의 인출이 더욱 증가했기 때문이었다. 즉, 이러한 맥락에서 정부부채가 점점 더 재정정책 및 통화정책에 대한 통제권 상실의 주요 원인으로 작용했다.

대규모 재정적자와 고금리도 자원배분에 엄청난 영향을 미쳤다. 금융시스템이 민간부문보다 공공부문으로 점점 더 많은 저축을 이전함에 따라 민간신용보다 정부신용의 비중이 계속 증가했다.[45] 생산 부문보다는 금융 부문에 더 많은 자금이 분배된다는 것은 경제

활동의 감소를 의미했다.[46] 1981~90년 동안 금융 부문의 연평균 성장률은 GDP 성장률의 2배인 5%였다. 결과적으로 GDP에서 금융 부문이 차지하는 비중은 1980년의 8.56%에서 1989년에는 19% 이상으로 증가했다.

사르네이 행정부 후반기의 안정화 시도

루이스 까를루스 브레세르 뻬레이라Luiz Carlos Bresser Pereira는 1987년 5월에 재무부 장관으로 임명되었고, 6월에는 브레세르 플랜Bresser Plan으로 알려진 경제 안정화 계획을 발표했다. 이 계획은 가격과 임금 동결 조치를 포함하고 있었지만, 90일 동안 유연하게 가격과 임금의 재조정을 허용했다는 점에서 크루자두 플랜과 차이가 있었다. 공공사업 요금과 환율도 유연하게 재조정할 수 있도록 허용했는데, 이는 크루자두 플랜의 두 가지 주요 문제점들이었던 국영기업 적자와 환율의 과대평가를 피하기 위한 것이었다. 브레세르 뻬레이라 장관은 또한 인플레이션 억제를 위한 주요 수단으로 재정적자 통제를 강조했다. 그의 목표는 그해 말까지 재정적자를 GDP의 2%로 줄이는 것이었다. 마지막으로 브레세르 플랜은 이자율을 인플레인션율보다 높게 유지하는 것을 목표로 했는데, 이는 크루자두 플랜의 붕괴를 초래했던 과잉 소비를 방지하기 위한 것이었다.

브레세르 플랜은 시행 직후에 월별 인플레이션율이 5월 27.7%

에서 8월에는 4.5%로 하락하는 등 어느 정도 효과가 있는 것처럼 보였다. 그러나 월별 인플레이션율은 그 이후 다시 상승하기 시작해 10월에는 두 자릿수 수준에 도달했다. 임금 재조정 요구로 인한 자기 몫 챙기기 다툼의 심화와 계획 도입 이전의 공공사업 및 기타 통제 부문의 가격상승 이외에도 가장 근본적인 문제는 예산 적자 통제에 실패한 것이었다. 정부지출이 증가한 이유는 다양했다. 공무원 실질임금은 26% 인상되었고, 주정부와 시정부의 예산 적자가 41% 증가함에 따라 연방정부의 지방정부에 대한 이전지출과 국영기업에 대한 보조금 지급 규모가 증가했다. 사르네이 대통령과 의회의 정치적 관계 때문에 정부지출 통제가 제대로 이루어지지 않았다. 결과적으로 브레세르 플랜은 실패했고, 브레세르 장관은 1987년 12월에 사임했다.

점진주의부터 충격까지, 그리고 다시 반복

사르네이 행정부의 나머지 기간 동안 마일송 다 노브레가Mailson da Nobrega는 재무부 장관으로 재직하면서 수석 정책입안자 역할을 했다. 그는 재무부의 자금 흐름을 보다 엄격하게 관리했다. 그가 실행한 주요 조치들 중에는 공무원의 신규 고용 금지, 공공부문의 금융시장 실질 차입 규모 동결, 공공부문 인건비에 대한 물가연동 일시 중지 등이었다. 또한 환율의 평가절하율 속도를 낮추었고, 공공사업 요금과 기타 국영기업의 가격인상률도 늦추었다(이는 공공부문의 적자를 감축하려는 의도와 모순되었다). 이는 사실상 수출과 공공서비스 부문의 희생을 통해 인플레이션을 억제하려는 시도를 의미했다.

이 전략도 인플레이션 통제에 실패했다. 월평균 인플레이션율은 1988년 1분기 18%에서 4분기에는 28%로 상승했다. 새로운 충격 프로그램이 있을 것이라는 기대로 인해 사전적 가격 조정이 이루어짐에 따라 상황이 더욱 악화되었고, 정부는 한 번 더 가격통제에 의지할 수밖에 없다고 생각했다. 이에 따라 1989년 초 사르네이 행정부는 인플레이션 억제를 위해 베러웅 플랜Plano Verão(여름 계획)이라는 특별 프로그램을 도입했다. 이 계획의 주요 내용은 다음과 같다.

1. 새로운 가격과 임금 동결
2. 저축예금을 제외하고 모든 물가연동제 폐지
3. 크루자두화를 대체해 새로운 화폐인 크루자두 노부Cruzado Novo화를 도입하고 1,000크루자두를 1크루자두 노부로 교환
4. 통화량 및 신용 확대 억제(지급준비율 80%로 인상, 최대 소비자신용 만기 36개월에서 12개월로 축소, 부채-주식 스왑 중단 등)
5. 환율 17.73% 평가절하

베러웅 플랜 효과의 지속 기간은 이전의 비정통적 안정화 계획들보다 훨씬 더 짧았다. 월별 인플레이션율이 1989년 1월 36.6%에서 3월에는 4.2%로 하락했지만, 그 후 꾸준히 상승해 7월 37.9%, 12월 49.4%, 그리고 1990년 3월에는 81%를 기록했다. 베러웅 플

랜이 조기에 붕괴된 이유를 밝히는 것은 어렵지 않다. 인플레이션에 대처하기 위한 비정통적 정책의 조기 실패로 인해 가격 동결과 물가연동제 폐지는 무의미해졌다. 이러한 정책 수단에 대한 신뢰도가 낮고 경제주체들의 부정적 기대심리로 인해 가격인상을 위한 법을 벗어난 조치들이 취해졌다.

사르네이 정부의 마지막 4개월 동안 경제위기가 더욱 악화되었다. 재정적자 해결을 위한 효과적인 조치가 취해지지 않았고, 대규모 예산 적자가 지속됨에 따라 정부는 고금리를 유지해야만 했으며, 이는 공공부채 부담을 크게 증가시켰다. 그 결과 공공부문의 금융비용은 1989년에 158% 증가했고, 이것이 재정적자의 주요 원인이 되었다. 재정 건전성의 악화는 당시 국채 발행의 어려움뿐만 아니라 정부부채 상환을 위해 화폐를 발행하는 경향에도 반영되고 있었다. 당국은 단기자금 시장에서 실물자산으로 자금이 이동하는 것을 두려워했으며, 많은 사람들은 이를 초인플레인션 과정으로 들어가는 기폭제로 인지하고 있었다.

1988년 헌법이 재정에 미친 영향

1988년 헌법은 브라질 재정에 부정적인 영향을 미쳤다. 1988년 헌법은 연방정부로부터 주정부 및 시정부로의 재정수입 이전지출을 더욱 확대했다. 1970년대 중반 이후 지방정부가 세수에서 차지하는 비율이 증가하고 있었다. 1975년에 지방정부는 소득세와 공산품세IPI 각각의 5%를 차지했으나 1980년에는 지방정부의 세수 비중이 소득세의 14%와 공산품세의 17%로 증가했다. 1988년 헌법은 1993년까지 연방정부가 소득세와 공산품세 각각에 대해 21.5%를 지방정부로 이전해야 한다고 규정했다. 이로 인해 연방정부의 재원이 감소했지만 연방정부의 의무가 줄어든 것은 아니었다. 이로 인해 연방정부 예산의 구조적 불균형이 더욱 악화되었다.

꼴로르 플랜 I

1990년 3월에 페르낭두 꼴로르 지 멜루Fernando Collor de Mello 대통령이 취임했을 때 월별 인플레이션율은 81%에 달했다. 초인플레이션에 직면한 꼴로르 정부는 즉시 새로운 극적인 인플레이션 억제 프로그램을 도입했다. 이 프로그램의 주요 내용은 다음과 같다.

1. 5만 크루자두 노부(약 1,300달러)를 초과하는 단기자본 시장,* 당좌계좌, 그리고 예금계좌의 모든 예금 중 80%를 18개월 동안 동결하고, 이 기간 동안 6%의 실질이자 지급.
2. 크루자두 노부화를 크루제이루화로 1 대 1 비율로 교환.**

● 주로 정부 발행 단기국채가 거래되고 있었다.

●● 동결되지 않은 20%는 크루제이루화로 교환이 가능하나, 동결된 80%는 교환이 불가능해 시중의 유동성이 급격히 감소했다.

3. 금융자산, 금과 주식거래, 그리고 예금 인출에 대해 일회성 세금 부과.

4. 가격 및 임금 동결, 예상 인플레이션 기준으로 추후 가격 재조정.

5. 모든 재정 인센티브 폐지.

6. 세금에 대한 물가연동제 즉시 도입.

7. 탈세를 줄이기 위한 다양한 조치 도입.

8. 공공서비스 가격인상.

9. 환율 자유화.

10. 다수의 연방기관 폐쇄와 36만 명의 공공부문 근로자 해고.

11. 민영화를 추진하기 위한 예비 조치 시행.

이러한 조치들의 즉각적인 영향은 GDP 대비 통화공급(M4)이 약 30%에서 9%로 감소함에 따라 브라질의 유동성이 극적으로 감소한 것이었다.[47] 월별 인플레이션율이 1개월 이내에 한 자릿수로 하락했다. 유동성의 급격한 감소는 경제활동의 뚜렷한 감소로 이어져서 1990년 2분기 GDP는 마이너스 7.8%를 기록했다.[48] 경기침체에 대한 두려움과 여러 그룹들의 압력으로 인해 정부는 일정보다 앞당겨서 금융자산에 대한 동결을 해제했고, 이는 잘 정의된 규칙이 아니라 임시방편 방식으로 이루어졌다. 기존 통제 조치에 대한 정부의 많은 양보와 국제수지 흑자, 그리고 공공부문의 예산 활동 (공공부문의 세금은 봉쇄된 통화로 납부할 수 있었지만 지출은 새로운 통화로 이루어졌다)은 통화 증발로 이어졌다. 계획이 실행되고 45일 후에 통화공급이 62.5% 증가해 GDP의 14%에 이르렀다.[49]

꼴로르 플랜의 주된 목표 중 하나는 금융비용을 제외한 기초재정수지를 GDP의 8% 적자에서 2% 흑자로 전환하는 것이었고, 1990년 실제 기초재정수지는 1.2%의 흑자를 기록했다. 그러나 이러한 결과는 주로 금융자산에 대한 일시적 세금 부과, 자산동결로 인한 원리금 상환 연기, 그리고 공급업체에 대한 정부지출의 지체와 같은 인위적 또는 임시 조치로 인한 것이었다. 보다 영구적인 성과는 GDP 대비 부채비율을 축소한 것이었는데, 이 비율은 1990년 16.5%에서 1991년에는 12.2%로 감소했다.

금융비용 감소로 인해 정부지출에서 인건비와 사회보장 프로그램이 차지하는 비중이 37%로 증가했고, 주정부와 시정부에 대한 이전지출(1988년 헌법에서 규정)은 23%를 차지했다. 정부의 공공부문 근로자 해고 시도는 헌법에 의해 제약을 받았다. 헌법은 5년 이상 근무한 공무원을 해고할 수 없다고 규정하고 있었다. 따라서 정부의 재정 상황을 영구적으로 개선하기 위한 추가적인 개혁은 헌법 수정에 달려 있었다. 개헌안이 통과되기 위해서는 의회에서 3분의 2 이상의 동의를 얻어야 했으나, 꼴로르 행정부는 의회의 지원을 기대하기 어려운 상황이었다.

꼴로르 행정부는 45일 동안 모든 가격을 동결했다. 그 후에는 매월 초 예상 인플레이션율을 기준으로 월별 최대 가격상승 폭을 공시했고, 15일에 최저임금 인상률을 포함한 가격변동 폭을 확정했다. 고용주와 근로자 간의 협의에 의해 이 비율을 초과하는 임금 조정이 가능했지만, 회사가 이를 이유로 제품 가격을 추가로 인상할 수는 없었다. 4월 이후 임금에 대해서는 이 규정을 적용하지 않고, 고용주와 근로자 간의 자유로운 협상을 통해 임금인상 폭이 결정되었다.

꼴로르 플랜은 유동자산의 급격한 감소와 이로 인한 심각한 경기 침체를 야기했다. 실질GDP는 1990년 2분기에 7.8% 하락했다. 그 이후 다수의 동결 자산이 해제되면서 경제활동이 되살아나서 3분기에는 GDP가 7.3% 증가했으나, 4분기에는 다시 3.4% 감소했다.[50] 1990년 전체로는 실질GDP가 4.4% 하락했는데, 이것이 모두 꼴로르 플랜 때문인 것은 아니었다. 꼴로르 플랜이 도입되기 전인 1분기에도 GDP는 2.4% 하락했고, 6월 이후 채택된 점진적 긴축정책들(4분기의 침체 초래)도 이러한 결과에 영향을 미쳤다.

대외적으로 꼴로르 행정부는 1990년대 초반 내내 지속된 자유화 과정을 시작했다. 관세를 점진적으로 낮추기 시작했고, 환율 변동도 허용했다.•

꼴로르 플랜 II

초기에 일시적으로 하락했던 인플레이션이 가격 및 임금통제 완화와 불규칙한 재화폐화remonetization•• 과정을 거치면서 다시 상승하기 시작했다. 이에 따라 금융시스템의 과잉 유동성 통제를 위한

• 당시 35%(품목별로 0~105%)였던 평균 관세율을 1994년까지 20%(품목별로 0~40%)로 낮출 계획이었다.

•• 구화폐의 유통을 정지시키고 신화폐로 강제 교환.

부분적 금융개혁과 가격 및 임금 동결, 그리고 물가연동제 폐지를 통해 관성적 인플레이션을 제거하는 새로운 전략을 추진했다.[51]

제2차 꼴로르 플랜Collor II을 추진하면서 재정긴축을 위해 정부의 자금 흐름과 국영기업의 지출 통제 노력을 강화했다. 이러한 노력의 일환으로 교육부, 보건부, 노동부 및 사회발전부의 예산 100%와 공공투자 예산 95%를 삭감했다. 또한 모든 국영기업에게 1991년 말까지 실질 기준으로 지출의 10% 감축의무를 부과했고, 경제부 산하에 '국영기업통제를위한특별위원회'SEST가 설치되었다. 한편, 가격통제 이전에 국영기업이 운영하는 공공사업의 요금 인상도 이루어졌다. 마지막으로 연방정부는 헌법에 명시된 최저 수준은 준수하되, 주정부와 시정부로의 이전지출 규모를 축소했다.

제2차 꼴로르 플랜의 조치가 단기적으로 효과가 있었지만(월별 인플레이션이 2월 21%에서 5월에는 6%로 하락), 1991년 5월에 이 계획을 입안한 경제팀이 교체되었다. 마르실리우 마르께스 모레이라 Marcilio Marques Moreira 신임 재무부 장관은 어떤 유형의 충격 요법에도 반대한다고 선언했다. 새로운 경제팀은 시중의 자금 흐름과 통화공급을 통제하는 데 집중하는 한편, 가격통제와 남아 있는 동결 자산(GDP의 6%에 달하는 규모)의 해제를 추진했다. 또한 국영기업의 민영화와 경제개방을 지속적으로 추진했다.[52] 실제로 1991년 10월에 민영화를 시작해 그해 말까지 5개 국영기업을 매각했으며, GDP의 0.5%에 해당하는 민영화 수익을 거둬들였다.[53]

자금 흐름 통제는 공무원 임금인상률을 인플레이션율보다 낮게 유지해 만족스러운 결과(실질임금지출이 43% 감소)를 얻었다. 또한 공공투자도 그해에 계획된 투자의 30% 수준으로 축소했다. 국내 공공부채 이자 지급액도 80%를 축소했는데, 이는 인플레이션율보다 낮은 수준으로 물가연동제를 적용해 국내 부채가 GDP의 1.5% 정도 감소한 결과였다.

정부지출이 실질 기준으로 63.8%나 감소했음에도 불구하고, 정부의 재정수입도 65% 감소함에 따라 1991년의 기초재정수지 흑자 규모는 GDP의 1%에 불과했고, 통합재정수지 적자는 GDP의 1.75%를 기록했다. 정부 세수가 감소한 이유는 세금에 대한 물가연동제 폐지, 기타 세금 납부에 대한 많은 분쟁 발생, 그리고 이전의 초과 세금 납부액 공제에 따른 기업의 납세액 감소 등에 따른 결과였다.

이러한 재정긴축 노력의 효과는 통화팽창에 의해 상당 부분 상쇄되었다. 8월과 9월에 동결 자산에 대한 해제가 시작됨에 따라 과잉 유동성이 발생해 금리가 마이너스로 낮아졌다. 월평균 본원통화 증가율은 2분기 8.5%에서 3분기에는 13.5%로 증가했고, 총통화(M2) 증가율은 2분기 8.6%에서 3분기에는 16.3%로 증가했다.[54] 통화량 증가와 더불어 정부의 강력한 인플레이션 억제 조치가 시행되지 않음에 따라 인플레이션 기대심리가 폭발적으로 증가했다. 월별 인플레이션율은 9월 16%에서 10월에는 26%로 상승했으며, 외환시장에서는 크루제이루화에 대한 투기가 급증하는 등 혼란이 발생했다.

꼴로르 대통령은 1992년 10월에 탄핵되어 사임했으며, 그가 퇴임하지 전까지 인플레이션을 통제하려는 다양한 시도가 있었지만 그다지 성공적이지 못했다. 금리를 급격히 올리려는 시도가 있었다. 이로 인해 자본유입이 확대되고 통화공급이 증가했다. 공공 재정을 강화하려는 시도도 있었지만 성공하지 못했다.

이따마르 프랑꾸Itamar Franco 부통령이 대통령직을 대행하기 시작했을 무렵에는 경제적 성과가 크게 개선되지 않은 상황이었다. 1992년 4분기의 월평균 인플레이션율은 25%였으며, 1993년 하반기에는 이 비율이 30%를 상회했다.

프랑꾸는 초기에 정치적·경제적 리더십을 보여 주지 못했고, 정식 대통령이 되고 난 후에도 이러한 상황은 개선되지 않았다. 민영화 프로그램을 재개하는 데 4개월 이상이 걸렸으며 외국자본에 대한 민족주의적 입장에서 이를 환영하는 태도로 전환하는 데도 상당한 시간이 소요되었다. 또한 경제팀의 불안정성도 지속되었다. 그는 6개월 동안 재무부 장관을 세 번이나 바꿨다. 마침내 1993년 5월에 이따마르 대통령은 그의 네 번째 재무부 장관으로 페르낭두 엔리께 까르도주Fernando Henrique Cardoso를 임명했고, 그는 브라질의 인플레이션 문제를 해결하기 위한 독창적이고 성공적인 접근법을 준비하기 시작했다.[55]

헤알 플랜과 인플레이션의 종말
: 1994~2002년

브라질의 고질적인 거버넌스 문제는 군사정부 초기를 제외하고 계속해서 어느 사회/경제 그룹이 정부 프로그램과 재정 안정을 위해 필요한 재원을 부담해야 하는가에 대한 명확한 결정을 내리지 못한 것이었다. 전통적인 해결 방안은 인플레이션에 의한 재원 조달이었다.[1] 그러나 공식부문의 경제주체들이 인플레이션에 대응해 물가연동제를 도입함에 따라 더 이상 이 방안을 활용할 수 없게 되었고, 그 결과는 지속 불가능한 하이퍼인플레이션이었다. 또 다른 해결 방안은 국내 및 해외로부터의 차입이었다. 이 방안은 헤알 플

---

* 이 장은 에드뭉드 아망(Edmund Amann)과 공동으로 집필했다.

랜이 도입됨에 따라 실현 가능해졌다. 브라질 정부는 헤알 플랜의 성공에 힘입어 이 방안을 실행할 수 있을 만큼 충분한 신뢰를 얻었다. 그러나 이러한 투자자들의 신뢰는 비교적 짧은 기간 내에 재정 개혁fiscal adjustment이 이루어질 것을 전제로 하고 있었다. 이것이 사실이 아니라고 판명되었을 때, 재정 부담 딜레마를 벗어나기 위한 두 번째 방안인 국내외 차입은 실현 불가능하게 되었고, 헤알 플랜은 종말을 고했다. 이 두 번째 방안이 이 장에서 논의할 주제이다.

헤알 플랜

우리는 1985년에 민주화가 이루어지고 문민정부가 들어서서 인플레이션 과정을 통제하려는 수많은 시도가 있었으나 결국 모두 실패했다는 것을 살펴보았다. 여러 계획들 모두가 강력한 재정 개혁을 포함하고 있지 않았기 때문에 실패했고, 재정적자는 결국 중앙은행의 통화 증발을 통해 보전되었고, 1994년까지 네 자릿수대의 인플레이션이 계속되었다.

이따마르 프랑꾸 대통령은 여러 명의 재무부 장관을 교체한 이후 1993년 5월에 페르낭두 엔리께 까르도주 상원 의원을 새로운 재무부 장관으로 지명했다. 까르도주 재무부 장관은 다수의 유능한 경제학자들의 도움을 받아 새로운 형태의 안정화 프로그램에 착수했다. 그는 6월에 "즉각적인 행동 계획"이라는 긴축 계획을 발표했다. 핵심 내용은 60억 달러의 정부지출 삭감(연방정부 지출의 9%, 주정부와 시정부 지출의 2.5%)이었다. 이 계획은 또한 세금 징수를 강화하고, 주정부의 연방정부에 대한 채무 문제를 해결할 것을 촉구했다. 당시 주정부는 연방정부에 360억 달러를 빚지고 있었고, 이 중 20억 달러는 연체 상태였다. 까르도주는 연체 문제가 해결될 때까지 연방정부의 채무보증이 보류될 것이며, 주정부가 연방정부 채무를 상환하기 위해 수입의 9%를 할당할 것을 요구했다. 1993년 중반부터 10년간 지속적으로 증가한 탈세를 방지하기 위한 캠페인도 시작했다. 탈세로 인한 정부의 손실은 연간 400~600억 달러에 이르는 것으로 추정되었다.

12월에 까르도주는 이전 계획들의 약점을 보강한 새로운 안정화 프로그램을 제안했다. 특히 이전 계획들의 주된 약점 중 하나는 가격 동결을 통해 일순간에 인플레이션을 끝내려 하는 것이었는데, 가격 동결의 효과는 매우 일시적이었다. 이전 계획들과는 달리 새 프로그램은 의회에서 논의를 거쳐 점진적으로 실행하기 위한 하나의 '제안'으로 제시되었다. 이 프로그램의 두 가지 기본 요소는 재정 개혁과 점진적으로 새로운 통화로 전환될 새로운 지수화indexing 시스템이었다.[2]

주요 재정 개혁 조치는 ① 5%의 일괄 세금 인상, ② 모든 세금에 대해 15%를 부과하고, 일시적 재정 개혁에 도움이 되는 사회비상기금 신설, ③ 정부투자, 공무원 인건비 및 국영기업 예산 약 70억 달러 삭감 등으로 구성되었다. 사회비상기금은 임시 조치이기 때문에 건강, 교육, 사회 서비스, 주거, 기초 위생 및 관개에 대한 책임을 연방정부에서 주정부 및 시정부로 이전하는 헌법개정을 추진하기 위한 장기 계획을 발표했다. 이 헌법개정안에는 1988년 헌법에 명시된 주정부 및 시정부에 대한 연방정부의 이전지출 규모를 축소하는 방안도 포함되었다.

새로운 지수화 시스템은 1994년 2월 말에 도입되었다. 이 시스템은 실제가치단위Unidade Real de Valor, URV라는 지수로 구성되어 있었으며, 미국달러와 1 대 1로 고정되었다.[3] 인플레이션으로 인한 크루제이루화의 대미달러 환율상승과 함께 URV와 크루제이루화의 교환 비율도 나날이 상승했다. 공식 가격, 계약 및 세금은 URV로 표시되었고, 정부는 민간 경제주체들에게 URV의 자발적 사용을 권장했다. 비록 거래는 크루제이루화로 이루어졌지만, 점차 많은 수의 거래 가격이 URV로 표시되었다.●[4]

1994년 중반까지 점점 더 많은 가격이 URV로 표시되자, 정부는 URV와 동일한 단위의 새로운 통화를 도입하기로 결정했다. 7월 1일자로 1URV 또는 1달러와 동일한 새로운 법정화폐인 헤알화가 도입되었고, 헤알화와 크루제이루화의 교환 비율은 1헤알당 2,750 크루제이루화였다.●● 화폐개혁으로 구화폐인 크루제이루화를 신화

● URV는 일종의 가상 통화이고 달러화와 1 대 1로 고정되어 있기 때문에 URV로 표시된 가격은 거의 변동이 없다. 따라서 크루제이루화의 가치하락을 반영해 가격표를 바꿀 필요가 없어졌다. 이와 유사한 사례로는 칠레의 UF(Unidad de Fomento)가 있다. 칠레는 1967년에 가격안정성을 유지하기 위해 인플레이션에 따라 계속 조정되는 가상 통화인 UF를 도입했다. 칠레는 현재도 법정통화인 페소화와 함께 부동산 거래 등 거액 거래나 세금 납부 등에 UF를 사용하고 있다.

●● 헤알(Real)은 URV(Unidad Real de Valor)의 가운데 글자인 Real을 차용해 명명한 것으로 기존 화폐와 달리 실제 가치가 있다는 것을 상징한다.

폐인 헤알화로 전환할 때, 새로운 화폐의 상대가격에 대한 혼란을 이용해 많은 슈퍼마켓과 상점에서 가격을 인상했다. 또한 많은 기업인들은 이전에 늘 그랬듯이 가격 동결이 이루어질 것으로 예상했다. 그러나 정부는 가격 동결 조치를 취하지 않았으며, 그 대신에 모든 홍보 수단을 동원해 가격인하를 위해 필수품 구매를 최소화할 것을 호소했다. 사람들은 구매력을 유지할 것으로 믿을 수 있는 새로운 화폐를 보유하고 있기 때문에 최근에 값이 오른 비싼 가격으로 상품을 구매하지 않고 물건값이 떨어질 때까지 '홍정'할 수 있는 입장에 서 있었다. 실제로 곧 일부 가격이 하락하기 시작했고, 주간 물가상승률이 하락하는 결과가 나타났다. 정부는 새로운 화폐의 도입과 함께 긴축통화정책을 채택했다. 긴축통화정책 수단으로 수출 신용 기간을 단기로 제한, 신규 예금에 대한 지급준비율 100% 적용, 1995년 3월 말까지 본원통화 확대 규모 95억 헤알로 제한 등의 조치가 시행되었다.[5] 1994년 3분기인 7~9월에 본원통화 증가량은 75억 헤알로 제한되었다. 그러나 1994년 8월에 정부는 9월까지의 본원통화 증가량을 90억 헤알로 증액하는 것으로 계획을 수정해야만 했다. 이것이 사람들의 인플레이션 기대심리에 약간의 영향을 미치긴 했지만, 통화량을 계획보다 더 많이 증가시킨 주된 이유는 화폐수요의 증가 때문이었다.

통화당국은 지나친 소비 증가와 투기적 가수요를 억제하기 위해 고금리를 유지했다. 고금리로 인해 외국자본유입이 지나치게 많아지는 것을 막기 위해 환율 시장에서 헤알화 매도율을 1달러로 고정하는 반면, 헤알화 매입율은 시장 상황에 따라 절상될 수 있도록 허용했다. 상당한 규모의 외국자본유입과 무역흑자의 지속으로 헤알화는 실제로 평가절상되었고, 1994년 11월에 헤알화의 대미달러 환율은 0.85헤알에 도달했다.

헤알 플랜의 초기 영향

헤알 플랜의 초기 성과는 긍정적이었다. 월별 물가상승률은 1994년 6월 50.7%에서 9월 0.96%로 떨어졌다. 10월과 11월에는 각각 3.54%와 3.01%였고, 12월에는 2.37%였다. 1995년에는 6월에 5.15%로 월별 물가상승률이 가장 높았고, 10월에는 1.50%로 가장 낮았다. 1994년의 연간 물가상승률은 1,340%였지만, 1995년에는 67%까지 하락했다(〈표 7.1〉 참조).

헤알 플랜의 도입 직전인 1994년 상반기 경제성장률은 4.3%로 양호한 수준을 보였고, 하반기 경제성장률은 이보다 높은 5.1%를 기록했다. 1995년 들어서는 1분기부터 3분기까지 분기별 경제성장률이 각각 7.3%, 7.8%, 6.5%를 기록했다. 경제성장을 주도한 것은 산업부문이었다. 1995년 1분기 산업생산 증가율은 9.2%였고, 2분기에는 9.7%를 기록했다. 산업 설비 가동률은 1994년 7월 80%에서 10월 83%, 그리고 1995년 4월에는 86%로 상승했다. 〈표 7.2〉에서 1990년대의 연도별 경제성장률을 확인할 수 있다. 지난 10년 동안 낮은 수준을 보였던 투자율도 증가하기 시작했다(〈표 7.3〉 참조). 1994년 연간 투자 규모는 GDP의 16.3%였는데, 3

표 7.1 | 인플레이션율: 1990~99년

(a) 연도별 인플레이션율: 1990~99년

1990	2,739
1991	415
1992	991
1993	2,104
1994	2,407
1995	67
1996	11.10
1997	7.91
1998	3.89
1999	11.32

자료: *Conjuntura Econômica.*

(b) 월별 인플레이션율: 1994~99년

	1994	1995	1996	1997	1998	1999
1월	42.2	1.4	1.8	1.6	0.9	1.1
2월	42.4	1.2	0.8	0.4	0.0	4.4
3월	44.8	1.8	0.2	1.2	0.2	2.0
4월	42.5	2.3	0.7	0.6	-0.1	0.0
5월	41.0	0.4	1.7	0.3	0.2	-0.3
6월	46.6	2.6	1.2	0.7	0.3	1.0
7월	24.7	2.2	1.1	0.1	-0.4	1.6
8월	3.3	1.3	0.0	0.0	-0.2	1.4
9월	1.5	-1.1	0.1	0.6	0.0	1.5
10월	2.5	0.2	0.2	0.3	0.0	1.9
11월	2.5	1.3	0.3	0.8	-0.2	2.5
12월	0.6	0.3	0.9	0.7	1.1	1.2

자료: *Conjuntura Econômica.*

(c) 월별 대미달러 환율: 1994~99년

	1994	1995	1996	1997	1998	1999
1월	0.14	0.85	0.97	1.04	1.12	1.98
2월	0.20	0.84	0.98	1.05	1.13	2.06
3월	0.28	0.89	0.99	1.06	1.13	1.72
4월	0.40	0.91	0.99	1.06	1.14	1.66
5월	0.58	0.90	0.99	1.07	1.15	1.72
6월	0.83	0.91	1.00	1.07	1.15	1.77
7월	0.93	0.93	1.01	1.08	1.16	1.79
8월	0.90	0.94	1.01	1.09	1.17	1.91
9월	0.87	0.95	1.02	1.09	1.18	1.92
10월	0.84	0.96	1.02	1.10	1.19	1.95
11월	0.84	0.96	1.03	1.11	1.19	1.92
12월	0.85	0.97	1.04	1.11	1.21	1.85

자료: Banco Central do Brasil.

표 7.2 | GDP 증가율: 1985~99년

(a) 브라질 GDP 변화: 1985~99년

	1998년 가격 기준 GDP(10억 헤알)	실질성장률(%)	1998년 가격 기준 1인당 GDP	경상가격 기준 GDP(10억 달러)
1985	662	7.8	5,017	211
1986	712	7.5	5,285	258
1987	737	3.5	5,368	282
1988	736	-0.1	5,266	306
1989	760	3.2	5,338	416
1990	727	-4.4	5,042	469
1991	734	1.0	5,014	406
1992	730	-0.5	4,910	387
1993	766	4.9	5,075	430
1994	811	5.9	5,295	543
1995	845	4.2	5,441	705
1996	868	2.8	5,514	775
1997	900	3.6	5,640	802
1998	901	0.1	5,571	775
1999	905	0.5	5,599	519

자료: Banco Central do Brasil, *Relatório 1998*.

(b) 부문별 GDP 증가율: 1993~99년

	1993	1994	1995	1996	1997	1998	1999
GDP	4.2 (4.92)	5.8 (5.85)	4.2 (4.22)	2.8 (2.76)	3.7	0.1	0.5
농업	-1.0 (-0.07)	8.1 (5.45)	4.1 (4.08)	4.1 (4.06)	2.7	0.2	6.6
산업	6.9 (7.01)	6.9 (6.73)	1.9 (1.91)	3.7 (3.73)	5.5	-0.9	-1.7
광업	0.6	4.7	3.7	6.7	6.8	9.2	9.7
제조업	8.1	7.7	2.0	2.8	4.2	-3.3	-1.8
건설업	4.8	6.1	-0.4	5.2	8.5	1.9	-3.5
서비스업	3.5 (3.21)	4.1 (4.73)	4.5 (4.48)	1.9 (1.87)	1.2	0.7	1.2
금융업	-2.2	-2.8	-7.4	-7.7	-2.7	0.1	0.5
상업	3.5	4.1	8.5	2.4	3.9	-3.4	-0.9

자료: Banco Central do Brasil, *Relatório 1998*; monthly *Boletim*. 괄호 안의 숫자는 IBGE의 추정치로 다음에서 참조. *Conjuntura Econômica* (December 1998).

월에 16%로 하락한 후 6월과 9월에 각각 16.7%와 16.8%로 증가했다.[6] 1994년 2분기부터 1995년 2분기까지 소비는 16.3% 증가했다. 이는 하이퍼인플레이션 시기의 실질소득 감소 현상이 사라짐에 따라 저소득층의 구매력이 상승한 것이 반영된 결과였다. 또한

표 7.3 ｜ GDP 대비 자본형성 비율: 1985~98년

	경상가격 기준	1980년 가격 기준
1985	18.0	16.4
1986	20.0	18.8
1987	23.2	17.9
1988	24.3	17.0
1989	26.9	16.7
1990	20.7	15.5
1991	18.1	14.6
1992	18.4	13.6
1993	19.3	14.0
1994	20.7	15.0
1995	20.5	15.4
1996	19.1	18.7
1997	19.6	18.1
1998	19.8	

자료: Banco Central do Brasil (1997); *Boletim Conjuntural* (January 1999).

1994년 하반기에는 명목임금도 상승했기 때문에 1995년 1~2월 동안 실질임금은 전년 대비 18.9%나 상승했다.

헤알 플랜은 기업의 대차대조표에도 긍정적인 영향을 미쳤다. 예를 들어 경제 전문지 『에자미』*Exame*가 72개 기업을 대상으로 실시한 조사 결과에 따르면, 이들 기업의 이익 규모가 1993년 8억 6,700만 달러에서 1994년에는 55억 달러로 급증했고, 총자산순이익률ROA은 1993년 3.1%에서 1994년에는 9.8%로 상승했다.[7]

환율: 핵심 정책 수단

헤알 플랜 도입 초기의 매우 제한적인 재정 개혁을 완료하고 물가연동제를 폐지한 이후 브라질의 정책입안자들은 물가안정을 유

표 7.4 | 국제수지: 1985~99년

(10억 달러)

(a) 경상수지

	수출	수입	무역수지	서비스수지	이윤송금	이자	경상수지
1985	25.6	13.1	12.5	-12.9	-1.1	-9.7	-0.2
1986	22.3	14.0	8.3	-13.7	-1.4	-9.3	-5.3
1987	26.2	15.0	11.2	-12.7	-0.9	-8.8	-1.4
1988	33.8	14.6	19.2	-15.1	-1.5	-9.8	4.2
1989	34.3	18.3	16.0	-15.3	-2.4	-9.6	1.0
1990	31.4	20.7	10.7	-15.4	-1.4	-9.7	-3.8
1991	31.6	21.0	10.6	-13.5	-0.7	-8.6	-1.4
1992	35.8	20.5	15.3	-11.3	-0.6	-7.2	6.1
1993	38.6	25.3	13.3	-15.6	-1.8	-8.3	-0.6
1994	43.5	33.1	10.4	-14.7	-2.5	-6.3	-1.7
1995	46.5	49.9	-3.4	-18.6	-2.6	-8.2	-18.0
1996	47.7	53.3	-5.6	-21.7	-2.4	-9.8	-24.3
1997	53.0	61.4	-8.4	-27.3	-5.6	-10.4	-33.4
1998	51.1	57.8	-6.7	-29.5	-7.9	-12.1	-34.4
1999	48.0	49.2	-1.2	-25.6	-3.7	-15.8	-25.2

자료: *Conjuntura Econômica* (February 1999); Credit Suisse First Boston Garantia.

(b) 자본흐름, 대외채무, 외환보유액: 1985~99년

(10억 달러)

	순직접투자	순포트폴리오투자	원금상환	총외채	순외환보유액
1985	1.42	-0.22	-8.49	105.17	11.61
1986	0.32	-0.47	-11.55	111.20	6.76
1987	1.16	-0.43	-13.50	121.18	7.46
1988	2.81	-0.50	-15.23	113.51	9.14
1989	1.13	-0.39	-34.00	115.50	9.68
1990	0.99	0.58	-8.66	123.44	9.97
1991	1.10	3.81	-7.83	123.84	9.41
1992	2.06	14.47	-8.57	135.94	23.75
1993	1.29	12.93	-9.98	146.20	32.21
1994	2.15	54.05	-5.04	148.30	38.81
1995	4.40	10.37	-11.02	159.25	51.84
1996	10.79	22.02	-14.42	179.94	60.11
1997	18.99	10.91	-28.70	199.99	52.17
1998	28.86	18.58	-33.6	223.79	44.56
1999	25.58	3.54	57.6	225.61	36.34

자료: *Conjuntura Econômica* (February 1999); Banco Central do Brasil, *Boletim* (각 월 호).

지하기 위해 점점 더 크게 환율에 의존하게 되었다(〈표 7.1(c)〉 참조). 인플레이션을 통제하는 수단으로서 헤알화의 평가절상은 점차 브라질 경제의 개방적 성격에 의존했다. 브라질 경제의 대외 개방

은 꼴로르 행정부 초기에 시작되었다. 1990년과 1994년 사이에 평균 수입관세는 32.2%에서 14.2%로 감소했다.[8] 헤알화 표시 수입 가격이 하락함에 따라 국내 생산자물가 상승도 점차 완만해졌다. 이러한 메커니즘이 단기적으로 인플레이션 억제에 효과가 있다는 것이 입증되었지만 장기적으로 지속 가능하기 위해서는 보다 근본적인 재정 개혁이 요구되었다. 그러나 그러한 조정은 근본적이고 정치적으로 논란의 여지가 있는 헌법 수정이 필요했기 때문에 단기에 달성할 수 없었다.[9] 따라서 인플레이션 안정을 위해 중간 목표변수인 환율을 더욱 중시하게 되었다.● 이에 따라, 환율안정 유지를 위한 대규모 외국자본의 유치(〈표 7.4〉참조)와 공공부문 적자 감축을 위해 고금리를 정책을 유지할 필요가 있었다.

헤알화의 평가절상은 인플레이션을 통제하는 데 기여했지만, 무역수지의 현저한 악화를 가져오는 효과도 있었다. 브라질의 무역수지는 10년 넘게 흑자를 기록했지만 1995년 1월 이후 적자로 전환되어 4년 후 고정환율제를 포기할 때까지 계속되었다(〈표 7.4 참조〉). 이는 수입 급증과 수출 증가세 둔화로 인해 발생했다. 브라질 정부는 무역적자의 급속한 팽창을 막기 위해 '일시적으로' 일부 관

───────────────

● 통화정책의 명목 기준 지표로는 본원통화, 통화량, 이자율, 환율 등이 있고, 통화정책 운영 체계는 이 중 어떤 변수를 인플레이션 안정을 위한 중간 목표변수로 정하느냐에 따라 통화량목표제, 이자율목표제, 환율목표제 등으로 구분된다. 한편, 물가안정목표제는 중간 목표가 아닌 최종 목표인 인플레이션을 직접 겨냥한다는 점에서 차이가 있다. 한편 환율목표제는 물가가 안정된 나라(anchor country)의 긴축통화에 자국 통화가치를 고정시킴으로써 물가안정이 가능하다는 장점이 있다.

세, 특히 자동차 부문에 대한 관세를 '인상'했다. 과대평가된 환율로 인해 수출이 세계 교역 증가 추세에 뒤처지는 느린 성장세를 보였다. 그 결과 브라질의 세계 수출 비중은 1980년대 초 1.5%에서 1990년대 말에는 0.8%로 감소했다.[10]

1994~95년의 멕시코 경제위기의 여파로 헤알 플랜이 궤도를 벗어날 수 있다는 우려가 제기되었으나, 브라질 정부는 1995년 3월부터 3개월 동안 헤알화를 평가절하하면서 효과적으로 대응했다. 헤알화의 대미달러 환율은 2월 0.84헤알에서 3월 0.89헤알, 그리고 6월에는 0.91헤알로 평가절하되었다. 이와 동시에 이자율이 다시 인상되었다. 2월과 4월 사이에 브라질 기준금리Taxa Referential, TR는 월리 1.8%에서 3.5%로 상승했다. 멕시코 경제위기가 신속하게 해결되면서 헤알화에 대한 투기적 공격이 완화되고 1998년 말까지 헤알화의 고평가가 유지되었다.

재정 딜레마

1995년부터 1998년까지 실질적인 재정 개혁이 이루어지지 않았음에도 불구하고 물가는 안정을 유지했다(〈표 7.1〉 참조). 그러나 정부의 재정 상황은 악화되었다. 〈표 7.5〉에서 볼 수 있듯이, 이자 지급액을 포함한 통합재정수지는 1994년 GDP의 0.5% 흑자에서

● 복리로 계산할 경우 연리 25.8%에서 55.7%로 인상.

표 7.5 | 공공부문 재정 회계: 1990~99년

(GDP %)

(a) 정부 예산

	본원 예산		운영 예산		
	합계	연방정부	합계	연방정부	공공부채
1990	2.4	1.6	1.6	2.8	
1991	3.0	0.8	1.5	0.3	
1992	2.3	1.3	-2.2	-0.8	
1993	2.6	1.4	0.3	0.0	31.0
1994	4.3	3.0	0.5	1.6	
1995	0.3	0.6	-4.8	-1.6	
1996	-0.7	0.4	-3.9	-1.7	31.4
1997	0.9	0.3	-4.3	-1.8	34.5
1998	-0.0	0.5	-8.4[a]	-5.3[a]	42.6
1999[b]	3.77	4.15	11.4	8.0[a]	51.0

자료: Banco Central; Credit Suisse First Boston Garantia.
주: a. 추정치. b. 1~9월.

(b) 일부 예산 항목: 연방정부

	1994	1995	1996	1997	1998
주정부 및 시정부	2.55	2.83	2.74	2.78	3.02
교부금	2.82	2.95	2.66	2.36	2.40
공무원 급여	1.99	2.32	2.33	2.20	2.46
공무원 연금	4.85	5.04	5.30	5.43	5.96
이자비용	13.41	2.90	2.93	2.31	6.03

자료: A. C. Alem and F. Giambiagi, "O Ajuste do Governo Central: Além das Reformas," F. Giambiagi and M. M. Moreira eds., *A Economia Brasileira nos Anos 90* (1999), p. 97.

(c) 일부 예산 항목: 주정부 및 시정부

	1994	1995	1996	1997	1998
기초재정수지 흑자	0.77	-0.18	-0.54	-0.73	-0.21
명목 이자 지급액	12.84	3.39	2.16	2.30	1.83
명목 재정수지 적자	12.07	3.57	2.70	3.03	2.04

자료: Alem and Gambiagi (1999), p. 97.
주: (-) = 적자.

(d) 공공부문 부채 추이: 1990~99년

	1990	1991	1992	1993	1994	1995	1996	1997	1998	1999[a]
총국내채무	16.5	15.9	18.9	18.5	20.3	24.5	30.2	30.2	36.6	38.6
중앙은행 및 연방정부	1.6	-2.5	0.8	1.8	6.2	9.6	14.8	16.8	21.6	22.3
주정부 및 시정부	6.4	7.0	8.4	8.3	9.2	10.1	11.5	12.5	13.7	14.9
공기업	8.5	11.4	9.7	8.4	4.9	4.8	4.0	0.9	1.3	1.4
총대외채무	20.1	27.6	19.2	14.4	8.2	5.4	4.0	4.4	6.3	11.0
중앙은행 및 연방정부	12.4	17.0	11.6	7.8	6.0	3.4	1.6	2.0	4.3	8.3
주정부 및 시정부	1.0	1.3	1.1	1.0	0.3	0.3	0.4	0.5	0.7	1.0
공기업	6.7	9.3	6.5	5.6	1.9	1.7	2.0	1.9	1.3	1.7
총부채	36.6	43.5	38.1	32.9	28.5	29.9	34.4	34.6	40.9	49.6

자료: Banco Central do Brasil, *Boletim*.
주: a. 9월.

(e) 주요 경제개혁 및 사건 연대기: 1994~99년

1994년 7월	새로운 화폐인 헤알화 성공적으로 도입.
1995년 1월	페르낭두 엔리께 까르도주 대통령 취임.
	남미공동시장(Mercosul) 대외공동관세 발효로 무역 자유화 진전.
1995년 2월	공공사업 운영을 민간에 양허할 수 있도록 허용한 법률 제8987호 통과로 민영화 확대 기반 구축.
1995년 11월	헌법 수정안 제9호 승인으로 국내외 민간자본의 석유 탐사 및 생산 허용.
1995년 중반	조세제도를 단순화하기 위한 헌법 수정안 제175호가 의회에 제출되었고, 조세개혁, 특히 간접세에 대한 의회의 논의 시작.
1996년 2월	사회보장제도의 재정 개선을 위한 사회보장세(COFINS)를 신설한 보완법 제85호 승인.
1997년 4월	법률 제9630호가 통과되어 현직 및 퇴직 공무원에 대한 사회보험 기여율 조정.
1998년 3월	공무원에 대한 고용조건을 강화하는 헌법개정안이 승인되었으며, 이를 실행하기 위한 법률 제정이 필요한 상황이나 2000년 1월 현재, 의회에서 논의 중.
1998년 10월	페르낭두 엔리께 까르도주 대통령 재선.
	사회보장기여금에 대한 보다 엄격한 조건을 설정한 법안이 부분적으로 승인되었으며, 사회보장기금(INSS)에 가입한 비공공부문 근로자의 최소 가입 기간과 퇴직 연령 설정.
1998년 11월	헤알화에 대한 지속적인 평가절하 압력과 외환보유액 감소로 인해 IMF의 구제금융을 신청했고, 세금 인상과 지출 삭감에 중점을 둔 긴급재정안정화 계획 의회 통과.
1999년 1월	달러화에 대한 헤알화의 고정환율제 포기 이후 헤알화 대폭 평가절하.
	퇴직 공무원도 사회보장기여금 납부 의무를 부과한 법안이 통과되었으나, 1999년 9월 대법원에서 위헌 판결을 받아 헌법개정안을 마련하는 동시에 긴급히 세금 인상.
	민간부문 근로자의 사회보장기금(INSS) 혜택과 가입자 기여를 일치시키기 위한 보험계리 도입 법안 통과.
2000년 1월	조세개혁과 주정부와 시정부의 재정제도, 그리고 공공부문 고용조건에 영향을 미칠 중대한 법률(즉, 재정책임법)에 대한 의회 승인 불발.

자료: 저자가 작성.

1998년 1~11월에는 GDP의 8.4% 적자로 전환되었다. 이자 지급액을 제외한 기초재정수지도 1994년 GDP의 4.3% 흑자에서 1998년 1~11월에는 GDP의 0.1% 적자로 전환했다. 기초재정수지가 악화된 근원은 연방정부와 지방정부(〈표 7.5(b)〉 참조) 모두 재정수입이 증가하더라도 이를 상회하는 재정지출 확대를 통제하지 못했기 때문이었다.[11] 특히 까르도주 행정부는 정치적 어려움으로 인해 재정수지 개선을 위해 절실히 요구되었던 공무원 인건비 지출 축소에 실패했다. 이로 인해 공무원 수가 너무 많았고, 공무원 실질임금은 계속 상승했다.

이에 따라 공공부문 인건비가 급속히 증가했다. 1993년 초에 공

공부문의 총 인건비는 300억 헤알이었다.[12] 1994년 말에는 400억 헤알로 증가했고, 1998년 중반에는 거의 500억 헤알에 달했다. 공무원연금제도의 개혁을 신속히 수행하지 못함에 따라 퇴직 공무원의 연금 지출이 전체 공공부문 인건비에서 차지하는 비중이 급속히 증가했다.

연금 지출은 1992년에 공공부문 총 인건비 지출의 약 35%를 차지했고, 1990년대 후반에는 43%로 증가했다.[13] 특히 1995년에 인플레이션율은 15%에 불과했으나, 최저임금이 43%나 증가함에 따라 연금 지출이 증가하는 데 큰 영향을 미쳤다. 이는 정부 연금 지급액 산정에도 최저임금 인상이 그대로 반영되기 때문이었다.[14] 특히 주 정부지출 증가의 상당 부분이 인건비 지출 때문이었다. 예를 들어 1999년 초에 알라고아스 주의 경우 인건비 지출 규모가 주 재정수입의 92.5%를 차지했다. 상파울루, 미나스제라이스, 리우데자네이루와 같이 규모가 큰 주의 경우에는 이 비율이 각각 63.6%, 76.7%, 78.7%였다.[15]

이러한 상황에서 전체 공공부문의 기초재정수지 흑자 규모는 계속 줄어들었고(〈표 7.5(c)〉 참조), 재정적자 확대를 통제하는 것이 더욱 어려워졌다. 사회보장 시스템의 적자 확대(1994년 GDP의 4.9%에서 1998년 GDP의 6%로 증가)와 주정부에 대한 연방정부의 이전지출 확대(1994년 GDP의 2.55%에서 1998년 GDP의 3.02%로 증가)도 기초재정수지 악화의 주요 원인으로 작용했다.[16] 연방정부의 주정부에 대한 이전지출은 헌법이 규정한 것 이외에도 주정부 소유 주영州營은행의 파산으로 인한 구제금융 지원에 따른 결과였다. 특

히 연방정부는 금융시스템에 대한 신뢰 위기를 방지하기 위해 민간
금융기관구조조정프로그램PROER(금융시스템 재조정 및 강화를 위한
인센티브 프로그램)이라는 은행시스템 구제금융 프로그램을 시행해
야만 했다.*

연방정부가 재정적자 증가를 억제하기 위해 반드시 필요한 재정
개혁을 신속하게 추진하지 못한 것은 부분적으로는 의회 내 정치권
의 분열 때문이었다. 연립정부를 구성하는 정당들 간의 규율이 약
했고, 국익보다 자신의 지역구 이익을 더 중시하는 의원들이 많았
다. 부분적으로는 이러한 이유 때문에 까르도주 대통령의 첫 임기
동안 의회는 주정부와 시정부의 재정 자치권을 제한하거나 공공부
문 고용조건의 악화를 가져올 수 있는 포괄적인 재정 개혁 조치의
도입을 매우 꺼려했다.[17]

그러나 까르도주 대통령이 1998년 10월 대선에 재출마하기 위
해 대통령의 연임을 허용하는 헌법개정안 통과에 집착한 것도 재정
개혁에 실패한 또 다른 이유로 작용했다. 까르도주 대통령은 대통
령 연임을 허용하는 개헌안 통과를 위해 의회에 많은 양보를 해야
만 했고, 의회는 재정 개혁의 시기와 규모에 대해 점점 더 큰 영향
력을 행사하게 되었다. 이러한 정치적 힘의 균형 변화로 인해 정부
의 재정 개혁 노력은 의회에서 번번이 좌절되었다. 예를 들어, 대통

● 헤알 플랜 이후 은행의 주된 수익원이었던 인플레이션으로 인한 예금 가치 하락이 사라
졌으며, 부실채권이 늘어나면서 많은 금융기관들이 부실화되자 1995년 11월 금융시스템
안정화를 위해 PROER 프로그램이 도입되었다.

령 연임을 허용하는 개헌안이 통과된 바로 그달(1997년 6월)에 의회는 주정부와 시정부의 공무원에 대한 인건비 지출 상한선을 설정하는 매우 중요한 정부가 제출한 법안을 부결시켰다.[18]

까르도주 대통령의 첫 번째 임기 동안 재정 개혁이 느리게 진행됨에 따라 공공부문의 적자 확대를 통제하기 위한 조치들을 실행하기 위해 '임시조치'medidas provisórias에 의존해야만 했다.● [19] 그러나 임시 조치를 통해서는 의미 있는 재정 개혁을 실행할 수 없었으며, 보다 기본적이고 장기적인 구조개혁의 필요성을 절감할 수 있을 뿐이었다. 브라질 의회는 1998년 11월에 경제위기로 인해 IMF의 구조조정 프로그램을 수용할 수밖에 없는 상황이 되어서야 비로소 보다 근본적인 재정 개혁 조치를 승인했다. 까르도주 대통령은 이와 같은 강력한 외부 압력이 없었다면 절실히 요구되는 대규모의 재정 개혁을 달성하기 위해 필요한 정치적 동력을 만들어 내지 못했을 것이다.

브라질 정부는 재정 개혁 프로그램의 지연으로 인한 대규모 재정 적자 보전을 위해 인플레이션을 유발할 수 있는 중앙은행의 차입이 아니라 국내외 금융시장에서 차입하는 방안을 선택할 수 있었다. 이는 헤알 플랜의 초기 성공으로 브라질 정부에 대한 시장의 신뢰

● '임시조치'는 헌법상 대통령에게 직접 입법권을 부여한 것으로, 추후 국회 제정법으로 전환할 것을 조건으로 한시적인 법률의 효력을 가진다. 한편, 브라질의 법률 체계는 연방헌법(constituição fedreal), 일반법률(lei ordinária), 보완법(lei compelmentar), 위임법률(leis delegadas), 임시조치(medidas provisórias), 입법부령(decretos legislativos), 행정부령(decretos), 결정(resolução), 부령(portaria) 등으로 구성되어 있다.

가 향상되었기 때문에 가능했다. 그러나 이로 인해 GDP 대비 공공 부채 규모는 1993년 31%에서 1998년에는 41%로 급증했다(〈표 7.5(d)〉참조).

공공부문 적자 보전을 위한 자금조달이 가능했던 또 다른 이유는 명목금리가 높은 수준을 유지했고, 인플레이션이 낮아짐에 따라 실 질금리 수준도 높아졌기 때문이었다. 이러한 상황에서 대외적 사건 들이 발생하지 않고 근본적인 재정 개혁도 계속 어려움에 봉착해 있었다면 브라질의 재정적자 규모는 지속적으로 증가했을 것이다. 그러나 1997년 아시아 위기와 1998년 러시아 위기가 발생하고 브 라질 정부가 재정적자 보전과 환율 유지를 위해 필사적으로 노력하 는 가운데 금리 스프레드가 급격히 상승했다. 이는 다시 재정적자 를 확대시키는 압력으로 작용했다. 그 결과 브라질의 재정적자 규 모는 1996년 GDP의 3.9%에서 1998년 1~11월에는 GDP의 8.4% 로 증가했다.

브라질 정부는 악순환에 빠져 있었다. 환율 유지와 재정적자 보 전을 위해 점점 더 높은 금리로 차입해야 했고, 이로 인해 재정 상 황이 더 악화되었으며, 이는 다시 투자자들의 신뢰가 더 낮아지는 결과를 초래했다. 〈표 7.6〉은 정부채의 이자 지급액이 정부지출에 서 차지하는 비중이 1994년 7.1%에서 1998년 1~11월에는 13.6% 로 증가한 것을 보여 준다. 또한 은행 대출의 이자 지급액이 정부지 출에서 차지하는 비중은 1994년에 4.6%에서 1998년 1~11월에는 5.5%로 증가했다. 따라서 대출 이자, 채권 이자, 원금 상환액의 합 계인 정부의 금융비용은 같은 기간 동안 14.7%에서 24.4%로 증가

표 7.6 ┃ 정부지출: 1994~98년

(%)

	주정부 및 시정부 교부금	대출 이자	정부채 이자	원금 상환
1994	18.0	4.6	7.1	3.0
1995	19.0	5.2	7.8	5.7
1996	18.3	4.9	10.2	5.0
1997	19.3	6.4	8.4	8.2
1998ª	19.0	5.5	13.6	5.3

자료: *Conjuntura Econômica.*
주: a. 1~11월까지

했다. 이에 상응하는 기초재정수지 흑자의 확대가 없이는 전체 재정적자 규모가 지속적으로 증가할 수밖에 없었다. 이러한 상황이 발생하면 공공부채 규모가 필연적으로 증가하게 된다. 브라질 정부의 부채 규모는 특히 1996년 초부터 1998년 말까지 매우 빠른 속도로 증가했다(〈표 7.5(a)〉 참조).

이러한 재정 악화 상황과 환율목표제의 고수(즉, 명목환율의 조정 최소화 ●)를 감안해 정부는 재정 개혁을 위한 헌법 수정안이 의회를 통과할 수 있도록 적극적으로 노력했다. 그러나 그 이후 기간에 재정 개혁과 사회보장 개혁은 정부가 예상했던 것보다 훨씬 느리게 진전되었다(〈표 7.5〉 참조). 다행스럽게도 구조개혁의 다른 주요 부문(즉, 시장 자유화)에서의 진전은 더욱 빨라졌다(〈표 7.5(e)〉 참조). 그러나 1998년 말 무렵 외부 압력이 더욱 커졌음에도 불구하고 재정 개혁을 꺼리는 의회가 은퇴한 공무원의 연금에 세금을 부과하는

● 브라질 정부는 물가안정을 위해 헤알 플랜의 핵심인 환율목표제를 포기하지 않으려 했고, 이를 위해 헤알화의 대미달러 환율을 일정 수준에서 유지시키기 위해 고금리를 유지하는 한편, 외환시장에 적극 개입했다.

것과 같은 중요한 헌법 수정안을 거부함에 따라 정부는 주요 재정 개혁 조치의 일부만을 시행할 수 있었다.

정부는 또한 재정적자 보전을 위해 민영화 수입에 크게 의존했다. 민영화 과정은 꼴로르 행정부에서 시작되었지만, 그 당시에는 민영화 대상이 철강과 석유화학 부문에 국한되었다. 까르도주 행정부에서는 공공사업 부문도 포함됨에 따라 민영화가 크게 확대되었다. 1995년과 1998년 사이에 민영화 과정은 공공사업(통신, 발전 및 송배전) 및 광업 부문을 포괄하게 되었고, 민영화 수입은 연간 20억 달러 미만에서 350억 달러 이상으로 증가했다.[20]

자본흐름

대규모 경상수지 적자는 외국자본의 유입 증가로 보전할 수 있었다(〈표 7.4(a)〉 및 〈표 7.4(b)〉 참조). 특히 포트폴리오투자에 대한 의존도가 매우 높았다는 사실에 주목할 필요가 있다. 포트폴리오투자 순유입액은 1990년에서 1992년까지 연간 62억9천만 달러 수준에서 1995년에서 1998년까지는 연간 154억7천만 달러로 증가했다. 그러나 1998년 아시아/러시아 위기로 인해 1999년에는 35억4천만 달러로 급감했다. 1995년부터 외국인직접투자 순유입액이 크게 증가하기 시작했다. 예를 들어, 1990~92년의 외국인직접투자 순유입액은 연평균 14억 달러였지만 1996~98년에는 195억 달러로 증가했다. 이것은 새로운 생산시설에 대한 다국적기업의 투자(국내

시장뿐만 아니라 남미공동시장Mercosul을 겨냥)와 관련이 있었다. 놀랍게도 국제 상업은행 대출에 대한 의존도는 1980년대보다 크게 줄어들었다. 예를 들어, 1994년에는 국제 상업은행 대출이 외국자본유입의 68%를 차지했으나, 1998년에는 이 비중이 16%로 낮아졌다. 이와 대조적으로 외국인직접투자는 외국자본유입에서 차지하는 비중이 1995년 19%에서 1998년에는 27%로 증가했고, 이 기간 동안 경상수지 적자를 보전하는 데 매우 중요한 역할을 했다.

자본유입이 증가하면서 외채도 증가했다. 1996년에서 1998년 사이에 총외채는 1,790억 달러에서 2,350억 달러로 증가했다. 특히 민간 외채가 1996년 860억 달러에서 1998년에는 1,400억 달러로 매우 빠르게 증가했다. 이와 달리 공공외채는 1996년 989억 달러에서 1998년에는 992억 달러로 매우 미미한 증가세를 보였다. 이와는 대조적으로 공공부문의 국내 부채는 1996년 2,370억 헤알에서 1998년에는 3,200억 헤알로 증가했다. 한편, 공공부문 국내 부채의 상당 부분은 높은 이자율과 안정적인 환율의 조합을 통해 이익을 추구하는 외국인투자 그룹이 투자하고 있었다는 것에 주목할 필요가 있다.●

● 외채는 채권자가 외국인인 외화표시채무이므로 외국인이 보유한 헤알화 표시 브라질 국채는 외채가 아니라 내채이다.

표 7.7 | 월평균 이자율과 환율: 1985~99년

	기준금리[a]	콜금리	30일물 CD 금리	대미달러 환율
1985		10.36		
1986		3.86		
1987		13.52	13.54	
1988		21.73	19.89	
1989		31.68	30.62	
1990		25.40	28.19	
1991		16.99	17.95	
1992	23.49	26.32	22.20	
1993	31.15	33.41	32.90	0.03
1994	23.37	25.22	25.34	0.64
1995	2.32	3.61	3.19	0.92
1996[b]	0.87	1.80	1.52	1.12
1997[b]	1.31	2.97	2.62	1.20
1998[b]	0.74	2.40	2.01	1.26
1999[c]	0.3	1.38	1.37	1.95

자료: *Conjuntura Econômica* Banco Central do Brasil, *Boletim* (각 호).
주: a. 기준금리(Taxa Referencial Interest Rate).
　　b. 12월 자료.
　　c. 10월 자료.

경제 성과

앞서 언급했듯이 헤알 플랜은 놀라운 경제성장 성과와 더불어 시작되었다. 1994년과 1995년에 경제성장률은 각각 5.9%와 4.2%를 기록했고, 이는 물가안정의 즉각적인 영향으로 인한 소비 호황에 크게 힘입은 것이었다. 그러나 그 이후 경제성장률의 하락은 높은 이자율(〈표 7.7〉)의 경기둔화 효과와 느린 수출 증가에 따른 것이었다(〈표 7.2(a)〉 참조). 1998년에 금융위기가 악화됨에 따라 경제성장률은 0.2%로 떨어졌으며, 그해 하반기에는 월별 경제성장률이 마이너스를 기록한 것이 반영된 결과였다. 부문별로 살펴보면,

표 7.8 | 제조업 부문 노동생산성

(연평균 %)

1971~73	5.6
1974~80	1.0
1981~85	0.3
1986~98	0.2
1991~97	8.7
1996~98	3.3

자료: R. Bonelli and P. Vieira da Cunha, "Crescimento Econômico, Padrao de Consumo e Distribuição de Renda no Brasil: Uma Abordagem Multisetorial para o Periodo 1970/75," *Pesquisa e Planejamento Econômico* 2, no. 3 (1981).

제조업이 고금리의 영향으로 가장 미진한 성과를 보였다(〈표 7.2(b)〉 참조). 긍정적인 성과는 1994~98년 동안 자본형성이 개선되었다는 것이었다(〈표 7.3〉 참조). 이는 다국적기업의 직접투자 증가와 민영화된 기업을 인수한 국내외 그룹의 투자활동이 반영된 결과였다.

브라질 경제가 개방되면서 다양한 부문이 외국과의 경쟁에 노출되었고, 국내외 기업들은 기술 업그레이드를 위해 많은 노력을 기울였다. 그 결과 노동생산성 증가율이 크게 개선되었다(〈표 7.8〉 참조). 이것이 아마도 국가 정책입안자 중 일부가 과감한 평가절하를 주저하게 만든 한 가지 요인이었을 것이다. 외국과의 경쟁은 생산성 향상을 통해 국내 생산비용을 낮추는 방식으로 대응할 수 있었을 것이다. 생산성 향상에 대한 기대가 반드시 낙관적인 것은 아니었다. 1998년 3월에 발표된 국제 컨설팅 회사인 맥킨지의 연구 결과에 따르면,

철강을 제외하고 브라질의 모든 부문의 생산성은 미국 생산성의 절반 수준에도 미치지 못하고 있었고, 식품 가공 및 식품 소매업은 미국 생

산성의 20% 미만이었다. 항공, 통신, 소매 금융 및 자동차 조립과 같은 현대 산업부문의 생산성도 미국의 50% 미만 수준이었다.[21]

헤알 플랜 초기에 인플레이션 억제에 성공함에 따라 브라질의 극심한 소득불평등 문제도 해결될 것으로 보였다. 이는 저소득층 근로자가 하이퍼인플레이션으로 인해 가장 큰 타격(1994년 중반 월별 인플레이션이 거의 50%에 달했고, 실제 구매력이 급속하게 감소)을 받고 있었기 때문에, 급속한 가격안정으로 가장 큰 이익을 얻을 것으로 기대되었기 때문이었다. 헤알 플랜 초기 몇 달 동안 실질소득이 증가한 저소득층의 내구성 소비재 구매가 크게 증가했고, 이로 인해 제조업 생산도 크게 증가했다. 임금노동자의 실질소득 증가와 더불어 신용 구매도 증가해 저소득층의 소비 호황이 상당 기간 지속되었다. 그러나 이로 인해 가계부채가 증가했고, 정부가 국제적 지위를 방어하기 위해 고금리정책을 지속함에 따라 부정적인 영향을 받았고, 1998년에 소비자 대출 부도율이 사상 최고치를 기록했다.

은행 위기

인플레이션의 종식과 고금리는 은행시스템에 상당한 영향을 미쳤다. 헤알 플랜이 진행되면서 금리가 상승함에 따라 많은 기업과 개인이 채무상환에 어려움을 겪게 되었다. 그 결과 부실여신이 크게 증가했다. 가계대출 부도율이 1993년 12월 7%에서 1995년 12

월에는 거의 21%로 증가했다. 또한 은행시스템은 "비용인 부채는 만기가 짧은 예금인 반면, 수익인 자산은 예금보다 만기가 긴 대출로 구성되어 있는 기간 '불일치'mismatch 문제로 심각한 영향을 받았다."[22]

부실여신의 증가로 특히 공공은행의 불안정성이 가중되었다. 브라질 주영州營은행은 전통적으로 주정부 국고금을 관리하고 주정부에 대해 신용을 공여하는 기능을 수행했기 때문에 건전한 여신 및 위험관리 기법을 개발하지 않았고, 정치적 이유로 신용위험 관리에 소홀했다. 대신, 공공은행들은 부실여신의 만기를 연장roll over하고 무수익 자산을 축적해 왔다. 그들은 호황기에 부주의하게 신용을 확장시켰고 호황기가 끝나자 큰 타격을 받았다. 민간부문이 주영은행으로부터 차입한 대출금 상환에 어려움을 겪으면서 주영은행들의 대출 자산 포트폴리오는 크게 악화되었다.[23]

민간은행 문제를 다루기 위해 정부는 신용보증기금Fundo Garantidor de Crédito, FGC ●을 설립했고, 모든 금융기관은 신용보증기금의 보호를 받는 예금의 0.024%를 출연하도록 규정했다. 헤알 플랜이 도입된 이후부터 1997년 말까지 중앙은행은 43개 금융기관을 청산, 파산, 또는 임시특별관리체제Regime de. Administracão Especial Temporária, RAET에 편입시켰다. 또한 정부는 신규 자본금 투입을 통해 은행시스템을 강화하기 위해 금융기관에 대한 외국인투자도 개방했다.

1995년 11월에는 금융기관의 인수·합병M&A을 촉진하기 위한

● 브라질의 FGC는 한국의 예금보험공사와 같은 예금보험 기관이다.

'민간금융기관구조조정프로그램'PROER이 도입되었고, 은행 부문의 신속한 통합을 위한 세금 인센티브와 자금 지원이 이루어졌다. 인수 은행은 타 은행 인수에 필요한 자금을 시장 이자율보다 낮은 저리로 지원받을 수 있었고, 피인수 은행의 부실채권을 손실로 계상해 조세감면을 받을 수도 있었다.

이 프로그램을 통해 우니은행Unibanco(6위 은행)이 나시오날은행 Banco Nacional(7위 은행)을 인수했고, 에셀은행Excel Bank은 에꼬노미꾸은행Banco Econômico을 인수했다. 그 밖에도 다른 5개 대형 민간은행이 이 프로그램을 통해 타 은행을 인수했다.[24]

연방정부는 주정부 소유 주영은행의 구조조정을 통해 금융시스템에서 공공부문의 역할을 축소할 목적으로 '공공금융기관구조조정프로그램'PROES을 도입했다. 주영 금융기관의 인수 대금을 공채로 납부하는 것을 허용했으며, 주영은행을 비금융기관 또는 개발기관으로 전환하는 것을 지원했다. 이와 더불어 민영화 추진을 전제로 주영은행의 구조조정 자금을 지원하거나, 주정부가 자본금을 확충하는 경우 주영은행의 구조조정 비용의 50%를 지원했다. 실제로 연방정부는 주정부에게 연방정부에 대한 주정부 부채의 재조정을 제안하는 방식으로 부실화된 주영은행의 소유권을 연방정부에 넘기는 '연방화'를 받아들이라고 설득했다.

1995년과 1998년 사이에 정부의 개입으로 민간은행과 공공은행 부문이 크게 축소되었다. 국내자본이 운영하는 민간은행의 수는 144개에서 108개로 줄었고, 공공은행의 수는 30개에서 24개로 감소했다. 은행에 고용된 근로자 수도 현저하게 감소(1995년 70만4천 명에서 1996년에는 63만6천 명으로, 6만8천 명 감축)했고, 전체 예금 중 공공은행의 비중은 1996년 19.3%에서 1998년 중반에는 6.5%로 감소했다.[25]

은행시스템의 효율성이 개선되고 공공부문의 비중이 감소했지만, 과거에 공공은행이 담당했던 형평성 제고 목표를 잊지 말아야 한다. 금융 공공성의 실현을 추구함에 따라 공공은행의 주요 고객 기반은 저소득층과 노동자 계층으로 이루어져 있었다. 이러한 사회적 책임을 수행하는 과정에서 지점 수도 과도하게 많아졌는데, 이는 공공은행만이 유일하게 가난하고 인구밀도가 낮은 지역에서 금융서비스를 제공했기 때문이었다. 공공은행은 정치적 목적으로 오용되었고, 부실화된 공공은행의 청산을 통해 인플레이션 시대부터 이어져 온 금융시장의 왜곡을 제거할 수 있었다. 그러나 민간은행에게 매력적이지 않은 지역, 인구 집단, 그리고 경제 부문에 신용을 제공했던 공공은행의 금융 공공성 기능을 어느 기관이 대신할 것인가에 대한 의문이 남아 있다.

1998~99년 위기

1997년 아시아 금융위기와 1998년 8월 러시아 금융위기의 발발로 인해 헤알 플랜의 모순이 고조되었다. 브라질의 외환보유액은 1998년 8월 750억 달러에서 1999년 1월에는 350억 달러 미만으로 급격히 감소했다. 1990년대 들어 처음으로 외국인투자자들의 자본회수로 인해 포트폴리오투자 흐름이 순유출로 전환되었다(〈표 7.4(b)〉 참조). 1998년 9월에 브라질 정부는 이러한 흐름을 막기 위한 필사적 노력의 일환으로 실질금리를 연 50% 수준으로 인상했다. 1998년 10월 대통령선거 이후 정부는 의회에서 공무원 퇴직연금 기여율 인상과 금융거래세 도입을 위한 헌법 수정안이 통과될 수 있도록 필사적으로 노력했다. 국제사회는 브라질이 러시아나 아시아와 같이 붕괴될 가능성에 대해 우려했다. 1998년 11월에 IMF, 세계은행 및 미국 정부는 헤알화를 지지하기 위해 415억 달러 규모의 구제금융 패키지를 마련했다.[26] 구제금융 지원 직후 브라질 정부는 새로운 구조조정 프로그램 수행을 위한 개혁 시도에서 상당한 성공을 거두었다. 1998년 12월 중반까지 의회는 구제금융 프로그램의 조건으로 제시된 재정 개혁 조치의 60% 정도를 승인했다. 그러나 그 달에 의회가 정부의 연금 개혁안을 거부하면서 정부의 재정 개혁 노력은 큰 타격을 입었다. 이후 자본유출이 다시 가속화되기 시작했고 외환보유액은 급속히 고갈되기 시작했다.

위기가 확산하는 가운데 이를 심화시킨 사건이 발생했다. 전직 대통령인 미나스제라이스 주지사 이따마르 프랑꾸가 주도하는 새로 선출된 야당 주지사들이 연방정부에 반기를 든 것이었다. 미나스제라이스, 히우그랑지두술, 리우데자네이루 등 주요 주정부들이 연방정부 채무에 대한 원리금 지불유예(모라토리엄)를 선언했다. 이 사건으로 브라질 정부의 재정 개혁 의지에 대한 신뢰가 심하게 손상되었고, 자본유출이 급속히 확대되는 것을 제지하는 것이 어려워졌다.

1999년 1월 중순에 고금리로도 더 이상 자본유출을 막을 수 없고 경제 불황이 발생할 것이 분명해 보이자, 정부는 전격적으로 변동환율제를 도입했다. 그로부터 2개월 후, 헤알화는 40% 평가절하되었다. 이와 더불어 헤알 플랜의 환상도 끝났다. 헤알화의 대규모 평가절하는 남미공동시장의 운명도 위기에 처하게 만들었다. 갑작스럽게 아르헨티나에 브라질 상품이 쇄도하기 시작했고, 아르헨티나의 대브라질 수출은 급격히 감소했다(브라질은 전통적으로 아르헨티나 수출의 거의 3분의 1을 차지하고 있었다). 아르헨티나는 수입에 대해 특별 세금을 부과함으로써 헤알화의 평가절하로 인한 영향에 대응했다. 결국, 헤알화의 평가절하는 관세동맹이 유지되기 위해서는 남미공동시장 회원국들이 환율과 거시경제정책을 조율할 필요가 있다는 사실을 확인하는 계기가 되었다.

1월의 평가절하가 인플레이션에 미치는 영향은 상대적으로 경미했다. 〈표 7.1(b)〉에서 볼 수 있듯이 평가절하 후 첫 2개월 동안 인플레이션이 상승한 이후 1999년 나머지 기간 동안에는 다시 하락했다. 이는 과잉생산능력과 높은 실업률에 기인한 것이었고, 이러한 상황으로 인해 많은 부문이 수입물가 상승에 따른 비용 증가를 가격에 반영하지 못하도록 만드는 압력으로 작용했다. 또한 중앙은행은 헤알화에 대한 투기적 공격을 막기 위해 이자율을 극도로 높은 수준으로 유지했다(3월에 월별 금리는 3.33%, 30일 만기 양도성 예금증서(CD) 금리는 3.17%로 상승). 이에 따라 1999년 연간 인플레이션율은 11.32%를 기록했다.

1999년 내내 정부는 IMF가 구제금융의 조건으로 제시한 기초재정수지 흑자 목표를 달성하기 위한 여러 조치들을 단행했다. 정부가 약속한 기초재정수지 흑자 목표는 GDP의 3.1%였다. 이 목표를 달성하기 위해 의회는 고소득층에 대한 세율을 인상하는 법안을 통과시켰다. 그러나 연방 대법원은 현직 공무원에 대한 세금* 인상과 퇴직 공무원 연금에 대한 세금 부과를 위헌으로 판결했다. 연방 대법원은 이를 급여에 대한 몰수와 이미 '취득한 권리'에 대한 침해로 해석했다.**[27] 이를 보완하기 위해 정부는 지출을 삭감하고 세수를 늘리기 위해 다른 엄격한 조치들을 도입했고, 이로 인해 기초재정수지 흑자는 IMF와 합의한 목표(GDP의 3.1%)보다 높은 GDP의 3.8%를 달성했다.[28] 그러나 고금리정책과 긴축재정정책의 영향으로 1999년 내내 경제는 낮은 성장세를 지속했다.

결론

이 장의 시작 부분에서 언급했듯이 지난 반세기 동안 브라질이 직면한 문제는 어느 사회경제 계층이 공공부문의 재원 조달 부담을 떠안아야 하는가에 대한 합의를 이루는 것이었다. 지난 수 세기 동안 이 문제는 인플레이션 세금을 통해 해결되었다. 1986년의 크루

● 여기서는 연금 기여금을 의미한다.

● ● 현재 브라질 공무원연금은 남자가 35년, 여자가 30년 이상 근무하면 각각 53세와 48세부터 수령 가능하다.

자두 플랜부터 그 이후의 수많은 계획들에 이르기까지 다양한 비정통적 계획들이 하이퍼인플레이션 문제를 해결하는 데 실패했다. 이는 기본적으로 모든 계획이 재정 개혁을 포함하고 있지 않았기 때문이었고, 이로 인해 인플레이션이 재발하곤 했다. 독특한 방식을 채택한 헤알 플랜이 도입되고 난 이후에 국내외 신뢰가 회복되어 경제가 오랜 기간 동안 안정을 유지할 수 있었다. 이는 기본적으로 정부가 신뢰를 회복해 재정적자 보전을 위해 중앙은행으로부터의 차입에 의존하지 않게 되었다는 사실에 기인한 것이었다. 그러나 정부의 부채가 늘어나면서 재정 개혁이 끊임없이 연기됨에 따라 정부의 신용은 점차 수그러들었고, 1997~98년의 국제 위기는 헤알 플랜의 종말을 가속화하는 결과를 가져왔다.

새 천년이 시작될 무렵 브라질은 공공부문 지출에 대한 부담을 어떻게 분담할지에 대한 명시적인 메커니즘을 찾아야만 하는 것처럼 보였다. 이것은 정치적으로 논쟁의 여지가 있는 기나긴 여정이지만 브라질이 지속 가능하고 인플레이션을 수반하지 않는 성장의 길을 찾기 위해서는 필수적인 것이었다. 헤알 플랜의 종식이 가져온 또 다른 도전은 브라질(기타 라틴아메리카 국가들)이 지역경제 통합을 위해 경제정책에 대한 주권을 포기할 의향이 있는지의 여부였다.[29]

정통적 경제정책과 사회발전
: 2002~07년

효율성과 형평성을 동시에 달성할 수 있는가? 이는 경제발전에 관한 문헌에서 되풀이되어 나타나는 연구 주제이다. 많은 학자들은 사회가 이 중 하나를 선택해야 한다고 주장해 왔다.[1] 예를 들어, 토지소유권의 급진적 재분배는 농가소득의 형평성을 제고시킬 수 있지만, 그 대신 농업생산성 감소를 초래할 것이라는 주장이었다. 도시의 산업부문에 관해서도 이와 비슷한 논쟁이 있었다. 효율성과 형평성 간의 상충관계를 인정하는 많은 연구자들은 두 가지 모두를 순차적으로 달성할 수 있다고 주장했다. 즉, 먼저 형평성을 희생해

---

* 이 장은 에드뭉드 아망(Edmund Amann)과 공동으로 집필했다.

자원의 효율적 배분과 높은 경제성장을 달성한 이후 이를 토대로 부와 소득의 재분배를 강화할 수 있다는 주장이었다.

이 장에서는 루이스 이그나시우 룰라 다 시우바Luiz Inácio Lula da Silva 대통령 집권 시기의 브라질에 이러한 주장이 적용 가능한지를 살펴볼 것이다. 2003년 1월에 노동조합 지도자와 브라질 노동자당 Partido dos Trabalhadores, PT 총재를 역임한 룰라 대통령이 취임했다. 많은 국내외 관찰자들은 이것이 브라질의 거버넌스가 우파에서 좌파로 넘어가는 극적인 변화를 가져올 것으로 생각했다. 룰라의 대통령 선거 승리에 앞서 많은 브라질 사람들은 새로 출범하는 정부가 이전과는 다른 새로운 정책 대안을 제시할 것으로 기대했다. 이와 더불어 많은 국내외 투자자들은 룰라가 승리할 경우 거시경제정책이 불안정해지고 사유재산권이 침해될 것을 두려워했다. 룰라 대통령의 집권 1기가 끝날 즈음에 이러한 예상이 모두 틀렸다는 것이 입증된 것은 아이러니한 일이었다. 많은 좌파 지지자들은 룰라 대통령의 정책에 크게 실망했지만, 국내외 투자자들은 룰라 정부의 정책에 만족했을 뿐만 아니라 강력한 지지자가 되었다.

룰라 대통령은 집권 초기에 우선 신중한 경제 운영에 대한 명성을 쌓고, 그 이후 이를 토대로 보다 급진적인 구조개혁을 추진하기 위해 매우 조심스럽게 행동했다. 이 장에서 다루고자 하는 주된 논쟁거리는 바로 이러한 순차적 접근이 매력적이기는 하지만, 룰라 대통령과 그의 지지자들이 가지고 있는 사회적 비전을 위험에 빠뜨릴 수 있는 모순들을 감추고 있다는 것이다.

이 장에서는 우선 집권에 성공한 룰라 대통령이 이끄는 노동자당의 사회경제정책에 대해 살펴본다. 다음으로 룰라 정부의 거시경제 정책과 이것이 경제에 미치는 영향, 그리고 제도 개혁에 대해 검토할 것이다. 그다음에 룰라와 그의 추종자들이 추구하는 사회개혁을 염두에 두고, 거시경제정책이 사회에 미치는 영향을 평가한다. 마지막으로 이 장에서는 정통적 경제정책 이후에 급진적 사회개혁을 추진하는 순차적 접근이 경로의존path-dependency 법칙을 감안할 경우 이미 확립된 사회경제정책의 규범을 크게 벗어나지 못하기 때문에 적합하지 않을 수 있다는 것을 살펴볼 것이다.●

집권을 앞둔 룰라와 노동자당의 사회경제 비전

2002년 10월 대통령 선거를 앞두고 노동자당PT은 브라질의 주요 사회경제적 문제를 진단하고 이를 개선하기 위한 다수의 정책을 제시한 선언문을 발표했다.[2] 노동자당의 정책은 사회발전이 경제성장의 결과가 아니라 그 자체로서 중요한 가치를 갖는 핵심 요소로 간주하고 있다는 점에서 남달랐다.[3]

이 선언문은 브라질 경제의 만성적인 빈곤과 불평등 문제의 해결을 특히 강조했다. 예를 들어, "브라질의 만성적인 빈곤 문제는 일시적인 것이 아니라 아직까지 근본적인 치유가 이루어지지 않은 역

● 경로의존 법칙은 한번 경로가 정해지면 나중에 그 경로가 비효율적이라는 사실을 알면서도 관성과 경로의 기득권 때문에 바꾸기 어렵거나 아예 불가능해지는 현상을 의미한다.

사적 유산의 결과"라고 주장했다. 이를 감안할 때, 광범위한 구조개혁이 불가피하다는 것이 노동자당의 입장이었다. 그러나 룰라의 정책 선언문을 작성한 참모들은 그러한 개혁을 달성하는 데 상당한 시간(아마도 수년 이상)이 소요된다는 것을 인지하고 있었다.[4]

이 선언문은 사회적 발전을 이루기 위해 급속한 경제성장과 국제 경쟁력을 증진할 필요가 있다는 것을 명시적으로 밝히고 있었다. 이를 위해 물가안정, 조세제도의 효율성 개선, 장기금융 발전, 연구개발 투자 증진, 기능 인력 육성, 인프라 투자 등 여섯 가지 주요 정책목표를 설정했다. 이와 동시에 사회발전을 촉진하기 위해 빈곤과 불평등 문제에 대한 통합적이고 일관된 정책을 추진한다는 새로운 비전을 제시했다.[5]

노동자당이 제안한 사회발전 프로그램은 포미 제로Fome Zero[6]와 최저소득 보장 두 가지로 구성되어 있었다. 전자는 생계농에 대한 직접 지원, 모든 노동자(공식부문과 비공식부문 모두)에 대한 사회보장 혜택 제공, 빈곤층 어린이에 대한 소득 보전과 기초교육을 장려하는 인센티브 제공 등의 조치를 포함하고 있었다. 또한 포미 제로 프로그램은 '대중음식점',• 푸드뱅크, 식품 공급 체인 현대화, '도시농업'의 장려, 생계농에 대한 지원 등을 포함하는 다양한 조치들을 제시했다. 포미 제로 프로그램의 가장 대표적 사업은 빈곤가정이 매월 무료로 일정량의 음식을 얻을 수 있게 해주는 일종의 현금 카드인 '식품 카드'를 도입한 것이었다.

• 1헤알이라는 매우 저렴한 가격에 식사를 제공하는 식당.

포미 제로 프로그램과 밀접하게 관련된 노동자당의 두 번째 빈곤 퇴치 사업은 최저소득 보장이었다. 이 프로그램은 다음과 같은 네 가지 방식으로 운영될 예정이었다. ① 가계소득이 최저임금보다 적은 빈곤가정의 15세 이하 어린이 지원을 위한 현금 이전,[7] ② 빈곤가정의 16~25세 학생 지원을 위한 현금 이전, ③ 22~50세 실업자를 위한 최저소득 보장과 전문 기술훈련 프로그램 시행, ④ 51~66세 실업자를 위한 직업 재교육을 실시하는 '새로운 기회' 프로그램.

종합하면, 이러한 이니셔티브는 경제성장과 소득불평등 해소를 동시에 추구하는 새로운 시대를 예고하고 있었다.

2003~05년 룰라 정부의 정책

국내외 투자자들은 2002년 10월 룰라의 대통령 당선에 대해 우려스럽다는 반응을 보였다. 새로 출범하는 정부가 국가부채에 대해 채무불이행을 선언하고, 이전 정부의 외국인투자자 친화적인 정책이 지속되지 않을 것이며, 1990년대에 확대된 민영화 프로그램이 취소될 수 있고, 까르도주 정부에서 확립된 재정 건전성 유지를 위한 조치들이 무효화될 수 있다는 우려가 제기되었다. 선거를 앞두고 나타난 투자자들의 불안심리는 브라질 국채와 미국 국채의 이자율 스프레드가 확대되고 있는 것에서 잘 드러나고 있었다(〈표 8.1〉 참조).

표 8.1 | 미국 재무부 채권에 대한 브라질 정부채(c) 스프레드: 2003~06년

(미국 재무부 채권에 대한 베이시스포인트)

	2003	2004	2005	2006
1월	1,387	401	405	186
2월	1,349	536	354	136
3월	1,135	552	364	137
4월	916	560	426	145
5월	803	705	390	156
6월	761	657	368	
7월	789	597	333	
8월	799	582	333	
9월	679	523	287	
10월	617	498	290	
11월	553	449	263	
12월	447	382	226	

자료: IPEA.

〈표 8.1〉은 룰라 대통령 당선 이후 이자율 스프레드가 감소했다는 것을 분명히 보여 주고 있다. 이는 룰라 대통령과 그의 내각이 앞서 언급한 투자자들의 우려들에 대해 거듭해서 결코 그러한 일들이 없을 것이라고 보장한 결과였다. 새로 출범한 정부는 국제금융시장의 민감성과 통화 불안정에 대한 잠재적 위험을 인지하고 국내외 투자자들과 국제기구의 불안을 해소하기 위한 신속한 조치를 단행했다. 이와 관련해 정부가 취한 핵심 전략은 이전 정부의 재정 건전성 정책을 계승할 것이라는 점을 명확히 밝히는 것이었다. 보다 구체적으로 말하자면, 룰라 정부는 2003년 기초재정수지 흑자 목표를 GDP의 3.75%에서 4.25%로 상향조정했다.[8] 2004년에는 10월까지 기초재정수지 흑자가 GDP의 4.7%에 이르렀다.[9] 이에 따라 브라질 국채와 미국 재무성 채권의 스프레드는 지속적으로 하락했다.

표 8.2 | 브라질중앙은행 기준금리(SELIC) : 2002~06년

	2002	2003	2004	2005	2006
1월	19.00	25.50	16.50	18.25	17.65
2월	18.75	26.50	16.50	18.75	17.29
3월	18.50	26.50	16.25	19.25	16.74
4월	18.50	26.50	16.00	19.50	14.46
5월	18.50	26.50	16.00	19.75	14.94
6월	18.50	26.00	16.00	19.75	14.44
7월	18.00	24.50	16.00	19.75	14.98
8월	18.00	22.00	16.00	19.75	14.66
9월	18.00	20.00	16.25	19.60	13.45
10월	21.00	19.00	16.75	19.25	13.27
11월	22.00	17.50	17.25	18.86	13.65
12월	25.00	16.50	17.75	18.24	12.49

자료: IPEA.

룰라 정부는 IMF와 약속한 기초재정수지 흑자 목표를 초과 달성하는 등 긴축재정정책기조를 확고히 지속했다. 이를 위해 재정지출 통제와 재정수입 확대를 위한 노력을 강화했다. 이에 따라 2003년에 재정수입은 360억 헤알이 증가한 반면 재정지출은 단지 290억 헤알이 증가했고, 2004년에는 재정수입이 646억 헤알 증가한 반면 재정지출은 543억 헤알이 증가하는 데 그쳤다.[10] 또한 룰라 정부 첫 2년 동안 조세부담률●이 지속적으로 상승해 2004년에는 GDP의 36%에 달했다. 이와는 대조적으로 같은 해 칠레, 멕시코, 아르헨티나의 조세부담률은 각각 17.3%, 18.3%, 17.4%였다.

2003년 상반기 내내 룰라 정부는 이자율을 높은 수준으로 유지하는 등 국제사회의 신뢰 확보를 위한 정책기조를 유지했다(〈표

● 한 나라의 GNP 또는 국민소득에 대한 조세 총액의 비율.

8.2〉 참조). 이를 위해 1999년 1월 헤알화의 대규모 평가절하 이후 도입된 물가안정목표제를 유지했다.[11] 신용을 필요로 하는 경제주체가 브라질중앙은행Banco Central do Brasil의 기준금리인 SELIC보다 훨씬 높은 금리를 지불했다는 사실을 강조할 필요가 있다. 예를 들어, 소비자 평균 대출금리는 2003년 8월 74.7%에 이르렀으며, 10월에는 69.4%로 약간 낮아졌다.[12] 2003년 하반기에 국제금융시장에서 미국달러화가 약세로 전환됨에 따라 헤알화가 소폭 평가절상된 이후 비로소 기준금리도 소폭 하락하기 시작했다. 2004년 상반기에도 기준금리가 계속 하락했지만 그해 8월에 브라질중앙은행은 다시 기준금리를 인상하기 시작했고 2005년 3월에는 19.25%를 기록했다.

헤알 플랜을 통해 달성한 안정화는 물가안정목표제가 아니라 시장개방, 고금리 유지, 중앙은행 차입이 아닌 다른 방식의 재정적자 보전, 그리고 기축통화에 대한 환율 고정 등 여러 정책의 조합에 기반하고 있었다.[13] 1999년 1월 헤알화의 평가절하와 동시에 물가안정목표제가 도입되었고, 그 이후의 가격안정은 물가안정목표제의 시행에 힘입은 것이었다. 룰라 정부는 물가안정목표제를 고수했다. 이전 정부와 긴밀한 관련을 맺고 있는 중앙은행 당사자들은 이 제도를 방어하는 긴 글을 작성했다. 이 글의 결론은 다음과 같다.

브라질의 물가안정목표제는 상대적으로 새로운 제도이지만, 대규모 외부충격에도 불구하고 인플레이션을 낮은 수준으로 유지하는 데 매우 중요한 역할을 수행했다. 중앙은행이 물가안정 목표를 미리 제시하고 이에 맞춰 통화정책을 수행함에 따라 인플레이션 기대심리 조정과 인플레이션의 안정적 관리를 달성할 수 있었다.[14]

룰라 정부가 물가안정목표제를 유지함에 따라 정책적 딜레마에 빠지게 되는데, 그 이유는 다른 모든 정책목표(사회적 목표 포함)가 일정 수준의 인플레이션 달성이라는 최우선 목표를 달성하는 데 종속되기 때문이었다. 물가안정을 최우선 정책목표로 추구함에 따라 이러한 정책이 환율과 국가경쟁력에 미치는 영향으로 인해 경제성장에 부정적인 영향을 미치는 것에 대한 우려가 제기되기도 했다.

거시경제 성과

룰라 정부의 거시경제정책은 국제금융시장과 국제기구에서 호평을 받았다. 그러나 룰라 정부 첫해의 경제성장 성과는 매우 저조했다. 〈표 8.3〉에서 알 수 있듯이 이전 정부 기간에 이미 약세로 전환된 경제성장률이 2003년에 더욱 악화되었다. 〈표 8.3(a)〉에서 제시된 것과 같이 2003년 경제성장률은 1.15%로 1992년 이래 가장 나쁜 성과 중 하나였다. 부문별로는 2003년 상반기에 생산량이 급감한 산업부문의 성과가 가장 나빴다. 농업과 서비스업은 다소 양호한 성과를 보였다. 그러나 농업과 서비스업도 하반기에 미약한 성장세를 보였으나, 산업부문의 위축을 보전하기에는 역부족이었다.[15]

표 8.3 | 연도별/부문별 경제성장률

(a) 연도별 GDP 성장률

	GDP	산업	서비스업	농업	소비	자본형성
1990	-4.35	-8.73	-1.15	-2.76		
1991	1.03	0.26	0.33	1.37		
1992	-0.54	-4.22	0.30	4.89		
1993	4.92	7.02	1.76	-0.08		
1994	5.85	6.73	1.80	5.45		
1995	4.22	1.91	1.30	4.07		
1996	2.66	3.28	2.27	3.11		
1997	3.27	4.65	2.55	-0.83	2.9	9.3
1998	0.13	-1.03	0.91	1.27	0.1	-0.7
1999	0.79	-2.22	2.01	8.33	-0.3	-7.6
2000	4.36	4.81	3.80	2.15	3.8	4.5
2001	1.31	-0.62	1.90	6.06	0.5	1.1
2002	2.66	2.08	3.21	6.58	-0.4	-4.2
2003	1.15	1.28	0.76	5.81	-0.9	-0.9
2004	5.71	7.89	5.00	2.32	4.1	2.2
2005	2.94	2.15	3.36	1.01	3.1	1.6
2006	3.70	2.78	3.72	4.15		

(b) 분기별 GDP 성장률(전년 동기 대비)

	2003				2004				2005				2006
	1Q	2Q	3Q	4Q	1Q	2Q	3Q	4Q	1Q	2Q	3Q	4Q	1Q
GDP	1.9	-1.1	-1.5	-0.1	4.0	4.6	5.1	4.9	2.8	3.8	0.7	1.4	2.7
농업	10.6	7.3	-2.8	4.8	5.8	5.9	5.9	5.3	2.6	3.2	-2.0	-1.8	2.1
산업	3.3	-3.5	-1.6	-1.7	5.5	5.9	6.3	6.2	3.1	5.5	0.4	1.4	4.0
서비스업	0.2	-0.3	-0.8	0.3	2.4	2.8	3.2	3.3	2.2	2.6	1.5	1.8	2.0
총고정투자	-1.7	-10.5	-9.1	-5.0	1.8	7.5	11.5	10.9	2.3	4.0	7.1	2.7	4.4

자료: IBGE: IPEA, *Boletim de Conjuntura Conjuntura Econômica.*

룰라 정부 2년차인 2004년에 거시경제 성과가 극적으로 개선되었다. 산업생산이 7.89% 증가하면서 경제가 5.71% 성장하는 것을 견인했다. 분기별로 살펴보면, 주로 2분기와 3분기에 성장이 집중되었다. 〈표 8.3(b)〉를 보면, 4분기부터 성장 속도가 둔화되기 시작했고 2005년 1분기에 경제성장률이 더욱 하락했다는 것을 알 수 있다. 경제성장 둔화는 2004년 하반기 이후의 긴축통화정책에 기인했다. 정부의 정통적 거시경제 안정화 정책으로는 해결할 수 없는 공급 측면의 제약에 직면함에 따라 정부는 인플레이션 압력이 상승할 것을 우려해 수요가 지나치게 크게 상승하는 것을 허용할 수 없었다. 따라서 브라질의 경제성장 속도는 강력한 제약을 받고 있었다.

2004년의 경제성장은 여러 가지 방법으로 설명될 수 있다. 첫째, 1990년대 초반부터 2004년까지 산업 설비 가동률이 80%대 초반의 상대적으로 낮은 수준을 지속했다. 그런데 2004년 중반에 산업 설비 가동률이 급격히 증가하기 시작해 10월에는 최고치(86.1%)에 도달했고,[16] 2005년 4월에는 84.2%로 다시 하락했다.[17] 따라서 2004년의 경제성장 호전은 기존의 생산능력의 활용 증대로 설명할 수 있다. 둘째, 〈표 8.3(a)〉에서 알 수 있듯이 2년 연속 마이너스를 기록했던 자본형성 증가율이 2004년에 플러스로 전환되었다. 투자율은 2003년 GDP의 17.8%에서 2004년에는 GDP의 19.5%로 증가했다. 그러나 이 투자 증가의 절반은 자본재와 건설업 투입재의 가격인상에 따른 결과였다.[18]

셋째, 소비 증가(그해 3분기까지 8.5% 증가) 또한 2004년 경제성장을 견인하는 데 도움이 되었다. 소비 증가는 부분적으로는 산업 실질임금 인상과 2004년 8월의 통화정책 완화의 영향에 부분적으로 기인했다. 2004년의 소비 증가는 거의 전적으로 민간소비의 증가였다는 점을 강조할 필요가 있다. 정부소비는 거의 증가하지 않았는데, 이는 정부가 IMF와 국제투자자들을 고려해 기초재정수지 흑자 목표 달성에 전력을 다했기 때문이었다. 마지막으로 국제 원자재 수요가 호조를 보이고, 헤알화 환율이 유로화 및 일본 엔화에

표 8.4 | **물가상승률: 1993~06년**

(% 변화)

(a) 연도별 가격 변화

	소비자물가지수	일반물가지수
1993	1,927.38	2,103.40
1994	2,075.89	2,406.87
1995	66.01	67.46
1996	15.76	11.10
1997	6.93	7.91
1998	3.20	3.89
1999	4.86	11.32
2000	7.04	13.77
2001	6.84	10.36
2002	8.45	13.50
2003	14.72	22.80
2004	6.60	9.40
2005	6.87	5.97
2006	3.14	3.79

자료: *Conjuntura Econômica*; Banco Central do Brasil.

(b) 월별 소비자물가 상승률 변화

	2002	2003	2004	2005	2006
1월	1.07	1.47	0.76	0.58	0.59
2월	0.31	1.57	0.61	0.59	0.41
3월	0.62	1.23	0.47	0.61	0.43
4월	0.68	0.97	0.37	0.87	0.21
5월	0.09	0.61	0.51	0.49	0.10
6월	0.61	-0.15	0.71	-0.02	-0.21
7월	1.15	0.20	0.91	0.25	0.19
8월	0.86	0.34	0.69	0.17	0.15
9월	0.83	0.78	0.33	0.35	0.21
10월	1.57	0.29	0.44	0.75	0.33
11월	3.39	0.34	0.69	0.55	0.31
12월	2.70	0.52	0.86	0.36	0.48

자료: IPEA.

대해 경쟁력을 유지함에 따라 수출이 전년 대비 32% 증가한 것이 브라질의 경제성장에 크게 기여했다.

지난 8년간 집권했던 이전 정부의 업적 중 하나는 하이퍼인플레이션의 치유와 그에 따른 상대적 물가안정이었다. 그럼에도 물가수준은 여전히 환율 변동에 민감하게 반응했다.[19] 2002년 10월 대선

표 8.5 | 헤알화의 대미달러 환율: 2002~06년

	2002	2003	2004	2005	2006
1월	2.41	3.52	2.94	2.62	2.27
2월	2.34	3.56	2.91	2.59	2.16
3월	2.32	3.35	2.91	2.66	2.15
4월	2.36	2.89	2.94	2.53	2.13
5월	2.52	2.96	3.13	2.40	2.18
6월	2.84	2.87	3.12	2.35	2.48
7월	3.43	2.96	3.03	2.39	2.19
8월	3.02	2.97	2.93	2.36	2.16
9월	3.89	2.92	2.86	2.22	2.17
10월	3.64	2.85	2.86	2.25	2.15
11월	3.63	2.95	2.73	2.21	2.16
12월	3.53	2.89	2.65	2.29	2.15

자료: IPEA.

이전의 2분기 동안 투자자들의 불안심리로 인해 헤알화의 평가절하가 지속되었다. 이에 따라 교역재의 가격이 급등했고, 인플레이션도 상승했으며(⟨표 8.4⟩ 참조), 중앙은행은 긴축통화정책을 강화했다(⟨표 8.2⟩ 참조).

2003년 1월 룰라 대통령이 취임할 무렵 인플레이션은 최악의 상황에서 벗어난 상태였고, 헤알화도 전년도에 잃어버린 가치의 일부를 회복하기 시작했다(⟨표 8.5⟩ 참조). ⟨표 8.5⟩에서 알 수 있듯이, 2004~06년 동안 헤알화는 지속적으로 평가절상되었다. 헤알화의 평가절상은 물가안정에 기여하는 긍정적 신호로 받아들여졌지만, 중장기적으로 수출에 미칠 부정적 영향에 대한 우려도 제기되었다.

룰라 정부가 전임자로부터 물려받은 (그리고 계속해서 수행한) 긴축재정정책 및 통화정책의 긍정적인 결과 중 하나는 국제수지의 개선이었다. ⟨표 8.6⟩은 2001년에 무역수지가 흑자로 전환되었고,

표 8.6 | 대외경제 부문 성과: 1998~2006년

(10억 달러)

	1998	1999	2000	2001	2002	2003	2004	2005	2006
수출	51.1	48.0	55.1	58.2	60.4	73.1	96.5	118.3	137.5
수입	57.7	49.2	55.8	55.6	47.2	48.3	62.8	73.6	91.4
무역수지	-6.6	-1.2	-0.7	2.6	13.2	24.8	33.7	44.7	46.1
이자	11.4	-14.9	-14.6	-149	-13.1	-13.0	-13.4	-13.5	-11.3
이윤송금	-6.8	-4.1	-3.3	-5.0	-5.2	-5.6	-7.3	-12.7	-16.4
경상수지	-33.4	-25.3	24.2	-23.2	-7.7	4.2	11.7	14.0	13.5
포트폴리오투자	18.4	3.5	8.6	0.9	-4.7	5.1	-4.0	6.6	9.1
직접투자	28.9	28.6	32.8	22.5	16.6	10.1	18.2	15.1	18.8
원금상환			25.8	33.1	35.6	38.8	37.6	51.7	
대외채무	223	226	217	210	228	235	220	169	169
외환보유액	44.6	36.3	33.0	35.9	37.8	49.3	52.9	53.8	85.8

자료: Banco Central do Brasil.

이후 흑자 규모가 지속적으로 증가(2001년 26억 달러에서 2006년 461억 달러로 증가)한 것을 보여 준다. 2002~03년 동안의 무역수지 개선은 수출의 지속적 성장뿐만 아니라 이 기간 동안의 내수 부진에 따른 수입 감소에 기인했다. 그러나 2004년의 대규모 무역수지 흑자는 순전히 수출 급증에 따른 결과였다. 이에 따라 만성적으로 적자를 보여 왔던 경상수지가 2003년에 흑자로 전환되었고, 2004~06년 동안 경상수지 흑자 규모가 각각 117억 달러, 140억 달러, 135억 달러를 기록했다.

이 시기에 외국인직접투자FDI는 감소했다. 2000~03년 동안 지속적인 감소세를 보였고, 2004~06년에는 다시 소폭 상승했지만 1990년대 말 수준에는 이르지 못했다. 포트폴리오투자는 2004년에 순유출을 기록했고, 2005~06년에 소규모이지만 순유입으로 반전되었다. 2003년에 국제수지의 호전에도 불구하고 외채는 소폭 증가했는데, 이는 외채의 만기를 연장rollover할 때 지급하는 금리 프리미엄이 상승한 것이 일부 반영된 결과였다. 총외채는 2003년 2,150억 달러에 달했고, 이후 감소하기 시작해 2006년에는 1,690억 달러를 기록했다. 총외채의 10%가 만기 1년 미만의 단기외채였고, 약 60%가 3년 이내에 만기가 도래할 예정이었다. 이는 향후 3년 동안 연평균 외채 상환액이 330억 달러에 달하며, 외채 상환을 위해 경상수지와 자본수지가 대규모의 흑자를 필요로 한다는 것을 의미했다. 그러나 외국인직접투자와 포트폴리오투자가 이러한 규모의 흑자를 달성할 가능성은 희박했다. 외국인직접투자 유입액은 2003~06년 동안 각각 101억 달러, 182억 달러, 151억 달러, 188억 달러에 그쳤고, 포트폴리오투자 유입액도 1990년대 말 수준에 크게 하회하고 있었다.

룰라 정부가 추진한 거시경제정책의 사회적 영향

우선 사회지표 개선을 위한 구조개혁 정책의 성과가 나타나기 까지는 오랜 시간이 소요된다는 것을 강조할 필요가 있다. 따라서 단기간에 이러한 사회지표가 크게 개선될 것을 기대하기는 어렵다. 그럼에도 긴축재정정책과 통화정책이 소득수준과 고용에 미치는 영향을 통해서는 아니더라도 단기적으로 사회지표에 영향을 미쳤다는 것을 부인하기 어렵다.

〈표 8.7〉에서 알 수 있듯이 노동조합의 산하 연구기관인 '사회경제 연구 및 통계국'Departamento Intersindical de Estatística e Estudos Socio-

표 8.7 | 상파울루 대도시 지역의 평균 실질임금: 1998~2006년

(2006년 1월 헤알화 기준 월별 임금)

	월평균 임금
1998	1,526
1999	1,441
2000	1,353
2001	1,233
2002	1,131
2003	1,059
2004	1,074
2005	1,070
2006	1,082

자료: DIEESE.

econômicos, DIEESE의 자료에 따르면 1990년대 후반부터 룰라 정부의 출범 시기까지 산업 실질임금이 감소했다. 이러한 상황과 룰라 정부의 사회적 목표를 감안할 때, 새로운 정부의 최우선 정책 과제는 이러한 추세를 뒤집는 것이었다. 그러나 룰라 정부 1기 동안 산업 실질임금은 증가하지 않았다. 예를 들어, DIEESE의 자료에 따르면 상파울루와 벨루오리존치Belo Horizonte 대도시 지역의 1인당 실질소득은 1990년대의 수준을 회복하지 못했다(〈표 8.8(b)〉 참조). 비록 룰라 정부 1기 동안 실질임금이 소폭 상승(〈표 8.7〉과 〈표 8.8(a)〉 참조)했지만, 고용 상황으로 인해 1인당 소득 증가에 유의미한 영향을 미치지 못했다. 실질임금의 감소와 더불어 룰라 정부 출범 당시 이미 높은 수준이었던 실업률도 경기침체로 인해 오랫동안 개선되지 못했다. 불행하게도 2003년 하반기에 문제가 더욱 악화되었다(〈표 8.8(c)〉 참조). 그러나 DIESE 실업 통계에 따르면, 2004~06년 동안에는 실업률이 완만한 개선 추세를 보였다.

소득불평등 정도를 나타내는 브라질의 지니계수는 오랫동안 세

표 8.8 | 임금과 실업률: 1998~2006년

(a) 월평균 실질임금(1992년 1월 = 100)

2000	100.75
2001	104.30
2002	103.75
2003	99.40
2004	108.41
2005	116.92
2006	128.61

자료: IPEA.

(b) 주요 도시 지역 평균 실질임금(2006년 1월 헤알화 월별 임금)

	상파울루	벨루오리존치
1998	1,526	956
1999	1,441	902
2000	1,353	884
2001	1,233	886
2002	1,131	891
2003	1,059	812
2004	1,074	802
2005	1,070	792
2006년 1월	1,200	891

자료: DIEESE.

(c) 실업률(노동가능인구에서 차지하는 비중)

	2002	2003	2004	2005	2006
1월	11.1	11.2	11.7	10.2	9.5
2월	12.5	11.6	12.0	10.6	10.2
3월	12.9	12.1	12.8	10.8	10.9
4월	12.5	12.4	13.1	11.1	11.2
5월	11.9	12.8	12.2	11.0	11.3
6월	11.6	13.0	11.7	11.0	11.3
7월	11.9	12.8	11.2	10.8	11.3
8월	11.7	13.0	11.4	10.6	10.7
9월	11.5	12.9	10.9	10.4	10.3
10월	11.2	12.9	10.5	10.6	9.6
11월	10.9	12.2	10.6	10.2	9.1
12월	10.5	10.9	9.6	9.7	9.0

자료: IBGE.

(d) 상파울루 실업률(경제활동인구에서 차지하는 비중)

	공식 실업률	위장 실업률[a]	합계
2000	11.0	6.6	17.6
2001	11.3	6.3	17.6
2002	12.1	6.9	19.0
2003	12.8	7.1	19.9
2004	11.6	7.1	18.7
2005	10.5	6.4	16.9
2006	9.0	5.2	14.2

자료: DIEESE.
주: a. 위장 실업률은 취약한 경제활동을 수행하면서 지난 12개월 동안 구직 활동을 한 사람으로 정의함.

계 최고 수준이었다. 브라질의 지니계수는 1989년에 0.636에 이르렀고, 1990년대에 약간 낮아졌다. 2002년에는 0.589였고, 2004년에는 0.572로 소폭 낮아졌다.[20] 그러나 2004년에 소득수준이 가장 낮은 하위 20%가 국민소득의 2.75%, 중간인 50%가 13.85%, 그리고 상위 10%가 45.31%를 차지하고 있는 것을 감안할 때, 소득 불평등 개선이 거의 이루어지지 않았다는 것을 알 수 있다.[21]

룰라 정부의 사회정책

위에서 언급했듯이 룰라 대통령은 기아 문제를 해결을 위한 포미 제로 프로그램을 도입했다. 이후 몇 개월 동안 이 프로그램의 실행이 혼란에 빠지게 되었다. 한 관찰자는 "사회문제 해결을 위해 두 개의 부처(하나는 기아 담당, 다른 하나는 사회보장 담당 부처)를 신설해 행정상의 혼란을 가중시켰다"고 지적했다.[22] 또한 많은 관찰자들은 포미 제로 프로그램을 "불명확하고 시대에 뒤떨어진" 것으로 인식했다.[23] 포미 제로 프로그램이 직면한 최대 난제는 다면적이고 느슨한 접근 방식으로 인한 것이었다. 정책 당국은 프로그램 시행을 위한 조직상의 난제에 직면했다. 실무 차원에서 해결해야 할 다음과 같은 문제가 있었다.

브라질의 빈곤층 400만 명에게 식량 구호를 제공하려는 시도는 초반에 많은 실무적 문제에 직면했다. 빈곤층 대부분이 문맹이고 신분증

(ID)이 없었기 때문에 구호 대상자를 찾거나 등록할 수 없었고, 식량 구호 전달과 관련된 부패 문제는 물론 도로, 전기, 전화 또는 고정 주거지가 없이 살아가는 사람들에게 식량 구호를 전달하는 과정에서 대혼란이 발생했다.[24]

그러나 그 이후 2003년 10월에 가계소득 지원 프로그램인 볼사 파밀리아Bolsa Família 프로그램이 출범함에 따라 많은 진전이 이루어졌다. 이 프로그램은 기존 4개의 현금 이전 프로그램을 하나로 통합한 것이었고, 주무 부처는 신설된 사회발전부였다. 이 프로그램은 자녀의 학교 출석, 보건 진료 및 기타 사회복지 서비스 이용 여부를 조건으로 개인이 아니라 가계에 현금 이전을 실시해 인적자본 육성을 도모했다.[25] 볼사 파밀리아 프로그램은 2005년 1월까지 660만 가구를 지원했으며, 2012년에는 지원 대상이 약 1,200만 가구로 확대되었다. 이 사회투자 프로그램의 예산은 GDP의 0.5% 정도로 추산되었다.[26]

룰라 정부의 새로운 사회 프로그램은 조직상의 불완전성 이외에도 가용자원의 부족으로 제약을 받았다. 불행하게도 사회 프로그램에 대한 예산 배분이 당초 기대했던 것보다 많지 않았다. 이는 국제기구(특히 IMF)가 브라질에 요구하는 재정 압박의 직접적인 결과였다. IMF는 기초재정수지 흑자 목표를 GDP의 4.25%로 상향조정(이전 목표는 GDP의 3.75%)했다. 이를 달성하기 위해 연방정부 예산 지출 140억 헤알이 추가로 삭감되었고, 이 중 50억 헤알이 사회예산이었다. 대표적으로는 교육 예산 3억4,100만 헤알, 보건 예산 16

억 헤알, 사회보장 예산 2억4,700만 헤알이 삭감되었다. 이 밖에도 가장 놀라운 것은 포미 제로 예산 3,400만 달러도 삭감된 것이었다.[27]

룰라 정부의 개혁

룰라 정부의 집권 첫해에 거둔 가장 중요한 정치경제적 성공은 사회보장 개혁 법안의 의회 통과였다. 이러한 개혁이 절실히 요구되고 있었다. 이는 사회보장 지출 규모를 다른 사회지출과 비교해 보면 쉽게 확인할 수 있다. 마우리시우 랜즈[28]에 따르면, 2002년에 주정부는 공무원의 사회보장 예산으로 390억 헤알 이상을 배정해야 했다. 이것은 연방정부의 보건부문 전체 예산이 300억 헤알에 불과했다는 것과 뚜렷하게 대조된다. 이와 관련해 잊지 말아야 할 중요한 것은 사회보장 지출이 인구의 매우 제한된 부문, 즉 350만 명의 공무원과 부양가족에 국한된다는 것이다. 다시 말해, 브라질의 사회보장에 대한 공공지출 규모가 크다 하더라도 그 혜택을 받는 인구는 극도로 집중되어 있다는 것이다. 이는 〈표 8.9(a)〉와 〈표 8.9(b)〉에서 볼 수 있는데, 2002년에 소득기준 상위 10%가 연금의 절반 이상을 차지했다. 이와는 대조적으로 정부가 민간부문 노동자를 위해 운영하는 사회보장기금INSS은 수혜 대상자가 1,900만 명으로 훨씬 더 많지만, 정부 예산은 170억 헤알에 불과했다. 따라서 이 개혁은 사회보장 재원 절감과 보다 공평한 분배라는 측면

표 8.9 | 소득 그룹별 정부 혜택 분배

(a) 소득 그룹별 정부 현금지원 분배(소득 10분위별, %)

	1	2	3	4	5	6	7	8	9	10	합계
합계	2	3	3	3	5	7	7	9	15	46	100
연금	0	1	2	3	4	7	7	9	16	51	100
실업보험	6	6	8	12	12	9	13	11	14	9	100
가족 지원[a]	2	8	11	13	13	12	10	10	9	12	100
노령인구 지원[b]	7	12	28	14	39	0	0	0	0	0	100
아동 지원[c]	35	38	19	7	1	0	0	0	0	0	100

주: a. 가족 월급에 대한 월별 지원
  b. 노령인구 지원
  c. 학교, 식품, 보육 지원

(b) 소득 그룹별 현물지원 분배(소득 10분위별, %)

	1	2	3	4	5	6	7	8	9	10	합계
보건의료	17	16	14	12	11	9	7	6	5	3	100
교육	6	6	6	6	5	5	10	12	17	27	100

자료: Fernando Rezende and Armando Cunha, *Contribuintes e Cidadãos* (2002), p. 95.

에서 매우 중요했다.

2003년 12월에 룰라 정부는 브라질의 상원과 하원에서 사회보장 개혁 법안을 통과시키는 데 성공했다. 이 개혁으로 모든 공무원의 최소 퇴직 연령이 상향조정되었다. 소득이 월 1,440헤알을 초과하는 퇴직 공무원은 사회보장 분담금을 납부하도록 했다. 퇴직 공무원의 유족연금 지급액을 제한했고, 공무원의 임금과 퇴직연금 상한선이 설정되었다. 민간부문 퇴직자에게 지급되는 연금의 상한선도 설정됐다. 이 밖에도 사회보장 비용 증가를 통제하기 위한 많은 조치들이 도입되었다.[29]

이 개혁은 향후 20년 동안 500억 헤알 이상의 비용 절감 효과가 있을 것으로 예상된다.[30] 이러한 의미에서 사회보장 개혁은 다른 부문의 사회예산 지출 확대를 위한 재원을 확보하는 동시에 사회보장

제도의 적자 규모를 억제할 수 있을 것으로 기대되었다. 그러나 개혁의 결과가 구체적으로 나타날 때까지는 상당한 시간이 소요될 것이며, 이 기간 동안에는 정부의 예산 제약에 구속될 것으로 예상된다. 유감스럽게도 룰라 정부의 사회보장 적자 규모 축소 성과는 최저임금 인상으로 인해 단기적으로 달성하기 어려울 것이다.[31] 브라질 법에 따르면 사회보장 지급액이 최저임금과 연동되어 있기 때문에 최저임금 인상은 자동적으로 사회보장 지급액의 인상을 유발한다. 이것은 전형적인 효율성과 형평성 간의 딜레마 문제이다. 사회보장제도를 합리화하려는 시도는 언제나 최저임금 인상이라는 형평성을 강조하는 요구를 불러일으켰다. 이러한 딜레마적인 상황으로 인해 브라질 정부의 사회보장 개혁 노력에도 불구하고 적어도 단기적으로 사회보장 적자 규모는 계속 증가할 것으로 예상된다.[32]

정부의 구조개혁을 위한 또 다른 핵심 과제는 2003년 상반기에 도입된 세제 개혁이었다. 주요 개혁 내용 중 하나는 '주정부 상품 및 서비스 판매세'ICMS의 통일(세율의 종류를 44개에서 5개로 축소)과 생산 기준 과세에서 소비 기준 과세로의 점진적 전환이었다. 또한 국내 투자자에 대한 주정부 세제 혜택을 중단했고, '수표세'로 알려진 금융거래세CPMF를 한시세限時稅에서 영구세로 전환했다. 주정부의 수출업자 세금 공제 금액에 대해 연방정부가 보상하는 제도를 도입했고, 사회보장세COFINS 징수 기준을 임금에서 사용자의 부가가치 수익으로 전환했다. 그리고 마지막으로 자본재 판매와 수출 거래에 대한 주정부의 판매세와 연방정부의 공산품세 감면 제도를 도입했다.[33]

재정수입을 늘리고 경쟁력(특히 수출)을 증진시키기 위해서는 간접세 제도의 개혁이 반드시 필요하지만 이러한 조치가 충분히 광범위하고 철저한 것인지에 대해서는 의문의 여지가 있다. 또한 모든 개혁이 실제로 기능할 것인가에 관한 문제도 남아 있다. 특히 수출에 대한 주정부 세금 면제를 제공하는 것이 작은 일이 아니라는 것이다.[34] 또 다른 중요한 개혁은 파산법 개정이었으며, 이 법안은 2004년 12월에 최종 의회 승인을 받았다. 종전 파산법에 따른 변제순위는 근로자가 최우선이며, 세무 당국이 두 번째, 그리고 채권자가 세 번째였다. 새로운 법은 근로자에 대한 지급을 제한하고, 채권자에게 우선순위를 부여했다. 채권자로서 은행의 권리를 강화함에 따라 경제성장을 위해 긴급히 요구되는 신용 확대에 도움이 될 것으로 기대된다.[35]

룰라 정부가 출범할 무렵 브라질의 민영화 프로그램은 상당히 둔화되었고 2003~05년에도 침체를 지속했다. 특히 주목할 만한 것은 공공기관으로 설립되었지만 1990년대 후반에 자치권이 부여된 규제 기관에 대한 정부의 태도가 바뀌었다는 것이다. 이전 정부에서는 규제 당국이 국내외 민간 양허 사업자에게 유리한 공공요금 조건을 제시했지만, 룰라 정부에서는 민영화된 기업에게 우호적이지 않은 태도를 취했다. 이것은 2004년 3월 의회에서 통과된 새로운 에너지 모델New Energy Model에서 가장 분명하게 드러났다. 이 모델은 저소득 그룹에게 유리한 요금을 제시한 공공사업의 민간 양허 사업자를 명시적으로 우대했다.[36]

정부의 규제와 관련된 또 다른 변화는 규제 기관의 독립성에 대한 접근방식에서 볼 수 있다. 2004년 초에 룰라 행정부 내에서의 압력으로 가장 성공적인 사례로 알려진 통신 규제 기관 아나뗄 ANATEL의 수장을 교체했다. 이 사건은 규제 기관과 심지어 중앙은행을 누가 통제하는가에 대한 다른 시각을 강조한 것으로 여겨졌다. 정부는 암묵적으로 노동자당의 핵심 강령을 실천하는 것처럼 보였다. 즉, 정책결정은 독립적이고 어쩌면 책임이 없는 규제 기관이 아니라 유권자들에게 직접 책임을 지는 정치인들에 의해 이루어져야 한다는 것이었다.

룰라 정부의 핵심 딜레마

룰라 대통령은 국제금융시장의 신뢰를 얻기에 충분한 정통적 거시경제정책의 추구와 사회경제적 평등의 증진이라는 두 가지 목적을 가지고 취임했다. 이는 우선 전자를 먼저 추구하고 그 이후에 후자를 도모하는 순차적인 방식으로 추진되어야 할 것으로 보였다. 이러한 순서를 채택한 이유는 위에서 언급한 바와 같이 국내외 투자자들이 룰라 대통령의 승리를 자신들의 이익에 대한 위협으로 여겼기 때문이었다. 따라서 해외 자원을 활용하고 외채에 대한 협상을 원만히 추진하기 위해 형평성 증진보다 정통적 경제정책의 추구에 우선순위가 부여되었다. 그러나 불행하게도 이러한 순차적 접근은 실현 불가능할 수도 있다. 정통적 경제정책의 추진이 경제성장에 미치는 영향으로 인해 사회경제적 형평성을 제고하기 위한 후속 정책의 추진을 어렵게 만들 수 있다. 즉, 초기에 추진된 정통적 경제정책이 후속 정책의 내용을 결정지을 수 있다. 이와 동시에 정통적 경제정책의 추구가 소득재분배와 양립할 수 없다고 의심할 만한 충분한 이유가 있다. 즉, 정통적 경제정책은 단기적(정통적 정책이 시행되는 동안)으로는 물론 장기적(적절한 성장 조건을 유발하지 않기 때문에)으로도 소득재분배와 양립 가능하지 않을 수 있다.

물론 초기에 정통적 거시경제정책을 강조하는 것이 반드시 단기적으로나 장기적으로 형평성 개선의 실현에 불리하지 않을 수도 있다. 칠레의 경험에서 알 수 있듯이 정통적 경제정책은 인플레이션의 안정적 관리를 통해 저소득층의 실질소득 증가에 기여할 수 있다. 이와 동시에, 제도 개혁과 재량적 재정지출 패턴의 변화, 그리고 긴축재정정책의 유지가 저소득층에게 유리한 소득재분배와 양립 가능할 수도 있다. 또한 정통적 경제정책이 인플레이션과 환율의 안정에 따른 예측 가능성을 높여서 민간부문 투자를 가속시킨다고 주장할 수 있다. 이를 통해 경제성장률이 높아지고 소득재분배를 위한 보다 우호적인 여건이 마련된다면 저소득층이 혜택을 볼 수 있다. 그러나 우리는 여러 가지 이유로 현대 브라질의 경우 초기에 정통적 경제정책을 강조하는 방식이 단기적으로는 물론 장기적으로도 형평성 개선으로 이어지지 않을 것이라고 주장한다.

정통적 경제정책이 소득재분배와 양립 가능한가?
: 단기의 경우

　브라질의 정통적 경제정책은 단기적으로 소득재분배에 기여하지 못했다. 인플레이션이 안정을 유지함에 따라 임금 소득자들에게 도움이 되었지만, 앞서 살펴본 바와 같이 룰라 정부 대부분의 기간 동안 실업률이 높은 상태를 유지했고, 실질임금은 하락했다.[37]

　이러한 상황에서도 정부가 적극적으로 대처했더라면 소득재분배의 진전을 이룰 수 있었을 것이다. 불행하게도 이러한 일을 재량적 재정지출의 제약과 공공부문의 효과적 개입 실패(재정지출 제약 조건 하에서)라는 두 가지 이유로 인해 발생하지 않았다. 재량적 재정지출에 관한 우리의 주장은 〈그림 8.1〉에 예시되어 있다.

　그림에서 중앙의 음영 박스는 정부가 사용할 수 있는 전체 자원을 나타내며, 이는 다시 재량적 재정지출과 비재량적 재정지출로 구분할 수 있다. 비재량적 재정지출은 연방정부가 통제할 수 없는 지출 항목으로 구성된다. 이러한 지출 항목으로는 부채 상환과 헌법에 명시된 주정부와 시정부로의 이전지출 등이 있다. 재량적 재정지출에는 형평성 개선을 목표로 하는 사회 프로그램이 포함된다. 여기서 재량적 재정지출과 비재량적 재정지출의 배분은 거시경제정책에 대한 입장과 구조개혁 실행의 성공 여부에 의해 결정된다는 점을 특히 강조할 필요가 있다.

　구체적으로 볼 때, 국내저축률이 낮은 개방경제(브라질의 주요 특징)에서 부채가 증가할 경우 통화 변동성에 대한 취약성이 커진다.

그림 8.1 | 공공지출 배분에 영향을 미치는 요소들

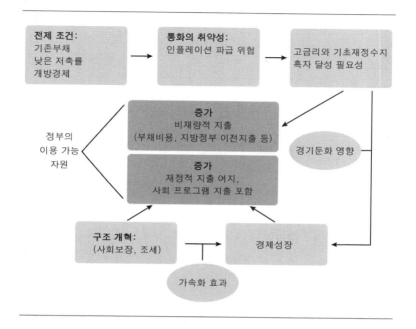

물론 우리는 개방경제나 낮은 국내저축률과 이로 인한 외국자본 조달의 필요성이 자동적으로 통화의 취약성을 유발한다고 가정하는 것은 아니다. 예를 들어 미국의 경우 2004년 이전에 만성적인 경상수지 적자에도 불구하고 달러화 가치의 극적인 하락을 피할 수 있었다. 그 이유는 금융시장의 풍부한 유동성과 기축통화 * 라는 지위로 인해 미국이 국제 포트폴리오 자본의 매력적인 투자 대상이었기

● 국제외환시장에서 금융거래 또는 국제결제의 중심이 되는 통화.

표 8.10 | 연방정부 지출: 1994~2004년

(%)

	1994	1995	1996	1997	1998	1999	2000	2001	2002	2003	2004
경상지출	50.0	55.2	53.0	43.8	40.2	38.4	40.6	48.8	50.2	44.1	48.4
임금 및 복지후생	12.9	16.2	14.2	11.5	9.6	8.8	9.4	10.8	11.1	9.1	9.8
공공부채 이자지급	7.1	7.1	6.6	5.4	6.2	7.5	6.3	8.8	8.2	7.6	8.2
지방정부 이전지출	8.6	9.1	9.0	7.7	7.6	7.1	8.4	10.0	10.8	9.2	10.1
사회보장	12.1	13.7	14.2	11.8	10.8	9.8	10.5	12.4	12.9	12.4	13.5
기타 경상지출	9.3	9.10	9.0	7.4	6.0	5.2	6.0	6.8	7.2	5.8	6.8
자본지출	25.7	8.7	9.0	21.7	20.6	15.6	10.5	14.9	14.8	12.5	11.5
투자	2.9	2.1	2.0	2.0	1.6	1.2	1.6	2.5	1.5	0.7	1.2
금융투자	4.2	2.9	4.2	16.4	14.2	9.8	1.8	3.3	3.1	2.6	2.4
부채 원금 상환	18.6	3.7	2.8	3.3	4.8	4.6	7.1	9.1	10.2	9.2	7.9
부채 재대출	24.3	36.1	38.0	34.5	39.2	46.0	48.9	36.3	35.0	43.4	40.1
합계	100.0	100.0	100.0	100.0	100.0	100.0	100.0	100.0	100.0	100.0	100.0

자료: Minsterio da Fazenda, Tesouro Nacional

때문이다. 불행하게도 브라질은 이러한 속성을 가지고 있지 않기 때문에 국제자본 유치 비용이 높고 자본유출입의 변동성은 더 컸다.

따라서 브라질 정책 당국은 국제투자자본 유치를 위해 높은 이자율을 유지하고, 기초재정수지 흑자를 달성해야 했다.[38] 이러한 고금리의 부작용으로 부채의 이자비용이 증가하고 성장이 둔화되었다. 따라서 재량적 재정지출은 재정수입 감소(저성장의 결과)와 부채비용 증가라는 이중고를 겪었다.

이러한 딜레마는 〈표 8.10〉에 구체적으로 나타나고 있다. 〈표 8.10〉은 브라질 연방정부의 재정지출 요약이다. 특히 2004년에 부채의 상환과 재대출 비용이 전체 재정지출의 48% 이상을 차지했다. 이 자료는 또한 부채의 상환액이 재대출액에 비해 매우 적다는 것을 보여 준다. 재대출(전체 재정지출의 40.1%)은 물론 금리변동에 매우 민감하다. 이런 이유로 저금리가 정부에게 유리하다는 것은 명백했다. 그러나 물가안정목표제의 고수와 통화가치 안정을 위해 이처럼 매력적인 정책을 추진할 수 없었다.

경상지출을 살펴보면, 공공부채 이자비용, 사회보장 지출, 그리고 주정부와 시정부에 대한 이전지출이 연방정부의 비재량적 지출항목을 구성하고 있다. 이러한 비재량적 지출은 전체 지출의 31.8%를 차지하고 있었다. 2004년에 경상지출과 자본지출의 비재량적 지출을 모두 합치면 전체 지출의 79.8%에 달했다. 이와는 대조적으로 1995년(헤알 플랜이 도입된 시기)에는 비재량적 지출이 전체 지출의 69.7%였다. 따라서 짧은 기간 동안 연방정부의 재량적 지출의 여지가 급격히 축소된 것이 분명했다. 이러한 배경에서 반드시 필요한 사회 프로그램을 위한 투자에 족쇄가 채워지게 되었다.

위에서 언급했듯이 긴축재정정책이 자동적으로 저소득층에게 손해를 입힌다고 가정하지 말아야 한다. 정부예산지출 프로그램의 우선순위를 재조정한다면, 정통적 재정정책을 유지하면서도 저소득층에게 혜택이 돌아가게 만드는 것이 가능하다. 그러나 우리는 브라질의 경우 그러한 우선순위 재조정이 없었다는 것을 살펴보았다. 정부는 제도적·정치적 제약으로 인해 의회의 지지를 받는 이기주의적 프로그램에서 보건, 교육과 같은 사회 분야로 자원을 전환시킬 수 없었다. 이 밖에도 주요 빈곤 감축 프로그램의 설계에도 결함이 있었다는 것을 살펴보았다. 이와 더불어 여러 가지 이유로 다수의 빈곤 감축 프로그램이 배정된 예산을 다 사용하지 못했다는 증거도 있다.[39]

정부의 거시경제 전략이 국제금융시장과 국제기구가 선호하는 정통적 정책의 엄격한 준수이었기 때문에 적어도 단기적으로 정통적 정책과 사회발전을 통합해 추진할 여지는 거의 없었다. 특히 정부가 재량적 재정지출의 우선순위를 조정하려는 의지가 없었기 때문에 더욱 그러했다.

경제성장률을 높이고 위에서 언급한 함정에서 탈출할 수 있는 유일한 출구는 구조개혁이었다. 구조개혁은 경제성장률 제고와 더불어 정부의 재정수입 증가에도 기여할 것으로 기대되었다. 이러한 조건이 충족될 경우 정부의 재량적 재정지출의 여지가 넓어질 뿐 아니라 소득재분배를 위한 우호적 여건을 조성할 수 있다. 그러나 불행하게도 특히 재정지출 측면의 구조개혁이 매우 느리게 진행되었고,[40] 그로 인해 경제성장 성과도 부진했다. 이와는 달리, 정통적 경제정책으로 인해 룰라 정부에서 비재량적 재정지출이 크게 증가한 것으로 보인다. 특히 2003년에는 고금리와 정통적 재정정책을 동시에 추진함에 따라 경제성장률이 저하됨에 따라 이러한 현상이 더욱 심화되었다. 비록 2004년에 경제성장세가 반등했지만, 구조적 제약 조건으로 인해 정책 당국은 성장을 둔화시키는 긴축통화정책을 고수할 수밖에 없었고, 이로 인해 2005년 상반기에 경제성장세가 다시 둔화되었다. 이에 따라 룰라 정부가 국가 전체의 사회경제적 조건 개선을 위한 광범위한 프로그램을 개발할 수 있는 여지가 거의 없었다.

정통적 경제정책이 소득재분배와 양립 가능한가?
: 장기의 경우

우리는 브라질에서 단기적으로 정통적 거시경제정책과 사회적 형평성 제고를 동시에 달성하는 것이 불가능하다는 것을 살펴보았다. 이는 저성장이 저소득층에 미치는 영향, 재량적 재정지출의 여지가 매우 제한적인 상황, 그리고 기존의 재정 여건에서 재정지출의 우선순위 조정 실패 등에 따른 결과였다. 정통적 거시경제정책이 단기적으로 재분배에 실패하더라도 장기적으로는 형평성 개선을 위한 토대를 구축할 수 있다고 주장할 수 있다. 불행하게도 우리는 적어도 브라질의 경우는 그렇지 않다고 생각한다. 그 이유는 정통적 경제정책이 장기 경제성장과 소득재분배에 미치는 영향과 관련이 있다.

브라질이 장기간에 걸쳐 소득재분배를 추구하기 위해서는 경제가 안정적 고도성장 궤도에 진입해야만 한다. 그 이유는 두 가지이다. 첫째, 실업률을 낮추고 저소득층의 실질임금을 증가시키기 위해서는 고도성장이 필요하다. 둘째, 장기간에 걸친 소득재분배는 경제가 고도성장을 지속할 경우에 재정적 측면에서 현실성이 있고 정치적으로도 실행 가능성이 높을 것이다. 앞서 살펴보았듯이, 현재와 같은 극도로 제한된 재정 여건에서 정부의 재량적 재정지출 우선순위를 조정하는 것은 극도로 어렵다. 만약 경제성장이 가속화되고 재정수입이 증가한다면, 재량적 사회투자의 여지가 증가할 것이다. 조세 측면에서도 지속적인 경제성장이 이루어진다면 소득재분배 정책에 대한 고소득층의 수용성을 높여 줄 것이다. 즉, 파이가 늘어날 때 각자의 몫을 바꾸는 것이 훨씬 쉽다는 것이다.[41]

그러나 인프라 및 교육에 대한 공공투자와 생산설비 확충을 위한 민간투자 부족으로[42] 인해 고도성장을 위한 조건이 창출되지 못하고 있다.[43] 앞서 살펴보았듯이 물가와 환율안정, 그리고 사유재산권의 강화와 같은 우호적 투자 환경에도 불구하고 민간투자는 크게 늘어나지 않았다.[44] 이와 동시에 야심찬 재정수지 흑자 목표로 인해 공공투자가 심각한 제약을 받고 있다. 이러한 추세가 반전되지 않는다면, 국가의 미래 경제성장이 심각하게 위협받을 수 있다. 보다 구체적으로 살펴보면, 항구와 고속도로는 물론 전력 발전, 송배전 부문에 대한 만성적인 투자 부족으로 인해 브라질의 수출 주도형 성장 가능성이 크게 저해되고 있다.[45]

특히 심각한 문제는 공공지출 중 교육과 훈련 부문에 대한 지출을 늘리는 데 계속 실패하고 있다는 것이다. 이는 두 가지 의미를 갖는다. 첫째, 교육부문에 대한 투자 부족은 생산성 증가에 미치는 부정적 영향을 통해 잠재성장률과 국제경쟁력을 제약하고 있다. 이는 또한 소득재분배 노력에도 악영향을 미칠 것이다. 둘째, 교육과 훈련 부문에 대한 투자 부족은 소득분배에 매우 직접적인 영향을 미친다. 브라질과 같이 서비스 주도의 경제에서 개인의 소득은 각 개인에 체화된 인적자본의 양에 따라 결정될 것이기 때문이다.

우리는 지금까지 브라질의 경우 정통적 경제정책의 추구가 투자를 낮추고 결과적으로 미래의 성장과 소득재분배 잠재력을 떨어뜨린다고 주장했다. 그러나 정통적 경제정책은 항상 이러한 결과를 초래하는가? 예를 들어, 가나의 사례는 이러한 결론을 뒷받침해 주는 것처럼 보이나, 칠레의 사례는 특정 조건하에서 정통적 경제정책의 추구가 경제성장률을 가속화시키는 도약대 역할을 할 수 있다는 것을 시사하고 있다. 칠레의 경우 정통적 재정정책과 통화정책을 원칙으로 삼고 있었지만, 이와 더불어 공급 측면의 구조개혁이 이루어졌다는 것을 주목할 필요가 있다. 이러한 구조개혁의 주요 내용으로는 노동시장의 규제완화,[46] 자본시장의 철저한 개혁, 연금제도의 부분적 민영화를 통한 국내저축률 제고 등이 있다. 브라질에서는 민간투자와 경제성장 증가에 크게 기여할 수 있는 이러한 구조개혁이 아직 이루어지지 않고 있다. 칠레가 브라질보다 더 많은 교육 기회를 제공하고 있다는 점도 주목할 가치가 있다.

결론

룰라 대통령은 2003년 1월에 사회 정의와 정통적 경제정책의 추구라는 두 가지 목표를 가지고 취임했다. 이 장에서 우리는 적어도 현재까지는 이 두 가지 목적이 서로 양립 가능하지 않다고 주장했다. 룰라 정부가 이전 정부로부터 물려받은 시장친화적 정책을 유지하고 국제금융시장에서 높은 평가를 받는 성과를 보였으나, 이는 낮은 실업률, 높은 실질임금, 그리고 소득과 재산의 형평성 제고와 같은 중요한 사회 목표 달성을 희생한 결과였다. 물론 정통적 거시경제정책을 채택하는 것이 브라질의 뿌리 깊은 사회문제를 해결하기 위한 토대를 마련해 줄 것이라고 주장할 수 있다.

그러나 우리는 긴축재정정책과 통화정책이 저소득층에게 도움이 되는 재량적 재정지출을 확대할 수 있는 여지를 축소한다는 것을 살펴보았다. 한편, 구조개혁은 이러한 경향을 반전시킬 수 있는 잠재력이 있지만, 아직까지 브라질의 구조개혁이 매우 제한적인 상황이다. 또한 구조개혁을 지지하는 사람들의 의견에 따르더라도, 이러한 구조개혁의 효과가 매우 제한적이고 천천히 나타날 것으로 예상되고 있다. 보다 근본적으로는 정통적 재정정책과 통화정책이 인프라와 인적자본에 대한 투자를 제약함에 따라 불가피하게 성장잠재력을 제한할 것이라는 사실에 주목할 필요가 있다. 따라서 정통적 거시경제정책이 미래의 성장 가속화를 위한 필수 전제 조건이라는 개념에 대해 심각한 재평가가 필요하다. 달리 표현하면, 브라질은 표면상으로 건전한 거시경제 성과를 거두고 있음에도 불구하고 사회문제가 해결되지 않은 채로 남아 있는 함정에 빠질 위험에 처해 있다.

또한 높은 경제성장률이 자동적으로 소득분배의 개선을 가져오는 것이 아니라는 점에도 유의해야 한다. 예를 들면, 브라질 경제의 기적이라고 알려진 고도성장 기간(1968~73년)에도 소득분배는 거의 개선되지 않았다. 실제로는 이 기간에 소득집중도가 더 증가했다는 증거가 있다. 멕시코 경제의 경우에도 침체기와 고도성장기에 모두 소득집중도가 매우 높았다.[47] 그러나 소득재분배는 경제가 성장하고 있을 때 정치적으로 더 실행 가능해진다는 것은 의심의 여지가 없다. 우리는 현대 브라질에서 그러한 성장이 실현되지 못했거나 또는 그러한 성장의 토대를 마련하지 못했다는 것은 가까운 시기에 분배 문제의 해결을 기대하기 어렵다는 것을 의미한다고 주장했다.

따라서 룰라 정부 첫 번째 임기가 끝나갈 무렵 정부는 국제금융시장에서 경제적 신뢰를 유지하는 동시에 사회경제적 불평등을 해소해야 하는 근본적인 딜레마에 직면해 있었다. 물론 정통적 경제정책을 추진하고 완만한 경제성장이 이루어지는 상황에서는 소득재분배가 불가능하다고 가정하는 것은 타당하지 않다. 그러나 이러한 상황에서 소득재분배를 시도하는 것은 매우 어려운 과제이다. 왜냐하면 이러한 상황에서의 소득재분배는 절대 기준으로 자신의 몫을 잃는 그룹이 생길 수 있기 때문이다. 이러한 맥락에서 소득재분배가 이루어지기 위해서는 상당한 정치적 의지가 필요하지만, 룰라 정부의 첫 번째 임기 동안에는 이러한 의지가 부족한 것처럼 보였다.[48]

요약하면, 최근 브라질의 경험은 거시경제 안정성과 사회경제적 변화를 동시에 달성하는 것이 어려운 문제임을 시사하고 있다. 우선 정통적 경제정책을 추진하고 그다음에 경제성장과 소득재분배를 추구하는 순차적 접근 방법이 합리적인 것으로 보이지만, 브라질의 경우에는 이러한 접근 방법이 문제가 있는 것으로 나타났다.

신흥시장으로 부상한 브라질
: 2007~12년

21세기의 첫 10년이 끝나갈 무렵 브라질 경제는 국제투자자금 유입이 사상 최대치를 기록하고 국제금융시장의 찬사를 한 몸에 받는 등 최근 수년간 가장 훌륭한 신흥시장 성공 사례로 소개되고 있다. 이 장에서는 이러한 언론의 헤드라인 뒤에 숨겨진 실상을 살펴보고, 21세기 첫 10년간의 브라질 경제 성과를 비판적으로 고찰하는 한편, 브라질 경제의 특성을 세밀하게 분석함으로써 최근의 이러한 낙관적 기대가 타당한가를 평가해 보고자 한다.

표면상으로는 브라질 경제 성과에 실질적 변화가 발생한 것으로 보인다. 과거 수십 년 동안 브라질 경제의 특징이었던 금융 불안정이 사라졌고, 상대적 물가안정, 재정균형, 고도성장에 대한 찬사를 받고 있다. 브라질은 국제투자자금의 매력적인 투자처가 되었고,

2010년에는 국제투자자금 총액의 4.3%를 유치했다.[1] 이로 인한 환율의 오버슈팅●을 방지하기 위해 국제투자자금 유입에 대해 세금을 부과하기도 했다.

브라질은 대두, 철강, 면화, 냉동 닭고기, 냉동 오렌지주스, 오일, 바이오연료 및 중형 항공기의 주요 수출국이 되었다. 이뿐만 아니라 브라질은 소득불평등과 절대빈곤 축소에도 성공했다. 달리 말하면, 브라질은 경제성장과 형평성 제고가 양립 가능하다는 것을 보여 주는 사례라는 찬사를 받고 있다. 따라서 "브라질은 언제나 잠재력이 풍부한 미래의 나라"라는 오랜 농담은 더 이상 유효하지 않아 보인다.[2] 브라질에서 개최될 예정인 2014년 월드컵과 2016년 올림픽은 브라질의 미래가 마침내 현실이 되었다는 것을 상징하는 것처럼 보인다.

많은 사람들은 최근 브라질의 양호한 경제성장이 1990년대 중반의 거시경제개혁 및 시장개혁으로 가능해졌다고 주장한다. 이전 장에서 살펴보았듯이 이러한 개혁은 성공적인 안정화 정책(헤알 플랜), 은행 구조조정, 민영화, 그리고 무역 및 투자에 대한 경제개방으로 구성되어 있다.[3] 따라서 이 장에서는 대부분의 개혁이 이루어진 1990년대 중반부터 2012년 현재까지의 기간에 대해 집중 분석할 것이다.

● 금융자산의 시장가격이 장기균형 수준에서 벗어나 일시적으로 폭등·폭락하는 현상.

성장

〈표 9.1〉을 살펴보면, 브라질의 경제성장이 비교적 미약하다는 것을 알 수 있다. 1995~2003년 동안 브라질은 연평균 2.2% 성장했는데, 이는 국제표준으로 매우 낮은 수준이었다. 2004~08년 동안에는 연평균 4.8%의 비교적 양호한 성장을 달성했다. 그러나 2009년에는 세계경제위기의 여파로 마이너스성장(-0.6%)을 기록하는 등 경기침체를 겪었다. 2010년에는 경제성장률이 7.5%로 대폭 반등했지만, 아시아 국가들의 성장 경험과 비교해 볼 때, 이 또한 그다지 뛰어난 성과는 아니었다. 그러나 성장이 가속화됨에 따라 실업률은 크게 감소했다. 브라질통계청Instituto Brasileiro de Geografia e Estatística, IBGE에 따르면, 2010년 브라질의 공식 실업률은 5.7%로 사상 최저치를 기록했다. 안타깝게도 2011년에 경제성장률이 2.7%로 낮아졌고, 2012년에는 0.9%의 저성장에 그쳤다.

2011~12년에 경제가 저성장을 지속했음에도 불구하고 실업률이 계속 감소했다는 점은 주목할 만하다. 실업률은 2003년 13%에서 2012년에는 5.3%로 지속적으로 하락했다.[4] 왜 이러한 일이 발생했는지에 대한 명확한 설명은 없다. 일부 연구자들은 2010~12년 동안 숙련공의 부족으로 인해 노동생산성이 감소한 것을 이유로 들고 있다. 또한 다른 연구자들은 국내생산 확대(특히 자동차)를 위해 일부 수입품에 대한 특별세가 도입된 것을 지적했다. 마지막으로 많은 기업들이 브라질의 높은 고용 및 해고 비용을 감안하는 한편, 조만간 성장이 되살아날 것이라고 기대하고 많은 노동자들의

표 9.1 | GDP 구성 요소별 성장률: 1995~2012년

(%)

	1995~2003	2004~08	2009	2010	2011	2012
GDP	2.2	4.8	−0.6	7.5	2.7	0.9
농업	4.5	3.59	−4.56	6.46	5.46	
산업	1.45	4.27	−6.42	10.12	0.40	−2.68
광업	2.99	4.97	−1.06	15.68	2.13	−0.38
제조업	1.27	4.15	−8.23	9.69	0.26	−2.82
건설업	0.62	2.91	−6.28	11.63	3.67	
자본재	0.36	3.14	−17.43	21.8	−14.6	
내구성 소비재	3.14	10.38	−6.38	10.2	−15.4	
비내구성 소비재	0.82	3.19	−1.54	5.1	1.2	
서비스업	2.19	4.78	2.19	5.42	2.73	
상업	1.75	6.30	−1.93	10.74		
금융업	−2.70	9.08	7.09	10.68		
정부	2.77	2.40	3.32	2.30		
정보서비스업	9.81	5.49	4.88			
고정자본형성	0.51	9.95	−10.3	21.85		

자료: Banco Central do Brasil.

고용을 유지하고 있다고 주장했다.

또 다른 주목할 만한 현상은 브라질의 투자율이 매우 낮다는 것이다. 〈표 9.2〉에서 볼 수 있듯이, 브라질의 GDP 대비 투자율은 오랫동안 17%를 넘지 못했고, 경제성장이 가속화된 시기에 가까스로 이를 넘어섰을 뿐이었다. 이 시기에 브라질보다 높은 경제성장률을 보인 많은 아시아 국가들의 GDP 대비 투자율은 35~40%에 이르고 있었다는 것을 감안할 때, 브라질의 낮은 투자율은 매우 두드러진 현상이었다. 이는 브라질의 투자가 아시아의 투자보다 훨씬 더 효율적이거나, 2004~08년과 2010년의 높은 성장이 앞으로 지속될 수 없다는 것을 의미한다. 브라질의 낮은 투자율과 이용 가능한 최상의 시나리오에 따른 추정치를 사용하더라도 브라질의 장기 연평균 잠재성장률은 4.5%에 불과하다. 이러한 의미에서 2010년의

표 9.2 | 거시경제 지표와 GDP 구성: 1995~2012년

(a) 거시경제 지표

(GDP 대비 비중, %)

	1995~2003ª	2004~08ª	2009	2010	2011	2012
고정자본형성/GDP	16.74	16.92	16.95	20.03	19.28	17.61
민간소비/GDP	63.61	60.11	62.76	80.79	80.01	83.79
정부지출/GDP	20.10	19.80	20.81			
가동률	81.7	84.3	80.2	86.1	84.1	84.8

자료: Banco Central do Brasil; IPEA.
주: a. 연평균

(b) 부문별 GDP 구성

	1995	2000	2005	2009	2010	2011
농업/GDP	5.77	5.60	5.71	5.63	5.30	5.46
광업/GDP	0.82	1.59	2.46	1.83	2.97	4.08
제조업	18.62	17.22	18.09	16.65	16.23	14.60
건설업	5.49	5.52	4.90	5.25	5.65	5.78
상업	11.71	10.60	11.17	12.49	12.52	12.65
정보서비스업	0.70	3.60	3.98	4.80	5.02	5.13
금융업	9.03	5.96	7.05	7.24	7.51	7.43
공공행정	15.59	14.93	15.05	16.33	16.20	16.33

자료: Banco Central do Brasil; IPEA.

7.5%와 같은 고도성장은 투자율의 급격한 상승이 없는 한 지속 가능하지 않다.

인프라

브라질과 같은 신흥국에서는 일반적으로 인프라 확장과 개선을 위한 투자가 매우 활발하게 이루어진다. 그러나 이 장에서 다루는 기간 동안 브라질에서는 이 분야에 대한 투자가 부진했다. 1990년 대 이후 운송 네트워크와 항만 인프라 건설과 개선을 위한 투자가 계속 지체되었다. 이로 인해 수확기에 항구에서 화물을 하역하려는 트럭들이 32~48킬로미터에 이르는 긴 줄을 서서 기다리곤 한다.[5] 일부 산업 지역은 발전 및 송배전 설비의 부족으로 인해 정전 사태가 발생할 수 있다는 위협을 받고 있다. 공항 인프라의 부족도 매우 심각한 상황이다. 활주로와 터미널 건설을 위한 투자가 시급한 상황이나, 21세기 첫 10년이 끝날 때까지도 이러한 투자가 보류되어 왔다. 국내 항공운송 수요가 급증하는 상황을 감안할 때, 이는 시급히 해결해야 할 도전 과제이다.

이러한 인프라 부족 상황을 초래한 원인은 무엇인가? 가장 중요한 원인 중 하나는 인플레이션을 억제하고 국제금융계를 만족시키기 위해 정부가 기초재정수지 흑자 목표를 추구한 것이다.[6] 2007년에 정부는 성장촉진프로그램PAC을 출범시켰다. 이 프로그램은 1996~2004년 동안의 저성장 기간을 거친 후 경제성장률을 획기적으로 제고하기 위해 고안된 것이다. 경제성장촉진프로그램에 포함된 많은 프로젝트들이 인프라 부문에 대한 투자사업들이다. 그러나 예산 부족과 행정적 문제 등 여러 가지 사유로 인해 다수의 프로젝트가 지체되거나 취소되었다. 브라질 기획부 산하 국책연구기관인 응용경제연구소IPEA의 연구 결과에 따르면, 2010년 브라질 GDP는 3조6천억 헤알에 달했지만, 대중교통 부문에 대한 투자는 정부 총투자의 3분의 1인 144억 헤알에 불과했다.[7] 2014년 월드컵과 2016년 올림픽이 다가옴에 따라 인프라 부족 문제의 해결이 매우 시급한 상황이다. 이 두 가지 국제 행사는 특히 교통 분야를 비롯해 인프라 부족 문제에 대한 압력을 가중시키고 있다.

2012년에 브라질 정부는 인프라 프로젝트의 추진 속도를 높이기 위해 양허계약을 통해 인프라 부문에 대한 국내외 민간기업의 투자 유치에 주력했다.●● 이러한 방식이 주요 공항, 고속도로 및 항만 시설의 현대화 및 관리, 발전소 건설, 그리고 리우데자네이루와 상파울루를 잇는 고속철 건설 등 다양한 분야에 적용되기 시작했다. 그리고 이러한 사업 대부분은 브라질 국영 경제사회개발은행 BNDES으로부터 사업 자금의 일부를 조달했다.

물가안정목표제, 이자율, 환율

헤알 플랜(1994년 도입)의 성공은 그 당시 중요한 안정화 정책 수단으로 사용된 고금리에 기인한 브라질 통화의 평가절상과 부분적으로 관련되어 있다(7장 참조). 이러한 고금리(실질 기준으로 7~10%)가 상당 규모의 외국자본을 유치했고, 이로 인해 헤알화가 평가절상되었으며, 이는 다시 물가안정화에 기여했다. 이는 한동안 환율목표제 안정화 정책으로 알려졌다. 20세기가 끝날 무렵 환율목표제가 중단되고 물가안정목표제가 새로 도입되었지만, 물가안정을 위해 고금리가 계속 유지되었다. 21세기의 첫 10년 동안 브라질의

● 2014년 브라질 월드컵은 개막일 직전에 겨우 경기장을 완공했으나, 도로, 공항 등 교통 인프라 공사는 미완공인 상태에서 개최되었고, 2016년 리우 올림픽도 당초 계획된 인프라 공사의 80%만 마무리되어 경기장과 선수촌 시설이 매우 열악하다는 평가를 받았다.

●● 민관협력(public-private partnerships; PPP) 사업 방식 도입을 의미.

표 9.3 | 대외경제 지표: 1995~2011년

(a) 브라질 수출입 증가율(%)

	1995~2003	2005~08	2009	2010	2011
수출	6.66	19.7	-22.7	32.0	26.8
수입	8.09	21.8	-11.41	26.7	17.6

(b) 브라질 무역수지, 순외국인직접투자, 순포트폴리오투자(10억 달러)

	무역수지	순외국인직접투자	순포트폴리오투자
1996	-5.6	10.8	22.0
1997	-6.8	19.0	10.9
1998	-6.6	28.9	18.6
1999	-1.2	28.6	3.5
2000	-0.7	32.8	8.6
2001	2.7	22.5	0.9
2002	13.1	16.6	-4.8
2003	24.8	10.1	5.1
2004	33.6	18.2	-4.0
2005	44.7	15.1	6.6
2006	46.5	18.8	9.0
2007	40.0	34.6	48.1
2008	24.8	45.1	-.8
2009	25.3	25.9	46.2
2010	20.3	48.5	67.8
2011	29.8	66.7	17.4

자료: Banco Central do Brasil.

이자율은 세계에서 가장 높은 수준이었고, 이로 인해 상당한 포트폴리오투자(본질적으로 일부 투기적)가 유입(〈표 9.3(b)〉 참조)되었으며, 브라질은 세계 주요 신흥경제국 중 통화가치가 가장 고평가된 국가 중 하나였다.

헤알화의 평가절상으로 인해 브라질 산업이 국제경쟁력을 갖추는 것이 매우 어려웠다. 그러나 이로 인해 국제수지 불균형 문제가 유발되지는 않았다. 이는 〈표 9.3(a)〉에서 알 수 있듯이 그 무렵부터 중국이 주도하는 아시아 국가들의 고도성장이 지속됨에 따라 세계 원자재 붐이 10년간 지속되었기 때문이었다. 사실 이 시기에 브라질은 무역수지 흑자를 달성했다(〈표 9.3(b)〉 참조). 2000년대 후반에 원자재 수출 비중이 총수출의 50% 이상을 차지했다. 게다가, 원자재 수출 비중이 계속 증가했다.[8] 원래 브라질과 라틴아메리카 여러 나라가 산업화를 추진한 이유가 원자재 수출에 대한 높은 의존도였다는 것을 생각하면 아이러니한 일이었다.

그러나 브라질의 제조업 부문 수출 경쟁력이 낮은 이유는 비효율성이 아니라 물가안정목표제 시행에 따른 헤알화의 평가절상 때문이었다. 브라질 국가산업연맹이 2011년에 실시한 설문조사에 따르면, 국내외 시장에서 중국산 제품과의 경쟁이 치열해지면서 헤알화의 고평가 문제가 특히 심각한 것으로 나타났다.[9] 정부는 이러한 상황에서 수출 확대를 지원하기 위해 2010년 말에 수출 인센티브 패키지를 발표했다. 이 패키지에는 수출품 제조에 소요되는 국내에서 생산된 수출용 원자재에 대한 세금 면제가 포함되었다.[10]

신용 붐

분석 대상 기간 동안의 브라질 경제의 주목할 만한 특징은 신용 붐, 특히 소비자신용의 증가이다. 〈표 9.4〉에서 볼 수 있듯이 GDP 대비 은행신용 비율은 1998년 26.7%에서 2005년과 2010년에 각각 28.1%와 45.2%로 증가했고 2012년 중반에는 50.16%에 달했다. 이러한 소비자신용 증가 추세는 위에서 언급한 세금 인센티브와 함께 정부의 경기부양 노력에 영향을 미쳤다. 예를 들어, 『파이

표 9.4 | GDP 대비 은행 대출: 1998~2012년

(GDP 비중)

	은행 여신
1998	24.7
2005	28.1
2006	30.8
2007	34.7
2008	41.3
2009	45.9
2010	45.2
2011	49.0
2012	50.16

자료: Banco Central do Brasil.

낸셜 타임스』*Financial Times*는 "브라질의 상황이 미국의 서브프라임 위기 당시와 우려스러울 정도로 비슷하다. 은행들이 궁극적으로 대출을 상환할 수 없는 소비자들에게 고금리로 대규모의 소비자신용을 제공했다"고 주장했다.[11] 신용정보회사인 세라사^{Serasa}에 따르면, 2010년 소비자신용 부도율은 전년도에 비해 크게 증가한 6.3%를 기록했으며, 브라질중앙은행 자료에 따르면 2011년에 이 비율이 12.5%로 상승했다. 2012년에도 소비자신용 부도율이 전년도와 비슷한 수준을 유지했다. 소비자신용 증가의 결과 중 하나는 자동차 판매의 증가였다. 2010년 자동차 판매대수는 전년 대비 11% 증가한 350만 대로 사상 최고치를 경신했다.

성장과 형평성

브라질 경제 역사의 상수^{常數}는 높은 소득집중도이다. 이는 19세기와 20세기 초반 1차산품 수출 주도 경제 시기의 높은 토지 소유 집중도에 뿌리를 두고 있다. 수입대체산업화 시기에도 이러한 높은 소득집중도가 지속되었는데, 이는 고도로 자본집약적인 산업이 이식되었기 때문이었다. 이러한 소득집중도는 인플레이션이 높았던 시기에 더욱 악화되었는데, 이는 인플레이션으로 인한 피해를 가장 크게 입은 소득계층이 저소득층이었기 때문이었다. 헤알 플랜이 도입된 이후부터 2010년까지 이러한 역사적 추세가 반전된 것으로 보인다.[12] 이는 2005년부터 2009년 사이에 지니계수가 약 4.5% 감소한 사실에서 확인할 수 있다.[13]

소득불평등의 감소는 'C 계층' 또는 '새로운 중산층'의 증가와 동시에 이루어졌다.[14] 마르셀루 코르떼스 네리에 따르면 "2003년과 2009년 사이에 D와 E 계층에 속했던 약 2,900만 명이 소득수준이 증가해 C 계층으로 편입되었다. C 계층(소득분배의 세 번째 5분위)은 다른 소득 계층보다 높은 증가율을 보였으며, 2009년에 C 계층으로 분류되는 인구는 전체 인구의 절반이 넘는 9,400만 명이었다."[15]

소득불평등 감소가 이루어진 까닭에 대한 논쟁이 있는 것으로 보인다. 일부는 이것이 까르도주 정부에서 시작되어 룰라 정부에 의해 통합된 현금 이전 프로그램인 볼사 파밀리아 프로그램의 시행으로 이루어진 것이라고 주장했다. 볼사 파밀리아 프로그램이 최저소득층의 극심한 빈곤을 퇴치한 것은 의심의 여지가 없다. 그러나 볼사 파밀리아 프로그램의 총지출액이 GDP의 1%에 불과한 것을 감안할 때, 이 프로그램이 실질적이고 근본적인 소득재분배 효과에 대해서는 의문의 여지가 남는다. 이와는 대조적으로, 정부는 매년

표 9.5 | 노동 소득: 1995~2011년

(a) 실질소득 변화

	1995~2003	2004~08	2009	2010	2011
피고용인 평균 실질소득 (헤알화)	1,316 (2002~03)	1,292	1,473.14	1,611.80	1,755.50
실질임금 (2006년 1월=100)	90.52	96.59	111.53	114.02	115.17
실질 평균 급여 (2006년 1월=100)	87.11	97.00	102.66	101.86	103.15

자료: IPEA data; *Conjuntura Econômica*.

(b) 최저임금 변화

	최저임금(헤알화)	증가율(%)
1995	90.00	–
1996	108.00	20.0
1997	117.33	8.6
1998	126.67	8.0
1999	134.00	5.8
2000	147.25	9.9
2001	172.75	17.3
2002	195.00	12.9
2003	230.00	24.3
2004	253.33	10.01
2005	286.67	13.2
2006	337.50	17.7
2007	372.50	10.4
2008	415.00	11.4
2009	465.00	12.0
2010	510.00	9.7
2011	545.00	6.9

자료: IPEA 데이터.

공공부채 원리금 상환을 위해 GDP의 7% 이상을 지출했고, 일반적으로 이 공공부채의 채권자는 저소득층이 아니었다. 다른 연구자들은 소득분배의 개선이 인플레이션의 소멸과 최저임금의 실질적인 상승 때문이라고 주장한다. 그러나 이는 저소득층뿐만 아니라 그 밖의 계층의 소득에도 영향을 미쳤다. 〈표 9.5(a)〉는 2000년대에 실질소득이 꾸준히 상승한 것을 보여 주며, 〈표 9.5(b)〉에서 알 수 있듯이 최저임금은 1990년대 후반 이후 크게 증가했다. 그러나 사회보장 혜택을 받거나 공식부문에 고용된 사람들만이 이러한 혜택을 받을 수 있다. 응용경제연구소가 발표한 보고서에 따르면, 조사 대상자 중 16%가 최저임금을 받지 못했다고 답변했다.[16]

분석 대상 기간 동안 브라질의 조세부담률이 급속히 상승해 GDP의 37% 수준에 이르렀다는 사실을 강조할 필요가 있다. 이는 스웨덴이나 독일과 비슷한 수준이며, 소득집중도가 매우 높은 상황에서 발생한 것이다. 이 수수께끼를 어떻게 설명할 수 있는가? 브라질의 조세 구조는 여전히 역진적이다. 그러나 정부의 지출구조는 한층 더 역진적이다. • 이는 소득집중도가 개선되지 못하고 계속 높은 수준을 유지하게 만드는 요인으로 작용하고 있다.[17] 또한 소득분배와 관련해 지니계수는 소득(임금과 급여) 분배를 측정하는 것이지 부의 분배를 측정하는 것이 아니라는 것을 명심할 필요가 있다. 브라질의 민영화 프로그램은 주로 경매를 통해 정부 자산을 매각하는 방식으로 이루어졌고, 주로 브라질 또는 외국 대기업이 국영기업의 자산을 매입했기 때문에 사실상 브라질의 부의 분배가 더욱 불균등해졌다(15장 참조).[18] 이는 부의 분배가 심하게 불평등한 상황에서 소득불평등의 개선이 가능할 것인가에 대한 의문을 제기하고 있다.

• 역진적이란 과세 대상이 클수록 세율이 더욱 낮아서 고소득층은 유리하나 저소득층은 불리한 사례처럼 본래 목표와 반대의 결과를 초래하는 경우를 의미한다.

시장 주도 개발 대 국가 주도 개발

민영화와 신자유주의 개혁의 옹호론자들은 시장이 경제발전 과정에서 승자를 선정하는 가장 좋은 도구라고 주장했다. 이러한 견해가 널리 퍼져 있기는 하지만, 많은 동아시아 신흥국들의 경험에 의해 이에 대한 의문이 제기되고 있다. 동아시아에서 각국 정부는 지속적으로 '승자의 선정'에 개입했고, 상당한 성공을 거두기도 했다.[19] 브라질에서는 민영화가 널리 확산되었음에도 불구하고 정부가 경제사회개발은행BNDES을 통해 여전히 중요한 역할을 하고 있는 것으로 보인다.

20세기 후반 이후 브라질의 자본시장이 상당한 발전을 이루었음에도 불구하고 브라질 주요 기업들이 민간자본시장에서 차입을 통해 장기투자사업에 필요한 자금을 조달하는 경우는 매우 드물다. 대부분의 기업들, 특히 대기업들은 경제사회개발은행의 장기대출에 의존하고 있다. 2010년에 경제사회개발은행의 총대출에서 대기업이 차지하는 비중은 거의 4분의 3이었다. 분야별로는 제조업이 47%, 인프라 관련 기업이 31%를 차지했다.[20] 경제사회개발은행은 룰라 정부에서 자본금을 크게 증가시켰다. 2010년 10월 대통령 선거 직전에 정부는 경제사회개발은행의 300억 헤알의 증자를 발표했다.[21] 정부가 국채를 발행해 경제사회개발은행의 자본금 증가에 필요한 자금을 조달함에 따라 공공부채 규모가 증가하는 결과를 초래했다.[22] 2000년대 후반에 경제사회개발은행의 자금 지원으로 인해 고정투자 비율이 증가하기는 했지만, 이미 살펴본 바와 같이 브라질의 GDP 대비 투자율은 상대적으로 낮은 수준에 머물러 있다.[23] 따라서 투자와 관련해 정부의 역할은 오히려 더 중요해지고 있다고 말할 수 있다.

제도적 취약성 지속

지속적인 성장을 위해서는 물리적 인프라 개선 이외에도 인적자본의 축적이 필요하다. 브라질이 고도성장을 달성하기 위해서는 인적자본의 부존, 성장, 그리고 개선의 실질적 강화가 이루어져야 한다.

가장 근본적인 문제는 교육 시스템에 있다. 문해율, 출석률, 교육 투자 규모, 학업성취도, 졸업률 등 다양한 지표를 살펴보면, 브라질은 동아시아의 신흥공업국에 비해 매우 뒤떨어져 있다. 유네스코의 2010년 보고서에 따르면, 브라질은 초등학교 낙제율(18.7%)과 중퇴율이 라틴아메리카에서 가장 높은 것으로 나타났다. 바로·리는 교육에 관한 국제 비교 지수에서 브라질이 직면하고 있는 문제의 심각성을 제시하고 있다.[24] 〈표 9.6〉에서 알 수 있듯이 브라질은 라틴아메리카 여타 국가에 비해 뒤떨어져 있을 뿐 아니라 유럽이나 아시아 국가와 비교하면 그 격차가 더욱 크다. 이를 통해 브라질이 주요 무역 상대국과의 생산성 격차를 어느 정도까지 해소할 수 있을지 가늠해 볼 수 있다.

21세기 초반 이후 브라질 기업이 더욱 혁신적으로 변했다는 증

표 9.6 ┃ 국가별 성인 교육 성취도

	1960	1990	2000	2010	2010/1990 비율
아르헨티나	5.3	7.9	8.6	9.3	1.2
브라질	1.8	3.8	5.6	7.2	1.9
캐나다	8.1	10.3	11.1	11.5	1.1
칠레	5.0	8.1	8.8	9.7	1.2
중국	1.4	4.9	6.6	7.5	1.6
콜롬비아	2.8	5.5	6.5	7.3	1.3
프랑스	4.1	7.1	9.3	10.4	1.5
일본	7.2	9.9	10.7	11.5	1.2
멕시코	2.6	5.5	7.4	8.5	1.5
페루	3.2	6.6	7.7	8.7	1.3
한국	3.2	8.9	10.6	11.6	1.3
영국	6.0	7.9	8.5	9.3	1.2
미국	8.9	12.3	13.0	12.4	1.0
OECD 평균	6.1	8.9	9.9	10.7	1.2

자료: Barro and Lee, "A New Data Set of Educational Attainment in the World, 1950-2010." (2010).

거가 있다.[25] 〈표 9.7(a)〉을 보면, 혁신 활동에 종사하는 브라질 기업의 비율이 1990년대 말부터 2008년까지 약 5%p 증가한 것을 알 수 있다. 그러나 〈표 9.7(b)〉에서 볼 수 있듯이 국제표준으로는 브라질 기업의 연구개발R&D 투자 규모가 미미한 수준이며, 특히 선진 산업국과 비교하면 격차가 더 크다. 이로 인한 결과 중 하나는 세계 기술발전에 대한 브라질의 기여도가 매우 적다는 것이다. 예를 들어, 〈표 9.7(c)〉에서 볼 수 있듯이, 다른 선진국과 비교해서 브라질의 미국 특허 취득 수가 매우 적다.

표 9.7 | 기술개발 활동 지표

(a) 혁신 활동 종사 브라질 기업 비율

	혁신 활동	내부 연구개발	외부 혁신 취득
1998~2000	26.62	10.29	2.32
2001~2003	24.45	5.86	1.43
2003~2005	21.91	5.54	1.35
2006~2008	30.49	4.25	1.41

자료: IBGE.

(b) 국가별 연구개발 지출(GDP 비중)

	2005	2008
브라질	0.49	0.54
중국	0.90	1.08
덴마크	1.68	1.91
핀란드	2.46	2.77
프랑스	1.30	1.27
독일	1.72	1.84
네덜란드	1.01	0.89
이탈리아	0.55	0.60
포르투갈	0.31	0.76
스페인	0.60	0.74
미국	1.79	2.00

자료: OECD, Community Innovation Survey, via IPEA, Radar No. 11 (December 2010).

(c) 특허 취득 건수: 2008년 국제 비교(미국 특허 등록 건수)

미국	257,818
일본	84,473
독일	26,331
한국	25,507
캐나다	11,436
영국	10,795
프랑스	9,281
중국	5,148
이스라엘	4,916
이탈리아	4,273
호주	4,194
싱가폴	1,376
스페인	1,294
러시아	531
브라질	499
멕시코	269
아르헨티나	139
칠레	63

자료: OECD.

결론

이 장의 연구 목적은 브라질이 여러 경제활동 분야에서 달성한 성과를 깎아내리려는 것이 아니다. 그러나 풍부한 자원과 낙관적 미래에 대한 맹목적 믿음만으로는 지속 가능한 성장을 가져올 수 없다는 것을 분명히 할 필요가 있다. 다양한 분야의 심각한 결함으로 인해 지속적인 고도성장을 달성하는 것은 거의 불가능할 것이다. 브라질 사회의 장기적인 필요를 고려한 신중하고 균형 잡힌 성장 프로그램이 있어야 한다. 특히 적절한 인프라, 지속적으로 높은 수준의 투자, 그리고 적절한 인적자본의 개발이 매우 중요하다.

PAU-BRASIL

2부

주제별 고찰

대외 부문
: 무역과 외국인투자

제2차 세계대전 이후 브라질의 국제경제정책은 뚜렷하게 시기를 구분할 수 있다. 1940년대 말부터 1960년대 초반까지는 수입대체산업화Import Substitution Industrialization, ISI가 정부의 주요 관심사였고 국제경제정책은 이러한 과정을 극대화하는 방식으로 형성되었다. 1964년에서 1974년까지는 정책입안자들이 경제의 합리화를 강조하면서 수입대체산업화의 집중적인 추진 기간 동안 발생한 불균형과 왜곡의 일부를 개선하려고 시도했다. 앞 장들에서 살펴보았듯이, 이것은 종전보다 대외 지향적인 국제경제정책을 포함했다. 1974년부터 1980년대까지는 오일쇼크와 그 이후의 부채위기로 인해 수입대체산업화가 새롭게 강조되었으며, 브라질 대외경제정책의 주요 관심사는 원재료의 안전한 공급 확보였다. 1990년 이후 브라질의 정책입안자들은 무역장벽을 낮추고 외국자본 규제를 완화하는 등 경제개방을 위한 조치를 도입했다. 그러나 21세기의 첫 10년 후반에 브라질은 원자재 수출의 호황과 공산품의 빠른 수입 확대를 경험했다. 이것이 수입대체산업화로부터 완전히 반전된 것을 의미하는가?

수입대체산업화 시기의 국제경제정책

브라질은 제2차 세계대전 기간 동안 상당한 외환보유액을 축적했다. 1945년에 집권한 정부는 자유무역과 인플레이션 통제를 중시하는 인사들로 채워졌기 때문에 모든 무역장벽이 없어졌고 환율은 전쟁 이전 수준(1937년에서 1952년까지, 공식 환율은 1달러당 18.50크루제이루)을 유지했다. 이로 인해 수입이 급증했고, 약 1년 후에 적절한 외환보유액이 없는 상태가 되어 1947년에 무역 및 지불 제한이 재개되었다. 1952년까지 실질환율은 1946년의 거의 절반 수준이었다. 1940년대 후반의 보호무역 조치는 주로 국제수지 방어를 위해 설계되었지만 1930년대에 시작된 소비재를 중심으로 한 산업화 과정이 지속되는 데 자극제로 작용했다.[1]

우리는 이미 브라질 정부가 1950년대에 수입대체산업화를 주요 개발전략으로 채택한 방법과 1940년대 후반의 보호무역 조치가 주로 국제수지 방어를 위해 사용된 것이 아니라 수입대체산업화를 촉진하는 수단으로 채택된 방법이었다는 것에 대해 언급했다. 특히 이전에 수입에 의존하던 공산품을 가능한 한 많이 국내에서 생산할 수 있는 능력을 개발하는 데 중점을 두었다. 우리는 이 목표를 달성하기 위해 다양한 유형의 환율 통제 시스템과 관세가 동원된 것을 확인했다. 이러한 노력에는 공산품에 대한 250%가 넘는 관세도 포함되어 있었다.[2] 외국자본에 대한 정책은 상당히 호의적이었다. 규모가 크고 보호받는 매력적인 시장이 있었을 뿐만 아니라 브라질에 생산시설을 설립하는 기업을 지원하는 다른 정책들도 시행되고 있었다(4장 참조).

이러한 비정통적 수입대체산업화 정책은 세계은행이나 미국 원조 기관과 같은 국제기구들의 금융지원을 확보하는 것을 어렵게 만들었다. 대부분의 자금은 국제 민간부문을 통해 이루어졌다.

1950년대의 전반적인 개발 접근 방식은 내부 지향적이었다. 수입대체산업화는 브라질의 경제성장이 전통적인 세계 산업 중심부에 대한 의존을 줄여 줄 것으로 기대되었다. 즉, '성장의 엔진'은 새롭게 발전하고 있는 산업부문에 존재할 것으로 생각했다. 이 시기의 성공을 측정하는 지표는 수입 비중이 감소하는 속도로 간주되었다.

전체 기간 동안 수출은 무시되었다. 사실, 브라질의 수입대체산업화 정책은 수출 부문에 해를 끼쳤다. 환율의 과대평가가 장기간 지속됨에 따라 전통적 수출과 새로운 수출의 확대를 억제하는 역할을 했다. 이러한 수출에 대한 방치로 인해 1950년대에 수출 상품 구조에는 거의 변화가 없었지만, 경제구조에는 엄청난 변화가 일어났다. 1960년대 초반에는 전통적 1차산품이 여전히 수출의 90%

이상을 차지했으나, 공산품은 겨우 수출의 2%를 차지하는 데 그쳤다.

1960년대에 수입대체산업화가 진행되는 동안 국제무역을 등한시한 결과 국가경제가 불안정한 위치에 놓이게 된 것이 분명해졌다. 성장하는 산업부문이 국내에서 얻을 수 없는 원재료, 중간재 및 자본재의 투입을 필요로 함에 따라 수입 비중의 축소가 한계에 도달했다. 수출 감소로 인한 외환 부족이 수입 축소를 불가피하게 만들었고 이는 다시 산업부문의 정체를 초래하는 등 수출에 대한 무관심이 브라질의 국제수지를 위험한 상태에 놓이게 만들었다. 브라질은 대규모의 경상수지 적자를 누적했고, 자금조달이 어려웠기 때문에 주로 공급업체 신용의 형태로 상당한 규모의 '강제 부채'를 축적하고 있었다. 1964년에 이 정책이 더 이상 계속될 수 없다는 것이 명백해졌다.

1964~74년 기간의 대외 지향 정책

1964년 정권교체 이후 경제정책입안자들은 수입대체산업화 이후 기간에 고도성장을 지속하기 위해서는 1950년대보다 더 개방된 경제 환경이 필요하다는 가정하에 행동했다. 정부는 수출 증가와 다변화를 위해 다양한 조치를 취했다. 수출세를 폐지하고 행정절차를 간소화했으며, 수출에 대한 세제 인센티브와 수출신용 프로그램을 도입했다.[3]

환율정책과 관련해, 1964년 이후 정부는 수출 다변화 목표에 부합하는 접근 방식을 점진적으로 개발했다. 여러 차례의 대규모 평가절하이후 크루제이루의 과대평가 문제가 상당 부분 해소되었으나, 평가절하 조치가 오랜 시간차를 두고 이루어졌기 때문에 그 사이에 일시적 과대평가와 통화에 대한 투기가 반복되었다. 1968년에 정부는 소규모 평가절하 제도를 채택했다. 이것은 매우 자주 그러나 예측할 수 없는 소규모 평가절하를 의미했다. 이 시스템은 인플레이션이 계속되어 통화가 과대평가되는 것을 예방하고, 이를 통해 통화에 대한 투기를 최소화하고 환율이 정치적 이슈가 되지 않도록 해줄 것으로 기대되었다.[4]

수입 측면에서의 대외 지향적 정책은 1966년 관세 개혁으로 구체화되었으며, 명목 관세율이 1964~66년에 평균 54%에서 1967년에는 39%로 낮아지는 결과를 낳았다. 그 이후 다시 관세율이 변경되었지만 개혁 이전 수준까지 오르지는 않았다. 명목 관세율이 실제 관세율보다 높았는데, 이는 우선순위가 높은 프로젝트 수행을 위한 상품의 수입에 대한 잦은 관세 면제와 감면 조치 때문이었다. 1960년대 후반과 1970년대 초반에 크루제이루화의 평가절하율이 물가상승률보다 작았기 때문에 실질 보호 수준도 줄어들었다.[5]

1964년 이후의 외자도입 정책은 해외차입(공공 차입과 민간차입 모두)과 직접투자 유입을 모두 장려하는 것이었다. 1964년 이후 정치 안정을 달성하고 정통적 경제정책을 추진함에 따라 외국인투자 환경이 개선되었다. 그러나 외국자본의 대규모 유입이 구체화되기까지는 수년이 더 걸렸다. 1971년 이후가 되어서야 외국인직접투자가 크게 증가했는데, 이는 1968년까지 경기침체가 지속되었고, 1968~74년의 호황기 초반까지는 제조업 부문이 추가 생산 여력을 보유하고 있었기 때문이었다. 그 이전까지는 금융자본유입이 대부분이었고, 이 역시 1960년대 후반에만 눈에 띄게 증가했다. 외국자본유입이 지연된 이유는 다음 두 가지로 설명할 수 있다. 첫째, 대규모 프로젝트의 사업 타당성 조사와 세계은행, 미주개발은행IDB, 미국국제개발처USAID와 같은 개발기관과의 차관협상에 많은 시간이 소요되었다. 둘째, 외국 민간투자자들은 정권의 안정과 새로운 정책 방향에 대한 약속을 확신할 수 있을 때까지 기다렸다.

국내 금융정책 또한 1970년대에 대규모의 민간 대출 형태의 자본유입을 초래했다. 예를 들어, 크루제이루화의 평가절하율은 국내 물가상승률보다 현저히 낮았으며, 금융상품의 가격조정은 평가절하율보다 크게 이루어졌다. 이로 인해 브라질 기업에게 해외차입은 매우 매력적인 것이었다. 국제유동성 증가로 인한 대규모 자본유입으로 외환보유액이 증가했고 또한 인플레이션 압력으로도 작용했다. 이로 인해 정부는 1972년 말부터 점차적으로 외국자본의 최소 투자 기간에 제한을 두기 시작했다.[6]

부채 주도 성장에서 부채 위기로

우리는 앞에서 브라질이 1970년대 중반 이후 부채 주도 성장을 선택하게 된 상황을 살펴보았다. 1970년대 후반에 이어지는 많은 정책들은 수출 다변화와 자본재를 포함한 여러 산업 분야의 수입대체를 위한 투자에 기여했다. 1980년대 초반에 발생한 외채위기로 인해 국가는 비전통적 수출을 촉진하고 수입을 줄이기 위해 노력했다. 수입에 대한 다양한 제약과 수입유발효과가 큰 투자의 감소, 그리고 1980년대에 지속된 저성장으로 인해 수입이 크게 감소했다. 그 결과, 무역수지가 매년 큰 폭의 흑자를 기록했다. 당시는 외채위기로 인해 외자유입이 감소되었기 때문에 외채 상환을 위해 무역흑자가 절실하게 필요한 상황이었다.

1990년대와 21세기 초의 경제개방

우리는 앞 장에서 꼴로르 대통령의 주요 정책목표 중 하나가 브라질 경제를 개방하는 것이었음을 살펴보았다. 관세장벽이 점차 해체되고, 특정 제품(예: 컴퓨터)에 대한 시장 보호가 제거되었으며, 수출진흥을 위한 다양한 인위적 조치들도 사라졌다. 이후의 대통령들도 이러한 정책을 지속했다.[7] 또한 외국인투자를 촉진하기 위한 다양한 조치들이 점차 도입되었다. 이 모든 정책의 목적은 외국과의 경쟁을 통해 경제의 효율성을 높이고, 외국인직접투자 유입을 늘리는 것이었다. 많은 실증연구들에 따르면, 무역자유화 이후 10년 동안 요소생산성이 크게 증가했다.[8]

그러나 시머옹 시우베르는 브라질의 무역자유화가 세계 평균 추세와 비교해서 제한적이라고 지적했다. 그는 "많은 국가들과 비교했을 때 브라질은 명목 관세율이 높은 국가"이며, 1990년대 이후 무역자유화를 위한 더 이상의 노력이 없었다고 밝혔다.[9] 사실, 1990년대 후반과 2000년대 첫 10년간 브라질의 반덤핑 및 불공정 무역관행 주무 기관은 매우 적극적으로 활동했다. 가중평균 명목 관세율은 1987년 54.9%에서 1998년에는 13.4%로 감소했지만,[10] 1998년부터 2008년까지 10년 동안 295건의 반덤핑 조사가 실시되었고, 이 중 57%의 경우에 상계관세가 부과되었다.[11]

브라질의 국제적 지위에 대한 요약 통계

수입대체산업화 기간 동안 GDP 대비 상품 및 서비스 수출입 비중으로 측정한 브라질의 무역의존도는 1949년에 수출과 수입 모두 9%에서 1960년에는 각각 5%와 6%로 감소했다. GDP 대비 수출 비중은 1970년대와 1980년대에 지속적으로 증가하면서 1974년에는 15%로 최고치를 기록했다. 1990년대 초에는 평균 10% 내외 수준이었다가 1990년대 말에는 7.5%로 낮아졌다. 이 비중이 2005년에 19.15%로 상승했다가 2010년에는 다시 9.7%로 하락했다. GDP 대비 수입 비중은 1974년에 13.3%로 최고치를 기록했고, 1989년에는 5.5%로 낮아졌다. 1990년대 내내 상승을 지속해서 2004년에는 최고치인 13.3%를 기록했으나, 2010년에는 다시 8.7%로 하락했다.

〈부록 표 A.1〉에서 국제수지 통계를 살펴보면 브라질의 전반적인 국제적 위상을 파악할 수 있다. 경상수지는 2003년까지 거의 매년 적자였으나, 이후 흑자로 돌아섰다. 무역수지는 1971년까지 일반적으로 흑자였으나, 1970년대에는 높은 수출 증가율(정부의 수출 인센티브 프로그램 결과)에도 불구하고 대부분 적자를 보였다. 높은 경제성장(특히 1970년 이후의 투자 증가)과 수입자유화가 결합되어 수입이 수출보다 더 빠르게 확대되었다. 또한 국내경제가 호황을 지속함에 따라 생산설비를 최대로 가동해도 내수를 충족시킬 수 없게 되어 수입 의존도가 높아졌다. 물론 1974년의 대규모 무역적자는 국제유가의 급등 때문이었다. 또한 정부와 다국적기업의 야심찬 투자 프로그램이 자본재와 원자재 수입 증가에 기여했다. 무역수지는 1981년에 다시 흑자로 돌아섰고 1995년까지 계속되었다. 이는 수출이 꾸준히 증가하고 수입은 뚜렷하게 감소한 결과였다. 수출은 1980년대 초 약 210억 달러에서 1994년에는 430억 달러로 증가했다. 반면, 수입은 1980년대 초 약 220억 달러에서 1980년대 중반에는 135억 달러로 감소했고, 1992~93년이 되어서야 다시 1980년대 초반 수준을 회복했다.

1990년대 후반에 무역수지는 다시 큰 폭의 적자로 돌아섰다. 1998년 무역적자는 66억 달러였다. 이는 수출보다 수입이 훨씬 더 크게 확대된 결과였고 헤알 플랜 초기의 무역자유화 정책과 헤알화의 평가절상 때문이었다. 1999년 이후 적자 규모가 축소되고 2001년에는 흑자로 전환되었고 그 이후 꾸준히 흑자 규모가 확대된 원인은 다양했다. 1999년의 헤알화 평가절하가 수출 증가와 수입 감소를 초래했고, 종종 수입제한 조치가 취해졌으며, 1999~2005년 동안 GDP와 투자 증가율이 둔화된 것도 무역수지 흑자 전환에 기여했다. 세계경제의 호조와 브라질의 주요 수출 상품에 대한 세계 수요 증가로 수출이 역동적으로 성장했다. 2000년대 후반의 현저한 수출 증가는 아시아(특히 중국) 경제의 빠른 성장으로 인한 1차산품 수출 붐 때문이었다. 2000년대 후반에 헤알화의 평가절상으로 인해 공산품 수출은 해외 경쟁력이 떨어졌다. 이러한 추세의 종합적인 결과는 1차산품이 다시 한 번 브라질의 주요 수출 상품으로 부상한 것이었다. 총수출에서 1차산품이 차지하는 비중은 2005년 29%에서 2011년에는 48%로 증가했다.

서비스수지는 항상 적자였고, 가장 큰 부담은 자본비용이었고, 그다음이 운송비용이었다.● 〈부록 표 A.1〉에서 볼 수 있듯이, 브라질의 외채 증가, 외국인직접투자FDI에 대한 높은 의존도와 이로 인한 투자 이익의 해외 송금 증가,[12] 그리고 빠른 수입 증가에 따른 외국 해상운송 서비스 사용 증가 등으로 인해 1970년대에 이러한 비용이 빠르게 증가했다.

〈부록 표 A.1〉은 또한 브라질의 경상수지가 1980년대와 1990년대 대부분에 걸쳐 적자였으며, 2003~07년 동안 흑자로 전환되었으나 2008년에 서비스수지 적자 확대로 인해 경상수지가 다시 적자로 전환된 것을 알 수 있다.

오랜 기간 동안 경상수지 적자와 외채 원금 상환액은 이보다 더

● 저자는 서비스수지와 본원소득수지 및 이전소득수지를 구분하지 않고 모두 서비스수지로 설명하고 있다.

큰 규모의 자본유입으로 상쇄되었다. 이러한 자본수지 흑자는 1960년대 후반과 1970년대 초반에 특히 컸고, 브라질은 풍부한 외환보유액을 비축할 수 있었다. 이 기간 동안 외국인직접투자도 꾸준히 증가(1972년부터 1980년대 중반까지)했지만, 자본유입의 가장 큰 비중은 은행 대출로 구성되어 있었다. 단기금융자본의 유입이 급격히 증가해 2006년 90억 달러에서 2007년에는 480억 달러를 기록했으나, 2008년에는 세계 금융위기의 영향으로 다시 적자를 기록했다. 이후 단기금융자본이 유입되기 시작해 2009년에는 460억 달러, 그리고 2010년에는 680억 달러를 기록했다. 이는 브라질의 높은 이자율과 미국과 유럽의 낮은 이자율이 결합되어 영향을 미친 결과였다. 외국인직접투자는 2003년에 100억 달러로 감소했다가 그 이후 점차 증가해 2010년과 2011년에는 각각 480억 달러와 660억 달러를 기록했다.

오일쇼크 이후 대규모 상업차관 유입이 증가했고, 브라질의 외채 규모는 1972년 95억 달러에서 1987년에는 1,075억 달러(단기외채 미포함)로 증가했다. 그러나 이러한 차관 형태의 대규모 자본유입이 1970년대 후반과 1980년대 초반의 대규모 경상수지 적자와 외채원금 상환을 충당하기에는 부족했으며, 만기가 도래한 외채의 채무 재조정이 반복되었다. 외채원리금상환비율Debt Service Ration, DSR(수출 대비 외채 원금과 이자 지급액 비율)이 1978년에 50%를 넘어 1982년에는 83%에 이르렀다. 수년간의 재협상 끝에 1991년에 이 비율은 다시 27.3%로 감소했다.

1990년대에 신자유주의 경제정책을 도입한 이후 브라질은 대규모의 포트폴리오투자를 유치했다. 따라서 1991년에 사실상 전혀 없었던 포트폴리오 유입액이 그 이후 지속적으로 증가해 1994년에는 73억 달러, 1996~98년에는 연평균 174억 달러를 기록했다. 1990년대 후반의 아시아 위기와 러시아 위기의 여파로 인해 포트폴리오 순유입 규모가 감소했고, 2005년까지도 1990년대 전반기의 수준을 회복하지 못했다. 그러나 2007년(2008년 중단), 2009년, 그리고 2010년의 포트폴리오투자 순유입은 연평균 540억 달러(위에서 언급한 바와 같이 주로 높은 금리로 인한 것임)로 증가했다.

외국인직접투자는 1990년대 후반에 급격히 증가했다. 외국인직접투자 규모는 1990~93년 동안 연평균 4억7,900만 달러로 그리 많지 않았다. 이후 10년 동안 지속적으로 증가해 2000년에는 328억 달러에 이르렀다. 이러한 외국인직접투자 증가를 촉발한 것은 1990년대 후반에 가속화된 민영화였으며, 이 민영화에 많은 외국 기업들이 참여했다. 브라질에 대한 외국인직접투자는 2001년부터 2005년까지 연평균 160억 달러를 기록하는 등 21세기 초에 다시 소폭 감소했다. 이것이 2008년에는 450억 달러로 다시 증가했고, 2009년에 260억 달러로 감소한 이후 2010년과 2011년에는 각각 480억 달러와 670억 달러로 증가했다.

브라질과 외부 세계와의 유대 관계

비록 1960년대 후반부터 수출의 절대 규모가 상당히 증가했지

표 10.1 | 수출입 상품 구조

(a) 수출 상품 구조: 1955~2011년(구성비)

	1955	1960	1964	1974	1980	1985	1996	2005	2011
커피	59	56	53	13	14	11	4.4	2.48	2.5
설탕	3	5	2	16	6	2	5.6	3.32	9.4
대두	-	-	-	11	9	8	5.7	7.67	5.2
철광석	2	4	6	7	8	8	5.6	7.73	13.3
제조품	1	2	5	36	52	66	69.4	55.06	36
기타 원자재	35	33	34	17	11	5	9.3	23.74	33.6
합계	100	100	100	100	100	100	100	100	100

자료: Banco Central do Brasil, *Boletim*; IPEA, Ipeadata.

(b) 수입 상품 구조: 1948~2011년

	1948~50		1960~62		1972	
자본재	38.0		29.0		42.2	
중간재	28.0		31.0		42.7	
내구성소비재	8.0		2.0		6.6	
비내구성소비재	7.0		7.0		7.7	
기타	19.0		31.0		0.8	
합계	100.0		100.0		100.0	
	1968~72	1975	1985	1991	2005	2011
기계장비	37.6	32.3	18.9	30.4	9.73	21
원유	10.0	25.2	47.0	20.4	12.0	15.9
선철 및 철강	6.2	10.4	1.5	4.1[a]	1.89	
비철금속	5.0	3.0	1.5		2.63	15.3
화학	5.3	4.3	5.3	17.0	5.94	7.9
기타	35.9	24.8	25.8	28.1	67.63	39.7
합계	100.0	100.0	100.0	100.0	100.0	100.0

자료: Joel Bergsman, *Brazil: Industrialization and Trade Policies* (1970); Von Doellinger and Cavalcanti, *Empresas Multinacionais na Indústria Brasileira* (1975); Banco Central do Brasil, *Boletim*; Ipeadata.
주: a. 비철금속 포함

만, 브라질의 수출 증가는 세계무역 증가보다 작았고, 이로 인해 브라질의 세계 수출시장 점유율은 1980년 0.99%에서 1991년에는 0.91%로 낮아졌다. 이 비율이 다시 증가해 1998년에 0.94%, 그리고 2011년에는 1.4%를 기록했다. 같은 기간 동안 브라질은 국제경제 관계를 다각화했다.

〈표 10.1〉은 커피 수출의 급격한 감소와 대두와 같은 비전통적

표. 10.2 | 지역별 수출입: 1945~2011년

(%)

(a) 수출

	1945~49	1957~59	1970	1985	1998	2005	2011
미국	44.3	41.3	24.7	27.3	19.3	17.47	20.1
캐나다			1.5	1.6	1.0	1.39	1.2
아르헨티나							8.9
기타 라틴아메리카			11.1	8.6	24.7	15.73	22.3
네덜란드							5.3
기타 서유럽	23.3	26.3	40.3	30.0	28.8	20.23	20.7
중앙 및 동유럽			4.5	3.9	2.3	5.63	
중국							17.3
일본		3.0	5.3	5.5	3.8	4.63	3.7
기타 아시아 (중동)	32.4	29.4	12.6 (0.6)	23.1 (5.9)	20.1 (4.8)	23.75 (11.17)	0.5
합계	100.0	100.0	100.0	100.0	100.0	100.0	100.0

(b) 수입

	1967	1970	1974	1985	1998	2005	2011
마국	35.4	32.9	24.2	19.8	23.7	17.47	15.0
캐나다	1.1	2.4	3.3	3.1	2.2	1.39	
라틴아메리카	13.0	10.5	7.1	12.2	20.1	15.73	17.0
서유럽	31.3	35.1	30.4	17.6	29.1	20.23	21.5
중앙 및 동유럽	4.8	2.1	1.3	2.3	1.4	5.63	
일본	3.1	6.4	8.8	3.8	5.7	4.63	30.9
기타 아시아 (중동)	11.3 (7.1)	10.6 (5.5)	24.9 (17.1)	41.2 (22.1)	17.9 (5.5)	33.75 (11.17)	15.6
합계	100.0	100.0	100.0	100.0	100.0	100.0	100.0

자료: Banco Central do Brasil, *Boletim.*

인 1차산품의 수출 증가를 보여 준다. 1980년대 중반 오렌지주스 또한 주목할 만한 수출 품목이 되었고 2011년까지 이 제품이 총수출에서 차지하는 비중은 11.5%에 달했다.[13] 특히 제조업 수출은 1964년 5%에서 1996년에는 69.4%로 증가했다. 그러나 2000년대 후반의 1차산품 수출 붐과 헤알화의 평가절상(위에서 논의)으로 제조업 수출 비중은 2011년에 36%로 감소했다. 21세기가 시작되면서, 브라질은 지난 수십 년 동안 보여 준 것보다 훨씬 더 수출 대상국 다변화를 달성했다. 미국이 1950년대 브라질 수출의 41%를 차지(〈표 10.2〉 참조)한 반면, 1998년에는 19.3%, 2011년에는 10.1%로 감소했다. 이와는 달리, 서유럽에 대한 수출 비중은 1940년대 후반 23.3%에서 1970년 40%로 상승한 후 2000년대 후반에는 20%로 떨어졌다. 라틴아메리카는 1970년 11%에서 1998년 24.7%로 증가했고, 2005년에는 15.7%로 떨어졌다가 2011년에 22%로 다시 증가했다. 라틴아메리카가 수입에서 차지하는 비중은 2011년에 16.8%였다.

수입 측면을 살펴보면, 1980년대 자본재와 중간재의 수입이 감소한 것을 알 수 있다(〈표 10.1(b)〉 참조). 이는 1970년대의 자본재 부문에 대한 투자와 1980년대 초반의 경기침체에 따른 결과였다. 1990년대의 자본재 수입 비중 증가는 다국적기업들이 자동차 등 운송장비와 민영화된 여러 분야(예: 철강, 석유화학 및 공공사업)에 대한 투자를 증가시켰기 때문이었다. 석유 및 석유 파생제품의 수입 비중이 1968~72년 10%에서 1981년에는 51.3%로 증가한 것에 주목할 필요가 있고, 이는 석유수출국기구OPEC의 행동으로 인한 유가의 급격한 상승 때문이었다. 이후 석유 및 석유 파생제품의 수입 비중이 급속히 하락한 이유는 1980년대의 석유 가격 하락과 석유의 국내생산 증가 때문이었다. 브라질의 수입 상대국 다변화가 지속적으로 이루어졌고, 미국에 대한 수입의존도는 크게 감소했다.

1980년대 말과 1990년대에 걸친 라틴아메리카 국가들과의 교역 확대는 상당 부분 남미공동시장Mercosul의 출범에 따른 결과였다. 남미공동시장은 1990년부터 시작된 브라질, 아르헨티나, 파라과이, 우루과이 4개국의 경제통합 협정이다.[14] 1992~93년 동안 브라질은 아르헨티나와의 무역에서 대규모 흑자를 기록했는데, 이는 아르헨티나가 통화위원회제도®를 도입한 이후 아르헨티나 페소화의 과대평가에 기인한 것이었다.

브라질의 아르헨티나에 대한 수출 급증으로 영향을 받은 아르헨티나 산업계는 정부를 압박해 보호조치를 도입하게 만들었다. 그런데 이 보호조치는 관세율을 조정한 것이 아니라 브라질산 제품에 대한 특별세를 도입하는 방식으로 이루어졌다. 이 보호조치가 도입된 이후 얼마 되지 않은 1994년 말에 브라질의 헤알화가 급격히 평가절상되어 아르헨티나로부터의 수입이 급증했다. 이는 다시 브라질 정부가 남미공동시장 협정을 위협하는 보호조치를 취하도록 만들었다. 1999년 초에 브라질의 헤알화 평가절하로 아르헨티나로부터의 수입이 급격히 감소하고 아르헨티나에 대한 수출은 급격히 증가하는 등 진자振子가 다시 반대 방향으로 움직였고, 양국 경제관계와 남미공동시장의 안정성을 위협했다. 이 사건에서 양국의 행동은 분명히 남미공동시장의 정신에 부합하는 것이 아니었고, 지역경제 통합의 성공을 위해서는 경제정책(통화, 재정 및 환율)의 통합이 필요하다는 것을 시사하는 것이었다.[15]

● 달러화의 유입과 유출에 맞춰 자국 통화량을 조절하고 환율을 일정하게 유지하는 제도

무역정책

1970년대의 석유 위기로 인해 브라질은 수출진흥을 위한 노력을 배가하고 수입 전략을 변경했다. 수출진흥의 열쇠는 수출 인센티브 프로그램(세제 지원 및 신용 보조금)의 지속이었는데, 미국과 유럽은 이를 심각하게 비난했다. 수출 증가를 결정짓는 또 다른 중요한 요소는 브라질로부터 공산품과 원자재를 수입하는 국가들의 경제성장률이었다. 21세기의 첫 10년 동안 중국 경제의 급속한 성장은 브라질의 수출품, 특히 광물제품에 긍정적인 영향을 미쳤다.

1970년대 석유 위기의 결과로 수입을 통제하는 한편, 특히 철강, 금속제품, 자본재, 석유화학제품의 수입대체를 위한 전략을 재도입하려는 다양한 시도가 이루어졌다.

브라질의 정책입안자들은 기대했던 것만큼 크롤링페그제●를 잘 활용할 수 없었다. 한편으로는 과거보다 더 빠른 속도로 크루제이루화를 평가절하하라는 압력이 있었다. 1970년대의 평가절하율은 지속적으로 국내 인플레이션율(주요 무역 상대국의 인플레이션율을 공제하더라도)에 뒤쳐졌다. 국내 인플레이션율은 1967~73년의 지속적 하락 이후 다시 상승하고 있었다. 1970년대에는 수출 인센티브 프로그램이 크루제이루화의 과대평가로 인한 부정적인 영향을 보전할 수 있었다. 정부는 석유 위기로 초래된 인플레이션을 가중시

● 환율이 기준환율의 좁은 범위 내에서 변동하도록 허용하되, 기준환율을 수시로 그러나 아주 작은 폭으로 변경하는 제도.

킬 수 있다는 두려움 때문에 평가절하를 꺼렸다. 또한 브라질 기업이 해외 부채에 크게 의존하고 있었기 때문에 크루제이루화의 평가절하는 이들의 부채상환 부담을 크게 증가시킬 수 있었다. 이로 인해 국내 이자율이 상승했고, 새로운 투자와 경제성장을 둔화시켰다. 그러나 5장에서 살펴본 바와 같이 1980년대의 외채위기와 수출 인센티브 프로그램을 없애거나 줄이라는 선진 산업국 정부의 압력으로 인해 브라질 정부는 여러 차례의 대규모 평가절하를 단행했고, 인플레이션율에 뒤처지지 않는 크롤링페그제를 채택했다.

앞 장들에서 살펴보았듯이, 1994년 중반 헤알화 도입 이후 대규모 자본유입이 새로운 통화의 평가절상을 초래했다. 이 환율은 또한 경제를 안정화시키는 수단 중 하나로 사용되었다. 결과적으로 수입이 크게 증가하고 수출은 소폭 증가에 그쳐 간혹 보호조치를 도입하는 퇴보가 있었다. 그러나 아시아 위기와 러시아 위기의 영향으로 브라질은 헤알화의 고평가를 포기하고, 1999년 1월에 대규모 평가절하를 단행했다.

평가절하 이후 브라질의 수출은 1999년 480억 달러에서 2011년에는 2,560억 달러로 급격히 증가했고, 수입은 이보다 훨씬 느린 속도로 증가했다. 이에 따라 무역수지는 1998년 66억 달러의 적자에서 이후 흑자로 전환되어 지속적으로 증가함에 따라 2005년에는 흑자 규모가 448억 달러에 이르렀다. 2010년에는 무역수지 흑자 규모가 201억 달러로 감소했으나, 2011년에는 298억 달러로 다시 소폭 증가했다. 브라질의 수출 증가는 1999년 평가절하로 인한 경쟁우위 때문이었다. 그러나 21세기 들어 헤알화가 평가절상된 이후에도 급속한 수출 증가가 지속되었다. 헤알화의 평가절상은 브라질의 예외적으로 높은 이자율로 인해 상당한 규모의 자본유입이 지속된 것이 부분적으로 영향을 미쳤다. 헤알화의 평가절상이 섬유 및 신발과 같은 많은 산업부문에 타격을 주었지만, 2000~11년 동안 세계경제, 특히 아시아 경제의 급속한 성장은 많은 다른 산업부문(중국에 대한 광물 수출과 항공기와 같은 특정 제조업 부문)에 유리하게 작용했다. 이 기간에 수입이 상대적으로 더 느리게 증가한 이유는 부분적으로 GDP가 완만하게 증가하고 투자율이 낮은 수준을 유지했기 때문이었다.

에너지와 원자재 탐색

브라질은 1970년대 후반까지 국내 석유 수요의 20%를 자급할 수 있었다. 1980년대에 새로운 유전(주로 근해 석유)의 발견으로 석유에 대한 해외 의존도를 꾸준히 감소시켰으며, 2006년에 정부는 석유의 자급자족을 달성했다고 선언했다. 브라질은 철강산업에 필요한 석탄과 가스를 수입(주로 볼리비아로부터)에 의존했고, 구리, 주석, 아연 및 화학물질 등의 원자재를 수입해야 했다. 따라서 대외경제정책은 이러한 원재료의 자급자족이나 안전한 공급을 확보하려는 목적을 가지고 있었다. 1975년 10월에 브라질은 '위험 계약'을 허용함으로써 석유 탐사에 대한 국영 석유 회사인 뻬뜨로브라스의 독점을 해제했다. 즉, 외국기업은 '위험 계약'을 통해 특정 지역에서 석유를 탐사할 수 있었고, 석유가 발견되면 외국기업과 뻬뜨로 브라스가 이를 나눠 갖을 수 있었다. 정부는 이를 통해 코스트가 높은 탐사 활동에 외국자본을 유치해 더 빨리 석유 생산 역량을 개발하기를 희망했다.

파라과이와 볼리비아와의 경제적 유대 관계를 강화하려는 움직임의 주요 동기도 에너지에 대한 고려였다. 파라과이와 브라질의 합작회사인 이따이뿌 수력발전소 건설은 파라과이를 세계 최대의 전기 에너지 수출국으로 만들었으며, 브라질 중남부 지역의 에너지 수요를 충족시키는 데 실질적으로 기여했다. 마찬가지로 볼리비아에 대한 브라질의 대규모 투자는 풍부한 천연가스와 다른 원자재를 브라질의 산업 중심지로 가져오기 위해 추진되었다. 2006년에 볼리비아 정부는 가스 생산 지역의 브라질 설비를 국유화해 양국 간에 상당한 긴장이 조성되었다. 그러나 이 부문에서의 긴밀한 상호의존성(브라질의 가스 수요와 볼리비아가 가스를 판매할 대체 시장이 없다는 사실)으로 인해 양국 간 입장 차이를 좁히기 위한 협상이 장기간 지속됐다.

외채

브라질의 외채는 1992년 1,350억 달러에서 1999년 2,300억 달러까지 증가했다가 점차 감소해 2006년 6월에는 1,570억 달러를 기록했다. 〈표 10.3(a)〉에서 주목할 점은 채권자, 즉 외채의 차입

표 10.3 | 브라질의 외채

(a) 채권자 분포(%)

	1991	1998	2005	2009
상업은행	60.1	29.9	9.3	45.1
IMF	1.3	21.6	–	
세계은행	8.8	2.8		4.3
미주개발은행	2.7	2.9	12.9[a]	6.3
국제투자공사	0.5	1.0		1.8
미국정부		1.3		
일본수출입은행		0.4	4.8[b]	
독일개발은행		1.8		
공급자신용	20.5	33.1	12.8	42.5
기타	6.1	5.2	60.2	
합계	100.0	100.0	100.0	100.0

자료: Banco Central do Brasil (1991; 1998; 2005; 2011).
주: a. 국제기구
　　b. 정부 기관.

(b) 대외채무 만기구조(%)

	1985	1999	2005	2009
1년	12	23	16	14
2년	14	11	13	14
3년	14	6	9	11
4년	12	5	8	
5년	12	5	8	
6년 이상	36	50	46	

자료: Banco Certral do Brasil, 연보.

원이다. 1991년에 외채 60%(1970년대와 1980년대 초반에 차입한 국제 상업은행의 막대한 대출 중 남아 있던 잔액)의 채권자가 은행이었지만, 2005년에는 9.3%로 급속히 감소했고 2011년에는 실질적으로 사라졌다. 또한 2005년에 브라질은 IMF로부터 차입한 채무를 전액 상환했다. 2011년에 브라질 외채의 대부분은 채권bond으로, 주요 채권자들은 해외 채권보유자들foreign bondholders이었다. 〈표 10.3(b)〉를 보면, 브라질 외채의 만기가 장기화된 것을 알 수 있다. 1985년에 만기가 5년 이상인 외채는 약 36%였다. 이 비율은 1999년에

50%로 증가했고, 2005년에는 다시 46%로 약간 낮아졌다.

외채로 인해 브라질은 종종 약자의 처지에 놓이게 되었지만, 채무국인 브라질이 오히려 강자인 측면도 있었다. 외채는 여러 가지 이유로 브라질 경제를 약화시켰다. 우선 막대한 외환수입이 채무상환에 사용되었다. 해외 신규 차입비용을 증가시켰고, 차환refinancing이 필요할 때 주요 해외 채권국과의 협상에서 불리한 위치에 놓이게 만들었다. 신규 차입을 위한 조건으로 해외 채권국이 국내 정책 수립에 일정 부분 간섭할 수 있었다. 마지막으로 브라질에 진출한 다국적기업을 보다 관대하게 다루도록 압력을 가할 수 있었다.

다른 한편, 브라질의 외채는 브라질의 경제 규모에 비례해 대규모였고, 그만큼 중요했기 때문에 브라질 정부에게 약간의 협상력을 부여했다. 다국적기업은 브라질에 막대한 투자를 하고 있었기 때문에 브라질 국가경제의 주요 이해당사자였고 주요 국제 민간금융기관들이 브라질 국가채무의 상당 부분을 차지하고 있었기 때문에 이들 다국적기업과 국제 민간 채권단은 브라질 경제가 계속 성장하고 국제수지를 강화하는 데 큰 관심을 가지고 있었다. 이러한 사실이 브라질 정부가 무역을 확대하고 신규 외채를 차입하는 데 유리한 요소로 작용했다.

브라질 정부채무 중 해외에서 차입한 공공외채는 2000년에 GDP의 22%에서 2006년에는 GDP의 9.6%로 줄어들었고, 총정부채무는 2004년 GDP의 58.6%에서 2006년 중반에는 GDP의 50.6%로 감소했다. 즉, 브라질은 2000년대 초 수년간 국제수지가 개선된 상황을 활용해 외채를 축소시켰다.

브라질에 대한 외국인투자

브라질이 정치적으로 독립한 이후 줄곧 외국자본은 브라질 경제에서 중요한 역할을 담당해 왔다. 그러나 이 시기 내내 외국자본의 영향에 대한 논란이 지속되었다. 외국자본은 국가 발전을 촉진했는가? 억압했는가? 아니면 왜곡했는가? 이용 가능한 증거를 활용해 이 질문에 대해 살펴보고자 한다.

역사적 관점

독립 직후에 외국자본(주로 영국) 유입은 주로 금융과 무역에 집중되었다. 브라질이 수출 상품(커피와 설탕)의 생산을 주도했지만, 수출 상품의 해상운송과 수출금융, 그리고 공산품 수입은 외국인의 손에 놓여 있었다. 영국 상품이 브라질 시장에 쉽게 접근할 수 있었던 것은 영국의 정치적 압력(브라질 독립에 대한 영국의 정치적 지원 전제 조건)의 결과였고, 20세기까지 브라질이 1차산품 수출 경제의 지위를 유지하는 데 기여했다.[16]

19세기 후반에는 브라질에 경제 인프라(철도, 항구 및 도시 공공사업)를 구축하기 위해 대규모의 외국자본이 유입되었다. 그중 상당수가 브라질을 1차산품 공급자로서 세계무역 네트워크에 보다 효과적으로 통합하기 위한 것이었다. 이 자본은 직접투자와 채권발행을 통한 프로젝트 파이낸싱으로 구성되었다. 1880년에 외국자본 총액은 1억9천만 달러로 추산되었다. 이것은 1914년에 19억 달러, 1930년에는 26억 달러로 확대되었다. 1930년대 이전에 영국 기업이 브라질의 주요 외국인투자자였지만, 20세기로 전환될 무렵 미국 기업의 비중이 점차 커졌다. 1930년에 외국자본의 절반은 영국, 4분의 1은 미국이었다.[17]

1930년대 이전에 외국자본이 브라질 경제의 성장에 필요한 자원과 기술을 지원했지만, 그 당시 많은 사람들은 외국자본의 영향을 받아 나타나기 시작한 개발의 성격과 국가가 부담해야 하는 비용에 대해 우려했다.[18] 1930년 이전에 외국자본을 비판할 때 가장 자주 언급되는 이슈들은 다음과 같다.

1. 철도와 항구 건설은 브라질을 국제경제에 보다 효과적으로 통합시키는 것을 의미했다. 즉, 주요 제품을 내수시장에서 해외시장으로 수출하고 수입 공산품을 보다 효율적으로 분배하기 위한 것이었다. 그들은 국가의 여러 지역을 통합해 국내시장을 발전시키기 위한 것이 아니었다.

2. 외국자본의 비용이 과도했다. 외국기업은 투자에 대해 일정 수준의 수익률을 보장받았고, 차입자본은 높은 이자율이 부과되거나 국제 금융시장에서 증권인수업자underwriter를 통해 채권을 발행할 때 높은 할인율이 적용됨에 따라 극도로 비쌌다.[19]

3. 외국인 소유 공공사업의 요금이 투자 원금을 빨리 회수하기 위해 매우 높은 수준으로 책정되었고, 서비스의 질은 부적합한 경우가 많았다. 1930년대 이후 공공사업 요금에 대한 국가의 통제가 증가해 이 분야에 대한 외국인투자가 감소하게 되었고 궁극적으로는 대부분의 외국인 소유 공공사업이 국유화되었다. 이는 국가의 통제로

인해 이 분야의 수익성이 크게 감소했기 때문이었다.[20]

제1차 세계대전 이전 시기와 비교하면 줄어들기는 했지만, 1920년대에도 외국인투자가 브라질에 계속 유입되었다. 일부는 공공사업, 금융과 무역 거래 확대, 그리고 일부는 산업투자(비록 제2차 세계대전 전에 국내자본이 제조업을 주도했지만) 부문에 투자되었다.[21] 1930년대의 대공황 시기에는 외국자본유입이 중단되었다.

1950~86년 시기

1950년대 초반, 브라질이 경제성장과 개발을 촉진하기 위해 수입대체산업화 전략을 채택한 이후 외국인투자는 제조업 분야로 이동했고, 공공사업 분야에서는 거의 종적을 감추었다. 이는 정부가 수입대체산업화를 조기에 달성하기 위해 해외 금융과 기술 노하우가 반드시 필요하다고 생각해 외국자본에 대해 다양한 종류의 인센티브를 제공했기 때문이었다. 공공사업 부문에서는 정부 규제로 인해 투자 매력도가 떨어졌고, 전략 부문의 외국인 통제에 대한 민족주의적 반발 우려가 있었기 때문에 외국자본이 철수했다.[22]

〈표 10.4〉에서 볼 수 있듯이 제2차 세계대전 이전에는 미국의 투자가 주로 공공사업, 무역, 금융 및 석유 판매에 집중되어 있었다. 이것이 제2차 세계대전 이후 수십 년 동안 크게 바뀌었다. 1980년까지 공공사업 부문에 대한 투자는 사실상 사라졌고, 제조업 부문이 전체 투자의 68%까지 증가했다. 1992년에 제조업 투자 비중은 거의 75%까지 상승했다.

표 10.4 │ 미국의 브라질에 대한 부문별 투자 현황: 1929~2010년

(%)

	1929	1940	1952	1980	1992	1998	2005	2010
제조업	23.7	29.2	50.6	68.0	74.6	59.0	41.60	41.7
석유판매	11.9	12.9	17.1	4.7	4.1	4.8	–	–
공공사업ª	50.0	46.7	14.9	7.3	2.4	–	–	–
무역	8.2	7.5	17.4ᵇ	–	–	–	1.33	4.1
은행				1.7	6.3	4.5	26.47	
금융ᶜ				10.8	11.4	12.4	13.61	20.5
광업				1.9	–	–	6.29	6.2
기타	6.2	3.7		5.6	1.2	19.3	10.7	27.5
합계	100.0	100.0	100.0	100.0	100.0	100.0	100.0	100.0

자료: 다음 자료에서 계산. United Nations, *Foreign Capital in Latin America* (New York: United Nations, 1955), p.
　　51; Malan, Bonelli, Abreu, and Pereira. *Política Econômica Externa e Industrialização no Brasil: 1939-52*
　　(1977), p. 181; US Department of Commerce, *Survey of Current Business*, 각 호.

주: a. 교통 포함.
　 b. 무역과 기타.
　 c. 은행업 제외.

1990년대 중반에 브라질의 민영화 프로그램 대상에 공공사업이
포함되고 많은 수의 외국기업이 이 프로그램에 참여함에 따라 다시
변화가 나타났다. 2005년까지 이 부문은 미국 투자의 26% 이상을
차지했다. 〈표 10.5〉는 브라질에 대한 전체 외국인투자 잔액의 부
문별 분포를 보여 준다. 2005년까지 제조업 비중이 상대적으로 줄
어든 주요 이유는 1990년대 후반에 실시된 민영화의 결과로 인해
공공사업 부문에 대한 외국인투자가 다시 늘어났기 때문이었다.

〈표 10.5〉는 제조업 분야에서 화학, 운송장비, 식음료 및 기계류
에 대한 외국인투자가 특히 많은 것을 알 수 있다. 2005년에 외국
인투자는 공공사업과 금융 부문에서 두드러졌다. 이것은 1990년대
후반에 민영화가 확대된 결과이며, 특히 공공사업 부문에서 크게
확대되었다. 외국은행이 브라질 국내은행을 매입하고 합병하는 것
을 용이하게 만든 법률로 인해 금융 부문에 외국자본이 늘어나게

표 10.5 | 부문별 전체 외국인투자 잔액: 1996~2009년

(%)

	1976	1981	1991	2005	2009
광업 및 농업	3	3	2	4.50	0.9
제조업	81	76	69	35.90	30.2
비금속광물	3	2	2	0.08	
금속제품	8	8	8	0.55	0.3
기계	8	10	8	2.47	3.0
전기장비	9	8	8	1.83	
수송장비	13	13	10	6.28	10.6
종이제품	3	2	2	0.77	2.6
고무제품	2	2	2	1.50	0.4
화학 및 약품	18	17	13	3.53	6.0
섬유 및 의류	8	7	2	0.74	0.2
식품 및 음료	7	6	5	7.95	1.6
담배	2	1	1		
기타 제조품				10.20	4.0
공공사업	3	0	0	6.80	
금융				8.10	37.0
기타	13	21	29	44.7	31.9
합계	100	100	100	100.00	100.0

자료: 다음 각 호에서 계산. *Conjuntura Econômica*; Banco Central do Brasil, *Boletim*.
주: 2005년 자료에서 담배는 식음료에 포함.

표 10.6 | 투자국별 외국인직접투자 잔액: 1951~2009년

(%)

	1951	1980	1991	2000	2005	2009
미국	43.9	30	30	23.78	21.6	19.1
캐나다	30.3	4	6	1.97	6.7	1.9
영국	12.1	6.7	1.44	1.5	0.8	
프랑스	3.3	4	5	6.73	6.7	1.3
우루과이	3.1	0.1	1	2.04	1.5	6.5
파나마	2.3	3	2	1.53	1.2	16.6
독일		13	14	4.95	4.7	2.7
스와질란드		10	8	2.19	1.9	1.1
스웨덴		2	2	1.53	1.0	0.2
네덜란드		2	2	10.73	14.5	30.0
일본		10	10	2.40	3.1	1.9
스페인				6.2	9.4	3.2
룩셈부르크		2	2	0.5	1.7	0.2
기타	5	10.9	8	34.01	24.5	14.5
합계	100	100	100	100.00	100.00	100.0

자료: 다음 각 호에서 계산. *Conjuntura Econômica*; Banco Central do Brasil, *Boletim*.

표 10.7 | 국내/외국/국영 기업 비중: 1992년과 2005년

(a) 1992년

	국내기업	외국기업	국영기업	합계
국내기업 지배				
농업	100	0	0	100
소매	100	0		100
건설	100	0	0	100
자동차판매	100	0	0	100
목재 및 가구	97	3	0	100
의류	90	10	0	100
호텔	85	15	0	100
섬유	85	15	0	100
종이 및 셀룰로오스	81	19	0	100
슈퍼마켓	77	23	0	100
도매	75	25	0	100
비료	75	7	18	100
교통서비스	68	1	31	100
전기제품	67	33	0	100
비금속광물	67	33	0	100
식품	64	36	0	100
철강	56	6	37	100
교통제품	46	45	9	100
금속제품	44	48	8	100
외국기업 지배				
자동차 및 자동차부품	6	94	0	100
위생제품	12	88	0	100
의약품	18	82	0	100
컴퓨터	33	65	2	100
플라스틱 및 고무	35	65	0	100
음료, 담배	40	60	0	100
휘발유 판매	12	55	33	100
기계장비	50	50	0	100
국영기업 지배				
공공사업	0	0	100	100
화학 및 석유화학	13	21	66	100
광업	32	7	61	100

자료: "Os Melhores e Maiores," *Exame* (August 1993).
주: 각 부문은 상위 20개 기업 포함.

(b) 2005년

	국내기업	외국기업	국영기업
국내기업 지배			
소매	100	0	0
건설	100	0	0
의류	100	0	0
광업	93	7	0
교통서비스	83	0	17
종이 및 셀룰로오스	82	18	0

철강 및 금속제품	73	27	0
건설자재	71	29	0
의약품, 위생제품 및 화장품	63	37	0
종이 및 셀룰로오스 도매	57	2	41
플라스틱 및 고무	51	49	0
전기에너지	50	31	19
컴퓨터 및 부품	47	32	21
외국기업 지배			
식품	35	65	0
전기제품	36	64	0
기계 및 장비	40	60	0
자동차부품	42	58	0
통신	48	52	0
국영기업 지배			
화학 및 석유화학	19	6	75

자료: "Os Melhores e Maiores," *Exame* (July 2005).
주: 각 부문은 상위 15개 기업 포함.

되었다.

제2차 세계대전이 끝날 무렵 미국은 브라질에 대한 주요 외국인 투자자였고, 1951년에 미국의 외국인투자 비중은 여전히 44%에 달했다. 〈표 10.6〉에서 알 수 있듯이 그 이후 외국인투자국이 상당히 다양화되었다. 2005년까지 미국의 점유율은 21.6%로 떨어졌고 캐나다, 프랑스, 독일, 네덜란드, 스페인의 투자 비중이 크게 늘어났다.

〈표 10.7〉은 부문별 외국자본의 비중에 대한 보다 상세한 정보를 보여 주고 있다. 〈표 10.7(a)〉는 1992년 부문별 매출액 기준 상위 20개 기업을 기준으로 작성한 자료이다. 1992년에 국내 민간기업은 14개 부문, 외국기업은 9개 부문, 국영기업은 3개 부문에서 지배적 지위를 차지하고 있었다. 〈표 10.7(b)〉는 20개 부문의 매출액 기준 상위 15개 기업을 기준으로 작성한 자료이다. 이 자료에

따르면, 국내 민간기업은 14개 부문, 외국기업은 5개 부문, 국영기업은 1개 부문에서 시장점유율이 가장 높았다. 이는 1990년대 민영화로 인한 결과였는데, 광업 부문에서 국내 민간기업이 국영기업을 인수했고, 전력, 통신, 철강 부문에서 국내 민간기업과 외국기업이 양허 계약을 체결했다.

다국적기업의 편익과 비용
: 몇 가지 일반적 고려 사항

현재 브라질의 외국인투자 구조를 고려할 때, 브라질의 경제성장 및 발전과 관련해 외국인투자의 장점과 단점은 무엇인가? 우리는 먼저 이 이슈의 두 가지 측면에 대한 주장을 요약한 후 현재 이용 가능한 증거에 대해 논의할 것이다.

편익

외국자본의 유입은 새로운 부문의 개발 초기 단계 또는 외국 기업이 상당한 규모의 외환을 가져와 투자활동을 수행해 급속한 팽창이 일어날 때 국제수지에 긍정적인 영향을 미친다. 특히 브라질과 같이 장기 민간자본 차입이 제한되어 있고, 주식공모를 통한 다국적기업의 대규모 확장 또한 제한되어 있으며, 장기 정책금융(개발은행인 경제사회개발은행을 통한) 접근성도 제한되어 있는 국가에서는 더욱 그렇다. 물론, 일단 자회사가 설립되면, 투자자금의 상당 부분이 유보이익에서 나올 것이다.

외국자본의 두 번째 편익은 투자유치국이 단기에 새로운 산업부문을 개발할 수 있게 해주는 첨단기술의 신속한 이전이다. 브라질은 1950년대의 신속한 수입대체산업화 과정과 1960년대 후반과 1970년대 초반의 빠른 산업 팽창에서 다국적기업의 자회사가 가져온 외국 기술에 크게 의존했다. 수입대체산업화 이전에 브라질 기업들의 국내 기술과 자본 역량이 제한되어 있었기 때문에 다국적기업이 없었다면 새로운 산업부문의 성장은 실제보다 훨씬 더 긴 시간을 필요로 했을 것이다.

다국적기업은 물리적 노하우 이외에도 새로운 조직 및 관리 기법을 가져왔다. 대규모 비즈니스의 생산과 관리를 위해서는 복잡한 산업의 운영에 적합한 조직이 필요했고, 브라질에는 과거에 이러한 조직이 존재하지 않았다.

대규모 다국적기업은 브라질 기업의 기술 및 조직에도 영향을 미쳤다. 대부분의 다국적기업이 현지기업으로부터 필요한 물품을 공급(일부의 경우 정부의 정책을 통해)받아야 했기 때문에 현지 공급업체에게 기술을 이전했다. 이 과정에서 많은 브라질 공급업체들은 그들의 고객인 다국적기업의 기준에 맞춰야 했기 때문에 조직 효율성과 품질이 개선되었다.

외국자본은 고용을 창출했을 뿐 아니라 현지에서 채용한 근로자들과 관리 직원을 훈련함으로써 브라질 노동력의 질도 향상시켰다. 대부분의 다국적기업은 거의 모든 직원을 브라질 사람으로 충원했다.

마지막으로, 브라질의 제조업 부문에 진출한 많은 수의 다국적기업은 1960년대 후반에 시작된 수출 다변화 프로그램에 크게 기여했다. 브라질의 다국적기업들은 세계적으로 생산 및 마케팅 네트워크를 구축하고 있었기 때문에 공산품 수출을 촉진하려는 브라질 정부의 프로그램을 촉진하기에 매우 유리한 위치에 있었다.[23]

비용

브라질 정책입안자들이 수입대체산업화를 추진하기 위해 외국자본유입을 장려한 이후, 다국적기업의 존재가 경제에 미치는 영향에 대해 다양한 논쟁을 불러일으킨 많은 학술적 연구가 이루어졌다.[24]

국제수지 영향. 다국적기업이 해외에 생산설비를 가동하는 주요 동기는 이익을 창출하는 것이므로, 조만간 이들 이익의 상당 부분이 모회사로 송금되어 국가의 외환수입을 고갈시킬 것이다.

다국적기업은 해외에서 수익을 창출할 뿐 아니라 제3세계에 대한 투자가 국내 또는 다른 선진국에 대한 투자보다 더 위험하기 때문에 이러한 위험에 대한 보상으로 투자수익률은 더 높을 것으로 기대된다. 제3세계 투자의 위험으로는 정권 교체로 인한 산업 시설의 국유화나 국가 통제의 강화 또는 국제수지 문제로 인한 통화의 환전 금지 가능성 등이 있다. 투자자의 입장에서 충분히 이해할 수 있는 이러한 태도가 투자유치국의 다양한 이해관계자들의 입장과 불가피하게 충돌한다. 이들은 다국적기업이 상대적으로 소득이 높은 투자국이 아니라 가난한 투자유치국에서 더 높은 수익을 추구하는 것으로 인식할 것이다.

대부분의 제3세계 국가는 이윤 송금에 일부 제한을 두고 있기 때문에, 많은 다국적기업은 자회사에 공급하는 원자재 가격을 높게 책정하는 방식으로 이전가격을 설정해 비밀리에 모회사로 이윤을 보내고 있다는 의심을 받아 왔다.[25] 이전가격을 사용하는 다른 동기로는 조세회피와 실제보다 낮은 수익률을 거두고 있다고 홍보하려는 욕구가 있다. 물론, 다국적기업은 이전가격 관행을 부인하며, 이에 대한 결정적 증거를 제시하는 것은 극도로 어렵다.

부적절한 기술. 일부 비평가는 다국적기업이 제3세계(브라질 포함)의 주요 사회경제적 문제 중 하나인 산업 일자리 창출을 위한 해결책 마련에 공헌하지 못하고 있다고 비판한다. 그들은 현지 상황에 맞지 않는 자본집약적인 기술을 도입한다. 따라서 다국적기업이 고용에 미치는 영향은 미미하다. 다국적기업은 상당한 액수의 돈을 투자해 현지에서 가용한 생산요소에 맞게 기술을 개발하려는 의지가 별로 없다. 왜냐하면 그에 대한 보상이 많지 않고, 브라질과 같은 국가들의 주요 매력 중 하나가 이전에 투자국에서 이루어진 연구개발R&D의 추가적인 수익을 제공하는 것이라고 생각하기 때문이다.

다른 비평가들은 다국적기업들이 투자유치국에서 연구개발을 수행하는 것을 꺼린다고 주장한다. 이 회사들 중 상당수가 어떤 형태로든 연구실을 가지고 있지만, 기초 기술 연구보다 주로 품질관리를 위한 것이다. 기술은 다국적기업이 이용할 수 있는 가장 강력한 협상 무기이기 때문에 고급 기술개발 역량을 투자유치국으로 이전하는 것을 꺼린다. 기술이전에 대한 이러한 조심스러운 태도는 브라질 같은 국가가 외국 기술에 계속 의존하게 만드는 데 기여하는 것으로 간주된다.

마지막으로, 모회사의 국가에 연구개발 활동이 집중되어 있는 경우, 자회사는 일반적으로 이런저런 형태로 기술 사용료를 지불한다.

이는 회사의 모든 소비자가 연구개발 지출로 인한 기술혁신으로부터 혜택을 받고, 회사에 이에 대한 보상을 지불해야 한다는 것을 근거로 정당화되지만, 이러한 지불 부담을 공정하게 나누는 규칙은 없다. 사실 일부 관찰자들은 자회사가 모회사에 지불하는 기술 사용료가 몰래 이익을 송금하는 기회를 제공한다고 주장한다.

탈국가화Denationalization. 신흥국에 강력한 다국적기업이 존재함으로 인해 이들과 경쟁할 수 있는 자본과 기술을 가지고 있지 않은 현지기업의 발전이 저해될 수 있다. 일부 분야에서는 이전에 강력했던 현지기업이 새로 시장에 진입한 다국적기업에 의해 퇴출당하거나 인수될 수도 있다.

탈국가화는 다른 각도에서 볼 수도 있다. 투자유치국의 가장 역동적인 부문들이 다국적기업에 의해 지배되는 경우, 주요 의사결정이 해외에서 이루어지는 경향이 있다. 다국적기업의 중요 의사결정은 일반적으로 모회사에서 이루어지며, 다국적기업의 글로벌 지위를 최적화하기 위한 정책이 수립된다. 이러한 의사결정이 투자유치국 입장에서는 최적이 아닐 수도 있다.

소비 왜곡. 브라질의 수입대체산업화는 이전에 수입되던 물품을 국내에서 생산하기 위한 움직임이었다. 국내 수요 구조는 매우 불평등한 소득분배를 반영하고 있었고, 수입대체산업화는 기존의 국내 수요 구조를 반영해 생산능력 구조를 만들어 내는 것을 의미했다.

다국적기업이 수입대체산업화에 깊이 관여했기 때문에, 이들은 새로 구성된 생산구조에서 지분을 얻었고, 현재 상태에서 기득권을 가지고 있었다. 이들은 소득분포의 급격한 변화가 시장을 축소시킬 것이라고 우려했다. 이에 대한 보완적인 주장은 다음과 같다. 다국적기업이 광고와 신용 제공(예를 들어 자동차 관련 기업들이 저소득층 소비자를 끌어들여서 이들이 기초 필수품 대신 자동차를 구매하도록 유도)을 통해 저소득층에게 영향력을 행사해 그들의 상품들(다양한 내구성 소비재)을 소비하도록 함으로써 소비 패턴을 '왜곡'시킨다는 것이다.

정치적 영향력. 다국적기업의 존재가 정치적으로 중립이라고 가정하는 것은 순진하다. 다국적기업이 직접 정치활동에 개입한 1970년대의 칠레 또는 다국적기업이 모국 정부를 압박해 보다 유리한 국유화 보상을 얻어 낸, 같은 시기의 페루와 같은 극단적인 사례를 살펴볼 필요도 없다. 이렇게 극적인 방법이 아니더라도 다국적기업이 자국의 외교 경로를 통해 정치적 영향력을 사용해 수입, 가격통제, 노동정책 또는 이윤송금과 관련된 투자유치국의 정책에 영향을 미치는 것은 자연스러운 일이다. 이러한 압력에 대한 투자유치국의 저항은 다자 금융기관의 국제 차관 도입이나 국제 채무재조정 협상과 같은 다양한 상황에 따라 달라진다.

이러한 정치적 부작용은 수입대체산업화와 일반 개발 과정에서 다국적기업에 의존함에 따라 발생하는 비용 중 하나로 간주되어야 한다. 만약 투자유치국 국민들이 국가주권 침해와 유사한 사건에 매우 민감해 이러한 비용이 너무 비싸다면, 경제성장률이 떨어질지라도 외국인투자에 대한 의존도는 낮아질 것이다.

실증연구 결과 요약

수익

브라질 다국적기업의 수익성과 이것이 국제수지에 미치는 영향에 대한 명확한 정보를 제시하는 것은 어렵다. 외국인직접투자 유입액 — 이익잉여금 중 재투자된 금액 — 은 브라질의 국제수지 규모와 비교해서 상대적으로 작다. 이는 1977~86년 동안 외국인직접투자 유입액이 브라질 외채의 10~15% 수준에서 변동했다는 사실에 의해 뒷받침 된다. 외국인직접투자 유입액이 국제수지에 기여한 것은 이익송금액을 차감하면 더욱 작아진다(〈표 10.8〉 참조). 이익 재투자도 외국인직접투자의 상당 부분을 차지한다. 1982년과 1986년에 이익 재투자가 직접투자 유입액보다 훨씬 컸다. 개괄적인 국제수지표 자료에 기초한 송금 수익률은 1971년의 16%에서 1980년의 5.5%까지 다양했으며, 같은 기간 미국의 수익률 평균은 약 12.8%였다. 소유 구조별 상위 50대 기업의 대차대조표를 토대로 작성한 〈표 10.9〉의 자료에 따르면, 다국적기업의 수익률은 더 높다(국내기업이 다국적기업보다 수익률이 더 높음).

표 10.8 | 외국자본 잔액, 유입액, 이익: 1967~2011년

(100만 달러)

	총직접투자	제조업 직접투자
1967	3,728	
1973	4,579	3,03
1980	17,480	13,005
1985	25,664	19,182
1990	37,143	25,729
2000	103,014	34,726
2005	197,515	
2011	292,200	

	직접투자	포트폴리오투자	이익송금
1977	935		458
1978	1,196		564
1979	1,685		740
1980	1,487		544
1981	2,522	1	587
1982	3,115	2	585
1983	1,326	−279	758
1984	1,501	−268	795
1985	1,418	−228	1,056
1986	317	−476	1,350
1987	1,169	−428	909
1988	2,805	−498	1,539
1989	1,130	−391	2,383
1990	989	579	1,593
1991	1,102	3,808	665
1992	2,061	14,466	748
1993	1,291	12,929	1,930
1994	2,150	54,047	2,566
1995	4,405	10,372	2,951
1996	10,792	22,022	2,831
1997	18,993	10,908	5,443
1998	28,578	18,582	6,856
1999	28,578	3,542	4,115
2000	32,779	8,651	3,316
2001	22,457	872	4,961
2002	16,590	−4,797	5,162
2003	10,144	5,129	5,641
2004	18,156	−3,996	7,338
2005	15,066	6,655	12,686
2006	18,782		
2007	34,585		
2008	45,058		
2009	25,949		
2010	48,506		
2011	66,660		

자료: *Conjuntura Econômica*.

표 10.9 | 브라질 민간기업, 다국적기업, 국영기업의 성과 비교: 1977~91년

(순자산이익률)

	민간기업	다국적기업	국영기업
1977	25.2	23.4	7.8
1979	11.8	7.7	4.8
1980	19.1	15.6	2.3
1983	11.2	9.6	3.0
1984	10.7	12.1	4.6
1985	13.1	16.4	2.5

자료: "Melhores e Maiores," *Exame* (각 년도).
주: 각 부문 상위 50대 기업 기준.

브라질의 다국적기업은 현지기업이나 투자국 기업과 비교했을 때 과도한 이익을 내는 것으로 보이지 않고 수익 송금도 중간 정도 수준이다. 우려가 제기되는 주요 문제는 수익을 이전하려는 숨겨진 방법의 사용에 관한 것이다. 이전가격의 사용에 대한 증거는 거의 없다. 다국적기업의 대외무역 중 상당 부분이 회사 내에서 발생하기 때문에 이전가격을 사용할 기회는 존재한다. 1970년대 초에는 다국적 판매의 70% 이상이 모기업 시스템 내에서 발생했다.[26] 1980년대 초반의 한 연구는 다음과 같이 밝히고 있다.

금속, 식품 및 고무 부문을 제외하고 다국적기업 내에서 이루어진 수출이 전체 수출의 50%를 차지했으며 …… 운송장비의 경우 88%, 기술 및 과학 장비의 경우 100%에 달했다.[27]

1975~77년 동안 다국적기업을 대상으로 한 조사에 따르면, 대부분의 부문에서 무역수지 적자가 발생했고, 이는 일부 유형의 이전가격 활동에 참여할 기회를 제공했다. 1974년부터 1984년까지

의 기간을 포괄하는 이후의 연구에서 다국적기업의 수출/수입 비율이 담배 18.5부터 운송장비 4.1, 화학 0.4, 비금속광물 0.3까지 매우 다양했다.[28]

기술 사용료 지불에 관한 구체적인 정보를 얻는 것은 어렵다. 이는 이익송금에 대한 제한을 피할 수 있는 방법일 수 있다. 1960년대 이래 기술을 통제하는 법안이 많았다. 로열티 지급은 외국회사의 브라질 기업에 대한 통제권이 50% 미만일 경우에만 허용된다. 기술 및 라이센스 계약 또한 상당한 제한이 있고, 조사 대상이 된다. 로열티 또는 기술 사용료가 허용되더라도, 총매출의 5%를 초과할 수 없었다. 1973년에 기술 사용료는 1억3,600만 달러에 불과했다. 로열티 지급액도 1995년에서 2005년 사이에 수출액의 약 1%로 비교적 적당한 수준이었다.

기술

브라질에서 다국적기업의 기술적 행동에 대한 체계적인 연구는 거의 이루어지지 않았다.[29] 이 분야의 가장 우수한 연구는 금속산업 분야에서 몰리·스미스에 의해 수행되었다.[30] 미국 다국적기업의 미국 공장과 브라질 공장을 비교한 연구에서 이들은 미국 공장이 "자동화 및 특수 기계를 훨씬 더 많이 사용"[31]한다는 것을 발견했다. 그들은 또한 다음과 같은 사실도 밝혔다.

우리가 방문한 브라질에 소재한 모든 자본재 생산자들은 미국의 생산량 수준에서라면 미국 공장과 동일한 수준의 자동화 설비를 사용할 의사가 있다고 밝혔다. 그리고 우리는 노동비용이 현저히 낮더라도 그들이 이러한 결정을 바꿀지에 대해 의문을 가졌다.[32]

그들은 금속 스탬핑에서 상하역 장치의 자동화가 훨씬 적다는 것에 주목했다. 그리고 그들은 "우리가 보고한 모든 증거가 …… 브라질에 소재한 다국적기업에 의한 생산공정의 상당한 수정을 보여 주고 있다. …… 그들은 또한 자재의 취급 또는 생산공정의 지원 서비스 부문에서 자본을 노동으로 대체하는 경향을 보였다."[33] 다국적기업의 미국 공장과 브라질 공장의 생산기술 차이의 근본적 원인은 "저렴한 인건비가 아니라 규모의 차이에 기인하고 있었다. 대부분의 기업들은 미국의 생산량 수준에서라면 브라질 인건비가 미국 인건비의 5분의 1에 불과하다는 사실에도 불구하고 브라질 공장에서 본국 생산기술을 사용할 것이라고 말했다."[34]

브라질의 전기기술 연구에서 뉴파머·마쉬는 다국적기업과 국내기업을 비교했다. 그들은 국내기업이 다국적기업보다 자본 1단위당 더 많은 노동을 고용하고 있는 것을 발견했다.[35]

그러나 다국적기업이 기술을 조정하더라도, 대부분의 다국적기업 투자는 본질적으로 자본집약적인 부문이기 때문에 이것이 일반 고용 수준에 많은 영향을 미칠지는 의문이다. 1950년대의 수입대체산업화 시기에 많은 다국적기업이 중고 장비를 수입해 브라질에 생산설비를 구축했다. 이것은 당시의 노동집약적 기술 선호를 고려한 의도적 선택으로 해석될 수 있다. 1960년대 후반 이후에는 수출 다변화를 강조함에 따라 다국적기업과 국내기업이 모두 최신 기술을 사용하는 새로운 설비를 도입해 생산시설을 확장했다. 기업들은 국제시장에서 효과적으로 경쟁하기 위해 이것이 필요하다고 인식했다.[36]

연구개발을 통한 신기술개발에 관한 한, 다국적기업의 노력은 크지 않았다. 피터 에반스는 브라질에서 다음과 같은 사실을 발견했다.

> 브라질 계열사는 연구개발 지출이 모회사의 5분의 1 정도이다. 만약 다국적기업이 판매액 기준으로 미국과 동일한 비율로 연구개발 지출을 한다고 가정하면, 브라질 자회사의 연구개발 지출은 3천만 달러가 아니라 거의 1억5천만 달러가 될 것이다.[37]

브라질에서 연구개발에 지출된 적은 금액조차도 순수 연구비가 아니라는 것을 부언해야 한다. 사실 연구실에서 수행되는 품질관리 업무와 순수 기술 연구를 구분하는 것은 어렵다.

평등 문제

소득분배가 산업의 기술적 특성과 관련이 있다면, 다국적기업은 브라질의 소득집중도 증가에 영향을 미쳤다. 즉, 다국적기업의 높은 자본/노동 비율이 소득분배의 추세를 강화하는 데 일조했다. 브라질 국내 민간기업에 비해 다국적기업의 보수가 더 높았음에도 불구하고 이러한 상황이 발생했다. 예를 들어, 1972년 제조업 부문에서 다국적기업의 평균 급여는 국내기업의 평균 급여보다 30% 정도

많았다. 동시에 전자의 생산성은 후자의 생산성보다 50% 정도 더 높았다.[38]

탈국가화

1940년대 후반 이후 브라질 경제를 조사할 때 다양한 추세를 확인할 수 있다. 공공사업 및 광업 분야에서는 1980년대까지 강력한 국유화 경향이 있었다. 사실, 이 분야에서 다국적기업은 사라졌다. 다국적기업은 빠르게 성장하는 새로운 분야(예: 자동차, 전기 기계)에서 지배적인 위치에 있었고, 경제에서 이 분야의 비중이 커지면서 다국적기업의 상대적 영향력이 증가했다. 마지막으로 일부 부문에서는 국내기업이 국영기업을 직접 인수해 탈국가화가 발생했다.

에반스는 브라질 제약산업의 탈국가화에 대해 조사했다. 이 분야는 한때 현지기업에 의해 지배되었지만 제2차 세계대전 이후 점차적으로 탈국가화 과정을 경험했고, 1970년대 중반에는 외국기업이 시장의 85% 이상을 지배했다. 에반스는 연구개발을 통한 신제품 개발의 중요성을 확인했는데, 이것이 수익 창출을 위해 점점 더 중요한 요소이자 현지기업 쇠퇴의 주요 원인 중 하나로 작용했다. 탈국가화 과정은 주로 다국적기업의 현지기업 인수를 통해 이루어졌다.[39] 브라질 전기산업에 대한 리처드 뉴파머의 연구는 1960년대와 1970년대에 걸친 탈국가화 추세를 분석했는데, 1970년대 중반에 이 산업의 거의 80%가 다국적기업에게 인수되었다. 다국적기업의 성장은 대부분 국내기업 인수를 통해 이루어졌다.[40]

신자유주의 시대

브라질이 신자유주의 정책을 채택하면서 1990년대에 외국인직접투자가 크게 변화하기 시작했다. 신자유주의 정책은 시장 지향적 정책, 중공업 및 공공사업 부문의 국영기업 민영화, 보호조치의 급격한 감소로 구성되어 있었다. 또한 브라질은 아르헨티나, 파라과이, 우루과이와 남미공동시장을 결성했고, 이를 통해 무역과 투자에 대한 장벽을 점진적으로 제거하려 했다.

더 개방적인 경제, 특히 헤알 플랜의 안정화 프로그램 이후 외국인직접투자 유입이 급격하게 증가했다. 1980년대 초반에는 연간 외국인직접투자 유입액이 약 14억 달러였지만, 1983~90년에는 9억 달러로 감소했다. 외국인직접투자는 1990년대 초반에도 연평균 13억 달러로 정체되어 있었으나, 1994년 이후 성장 동력을 얻어서 1995년 44억 달러, 1996년 107억 달러, 1997년에는 190억 달러, 1998년에는 286억 달러에 이르렀다. 2000년에는 328억 달러로 최고치를 기록했고, 이후 5년간은 감소했다.

외국인직접투자 유입이 급증하는 데 기여한 요인들은 다음과 같다.

1. 헤알 플랜의 안정화 프로그램은 외국기업을 위한 환경을 크게 개선했다. 가격변동성의 감소는 비즈니스 비용을 크게 줄였다. 이 프로그램은 또한 저소득층의 실질소득 증가와 소비자신용의 재현으로 이어져 많은 상품, 특히 내구재 판매를 증가시켰다.
2. 민영화 과정은 1990년대 후반에 외국인직접투자 유입의 약 4분의

1을 차지했다. 이것은 민영화 과정에 외국인 참여가 극적으로 증가한 것을 나타낸다. 민영화가 시작된 1990년대 전반에 외국인투자는 전체 민영화의 약 5%를 차지했다. 이 비율은 1997년에 약 35%까지 상승했다. 1990년에서 2005년 사이에 외국자본의 민영화 과정 참여는 36.4%에 달했다.[41] 외국자본의 참여에 기여한 두 가지 요인은 다음과 같다. 첫째, 민영화가 처음에는 외국인투자자에게 매력적이지 않은 철강 및 석유화학 산업과 같은 전통적인 산업부문에 국한되었다는 사실이 초기 외국자본의 낮은 참여율을 설명해 준다. 둘째, 외국인투자와 관련된 법률의 변화는 다국적기업에게 브라질을 더욱 매력적으로 만들었다.

3. 남미공동시장의 신속한 실행으로 시장이 확대됨에 따라 다국적기업에 대한 지역의 매력도가 높아졌다.

외국자본에 관한 브라질 법률의 변화는 외국인직접투자의 증가를 유도하는 데 기여한 것으로 보인다. 거주자와 비거주자의 소유권을 근거로 한 브라질 기업 간의 차별을 없애기 위해 헌법에 중요한 수정이 있었다. 이로 인해 외국기업은 광산, 석유, 전기, 운송 및 통신과 같은 국영기업 또는 국내 민간기업으로 참여가 제한된 여러 부문에 투자할 수 있게 되었다. 민간투자자(국내 및 해외)를 위한 양허법의 통과도 공공사업의 민영화를 위한 틀을 마련하는 데 기여했고, 외국기업도 참여가 허용되었다.[42] 이전에는 비거주자에 대한 배당에 대해 높은 세금이 부과되어 외국인투자를 저하시켰으나, 세제에 대한 이러한 차별을 금지하는 제도가 도입되었다. 또한 외국인

투자에 대한 정부의 의사결정이 보다 투명해졌다는 인식이 보편화되었다. 정부는 또한 주식예탁증서DR 메커니즘의 창설 및 증권 거래에 대한 외국인 참여 허용과 같은 외국인의 포트폴리오투자를 유치하기 위한 새로운 제도를 마련했다.

브라질의 외국인직접투자: 1990~2011년

〈표 10.8〉에서 볼 수 있듯이 1990년대 후반에는 외국인직접투자 유입이 급격히 증가했다.[43] 1996년까지 포트폴리오투자는 외국인직접투자보다 더 중요한 역할을 했지만, 그 이후에는 외국인직접투자가 지배적이었다. 브라질의 연간 총투자에서 외국인직접투자가 차지하는 비중을 살펴보면 외국인직접투자에 대한 의존도를 확인할 수 있다. 이 비율은 1992년 2.2%에서 1997년 12%, 그리고 2000년에는 28.9%로 증가했고, 2005년에는 9.4%로 다시 감소했다.

결론

브라질에 대한 외국인투자의 매력은 시간이 지남에 따라 변해 왔다. 제2차 세계대전 이전에는 역동적으로 성장하는 1차산품 수출 경제의 수익이 주요 투자 동기였다. 수입대체산업화 기간 동안에는 보호된 국내의 거대한 내수 시장이 투자 동기가 되었다. 1990년대에 외국인직접투자에 대한 관심이 다시 생겨난 것은 경제 안정성의 회복, 시장친화적 신자유주의 경제정책, 대규모 민영화, 그리고 남미공동시장 창설 약속과 같은 다양한 요소들이 종합적으로 작용한 결과였다. 또한 그 당시는 선진 산업국가의 투자 자원이 풍부한 시기였다.

이 장에서는 외국인투자의 역할이 지난 세기 동안 상당한 변화를 겪었다는 것을 살펴보았다. 제2차 세계대전 이전에는 외국기업이 공공사업과 수출 관련 분야에 집중되어 있었다. 수입대체산업화 기간 동안 대부분의 공공사업은 국유화되었으며, 외국기업은 보호받는 국내시장을 겨냥한 제조업 부문에 투자했다. 그 결과 다변화된 산업구조가 출현했으나, 상대적으로 비효율적이고 주로 중고 기술을 활용하는 특성이 있었다.

11
공공부문의 변화와
민영화의 영향

1940년대 후반부터 1990년대 초반까지 브라질의 특징이었던 경제에 대한 국가개입은 신중하게 계획된 것이 아니었다. 이는 오히려 정부가 경제 시스템에 개입할 수밖에 없게 만든 여러 상황들이 복합적으로 어우러져 생겨난 결과였다. 이러한 상황으로는 국제 경제위기에 대한 대응, 공공사업과 천연자원 개발 부문에서 외국자본의 활동을 통제하려는 욕구, 그리고 낙후된 경제를 급속하게 산업화하려는 야심 등이 있었다.

1930년대부터 1960년대까지 수입대체산업화를 통한 급속한 경제발전을 이루기 위해 정부의 강력한 경제 개입이 필요한 것으로 간주되었다. 이 기간 동안 국영기업은 공공사업, 중공업, 천연자원 개발, 금융 부문에서 지배적인 역할을 수행하면서 민간기업과 다국적기업을 보완했고, 이들 기업들은 각자 비교우위가 있는 부문에 전문화한 것이었다.[1] 국영기업, 민간기업, 다국적기업의 분업 체계가 점차 제도화되었고, 경제학자와 정책입안자들 사이에서는 이것이 기업 소유구조에 따른 브라질 경제개발 과정의 "삼각대 모델"[2]로 알려지게 되었다.

1970년대 중반 이후 국가의 경제 개입으로 인한 부작용이 커지면서 삼각대 모델은 점차 해체되기 시작했다. 1980년대 초반의 외채위기로 인해 10년 동안 성장과 투자가 저조한 성과를 보였고, 경제위기에서 벗어나기 위한 방법 중 하나로 경제의 많은 부분을 민영화할 필요가 있다는 공감대가 형성되었다. 1990년대 초에 꼴로르 정부는 경제회복을 위한 주요 정책 수단으로 대규모 민영화 프로그램을 도입했다.

이 장에서는 수입대체산업화 과정에 대한 국가 부문의 기여, 국가 부문의 몰락 원인, 현재까지 민영화 과정의 목표 및 성과, 효율성, 형평성 및 미래 브라질 국가의 경제적 역할에 미친 영향 등 민영화의 경제적 함의에 대해 살펴볼 것이다.

경제에 대한 국가개입의 증가

경제에 대한 국가개입은 대부분의 라틴아메리카 국가에서와 마찬가지로 브라질에서도 뿌리 깊은 역사적 배경을 가지고 있다.

1930년 이전

식민지 시대에서 현재에 이르기까지 브라질 정부가 중상주의 시대 이후의 유럽(특히 영국)과 미국 수준까지 경제 영역에서 물러난 적은 결코 없었다. 식민지 시대에 군주는 최고의 경제 후원자였고, 모든 상업적이고 생산적인 활동은 특별 허가, 독점권 부여 및 무역 특권에 달려 있었다.[3] 독립 후 1세기 동안 이러한 정부 후원의 전통이 계속되었다. 하이문두 파오루는 19세기 국가의 역할을 설명하면서 다음과 같이 결론지었다.

> 국가의 개입은 금융과 신용에만 국한되지 않았다. 오히려 모든 상업, 산업 및 공공서비스 활동으로 확대되었다. 국가는 유한책임회사의 설립을 허가하고, 은행과 계약을 체결하고, 특권을 부여하며, 철도 및 항만 운영에 대한 특별 혜택을 제공하고, 원자재 공급 및 이자 지급을 보증했다. 경제활동의 많은 부분이 이러한 후원 및 특혜와 관련되어 있었고, 국가의 탯줄로 제공되는 영양분을 통해 생명을 유지했다.[4]

19세기(제정과 초기 공화정 기간) 브라질에서는 비교적 경제에 대한 정부의 간섭이 적은 편이었다. 정부의 관심대상은 주로 세수, 그리고 드물게 보호주의 목적의 관세였다. 정부는 초기 단계의 산업과 인프라 투자 분야에서 일부 산업체[5]에 대한 특별 대출과 인프라에 투자[6]하는 외국기업에 대한 수익률 보증과 같은 특혜를 제공하는 역할을 담당했다. 그 밖에 브라질 정부가 직접 경제활동에 개입한 유일한 부문은 금융이었다. 브라질은행은 19세기에 여러 단계를 거쳐 진화했다. 상업은행이자 발권은행이었고, 정부의 참여 수준도 다양했다. 20세기에도 브라질은행은 주요 상업은행이었고, 대주주가 정부였으며 1964년에 브라질중앙은행이 설립되기 전까지 중앙은행의 기능을 수행했다. 또한 주목할 만한 것은 1861년까지 거슬러 올라가는 저축은행들caixas econômicas에 대한 정부의 개입이었다.[7]

20세기 초반에 외국기업 소유 철도에 대한 정부의 최소 수익률 보장 부담이 점점 더 커졌다.[8] 해외에서 자금을 차입해 철도를 매입하는 것이 궁극적으로 경제에 미치는 부담을 줄여 줄 것으로 기대되었다. 그리하여 1901년 브라질 정부는 철도의 일부를 국유화하기 위해 대규모 차입을 실행했다. 이러한 과정이 몇 년 동안 계속되었다. 1929년까지 철도 네트워크의 절반 가까이가 정부의 손에 넘어 갔고 1950년대까지 이 비율은 94%로 증가했다.[9]

이 부문의 정부 지분 증가는 사유재산의 일방적 몰수로 인한 결과가 아니라, 수익성 결여와 최소 수익률 보장 부담을 회피하기 위한 것이었다. 철도에 대한 국가 통제가 증가한 또 다른 요인은, 나중에 볼 수 있듯이, 정부의 공공요금 통제였다. 정부는 공공사업에 대한 요금을 설정하면서 민간투자자가 적당하다고 생각하는 수익률과 사용자들이 사회적으로 공정하다고 생각하는 수익률 사이에서 균형을 맞추어야 했다. 시간이 지나면서 두 번째 고려 사항이 점차 더 중요해졌다. 요금 통제로 인해 민간기업이 철도 네트워크의 확장과 적절한 유지보수를 하기에는 수익률이 너무 낮았고, 정부가 더 이상 최소 수익률을 보장하지 않으려 했기 때문에 점진적인 국유화가 불가피하게 되었다.

우리는 제2장에서 20세기의 첫 10년 동안 주정부(주로 상파울루)가 커피 가격과 커피 생산에 대한 지원에 적극적으로 관여한 것을 살펴보았다. 1920년대에는 주립은행이 크게 증가했다. 그 이전에는 미나스제라이스은행Banco de Crédito Real de Minas Gerais(1889년 설립)과 빠라이바은행Banco de Paraiba(1912년 설립) 두 개의 주립은행만 있었다. 그 후 삐아우이은행Banco do Estado Piauí(1926년), 상파울루은행Banco do Estado de São Paulo(1927년), 빠라나은행Banco do Estado do Paraná(1928년), 히우그랑지두술은행Banco do Estado de Rio Grande do Sul(1928년) 등이 각 주의 농업부문 지원을 목적으로 설립되었다. 1930년대에 다른 주립은행들도 같은 목적으로 설립되었다. 이 중 많은 은행들이 전국에 지점을 두고 있는 주요 상업은행이 되었다.

1930년대

세계경제의 침체는 브라질이 수입대체산업화로 나아가게 했을 뿐만 아니라 경제 분야에서 정부의 역할을 더 키우고 성격도 변화시켰다. 경제 분야에서 국가의 역할이 커지게 만든 제도적 변화는 세계경제의 불황으로부터 국가경제를 보호하고, 산업화 과정을 지원해 이를 가속화시키려는 브라질 정부의 바람에 기인했다.

세계경제 불황의 즉각적인 영향에 대응하기 위해 연방정부는 주정부로부터 커피 지원 프로그램을 인수했다. 실제로 이것은 연방정부가 생산 부문의 가격과 생산량 통제에 직접적으로 개입한 최초의 사례였다.[10] 이 밖에 추가적인 경제에 대한 직접적인 개입은 부족한 외환을 배분하기 위해 1931년 9월에 도입된 환율 통제를 통해 이루어졌다.

그 후 10년이 지나서 제뚤리우 바르가스Getúlio Dornelles Vargas 정부는 자치기구autarquias의 창설을 통해 다양한 분야의 성장을 보호·장려하기 위한 국가의 개입을 확대했다.[11] 이 기관들은 설탕, 마테, 소금, 소나무, 어업 및 상선과 같은 부문을 관장했다. 생산자와 협력해 생산 및 가격을 규제하고 보관창고 건설을 위한 자금을 지원했다. 수년에 걸쳐, 그들은 종종 정부의 통제 수단에서 특정 부문에 대한 정부의 지원을 이끌어내기 위한 압력 수단으로 변화되었다.

브라질의 첫 번째 가격통제(가격지지의 반대) 사례 중 하나는 1934년에 제정된 수자원법Codigo das Aguas으로 발생했다. 이 법에 따라 정부는 전기요금을 책정할 수 있는 권한을 부여받았다. 전기요금은 투자 자본에 대해 최대 10%의 수익을 허용하는 방식으로 설정되었다. 그러나 전기요금 설정을 위한 자본 산정이 역사적 원가 기준으로 이루어짐에 따라, 나중에 볼 수 있듯이, 이 분야는 물론 다른 공공사업 분야에서도 국가소유권이 점차 확대되는 결과를 가져왔다. 이러한 가격통제를 도입한 직접적인 이유는 전기요금 설정 방식이었다. 당시 외국기업은 환율 변동으로부터 스스로를 보호하기 위해 금과 국내 불환지폐의 가치에 연동시켜 전기요금을 설정했다. 이로 인해 전기요금이 매달 상승하는 경우가 많았으며, 브라질 통화가치가 크게 떨어지면 전기 소비가 감소할 정도로 전기요금이 올랐고, 이는 다시 전력 생산에 악영향을 주었다. 따라서 요금통제는 산업과 소비자를 보호하기 위해 제정된 것이었다. 그 후 몇

년 동안 전기요금을 설정하면서 소비자 복지 측면이 더 중요해졌다.[12]

1930년대 국가 산업화를 위한 정부의 초기 활동은 사람들로 하여금 정책입안자들의 구상이 민간부문에서 산업 성장이 이루어지고, 정부는 이에 필요한 보호와 자금을 제공하는 것이라고 믿게 만들었다. 환율 통제, 자치기구, 그리고 1937년 브라질은행의 산업시설에 대한 장기신용 제공을 위한 농산업기금Carteira de Crédito Agricola e Industrial 창설은 이러한 방향을 가리키고 있었다. 그러나 국내외 민간자본이 대규모 일관제철소를 건립하도록 유도하려는 브라질 정부의 시도가 여러 차례 무산되었다. 브라질 정부는 최후의 수단으로 보우따헤동다에 국영철강회사Companhia Siderúrgica Nacional, CSN를 설립했다.[13]

경제에 대한 국가의 영향력과 관련해서 정부 철학의 변화 조짐이 나타나기 시작한 것은 1934년 연방대외무역위원회Conselho Federal de Comercio Exterior의 창설부터이다. 이 조직은 외국기업과 모든 경제부처의 대표자들, 대통령실, 브라질은행, 그리고 다양한 전문가들로 구성되었고, 대외무역 활성화뿐만 아니라 특정산업(특히 1930년대 셀룰로오스) 개발에 인센티브를 제공하려고 시도했다. 일부는 이것이 브라질 최초의 경제계획 시도로 간주했다.[14]

1930년대에 정부는 주요 해운회사인 로이드 브리질레이루Lloyd Brasileiro를 인수했다. 1940년대 초에 정부 보조금을 받던 다른 해운회사들도 연이어 국유화되었다.[15] 정부의 이런 조치는 두 가지 동기를 가지고 있었다. 하나는 전쟁 시기의 안보에 대한 고려였고, 다른 하나는 민간부문에 맡겨서는 성공적이지 못했던 해운업의 발전이었다.

1940년대: 제2차 세계대전과 전쟁 직후

제2차 세계대전 시기에는 수많은 새로운 국영기업이 생겨났다. 대부분은 국가안보를 위해 설립되었으며, 일부는 1950년대와 1960년대에 대기업으로 발전했다.

정부의 해운업 진출 이외에도, 전시 상태로 인해 정부는 1943년에 국영자동차회사Fabrica Nacional de Motores를 설립했다. 이 회사의 초기 목적은 자동차 정비 서비스를 제공하고 전시 상태로 인해 발생한 부족분을 보완하기 위해 자동차를 생산하는 것이었다. 이 회사는 결국 트랙터, 자동차, 냉장고 등 다양한 제품을 생산했다. 1968년에 정부는 많은 운영상의 문제와 적자를 지속하던 이 회사를 외국 민간 회사에 매각했다.

정부는 소다회 부족으로 이를 투입물로 사용하는 산업이 마비될 것을 우려 1943년에 국영알칼리회사Companhia Nacional de Alcalis를 설립했다. 이러한 사업을 수행할 만한 외국회사나 국내 민간 회사가 없었기 때문에 정부 소유의 국영기업 설립이 유일한 해결책이었다.

1942년에 광산회사인 발리두리우도세회사Companhia Vale do Rio Doce●를 설립한 것은 주로 민족주의적 고려에 기인한 것이었다. 수

● 브라질 최대 광산회사.

년 동안 외국 이해집단들은 종종 현지기업가들과 협력해 미나스제라이스의 철광석을 개발해 수출하기를 갈망했다. 외국기업의 자원개발사업 참여에 대한 민족주의적 반대 여론의 움직임에 따라 자원개발과 수출을 위한 사업권이 양허되었다가 철회되기를 여러 차례 반복되었다. 결국 민족주의 세력은 1942년에 풍부한 매장량을 보유한 이따비라Itabira 광산의 사업권을 취소시키는 데 성공했다. 그이후 브라질 최대의 광물 수출 기업으로 성장한 국영 광산회사인 발리두리우도세회사가 설립되었다.[16]

제2차 세계대전 직후에는 국가의 경제활동 참여에 대한 새로운 실험이 사실상 전무했다. 정부가 많은 영국 철도회사를 매입해 철도 네트워크에 대한 정부의 소유권은 확대되었다. 또한 외환위기로 인해 새로운 환율 통제가 이루어지고 인프라 병목현상이 점점 더 심화됨에 따라 정부는 보다 균형 잡힌 성장과 해외 원조 유치를 위한 계획 수립 활동을 점차 증가시켰다. 1940년대에 많은 계획들이 입안되었고, 이는 궁극적으로 1950년대에 국가의 경제활동이 한층 더 확장되는 계기가 되었다.[17]

1950년대

1950년대에 산업화가 진행되는 동안 경제에 대한 국가의 역할은 계속 확대되었다. 일반적인 계획과 특정 분야의 발전을 촉진하기 위한 특별위원회(일명, 그루뿌스 에제꾸치부스grupos executivos●)의 출

● 정부부처와 관련기관에서 파견된 전문가로 구성되어 행정부처와 의회의 간섭 없이 독

현은 정부의 일상적인 활동으로 받아들여졌다. 사실, 1950년대에 정부는 급속한 산업화에 대한 야심을 가지고 있었고, 이를 이루기 위해서는 다양한 분야의 정부 이니셔티브가 중요했다. 정책입안자들이 보기에 이는 너무나도 명백한 것이었다. 외국자본 유치와 민간자본의 국내투자 활성화를 위한 보호 메커니즘은 제4장에서 살펴보았다. 그러나 산업화 목표를 달성하기 위해서는 국가의 활동 영역을 더욱 확대할 필요가 있었다.

1950년대 초의 가장 중요한 사건은 1952년에 경제개발은행 BNDE(1982년에 경제사회개발은행BNDES으로 명칭이 바뀜)의 설립이었다. 장기신용을 제공할 수 있는 금융기관은 후발 개도국의 성공적인 산업화를 위한 필수 조건sine qua non으로 인식되어 왔다. 그 당시 민간기업은 대규모 투자에 필요한 자금을 내부적으로 창출할 수 있을 정도로 충분히 크고 강하지 못했고, 금융시장은 필요한 금융을 제공할 만큼 충분히 발달되어 있지 못했다. 이로 인해 신규 또는 확장 사업에 자금을 제공하거나 지분을 투자하기 위한 투자은행이 필요했다. 19세기 산업화 과정에서 후발국이었던 유럽 국가의 경험을 토대로 투자은행의 필요성에 대한 논리가 잘 정립되어 있었고, 1950년대와 1960년대의 브라질에도 이러한 논리가 적용될 수 있었다.[18]

브라질-미국합동위원회가 국가 인프라 현대화를 위한 상당히 정교한 계획인 경제재정비프로그램Programa de Reaparelhamento Econômico

---

자적으로 활동하는 임시 특별 조직이었다.

을 권고함에 따라 국영 개발은행의 필요성이 더욱 부각되었다. 어떤 개별 기업도 이 계획을 실행하기 위한 적절한 자원을 가지고 있지 않았기 때문이었다. 따라서 이 계획이 권고한 국가 인프라 개발과 현대화를 위한 자금을 제공하기 위해 경제개발은행이 설립되었다. 그러나 경제개발은행의 설립 목적에는 중공업과 농업의 특정 부문에 대한 진흥과 자금 지원도 포함되었다.[19]

1950년대와 1960년대를 거치면서 경제개발은행은 유연한 방식으로 임무를 수행했다. 첫 10년 동안 자원의 상당 부분(70%)은 브라질의 인프라 구축을 위한 사업에 자금을 지원하는 데 사용하는 한편, 그 이후에는 중공업, 특히 철강산업 육성에 중점을 두었다. 1960년대 후반과 1970년대 초반에는 자본재 수출, 중소기업 확장 등을 위한 특별기금도 운영했다.[20]

정부의 철강산업 참여를 강화하는 데 있어 경제개발은행의 역할은 특히 유익한 것이었다. 철강산업의 생산능력 확장은 1950년대 산업화 프로그램의 필수적인 부분으로 간주되었다. 혜돈다의 확대를 제외하고는 생산능력 증가의 상당 부분이 민간부문 및 지방 주정부에 의해 이루어질 것으로 예상되었다. 이것은 대형 일관제철소를 건설하기 위해 1950년대 초반에 설립된 두 회사인 우시미나스USIMINAS와 꼬시빠COSIPA의 경우였다. 지방의 민간 및 정부 자원이 너무 작아서 이 프로젝트들을 위한 자금조달이 어려운 것이 분명해짐에 따라 연방정부는 경제개발은행을 통해 공동 자금 지원을 약속했다. 경제개발은행은 자금 지원을 통해 이들 회사의 지분을 인수했다. 수년이 지나서 경제개발은행은 지배주주가 되었다. 따라서 연방정부는 내키지 않는 기업의 소유주가 되었다. 즉, 민간부문과 지방정부가 브라질의 산업화 프로그램에서 핵심 사안으로 간주되는 프로젝트를 수행할 능력이 없었기 때문에 연방정부가 직접 참여하는 것이 불가피했다.[21]

브라질 정부가 경제활동에 참여한 또 다른 획기적인 사건은 1953년 뻬뜨로브라스의 설립이었다. 모든 석유 탐사와 정제 과정의 가장 큰 부분이 이 국영기업의 독점으로 선언되었다. 비상 상황에 대비해 국내 에너지원을 확보해야 한다는 정부의 우려가 뻬뜨로브라스 설립의 주요 동기였다. 뻬뜨로브라스를 설립하는 법을 통과시키라는 압력이 높아짐에 따라, 보다 민족주의적인 동기가 점차적으로 영향력을 발휘했는데, 특히 외국기업들에게 재생 불가능한 지하자원의 개발권을 양도할 수 없다는 것이었다.[22] 이러한 논리가 발리두리우도세회사 설립에도 적용되었다.

경제개발은행의 창설 이외에도, 정부의 은행 참여는 계속해서 증가했다. 1954년에 브라질북동은행Banco do Nordeste do Brasil이 이 지역에 상업금융 및 개발금융을 지원하기 위해 설립되었다. 1960년대 이 은행은 북동부 개발을 위한 비과세 기금(법률 제34/18호)에서 모든 예금을 수령했으며, 북동부개발청SUDENE의 주요 금융기관 역할을 수행했다. 또한 1950년대에 여러 주영 개발은행이 등장했고, 브라질은행과 상파울루은행, 그리고 다른 주영 상업은행의 확장도 계속되었다.[23]

1950년대에는 가격통제도 확산되었다. 공공요금의 통제가 강화되었고, 곧 전기요금뿐만 아니라 전화 및 모든 대중교통 요금도 통제 대상으로 포함되었다. 이후 임대료, 휘발유 및 식료품 가격으로 통제 대상이 확대되었다.

가격통제는 1950년대에 만연한 인플레이션을 억제하기 위한 것으로 간주되었으나, 실제로는 가격을 왜곡해 많은 부문에서 공급부족을 초래했다.

공공사업 부문에서의 국영기업의 급속한 성장은 가격통제에 기인했다. 공공사업에 대해 설정된 요금은 민간기업(주로 외국기업)이 시설의 확장 및 현대화를 위해 적절하다고 생각하는 투자수익률을 달성할 수 없는 수준이었다. 공공요금은 국가적 관심사였고, 상대적으로 낮은 요금이 산업 성장을 장려하고 소비자에게 보조금을 지급하므로 바람직한 것으로 간주되었다. 따라서 남은 대안은 정부가 발전과 송배전, 대중교통, 그리고 통신 분야에 참여하는 것밖에 없었다. 이것이 경제가 확장하면서 필요한 추가 전력을 공급하기 위해 1950년대에 CHESF(상프랑시스꾸 수력발전회사), FURNAS(전력회사), CEMIG(미나스제라이스 전력회사), 그리고 1960년대에 CESP(상파울루 전력회사)와 같은 공공기업이 설립된 이유를 일부 설명해 주고 있다. 가격통제는 국가 전화 시스템의 품질과 성장률을 저하시키는 결과를 초래했고, 1960년대 들어 정부가 이 부문을 인수하는 것이 불가피해졌다.

1960년대

1960년대에도 정부의 경제활동은 계속 확대되었는데, 이는 기존 경제활동의 성장과 새로운 부문으로의 신규 진출을 통해 이루어졌

다 예를 들어, 정부는 1965년에 주택은행National Housing Bank, BNH
을 설립했다. 이 은행은 근로자 퇴직 기금의 일부를 예금으로 유치
하는 한편, 물가연동 금융상품을 취급할 수 있었기 때문에 강력한
영향력을 가진 금융기관으로 성장했다. 연방저축은행(1960년대에
한 조직으로 통합)도 1971년에 창설된 사회통합프로그램Programa de
Integração Social, PIS에 따라 기업이 납부하는 매출액의 0.5%에 해당
하는 기여금과 법인세 5% 공제액으로 적립하는 특별 근로자 기금
을 예치함에 따라 급속히 성장했다.

　1960년대에 발전 분야의 여러 국영기업들이 지주회사인 엘렉뜨
로브라스Eletrobras의 자회사로 통합되었다. 또한 상파울루 주는 이
분야의 대규모 신규 투자를 수행하기 위해 주영 전력회사인 CESP
를 설립했다. 발전 분야에 대한 막대한 투자를 통해 정부(연방정부와
주정부 모두)가 이 부문을 장악하게 되었다. 새롭게 국영화된 통신
부문에서는 국영기업 엥브라뗄Embratel이 대규모의 네트워크 확장
과 현대화 프로그램을 담당했다. 정부 소유 제철소 역시 확장 계획
을 세우기 시작했으며, 1970년대에는 새로운 국영회사(예: 미나스
제라이스의 아수미나스Açominas 및 빅토리아의 뚜바러웅Tubarão) 설립을
포함한 대규모 투자 프로그램을 실행했다.

　1960년대에는 가격통제 방식도 크게 바뀌었다. 1950년대와
1960년대 초의 가격통제는 인플레이션을 줄이는 데 효과가 없었
고, 상대가격의 왜곡을 초래하는 부정적인 영향이 더 컸다. 1968년
에 관계부처 물가위원회Conselho Interministerial de Preços, CIP가 창설
됨에 따라 가격통제의 새로운 장이 열렸다. 이전의 가격통제 메커

니즘은 소매가격에 집중되어 있었지만 CIP는 생산 부문의 비용 및 가격에 대한 포괄적인 통제 메커니즘을 개발했다.

1970년대와 1980년대

1973~74년에 제1차 오일쇼크가 발생했을 때 브라질은 자본재와 철강과 같은 중공업에서 대규모 수입대체 프로그램을 개발하고, 궁극적으로 에너지 수입을 줄이고 수출 다변화를 용이하게 하는 인프라 프로젝트(이따이뿌와 같은 세계 최대 수력발전 댐)에 투자하기로 결정했다. 이 프로그램 실행을 위한 자금을 지원하기 위해 브라질은 해외차입에 크게 의존했다. 1975~80년의 부채 주도 성장 시기에 브라질의 연평균 경제성장률은 6.8%에 이르렀다. 국영기업이 그 당시의 경제성장에 크게 기여했고, 이들의 투자 규모는 1973년 GDP의 2.09%에서 1976년과 1977년에는 각각 6.54%와 6.2%로 증가했다. 이는 국영기업 투자가 총자본형성에서 차지하는 비중이 1973년 10.3%에서 1976~77년에 약 30%로 증가했다는 것을 의미한다. 민간투자도 1977년에서 1981년 사이에 크게 증가했다. 이는 정부가 유도한 자본재 부문의 투자활동 때문이었는데, 정부는 경제사회개발은행을 통해 이러한 사업들에 대해 저리의 자금을 지원했다.[24]

1970년대 후반의 외채 증가는 수입대체 및 수출을 위한 투자 프로젝트를 위한 것이라는 이유로 정당화되었다. 정부는 일단 이러한 투자를 통해 생산능력이 확충되면, 장래의 수입 감소와 수출 증가를 통해 외채를 모두 상환할 수 있다고 생각했다. 1979년의 제2차

표 11.1 | 부문별 국영기업 매출액 비중

부문	총매출 비중
공공사업	100
철강	67
화학 및 석유화학	67
광업	60
교통서비스	35
휘발유 판매	32
비료	26
수송장비	21

자료: "Melhores e Maiores," *Exame* (August 1991), p. 30.
주: 각 부문에 상위 20대 기업 포함.

석유 위기와 1980년대 초반의 국제금리 충격은 이러한 기대를 무너뜨렸으며, 결국 외채위기가 발생해 1980년대 내내 경기침체와 인플레이션의 폭발을 초래했다.[25]

　1985년에 국가의 경제 개입 정도는 다음과 같은 정량적 데이터로 확인할 수 있다. 1985년에 연방정부와 주정부 상업은행이 은행예금의 40%, 상위 50개 은행이 상업 대출의 44%를 차지했으며, 경제사회개발은행과 다른 정부 개발은행이 모든 투자 대출의 70%를 제공했다.[26] 같은 해에 8,094개의 대기업을 대상으로 한 조사 결과, 국영기업이 총자산의 48%, 매출의 26.1%, 고용의 18.9%를 차지했다. 총매출 중 국영기업의 비중은 〈표 11.1〉에서 확인할 수 있다.

경제에 대한 국가 통제의 정도

앞에서 브라질 경제에 대한 정부의 개입이 증가해 온 과정에 대해 기술했지만, 경제활동에 전반에 대한 국가의 통제 정도를 측정할 수 있는 단순한 정량적 방법은 없다. 따라서 우리는 다양한 정성적·정량적 방법을 사용해 국가 통제의 정도에 대한 검증을 시도해보고자 한다.

정부의 경제 통제는 서로 다르지만 상호 연관된 제도적 채널을 통해 유추할 수 있다. 여기에는 재정 시스템, 중앙은행, 정부(연방 및 주), 상업 및 개발 은행, 연방정부 및 주정부의 자치기구, 생산 기업, 그리고 가격통제 시스템이 포함된다. 경제에 대한 국가의 다각적인 개입은 획일적인 것이 아니다. 사실 국가의 경제 개입은 다양한 조직들 간의 조정과 의사소통이 부족하다는 것이 주요 특징 중하나인 경우가 많다.

조세와 정부지출

GDP 대비 정부지출 비중은 제2차 세계대전 직후부터 증가했다. 1949년 19.1%에서 1980년 24.1%로 증가했고, 1985년 20.7%로 하락한 후 1990년 29.1%로 다시 상승했으나, 2009년에는 25%로 낮아졌다(모든 수준의 정부를 의미하며 정부기업은 포함되지 않았다). 정부지출 증가는 대부분 이전지출 증가에 기인했다.

조세부담도 제2차 세계대전 이후 급격히 증가했다. 1949년에 GDP 대비 조세 총액은 14.9%였다. 이 비율은 1990년에 28.2%, 2011년에는 35.3%로 증가해 선진국들과 유사한 수준에 이르렀다. 그러나 당시 저개발국 대부분의 평균 조세부담률은 20% 미만이었다.

GDP 대비 간접세 비중은 1949년 9.8%에서 1973년 15.5%로 증가했고, 1985년 10.4%로 감소한 후 2002년에는 다시 17%로 다시 상승했다. GDP 대비 직접세 비중은 1949년 5.1%에서 1985년에는 11.7%로 증가했으며, 2002년에는 6.3%로 다시 하락했다. 따라서 1949년 조세 총액의 34%였던 직접세 비중은 1985년 47%로 증가했다가 2002년에는 18%로 다시 하락했다. 가장 주목할 만한 추세는 연방세가 지속해서 증가한 것이다. 2002년에 연방세는 조세 총액의 67% 이상을 차지했다. 조세수입의 지방교부 시스템으로 인해 재정지출의 상당 부분이 주정부와 시정부를 통해 이루어졌다. 과거에는 연방정부가 지방재정교부금 분배에 대한 영향력이 컸으나, 1988년 헌법이 주정부와 시정부에 대한 재방재정교부금의 지급 규모를 증가시킨 이후에는 연방정부의 영향력이 크게 감소했다.

직접규제

우리는 20세기 초부터 브라질 경제에 이런저런 형태의 가격, 생산 및 대외무역에 대한 규제가 만연해 있음을 살펴보았다.

1968년 8월에 설립된 물가위원회CIP가 가격을 통제했다. CIP 이사들은 재무부, 기획부, 상무부, 농업부의 장관들로 구성되었다. CIP는 법에 의거해 가격을 책정할 수 있는 권한을 부여받았지만, 일반적으로 가격에 대한 감시위원회 역할을 수행했다. CIP의 권한은 막강했다. 예를 들어, 회사가 CIP에 가격인상 사유서를 제출하지 않고 가격을 인상하거나, 사유서를 제출했더라도 CIP가 이를 승인하지 않으면, 이 회사는 브라질은행과 기타 모든 국영은행의 신용한도가 중단될 수 있었다. 그뿐만 아니라 중앙은행이 이 회사의 신용 상품●에 대한 재할인을 거절할 경우, 민간은행의 신용한도 역시 축소될 수 있었다. 따라서 CIP가 관심을 갖는 부문의 거의 모든 회사들은 가격을 인상하려면 사전에 허가를 받아야했고, 원가 내역을 밝히고 가격인상의 정당성을 인정받아야만 했다. 1970년대 중반까지 CIP는 원가 정보를 고려해 합리적 수준의 수익률을 감안한 가격을 설정함으로써 급격한 가격 왜곡(1970년대 초 철강 가격 제외)을 피하려한 것으로 보였다. 그 과정에서 정부는 CIP를 통해 민간 기업 부문의 영업활동에 대한 많은 정보를 얻었고, 따라서 이들에 대한 통제도 강화했다.[27]

저축 및 그 분배에 대한 정부의 통제

1960년대와 1970년대의 현저한 저축 증가의 대부분이 정부 부문, 즉 정부 자체의 저축 및 정부가 관리하는 각종 사회보장기금에 따른 강제 저축으로 인한 것임을 앞서 살펴보았다. 따라서 1974년까지 저축의 64%가 공기업과 일반정부 및 근로자의 사회보장기금이었고, 1980년에는 이 비중이 70%를 넘었다.

1970~73년에 정부와 공기업 투자가 총투자에서 차지하는 비중이 약 50%로 추정되었고, 1980년대 초에는 약 65%였으므로 민간

● 매출채권 등.

투자를 위한 자금조달의 상당 부분은 공공부문을 통해 이루어진 것이 분명했다. 즉, 민간 회사는 경제개발은행BNDE(1982년 경제사회개발은행BNDES으로 명칭 변경)과 같은 공공기관으로부터 상당한 규모의 투자자금을 지원받았는데, 개발은행은 노동자 사회보장기금 적립금으로 마련된 재원을 전대轉貸하는 중개기관 역할을 수행했다.[28]

금융 당국의 노력에도 불구하고 자본시장의 발전은 큰 성과를 보이지 못했다.[29] 주식 발행을 통한 민간자본 조달은 거의 없었고, 증권시장에서는 공기업 주식이 주로 거래되었다.[30] 장기채권 발행자는 주로 정부와 공기업이었다. 민간기업의 장기 외부자금 조달은 주로 해외 다국적기업 본사의 자회사에 대한 지원이거나 경제사회개발은행과 주택은행(저축은행, 1980년대에 폐쇄되었다)과 같은 국책은행의 대출을 통해 이루어졌다.

따라서 브라질 정부는 장기금융을 제공하는 가장 강력한 금융중개기관으로서 경제에 영향을 미칠 수 있는 잠재 역량을 보유하고 있었다. 1980년대에 국영 개발은행인 주택은행과 경제사회개발은행, 그리고 국영 저축은행들의 대출이 기업의 총자본형성(민간기업과 국영기업의 자본형성)의 약 50%를 차지했다. 사회보장기금의 급속한 성장에 따른 경제사회개발은행과 다른 공적 금융기관의 자원 증가는 국가의 자금 중개 규모가 확대되는 결과를 낳았다. 이러한 자금 지원이 정부가 추진하는 개발 목표 달성을 위해 사용되었는지, 아니면 시장 수요에 대응해 이루어졌는지에 대해서는 추가적인 연구가 필요하다.

경제사회개발은행은 대규모 인프라와 기간산업 프로젝트의 자금 지원 기관이었고, 이 과정에서 1950년대와 1960년대에 브라질의 주요 제철소 중 일부의 주주가 되기도 했지만, 1960년대 후반과 1970년대에는 민간부문에 대한 지원을 점차 확대했다. 1970년대 중반 경제사회개발은행 대출의 약 80%는 민간부문이 차지했다. 그러나 1975년 이후에는 민간기업에 대한 지분투자 방식의 자금 지원 정책을 도입했다. 이 정책의 의도는 민간부문을 강화하려는 것이지만 미래에 국가의 경제 개입이 증가할 가능성이 상존했다. 특히 경제사회개발은행이 일부 지분을 가지고 있는 회사가 재무적으로 곤란을 겪게 되어, 이 회사의 구제를 위해 경제사회개발은행의 지분 확대가 필요한 경우를 상정할 수 있다.

은행 부문의 정부 규모가 상당했다. 1985년 브라질은행은 50대 상업은행 예금의 24%를 차지했다. 주정부가 소유한 상업은행을 포함할 경우 이 비율은 40%였다.

브라질은행은 농업부문에 위험도가 높은 운전자본을 대출하는 기능을 수행했다. 1985년에 이 은행의 농업부문 대출이 총대출의 49%였지만, 민간은행의 농업부문 지원 규모는 총대출의 15~20%에 불과했다. 브라질은행은 자신의 지위를 활용해 특정 농업 활동과 지역별로 농업 신용의 다각화를 추진했다. 이 은행은 금융정책을 시행하는 수단이기도 하지만, 종종 신용이 부족한 시기에 농업에 대한 지원을 늘려 충격을 줄이는 기능을 수행했다. 브라질은행은 대주주인 정부의 강요로 인해 1960년대 중반 이후 브라질에서 성행했던 물가연동제를 특정 종류의 농업 대출에는 면제해 주었다.

이로 인해 일부 대출에 대한 금리가 너무 낮아서 실질금리가 마이너스였다는 점을 감안하면, 이러한 대출은 정부가 지원하고 브라질은행이 관리하는 대표적 농업 보조금 프로그램이었다.

연방정부와 주정부는 브라질 경제에서 가장 강력한 투자은행가들이었다. 정부가 경제사회개발은행, 주택은행, 북동부은행, 그리고 다양한 주영 개발은행을 통해 투자를 위한 대출 중 70% 이상을 제공했다. 국가는 '금융의 기간산업'financial commanding heights을 통제했다. 물론, 금융기관의 통제가 반드시 금융기관의 여신 정책 전반에 대한 통제를 의미하는 것은 아니었다.

생산자로서의 국가

공공부문의 역사적 성장 과정에 대해 살펴본 것과 같이, 생산 부문에 대한 공공부문의 영향력은 매우 컸다.

1974년 5,113개의 대기업(주식회사)에 대한 조사 결과에 따르면, 순자산의 39%를 공기업이 차지하고 있었고, 다국적기업과 민간기업은 각각 18%와 43%였다. 매출액 기준으로는 공기업 16%, 다국적기업 28%, 민간기업 56%였다. 1985년 8,094개 대기업에 대한 조사 결과에서는 국영기업의 순자산 비중이 48%로 증가한 반면, 민간기업의 비중은 43%, 다국적기업은 9%로 나타났다. 국영기업의 매출 비중은 26.1%로 증가한 반면, 민간기업과 다국적기업의 매출 비중은 각각 55.2%와 26.1%로 감소했다. 마지막으로 1985

년 고용 비중은 국영기업 18.9%, 민간기업 69.1%, 다국적기업 12.0%였다.[31]

정부투자는 특정 기초산업에 집중되어 있었다. 광업 부문에서는 국영기업이 지배적이었으며 순자산의 약 66%를 차지했다. 국영기업 발리두리우도세회사는 자산가치가 가장 큰 회사였으며, 철광석 수출의 약 80%를 차지했다. 정부는 국영기업, 다국적기업 및 민간기업 간의 합작투자를 장려했으며, 발리두리우도세회사는 다국적기업과의 합작투자를 통해 철광석 및 기타 광물을 개발하고 새로운 철강, 알루미늄 및 기타 제품 생산설비를 구축했다.

1992년까지 정부는 금속제품 및 화학 분야에서도 큰 비중을 차지하고 있었다. 철강산업에서 CSN, USIMINAS, COSIPA와 같은 국영기업이 매출의 약 3분의 2를 차지했다. 화학 분야에서 뻬뜨로브라스는 석유 탐사 및 정제 분야를 주도해 왔으며 휘발유 유통 분야의 점유율을 꾸준히 증가시켰다. 또한 뻬뜨로끼사Petroquisa와 같은 자회사를 통해 부분적으로는 다국적기업과의 합작투자 방식으로 석유화학 분야에서의 점유율을 꾸준히 증가시켰다. 1970년대 중반 이후, 정부는 항공산업 발전을 주도했다. 엥브라에르는 원래 공군이 운영하는 국영기업으로 중형 여객기와 전투기를 생산했다.[32]

발리두리우도세회사와 뻬뜨로브라스 같은 국영기업은 각 기업 고유의 분야뿐만 아니라 관련 분야에서도 역동적인 성장을 이루었다. 이 두 회사는 그들의 활동 영역을 비료 생산과 해운으로 확대했다. 뻬뜨로브라스는 석유화학제품 분야, 발리두리우도세회사는 펠

표 11.2 | 기업형태별 순자산수익률: 1980~85년

	1980	1981	1985
민간기업	19.1	11.1	13.1
다국적기업	15.6	18.2	16.4
국영기업	2.3	10.6	2.5

자료: "Melhores e Maiores," *Exame*, eptember 1982, p. 110; September 1986, p. 138.

릿 생산설비, 보크사이트 광산, 알루미늄 생산, 펄프 제조 및 제철까지 활동 분야를 넓혀갔다. 이 두 국영기업과 여타 국영 철강 회사들은 엔지니어링 자회사도 설립했다.

국영기업은 공공사업 부문에서도 지배적이었다. 발전 분야는 10년도 안 되어 민간 주도에서 정부 주도 부문으로 바뀌었다. 이것은 1960년대와 1970년대의 기존 국영기업과 신설 국영기업의 대규모 투자에 기인했다. 1962년에 민간부문은 국가 전력 생산능력의 64%를 차지했다. 이 비율은 1977년에 20% 이하로 감소했다. 1982년에는 거의 모든 발전설비가 국영기업에 의해 운영되었다.

1990년대까지는 정부가 철도 및 통신 분야에서 거의 독점이었고, 해운업의 70%, 창고회사의 대다수 및 공공서비스를 제공하는 여러 국영기업을 통제했다.[33]

그러나 1980년대 초에는 세계경제와 브라질 경제의 여건이 좋지 않아 국영기업의 수익성이 악화되었으며, 국가의 대규모 투자 프로그램이 아직 성과를 보이지 못하고 있었다. 브라질의 기업 형태별 순자산 수익률은 〈표 11.2〉에서 확인할 수 있다.

공기업의 쇠퇴

1970년대 후반까지 브라질 공기업의 성과는 비교적 양호했다. 로제리오 베르넥이 작성한 1970~79년 GDP당 공기업 생산지수 (〈표 11.3〉 참조)에 따르면, 철광석과 평강flat steel은 30%, 통신은 48%, 전기는 52%, 석유화학은 157% 증가했다.[34] 이 기간 동안 연방정부 소유 기업의 매출액이 매출원가와 판매비 및 일반관리비보다 커서 매출총이익과 영업이익이 흑자를 유지했고,

영업이익에 영업외손익을 합한 경상이익도 적자로 전환되기 직전인 이 기간 말까지는 큰 폭의 흑자를 보였다. 1970년에서 1978년까지 경상이익 규모는 평균적으로 GDP의 2% 이상이었다. 따라서 이 기업들은 내부자금으로 자본지출의 상당 부분을 조달할 수 있었다. 특히 1970년대 초반 이 기업들의 자기자금조달 비율은 40~50%였고, 1973년에는 거의 90%에 이르렀다.[35]

1970년대 말에 외채위기가 발생하고 인플레이션이 확대되면서 브라질 정부는 공기업을 거시경제정책 수단으로 활용했다. 공기업 제품 가격을 인플레이션 상승을 통제하기 위한 수단이 되었다. 1979년 1월부터 1984년 12월까지 철광석과 철강 제품(국영기업의 독과점 분야)의 실질가격은 50% 하락했고, 전기요금과 전화요금은 각각 40%와 60%가량 하락했다.[36]

또한 정부는 국제수지 악화에 대처하는 데 필요한 외환의 지속적

표 11.3 | GDP당 공기업 생산량

	생산지수 (1970=100)	실질GDP 단위당 부문별 생산 (1970=100)
실질GDP	210	
철광석	272	130
평강	273	130
전력	320	152
철도화물운송	351	167
통신	312	148
우편서비스	397	149
원유가공	218	104
석유화학 나프타	540	257

자료: Rogerio F. Werneck, *Empresas Estatais e Politica Macroeconômica* (1987), p. 65; IBGE, *Anuario Estatistico do Brasil* 자료를 토대로 작성.

인 유입을 위해 일부 공기업에게 국제금융시장에서 필요한 것보다 더 많은 자금을 차입하도록 강요했다.[37] 이로 인해 공기업의 해외차입 규모가 증가했고, 1980년대 초에 국제금리가 급상승하기 시작했을 때 공기업의 재무 상황이 매우 취약해지는 결과를 초래했다.

공기업 재무 상황의 악화는 다음과 같은 사실에서 확인할 수 있다.

1. 공기업의 GDP 대비 경상이익 규모는 1980년 2.96%에서 1985년 0.63%로 감소했고, 1986~88년 동안 1.49~1.74% 수준을 유지했으며, 1989년에는 0.19%로 감소했다.[38]

2. 브라질 50대 공기업의 자산수익률은 1981년 10.6%에서 1990년에는 2.7%로 감소됐다. 그해 50대 공기업은 합산해서 총 64억 달러의 손실을 기록했다.[39]

3. 최대 국영 철강 회사인 CSN은 1990년에 부채가 21억 달러였으며, 기술 향상을 위한 투자자금 3억 달러가 필요했다.[40]

4. 1990년에 브라질의 전체 평강 생산량(대부분 국영기업)은 1천만 톤이었으며, 가격통제로 인해 국영 지주회사 시데르브라스 Siderbras의 적자 규모는 104억 달러에 달했고, 국고에서 적자 보전을 받았다.

5. 총자산 규모가 200억 달러에 달하는 국영 전력 지주회사인 엘렉뜨로브라스Eletrobras는 1991년 상반기에 22억 달러의 손실을 입었다.[41] 1991년 엘렉뜨로브라스는 160억 달러 규모의 투자계획이 있었고, 그 실현 가능성은 전적으로 세계은행의 자금조달 여부에 달려 있었다. 만약 세계은행 자금 차입이 불가능해 투자계획이 지연되었다면, 1990년대 후반의 경제성장세 회복이 심각한 전력난을 야기했을 것이다.

6. 브라질 주요 평강 생산 제철소들(USIMINAS는 1991년에 민영화, COSIPA와 CSN은 1993년에 민영화)은 1990년대까지 정부 소유였으며, 1980년대에 350만 톤의 생산능력을 보유하고 있었다. 이 기업들의 고용 인원은 각각 14,700명, 15,300명, 22,200명으로 차이가 있었다. CSN의 고용 인원이 가장 많은데, 이는 정치적 압력으로 인한 필요 이상의 과잉 고용 때문이었다.

공기업의 적자 증가와 정부의 예산 문제로 인해 1980년대에 공기업의 투자가 급감했다. 공기업의 투자 규모는 1976년 GDP의 6.54%에서 1990년에는 1.45%로 감소했다.

국가파산에 대한 해결책으로서 민영화

브라질의 민영화에 대한 움직임이 최초로 나타난 시기는 1970년 대 후반이었다. 당시 경제성장세 둔화로 인해 공기업과 민간부문 (국내기업과 외국기업 모두)이 부족한 자원을 놓고 벌이는 경쟁이 심 화되었다. 국영기업이 대규모 투자를 진행하고 있었고 정부가 이를 전폭적으로 지원함에 따라 민간부문이 사용할 수 있는 자원이 점차 부족해지고 있었다. 이로 인해 삼각대 모델의 조화가 깨지고, 민영 화에 찬성하는 움직임이 시작됐다.

국영기업의 확대를 통제하려는 첫 번째 시도는 1979년의 '탈관 료주의프로그램'National Program of Debureaucratization과 '국영기업통 제를위한특별위원회'SEST 창설이었다.[42] 이러한 초기 프로그램은 민영화 과정에 큰 영향을 미치지 않았다. 그러나 정부는 SEST를 통 해 국영기업에 대한 중앙 통제를 강화했다. 사실, 이 기관은 정부가 거시경제정책 수단(즉, 인플레이션을 통제하기 위해 국영기업의 가격을 통제하고 해외차입을 확대하기 위한 방편으로 사용)으로서 공기업을 활 용하는 것을 더 쉽게 만들었다.

1980년대 전반기에 국영기업을 민영화하기 위한 노력이 이루어 졌다. 1981년에 설립된 탈국가특별위원회Special Commission for De-Statization는 민영화가 가능한 140개 공기업을 지정하고, 이 중 50개 기업을 즉각 민영화할 것을 권고했다. 이 중 20개 공기업이 1981~ 84년 사이에 매각되어 총 1억9천만 달러의 민영화 수입이 발생했 다.[43] 이들 대부분의 기업은 파산 직전에 몰려서 국영 개발은행인 경제사회개발은행의 소유가 되었기 때문에, 이들 기업의 매각은 일종의 '재민영화'의 성격을 가지고 있었다. 경제사회개발은행은 부실기업을 인수해 민간에 다시 판매할 목적으로 이들 기업을 재편했다. 대부분은 중소기업이었고, 당시 대형 국영기업은 민영화 대상으로 고려되지 않았다.

브라질의 경제학자 2명은 1980년대에 강력한 민영화 움직임이 없었던 몇 가지 이유를 밝혔다.[44] 첫째, 1980년대 초반에 정부는 국가의 역할 변화보다는 국가의 확장을 통제하는 데 더 많은 관심을 가지고 있었기 때문에 민영화에 대한 정치적 의지가 없었다. 둘째, 1980년대 전반에는 경기침체가 심한 시기였기 때문에, 정치적으로 용인할 수 없는 수준의 가격 할인이 있지 않고는 국영기업을 인수할 민간기업을 찾는 것이 불가능했을 것이다. 셋째, 국영기업의 매각은 브라질 기업에만 허용되었다. 넷째, 대규모 민영화가 효과적으로 진행되려면 정부 통제(특히 가격통제)를 자유화하는 것이 필요했는데, 이는 당시 정부가 수용할 수 없는 것이었다.

1980년대 후반에, 사르네이 행정부는 민영화에 대해 언급하기는 했지만 실제로 대규모 프로그램을 추진하지는 않았다. 21년 만에 출범한 민간 정부는 이해관계 집단의 압력에 매우 민감했고, 정치적 동기에 따라 움직였을 것이다. 민영화에 대한 이해관계 집단은 시장 평균보다 훨씬 높은 급여를 받는 국영기업 근로자들, 국영기업에 높은 가격으로 상품을 판매하는 민간기업들, 국영기업으로부터 낮은 가격으로 재화와 용역을 공급받았던 기업들, 그리고 국영기업을 자신의 이익을 위해 활용했던 정치인들로 구성되어 있었다.[45]

1985~89년 동안 18개 기업이 민영화되어 5억3,300만 달러의 민영화 수입이 발생했고, 대부분은 경제사회개발은행이 재매각한 상대적으로 규모가 작은 기업들이었다.

꼴로르 행정부의 민영화 과정

꼴로르 대통령 취임(1990년 3월 15일) 직후인 1990년 4월 14일에 도입된 민영화 프로그램은 이전보다 훨씬 더 큰 차원인 것으로 드러났다. 정부는 민영화를 대형 국영기업의 매각에 그치는 것이 아니라 브라질 경제를 현대화하기 위한 전반적인 경제자유화 과정의 일부로 간주했다.

법률 제8031호는 민영화에 대한 공식적인 절차를 수립했다. 이법에 따라 정부 주요 인사 5명과 민간부문 대표 7명으로 구성된 민영화위원회가 창설됐다. 이 위원회의 위원은 대통령이 지명하고 의회의 승인을 받아야 했다. 경제사회개발은행 은행장이 위원회의 의장으로 지명되었고 이은행이 민영화 프로그램 관리를 담당했다. 민영화위원회는 민영화 대상 국영기업을 선정하고 매각 조건을 권고했다. 이 법에 따라 공개경쟁입찰을 통해 민영화될 기업의 가치에 대한 독립적인 평가를 제공할 컨설턴트를 고용했다. 민영화위원회는 그 이후 매각 대상 회사의 최소 가격과 매각 방법을 결정했다.[46]

대부분의 국영기업 매각은 공개경쟁입찰을 통해 이루어졌다. 구매자가 지불할 수 있는 '통화'는 브라질의 신구 통화(크루자두 노부 또는 크루제이루), 다양한 종류의 정부부채 증서, 외채 증서 및 경화가 모두 가능했다.[47] 외국인의 참여 한도는 의결 주의 경우 40%, 무의결 주는 무제한이었고, 부채-자본 스왑 한도는 25%로 설정되었다. 이 밖에도 외국자본의 경우 최소 12년 동안 브라질에 머물러야하며, 취득한 주식의 매각은 2년 이후 가능하다는 규칙이 있었다. 1992년까지 이러한 제약 사항 중 일부가 수정되었다. 의결 주 40% 제한은 입찰 후 건별로 협상에 의해 결정하는 것으로 변경되었고, 취득한 주식의 2년 후 매각 허용과 이익금 송금에 대한 규제는 사라졌으며, 최소 12년 동안 국내에 머물러야 한다는 요건은 6년으로 단축되었다.[48] 국영기업을 민영화하는 데 걸린 평균 시간은 약 9개월이었다.[49]

1993년 중반까지 20개 국영기업이 민영화되었고 21개 국영기업이 민영화 목록에 포함되었다. 석유화학, 철강 및 비료 부문의 기업들이 주로 목록에 포함되었지만, 철도 시스템, 국영 항공기 제조업체(엥브라에르), 컴퓨터 회사 등도 민영화 대상으로 고려되었다. 1993년 이후 브라질 정부는 다양한 유형의 공공사업(전력 생산 및 송배전)에 대한 사업권 양허를 준비하고 있었고, 통신과 석유개발 부문을 민영화할 수 있도록 허용하는 개헌을 모색하고 있었다.

또한 1993년 8월까지 정부의 민영화 수입은 64억 달러에 이르렀으며, 민영화 예정 여타 19개 기업의 가치는 약 110억 달러로 추산되었다.

1992년 중반까지 민영화된 기업 중 9개 기업은 대부분 다양한 유형의 정부 채무증서로 지급이 이루어졌다. 이것은 정부의 진정한 현금 수입이 아니라는 이유로 비난을 받기도 했지만, 정부부채가 크게 감소해 1980년대에 크게 증가했던 정부의 원리금 상환 부담이 크게 줄어들었다. 연방정부의 국내 총부채는 1991년 9월 약 410억 달러였으며, 이미 민영화된 17개 국영기업과 1992~93년 사이에 민영화될 24개 기업의 자산가치의 합은 약 180억 달러였다. 만약 민영화될 24개 기업의 매각 대금이 정부 채무증서로 지불된다면, 브라질 정부의 국내 부채 규모와 원리금 상환 부담이 크게 감소할 것은 명백했다.

1990년대의 민영화

1990년 3월 정권 교체와 더불어 정부는 다방면에 걸친 신자유주의 정책들을 채택했고, 그 중에서도 민영화에 높은 우선순위를 부여했다.[50] 의회는 이후 10년 동안 지속된 국가민영화프로그램National Privatization Program, PND을 통과시켰다. 이 프로그램은 1980년대 경제사회개발은행의 민영화 경험에 기반을 두고 있었다. 법률 제8031호는 민영화에 대한 공식 절차를 수립했다. 민영화운영위원회는 이 프로그램의 감독을 담당했다. 이 위원회는 민영화될 기업의 선정, 국영기업의 매각 방법과 조건, 그리고 특히 최저 매각 가격을 승인했다.[51] 경제사회개발은행은 PND의 관리를 담당했다. 경제사회개발은행은 공개입찰을 통해 두 개의 컨설팅 회사(또는 컨소시엄)를 선정해 매각 대상인 국영기업의 자산가치를 평가했다. 이를 토

대로 민영화위원회가 최저 매각 가격을 발표했다.[52]

1992년 9월에 꼴로르 대통령의 탄핵으로 정권이 교체되었고, 새로 취임한 대통령은 민영화 프로그램을 계속 추진하는 것에 대해 한동안 머뭇거렸다. 그러나 3개월간의 민영화 프로그램 일시중단이 끝나고 난 후 프랑꾸 대통령은 민영화 과정을 재개하기로 결정했다. PND를 창설한 민영화법이 개정되어 외국인의 무제한 참여를 허용했다. 프랑꾸 대통령 임기 동안 이전 정부에서보다 더 많은 수의 국영기업이 민영화되었다.

1991~94년 동안 대부분의 제조업 부문 국영기업이 민영화되었다. 여기에는 철강, 비료 및 석유화학 제품과 같은 부문의 국영기업이 포함되었다. 1993년 중반까지 20개 기업이 민영화되었고 21개 기업이 민영화 목록에 포함되었다. 1995년에 출범한 까르도주 행정부에서 민영화의 속도가 빨라지고 광업 및 공공사업 등이 포함되었다. 1990년대 후반에는 민영화 대상 기업에 주정부와 시정부 소유 기업들도 포함되는 등 민영화 프로그램이 확대되었다.

1995년 1월에 민영화 과정에 대한 중앙 통제를 강화하는 제도적 변화가 이루어져서 국가민영화협의회National Privatization Council가 운영위원회를 대체하게 되었다. PND가 유지되는 가운데 법적·제도적 틀의 변화가 있었다. 1995년 2월에 양허법(법률 제8987호)이 제정되었고, 그해 말에 헌법 수정안이 승인되었다. 양허법(헌법 제175조에 의해 규제됨)은 공공사업 분야의 양허에 적용되는 규칙을 변경했다. 이 법은 양허권자의 범법 행위에 대해 벌금을 제정했고, 대규모 소비자 단체가 공급자를 선택(따라서 지역 독점 종식)하는 것을 가능하게 만들었으며, 양허 계약에서 요금을 설정했다. 또한 모든 양허 기간을 고정하고 양허권 갱신은 새로운 입찰을 통해 이루어지도록 했으며, 양허권자에 대한 보조금 지급을 금지했고, 소비자들에게 양허의 감독에 참여할 권리를 부여했다. 헌법 수정안은 통신, 가스 공급 및 석유 부문의 공공 독점을 중단했고, 국내자본과 외국자본에 대한 차별을 철폐했다. 또한 외국자본이 광업과 발전 분야의 민영화 과정에 참여하는 것을 허용했다.

주정부와 시정부 차원의 민영화는 특히 재정에 미치는 영향 측면에서 중요했다. 연방정부 소유가 아닌 주정부와 시정부 소유의 공기업이 국영기업 적자의 대부분을 차지하고 있었기 때문이었다. 1994~98년 동안 연방정부 소유 국영기업은 GDP의 0.4%에 달하는 이익을 실현했지만, 주정부와 시정부 소유 지방 공기업은 GDP의 0.7%에 이르는 적자를 기록했다. 따라서 민영화는 채무재조정 과정에서 중요했다. 뼁녜이루·지암비아기는 다음과 같이 밝혔다.

부채 협상은 시장금리를 납부하는 주정부 채무를 연방정부로 이전하고, 이에 대한 담보로 주정부의 미래 수입(30년 이상)을 제공하는 것으로 구성되었다. 주정부가 연방정부에 납부하는 금리는 6%였고, 당시 시장금리는 이보다 높았기 때문에 이러한 채무조정은 '주정부 손실의 연방정부화' 성격을 가지고 있었다. 이러한 손실을 최소화하고 국영기업의 적자 규모를 줄이기 위한 시도로 연방정부는 주정부가 자산 매각을 통해 원금의 20%를 상환하는 조건으로 채무재조정 협상을 진행했다. 이러한 요구조건이 각 주정부가 자체 민영화 프로그램을 시행

하는 주요 동기가 되었다.[53]

도로와 통신 부문의 민영화는 PND가 아니라 관련 부처에 의해
직접 수행되었다.

1996년 전력회사의 민영화는 대규모 공공사업 매각의 중요한 전
환점이 되었다. 1997년에는 브라질 최대 수출 기업인 발리두리우
도세회사의 민영화로 이어졌다. 발리두리우도세회사는 브라질에서
가장 효율적인 국영기업이었기 때문에 매각에 대한 상당한 반대가
있었고, 정부는 매각이 완료되기 전까지 217건의 소송에서 승리해
야 했다. 1990년대 후반에 정부는 민영화 기업에 대한 대부분의 지
불수단으로 현금을 요구했다. 까스뗄라 뼁네이루와 지암비아기에
따르면,

브라질이 국제적으로 투자부적격 국가였기 때문에 헤알화의 평가절하
위험이 높아지면서, 매각 대금 마련을 위한 해외 차입은 부분적인 해
결책을 제공할 수 있을 뿐이었다. 따라서 정부는 매각 대금의 분할 납
부 또는 경제사회개발은행을 통한 자금 제공을 통해 매각 대금 조달을
지원했다.[54]

또한 도로, 교량, 위생시설 및 철도의 민영화에 새로운 접근법이
채택되었음을 주목할 필요가 있다. 이들은 외부경제효과가 크지만
수익성은 낮은 분야였다. 이 경우 향후 투자 약속이 경매 입찰의 핵
심 사항으로 강조되었다.

민영화가 공공사업으로 확대됨에 따라 민영화 수입이 크게 증가해 아시아 위기와 러시아 위기의 영향으로부터 헤알 플랜을 방어하는 거시경제정책에 중대한 영향을 미쳤다. 따라서 "민영화가 투기적 공격의 희생양이 되거나 될 수도 있는 다른 나라들에 비해 브라질이 나은 위치를 점할 수 있도록 해주었다." 이런 관점에서 민영화는 일종의 '안정망' 또는 '안정으로 가는 교량'으로 간주되었고, 당시 브라질의 두 가지 주요 불균형이었던 경상수지와 재정수지 적자 문제를 해결할 수 있는 여지를 제공해 주었다.[55]

민영화 결과: 1991~2005년

1991년 10월에서 2005년 12월까지 120개가 넘는 국영기업이 매각되었고, 매각 대금은 878억 달러에 달했다. 그중 598억 달러는 연방정부, 나머지는 주정부 소유 국영기업의 매각 대금이었다. 또한 180억 달러의 국영기업 부채가 민간부문으로 이전되었다. 민영화가 제조업체로 제한되어 있었던 1991~95년 동안의 평균 매각 대금은 27억 달러로 상대적으로 크지 않았다. 1996년부터 민영화가 공공사업으로 확대되고 주정부의 참여가 확대됨에 따라 민영화 수입이 급증했으며, 민영화 수입의 70%가량은 통신 및 전력 부문에서 발생했다. 외국자본의 참여 비율은 36.4%(전력과 금융 분야는 각각 58%와 80%)였다. 또한 공공사업에 대한 민영화는 장기간의 양허 계약으로 구성되어 있다는 것을 강조할 필요가 있다.

민영화와 부의 분배 효과[56]

경제적 분배 문제의 분석에서 부(저량)와 소득(유량)에 대한 정책 효과를 구별하는 것이 유용하다. 상호 밀접한 관련이 있는 경우가 많지만, 이러한 효과가 때로는 크게 다를 수 있다.[57] 민영화의 맥락에서 부의 효과는 국가의 경제 자산에 대한 소유권의 변경이며, 이는 민영화 당시에 일어나는 일회적 변화이다. 이와는 달리, 민영화의 소득분배 효과는 민영화된 기업의 새로운 소유주, 근로자 및 소비자들과 같은 사회의 다양한 집단의 실제 수입과 소득에 지속적인 영향을 미친다. 여기에서 우리는 민영화와 부의 분배 효과를 먼저 다룰 것이다.

브라질의 기업의 부의 분배는 전통적으로 국가, 국내 민간기업, 외국기업의 삼각 연합으로 나뉘어져 있다.[58] 1990년대에 민영화가 시작되기 훨씬 전에도 브라질 산업의 많은 분야는 소수의 국내 민간기업 또는 외국기업에 의해 주도되었다. 예를 들어, 1998년에 자동차산업에서 상위 4개 회사가 순수입의 94%를 차지했으며, 시멘트 산업에서는 상위 7개 회사가 60%를 차지했다. 중공업 분야에서는 상위 8개 기업이 순수입의 67%, 모터 및 부품 분야는 상위 4개 회사가 순수입의 64%, 국내 전력 분야는 4개 회사가 75%, 철강은 7개 회사가 82%를 차지했다.[59] 1990년대 민영화 프로그램은 정부가 국영기업을 최고가 입찰자에게 매각함으로써 수익을 극대화해야 할 필요가 있었기 때문에 이들 입찰자 중 대부분이 외국기업 또는 국내 최대 민간기업이었던 것은 그리 놀랄 일이 아니다. 이는 공공부문에 대한 재정 부담을 덜기 위해 최고가 입찰자에게 매각하는 민영화 방식이 브라질의 부의 분배에 미치는 영향이 미미하거나 부정적일 수도 있음을 시사한다. 민영화 정책이 국영기업의 주식을 브라질 국민 또는 납세자에게 분할해 매각하는 방식을 사용했다면, 민영화가 부의 분배에 미치는 영향이 더 긍정적이었을 가능성이 있다.

이러한 추세는 1990년대의 주요 인수·합병M&A 추세와 더불어 더욱 강화되었다. 브라질의 인수·합병은 1992년 58건에서 1995년 212건, 1998년에는 351건으로 증가했다.[60] 이러한 합병 중 일부는 국영기업의 민영화 입찰에 참여해 이를 낙찰받기에 충분할 정도로 규모를 키우기 위한 전략적 제휴를 통해 이루어졌다. 한 가지 예는 브라질의 주요 시멘트 생산업체인 보또랑띵그룹Grupo Votorantim, 대형 건설회사인 까마르구 꼬레이아Camargo Correia, 브라질 최대 민간은행인 브라데스꾸Bradesco가 에너지 부문의 민영화에 참여하기 위해 제휴한 것이었다.[61]

〈표 11.4〉는 1990~98년 동안 금융기관을 제외한 브라질 100대 기업의 소유권 변화를 보여 주고 있는데, 이를 통해 1990년대에 민영화가 기업 소유 및 조직에 미친 영향에 대한 통찰이 어느 정도 가능하다. 이 자료는 소유권 집중도에 따라 브라질 민간기업을 세 가지로 분류했다. 이 자료에서 '집중도가 낮은' 것으로 분류된 기업도 북미의 관점에서 '광범위하게 분산된'widely held으로 간주될 수 없는 많은 기업들이 포함되어 있음에 유의해야 한다. 어느 개인이나 가족이 이 범주로 분류되는 회사의 의결 주를 20% 이상 보유하지 않고 있더라도, 소수의 소유자가 회사를 쉽게 지배할 수 있다.

표 11.4 ㅣ 소유권 특성에 따른 100대 기업의 분포와 수익률

	1990		1998	
	기업 수	수익 비율	기업 수	수익 비율
민간기업-집중도 낮음	1	1	4	3
민간기업-집중도 중간	5	4	23	19
민간기업-집중도 높음	27	23	26	17
공공기업	38	44	12	21
외국기업	27	26	34	40
협동조합	2	2	1	0
합계	100	100	100	100

자료: Nelson Siffert Filho and Carla Souza e Silva, "As Grandes Empresas nos Anos 90," Fabio Giambiagi and Mauricio Mesquita Moreira eds., *A Economia Brasileira nos Anos 90* (1999).

〈표 11.4〉의 데이터에서 몇 가지 경향을 확인할 수 있다. 민영화는 협동조합이나 브라질 100대 민간기업 중 소유 집중도가 가장 낮은 기업에는 거의 또는 전혀 영향을 미치지 못했으며, 이들의 매출액 합계(전체의 3%)도 변화가 없었다. 1990~98년 기간 동안 공기업의 민영화로 상대적 중요도가 떨어지면서 가장 큰 수혜를 본 기업은 외국기업 소유주 또는 개인이나 가족이 의결권 지분의 20% 이상을 보유한 브라질 민간기업이었다.[62]

일부 특수한 경우에는 민영화 과정에서 국내 대기업과 외국 바이어가 압도적 우위를 보였다. 철강회사 꼬시노르Cosinor와 삐라치니 Piratini의 경우, 주식의 99.8%와 89.8%가 민간기업인 게르다우 Gerdau 철강그룹에 의해 인수되었다.[63] 이보다 규모가 더 큰 뚜바러 웅철강회사Companhia Siderúrgica de Tubarão의 매각에서 주식의 45.4%는 민간 금융 그룹인 보자누 시몽셍Bozano Simonsen과 우니은 행Unibanco에 의해 인수되었다. 통신과 같은 다른 부문에서는 브라질의 민간 그룹(안드라데 구찌에레스Construtora Andrade Gutierrez, 브라데스꾸, 글로보파르Globopar, 기회은행Banco Opportunity)과 외국 구매자(포르투갈통신Telecom de Portugal, 빌바우비스까야은행Banco Bilbao Vizcaya, 스텟 인터내셔널Stet International, 이베르돌라Iberdrola) 간의 제휴가 중요했다.[64] 전력 분야에서는 브라질 기업들이 미국, 칠레, 프랑스, 스페인, 포르투갈의 외국기업들과 제휴했다.[65]

민영화의 소득분배 효과

브라질의 국영기업 네트워크 설립의 초기 동기가 무엇이든, 1960년대까지 그들은 일자리 숫자와 급여 측면에서 중요한 고용 창출원이 되었다. 급속한 노동인구의 증가와 도시 이주 증가로 야기된 사회적·정치적 압력으로 인해 여러 정부들은 공공부문에서 실제 필요한 것보다 더 많은 노동력을 흡수했다. 국영기업의 과잉 고용 문제에 대한 인식이 1979년 '국영기업통제를위한특별위원회'SEST 설립의 주요 동기 중 하나였다.

민영화는 공공부문 고용 부문에서 이러한 추세를 역전시켰다. 많은 경우 민영화 대상으로 선정되기 이전부터 국영기업들은 잠재적 구매자들에게 더 매력적으로 보이기 위해 과잉 고용을 제거했다. 연방 철도 시스템에서는 실제로 약 4만 명의 고용 인력 중 절반 정도가 민영화 이전에 회사를 떠났다. 그리고 철도의 민간 운영자는 철도를 인수하자마자 서비스 수준은 높이면서 고용 인력을 약 11,500명으로 줄였다. 주요 항구에 고용된 근로자의 수는 1995년에 26,400명에서 1997년에는 약 5천 명으로 줄어들었으며, 추가적인 감축을 통해 2,500명으로 줄어들 것으로 예상되었다.[66] 민영화 이후 철강 부문에서도 노동력의 상당 부분이 감소했다. CSN의 직원 수는 1989년 24,463명에서 1998년에는 9,929명으로 줄어들었고, COSIPA는 14,445명에서 6,983명, USIMINAS는 14,600명에서 8,338명으로 감소했다.[67]

과잉 인력 제거에 관한 경제 효율성 논쟁은 단순 명료하지만, 민영화로 인한 고용 감소의 소득분배 효과 분석은 복잡하다. 만약 경제 효율성 개선으로 인한 소득 증가분이 브라질의 저소득층에게 분배된다면, 민영화는 분명히 형평성과 효율성 모두의 개선에 긍정적 기여를 했을 것이다. 그러나 효율성 개선의 이득이 실제로 이러한 방식으로 분배되었다는 확실한 증거는 없다. 최근에 민영화된 기업의 이익이 현저히 증가한 것 같은 증거에 비추어 볼 때, 효율성 증대로 인한 소득 증가의 상당 부분이 신규 소유자에게 귀속되었다는 것을 알 수 있다. 1997년과 1998년에 브라질 경제 전문지 『에자미』가 선정한 브라질 이익 기준 상위 20대 기업 중 4개의 민영화된 기업(발리두리우도세회사, USIMINAS, CSN, 라이치Light)이 포함되었다. 10년 전에는 이들 기업 중 CSN과 발리두리우도세회사는 손실 규모가 가장 큰 기업 목록에 수록되어 있었다. 이 이익 중 상당 부분은 민영화된 기업의 해외 구매자에게 귀속되었다. 브라질 국제수지표에서 이익과 배당의 해외 송금액이 1990년 16억 달러에서 1994년 25억 달러, 1998년에는 72억 달러로 증가한 것은 민영화 과정에 참여한 외국기업에게 귀속된 이익을 부분적으로 반영하고 있다.

민영화와 소득분배 간의 또 다른 주요 연결고리는 규제 시스템과 이것이 가격에 미치는 영향이다. 이전에 언급했듯이 민영화 과정의 상당 부분은 공공사업, 특히 통신, 발전, 고속도로, 철도 및 항구를 중심으로 이루어졌다. 민영화 과정에서 필수적인 요소는 공공사업의 서비스 수준을 적절히 유지하고 이를 확대할 수 있는 민간 운영자를 유치하기 위해 규제 시스템을 재구성하는 것이었다.

이는 적절한 유지보수 및 확장을 가능하게 하는 자금과 민간투자자에게 충분히 매력적인 수익을 창출하면서 소비자에게 과도한 부담을 주지 않는 요금 수준에 대한 공공사업 규제 부문의 고전적 질문을 제기하게 만든다. 정부는 적어도 1960년대 이래로 브라질의 많은 국가 소유 공공사업을 인플레이션 억제를 위한 무기로 사용해왔다. 이는 일반적인 물가수준보다 훨씬 뒤처져서 유지보수 및 신규 투자를 줄일 수밖에 없는 수준으로 유지하는 가격 규제를 통해 이루어졌다. 1980년대 중반까지 공공투자의 감소로 인해 철도, 항만 및 전력을 포함한 다수 공공사업의 자본 스톡에 심각한 결함을 초래했다.[68]

민영화로 인해 공공요금이 대폭 조정되었다. 예를 들어, 1995년에 통신요금이 급격히 상승했는데, 이는 뗄레브라스Telebrás의 시스템에 대한 경매가 이루어지기 훨씬 전이었다. 일반 가정 가입비는 5배 인상되었으며, 시내통화 비용은 80%가 올랐다. 이러한 요금 수준은 1998년 7월에 실시된 통신 민영화를 촉진시켰다.[69] 1993년까지 인플레이션 수준을 따라잡지 못했던 전력 부문에서도 이와 비슷한 요금 인상 패턴이 관찰되었다. 그 이후 수년간 전력회사의 민영화와 함께 전기요금이 대부분의 다른 물가에 비해 상당히 빠르게 상승했다. 예를 들어, 상파울루 주는 1999년에 전기요금 조정에 사용된 물가지수가 임금 조정에 사용된 물가지수보다 2배나 빠르게 증가했다고 보고했다.[70]

현재까지 이용 가능한 증거는 브라질의 규제 환경이 공공사업의 새로운 민간 소유주에 유리하게 움직였음을 시사한다. 소득분배 관점에서 볼 때, 이러한 규제 변화가 다수의 소비자로부터 새로운 민간 양허권자에게로 소득을 이전시켰다는 결론을 내리게 만든다. 예를 들어, 리우데자네이루 시에서는 1994년 8월부터 1999년 11월까지 소비자 물가지수가 87.4% 상승했지만 공공서비스 물가지수는 163.2% 상승했다.[71]

결론

브라질의 소득과 부의 분배에 있어서 불평등은 식민 시대부터 현재까지 실망스러울 정도로 끈질기게 지속되고 있다. 기존의 증거에 따르면, 1990년대의 민영화 프로그램은 경제적 효율성 측면에서 장점을 부인할 수 없지만, 이러한 분배 패턴을 변화시키는 데 거의 기여하지 못했거나 오히려 더 악화시켰을 수도 있다.

최근의 이러한 발전 패턴이 갖은 잠재적인 정치적·사회적 영향을 무시할 수 없다. 1999년 민자 고속도로 사업자와 브라질 트럭 운전자 간의 대결은 이러한 좋은 예이다. 양허 계약에서 도로 운영자는 유지 보수 및 확장을 위해 높은 통행료를 부과하는 것이 허용되었다. 트럭 운전자들은 이 통행료가 과도하고 자신들의 생계를 위협한다고 주장했다. 연방정부가 군사 개입을 위협하는 사태까지 간 짧은 파업이 있고난 후 통행료가 크게 하락했다. 이것은 다시 계약위반을 주장하는 양허 사업자들에 의한 법원의 조치로 이어졌다. 이는 분배 효과를 무시할 수 있다고 암묵적으로 가정한 효율성에 초점을 맞춘 정책이 잠재적으로 사회적 분열을 초래할 수 있다는 것을 명확하게 보여 주는 사례이다.

브라질의 민영화 프로그램에 대한 최근 연구에서, 아르망두 까스뗄라 뻥녜이루는 "경제안정을 달성하는 데 성공한 헤알 플랜의 성공으로 정부는 의회에서 헌법 수정안을 통과시키는 데 필요한 정치적 레버리지를 얻을 수 있었고, 이를 통해 민영화 대상을 통신과 가스 분야로 확대하고 광업과 전력 분야에서도 민영화를 촉진시킬 수 있었다"고 결론지었다.[72] 그는 또한 매출액, 종업원 1인당 매출액, 순이익, 주주지분, 매출액 대비 투자비율 등에서 의미 있는 개선이 있는 등 민영화된 기업의 효율성이 증가한 것을 발견했다.

브라질 공공사업의 민영화는 양허 계약에 근거한 것이다. 양허 계약은 경매를 통해 체결되었고, 낙찰자(국내외 기업)는 여러 해 동안 지속되는 계약을 체결했다. 이 계약은 유지, 확장, 그리고 가격 규제에 관한 조항을 포함하고 있다. 공공사업의 민영화 성과는 부문별로 다양했다. 가장 성공적인 분야는 통신이었고, 가장 미진한 분야는 상하수도 서비스였다.

2004년 룰라 대통령의 당선과 함께 정권을 잡은 브라질 노동자당은 전통적으로 민영화에 반대했지만, 이러한 추세를 뒤집지는 않왔다는 점에 주목할 필요가 있다. 그리고 2012년까지 많은 인프라 프로젝트(도로건설, 공항 확장 등)에 대한 투자를 가속화해야 할 필요성이 있는 상황에서 룰라 대통령의 후임인 노동자당의 지우마 후세피Dilma Rousseff 대통령도 주로 민간부문과의 양허 계약에 의존했다.

지역 불평등

소득과 성장이 특정 지역에 집중되어 나타나는 지역 불평등은 식민 시대 이후 지속된 브라질 경제의 특징이다. 과거의 모든 1차산품 수출 붐은 특정 지역에 혜택이 집중되었다. 16세기와 17세기의 설탕 수출 주기cycle는 북동부, 17세기와 18세기의 금 수출 주기는 미나스제라이스와 이곳에 물자를 공급했던 남동부 지역이 혜택을 받았다. 19세기의 커피 수출 호황은 처음에는 리우데자네이루의 배후 지역, 나중에는 상파울루 주에 집중되었다. 그러나 20세기 들어 경제 중심지의 역사적인 변천 과정이 끝을 맺었다. 산업화 과정이 시작되었을 때 역동적인 수출 중심지였던 남동부 지역이 브라질 경제의 중심지로 부상했다. 이 지역은 경제성장의 주요 수혜자이며, GDP에서 차지하는 비중도 크게 증가했다.

지역 불평등 정도

브라질의 지역 불평등 정도는 〈표 12.1〉에서 확인할 수 있다. 식민지 시대부터 현재까지 브라질의 북동부와 남동부가 인구의 대부분을 차지했다. 〈표 12.1(a)〉의 자료에 따르면, 1872년까지 북동부 지역에 가장 많은 인구가 거주했다. 그러나 20세기로 접어드는 전환기에 남동부가 최대 인구 거주 지역으로 부상했고, 현재까지도 계속되고 있다. 북동부 지역의 인구 비중은 1872년 46.7%에서 계속 감소해 2009년에는 28%를 차지했다. 이러한 인구 변동은 국내 이주와 해외 이민자 유입을 통해 이루어졌다.

인구와 국민소득의 지역별 분포를 비교하면, 높은 수준의 지역별 불평등과 이러한 상황이 시간이 흘러도 변하지 않는 지속성을 알아챌 수 있다(〈표 12.1(c, d)〉 참조). 1980년까지 북동부가 여전히 인구의 약 30%를 차지했지만, 국민소득 비중은 12%로 감소했다. 21세기 초 10년 동안 약간의 개선이 있었다. 즉, 2009년 북동부의 인구 비중은 28%로 떨어졌지만, GDP 비중은 13.5%로 안정적 수준을 유지했다.

북동부가 산업생산에서 차지하는 비중은 1995년 7%에서 2003년에는 11.7%로 증가했고, 2010년에는 다시 9.3%로 감소했다. 남동부는 2009년 인구의 42.3%, 2010년 GDP의 55.4%, 그리고 산업생산의 60.3%를 차지했다. 또한 남동부는 전통적으로 인구 비중과 유사한 국민소득 비중을 차지하고 있었으나, 2003년과 2010년에는 국민소득 비중이 인구 비중보다 높았다. 2000년대 들어 중서

표 12.1 | 지역별 인구, 부가가치, GDP, 산업생산

(a) 지역별 인구 분포: 1772~2009(%)

	1772~82	1872	1990	1940	1970	1980	1996	2003	2206	2009
북부	4.1	3.4	4.0	3.6	3.9	4.9	7.1	7.9	8.0	8.2
북동부	47.4	46.7	38.7	35.0	30.3	29.3	28.5	27.8	27.6	28.0
남동부	41.8	40.5	44.9	44.5	42.7	43.4	42.7	42.6	42.6	42.3
남부	1.9	7.3	10.3	13.9	17.7	16.0	15.0	14.7	14.6	14.4
중서부	4.8	2.1	2.1	3.0	5.4	6.4	6.7	7.0	7.2	7.1
합계	100.0	100.0	100.0	100.0	100.0	100.0	100.0	100.0	100.0	100.0

자료: Douglas H. Graham and Thomas W. Merrick, "Population and Economic Growth in Brazil: An Interpretation of the Long-Term Trend (1800–2000)," mimeo (March 1975), p. 49; IBGE.

(b) 브라질 총인구(1천 명)

1872	10,099
1900	17,434
1940	41,236
1970	93,135
1980	119,070
2000	165,359
2006	187,337
2013	201,009

자료: (a)와 같음.

(c) 지역별 부가가치 분포(%)

	1949	1959	1970	1980	2003	2010
북부	1.7	2.0	2.0	3.1	4.9	4.8
북동부	14.1	14.1	12.2	12.0	13.6	15.9
남동부	66.5	64.1	64.5	62.4	55.4	51.4
남부	15.9	17.4	17.5	17.0	18.6	19.5
중서부	1.8	2.4	3.8	5.5	7.5	8.4
합계	100.0	100.0	100.0	100.0	100.0	100.0

자료: Fundação Getúlio Vargas, IBRE, Centro de Contas Nacionais, *Sistema de Contas Nacionais, Novas Estimativas* (September 1974); *Conjuntura Econômica* (May 1987); IBGE.

(d) 지역별 GDP 분포(%)

		1970	1985	1997	2003	2010
북부		2.2	4.3	4.4	5.0	5.3
북동부		12.1	13.8	13.1	13.8	13.5
남동부		65.0	59.4	58.6	55.2	55.4
남부		17.4	17.1	17.7	18.6	16.5
중서부		3.3	5.4	6.2	7.4	9.3
합계	100.0	100.0	100.0	100.0	100.0	100.0

자료: Fundação Getúlio Vargas, IBRE, Centro de Contas Nacionais, *Sistema de Contas Nacionais, Novas Estimativas* (September 1974); IBGE.

	1949	1959	1970	1995	2003	2010
북부	1.0	1.7	1.1	3.0	4.8	4.3
북동부	9.4	8.3	7.0	7.0	11.7	9.3
남동부	75.4	76.9	79.1	72.1	59.1	60.3
남부	13.5	12.3	12.0	16.6	21.5	21.9
중서부	0.7	0.8	0.8	1.3	2.9	4.2
합계	100.0	100.0	100.0	100.0	100.0	100.0

자료: Fundação Getúlio Vargas, IBRE, Centro de Contas Nacionais, *Sistema de Contas Nacionais, Novas Estimativas*, September 1974; IBGE.

부의 국민소득과 GDP 비중은 인구 비중을 상회했다.

1960~2009년 동안 동북부의 전국 평균 대비 국민소득 비율은 상당한 변동을 보였다. 1960년 39%에서 1988년에는 63%로 증가했고, 1997년에는 다시 46%로 떨어졌으며 2009년에는 48%로 다시 약간 증가했다(2009년 가장 가난한 주는 마라녀웅과 삐아우이였으며, 이들의 1인당 소득은 각각 전국 평균의 37%와 36%였다). 2009년 남동부의 1인당 소득은 전국 평균의 131%였다. 상파울루와 리우데자네이루는 각각 154%와 131%로 추산되었다.[1] 실제 국민소득의 대략적인 지표인 브라질의 1인당 GDP는 1960년 약 420달러, 1988년 약 2,241달러, 2005년 약 8,100달러, 2010년에는 약 10,814달러로 추정되었다.

브라질의 도시화가 진행되는 동안에도 북동부 도시의 빈곤율이 더 높은 것으로 나타났다. 1989년 브라질의 9개 주요 대도시권의 빈곤율은 평균 28%였지만 북동부 대도시 지역의 빈곤율은 40%가 넘었다.[2]

산업화와 지역별 격차의 밀접한 상관관계는 농업과 산업의 지역

표 12.2 | 부문별/지역별 부가가치 분포: 1949~2010년

(%)

	북부	북동부	남동부	남부	중서부	합계
농업						
1949	1.6	18.7	54.2	22.2	3.3	100.0
1959	1.7	21.0	43.7	28.8	4.8	100.0
1970	2.3	20.9	40.0	29.6	7.2	100.0
1980	5.0	19.5	34.7	29.5	11.3	100.0
1995	9.3	16.8	35.2	27.2	11.5	100.0
2003	6.5	13.6	32.2	33.4	14.3	100.0
2010	9.9	17.1	29.9	25.5	17.6	100.0
산업						
1949	1.0	9.4	75.4	13.5	0.7	100.0
1959	1.7	8.3	76.9	12.3	0.8	100.0
1970	1.3	5.6	80.6	11.7	0.8	100.0
1980	3.0	9.5	59.0	16.2	2.3	100.0
1995	3.0	7.0	72.1	16.6	1.3	100.0
2003	4.8	11.7	59.1	21.5	2.9	100.0
2010	4.8	9.3	60.3	21.0	4.6	100.0

자료: Fundação Getúlio Vargas, IBRE, Centro de Contas Nacionais, *Sistema de Contas Nacionais, Novas Estimativas* (September 1974); IBGE.

별 소득분배가 어떻게 변화해 왔는가를 살펴보면 알 수 있다(〈표 12.2〉 참조). 농업의 지역적 집중도가 산업의 경우와 비교해서 상대적으로 덜한 편이다. 산업은 농업보다 더 빠르게 성장하고 있으며 기본적으로 도시 부문이므로 경제활동의 지역적 집중이 증가한 것은 산업화 과정의 본질에 크게 기인한 것으로 보인다. 그러나 농업 부문은 소득과 경제활동인구에서 지역적 격차가 가장 큰 것에 주목해야 한다. 다시 말해, 북동부 지역은 인구 비중 대비 산업 비중이 훨씬 낮을 뿐만 아니라 농업부문의 1인당 소득도 남동부 지역에 비해 훨씬 적다.

〈표 12.2〉는 남동부 지역의 비중 감소로 인해 산업부문의 지역별 집중도가 감소한 것을 보여 준다. 그럼에도 2010년에도 남동부

표 12.3 │ 부문별 GDP 분포

(a) 지역별/부문별 GDP 분포(%)

	농업	산업	서비스업	합계
1949년				
북부	30.3	12.3	57.7	100.0
북동부	41.0	13.8	45.2	100.0
남동부	25.2	23.3	51.5	100.0
남부	43.0	17.5	39.5	100.0
중서부	46.8	20.6	48.3	100.0
브라질	30.9	20.6	48.3	100.0
1985년				
북부	16.7	39.8	43.5	100.0
북동부	15.9	35.4	48.7	100.0
남동부	6.8	44.6	48.6	100.0
남부	16.6	36.7	46.7	100.0
중서부	13.2	16.1	70.7	100.0
브라질	10.5	40.1	49.4	100.0

(b) 주요 주별/부문별 GDP 분포(%)

	농업	산업	서비스업	합계
세에라	4.2	23.7	72.1	100.0
뻬르낭부꾸	4.5	22.1	73.4	100.0
바이아	7.2	30.3	62.5	100.0
미나스제라이스	8.5	33.6	57.9	100.0
리우데자네이루	0.4	28.1	71.5	100.0
상파울루	1.3	29.1	69.6	100.0
히우그랑지두술	8.7	29.2	62.1	100.0
브라질	5.3	28.1	66.6	100.0

자료: IBGE, *Contas Regionais*.

지역의 산업 비중이 여전히 압도적으로 높았다.

〈표 12.3〉과 〈표 12.4〉는 국가의 광역별 소득과 노동력의 부문별 분포에 상당한 차이가 있음을 보여 준다. 1985년에 농업의 GDP 비중은 전국 평균이 10.5%였지만, 남동부는 6.8%, 중서부는 13.2%, 북동부는 15.9%로 다양했다. 산업의 GDP 비중은 전국 평균이 40.1%, 동남부는 44.6%, 북동부는 35.4%, 중서부는 16.1%로 지역별로 상당히 다양했다. 2003년까지 GDP에서 농업이 차지

표 12.4 | 지역별/부문별 노동력 분포: 1970년과 2005년

	농업	산업	서비스업	합계
브라질				
1970	44.3	17.9	37.8	100.0
2005	21.2	21.1	57.7	100.0
북동부				
1970	61.1	10.7	28.2	100.0
2005	36.0	15.1	48.9	100.0
남동부				
1970	26.9	25.0	48.1	100.0
2005	10.0	24.7	65.3	100.0
남부				
1970	54.0	14.3	31.7	100.0
2005	22.1	24.5	53.4	100.0
북부 및 중서부				
1970	55.2	11.3	33.5	100.0
2005ª	23.4	21.6	55.0	100.0
	(17.6)	(17.5)	(64.9)	

자료: IBGE의 PNAD 시리즈 자료를 토대로 계산.
주: a. 북부. 괄호는 중서부.

하는 비중은 거의 변하지 않았고, 산업의 비중은 소폭 감소했으며, 서비스 부문의 비중은 증가했다.

2009년 기준으로 주州별 비교가 가능한 자료는 구할 수가 없었다. 대신 〈표 12.3(b)〉는 대표적 몇 개 주에 대한 자료를 보여 주고 있다. 특히 바이아 주의 산업 비중은 63.6%로 매우 높은데, 이는 석유화학 산업과 자동차 부문의 신규 투자를 반영한 것이다. 다른 북동부 주인 세아라와 뻬르낭부꾸는 서비스 부문 비중이 매우 큰데, 이는 다양한 사회보장 프로그램의 실시로 인해 해당 지역의 정부 부문이 급속하게 성장한 것을 반영하고 있다. 남동부의 미나스제라이스, 리우데자네이루, 상파울루, 남부의 히우그랑지두술 주의 서비스 부문 비중이 큰 것은 선진화된 산업 지역의 전형적인 특성인 금융과 마케팅 서비스의 급속한 발전에 따른 결과일 수 있다.

〈표 12.3〉과 〈표 12.4〉를 비교하면 지역별로 소득과 노동의 부문별 분포에 상당한 차이가 있음을 알 수 있다. 국가 전체로는 농업의 고용 비중이 농업이 GDP에서 차지하는 비중의 2배였지만, 산업이 GDP에서 차지하는 비중이 고용에서 차지하는 비중보다 훨씬 컸다. 이것은 산업이 상대적으로 자본집약적이라는 것을 의미한다.[3]

2000년에 10세 이상 인구 중 경제활동인구 비중은 남부(49.8%)가 가장 높았고, 그다음은 남동부(48.1%), 북동부(40.9%), 북부(39.5%)의 순이었다.

지역 불평등의 역학

브라질 경제가 수출지향적일수록, 지역별 소득분배는 주요 수출유형에 따라 결정되었다. 그러나 성장의 원천이 내부화되었을 때, 지역별로 소득과 개발의 불평등이 영속적이고, 시간이 지날수록 심화되는 경향이 있었다.

존 리처드 힉스는 불균등 성장이 시작되면, 이것이 영속하는 경향이 있음을 관찰했다. "산업과 무역이 특정 지역에 집중될수록 그 지역의 발전을 가속화하는 이점이 주어지기 때문에 성장률의 격차가 커질 수도 있다."[4] 외부경제효과로 인해 그 지역에 투자하는 이점이 크기 때문에 다른 지역으로 갈 특별한 이유가 없는 한, 새로운 회사는 이미 성장하고 있는 지역에 자리를 잡는 경향이 있다. 이러한 외부경제는 숙련된 노동력의 이용 가능성과 해외에서 수입할 필요가 없는 다양한 보조 상품 및 서비스로 구성된다. 비록 특정 지역의 빠른 성장을 이룬 초기의 이유가 지리적 장점이었을 수 있지만, "이러한 지리적 장점을 상실한 후에도 집중의 이점advantage of concentration으로 인해 계속 성장할 수 있다. 그들은 내부경제 모멘텀에 의해 성장한다."[5]

성장 모멘텀은 일반적으로 역동적인 영역에서 누적되지만, 특정 상황에서 일부 역동성을 다른 지역으로 확산시킬 수 있다. 달리 말하면, 역동적인 영역의 성장은 특정 환경에서 원심력으로 작용할 수 있다. 그러나 이것은 또한 구심력으로 작용해 다른 지역이 가지고 있는 성장 잠재력을 잠식시킬 수도 있다.

성장은 상품, 자본, 노동의 세 가지 기본 채널을 통해 역동적인 지역에서 정체된 지역으로 전파될 수 있다. 교역을 통한 성장의 전파는 역동적인 지역이 자급자족할 수 없을 때 발생하며, 이 지역에서 발생한 부의 일부가 이 지역에 물품을 공급하는 다른 지역에서 소비된다. 자본은 역동적인 지역에 필수 불가결한 물자의 공급원을 개발할 필요가 있을 경우 역동적인 지역에서 정체된 지역으로 이동하려는 인센티브를 갖게 될 것이다. 이러한 이동은 새로운 자립적인 성장 중심지를 만들어 낼 수도 있지만, 이것은 또한 단순히 지역 간 연계가 거의 없는 원격지의 속지enclave, 屬地 경제를 창출할 수도 있다. 이러한 인센티브를 제외하고는, 자본과 관련해서는 역동적인 중심부가 구심력을 발휘할 가능성이 있다. 이는 이용 가능한 모든 외부효과를 감안하면, 정체된 지역보다 역동적인 지역에서 투자수익률이 훨씬 높을 것이기 때문이다.

노동 이주는 주로 정체된 지역에서 성장하는 지역으로 이루어질 것을 예상할 수 있다. 노동의 생산성과 소득이 모두 정체된 지역보다 성장하는 지역에서 더 높을 가능성이 크다. 노동보수 또는 그 기대치의 차이는 이주와 관련된 생활의 변화로 인한 비용을 보상하기에 충분한 수준이어야 한다. 노동 이주의 긍정적인 효과는 이를 통해 정체된 지역의 압력을 완화하고, 1인당 소득을 증가시킬 수 있다는 것이다. 특히 이 지역에 상당 부분의 위장 실업이 존재하는 경우에는 더욱 그렇다. 이러한 노동 이주는 또한 안정적인 노동력 공급을 유지함으로써 인건비가 너무 빠르게 상승하는 것을 방지해 역동적인 중심지에도 도움이 된다. 노동 이주는 또한 더 젊고 활기차고 훈련이 잘되거나 훈련 가능한 개인이 이주를 하는 경향이 더 크기 때문에 정체된 지역의 인력 유출이 될 수 있다.

또한 성장하는 지역이 다른 지역에서 충분히 빨리 노동력을 끌어들이지 않는다면 이는 궁극적으로 다른 지역이 이전보다 자본에 더 매력적으로 보일 수 있다고 주장할 수 있다. 그러나 정체된 지역의 상대적으로 낮은 임금은 낮은 노동생산성과 교통이나 전력과 같은 다른 분야의 높은 비용으로 상쇄될 가능성이 더 크다.

만약 원심력보다 구심력이 더 클 경우, 정부가 지역균형발전을 고려해 지역적 격차를 해소하는 조치를 취할 수 있다. 역동적인 지역의 성장을 저해하지 않으면서 어느 수준까지 이를 수행할 수 있는가? 지역균형발전을 위한 공공정책 수단은 재정정책과 기업이 낙후된 지역에 정착하도록 장려하는 직접적인 행정 조치를 통해 달성할 수 있다.

가장 분명한 재분배 조치 중 하나는 정부가 정체된 지역에 사회경제 인프라 건설을 확대하는 것이다. 이를 위한 재원은 역동적인 지역의 인프라 투자를 축소하거나 이 지역의 조세부담을 증가시켜서 마련할 수 있다. 그러나 역동적인 지역의 인프라 투자를 축소시키는 방법은 인프라 병목현상을 유발해 이 지역의 지속적인 성장을 저해할 수 있다. 만약 정부가 역동적인 지역의 조세부담 증가를 통한 추가 지출로 정체된 지역의 인프라를 개발한다면, 역동적인 지역에 미치는 해악은 조세 구조에 달려 있다. 만약 조세 구조가 누진적이라면, 투자 자본과 투자 인센티브가 크게 줄어들어 이 지역의 성장률이 낮아질 것이다. 그러나 만약 조세 구조가 많은 개도국에서 그런 것처럼 역진적°이라면, 그 효과는 덜 해롭거나 중립적일 수 있다. 이런 경우 정체된 지역의 개발 재원은 역동적인 지역의 소비 감소로 충당된다. 만약 소비 감소 규모가 투자 인센티브에 영향을 줄 만큼 충분히 크다면, 역동적인 지역의 성장이 줄어들 수도 있지만, 특정 상황에서 이것은 건전한 현상이다.

● 역진세는 누진세와는 반대로 과세 물건의 수량 또는 금액이 많아짐에 따라 세율이 낮아지는 조세제도이다.

국내 이주

〈표 12.5〉는 이주를 통해 일어난 지역 불균형에 대한 몇 가지 조정을 보여 준다.

해외 이민자들은 19세기 후반과 20세기 초반에 상파울루와 남부 주에 중요한 영향을 미쳤다. 상파울루의 경우 이민은 커피 부문의 확장과 관련이 있었다. 남부에서는 임산물이 개발된 새로운 토지의 개척과 그 이후에는 성장하는 도시 시장에 공급하기 위한 상업적 농업 개발과 관련되어 이민이 이루어졌다.

그 후에는 국내 이주가 점차 중요해졌다. 이것은 특히 수입대체 산업화가 주요 성장 동력이 되고 남동부를 중심으로 많은 수의 이주자들을 끌어들인 경우였다. 산업화 과정의 부산물인 지역 간 통신의 발달과 농업생산 증가를 위한 새로운 개척 지역의 출현이 국내 이주를 용이하게 만들었다.

해외 이민자들과 마찬가지로 국내 이주도 주로 상파울루와 새로운 개척 지역인 빠라나, 마뚜그로수, 고이아스가 혜택을 받았다(〈표 12.5〉 참조). 국내 이주는 1970년대에도 계속되었다. 1980년에 4,600만 명이 적어도 한 번은 거주하는 시를 바꾸었고, 그중 3,600만 명은 거주지에서 태어나지 않았으며, 브라질의 9대 광역 도시 지역에 거주하는 3,500만 명 중 44%가 이주자(국내 또는 해외)였던 것으로 추산된다.[6]

표 12.5 | 국가 전체 및 지역별 국내 이주 비율: 1890~1970년

(인구센서스 첫 해 기준 인구 비율)

10년간	국가 전체		
	비율	20년간	비율
1890~1900	2.97	1900~1920	3.79
1940~1950	2.94	1920~1940	4.99
1950~1960	5.51		
1960~1970	4.49		

	지역별[a]					
	1890~1900	1900~20	1920~40	1940~50	1950~60	1960~70
북부	27.38	16.66	-13.72	-3.38	0.39	2.78
북동부	-1.42	-1.68	-0.84	-2.67	-9.78	-5.08
동부	-0.64	-4.81	-5.37	-3.26	-3.10	-5.57
남부	-0.97	5.24	11.73	6.07	8.25	5.61
상파울루	5.43	1.13	11.34	5.70	7.80	7.66
빠라나	-7.47	13.43	19.58	29.28	43.25	18.39
중서부	2.64	11.88	13.37	7.27	22.30	23.22
고이아스	2.17	10.33	9.92	11.15	21.34	21.42
마뚜그로수	3.81	15.60	21.30	-0.55	23.59	27.38

자료: Douglas H. Graham and Thomas W. Merrick, "Population and Economic Growth in Brazil: An Interpretation of the Long-Term Trend (1800-2000)" (March 1975), p. 49 (mimeo).
주: a. 이 표는 과거의 광역별 구분을 따랐다.

북동부와 중남부의 상호작용

수입대체산업화 과정이 브라질의 지역 불균형, 특히 북동부와 중남부의 격차를 더 벌어지게 만들었다는 주장이 있다.[7] 수입대체산업화 이전에는 브라질 북동부가 1차산품(설탕, 면화, 코코아)의 수출자이자 해외 공산품 수입자였다. 수입대체산업화의 강화로 이어지는 정책은 국가 산업 역량의 대부분을 중남부에 설립했을 뿐만 아니라 북동부의 절대적 지위를 더욱 악화시켰다. 이 지역은 전통적인 1차산품을 계속 수출했지만, 보호주의 정책을 통해 해외에서가 아닌 국내 중남부에서 공산품을 수입하도록 강요받았다. 그리고 중

표 12.6 | 북동부의 무역과 지역별 수출입: 1947~60년

(a) 북동부 무역(백만 달러)

	수출	수입	무역수지
1948	197.6	93.2	10.4.4
1949	133.0	100.3	32.7
1950	174.1	86.9	87.2
1951	197.6	166.4	31.2
1952	114.5	173.3	-58.8
1953	169.6	95.3	74.3
1954	235.4	86.9	148.5
1955	238.5	86.2	152.3
1956	163.9	97.7	66.2
1957	212.1	131.9	80.2
1958	246.1	94.4	151.7
1959	216.1	79.3	136.8
1960	247.7	85.3	162.4

자료: Conselho de Desenvolvimento do Nordeste, *A Policy for the Economic Development of the Northeast* (Recife, 1959).

(b) 지역별 수출입 분포

	수출		수입	
	1947	1960	1947	1960
북부	2.4	1.7	1.3	1.2
북동부	9.8	7.7	6.4	4.5
동부	22.2	39.2	42.6	33.9
남부	65.6	48.3	49.6	60.3
중서부	-	3.1	0.1	0.1
합계	100.0	100.0	100.0	100.0

자료: 다음 자료를 이용해 직접 계산. Banco do Brasil, *Relatorio.*

남부의 새로 설립된 회사의 제품이 수입 제품보다 상대적으로 비쌌기 때문에 북동부 지역은 교역조건이 악화되었다. 실제로, 북동부는 중남부의 산업화에 보조금을 지원하는 격이었다.

이용 가능한 자료를 살펴보면, 1950년대에 이러한 경향이 실제로 존재했음을 시사하고 있다. 〈표 12.6〉은 북동부의 대외무역과 지역별 수출입 실적을 표시한 것이다. 북동부의 평균 수출 규모는 1948~49년 1억6,500만 달러에서 1959~60년에는 2억3,200만

표 12.7 | 북동부와 중남부 무역 규모

(100만 크루제이루)

	수출	수입	무역수지
1948	4,069	5,541	-1,472
1949	4,579	6,630	-2,051
1950	5,349	7,141	-1,792
1951	6,843	8,298	-1,455
1952	6,687	8,159	-1,472
1953	7,975	10,792	-2,817
1954	10,804	12,871	-2,067
1955	13,495	16,477	-2,982
1956	19,845	19,692	153
1957	17,892	21,078	-3,186
1958	16,878	22,732	-5,854
1959	21,857	26,699	-4,842

자료: Conselho de Desenvolvimento do Nordeste, *A Policy for the Development of the Northeast* (Recife, 1959), p. 121; Banco do Brasil, *Relatorio.* 이 자료는 주(州) 사이의 연안 운송 규모를 의미함.

달러로 증가했고, 같은 기간 동안 평균 수입 규모는 9,700만 달러에서 8,200만 달러로 하락했다. 제2차 세계대전 이후 많은 시기 동안 북동부의 대외무역 흑자는 여타 지역 모두의 적자를 충당하기에 충분했고, 때때로 국제수지 다른 항목의 적자를 모두 충당할 만큼 충분히 컸다.

북동부의 대외무역 흑자가 증가한 것은 주로 연방정부가 추진한 산업화정책 때문이었다. 북동부는 남동부만큼 빠른 산업화가 이루어지지 않았기 때문에 수입 수요가 수입에 제약이 많은 상품에 집중되어 있었다. 따라서 "북동부 지역은 수출로 인한 외화 수입 총액을 사용하지 않았고, 외화 수입의 약 40%가 다른 지역으로 이전되었다."[8]

〈표 12.7〉은 1948~59년 기간의 지역 간 교역 통계이다. 북동부는 중남부 지역과의 교역에서 지속적인 적자를 보여 왔고, 1950년

표 12.8 | 북동부로부터 중남부로의 교역을 통한 자원 이전 추정치: 1948~68년

	브라질 수출가격 지수(A)	도매가격 지수(B)	A/B(C) 비율	환율지수 (D)	C×D/100 (E)	북동부 순무역 소득(F)	무역소득 구매력 지수(G)	F×G/100 (H)	자산이전 F-H (I)
1948	100	100	100	100	100	104.4	100	10.4.4	–
1949	86	105	82	100	82	32.7	82	26.8	5.9
1950	78	105	72	100	72	87.2	72	62.8	24.4
1951	96	130	74	100	74	31.2	74	23.1	8.1
1952	106	147	72	100	72	–	–	–	–
1953	98	169	58	112	65	74.3	65	48.3	26.0
1954	84	213	39	169	66	148.4	66	97.9	50.5
1955	85	252	34	225	77	152.3	77	117.3	35.0
1956	88	307	29	255	74	66.3	74	49.1	17.2
1957	89	352	25	255	64	80.2	64	51.3	28.9
1958	83	403	21	255	51	151.7	51	77.4	74.3
1959	79	573	14	401	57	136.8	57	78.0	58.8
1960	73	756	10	481	48	162.4	48	78.0	84.4
1960	100 (73)[a]	100 (756)[a]	100	100 (481)[a]	100 (48)[a]	161.0	100 (48)[a]	161 (78)[a]	–
1961	110 (80)	140 (1,058)	78	158 (760)	124 (61)	181.0	124 (61)	225 (110)	−44.0 (77)[a]
1962	106 (77)	210 (1,588)	51	252 (1,212)	127 (1)	121.0	127 61	154 7(4)	−33.0 (49)
1963	109 (80)	371 (2,805)	29	390 (1,876)	114 (56)	163.0	114 (56)	186 (91)	−23.0 (76)
1964	112 (82)	673 (5,088)	17	745 (3,583)	124 (72)	126.0	124 (72)	156 (91)	−30.0 (53)
1965	107 (78)	1030 (7,787)	10	1270 (6,109)	132 (61)	153.0	133 (61)	203 (93)	−50.0 (59)
1966	105 (77)	1460 (11,038)	7	1560 (7,504)	112 (52)	164.0	113 (52)	185 (85)	−21.0 (78)
1967	128 (93)	1840 (13,910)	7	1850 (8,899)	129 (62)	158.0	130 (62)	205 (98)	−47.0 (64)
1968	123 (90)	2190 (16,556)	6	2330 (11,207)	131 (56)	134.0	134 (56)	175 (75)	−41.0 (53)

자료: 1948~60년 자료는 Conselho de Desenvolvimento do Nordeste, *A Policy for the Development of the Northeast* (Recife, 1959), p. 23 참조. 또한 다음 자료를 참조해 직접 계산. *Conjuntura Econômica*; IMF's *International Financial Statistics*. 1960~68년 자료는 Roberto Cavalcanti de Albuquerque and Clovis de Vasconcelos Cavalcanti, *Desenvolvimento Regional no Brasil* (Brasília: IPEA, Series Estudos para o Planejamento, 16, 1976), p. 50 참조.

주: F, H, I 열은 100만 달러, A열은 달러 기준 지수.
  a. 표 하단 괄호 안의 숫자는 1948년을 기준으로 계산.

대 후반에는 적자의 규모가 계속 커졌다. 북동부 개발 당국은 이러한 자료를 근거로 "북동부가 중남부에 외환을 공급해 수입 역량을 보완해 주는 방식으로 중남부의 개발에 기여했다"고 결론지었다.

또한 중남부와의 교역에서 적자 규모가 점차 커졌으며,

중남부의 북동부에 대한 판매품이 주로 공산품인 반면, 북동부는 주로 원자재를 판매했기 때문에 양 지역 간 교역을 통해 창출된 고용량으로 측정한다면, 교역 불균형은 더욱 크다고 추측할 수 있다.[9]

북동부의 대외무역 흑자는 남동부에 집중된 산업화의 결과였다. 북동부는 남동부로부터 덜 유리한 교역조건으로 구매해야만 했다. 이는 가난한 지역에서 부유한 지역으로 소득이 이전되는 것을 의미했다. 이 소득 이전 규모를 측정하려는 시도가 있었다. 〈표 12.8〉은 커피를 포함한 브라질의 수출 및 도매가격지수를 표시한 것이다. 첫 번째와 두 번째 비율은 수출 수익으로 오직 국내 상품만 구입할 수 있다고 가정할 경우 해당 지역의 교역조건을 나타낸다.[10] 1953년까지의 기간은 환율이 안정된 시기였기 때문에 C열은 북동부의 구매력 손실을 적절히 반영한 것이다. 그 이후 이 비율은 환율 변동을 반영해 수정해야 한다. 수정된 비율은 E열에 표시되었다. 따라서 1948~60년 기간에 이 비율은 100에서 수정되지 않은 값인 10이 아니라 수정된 48로 감소했다. 이것은 "북동부가 외환 수익을 수입에 소비하지 않는 대신 중남부에서 구매할 때 사용했을 경우 이 표에 표시된 규모의 구매력 하락을 겪었다"는 것을 의미한다.[11]

〈표 12.8〉은 또한 실제 자산 이전의 측정치를 제시한다. F열은 북동부의 순외환수입이다. 이것에 중남부의 외환 구매력 지수를 곱하면, 우리는 순외환수입의 실제 구매력에 대한 근사치를 얻을 수

있고, 이것과 초기 외환수입의 차이(1열)는 남동부로 이전된 자산 규모이다.

1948~60년 동안 4억1,300만 달러, 연평균 3,200만 달러의 자본자산이 이전되었다. 따라서 자산 이전은 북동부가 외화 자산을 매각한 가격이 중남부에서 구입한 상품 가격보다 낮기 때문에 발생했다.

1950년대에는 가격 하락에 대한 분석에서 암시된 자본 이전을 무시한다면, 북동부와 중남부 지역 간 명백한 자본의 흐름이 없었다. 북동부의 대규모 교역 적자, 특히 1953년과 1950년대 후반의 적자는 가뭄의 영향을 줄이기 위한 연방정부의 지원과 북동부개발청SUDENE이 특별 투자계획을 수행하기 위한 조치들을 반영한 것이다. 그러나 가뭄이 지속된 시기에 부유한 지역으로 상당한 양의 민간자본이 유출되었다. 예를 들어, 1953년에 연방정부는 북동부에서 거둔 세금보다 더 많은 16억 크루제이루를 집행했다. 그러나 그 해에 자본의 순유입액은 10억 크루제이루를 약간 상회하는 수준에 그쳤다. 따라서 그 해에 상당 규모의 민간자본유출이 발생했음을 추측할 수 있다.[12]

1950년대의 산업화 과정에서 북동부 경제에 더 큰 부담이 되는 것은 환율제도의 효과였다. 동북부 수입업자는 자본재와 같은 '보조금' 성격의 수입에 비해 상대적으로 높은 환율을 적용받았다. 외환 당국은 이러한 높은 환율에 따른 수입을 남동부를 중심으로 한 커피 경제를 지원하기 위해 사용했다. 환율제도에 따른 초과 수익으로 브라질은행의 대출 여력이 증가했고, 이 중 상당 부분의 대출

표 12.9 │ 환율제도로 인한 북동부의 손실: 1955~60년

	수입액 (100만 크루제이루)	수입액 (1천 달러)	A/B	북동부 수출환율	B×D	환율제도기인 손실액
1955	3,830	87,292	43.87	37.06	3,235	595
1956	4,933	98,933	49.86	43.06	4,260	673
1957	6,782	131,928	51.41	43.06	5,681	1,101
1958	6,340	94,357	67.19	43.06	4,063	2,277
1959	8,537	79,292	107.66	76.00	6,026	2,511
1960	10,147	85,308	118.94	90.00	7,678	2,469

자료: 다음 자료를 활용해 직접 계산. Banco do Brasil, *Relatorio* (1957; 1960); IMF, *International Financial Statistics*.

이 남부에서 이루어졌다. 이러한 환율제도로 인해 북동부에 부과된 '과세'taxation 정도는 다음과 같은 방식으로 추정할 수 있다. 〈표 12.9〉의 A열은 북동부의 수입액을 크루제이루로 표시한 것이고, B열은 이를 달러로 표시한 것이다. A열을 B열로 나누면 수입업자가 지불한 실제 환율(C열)이 계산된다. D열은 북동부의 주요 수출품에 적용된 환율이다. 달러 표시 수입액(B열)에 D열의 환율을 곱하면, 수출입에 적용된 환율이 같을 경우의 크루제이루 표시 수입액(E열)을 얻는다. 실제 지출된 크루제이루 표시 수입액(A열)에서 이 값(E열)을 빼면, 우리는 국가의 다른 부문을 지원하기 위해 전용된 구매력 손실의 추정치를 얻을 수 있다.

교역 관계를 통한 자원 이전은 1960년대에 역전(〈표 12.8〉의 아래 부분 참조)되었고, 매년 약 3,600만 달러가 북동부로 유입되었다. 이는 북동부가 수출하는 제품의 유형과 브라질의 일반 가격수준 상승과 관련해 이들 제품의 가격 면에서 더 유리한 환율에 기인한 것이다.[13] 그러나 1960~68년 기간 동안의 계산을 위해 1948년을 기준연도로 사용했다면(〈표 12.8〉의 괄호 안의 숫자 참조), 북동부에서 중남부로 자산 이전이 지속되었을 것이다. 상대적 구매력은 1960년이 아니라 1948년의 상대가격을 기준으로 계산되어야 했다.

재정 메커니즘을 통한 자원 이전

브라질의 연방 재정 메커니즘은 수십 년 동안 브라질의 낙후된 지역으로 자원을 이전하는 수단으로 사용되었다. 그러나 이 메커니즘이 충분히 커서 부유한 지역으로의 다른 자원 흐름을 막을 정도로 확고하지는 않았다.[14]

북동부의 연방세 부담이 1960년대 중반 이후 다른 지역보다 더 빠르게 증가하기는 했지만, 전통적으로 전체 국가의 세금 부담보다 훨씬 가벼웠다(〈표 12.10〉 참조). 총 세금 부담(주 및 시 세금 포함)은 1974년 북동부 지역의 경우 5.9%(지방 GDP 대비)이고 국가 전체의 경우 12.2%(국가 GDP 대비)였다. 연방정부가 북동부 지역에서 지출한 금액의 추정치는 북동부가 GDP에서 차지하는 비중을 감안하면 이들이 납부한 세금보다 더 크다는 것을 보여 주었는데, 이는 연방 재정 메커니즘이 북동부 지역으로 자원을 이전했다는 것을 의미한다. 그러나 1974년에는 세금 부담이 지출보다 컸다는 점에 주목할 필요가 있다.

연방 세수를 주정부와 시정부에 이전함으로써 또 다른 순 자원 유입이 발생했다. 1964년에서 1974년 사이에 북동부로의 이전은 북동부에서 징수한 연방 세수의 13%에서 거의 68%(1970년이 비율

표 12.10 | 조세부담과 북동부로의 이전지출: 1947~74년

	북동부 연방세/ GDP북동부	브라질 연방세/ GDP북동부	북동부 연방지출/ GDP북동부	북동부로의 연방정부 이전지출/ GDP북동부	세제 혜택/ GDP북동부
1947	5.0	9.6			
1950	4.0	8.1			
1955	4.0	8.0			
1960	3.4	7.8	7.4	0.46	0.01
1965	3.1	8.5	5.0	0.88	0.15
1970	6.0	10.5	9.6	4.07	3.11
1974	5.9	12.2	5.8	4.21	1.81

자료: Roberto Cavalcanti de Albuquerque and Clovis de Vasconcelos Cavalcanti, *Desenvolvimento Regional no Brasil*, Serie Estudos para o Planejamento, 16 (Brasília: IPEA, 1976), pp. 123-125.

은 98%), 또는 북동부 GDP의 0.5%에서 4.2%로 증가했다.

1960년대 후반과 1970년대 초반에 소득의 지역별 분배를 위한 주요 정책 수단은 북동부에 민간투자자금을 끌어들이기 위한 세제상의 인센티브였다. 〈표 12.10〉에서 알 수 있듯이, 이 프로그램에 따라 지원된 자금은 1970년 북동부에서 징수한 연방 세수의 68%, 그리고 북동부 GDP의 3.1%까지 상승했다. 그러나 1970년대 중반에는 다른 지역 및 부문에 대한 조세 인센티브로 북동부 지역을 위한 가용 자금이 줄어들어 연방정부의 지원 규모는 다시 감소했다.[15]

북동부 지역에서의 연방정부 지출, 주정부 및 시정부에 대한 연방세 이전, 그리고 세제 혜택을 합산하고 여기서 다시 세금 부담을 차감하면, 재정 메커니즘을 통한 이전 규모는 1960년대 초에는 북동부 GDP의 연평균 4.4%였으나 1970년대 전반에는 이 비율이 6% 이상으로 증가했다.[16]

지역 정책

경제발전 과정에서의 지역 형평성은 브라질 정책입안자들의 주요 관심사가 아니었다. 지역에 재난이 발생하거나 발전된 지역에 혜택이 집중되는 프로그램을 개발하면서 균형을 맞추기 위한 조치로 정치적으로 유용할 경우에나 지역 형평성이 정부의 목표에 포함되었다. 국제수지와 관련된 경제위기에 대처하기 위한 프로그램을 개발할 때에도 지역 형평성은 고려되지 않았다. 가장 주목할 만한 사례는 1930년대 이후 국제수지 위기에 대응하기 위해 채택된 수입대체산업화 프로그램이었다.

제2차 세계대전 이전에 브라질 정부는 지역개발 정책을 가지고 있지 않았다. 특정 지역 프로그램은 북동부 지역의 가뭄과 같은 자연재해가 발생한 경우에나 출현했다.[17] 일부 국가경제 프로그램이 존재했지만, 주로 특정 부문의 보호와 개발을 위한 것이었다. 예를 들어, 커피 지원 프로그램은 20세기 초반에 시작되어 1930년대에 연방정부가 이를 인계 받았다. 한편, 1930년대에 철강산업을 발전시키기 위한 조치가 취해졌는데, 이 조치들의 지역적 효과는 주로 중남부의 가장 발전된 지역에 경제성장의 혜택이 집중되는 결과를 가져왔다.

제2차 세계대전 이후 특히 1950년대 후반에 '명백한' 지역개발 정책이 수립되기 시작했다. 이 정책들은 부유한 지역에서 빈곤한 지역으로 소득과 투자 자원을 재분배하려는 목표를 가지고 있었다. 그러나 정책목표인 지역 형평성은 정부가 추진해 온 일련의 목표

중 하나일 뿐이었다. 즉, 특정 산업부문의 급속한 성장이나 인플레이션 통제와 같은 다른 목표를 달성하기 위한 프로그램들은 지역 형평성을 고려하지 않았다. 즉, 각각의 목표를 달성하기 위한 프로그램들은 형평성이라는 목표에 미치는 영향에 거의 주의를 기울이지 않고 수립되었다. 이는 특히 지역 형평성 목표와 관련해 모순된 정책들을 출현시켰다.

1940년대 후반과 1950년대 브라질의 국가개발계획에는 지역개발 프로그램이 포함되어 있지 않았다. 부문별 투자 프로그램(교통, 보건, 기초산업, 에너지)이 지역에 미치는 영향은 상대적으로 더 발전된 남동부에서 가장 컸다.[18] 1950년대 후반 남동부 지역에 혜택이 집중되는 목표 프로그램Programa de Metas과 1958년 북동부 지역의 심한 가뭄이 동시에 발생하자, 정부가 북동부 개발을 위한 정책을 수립해야 한다는 압력이 커졌다. 1959년에 셀수 푸르따두의 지도 아래 북동부 개발계획을 수립하기 위한 연구팀이 만들어졌다. 이 지역의 낙후성에 대한 최종 분석 결과(위의 분석 중 일부는 이 문서에 기초한 것이다)에 기초해 정부는 1959년에 북동부개발청SUDENE을 설립했다.

북동부개발청은 이 지역에서 연방정부의 모든 활동을 지시하고 조정할 예정이었다. 제1차 계획에서 제시한 이 기관의 기본 목적(모든 후속 계획에서 항상 반복되었다)은 다음과 같다. ① 도시 지역에서 고용을 창출하기 위한 산업투자를 강화한다. 이를 위해 특별세 인센티브 법(법률 제34/18호)을 통해 기업이 연방세의 50%까지 이 지역에 대한 투자에 사용하는 것을 허용한다. ② 토지의 집약적 이용을 위해 북동부 연안 습한 지역의 농업구조를 변화시킨다. 이를 통해 설탕 경제의 생산성을 증가시키고 주식主食 생산에 특화된 농가를 육성한다(그리고 남부에 대한 식품 수입 의존도를 축소한다). ③ 생산성을 높이고 생태 조건에 더 부합되게 함으로써 반 건조 지대의 경제를 점진적으로 변화시킨다. ④ 농업 경계선을 이동시켜 바이아 남부와 마라녀웅의 습지를 이 지역 경제에 통합하고 도로건설을 통해 아마존 지역으로의 이주 가능성을 증가시킨다.

1960년대와 1970년대의 북동부개발청의 4대 개발계획의 성과는 본래의 목표에 크게 미치지 못했다. 이 지역의 농업구조를 바꾸는 일은 거의 이루어지지 않았다. 북동부의 민간투자를 늘리기 위한 세제지원(법률 제34/18호 프로그램)에 크게 의존했으며, 1960년대 후반과 1970년대 초반에 상당한 산업투자가 이루어졌다. 그러나 대부분의 회사는 사우바도르와 헤시피Recife의 도시에 위치하고 있었으며, 비교적 적은 일자리를 창출했다.[19] 따라서 북동부의 산업화 과정은 이 지역 고유의 불완전고용 문제를 해결하는 데 별로 도움이 되지 못했다.

일부 비평가들은 북동부개발청의 계획이 이 지역 문제를 다루기 위한 정확한 체제를 갖추지 못하고 있었다고 지적했다. 예를 들어, 특정 프로그램과 정책 수단들을 마련하면서 고용 및 소득분배에 미치는 영향을 고려하지 않았다. 특히 북동부개발청의 제3차 계획은 조직 행정기구의 일반적인 결함에 대해 인정했다.[20]

국가 차원으로 돌아가면, 1960년대의 정부의 경제계획은 여전히 부문별 프로그램과 일반적인 경제 안정화 문제와 관련되어 있었다.

그들은 지역개발 문제를 국가적 관심사로 명시적으로 언급했지만, 특정 프로젝트를 개발하지는 않았다. 1960년대 후반에 지역개발 정책결정과 관련해 일부 제도적 변화가 일어났다. 내무부가 창설되어 연방정부의 의사결정이 중앙 집중화되었다. 북동부개발청, 아마존개발청SUDAM, 북동개발은행Banco do Nordeste과 같은 지역개발기구가 내무부의 통제하에 있었다. 이러한 제도적 변화가 보다 일관된 지역개발 정책 수립에 도움이 되기를 희망했다.

1970년 북동부에서 발생한 재앙적인 가뭄은 연방정부가 보다 적극적이고 분명한 지역개발 정책을 추진하는 계기가 되었다. 가뭄으로 인한 위급 상황에 대한 북동부개발청의 느리고 부적절한 대응으로 인해 이 기관의 중요성에 대한 인식이 약화되었고, 지역개발기관으로서의 많은 약점들이 드러난 것처럼 보였다. 1970년대 초에 연방정부가 직접 추진한 3대 지역개발 프로그램은 국가통합프로그램PIN, 농업현대화프로그램PROTERRA, 상프랑시스꾸강유역개발프로그램PROVALE이었다. PIN은 아마존 지역 개발을 통해 북동부 문제에 대한 해결책을 모색했다. 정책입안자들은 PIN을 통해 아마존을 관통하는 도로를 건설하고, 이 도로를 따라 주민 공동체를 형성시키는 한편, 아마존강의 항구 시설을 개선해 북동부의 과잉 인구를 효과적으로 흡수할 수 있는 조건을 창출하길 희망했다. PROTERRA는 북동부 지역의 토지 재분배와 농업생산성 증가를 지원하기 위한 자원을 투입하고, PROVALE는 상프랑시스꾸 강 주변 유휴 토지의 농업개발을 가속화하기 위한 것이었다. 1970년대 중반까지 이들 목표는 거의 달성되지 못했다.

1975~79년 국가개발계획은 지역 문제, 특히 북동부 지역의 문제가 연방정부의 투자 프로그램과 재정 인센티브 시스템을 통한 민간투자에 의해 해결될 것이라고 언급했다. 또한 낙후된 지역을 위한 다양한 개발 축development poles을 건설하는 데 중점을 두었다. 예를 들어, 바이아의 석유화학단지, 비료공장, 금속 및 전기기계 단지, 전통적 산업(섬유 또는 신발)의 강화 등이 있었다.

연방 기금은 북동부 농업부문의 성장과 현대화를 위해 배분되어야 했다. 이 계획은 면화, 카사바, 지역 과일 및 기타 물품을 산업화하고, 새로운 토지를 관개하고, 가축 방목 부문을 발전시키는 프로젝트들을 구체적으로 언급하고 있다. 이 프로젝트들의 목표는 동북부 농업의 현대화와 다각화였다.

지역적 차원의 부문별 문제

지역개발 프로그램은 연방정부 투자계획 중 비교적 작은 비중을 차지했다(항상 10% 미만이었다). 한 연구 결과에 따르면, 연방정부의 부문별 및 지역별 지출 프로그램은 재분배 효과가 거의 없었다.[21] 이 연구의 추정치는 남동부가 정부지출에서 차지하는 비중이 남동부의 인구 비중보다는 많고, 국민소득 비중보다는 약간 작았다. 반면에 북동부는 인구 비중보다는 훨씬 작고, 국민소득 비중보다는 약간 많았다. 그러나 연방정부 프로그램이 약간이라도 재분배 효과가 있는 것으로 판명되었다고 말할 수는 없었다. 이 연구는 투자계획 프로그램만을 고려했는데, 남동부 경제가 더 발전되어 있다는 것을 감안하면 투자지출 승수효과는 북동부보다 남동부에서 훨씬 더 컸을 것이다. 즉, 이러한 투자 프로그램이 구체화되었을 때, 덜 개발된 지역에서 더 발전된 지역으로 상당한 수준의 누출이 일어날 것을 예상할 수 있다. 정부 프로그램의 전체적인 영향을 측정할 수 있다면, 투자지출의 승수효과로 인한 이차적인 영향이 사업 초기 단계의 미약한 지역 재분배 효과를 압도할 것이다.

1980년대 지역별 동향: 북동부 대 브라질

마이아 고메스는 1987년의 연구에서 1980~83년 경제위기의 영향이 국가 전체보다 북동부 지역에서 훨씬 약했다는 것을 발견했다.[22] 〈표 12.11(a)〉에서 알 수 있듯이, 북동부의 GDP는 1980년에서 1986년 사이에 연평균 7.4% 증가한 반면, 전체 국가의 GDP는 2.7% 증가했다. 결과적으로 북동부 지역이 브라질 GDP에서 차지하는 비중은 1980년의 12%에서 1986년에는 18.8%로 증가했다. 〈표 12.11〉을 보면, 경제위기 기간인 1980~83년 동안 브라질 전체의 연평균 경제성장률은 마이너스(-1.4%)였으나, 북동부 지역은 플러스(+4.5%)를 기록했으며, 경제성장 회복기인 1984~86년 동안에도 북동부의 경제성장률이 국가 전체의 성장률보다 높았다.

〈표 12.11〉의 부문별 분석에 따르면, 1980~86년 동안 북동부의 농업부문 성과가 국가 전체 성과보다 우수했다. 1980~83년 동안

표 12.11 | 북동부 실질GDP 증가율 및 투자증가율: 1980~86년

(a) 국가 전체 및 북동부 실질GDP 증가율(연평균 증가율)

	합계		농업		산업		서비스업	
	브라질	북동부	브라질	북동부	브라질	북동부	브라질	북동부
1980~86	2.7	7.4	2.1	4.7	1.7	23	3.1	8.4
1980~83	-1.4	4.5	1.6	-5.2	-4.8	-2.2	0.0	7.8
1984~86	7.9	10.2	0.6	9.3	9.7	93	8.8	12.9

(b) 연도별 투자증가율: 1980~83년

브라질	3.0	-1.6	-9.7
북동부	6.9	-1.8	2.1

자료: Gustavo Maia Gomes, "Da Recessão de 1981-83 aos Impactos do Piano Cruzado, no Brasil e no Nordeste: Um Alerta para o Presente" (Recife: Universidade Federal de Pernambuco, 1987) (mimeo); Fundação Getúlio Vargas and SUDENE, *Contas Regionais*.

북동부 지역은 가뭄으로 인해 마이너스성장을 겪었으나, 1984~86년 동안의 반등이 너무 커서 다른 지역의 성과를 압도했다.[23]

〈표 12.11〉은 또한 북동부가 1980~86년 동안 산업 성장에서도 여타 지역보다 앞서 있음을 보여 준다. 이것은 주로 1980~83년의 경제위기 동안 북동부 지역의 산업생산이 다른 지역보다 덜 감소했기 때문이다. 또한 1980~83년의 산업생산 감소는 제조업 활동이 21% 감소했기 때문이었으나, 여타 산업부문은 증가했다(광업 22%, 전력 및 상수도 공급 29%, 건설 9%). 〈표 12.12(a)〉에서 볼 수 있듯이 북동부 지역의 공공부문 비중은 높았고 계속 증가했다.

그러나 가장 주목할 만한 것은 서비스 부문에서 북동부의 성장이 국가 전체의 성장보다 훨씬 컸다는 사실이다. 예를 들어, 1980~86년에는 연평균 성장률이 북동부가 8.4%, 국가 전체는 3.1%였고, 경제위기 기간에는 각각 7.8%와 0%였다.

이러한 데이터를 분석하려고 시도한 마이아 고메스는 경제위기

표 12.12 | 공공부문 투자 및 고용 증가율: 1980~83년

(%)

(a) 브라질 북동부: 공공부문 투자

	총투자에서 공공부문이 차지하는 비중		공공투자 구조	
	1980	1983	1980	1983
농업	10.9	29.2	3.9	6.8
광업	98.7	99.3	15.7	23.3
제조업	7.0	8.0	2.9	2.6
전기에너지	100.0	100.0	25.5	31.6
건설	4.8	16.5	0.1	0.4
상업	1.1	2.6	0.1	0.1
수송, 창고 및 통신	75.6	79.5	25	12.4
금융	10.7	17.1	3.4	6.5
커뮤니티 서비스	81.4	85.5	23.4	16.3
합계	45.3	52.5	100.0	100.0

자료: Gustavo Maia Gomes, "Da Recessão de 1981-83 aos Impactos do Plano Cruzado, no Brasil e no Nordeste: Um Alerta para o Presente," mimeo (Recife: Universidade Federal de Pernambuco, 1987); SUDENE, *Contas Regionais*.

(b) 고용증가율: 1980~83년

	브라질	북동부	남동부
광업	-10.8	-10.3	-14.3
제조업	-16.5	-5.1	-19.2
공공사업	-4.3	2.6	-15.5
건설업	-37.9	-33.3	-39.1
상업	-10.5	-7.9	-11.0
서비스업	-4.4	-0.1	-6.3
공공행정	16.0	25.2	12.4
합계	-6.0	3.5	-9.3

자료: Gustavo Maia Gomes, "Da Recessão de 1981-83 aos Impactors do Plano Cruzado, no Brasil e no Nordeste: Um Alterta para o Presente," mimeo (Recife: Universidade Federal de Pernambuco, 1987), p. 34.

기간인 1980~83년 동안 브라질의 공식부문 — 등록된 사업체와 세금을 납부하는 등록된 근로자 — 고용이 감소했지만, 공공기관에서 근무하는 근로자 수는 증가했고 특히 북동부 지역에서 더욱 두드러지게 나타났다(〈표 12.12(b)〉 참조). 이는 그 기간 동안 북동부의 고용이 증가한 이유를 설명해 준다. 또한 북동부 도시 부문에서는 제조업과 상업 부문만이 하락했다(각각 -21%와 -0.5%). 북동부의 제조업이 마이너스성장을 기록한 이유는 이 지역의 산업이 국가 전제 산업구조에 긴밀하게 통합되어 있었기 때문이었다. 따라서 북동부 산업 제품의 상당 부분이 그 지역 밖에서 팔렸고, 산업 제품의 국가 전체 시장 감소는 북동부 산업과 상업 모두에 부정적인 영향을 미쳤다.

마이아 고메스는 정부와 국영기업의 보상 투자로 인해 북동부 지역이 다른 지역보다 우수한 성과를 거두었다고 결론지었다. 그는 1980~83년 공공부문 투자가 전체적으로 0.7% 감소한 반면, 북동부 지역에서는 21.4% 증가한 것으로 나타났다고 밝히고 있다. 민간투자는 국가 전체로 29.4% 감소했지만 북동부 지역은 9.2%만 감소했다. 따라서 이 기간 동안 공공부문과 민간부문을 합친 국가 전체 투자는 27.8% 감소했지만 북동부 지역은 오히려 4.7% 증가했다.

북동부의 총투자에서 공공투자의 비중은 1980년 45.3%에서 1983년 52.5%로 증가했다. 〈표 12.12(a)〉에서 볼 수 있듯이, 이 지역 자본형성의 80% 이상을 차지하는 인프라 등 여러 분야에서는 공공투자의 비중은 훨씬 더 컸다.

국가의 여타 지역들이 심각한 경기침체를 겪는 동안 북동부 지역은 성장할 수 있도록 한 공공 보상 투자 및 고용 프로그램에 대한 평가는 부정적이다. 공공투자 및 고용 증가는 이 지역의 생산능력을 증가시키는 데 거의 도움이 되지 않았고 국가의 다른 지역으로부터의 이전에 대한 의존도만 증가시켰다.

예를 들어, 1980년대 초반의 경제위기 동안 북동부에 가뭄이 발생했기 때문에 연방정부는 구호 활동, 특히 공공근로사업(노동전선 frentes de trabalho이라고 불렸다)의 고용을 통해 상당한 액수를 지출했다. 마이아 고메스는 그 결과를 다음과 같이 밝히고 있다.

마케팅, 운송 및 공급 활동 시스템이 출현했는데, 이러한 시스템이 존재한 이유는 근로자에게 임금을 지급하기 위한 연방정부의 이전이 있었기 때문이다. 이 근로자들은 기후 때문에 현재 생산 활동에 종사할 수 없는 상황이었고, 정부에 의해 징발된 다른 사람들의 생산물로 연명하고 있었다.[24]

점진적 개방경제[25]

1990년대 초에 브라질은 경제를 자유화하기 시작했다. 평균 수입관세율은 1989년 41%에서 1994년에는 14.2%로 감소했다. 이는 극적인 수입 증가를 가져왔다. 수입규모는 1989년 183억 달러에서 1994년 331억 달러, 그리고 1996년에는 533억 달러로 급증했다. 동시에 브라질은 외국자본 통제를 완화하고 1990년에 시작된 민영화 과정을 통해 외국인투자자들이 오랫동안 배제되었던 분야, 특히 공공사업에 참여하는 것을 허용했다. 외국인직접투자는 1990년 5억1천만 달러에서 1992년 13억 달러, 1994년 24억 달러, 1995년 47억 달러, 1996년 96억 달러, 1999년 290억 달러, 2011년 666억 달러로 급증했다.

이 외국인직접투자의 대부분은 운송장비와 같은 주요 산업 분야에 대한 다국적기업의 투자였다. 이미 브라질에 진출한 회사들은 생산시설을 확장했으며, 다른 회사들은 처음으로 브라질에 생산시설을 설립했다. 이들은 안정적이면서도 성장하고 있는 브라질 시장에 참여하기를 원했을 뿐만 아니라 브라질을 남미공동시장과 세계 시장을 겨냥한 수출기지로 활용하려 했다. 1990년대 중반 이후 브라질의 민영화 프로그램이 가속화되고 공공사업도 매각 대상이 되자, 외국 기업의 참여가 증가했다. 이것이 대규모 외국인투자 유입으로 이어졌다.

무역과 투자에 대한 경제개방, 민영화 과정 등 이러한 사건들이 경제활동의 지역적 분포에 미칠 영향은 어떠한가? 먼저 부정적인 영향과 긍정적인 영향을 살펴보자.

지역 개발에 미치는 부정적 영향

시장의 힘에 맡겨 놓을 경우, 자원의 배분은 아마도 남동부와 남부에 유리할 것이다. 이것은 이 지역의 1인당 국민소득이 높을 뿐만 아니라, 남미공동시장의 성장과 세계화 과정에 대한 국가의 적응을 강조하는 무역 전략의 중요성 때문이었다. 1996년에 브라질의 총수출에서 남미공동시장이 차지하는 비중은 15.3%에 달했고, 이 수출 중 북동부의 비중은 약 7%였다. 북동부의 남미공동시장에 대한 수출의 68%는 바이아 주에서 나왔다.[26] 남미공동시장에 대한 수출의 상당 부분이 제조품으로 구성되어 있으나, 북동부의 수출은 주로 현지 원자재를 기반으로 한 1차산품 및 반제품으로 이루어져

표 12.13 | 관세 25% 감면의 영향(특정 부문)

특정 부문		고용			생산		
		북동부	중남부[a]	브라질	북동부	중남부[a]	브라질
철강	단기	0.935	0.709	0.716	0.435	0.360	0.362
	장기	-0.801	0.157	0.125	-0.683	0.293	0.258
기계	단기	0.075	0.071	0.071	0.062	0.061	0.061
	장기	-0.600	0.153	0.131	0.578	0.195	0.171
전기장비	단기	-0.064	0.153	0.055	-0.065	0.045	0.047
	장기	-0.453	0.207	0.194	-0.477	0.243	0.226
전자장비	단기	-0.142	-0.012	0.014	-0.008	-0.008	0.010
	장기	-0.646	-0.009	0.038	-0.560	0.118	0.163
수송장비	단기	0.295	0.565	0.560	0.210	0.339	0.336
	장기	-0.240	0.262	0.253	-0.257	0.371	0.361
목재 및 가구	단기	0.042	0.169	0.180	0.035	0.137	0.149
	장기	-0.513	0.284	0.178	-0.497	0.335	0.231
종이제품 및 인쇄	단기	0.091	0.282	0.282	0.042	0.157	0.157
	장기	-0.772	0.096	0.046	-0.632	0.264	0.211
화학	단기	-0.640	0.239	-0.284	-0.433	-0.183	-0.214
	장기	-1.207	-0.205	-0.314	-1.054	-0.084	-0.201
석유정재	단기	0.008	-0.011	-0.008	0.004	-0.006	-0.005
	장기	-1.087	-0.195	0.318	-0.884	0.024	-0.117
의약품 및 수의약품	단기	-0.858	-0.321	-0.342	-0.668	-0.274	-0.292
	장기	-1.571	-0.225	-0.272	-1.426	-0.150	-0.199
섬유	단기	0.169	0.262	0.248	0.088	0.158	0.147
	장기	-1.052	0.135	0.005	-0.867	0.262	0.123
의류	단기	0.077	0.202	0.190	-0.761	0.337	0.123
	장기	-0.846	0.249	0.143	0.319	0.458	0.236
신발	단기	0.544	0.632	0.629	0.319	0.458	0.452
	장기	-0.609	0.343	0.305	-0.558	0.394	0.348

자료: Eduardo Haddad, "Regional Inequality and Structural Changes in the Brazilian Economy" (Ph.D. dissertation, University of Illinois at Urbana-Champaign, 1998).

주: 이 표의 결과는 CGE 모델을 이용한 시뮬레이션을 통해 도출되었다. 이 수치들은 단기와 장기에 관세율 인하로 인한 고용과 생산의 변화율을 나타낸다.

a. 중남부(남부, 남동부, 중서부 포함. 마뚜그로수 주 제외).

있기 때문에 이 역동적인 시장에 대한 북동부의 수출 점유율은 미래에도 높지 않을 것으로 보였다.

이러한 추세를 감안할 때, 다국적기업은 남미공동시장에 더 가깝고 보다 우수한 인프라 시설과 숙련된 노동력을 갖춘 중남부 및 남부 지역에 투자를 집중시키는 경향이 있었다. 이는 다시 정부가 이 지역에 인프라 투자를 증가시키도록 압력을 가할 것이며, 이는 자원 제약으로 인해 북동부와 같이 개발이 덜 된 지역이 희소한 투자 자원에 접근하는 것을 어렵게 만들 것이었다.

1980년대 중반 브라질 경제구조에 기초한 시뮬레이션 결과에 따르면, 북동부는 보다 개방된 경제에서 불리할 것이라는 것을 보여주었다(〈표 12.13〉). 관세율이 25% 인하된다고 가정할 경우, 다른 조건이 일정하다면, 북동부는 고용과 생산 모두에서 부정적인 영향을 받을 것으로 예상되었다. 이것은 철강 및 전력 장비 같은 부문의 경우 북동부가 감소하고 중남부와 브라질 전체는 증가하거나, 또는 북동부가 중남부보다 더 크게 감소(예: 화학물질 및 의약품)하거나, 또는 북동부가 중남부보다 덜 성장하는 것으로 나타났다. 이러한 계산은 세금 인센티브와 같은 대응책이 없다고 가정한 것이다.

1988년 헌법은 두 가지 측면에서 지역적 영향이 있었다. 첫째, 헌법은 연방정부 세수를 가난한 지역으로 이전하도록 규정했다. 즉, 모든 연방 세수 중 3%는 생산 부문을 강화하기 위해 북동부, 중서부 및 북부 주들의 금융기관으로 이전된다. 둘째, 헌법은 연방정부가 세수의 21.5%를 주정부로, 그리고 22.5%를 시정부로 이전할 것을 의무화했다.[27] 이 두 조항이 지역적 재분배에 미치는 영향의 정도는 이 기금들이 주정부 간에 분배되는 정도에 달려 있다. 만약 이것이 각 주의 인구 비율에 따라 이루어진다면 GDP 비중을 기준으로 하는 경우보다 북동부가 더 많은 몫을 분배받을 것이다.

〈표 12.14〉는 중앙정부의 수입과 지출에 대한 각 지역의 비중을 보여 준다. 이 표는 예산 시스템이 중앙정부의 세수 비중보다 세출

표 12.14 | 중앙정부 수입/지출의 지역별 비중: 1970~92년

(a) 수입

	1970	1975	1980	1985	1991	1992
북부	1.4	1.5	1.7	2.2	2.3	2.1
북동부	10.0	8.2	7.2	8.3	9.9	9.3
남동부	74.8	75.2	74.5	72.0	62.4	58.2
남부	11.3	10.3	7.9	9.6	12.7	17.8
중서부	2.5	4.8	8.7	7.9	12.7	17.8
합계	100.0	100.0	100.0	100.0	100.0	100.0

(b) 지출

	1970	1975	1980	1985	1991	1992
북부	3.2	2.5	3.0	3.5	3.6	5.0
북동부	13.4	10.9	10.3	10.4	11.2	14.7
남동부	64.6	67.9	66.2	63.9	54.3	63.5
남부	10.5	8.8	8.5	9.5	11.2	9.1
중서부	8.3	9.9	12.0	12.7	19.7	7.7
합계	100.0	100.0	100.0	100.0	100.0	100.0

자료: SUDENE, *Boletim Conjuntural* (August 1996), pp. 397; 400.

비중이 더 큰 북동부 지역에 유리하다는 것을 보여 준다. 그러나 이러한 차이는 1970년에서 1991년 초반까지 계속 줄어들었다. 1992년에는 그 규모가 그 어느 때보다 커졌는데, 이는 1988년 헌법의 영향으로 인한 것일 수도 있다.

헤알 플랜이 도입된 이래 발생한 사건들과 많은 재정 인센티브 프로그램의 폐지(1997년 11월)를 초래한 1997년의 경제위기는 브라질의 지역별 재분배 메커니즘을 축소시켰다.

가능할 수도 있는 긍정적 동향

경제개방, 1960년대 이래 구축된 지역 간 통신 네트워크, 그리고 재정 분권화와 같은 여러 가지 여건 변화로 북동부 지역의 투자 유치 가능성이 커졌다. 경제개방으로 인해 아시아 국가의 매우 저렴

한(특히 인건비) 소비재(특히 섬유, 신발류)가 대량으로 유입되었고, 브라질 정부가 이러한 수입을 통제해야 한다는 압력이 있다(이러한 수입통제는 덤핑 행위와 중국과 같은 국가의 노예 임금 지불의 "불법성"을 근거로 정당화될 수 있다).

좀 더 흥미로운 상황은 섬유 및 신발 산업의 많은 회사들이 북동부로 이전한 것이다. 이 지역의 더 낮은 임금과 여러 재정적 인센티브가 이 회사들의 이전 동기로 작용했다. 이것은 1950년대 이후 미국에서 관찰된 것과 같은 움직임이다. 당시 미국의 섬유와 관련 산업이 미국 북동부에서 중서부와 남부 주들로 이전했는데, 이곳은 노동조합이 없어서 임금이 낮았고, 주정부들이 다양한 형태의 매력적인 재정 인센티브를 기꺼이 제공했다.

북동부 경제의 구조적 취약성

브라질의 북동부 지역(그리고 북부와 같은 다른 주변 지역)의 구조적 취약성은 내부 지역 간 연계가 중남부 지역보다 훨씬 약하다는 것을 의미한다(〈표 12.15〉). 중남부 지역의 높은 역내 중간재 판매 비중은 높은 수준의 지역 간 연계를 암시하는 것이며, 이는 잠재적으로 큰 내부 승수효과를 창출할 수 있다. 북동부 지역의 경우 이 값이 작은 것은 덜 통합된 지역 구조를 시사하는 것이다. 총 역외판매 비중(중간 투입물, 자본형성, 가계판매)은 타 지역의 수요 관점에서 각 지역의 지역 의존성 정도를 반영한다. 〈표 12.15〉에서 볼 수 있듯

표 12.15 | 지역별 매출, 원가, 소비 구조

	중남부			북동부		(%)
	지역별	브라질 기타 지역	세계 기타 지역	지역별	브라질 기타 지역	세계 기타 지역
매출						
중간재	49.4	2.0		37.6	8.2	
자본형성	8.4	0.2		11.3	0.2	
가계	24.5	1.5		26.4	4.0	
비용구조: 구매						
중간재	88.6	3.6	7.8	79.9	18.5	1.6
자본형성	94.8	1.6	3.6	93.8	6.0	0.2
가계 소비	94.8	3.3	1.9	77.7	21.9	0.4
총소비	91.6	3.1	5.3	82.4	16.7	0.9

자료: Eduardo Haddad, "Regional Inequality and Structural Changes in the Brazilian Economy" (Ph.D. dissertation, University of Illinois at Urbana-Champaign, 1998).

이, 북동부(12.4%)는 중남부(3.7%)보다 훨씬 높은 의존도를 보였다.

지역 간 의존성 패턴은 또한 역내 및 역외 출처로 부터의 투입물 사용에서도 나타난다. 〈표 12.15〉에서 볼 수 있듯이 중남부 지역의 산업에 사용된 전체 중간 투입물의 88.6%는 역내 산업체에 의해 공급되고, 3.6%만이 역외에서 공급되었다. 북동부 지역에서는 역내 조달 비율이 80% 미만이었고, 역외 조달은 18.5%였다. 마지막으로 중남부 지역은 가계소비와 총소비의 상대적으로 적은 부분만을 역외에서 구입(3.3%와 3.1%)하는데, 북동부 지역은 역외에서 각각 21.9%와 16.7%를 구입했다.

중남부의 높은 자급자족 수준은 〈표 12.16〉에서도 추측할 수 있다. 이것은 각 지역의 초기 투입이 최종 수요에 미치는 직접 및 간접 효과, 즉 초기 투입의 산출 승수효과를 나타낸다. 입력 값은 백분율로 표시되었는데, 각 지역의 타 지역에 대한 의존도에 대한 통찰력을 제공해 주고 있다. 중남부는 가장 자급자족 비율이 높은 지

표 12.16 | 초기 투입의 산출 승수효과 지역별 분포: 1985년

	북동부	중남부
지역 내 효과	65.7	93.7
지역 간 효과	34.3	6.3

자료: Eduardo Haddad, "Regional Inequality and Structural Changes in the Brazilian Economy" (Ph.D. dissertation, University of Illinois at Urbana-Champaign, 1998).
주: Haddad(1998)이 개발한 지역별 투입산출표를 통해 계산.

역이다. 부문별 최종 수요의 1단위 변경으로 인한 역내 연동 효과는 93%를 초과하고 있다. 북동부는 자급자족 비율이 낮고, 이 지역에 의해 생성된 수요의 역외 연동 효과는 대부분 중남부에 귀착된다.

중남부의 자급자족 수준이 높다는 것은 현재의 구조적 조건하에서는 시장의 힘이 강력하게 작동하는 개방경제로 인해 야기될 수도 있는 중남부의 경제활동 증가가 북동부에 미칠 영향이 크지 않다는 것을 의미한다. 한편, 지역적 불균형을 해소하기 위한 정부 프로그램은 줄어들었다. 따라서 지역적 형평성 또는 지역균형발전은 시장의 힘만으로는 달성할 수 없다는 결론에 도달한다.

시장, 국가 및 지역적 형평성

우리의 분석에서 제시된 증거들은, 모든 것이 일정하다고 가정할 경우, 브라질 경제의 개방, 국가의 후퇴, 그리고 시장의 힘은 더 발전된 지역에 유리하다는 결론이 도출된다. 다르게 표현하면, 시장의 힘에 의해 만들어지는 낙수효과trickling-down effects는 중남부로의 집중효과polarizing effect를 따라잡지 못할 것이다. 만약 지역적 형평성이 국가 발전목표 중 하나라면, 지역 간 경제적 격차를 줄이기 위해서는 중앙정부의 적극적인 지역개발 정책이 필요하다.

다른 나라의 경험에 대해 살펴보면, 브라질의 경험에 대한 우리의 해석이 정확하다는 확신을 갖게 된다. 선진 공업국가에서 시장의 자유로운 힘은 대부분 지역 불균형을 낳았고, 여러 지역의 개발 형평성을 달성하려는 시도는 어떤 형태로든 국가에 맡겨졌다. 몇 가지 예를 살펴보자.

미국

남북전쟁 이후 미국 경제는 수십 년에 걸친 급격한 산업화를 경험했다. 산업 성장의 대부분은 처음에는 북동부에서 이루어졌고 서서히 중서부로 퍼져나갔다. 그러나 남부는 산업화 과정에 비교적 영향을 받지 않는 경제적으로 정체된 지역으로 남아 있었다. 경제 활동의 형평성 개선을 위한 노력은 정부의 움직임을 통해 이루어졌다. 잘 알려진 미국 '테네시 강 유역 개발 공사'Tennessee Valley Authority 프로젝트는 정부 주도의 투자 프로젝트를 통해 농업 및 산업 활동을 촉진하려는 시도였다. 홍수를 조절해 농업을 장려하고 이 지역 농촌과 도시에 저렴한 전기를 공급하기 위한 다수의 댐을 건설했다. 제2차 세계대전 이후 남부는 많은 방위 계약을 맺었는데, 이는 다선 의원으로서 상당한 힘을 가지고 있는 남부 정치인들의 영향 때문이었다. 마찬가지로 앨라배마와 휴스턴(텍사스)의 우주 프로그램도 정치적 로비의 결과였다. 또한 지역 간 운송비용을 크게 줄인 주州간 고속도로 시스템의 건설과 정치적으로 영향을 받은 남부의 노동조합 활동 저하가 결합되어 이 지역을 많은 산업 분야에서 매력적으로 만들었다. 마지막으로, 남부 주들은 국내외 투자자를 유치하기 위해 세금 인센티브 사용을 확대했다. 북부 및 중서부 주보다 교육 및 기타 사회지출에 대한 약정을 줄임에 따라 남부의 주들은 투자 유치를 위해 재정적으로 더 나은 상황에 있었다.[28]

이러한 요소들의 결합되어 남부의 급속한 산업화가 이루어졌다. 미국에서 지역별 격차를 줄인 것은 국가의 행동(직접 지출과 재정 인센티브 모두)이었다는 점에 주목해야 한다.

독일

독일의 통일은 곧 바로 지역 문제를 야기했으며, 서부는 세계에서 가장 부유한 지역 중 하나였고, 이전에 독일민주공화국을 구성했던 동부의 주들은 2등급 산업지역이었다. 지역 격차를 줄이는 정책을 수행하기 위해 나선 것은 국가였다. 정부는 이 지역의 낡고 노후화된 인프라를 재건하기 위해 거액(대부분 서독 지역의 특별세로 충당)을 투자했다. 그러나 중대한 경제적 실수를 범했는데, 이는 노동생산성 증가 없이 동부의 임금을 서부 수준으로 빠르게 올리는 것을 허용한 것이었다. 동독 지역의 노동생산성은 서독 지역에 비해 매우 뒤떨어져 있었다. 동독 지역은 인프라가 급속도로 향상되었지만 인건비가 생산성과 전혀 일치하지 않아 민간투자가 거의 이루어지지 않았고, 실업률도 매우 높았다. 이번에도 지역적 형평성 개선을 위해 필요한 인프라 구축에 나선 것은 국가였다. 그러나 민간투자의 형평성과 양립할 수 없는 임금 정책을 수립한 것도 국가였다.[29]

이탈리아

이탈리아는 통일 이후 경제가 지리적으로 양분되어 있었다. 북쪽은 빠른 속도로 산업화되었고, 남쪽은 뒤쳐졌다. 시장의 힘에 의해 남쪽에서 북쪽으로의 대규모 이주가 발생했지만, 이것은 두 지역 간의 격차를 줄이는 데 거의 도움이 되지 못했다. 정부는 정치적 압력으로 인해 이러한 지역 불균형을 바로잡기 위한 메조지오르누 기금Cassa per il Mezzogiorno⬤을 창설했다. 그러나 낙후된 지역에 산업을 재배치하려는 정부의 시도는 비효율적이었고, 전후방연관효과도 거의 없었다.

결론

1995년 브라질 북동부의 거시경제 변천에 관한 연구에서 마이아 고메스·베르골리노는 브라질의 북동부와 남동부의 지역적 형평성을 유지하는 데 있어 국가의 중요성이 매우 크다는 것을 보여 주었다. 그들은 1980년대 후반 전체 공식 고용 중 공공부문의 고용이 차지하는 비중이 북동부에서 약 36%였고, 국가 전체로는 21%를

⬤ 메조지오르누는 이탈리아 남부의 8개 주로 이루어진 지역을 지칭한다.

약간 넘는 것을 발견했다. 주정부와 주영기업이 이 지역 투자의 약 절반을 차지했다. 한편, 이 지역 민간투자의 상당 부분이 개발은행의 저리 자금으로 융자된 공공재원으로 이루어진 것을 감안할 때, 북동부 지역에서 정부가 철수하면 이 지역 개발에 심각한 부정적인 영향을 미칠 것이 분명하다.[30]

지금까지 보았듯이 연방정부의 지역 정책은 보조금과 성장 중심지에 대한 산업 인센티브로 구성되어 있다. 1990년대 중반의 재정의 조정 과정에서 중앙정부가 직접적으로 생산 활동을 자극하고 후발 지역의 사회간접자본을 강화하는 역할은 방기되어 있었다. 1994년 중반에 도입된 헤알 플랜에도 지역개발 정책의 수립에 대한 고려가 전혀 없었다. 이 계획은 중장기 발전을 위한 전략이 아니라 경제개혁(민영화, 규제 완화) 및 제도 개혁(조세제도, 사회보장제도 및 행정)을 포함한 안정화 정책으로 구상되었다. 그러나 안정화와 기타 개혁의 결과, 민간투자의 새로운 주기cycle가 나타났다. 이들 대부분은 남부와 남동부 지역에 집중되었는데, 이 지역이 새로 유입되는 자본을 끌어들이기 위해 비전통적(예: 기술과 도시 집중) 및 전통적(예: 물리적 거리 — 남미공동시장)으로 유리한 입지적 요소를 제공했기 때문이다. 민간투자의 확산을 보완하기 위한 연방정부의 투자 부족으로 인해 지방정부는 재정 메커니즘을 통해 민간자본을 유치하기 위한 경쟁을 벌이게 되었다. 몇몇 경우에는, 후발 지역 대표자들의 정치적 압력으로 인해 연방정부가 보완적인 지역 정책을 입안하기도 했다. 예를 들어 낙후된 지역에 대한 연방정부의 특별 자동차 제도는 북동부 지역에 운송장비 투자계획을 출현시켰다. 그러나 1997년 하반기의 아시아 외환위기로 인해 이러한 것들이 실행될 수 있을지에 대한 의문이 제기되었다. 사실, 아시아 외환위기에 대응하기 위해 1997년 말에 도입된 긴축 프로그램은 지역 세제 지원 프로그램을 절반으로 줄였다. 이는 일반 거시경제 문제 해결을 위해 지역 형평성이 희생되는 것을 다시 한 번 드러낸 것이다.

브라질의 분석 결과는 다른 국가들이 개발의 위계질서에서 제2세계나 제3세계로 분류하는 자국의 덜 발달된 지역에 대한 연구에서 찾아낸 것들을 확인시켜 준다.[31] 이러한 저개발 지역에서 의미 있는 발전을 이루는 데 가장 중요한 문제는 역내의 산업 간 연결성의 부족에서 비롯된다. 따라서 개발 이니셔티브 중 상당 부분이 다른 지역으로 유출되어 덜 발전된 지역에 미치는 영향은 줄어들고, 더 발전된 지역의 경쟁력을 오히려 더 강화시키고 있다. 시장개방과 자유무역 진흥에 중점을 둔 국제사회의 관심이 증대됨에 따라, 정부가 세계무역기구WTO의 지침에 부합하는 방식으로 지역 경제에 개입할 수 있는 옵션이 현저히 줄어들었다. 이와 관련해, 유럽연합 내에서 지역 정책이 수행되는 방식은 브라질에 대한 중요한 통찰력을 제공할 수 있다. 그러나 이를 브라질에 적용하기 위해서는 서로 다른 개발 수준과 지리적 규모를 충분히 감안해야 한다.[32]

농업부문

1500년대 초 식민지 개척 이후 현재까지도 농업은 전략적으로 매우 중요한 브라질 경제성장의 원동력이다. 포르투갈 무역상들의 브라질나무brazilwood 채취를 시작으로 그 이후 오래도록(수익성 높은) 원자재 수출 붐 주기가 지속되었다. 이러한 수출 붐은 대부분 외국으로 수출하는 농산품과 관련되어 있었다. 설탕, 면화, 담배, 코코아, 고무, 커피는 모두 열광적이지만 비교적 단기간의 호황과 불황이 이어졌다. 이러한 대외 지향적 붐 경기의 경제적 파급효과는 브라질의 여타 지역은 물론 라틴아메리카 전체와 국제경제 질서 전반에까지 영향을 미쳤다.[1]

20세기 들어서는 농산품 수출의 주기적 불황으로 인해 도시와 산업 중심의 발전이 중시되기 시작했고, 농업은 관심의 대상에서 멀어져 갔다. 1950년대 들어 수입대체산업화가 폭발적인 속도로 진행되면서 농업부문의 발전에는 그늘이 드리워졌다. 정치인이나 학자들 모두 농업 정책과 계획에 큰 관심을 두지 않았다.

브라질 농업의 형태가 영구적으로 변형된 것은 역설적이게도 상대적으로 방치되어 있었던 바로 이 시기였다. 농업부문은 여타 사회경제 부문과 마찬가지로 산업화의 조류에 떠밀려 수입대체산업화 정책이 남긴 여파 속에서 현대화 과정을 겪었다.

산업화는 국제화, 광범위한 기술의 진보, 그리고 노동자의 프롤레타리아화와 같은 변화를 초래했고, 이러한 변화는 곧 브라질 농업의 전통적/봉건적 성격에 큰 혼란을 일으켰다. 대규모 사탕수수·알코올 생산을 통해 석유에 대한 수입 의존을 끝낼 수 있다는 생각도 바로 이 혁신의 시대에 출현한 것이다.

그러나 이러한 현대화는 여러 가지 문제를 유발했다. 농촌에서 도시로의 이주 증가와 맞물려 리우데자네이루, 상파울루, 브라질리아와 같은 대도시의 인구가 폭발적으로 증가했다. 저소득층의 식량 부족 문제가 심각해졌고, 이로 인해 그동안 거의 논의조차 되지 않았던 브라질 농업의 또 다른 측면, 즉 국내 식량작물의 생산이 중요한 문제로 부각되었다.

이 장에서 우리는 먼저 제2차 세계대전 이후 농업부문의 성과를 살펴볼 것이다. 이를 통해 브라질의 농업 현황을 이해하고, 몇 가지 주요 쟁점에 대해 토의하기 위한 포괄적 틀을 제시할 것이다. 그다음 우리는 1950년대 초반 이후 농업에 대한 경제정책 변화를 간략히 살펴볼 것이다.

제2차 세계대전 이후의 농업생산 증가

제2차 세계대전 이후 브라질 농업의 성격이 크게 바뀌었다. 그러나 이러한 변화의 조짐은 이미 그 이전부터 있어 왔고, 그 시작은 1900년대 초반의 산업 발전이 막 시작되던 시기까지 거슬러 올라간다. 농업의 성격이 바뀐 순간이 언제인지를 정확하게 지적하기는 어렵다. 그러나 농업생산의 범위와 규모에 대해 살펴봄으로써 이 시기의 특성을 나타내는 다양한 경향들을 파악할 수 있다.

수입대체산업화 시기에 산업 발전에 지나치게 경도된 정책결정자들이 농업을 방치하거나 철저하게 차별했음에도 불구하고, 농업생산은 제2차 세계대전 이후 대부분의 기간 동안 비교적 양호한 증가율을 유지한 것으로 보인다(〈표 13.1(a)〉 참조). 이 기간에 농업의 부가가치는 연평균 4.5% 증가했고, GDP는 7% 성장했다. 그 결과 GDP에서 농업이 차지하는 비중은 27%에서 11%로 감소했다.[2] 농업생산 증가율은 인구증가율(1950년대와 1960년대 각각 3%와 2.7%)을 상회하는 수준을 유지했다.[3] 그러나 농업이 1940년대 어느 시점에서는 선도 분야로서의 지위를 잃은 것도 분명해 보인다. 실제로 이 시기에 산업생산 증가율이 농업생산 증가율보다 2배나 높았다.

"부문별 분절화" 모델[4]에서 밝히고 있는 것과 같이, 상당 수준의 농업생산 증가는 브라질 산업단지의 발전에 기여했다. 1955년에서 1965년까지 쌀, 카사바, 검은콩 재배면적이 연평균 각각 6.5%, 4.7%, 4.2% 증가했다.[5]

1950년대와 1960년대 전반 내내 농업부문을 차별하는 산업화

표 13.1 | 주요 농업 관련 통계: 1947~2012년

(a) 부문별 실질생산증가율

	농업 전체	작물	가축	산업	실질GDP
1947~50	4.3	4.4	6.2	11.0	6.8
1951~54	4.5	3.0	9.4	7.2	6.8
1955~58	4.2	5.6	1.5	9.9	6.5
1959~62	5.8	5.7	4.9	10.0	7.7
1963~66	3.2	3.0	4.7	3.1	3.1
1967~70	4.7	5.1	2.3	10.1	8.2
1971~76	5.9	5.5	6.3	14.0	12.2
1977~81	5.0	4.8	5.1	5.5	5.4
1981~86	1.8	3.9	-0.9	1.9	2.9
1987~92	2.9	3.8	1.8	-2.2	0.4
1993~96	2.3	6.8	0.9	3.9	3.5
1997~2005	3.6				2.2
2009~2012	6.2	4.0		1.4	3.2

자료: Fundação Getúlio Vargas, Conjuntura Econômica, Perspectivas da Economia Brasileira, 1994 (Rio de Janeiro: EPEA, 1993), pp. 699-700.

(b) 농산품별 생산증가율

	1960~69	1967~76	1970~79	1978~89	1990~92	(1990~94)~(1995~97)	1997~2002	2003~11
국내								
쌀	3.2	-2.5	1.5	3.8	4.5	1.3	6.5	0.7
콩	5.4	-1.9	-1.9	0.5	11.7	1.6	4.6	1.8
카사바	6.1	-1.9	-2.1	-0.6	1.3	3.8		
옥수수	4.7	3.5	1.8	6.3	9.0	-	2.8	5.2
수출								
대두	16.3	35.0	22.5	8.8	-5.8	4.3	9.9	7.3
오렌지	6.1	12.7	12.6	7.9	-	2.7		
설탕	3.6	5.1	6.3	6.6	1.8	3.8		
담배	5.3	-	6.2	-	-	-		
코코아	2.5	-	3.7	3.0	-	-		
커피	7.1	-6.3	-1.5	1.7	-	-3.2	-	
면화	1.5	-2.0	-4.4	1.5	-	-		7.8
밀	6.4	13.9	6.9	5.3	-	-0.1	2.9	

자료: Fernando Homem de Melo, *O Problema Alimentar no Brasil* (1983), p. 17; IBGE, *Estatisticas Historicas do Brazil* (Rio de Janeiro: IBGE, 1987); IPEA, *Perspectivas da Economia Brasileira*, 1992 (Brasília: IPEA, 1991), p. 164; *Conjuntura Econômica*, February 1998.

(c) 경작면적, 주요 작물, 주요 생산 지역: 1950~89년

지역과 작물[a]	총경작면적(%)							
	1950 (1)	1960 (2)	1965 (3)	1970 (4)	1975 (5)	1980 (6)	1989 (7)	1997 (8)
I. 남동부								
1. 커피	27.4	29.5	20.8	13.0	12.7	15.6	14.8	14.6
2. 옥수수	25.2	28.1	30.6	35.1	32.2	29.0	20.7	23.7
3. 면화	16.1	8.3	9.2	8.5	5.2	3.7	2.7	1.2
4. 설탕	4.5	7.2	9.1	9.7	11.5	14.0	15.7	26.6

5. 감귤류	0.6	0.8	1.0	1.6	3.6	4.8	5.5	7.3
6. 대두	–	–	0.1	0.7	5.1	7.2	8.1	9.7
II. 남부								
1. 옥수수	42.2	34.3	37.7	35.6	26.8	27.3	29.4	30.7
2. 밀	17.0	16.4	8.7	16.0	16.8	14.9	17.7	9.2
3. 콩	12.5	9.1	11.2	9.9	6.9	6.7	7.2	6.2
4. 커피	7.1	19.3	14.8	9.0	5.7	3.4	3.1	0.8
5. 카사바	5.8	4.6	5.3	4.4	2.7	1.4	1.7	1.7
6. 대두	–	2.4	4.8	10.6	31.1	36.7	40.7	35.4
III. 중서부								
1. 쌀	38.0	47.2	53.8	55.9	49.8	48.0	16.3	7.1
2. 옥수수	26.7	23.4	23.6	23.4	25.7	18.4	20.6	26.7
3. 콩	12.3	10.8	9.1	9.4	8.0	5.7	3.7	2.2
4. 카사바	8.0	5.6	4.7	3.8	2.7	1.1	0.4	0.8
5. 커피	4.7	7.1	3.1	0.9	0.8	1.4	1.4	0.3
6. 대두	–	–	–	0.5	7.2	20.8	50.3	52.3
IV. 북동부								
1. 면화	31.3	30.4	31.4	33.4	28.1	26.1	6.2	2.5
2. 옥수수	20.8	20.1	20.8	19.2	23.4	19.7	16.4	23.3
3. 콩	13.3	13.9	14.5	13.6	16.8	16.1	14.4	21.8
4. 카사바	11.5	10.2	9.3	11.3	10.4	11.6	5.7	6.7
5. 설탕	8.2	7.5	7.0	7.1	7.2	9.2	7.3	11.2
6. 코코아	6.4	6.9	5.4	4.7	3.9	3.9	2.8	5.6
7. 쌀	4.3	6.7	8.1	8.6	8.3	11.1	7.0	6.3

자료: Douglas H. Graham, Howard Gautheir, and José Roberto Mendonça de Barros, "Thirty Years of Agricultural Growth in Brazil," *Economic Development and Cultural Change* (October 1987), p. 12: IBGE, *Anuario Estatístico Do Brasil* (1992:1998).

주: a. 남동부는 상파울루, 미나스제라이스, 리우데자네이루, 에스삐리뚜상뚜, 남부는 빠라나, 상따까따리나, 히우그랑지두술, 중서부는 고이아스와 마뚜그로수, 북동부는 바이아, 세르지삐, 알라고아스, 뻬르낭부꾸, 빠라이바(Paraíba), 히우그랑지두노르치(Rio Grande do Norte), 삐아우이, 세아라, 마라녀웅으로 구성

정책이 지속되었다. 농업생산의 확장은 전통적이고 노동집약적인 재배 및 수확 방법을 이용하는 낙후된 환경에서 이루어졌다. 농업생산의 상당 부분은 1950년대와 1960년대 초기의 커피 붐에 따른 결과였다. 커피 재배면적은 1950년 2,663,117헥타르에서 1962년에는 4,462,657헥타르로 거의 70%(같은 기간 커피 생산량은 4배)[6] 증가했다.

그러나 농업생산 확장의 핵심은 다른 곳에서 일어났다. 수입대체

산업화는 농촌인구의 대규모 도시 이주와 더불어 도시 중산층이 생겨났고, 이들의 식량 수요가 지속적으로 증가했다. 산업 성장이 가속화된 이 기간 동안 국내 교역조건은 농업부문에 불리했고, 이는 도시 산업단지의 자본형성과 성장을 지원했다. 국내 식료품 가격이 하락하고 농촌 소득이 감소했지만, 이러한 농업의 불리한 여건과 상관없이 자본 저량extensive margin 확장(낙후된 농법을 사용하면서)을 통한 농업 성장이 계속되었다.[7] 간혹 식료품이 부족한 상황이 발생하기도 했지만, 그럴 때마다 정부가 필요한 물품을 수입해 이 문제를 해결했다.[8] 위에서 언급한 커피 붐을 제외할 경우 이 기간 동안 수출을 위한 농업생산은 상대적으로 미미했다.

1960년대 초반부터 브라질 경제에서 농업의 역할이 변화하기 시작했다. 수입대체산업화의 역동성이 떨어지기 시작했고, 산업화만으로는 더 이상 경제성장과 발전을 이끌어 갈 수 없다는 것이 명백해졌다. 브라질 경제가 천천히 그러나 꾸준한 '개방'을 시작한 것도 이 무렵부터이다. 비록 공산품의 수출을 중시했지만, 해외 소비를 위한 농산물생산도 크게 증가했다. 1965년부터 1977년까지 커피를 제외한 농업 관련 수출(가공 및 비非가공 농산품 모두)은 연평균 22% 증가(명목 기준)했다.[9]

이러한 변화를 이끈 것은 대두 생산의 엄청난 증가였다. 1966년

● 여기서 자본 저량은 새로운 경작지 확장과 같은 외형 성장을 통해 생산을 늘리는 방식을 의미하며, 자본 가동률(intensive margin)은 기존 경작지에서의 생산성 증가를 통해 생산을 늘리는 방식을 의미한다.

부터 1977년까지 대두 생산량은 연평균 37.6% 증가했다.[10] 이렇게 놀라운 증가율을 기록한 것은 부분적으로는 초기 대두 생산량이 많지 않았던 것에 기인하지만, 1970년대 내내 브라질의 대두 생산량이 급속히 증가함에 따라 브라질은 세계 3위의 생산국이자 세계 2위의 수출국으로 부상했다. 1970년대 중반 대규모 오렌지 농축액 수출이 시작됨에 따라 이 기간 동안 오렌지 생산량도 연평균 12.1% 증가했다.[11]

1960년대 후반과 1970년대 초반에 주요 수출품이었던 커피와 코코아 생산량은 다소 느리게 증가했다. 그러나 이 시기에 국제가격이 매우 좋았기 때문에 낮은 생산량 증가에도 불구하고 경제에 미친 영향은 작지 않았다.

생산방식의 변화

1960년대 후반부터 농업 생산방식에 큰 변화가 있었다. 1950년대 후반과 1960년대 초반까지도 새로운 경작지에서 재현된 전통적이고 낙후된 농법은 산업부문의 확장을 유지하는 데 필요한 지속적인 농업 성장에 부적합한 것으로 보였다.[12] 인위적 계획과 자연적 진화가 결합된 "보수적 현대화" 과정이 출현했다. 농업정책과 수출 가능성 때문에 도시-산업 자본이 농업부문으로 유입되기 시작했다.[13] 브라질 농촌도 천천히 그러나 확실히 국제적 "녹색혁명"으로 출현한 새로운 농업기술을 도입하기 시작했다.[14] 많은 지역에서 시간이 흐르면서 브라질의 전통적 라티푼디오/미니푼디오 체제가 현대적 농산 단지로 전환되었다. 그리고 광범위한 외곽 지역으로 경작지 확장이 계속되었다.

그러나 트랙터, 비료, 기타 하이테크 투입물의 사용을 통한 기존 농경지의 생산성 증가가 주요 관심 대상이었다. 1960년대 후반과 1970년대 초반에 수출 및 일부 국내 부문의 농업 전문화 추세가 나타나면서 토지 가격은 임대료보다 2배가량 상승했다.[15] 농촌 노동의 성격이 근본적으로 바뀌었다. 영주 노동자들은 대규모 라티푼디오에서 추방되었고, 계절 이주노동자가 그 자리를 채웠다(내륙의 미니푼디오들은 파젠데이루로 흡수되었다). 이러한 변화는 기업식 농업 단위를 간소화하고 기존 시스템에 내재된 비효율과 중복을 없애기 위한 것이었다.

광범위한 부문에서 변화가 있었지만, 주로 수출과 남동부 특히 상파울루 지역의 내수를 위한 농업부문에서 변화가 발생했다. 특히 상파울루 지역에 농업 관련 연구개발 투자가 집중되었다.[16] 실제로 브라질 농업에 대한 연구는 상파울루 주와 그곳에서 관찰되는 역동적인 활동에 초점을 맞추고 있다.[17] 1970년대와 1980년대에는 농업 현대화가 빠라나와 히우그랑지두술 등 남부 주들, 미나스제라이스의 일부 지역, 그리고 중부의 사바나savanna(세하두cerrado●) 지역까지 전파되었다.[18]

● 우기와 건기가 교차하는 사바나 기후로 인해 초지와 관목이 섞여 있는 식생이 전형적으로 발달한 브라질 고원 중앙부 지역을 말한다.

1973년 이후 석유 위기로 인한 인플레이션 압력과 무역수지 악화에 대응하기 위해 수출 작물의 생산 확대에 대한 관심이 커졌다.[19] 특히 1977년에 석유를 대체해 사탕수수에서 추출한 알코올의 사용을 장려하는 정부 프로그램인 쁘로알꼬올Proalcool이 시행된 이후 사탕수수 생산이 엄청난 규모로 확장되기 시작했다.[20]

1970년대 내내 농업부문의 확장이 지속되었다. 재배면적이 꾸준히 증가했고 생산성 증가도 지속되었다. 1974~75년 동안 1차산품의 국제가격 하락으로 일시적인 위축을 겪었지만, 1976~77년 동안 미니 1차산품 붐이라고 불리는 국제가격 상승기가 뒤따르면서 확장을 지속했다.[21]

1978년과 1979년에는 기후 조건의 악화와 경작 면적 감소, 그리고 국제금리 상승과 제2차 석유 위기가 겹치면서 농업생산량이 급격히 감소했다. 이러한 사건들이 동시에 발생해 파급효과가 커지면서 1960년대 초반까지 거슬러 올라가는 국내 소비를 위한 식량 작물의 생산 부족이라는 브라질 농업부문의 심각한 결함이 부각되었다. 이는 대부분 농업부문의 신용이 부족하고 농산물 가격이 급락했을 때 정부가 이를 사들이거나 보상해 주는 제도가 없었고 국내 소비를 목적으로 하는 농업부문을 차별하는 정책들 때문이었다.

1960년대 초중반 브라질 경제의 '국제화' 이후 식량작물의 재배는 느린 속도로 증가해 왔다. 1966~67년 동안 국내 식량작물 생산량은 연평균 3.3% 증가했고 수출 작물 생산량은 연평균 20% 증가했다.[22] 국제가격의 상승, 정부의 지원 정책, 농업 신기술의 보급 확대 등 수출 작물의 대규모 생산을 촉진하는 모든 요인들이 국내 식량작물 재배에는 부정적인 영향을 미치는 것으로 나타났다. 노동, 금융, 기술을 포함한 자원과 투입 요소들이 자본 집중적인 기업농에게 집중됨에 따라 국내 소비를 위한 식량작물 생산은 주로 비효율적이며 비교적 시대에 뒤진 기술을 사용하는 중소 규모 농가에 맡겨졌다. 이들은 또한 가격상한제와 높은 판매세 같은 정책으로 인해 차별을 받고 있었다.

1978~79년의 위기 상황으로 인해 정부는 식량작물 재배를 촉진하기 위한 농업정책의 개혁 필요성을 인식하게 되었다. '농업 우선' Agricultural Priority 프로그램은 에너지 작물(사탕수수)과 수출 작물에 대한 강조와 더불어 이러한 목표를 염두에 두고 고안되었다.[23] 〈표 13.1〉에서 알 수 있듯이 농업부문은 빠르게 회복되었고 성장이 재개되었다.[24]

브라질 농업부문의 공급 적절성은 〈표 13.2〉에서 제시하고 있는 일반물가와 비농산품 가격 변화와 식품 가격 변화를 대조해 보면 알 수 있다. 식품 가격 상승률은 1960년대 중반까지 일반물가 상승률보다 높았고, 1960년대 나머지 기간에는 일반물가 상승률보다 낮았다. 그러나 1970년대 초부터 1980년대 중반까지 다시 식품 가격 상승률이 일반물가 상승률을 크게 상회했다. 도매가격 기준으로 살펴봐도 1970년대 후반과 1980년대에 농산품 가격이 일반 도매물가보다 높게 상승한 것을 보여 준다. 1983년에 생산량이 급격히 감소하고 농산품 가격이 폭등하자 몇몇 분석가들은 이를 "농업 위기"로 선언했다.[25] 1983년의 도매 농산물 가격지수는 336% 상승한 반면, 공산품 가격지수는 200% 상승에 그쳤다. 같은 기간 리우

표 13.2 | 농업과 기타 부문의 가격 변화 비교: 1948~99년

(a) 생활비(리우데자네이루)

(평균 연간 비율)

기간	평균	식료품	의류	주택	서비스
1948~50	6.7	6.8	4.3	10.7	10.5
1950~54	16.5	18.1	12.0	19.1	11.3
1954~58	18.3	19.4	15.4	16.8	27.7
1958~62	38.3	43.0	40.7	23.1	35.0
1962~66	67.4	61.9	65.6	69.1	89.8
1966~70	24.4	21.0	22.9	33.6	26.0
1971~76	24.7	26.4	15.2	16.2	25.1
1976~81	64.7	69.3	44.1	52.6	70.3
1981~85	145.4	150.4	148.4	131.0	148.8
1986~89	837.5	788.7	830.6	688.2	838.8
1990~92	1,069.6	1,019.9	902.2	1,287.0	1,157.6
1994~99	17.4	8.2	4.8	47.2	12.6

(b) 도매가격

기간	내수 상품			총공급			
	합계	원자재	식료품	건설자재	합계	농업	상품
1948~50	3.4	16.9	1.0	12.3	18.1	17.7	4.1
1950~54	18.6	19.1	19.8	18.0	19.0	19.3	18.3
1954~58	17.6	12.1	16.3	20.0	14.2	11.2	18.0
1958~62	41.2	41.0	44.2	33.1	40.0	41.4	38.7
1962~66	63.0	63.1	62.8	66.5	63.5	62.4	65.0
1966~70	21.9	20.5	22.0	26.3	22.7	23.0	23.3
1971~76	25.3	24.4	28.0	25.6	25.9	29.8	23.9
1976~81	71.4	64.3	75.5	70.6	70.1	72.1	68.4
1981~85	178.8	154.6	189.2	179.8	174.4	199.0	171.0
1986~89	812.1	525.3	581.6	705.9	582.5	542.9	593.6
1990~92	1,019.4	1,387.8	1,577.5	1,288.0	1,371.9	1,552.8	1,324.9
1994~99	12.6	13.4	6.2	10.6	18.2		

자료: Ruy Miller Paiva, Solomão Schattan, and Claus R. T. de Freitas, *Setor Agrícola do Brasil* (São Paulo: Secretaria da Agricultura, 1973), pp. 37-38; *Conjuntura Econômica*.

데자네이루의 소비자물가지수는 199% 상승했으나 식료품 가격은 237% 상승했다.[26] 국내 식량생산 문제가 다시 한 번 주목을 받았고, 정부가 주장하는 '농업 우선' 프로그램의 성공(적어도 정부 발표 자료에 따른)에 대한 의문이 제기되었다.

1980년대 후반과 1990년대에는 농업에 대한 차별 정책의 철폐

로 인해 식량작물 생산이 크게 증가했다. 특히 쌀과 옥수수의 생산이 증가했다. 히우그랑지두술 주에서 현대 관개 방식의 벼농사가 시작되었고, 이 지역은 1991년 브라질 쌀 생산량의 40%를 차지했다. 현대식 옥수수 생산 증가는 빠라나, 미나스제라이스, 고이아스, 히우그랑지두술, 상파울루, 상따까따리나 주에서 급속히 팽창되었다. 두 경우 모두 농업 현대화는 생산뿐만 아니라 가공 및 상거래를 포괄하는 기업형 농업단지의 개발을 통해 이루어졌다.

옥수수의 경우는 특히 흥미롭다. 옥수수는 인간이 직접 소비하는 작물이 아니라 가금류와 돼지와 같은 여러 농업부문과 고급 식품가공 산업의 중요한 투입물이 되었다.

1990년대 초반에 이르러서는 브라질 농업을 수출 부문과 국내 부문으로 나누는 이분법적 분류가 정확하지 않게 되었다. 더 적절한 구분은 현대 부문과 전통 부문으로 나누는 것이었다. 또한 어떤 시기에 특정 그룹에 포함된 제품이 몇 년 후에는 다른 그룹으로 분류되기도 했다. 이러한 빠른 발전을 보인 부문은 쌀과 옥수수이고, 관개 방식의 대두 재배 부문도 부상하고 있는 것으로 보인다. 물론, 오랫동안 주로 국경 지역과 북동부 지역에서는 전통적 대두 생산 지역이 존속할 것이다.

수출 작물이 제일 먼저 현대화 과정을 거쳐 기업식 농업단지에 편입되었다. 그러나 소득분배 불평등에도 불구하고 브라질의 국내 농산품 시장 규모는 매우 크다. 따라서 정책적 제약 요소가 완화되자, 내수 작물(예: 쌀과 옥수수) 부문에도 현대화가 빠르게 진행되었다.

커피는 반대 방향으로 움직이는 것 같다. 몇 년 동안의 매우 어려운 시장 상황에 직면한 이후 점차 전통적인 작물이 되었다. 물론 브라질에서는 여전히 미나스제라이스와 에스삐리뚜상뚜Espírito Santo 주의 중요한 '현대적' 커피 생산 지역이 있지만 시장 조건이 개선되지 않는 한, 이 지역은 커피를 다른 작물로 대체하거나 목초지로 변할 것이다.

지역 패턴

1950년대 이후 농업생산에 중요한 지역적 변화가 나타났다.[27] 이것들은 〈표 13.1(c)〉에 표시되어 있다. 이를 간략히 살펴보면 몇 가지 사실을 알 수 있다.

첫째, 남부는 1950년대에 커피 생산량이 급격히 증가(주로 빠라나 주)했고 국내 식량작물 생산은 감소했다. 1960년대 들어서는 커피 생산이 감소하고 대두 생산이 확대되기 시작했고, 1970년대와 1980년대에는 지속적으로 확대되어 1989년에는 대두가 전체 농작물 면적의 40% 이상을 차지했다. 생산이 증가한 여타 작물은 밀과 쌀이었다. 1990년대 초반 쌀 생산량은 남부 전체 작물 생산량의 7.1%를 차지했으며, 그 대부분은 히우그랑지두술 주에서 재배되었다. 이 관개 방식의 쌀 생산이 브라질 전체 쌀 생산량의 40%를 차지하면서 중서부 건조 지역의 쌀 생산을 제치고 브라질 최대 쌀 생산지로 등극했다.

표 13.3 | 농업생산성: 1947~2007년

(헥타르당 킬로그램)

(a) 브라질

	1947~49	1961~63	1964~66	1968~70	1972~74	1974~76	1978~80	1983~85	1988~91	1995~96	2003~05	2007
면화	442	554	482	490	526	446	546	1,321	1,321	1,314	3,051	3,392
땅콩	1,104	147	186	1,286	1,196	1,302	1,473	1,671	1,671	1,802		2,195
쌀	1,552	1,634	1,536	1,464	1,533	1,461	1,415	1,700	2,171	2,702	3,241	3,793
코코아	450	312	341	378	436	528	681	623	544	473	327	345
커피	411	415	771	811	1,192	1,009	1,046	1,356	1,011	1,566	1,055	955
사탕수수	38,333	42,773	44,841	45,551	43,806	47,785	55,252	62,034	62,158	61,049	71,377	76,434
콩	685	659	656	634	593	566	472	454	485	638	743	825
카사바	13,347	13,404	14,120	14,662	13,168	12,278	11,770	11,601	12,526	13,217		14,109
옥수수	1,256	1,311	1,283	1,365	1,462	1,650	1,479	1,792	1,880	2,406	3,375	3,757
밀	789	658	833	945	1,110	892	1,314	1,314	1,603	1,604	1,431	2,241
대두	-	1,056	1,088	1,072	1,463	1,660	1,747	1,747	1,841	2,284	2,798	2,840

(b) 상파울루 주

	1947~54	1961~63	1964~66	1968~70	1970~72	1978~81	1986	1988~91	1994
면화	576	985	1,147	1,550	1,077	1,565	1,970	1,878	1,706
땅콩	948	1,106	1,257	1,126	1,308	1,519	1,419	1,797	1,913
쌀	1,357	1,126	865	874	1,054	1,048	1,736	1,811	1,944
커피	943	903	1,036	1,118	1,324	1,231	527	831	1,500
사탕수수	47,117	48,747	52,294	47,597	55,131	68,819	69,215	74,213	80,112
콩	670	377	474	432	505	581	656	892	884
카사바	9,481	16,875	17,351	17,533	17,136	19,838	20,098	21,593	22,502
옥수수	1,262	1,620	1,565	1,602	1,846	2,079	2,417	2,831	2,444

자료: Ruy Miller Paiva, Solomão Schattan, and Claus R. T. de Freitas, *Setor Agrícola do Brasil* (São Paulo: Secretaria do Agricultura, 1973), pp. 64~65; IBGE, *Anuario Estatístico*.

둘째, 남동부 지역에서는 1950년대에 커피와 사탕수수의 생산 비중이 약간 증가했고, 식량작물은 종전 수준을 유지했으며, 면화는 감소했다. 1960년대에는 옥수수 재배면적이 상당히 증가했다. 1970년대와 1980년대에는 면화와 옥수수가 감소한 반면, 알코올로 휘발유를 대체하는 프로그램의 결과로 사탕수수 재배면적이 뚜렷한 증가세를 보였다. 또한 대두와 감귤류의 생산 증가도 두드러졌다.

셋째, 브라질의 주요 국경 지역인 중서부는 국내 식량작물을 대량으로 생산했고, 주요 가축사육 지역이기도 했다. 1970년대와 1980년대에 대두 생산량이 크게 증가하면서 식량작물 생산은 급격히 감소했다.

넷째, 내수용 식량작물 재배면적이 상대적으로 증가하고 북동부의 수출용 작물 재배면적은 감소했다. 그레이엄·고티에·데 바로스는 다음과 같이 밝히고 있다.

> 토지자원의 변화와 수출 활동에 대한 비교우위를 제공하기 위한 수출 인센티브가 북동부에서는 상대적으로 그 영향이 크지 않았거나, 다르게 표현하면, 남부와 남동부와 비교해서 북동부의 수출 잠재력이 유망하지 못했다.[28]

농업 성장의 원천

앞서 언급했듯이 1970년대까지 브라질의 농업 성장은 광활한 외곽 지역에서 일어났다. 즉, 더 많은 토지가 농업생산지로 편입되었고, 생산성 향상은 크지 않았다. 농장의 수가 1950년대에 60% 이상, 1960~75년에는 약 50%, 1975~85년에는 17% 증가했다. 1950년에는 200만 개가 넘는 농업시설이 있었고 1985년에는 580만 개로 증가했다(2006년에는 520만 개로 감소했다).[29] 경작면적은 1950~85년 동안 175% 증가했다. 1950년에는 농업시설에 속한 토지의 6.5%가 재배되고 있었다. 1970년까지 이 비율은 11.6%,

1985년에는 13.9%로 상승했다.[30]

1996년에서 2008년까지 브라질의 농작물 수확량이 급속한 팽창이 계속되었다. 생산량이 가장 많이 증가한 작물은 면화, 커피, 사탕수수, 대두, 밀, 카사바, 옥수수였다. 총 수확 면적은 18,594헥타르(이 중 대두는 58.9%, 사탕수수는 18.2%)로 확대되었다. 1985년과 2006년 사이에 가축사육도 지속적으로 증가했다. 소의 사육 두수는 34%, 가금류 사육 두수는 214% 증가했다.[31]

최근까지도 생산성 증가의 농업 성장에 대한 기여도는 낮은 수준이다. 이는 〈표 13.3〉의 자료에서 분명하게 알 수 있다. 1940년대부터 1980년대에 이르기까지 쌀, 대두, 카사바 등 주요 작물의 생산성(헥타르당 생산량으로 측정)에 변화가 없었고(심지어 약간의 하락도 있었음), 수출 작물 중에는 면화와 코코아가 1970년대 후반까지 정체를 보이다가 그 이후 약간의 개선이 있었고, 커피, 설탕, 대두 3개 작물이 유일하게 현저한 생산성 증가를 보였다. 1980년대 중반부터 1990년대 중반까지 면화, 쌀, 밀에서는 상당한 생산성 증가가 있었다.

찰스 뮬러는 브라질의 작물 부문을 현대적인 부문과 전통적인 부문으로 구분했다. 전자는 농업 현대화(특히 기업형 농업단지)의 혜택을 받았고 후자는 현대화의 영향을 받지 않는 제품들로 구성되어 있다. 〈표 13.4〉는 1970~89년 기간 동안 현대 농업부문의 생산 증가가 재배면적 증가보다 몇 배 더 크며, 전통 농업부문은 그 반대였다는 것을 보여 주고 있다.[32]

브라질 전체와 상파울루 주의 생산성 비교(〈표 13.3(a)〉와 〈표

표 13.4 | 현대화 작물과 전통 작물 재배면적 및 생산 변화:
1970~89년과 1985~95/96년

(%)

작물	1970~1989		1985~1995/96	
	재배면적 변화	생산량 변화	재배면적 변화	생산량 변화
현대				
면화	-38.6	61.4	-69.8	-62.7
쌀	5.6	47.4	-42.3	-10.0
설탕	143.4	228.8	14.7	15.6
오렌지	335.3	482.7	49.8	32.2
옥수수	24.7	77.0	-11.9	43.5
대두	767.8	1,231.1	0.5	29.4
밀	69.6	175.5	-4.5	-42.6
소계	76.5			
전통				
콩	41.6	3.7	-18.7	-16.3
카사바	-8.7	-22.5	-24.5	-26.6
바나나	76.0	10.5	9.0	-17.0
땅콩	-85.2	-82.7	–	–
커피	20.6	21.5	-31.3	-23.3
소계	1.0			

자료: IBGE, *Anuário Estatístico* (각 호).

13.3(b)〉〉는 매우 유익한 정보를 제공해 준다. 상파울루의 면화 부문의 생산성은 브라질 전체의 생산성보다 월등했고, 생산성 또한 크게 향상되었다. 상파울루의 쌀 생산성은 전국 평균에 비해 뒤떨어졌다. 이 작물은 히우그랑지두술 주에서 훨씬 더 발전했다. 사탕수수의 경우 상파울루의 생산성이 전국 평균보다 높았지만 생산성 증가율은 후자보다 낮았다. 식량작물 부문의 생산성은 대두의 경우 어떤 시기에는 전국 평균보다 앞서고 어떤 시기에는 뒤지기도 했으며, 카사바와 옥수수의 경우는 더 높은 것으로 나타났다.[33]

1980년대까지 브라질 농업의 생산성 향상이 평범한 수준에 머물렀던 이유는 부분적으로는 현대적 투입물의 사용이 매우 더디게 증가했기 때문일 수 있다. 특히 〈표 13.5〉는 1960년대 중반에 브라질

표 13.5 | 농업부문의 투입 요소: 1960~85년

(a) 비료 사용(킬로그램/헥타르)

1960	1964	1968	1970	1975	1985
11.5	8.3	17.9	27.8	44.5	51.0

(b) 1970년 기준 지역별 비료 사용(킬로그램/헥타르)

브라질	북동부	남동부	남부	상파울루
27.8	5.6	34.4	46.6	72.8

(c) 1985년 기준 주별 농기계, 화학비료, 농약, 토양 보존 농법 사용 농가 비율

	농기계[a]	화학비료	농약	토양 보존[b]
브라질	22.8	26.0	54.9	12.7
북동부	10.4	7.0	40.4	2.0
상파울루	56.4	70.0	78.9	39.4
빠라나	46.6	49.1	72.9	32.1
고이아스	48.5	51.8	83.0	16.1

자료: IBGE, *Censo Agropecuario 1985.*
주: a. 모든 종류의 농기계 소유 또는 임대.
   b. 모든 종류의 토양 보존 농법.
   c. 고이아스는 사바나(세하두) 지역의 현대 농법 대표 사례로 포함.

(d) 비료 사용: 국제 비교(헥타르당 100그램)

	브라질	미국	일본	프랑스	서독	멕시코	아르헨티나
1970	169	800	3,849	2,424	4,208	246	24
1984	304	1,041	4,365	3,115	4,211	602	37

(e) 트랙터당 경작면적(헥타르)

브라질

1960	430
1965	344
1970	218
1975	137
1985	80

브라질: 지역별, 1985년

북동부	377
남동부	57
남부	52
중서부	86
상파울루	1

비교 국가들

소련(1967)	139
미국(1987)	27
프랑스(1966)	19
서독(1967)	36
이탈리아(1967)	30
노르웨이(1967)	11

자료: Ruy Miller Paivá, Solomão Schattan, and Claus R. T. de Freitas, *Setor Agricola do Brasil* (1973), p. 77;
   Indice do Brasil, 1977 - 78 (1977), p. 341; *World Bank Development Report* (1987); IBGE, *Anuario
   Estatístico 1986; Anuario Estatístico do Brasil 1992;* IBGE, *Censo Agropecuario 1985.*

	비료 사용	기술 지원
브라질	31	11
북부	4	2
북동부	13	2
남동부	60	15
남부	63	28
중서부	37	14

자료: IBGE, *Anuario Estatístico do Brasil 1992.*

의 헥타르당 비료 사용량이 국제표준에 비해 극히 낮았음을 보여
주고 있다. 그 후 20년 동안 브라질의 비료 사용량이 증가했지만,
1980년대 중반까지도 1970년의 선진국 비료 사용량 수준에 미달
했다. 그러나 21세기 초반까지 브라질의 헥타르당 비료 사용량은
350킬로그램으로 급격히 증가했다.

농업 생산성은 1990년대 후반부터 21세기 초반까지 계속 증가
했다. 1996년과 2006년 사이에 일인당 과일 생산량은 6% 가까이
증가했다. 일인당 식품 및 농업 원재료 생산량은 각각 39%와 25%
증가했다. 일인당 모든 작물의 생산량은 27% 증가했다.[34] 1990년
대와 2000년대의 생산성 증가 결과로 1960년과 2010년 사이에 브
라질의 곡물 경작지는 116%, 목장은 39% 증가한 반면, 곡물 생산
량은 774%, 가축 생산량은 251% 증가했다.

지역별로는 북동부, 남동부, 남부, 상파울루 주 사이의 비료 사용
에 엄청난 차이가 있었다. 상파울루 주의 현대적 투입물 사용 확대
는 주정부가 농업 연구를 촉진하고 비료, 화학물질 및 종자 개선을
장려해 온 오랜 전통과 관련이 있다.[35]

〈표 13.5(f)〉는 1980년대 농업 투입의 지역적 차이가 지속된 것

을 보여 주고 있다. 1985년에 동북부 농업시설의 13%가 비료를 사용했지만, 남동부와 남부에서는 이 비율이 각각 60%와 63%였다. 1985년에 북동부의 농업시설 중 단지 2%만이 기술지원을 받은 반면, 남동부와 남부는 이 비율이 각각 15%와 28%였다.

1960년대와 1970년대에 브라질 농업의 기계화가 크게 증가했지만 1980년대 중반까지 트랙터당 재배면적 기준으로 측정할 경우 선진국 수준을 크게 하회하고 있다(〈표 13.5(d)〉 참조). 상파울루의 농업 기계화가 가장 발전했다. 전반적으로 브라질의 농업부문이 사용하는 트랙터 수는 1970년 165,870대에서 2006년에는 820,673대로 증가했다. 트랙터 1대당 재배면적 지수(트랙터당 1천 헥타르)는 1970년의 1.77에서 2006년에는 0.402까지 감소했다.[36]

그러나 기계화가 증가하면 농업의 고용 능력은 감소한다. 이는 다시 농촌인구의 도시 이주를 지속 또는 가속화시킨다.

토지 분배

〈표 13.6〉에서 볼 수 있듯이, 브라질 농촌지역의 토지 소유 집중이 매우 크고, 1950~85년 동안 거의 변화가 없었다. 토지 소유에 사용된 개념은 토지 자체가 아니라 농업에 활용되고 있는 농업시설이기 때문에 이 표는 토지 소유의 불평등 정도를 과소평가하고 있다. 브라질 농촌의 토지 소유 불평등이 심각한 수준인 것을 고려할 때, 브라질만큼 큰 국가의 경우 토지의 질 차이가 매우 크다는 것도

표 13.6 | 농업시설 수와 전체 면적에 따른 농촌 시설의 규모 분포: 1950~96년

(%)

면적 (헥타르)	농업시설 수						면적					
	1950	1960	1970	1975	1985	1996	1950	1960	1970	1975	1985	1996
<10	34.0	44.7	51.2	52.1	52.9	49	1.3	3.4	3.1	2.8	2.7	2
10~100	50.9	44.6	39.3	38.0	39.1	40	15.3	19.0	20.4	18.6	18.5	18
100~1,000	12.9	9.4	8.4	8.9	8.9	10	32.5	34.4	37.0	35.8	35.1	35
1,000~10,000	1.5	0.9	0.7	0.8	0.8	1	31.5	28.6	27.2	27.7	28.8	31
>10,000	0.7	0.4	0.4	0.2	0.3	19.4	15.6	12.3	15.1	14.9	14	
합계	100.0	100.0	100.0	100.0	100.0	100.0	100.0	100.0	100.0	100.0	100.0	100.0

자료: 다음 자료를 이용해 계산. IBGE, *Anuario Estatístico* (1976; 1981; 1986; 2004).

감안해야 한다. 따라서 많은 대규모 농업시설이 가축 방목에 사용되는 토질이 나쁜 땅의 비율이 매우 높은 경우가 많다.

1950년, 1960년, 1970년의 센서스에서 토지 분배 집중도에 대한 지니계수는 약 0.84 수준에서 거의 변화가 없는 것으로 나타났다. 이는 1959년 미국의 0.72, 1961년 캐나다의 0.57, 1960년 인도의 0.51, 1960년 영국의 0.71과 비교해서 매우 높은 수준이다.[37] 브라질의 토지 분배 지니계수는 북부, 북동부, 중서부에서 매우 크고, 남부에서 가장 작다. 이는 남부 유럽 이민자의 작은 가족 농장부터 상파울루와 빠라나의 일본계 브라질인과 여타 외국인의 협동조합, 마뚜그로수의 거대한 목장, 그리고 북동부의 전통적 사탕수수 대농장까지 브라질의 다양한 지역에서 발견되는 사회경제적 조건과 다양한 유형의 농업 활동을 반영하고 있다.[38]

농촌 빈곤

브라질의 농업 생산량 증가의 상당 부분은 광범위한 국토의 외곽 지역에서 발생했다. 이로 인한 운송비와 창고 보관비 증가로 식품의 상대가격이 상승할 것으로 예상되었지만, 실제로는 이런 일이 발생하지 않았다. 브라질 농업 당국은 이것이 농촌 노동력의 상대적으로 낮은 인건비 때문이라고 설명했다.[39] 브라질 농촌의 과잉 노동력으로 인한 결과 중 하나는 농촌지역의 전통적 빈곤 상태가 수년 동안 변하지 않았다는 것이다.

1970년에 브라질 농촌 가구의 1인당 국민소득은 도시 가구의 1인당 평균 국민소득의 26%였다. 이것이 1980년에는 32%로 증가했고 1988년에는 다시 31%로 감소했다.[40] 또한 1988년에 농촌 빈곤율은 53.1%였고, 도시 빈곤율은 17.8%였다.[41] 어느 연구 결과에 따르면, 상파울루를 제외한 농촌 근로자의 평균임금은 법정 최저임금보다 낮았다. 루이 밀러 빠이바는 이러한 소득수준이 "농업부문에서 만족스러운 복지 여건을 유지하는 것이 가능하지 않다"는 사실을 발견했다.[42] 사회조사에 따르면, 1988년에 브라질 농촌의 상수도 보급률은 32%였고, 도시는 이 비율이 81%였다. 전력 보급률은 농촌이 51%였고, 도시는 97%였다. 농촌 가구의 7.4%가 하수 시스템에 연결되어 있거나 정화조를 가지고 있었고, 도시는 이 비율이 50%였다. 농촌 가구의 34%가 냉장고를 가지고 있었고 도시 가구는 이 비율이 79%였다.[43]

농촌 빈곤은 농촌 노동자의 낮은 소득에만 기인하는 문제가 아니었다. 농촌 생산시설의 상당 부분이 10헥타르 미만이었다(1950년 전체 농업시설의 34%에서 1985년에는 52.9%로 증가). 여러 연구는 이 정도 규모의 농업시설이 벌어들일 수 있는 소득이 극도로 작다는 것을 보여 주고 있다.[44]

농촌과 도시의 교육 격차도 매우 컸다. 1988년에 농촌인구의 15.5%가 4년 이상의 교육을 받았으며, 도시인구는 이 비율이 49.1%였다.[45]

1990년대 초반부터 2008년까지 농촌 노동자의 실질임금은 정규직의 경우 73%, 임시직의 경우 71% 증가했다. 이것은 최저임금의 실질 가치가 상승한 결과였다.[46]

농업정책

1950년대 내내 농업정책은 산업화 달성을 위한 목표에 종속되었다. 윌리엄 니콜스는 다음과 같이 언급했다.

1950년대 내내 공공정책의 주요 목표는 전통적 수출에 불리하고 기계 및 생산재 수입에 유리한 복수환율제도를 통해 수출 부문(커피, 면화, 카카오)의 초과 이익을 착취해 산업 발전에 필요한 자금을 지원하는 것이었다.[47]

이것은 주요 수출 작물 재배에 필요한 일부 농업 투입재(비료 등)

의 수입에 허용되는 좋은 조건의 환율에 의해 부분적으로 상쇄되었다. 농업지도 서비스를 발전시키려는 시도가 있었으나 1960년까지 지방자치체의 11.5%(상파울루를 제외)만이 이 사업의 수혜를 받았다.

1950년대에 정부의 도로건설 프로그램이 없었다면, 브라질의 농업 생산 증가도 이루어질 수 없었다. 1952~60년 기간 동안 연방 고속도로 시스템이 1만2,300킬로미터에서 32만4천 킬로미터로 늘어났고, 주 고속도로 시스템은 5만1천 킬로미터에서 75만9천 킬로미터로 증가했다. 비록 이것이 "너무 광대한 국가라서 여전히 부적절한 수준이었지만, 연방 및 주 고속도로 네트워크의 확장은 1950년대에 트럭으로 운송되는 물량이 4배 증가하는 결과로 이어졌다."[48]

1950년대에는 최저 가격 보장 프로그램이 사용되었지만 그다지 효과적이지 않았다. 그 이유는 다음과 같다.

연간 물가상승률이 25%를 초과하는 상황에서 농산품에 설정된 최저 가격이 농산품 판매 시점에는 비현실적으로 너무 낮았다. 농촌 신용 프로그램은 농작물 판매를 위한 금융 지원에 한정되었고, 고정투자나 생산을 위한 대출은 없었다. 대부분의 신용이 농산품을 시장으로 출하하거나 가격이 오르기를 기다리는 동안 상품을 보관하는 중개인에게 제공되었다.[49]

1964년 이후 정부 정책은 과거보다 농업부문을 더 지지했다. 생산을 촉진하기 위한 시장 메커니즘에 중점을 두었다. 비록 정부가 인플레이션을 통제하기 위해 노력하면서 특히 1980년대에 때때로 재도입되기는 했지만 많은 상품(대두, 우유, 쇠고기, 기타 상품)에 대한 가격통제가 점차 사라졌다. 수년 동안 정부는 농업 생산에 대한 인센티브로서 최소 가격 프로그램을 사용했다. 그러나 이 프로그램의 높은 비용과 인플레이션 영향 때문에 점차적으로 곡물의 직접 수매를 대체해 비소구금융을 주로 사용했다. 이 접근법은 "농부가 수확한 농작물을 즉시 판매하지 않고 일정 기간 보관했다가 가장 수익이 많은 시점에 판매할 수 있도록 지원하는 것이었다."[50]

1960년대와 1970년대에 농업 지원을 위한 주요 정책 수단 중 하나는 신용이었다. 1960년부터 1970년대 중반까지 농업 대출은 6배 이상 증가했다. 브라질 총대출 중 농업 대출이 차지하는 비중은 1960년 11%에서 1970년대 중반에는 25%로 증가했다. 농업의 GDP 대비 농업 대출 비중은 1970년대에 65~94% 사이에서 변동했다.[51] 농업 신용의 대부분은 브라질은행이 제공했지만, 민간은행의 농업부문에 대한 대출을 늘리도록 유도하기 위한 다양한 조치가 취해졌다. 농업 대출의 압도적인 비율이 양허성 조건으로 이루어졌다. 즉, 농업 대출의 이자율은 대개 물가상승률보다 상당히 낮았다. 예를 들어, 1970년대 중반에 농업 투입재 부문에 대한 대출 이율은 7%였고, 인플레이션은 35%를 상회했다. 이로 인한 농업 신용 보조금은 1970년대 초 농업의 GDP 대비 약 2%에서 1980년에는 20%로 증가했다.[52]

보조금 성격의 신용 제공을 통한 농업부문으로의 소득 이전은 복합적인 결과를 가져왔다. 비록 보조금이 특정 지역에서의 농업 기계화 증가와 농업기술 개선에 기여했지만, 마이너스 금리로 제공되는 보조금의 분배는 상당히 편향되어 있었다. 즉, 농장 규모가 크면 클수록 더 많은 혜택을 받았다. 예를 들어, 1960년대 중반에는 소액대출(최저임금의 4배 이하)에 할당된 작물 재배를 위한 농업 대출 비중이 34%였고 1970년대 중반에는 11%로 감소했고, 축산업 대출의 경우에는 33%에서 12%로 감소했다. 작물 재배를 위한 대출의 집중도를 측정한 지니계수는 1969년 0.6에서 1979년에는 0.725로 상승한 것으로 추산되었다. 1970년대 후반까지 농업 대출의 60%가 대출 규모가 큰 상위 10%에 돌아갔다. 그레이엄·고티에·데 바로스의 연구에 따르면, "이들 데이터는 동일한 차주에 대한 복수의 대출을 고려하지 않았기 때문에 대출 집중도를 과소평가하고 있다"고 지적했다. 이와 더불어,

> 이 보조금 성격의 농업 대출을 받은 소농을 대상으로 조사한 결과, 소농이 부담하는 비非이자 금융비용 또는 차입비용이 명목금리의 몇 배에 달했으나, 대농의 경우에는 사실상 제로였기 때문에 사실상의 불평등은 더욱 컸다.[53]

일부 연구에 따르면, 모든 농업 대출이 현명하게 사용된 것은 아니었다. 이것은 종종 더 많은 토지나 소비재를 구매하는 데 간접적으로 사용(농촌 신용이 증가하면 내륙지역의 자동차 판매가 대폭 증가)되었다.[54]

이제는 다양한 형태의 농업 보조금 프로그램이 제한적인 영향만

을 미쳤다는 것이 일반적으로 인정된다. 예를 들어, 비료 보조금 프로그램을 분석하면서 도널드 시브러드는 다음과 같은 결론을 제시했다.

이 프로그램은 브라질 농부들의 비료 사용 증가 측면에서 작은 성공을 거두었다. 그러나 이 프로그램의 실행 방법에는 심각한 결함들이 있었다. 이 자금을 다른 목적으로 전용하는 것을 제한하기 위한 기준을 설정하거나 감독을 제대로 수행하지 않았기 때문에 이 프로그램은 아마도 브라질에서 기술적으로 가장 앞선 생산자들인 브라질 농민의 약 5%만이 혜택을 받을 수 있었다. 대부분의 농부들은 이 프로그램을 이용할 수 없었다. 최저 가격 유지제와 농촌 신용 프로그램과 마찬가지로 농업 생산성과 생산량 개선을 위한 수단으로서의 농업 투입 보조 프로그램의 효과는 시장 인센티브에 반응하는 현대화된 농업부문에 국한되었다. 대다수의 브라질 농민들에게 시장 인센티브는 충분하지 않다. 이것들은 농업지도 서비스, 교육, 연구, 그리고 경우에 따라서는 토지소유제의 변경이 병행되어야만 한다.[55]

농업 신용 보조금 시스템, 광범위한 도로건설 프로그램 및 마케팅에 대한 투자가 브라질의 농산물 생산량을 늘리고 다양화하는 데 도움이 되었지만, 농업부문의 생산성을 높이고 생산품 분배의 형평성을 증가시키기 위해서는 기본적인 제도 개혁이 필요하다. 일부 낙후된 지역에서 효과적인 토지개혁이 제도화되지 못했다.[56] 그리고 농업 신용과 농업지도 서비스 시스템의 질을 개선하기 위한 많은 노력이 요구되고 있다.

1973년 정부는 대규모 투자로 생산성을 획기적으로 향상시킬 수 있다고 판단했다. 이를 위해 브라질농업기술연구원Empresa Brasileira de Pesquisa Agropecuária, Embrapa이 만들어졌다.[57] 이를 통해 인적자본에 대한 막대한 투자가 이루어졌는데, 주로 농학 전문가의 해외 파견 훈련이 실시되었고 농업 생산성 향상을 위한 연구를 강조했다.[58] 남동부와 중서부의 개척 지역(세하두)의 산성토양에서 수확량 증가를 위한 기술혁신을 이루려는 노력이 있었다. 그레이엄·고티에·데 바로스는 다음과 같이 밝히고 있다.

몇몇 대두와 검은 콩 품종과 세하두 지역의 혼합 농법에서 부분적인 혁신이 있었다. 그러나 모든 농업 연구가 장기간이 소요되는 특성 때문에 이러한 투자의 영향이 1980년대 중후반 이후에나 분명해질 수 있을 것이다.[59]

1960년대 후반부터 1980년대까지 지속된 브라질의 수출 다변화 정책은 농업에 큰 영향을 미쳤다. 1960년대 중반에 가공되지 않은 제품이 전체 농산물 수출의 약 84%를 차지했다. 이 수치는 1990년대 초반에 20%까지 떨어졌다. 또한 1억 달러 이상 수출되는 농산물의 수는 1960년대 중반 4개에서 1991년에는 19개로 증가했다. 이러한 추세를 가능하게 만든 정책 수단에는 직접 수출 보조금, 주 및 연방정부 부가가치세 면제, 소득세 공제, 원자재 수입 관세 환급, 신용 보조금 등이 있다. 또한 농업 생산자가 가공되지 않은 농산물을 세계시장 가격보다 낮은 가격으로 국내 가공업체에 판매하도록 강요하는 다양한 수출 통제 및 쿼터가 있다.

이러한 조치의 결과로 "가공되지 않은 농업 제품의 수출은 판매액의 13%를 세금으로 납부했다. …… 그러나 국내에서 창출된 부가가치 비율이 상승할수록 절반 또는 전체가 가공된 농산물 수출에 대한 보조금 수준도 상승해 섬유 제품의 경우에는 50% 수준에 달했다."[60] 이러한 정책의 영향은 수출 제품에 대한 복잡한 세제 및 신용 보조금 지원 때문에 내수 시장을 겨냥한 생산의 상대적 매력을 상쇄시킨다는 것이었다. 이 정책의 결과는 농업 생산자에게 불리하게 작용해 농산품 가공업자에게 모든 혜택이 돌아가는 효과적인 보호 수준을 창출하는 것이었다. 그레이엄·고티에·데 바로스에 따르면, "이러한 부문 간 차별 대우는 농업 생산자에게 암묵적 과세를 보상하기 위한 정책을 정당화하는 강력한 근거가 되었다. 이 '차선책'의 정당화는 농업 신용의 급속한 증대에 대한 중요한 논거가 되었다."[61]

1960년대 후반부터 1990년대까지 브라질의 농업정책을 평가할 때, 이를 "보수적 현대화"의 시대라고 지칭한 찰스 뮬러는 기술적인 변화가 이 시대의 주요 특징이라는 것을 발견했다. 이것은 "화학 비료와 기타 투입물은 물론이고 트랙터와 다른 기계 장비의 역할이 중요해지면서 주로 대규모 농장에 초점을 맞춘 녹색혁명 기술의 개발과 적용을 의미했다."[62] 이 기간은 많은 기업형 농업단지의 조성이라는 특징을 보였고, "가공산업의 창설, 확장 및 현대화와 농업 투입재 산업의 발전과 개선을 위한 강력한 유인책이 있었다."[63] 또한 반‡가공품 수출에 대한 세금 면제, 리베이트 및 보조금 지급 등의 복잡한 시스템이 개발되었지만, 가공되지 않은 원자재의 수출에는 중과세가 부과되었다. 동시에 "국내 농업 투입재 부문은 특혜 자금조달 및 기타 인센티브와 보조금 등 강력한 보호를 받았다."[64]

뮬러는 농산물 수출에 대해 다음과 같이 밝혔다.

농산물 수출은 보수적 현대화 모델이 제공하는 유인과 세계시장의 기회에 잘 대응했다. 수출 붐이 있었거나 공적 지원을 제공받는 농업부문은 상당한 현대화를 경험했다. …… 그들은 또한 농업 투입재와 농업 장비 산업의 중요한 고객이 되었으며, 생산량의 상당 부분을 가공산업에 판매했다.[65]

그는 다음과 같이 결론지었다.

이 기간 동안 농업에 부여된 역할은 수입대체산업화 모델에서 비롯된 것으로서 도시 거주자에게 값싼 식료품을 공급해 임금 상승으로 인한 인플레이션 압력을 완화시키는 것이었다. 이것은 복잡한 규제, 가격상한제, 수출 제한 및 쿼터를 통해 이루어졌다. 그러나 이는 광범위한 대중 수요가 있는 식품을 생산하는 농업부문의 변화를 저해하는 것을 의미했다. …… 이 부문은 현대화에 실패했고 성과도 좋지 못한 경향을 보였다.[66]

1990년대 이후의 브라질 농업

1990년대 들어 정부의 경제활동 축소는 농업부문에서도 있었다.[67] 특히 보조금 성격의 신용과 최저 가격제가 그러했다. 농업 신용은 점차적으로 제한되었고, 1994년 도입된 안정화 프로그램으로 인플레이션이 크게 줄어들었는데 이는 농업에 대한 보조금 성격의 신용이 크게 감소했다는 것을 의미했다.[68] 또한 헤알 플랜의 도입과 더불어 많은 농업시설이 재정적으로 불안정한 처지에 놓이게 되었는데, 이는 헤알화로 전환된 이들의 부채 규모가 제품 가격 증가보다 훨씬 더 컸기 때문이다. 이것은 농업센서스가 실시된 해인 1995/96년 시즌의 농산품 재배에 실질적인 영향을 미쳤다. 많은 농민들이 선별적으로 재배작물을 선택했고, 주로 그들이 더 많은 통제와 기술적 지원을 받는 작물에 집중하는 결과를 낳았다. 특히 전통적 작물의 경우 이러한 경향이 더 컸다.

1970년의 브라질 농업 구조와 2000년의 농업 구조를 비교(〈표 13.7(a)〉 참조)하면, 100헥타르 이하의 농업시설은 거의 변화가 없다. 1970년 전체 시설에서 이들이 차지하는 비중은 90.8%였고, 경작지 점유율은 23.5%였다. 2000년에는 농업시설의 85.2%와 경작지의 20%를 차지했다. 또 다른 극단에 있는 1천 헥타르 이상의 대규모 농업시설은 1970년 전체 시설 중 0.7%와 경작지의 39.5%를 차지했다. 이들은 2000년에 농업시설의 1.6%와 경작지의 43.8%를 차지했다. 농업 소유권 집중도가 크게 증가한 것이다.

〈표 13.7(b)〉는 1970년과 1995년 사이의 25년 동안 전문적 기

표 13.7 | 농업시설과 재배면적

(a) 시설 및 재배면적 분포: 1970년과 2000년(구성비)

농업시설 규모(헥타르)	시설 비중		경작지 비중	
	1970	2000	1970	2000
<10	51.4	31.6	3.1	1.8
10~100	39.4	53.6	20.4	18.2
100~1,000	8.5	13.2	37.0	36.2
1,000~10,000	0.7	1.6	39.5	43.8
합계	100.0	100.0	100.0	100.0

(b) 소유주, 소작인, 그리고 관리자별 시설 및 경작지 비율: 1970년과 1995년

	1970		1995	
	시설	경작지	시설	경작지
소유주	59.6	60.6	69.8	63.9
소작인	20.2	5.5	11.0	2.6
점유자	16.1	6.4	14.4	2.6
관리자	4.1	27.5	4.8	30.9
합계	100.0	100.0	100.0	100.0

자료: IBGE.

업이 운영하는 경작지의 비중이 점증해 왔고, 농업부문에서 기업형 농업이 확산되고 있음을 보여 준다.

면화, 쌀, 설탕, 콩 등과 같은 단년 작물 재배에 사용된 토지는 1985년에 4,260만 헥타르에서 1989년에는 4,640만 헥타르로 증가했고, 1995년에는 다시 3,430만 헥타르로 감소했다. 이는 특히 면화, 쌀, 밀, 대두, 옥수수 재배면적이 크게 감소했기 때문이다. 뮬러는 이것이 주로 농업 보조금 감소에 기인하며, 특히 밀의 경우 수입 밀과의 경쟁 때문이라고 설명한다.[69] 다년 작물 재배면적도 1989년 598만 헥타르에서 1995년 411만 헥타르로 감소했다. 이는 주로 면화와 커피 재배면적 감소로 인한 것이었다.

1985년과 1995년 사이에 농업센서스 자료를 분석한 결과, 농업 종사자 수가 2,170만 명에서 1,790만 명으로 크게 감소했다. 이러

한 감소는 주로 농업부문의 현대화, 특히 기계화의 증가에 기인했다. 1985~95년 기간 동안 보조금 성격의 농업 신용이 크게 감소했음에도 불구하고 트랙터 사용은 23.5% 증가했다.

1985~95년 동안 현대 농업 투입물의 사용이 두드러졌다. 1985년에 농업시설의 31.6%가 비료를 사용했다. 1995~96년에는 이 비율이 38.2%로 증가했다. 1985년에 석회석 및 다른 토양 개선을 위한 투입물을 사용한 시설은 5.8%에 불과했다. 1995~96년에 이 비율이 12%로 증가했다.

1980년대 후반과 1990년대의 정책 개혁

1987년에서 1992년 사이에 가장 중요한 농업정책 개혁이 이루어졌다. 이들은 세 가지 그룹으로 분류할 수 있다.[70]

1. 농산물의 대외무역 자유화 관련 개혁: 수출입 제한이 폐지되었고 관세 운영 절차가 현대화되었다. 농산물 수입에 대한 평균 관세율은 1980년대 중반 32.2%에서 1990년대에는 14.2%로 감소했다. 수입 비료에 대한 관세도 크게 낮아졌다. 그러나 농업 기계에 대한 관세는 국내 산업을 보호하기 위해 여전히 높은 수준을 유지했다.
2. 국내 가격안정화를 목표로 한 개혁: 정부의 시장개입이 과거보다 더 시장 지향적으로 바뀌었다. 다양한 농산물에 대한 최저 가격이 국제시장에서의 가격과 일치하는 수준으로 설정됐다. 1990년대까

지 정부는 다양한 농산물에 대해 미래의 수요 전망과 부합하는 인
센티브 체제를 목표로 한 최저 가격 정책을 가지고 있었다. 또한 정
부는 이러한 가격 정책을 보완하는 규제적 비축 정책을 제정했다.
3. 설탕, 알코올, 커피, 밀 부문의 주정부 농업 독점을 제거하기 위한
제도 변화가 있었다.

1990년대의 농업

브라질에서는 정부 개입 축소 및 보조금 성격의 농업 신용 감소
와 더불어 농업과 유통업이 통합된 새로운 모델이 등장했다. 특히
농업과 통합된 유통업 부문은 슈퍼마켓 체인과 영농 기업의 영향을
강하게 받고 있었다. 농산품 유통업자/가공업자, 그리고 농업 투입
물 부문을 포괄하는 이러한 기관들은 농업부문의 주요 금융 제공자
로서 사라진 공공금융기관의 농업 신용을 대체했다. 디아스·아마
라우는 다음과 같이 가정했다.

보조금 성격의 신용을 통한 소득 이전의 감소가 농업 생산자들을 자극
해 평균 비용을 낮추었다. …… 가장 중요한 수단은 재배면적의 적당
한 감소와 노동력 고용의 급격한 감소를 통한 생산성의 급격한 증가였
다.[71]

이들은 〈표 13.8〉이 제시한 농업 생산성 지표를 구축했다. 1987

표 13.8 | 농업 생산성 지표: 1987~98년

(a) 농업생산성: 1987~98년

	작물	가축	합계
1987	100.0	100.0	100.0
1988	96.1	101.9	98.0
1989	100.5	103.8	101.6
1990	94.9	105.8	98.5
1991	97.1	107.9	100.7
1992	10.6	110.0	105.7
1993	110.8	112.1	111.3
1994	111.3	114.3	112.3
1995	112.5	116.6	113.8
1996	114.2	118.9	115.8
1997	116.4	123.6	122.8
1998	122.4	123.6	122.8

(b) 주요 작물 생산성: 1986~98년

	면화	대두	커피	코코아	옥수수	콩
1986~88	100.0	100.0	100.0	100.0	100.0	100.0
1987~89	106.3	100.0	75.0	104.7	99.7	113.7
1988~90	110.3	98.0	63.7	103.7	97.7	121.3
1989~91	116.3	95.0	68.0	101.0	96.7	122.7
1990~92	121.3	96.0	68.7	91.7	100.3	131.0
1991~93	126.3	103.7	71.3	89.7	111.3	144.7
1992~94	127.3	115.0	74.7	89.3	120.3	154.3
1993~95	136.0	118.0	73.7	86.3	125.7	158.3
1994~96	139.7	119.0	78.3	82.7	123.7	152.7
1995~97	148.7	121.3	76.0	78.3	127.0	153.3
1996~98	152.2	124.3	87.0	77.0	130.7	158.3

자료: Guilherme Leite da Silva Dias and Cicely Moitinho Amaral, "Mudanças estruturais na agricultural brasileira, 1980-1998," Renato Baumann ed., Brasil: Uma Década em Transição (Rio de Janeiro: Editora Campus, 2000), p. 139, FIBGE 자료에 근거.

년부터 1998년까지 지속적인 생산성 증가가 이루어졌다는 것에 주목할 필요가 있다. 디아스·아마라우는 농업 생산성 증가에 기여한 여러 요소를 제시했다. 첫째, 1980년대와 1990년대 초반의 교통인프라에 대한 투자 부족이 토지의 집약적 이용에 대한 집중을 증가시켰다. 둘째, 농업 연구를 전문으로 하는 정부 기관인 브라질농업기술연구원이 새로운 종자(개척 지역의 토양 조건에 적합한 다수의 종자)와 새로운 생산기술을 신속하게 농부들에게 양도했다. 셋째, 농업이 개척 지역으로의 인적자본 이동, 특히 남부에서 중서부 및 북부 지역으로 이주한 농민들의 이주에 따른 혜택을 받았다. 마지막으로, 그들은 무역자유화로 인해 현대 농업 투입물의 가격이 낮아져서 결과적으로 더 많이 사용할 수 있게 되었다는 것을 발견했다.

농업 생산성 증가가 가장 큰 부문은 내수용 농업부문이었고, 수출용 작물(커피와 코코아)을 생산하는 부문은 실제로 생산성이 감소한 것에 주목할 필요가 있다(〈표 13.8(b)〉 참조). 이것은 이전에 논의된 자본 가동률intensive margin 차원에서 농업 생산량을 증가시키기 위해 취해진 조치가 주로 내수용 농업부문과 대두와 같은 비전통적 수출부문에 집중되었다는 것을 의미한다.

농업부문의 고용 변화

1980년대와 1990년대 브라질 농업의 생산성 증가는 고용 감소와 농업시설 숫자의 감소로 이어졌다. 1985년과 1996년 사이에 농업부문의 고용은 23% 감소했으며, 전체 농업 생산량은 30% 증가했다. 농업 고용의 급격한 감소에 대처하기 위해 정부는 1990년대 중반에 토지개혁 프로그램을 강화해 20만 가구 이상에 토지를 분배하고 70만 개 이상의 농업시설에 대한 특별 신용 지원을 실시했다.[72]

21세기 초 브라질 농업

20세기 말까지 지난 20년 동안의 농업정책은 많은 긍정적 유산을 남겼다. 브라질농업기술연구원은 주로 농업과학 전문가의 해외 훈련을 통해 인적자원에 대한 상당한 규모의 투자를 촉진했으며, 생산성 향상을 위한 많은 연구 프로그램에 자금을 지원했다. 남동부와 중서부 개척 지역(세하두)의 산성토양에서 수확량 증가를 위한 기술혁신을 이루기 위해 상당한 양의 자원이 투입되었다. 국책 연구소인 응용경제연구소IPEA에 따르면, 1975년부터 2002년까지 총요소생산성Total Factor Productivity, TFP은 평균 3.3% 증가했다 (1990년대에는 4.88%, 2000년에서 2003년까지는 6.04% 증가).[73] 그러나 이 기간 동안의 토지 생산성은 총요소생산성 증가를 설명하는 주된 요소였다. 토지 생산성의 연평균 성장률은 3.82%였지만, 노동생산성과 자본 생산성 연평균 증가율은 각각 3.37%와 2.69%였다.

1990년대 초반부터 농업을 포함한 브라질의 경제는 관세가 감소되고 수입 금지 및 수출 쿼터가 중단되었으며, 대외무역 행정이 간소화됨에 따라 점점 더 국제 경쟁에 노출되었다. 따라서 과거의 시장을 왜곡하는 다수의 정부의 개입이 단계적으로 사라졌다. 또한 상업적 농업에 대한 정부의 직접 재정 지원은 거의 사라졌으며, 공공 농업 신용의 이자율도 정상화되었다.

그러나 1990년대와 20세기 초반의 정책 변화는 순조롭게 진화하지 못했다. 1994~99년 기간의 헤알화 평가절상은 농산물 수출에 부정적인 영향을 주었고 식량 수입은 증가했다. 그러나 1999년의 통화가치 평가절하가 이 부문의 전망을 크게 개선시켰다. 상품 가격의 상승 추세와 함께, 새로운 환율정책은 브라질 농업 및 농기업의 수출 확장을 가져왔다. 농산물 수출은 1999년 118억 달러에서 2005년에는 347억 달러로 증가했다. 1990/91년에 5,800만 톤에 달했던 곡물 수확량은 2002/03년에 1억2,320만 톤으로 증가했다. 2003년에 브라질은 세계 2위의 대두 생산국, 세계 3위의 옥수수 생산국, 그리고 커피, 설탕, 알코올, 과일주스의 세계 최대 생산국이었다. 또한 브라질은 쇠고기와 가금류의 세계 최대 생산국 중 하나였으며 2006년까지 브라질은 사탕수수로 만든 바이오연료와 면화의 세계적 생산 국가 중 하나였다. 곡물 및 종유oilseed 생산량은 1991~98년에 32.3%, 1999~2004년에는 55.4% 증가했다. 이러한 생산량 증가는 작은 규모의 재배면적 증가를 통해 얻어진 결과였다. 1991년과 2005년 사이에 곡물과 종유의 재배면적은 3,790만 헥타르에서 4,740만 헥타르로 단지 25.5% 증가했다. 생산량 증가의 대부분은 수확량 증가 때문이었다. 곡물과 종유뿐만 아니라 사탕수수, 쇠고기, 가금류, 돼지고기, 달걀, 우유와 같은 제품에 이르기까지 이러한 성과의 주요 요인은 기술적 변화였다.

이러한 농업 생산량의 실질적인 증가는 비전통적 수출의 성장에 크게 기여했다. 1990~2002년 브라질의 세계 수출 비중이 0.86%에서 0.97%로 변동한 반면, 브라질의 세계 농산물 수출 비중은 1990년 2.34%에서 2002년에는 3.34%로 증가했다. 비전통적 수출 품목 가운데 가장 주목할 만한 것은 대두(대두와 대두유는 2003년 브라질 총수출의 7.3% 차지), 오렌지주스(1.2%), 냉장 육류 및 닭고기 제품(4.6%) 등의 순으로 나타났다. 이러한 제품 중 상당수는 해외로 선적되기 전에 브라질에서 가공되었다.[74]

브라질 GDP에서 농업 비즈니스 비중 측정

브라질의 GDP에서 농업의 비중을 측정하기 위해 전통적인 방법을 사용하면 1950년 24.28%에서 2004년에는 9.04%로 꾸준히 감소했다. 농업부문이 고용에서 차지하는 비중도 1939년 65.9%에서 1969년 45.1%, 2003년 20.0%로 감소했다. 비록 고용에서 차지하는 비중이 GDP에서 차지하는 비중의 2배 이상이지만, 이는 농촌 노동력이 상대적으로 계속해서 비효율적이고 가난하다는 증거이다.

그러나 농업 생산성의 증가가 농업 투입 부문(비료 산업, 농기구 등)의 확장, 농업 가공 부문 및 국내외 마케팅 부문, 즉 농업 비즈니스 복합체의 발전과 밀접한 관련이 있다는 점을 고려한다면, 브라질 경제 내에서 농업 비중의 감소에 대한 인식은 수정되어야 한다. 따라서 현재 농업이 브라질 경제에 미치는 영향은 GDP에 대한 직접적인 기여로만 측정될 수는 없다.

농업 비즈니스라는 광의의 개념이 농업이 그 나라의 경제에 미치는 영향을 보다 잘 포착하는 것으로 보인다. 비록 농업 비즈니스 자체의 개념에 대한 논란이 있지만, 길료뚜·푸르뚜오수는 산업연관

표 13.9 | GDP와 고용에서 농업과 농업 비즈니스의 비중

(%)

	GDP 비중	고용 비중
농업 생산	8.99	18.8
농산품 가공	9.07	
농산품 유통	9.24	7.93
농업 투입물	1.90	

자료: CAN/CEPEA-USP.

표와 국민계정체계를 사용해 농업 비즈니스의 GDP를 측정하는 새로운 방법을 제시했다.[75] 〈표 13.9〉는 그들의 관측치를 예시한 것인데, 2000년 브라질 GDP에서 농업이 차지하는 비중이 7.6%에 그쳤지만, 그 해 GDP에서 농업 비즈니스가 차지하는 비중은 27%라고 제시했다.[76] 2003년 농업의 비중은 GDP의 9.6%였고 농업 비즈니스는 GDP의 약 31%로 추산되었다. 2002년 GDP에서 농업이 차지하는 비중은 8.99%였으나, 총고용에서 차지하는 비중은 거의 19%에 이르고 있는 것도 주목할 필요가 있다. 그러나 GDP의 20% 이상을 차지하는 농업 투입물, 농산품 가공, 농산품 유통이 고용에서 차지하는 비중은 단지 7.9%에 불과했다. 이것은 현대 농업의 비노동집약적 성격을 반영한 것이다.

브라질 농업의 당면 과제

1. 기후 문제. 2004년에 브라질 남단의 극심한 가뭄으로 곡물 생산이 감소했고, 2005년에는 남부와 중서부의 일부가 가뭄으로 인

해 생산량이 감소했다. 이러한 사건으로 인해 농업 소득이 크게 감소했다. 2001~04년 평균 5.3% 증가한 것과는 대조적으로 2005년에는 사탕수수-알코올, 커피, 감귤류, 쇠고기 부문의 양호한 성과로 인해 겨우 농업 소득이 악화되는 것을 면할 수 있었다.

이러한 사건은 장기에 걸쳐 영향을 미친다. 여건이 매우 양호했던 2001~04년 동안 많은 농민들이 투자와 농업 투입물 구입을 위해 대규모 대출을 받았다.[77] 2006년 초에 농업 채무의 약 3분의 1이 연체된 것으로 추정되었다.[78] 그 결과, 정부가 채권자인 경우(브라질은행과 경제사회개발은행 대출) 상환기일이 연장되고 저금리로 새로운 신용한도가 설정되었다. 그러나 2006년에 연체된 농업 채무의 대부분은 투입물 공급자와 민간 금융기관에 의한 것이기 때문에 정부가 지원에 나서기가 어려웠다.[79]

2. 인프라 부족. 브라질 농업부문의 근심거리는 농업 비즈니스를 지원하는 인프라(도로, 항구)의 부적절한 여건이었다. 2005년까지 이것들은 완전히 부적절한 것으로 보였으나, 가뭄으로 인한 생산 감소로 인해 예상치 못한 '물류 중단' 사태는 발생하지 않았다. 인프라 부족 문제는 특히 중서부와 북부의 농업 개척지에서 심하지만, 기존의 농업 지역에도 영향을 미치고 있다. 인프라 부족은 수확 시기에 높은 운송비용과 운송 중단과 같은 위협을 야기하고 있다.[80]

가장 큰 어려움은 인프라 투자에 대한 책임자가 누구인지에 대한 명확한 정의가 없다는 것이다. 과거에는 이러한 투자가 주로 공공부문에서 수행되었지만 21세기 들어서는 공공부문이 투자 능력을 잃었을 뿐만 아니라 민간부문이 이를 대신할 수 있는 여건 조성에도 실패했다. 룰라 정부는 주정부의 투자 역량 부족을 극복하기 위해 민관협력public-private partnerships, PPP 개념을 시도해 왔지만, 이것의 실현 가능성을 높이기 위해 필요한 제도적 변화는 아직 이루어지지 않았다.

토지개혁

브라질 정부는 1990년대 중반까지 산발적으로 토지 분배를 개선하기 위한 시도를 했다. 뮬러에 따르면, 토지개혁은 군사정부의 종식과 사르네이 대통령(1985~90년)의 취임 이후 다시 정부의 정책 목표가 되었다.[81] 사르네이 정부는 농업 개혁을 위한 국가계획을 수립했고, 토지개혁을 실행하기 위해 토지개혁부Ministry of Land Reform를 창설했다. 목표는 유휴지뿐만 아니라 시장과 가까운 사용되지 않는 토지를 재분배하는 것이었다. 그러나 대토지 소유자의 반대와 거시경제위기(경제위기가 다수의 토지개혁 프로젝트를 실행하기 위한 자원을 제약했다)가 토지의 재정착 과정을 상당히 감소시켰다. 20세기 중반부터 1994년 이전까지 단지 17만6,033개의 가구가 2,100만 헥타르의 토지에 재정착했다.

토지개혁은 까르도주 정부에서 가속화되었다. 1995~2003년 동안 42만3천 개의 가구가 2,200만 헥타르의 땅에 정착했다. 2002년 말까지 토지개혁 프로젝트에 관련된 총 면적은 브라질의 경작 가능한 토지의 7.2%에 달했다. 2003년 출범한 룰라 행정부가 그해 11

월에 2006년 말까지 53만 개의 가구를 정착시킨다는 새로운 농지 개혁 계획을 발표했다.

무토지농민운동Movimento dos Trabalhadores sem Terra, MST은 토지개 혁의 가속화를 압박했다. 이 운동은 1985년 군부독재가 종식된 시점에 출현했다. 1990년대에 이 운동이 확산되면서 토지의 급진적 재분배를 요구했다. 생산적인 토지와 비생산적인 토지 모두에 대한 토지 점거는 대규모 토지를 해체해 소규모 토지의 소유권을 무토지 농민운동 회원들에게 분배하도록 정부에 압력을 가하는 수단으로 사용되었다.

2003년 1월, 룰라 대통령이 취임했을 때, MST는 11만6,322개 의 가구가 전국에 걸쳐 632개의 점거 캠프를 가지고 있었다. 2003 년까지 대부분의 토지 점거는 토지법Estatuto da Terra에 의거해서 유 휴 농장에서 발생했다.[82] 그러나 룰라 대통령 취임 이후 MST의 분 위기가 더욱 대립적으로 바뀌었다. 2004년에는 이 운동의 지도자 들이 '붉은 4월의 물결'Red April Wave이라고 명명한 대규모 토지 점 거를 촉구했고, 당시 점거 대상이 된 농장 중 소수만이 실제로 비생 산적인 토지로 여겨졌다.[83] 게다가 MST는 토지개혁청INCRA이 토 지개혁을 위해 점거된 농장을 사용하는 것을 금지한 2000년 법의 폐지를 촉구하기 시작했다.

브라질은 아직도 많은 유휴 농지를 가지고 있지만, 이 중 다수가 불모지(북동부 반 건조 지역 등) 또는 시장에서 멀리 떨어진 아마존 지역에 위치하고 있다. MST는 이러한 토지에는 큰 관심을 보이지 않고 있다. 실제로, 대부분의 토지 점거는 상대적으로 양호한 인프라를 갖춘 더 비옥한 지역에서 발생했다.

이것은 이러한 추세가 재산권을 위태롭게 하고 상업적 농업에 대한 투자를 감소시키는지 여부에 대한 중요한 질문으로 이어진다. 다수의 학자들은 MST의 활동이 브라질 농업 비즈니스의 미래를 위험에 빠뜨릴 수 있다는 우려를 제기했다. 왜냐하면 토지 점거는 사유재산권의 불가침권에 대해 의문을 제기하도록 만들 수 있기 때문이다. 알스톤 등은 다음과 같이 주장한다.

> 토지 수용을 촉구하기 위한 폭력 사용의 증가는 사유재산권의 안정성, 토지 가치, 그리고 투자 유인에 영향을 줌으로써 적어도 국경 지역의 재산과 브라질의 토지와 부의 분배에 영향을 미친다.[84]

그럼에도 정부의 붉은 4월의 물결에 대한 입장은 앞으로 더 많은 지원을 약속하면서 법을 준수하라고 분명하게 말하는 것이었다. 그러나 룰라 행정부 내에서 이 문제에 관해 상당한 의견 불일치가 계속되었다. 예를 들어, 룰라 정부의 첫 2년 동안, 농업 성과와 적절한 정부 정책에 대한 통일된 비전이 없었다. 이것은 토지개혁부 장관이 MST의 요구와 행동에 공개적으로 공감을 표현했다는 사실에 의해 분명해졌다.[85]

한편, 룰라 대통령은 브라질의 농업 비즈니스 부문이 국가 수출 증가의 중요한 공헌자라고 여러 차례 찬사를 보냈다. 예를 들어, 룰라 행정부는 2000년 법령을 폐지하기를 꺼렸는데, 그 이유는 폐지로 인해 토지 점거가 증가할 것이라는 우려가 있었기 때문이다. 룰라 정부가 이러한 점거가 나타내는 급진주의를 억제하기를 원했던 것처럼 보이지만, 정부의 진정한 성향에 대한 명확성의 결여(농업 비즈니스 대 무토지농민운동MST 선호)는 브라질 상업농의 성장을 책임지는 투자자들에게 잘못된 신호를 보낼 수 있다.

경제발전이 환경에 미친 영향

1970년대 후반까지 브라질 정책입안자와 학계 모두 경제개발이 환경에 미치는 영향을 간과했다. 1969년부터 1974년까지 브라질의 계획부 장관을 지낸 헤이스 베요수는 일본의 투자계획이 미칠 부정적 환경영향에 대해 다음과 같이 언급했다. "왜 안 되죠? 우리는 오염시킬 것이 아직도 많이 남아 있어요. 그들은 아니지만 말이죠."[1] 1980년대 초반 선진국의 환경보호 활동이 강화되면서 이러한 태도가 부분적으로 바뀌었다. 환경보호단체들은 이들 국가의 정

---

* 이 장은 찰스 뮐러(Charles C. Mueller)와 공동으로 집필했다.
마르꼬스 올랑다(Marcos Holanda)와 커티스 맥도널드(Curtis McDonald)의 많은 조언에 감사드린다.

책에 영향을 미쳤을 뿐만 아니라 세계 다른 지역의 환경보호 활동을 장려하는 한편, 세계은행과 같은 국제기구의 정책에도 영향력을 행사해서 이들이 금융지원 대상 프로젝트의 환경영향 평가에 근거해 금융지원 여부와 조건을 결정하도록 만들었다. 브라질에서도 환경보호단체가 출현해 급속도로 성장했고, 최근 몇 년간 산업화와 미개척 토지의 개발 과정에서 발생하는 환경오염을 통제하려는 노력이 강화되었다. 1992년 리우데자네이루에서 유엔환경총회가 개최되었고, 20년 후 다시 같은 장소에서 유엔환경총회(Rio + 20)가 개최된 것에서 알 수 있듯이 브라질은 물론 세계의 환경문제에 대한 인식이 크게 바뀐 것이 이러한 환경보호 움직임을 출현하게 만들었다.

이 장의 목적은 브라질 경제발전의 다차원적 환경영향을 살펴보는 것이다. 우리는 먼저 역사적 고찰을 통해 식민지 시대 초기의 자연자원에 대한 무분별한 개발에 대해 살펴볼 것이다. 우리는 산업 및 도시 오염뿐만 아니라 도시 빈곤으로 인한 환경파괴에도 관심을 두고 제2차 세계대전 이후 산업화 과정에 대해서 살펴볼 것이다. 또한 국경 확장(수평적 성장)과 농업 근대화를 통해 브라질 농업 성장이 환경에 미친 영향에 대해 검토할 것이다. 아마존 산림벌채는 종종 농업의 수평적 확장 차원에서 다루어지고 있다. 그러나 아마존이 갖는 고유한 특성으로 인해 아마존 전략과 환경영향을 분리해서 다루는 것이 더 적절하다는 것을 살펴볼 것이다.

역사적 관점에서의 경제성장과 환경

브라질 식민지는 거대하고 인구가 많지 않았기 때문에 환경에 대한 고려를 하지 않고 자원을 개발하는 데 모든 노력을 집중했다. 최초의 주요 수출품인 브라질나무는 산림면적에 비해 상대적으로 작았기 때문에 환경에 거의 영향을 미치지 않았다. 그러나 해안을 따라 지속적으로 대규모 벌목이 이루어짐에 점차 넓은 범위의 산림지대가 민둥산으로 변했다. 16세기와 17세기의 설탕 수출 호황기에 브라질 동북부 해안 지역을 단일 수출 작물 지대로 바꾸어 놓았다. 원시적 생산기술이 이용되었고, 비료는 거의 사용하지 않았다. 설탕 생산 지역과 이 지역에 식량을 공급하는 북동 지역 모두에서 무분별한 벌목과 화전경작이 이루어졌다. 17세기에 브라질의 설탕 수출이 감소한 이유 중 하나는 이러한 원시적 생산방식과 이에 따른 토양비옥도의 감소였다.

금광 개발과 금 수출 주기는 경제활동의 중심지를 브라질 중심부(주로 현재의 미나스제라이스 지역)로 이동시켰을 뿐 아니라 환경에도 부정적인 영향을 미쳤다. 이 지역에서 산림은 유일한 연료 공급원이었기 때문에 무분별하게 벌채되었고, 금광산이 발달한 지역에 대한 식량 공급원으로 사용된 이웃 지역에서는 벌목과 화전경작 방식의 농업이 발전했다. 역사가인 로이 내쉬는 골드러시에 대한 글에서 "18세기 골드러시 시기의 광산 개발업자들이 원래 이 지역에서 자라는 상당량의 목재를 태워서 재로 만들었다"고 언급했다. 광업 인구를 위한 식량작물 재배와 연료 공급을 위해 토지를 정리하는 과정에서 이런 일들이 발생한 것이다. 토지 황폐화가 너무 심각해서 "1735년 초 훌륭한 주지사인 고메스 프레이리 지 안드라다Gomes Freyre de Andrada는 광업 지대의 영구적 번영이 위협당하는 것을 보고 이를 막기 위해 최선을 다했다. 그러나 그의 노력은 헛된 것이었다."[2]

초기의 커피 수출 주기도 시골 풍경을 급속도로 황량하게 바꿔놓았다. 커피 생산 지역이 단일작물 경작지로 변하면서 토양의 비옥도가 급격히 감소했다. 커피 수출 주기는 리우데자네이루와 상파울루 사이의 빠라이바 계곡과 리우데자네이루 주변 160킬로미터 반경 내에 위치했다. 스탠리 스테인은 이 지역 커피 주산지 바수라스Vassouras에 대한 고전적 연구에서 커피 생산량 감소와 토질의 급격한 악화에 대해 상세히 기술했다. 1870년대의 커피 농업 침체는 매우 원시적인 농사법이 직접적으로 초래한 결과였다. 두 세대 동안 바수라스의 번영이 지속되었으나, 이 시기 동안 "커피 농장주는 계속해서 노예를 시켜 산림을 벌채해 화전을 일구도록 했고, 이 지역에 어림짐작으로 어린 커피나무를 심거나 씨앗을 뿌리고 괭이질을 한 후 몇 년이 지나면 커피를 수확했다. 마치 그들은 언제든지 씨앗을 뿌릴 비옥한 경작지가 있고, '비료를 사용할 필요도 없이 풍작을 이루고 수확할 수 있을 것처럼 생각했다.' 그러나 몇 년 후 커피 수확량이 감소하기 시작했고, 이미 황폐화된 농장을 포기하고 더 멀리 떨어진 비옥한 지역을 찾아 이동했다."[3] 이러한 농사법이 남긴 유산은 토양침식과 기후변화였다. 그 결과, 과거의 정기적인 우기와 강우량과 다른 이상기후가 나타났다. 비록 연간 강우량은 유지되었지만, 며칠 동안의 짧은 기간에 집중호우가 쏟아졌고, 이로 인한 토양침식 증가와 커피 수확량 감소를 초래하는 건조한 기후와 같은 문제를 야기했다.[4] 커피 경작지는 19세기 후반부터 20세기 초반까지 상파울루와 그 서부 지역으로 이전되었고, 이 과정에서 광범위한 열대우림지역이 파괴되었다.

1920년대의 글에서 로이 내시는 다음과 같이 적고 있다.

비옥한 토양을 영구적으로 파괴하는 농업 방식으로 인한 황폐화 이외에도 식물의 황폐화는 주로 산림에 대한 인위적 화재로 인해 발생했다. 1500년에 존재하는 산림의 3분의 1이 사라졌다. 히우그랑지두술의 산림은 절반으로 줄어들었고, 상파울루의 원시림 중 절반이 사라졌다. 산지가 농지와 목초지로 전환된 것은 사회적 이득이다. 그러나 오늘날 쓸모없는 토지로 남겨진 넓은 지대는 엄청난 손실이다. 한때 서웅호끼São Roque 만에서 상프랑시스꾸까지 바다를 경계로 삼았던 해안 숲은 이제 사라졌다. 세아라 산 정상과 건조한 북동부 지역의 녹색 산림지대가 사라졌다. 1500년에 브라질의 58%가 숲을 이루고 있었으나, 1910년에는 40%로 줄어들었다. 제대로 활용되지도 못하고 불에 타 사라져버렸다! 브라질에서 사람이 사용한 목재는 그중 1,000분의 1도 안 되었다. ……

브라질 산림 유목민들의 삶의 방식은 '화전을 통한 윤작 방식의 농업'이었다. …… 이 나라 사람들은 숲을 자유롭게 베고, 태우고, 버려도 되는 공동 소유물로 간주했다.[5]

브라질은 식민지 시기와 19세기의 환경을 무시하는 농업과 천연자원 개발 방식을 계승했다. 1960년대까지 농업 생산량 증가가 자본 저량의 확대를 통해 이루어졌다는 것은 잘 알려져 있다. 즉, 토지의 생산성을 높이기 위한 투입은 거의 없었고, 벌목과 화전경작 방법이 주로 사용되었다. 풍부한 토지자원이 오히려 이런 행동을 장려한 측면이 있고, 생태 보존의 필요성에 대해 무감각해진 주된 이유 중 하나였다.

산업화, 도시 성장 및 환경

수입대체산업화는 1930년대에 시작해 1950년대에 가속화되었다. 특정 분야의 선택적 산업화가 아니었다. 광범위한 분야의 산업이 태동했고, 많은 신규 공장들은 다국적기업이 해외에서 수입한 중고 장비로 운영되었다. 브라질 중남부, 특히 상파울루, 리우데자네이루, 벨루오리존치 지역을 중심으로 산업이 발전했다. 1949년에 남동부 지역은 산업 총소득의 75.4%를 차지했다. 이 수치가 1970년에는 79.1%로 증가했고, 1985년에는 소폭 감소한 65.7%였다(〈표 14.1〉 참조). 그러나 1985년 남동부 지역의 인구는 브라질 전체 인구의 43%에 불과했다.

이 지역에 산업이 집중된 이유는 내부경제와 외부경제 효과가 함께 작용한 결과였다. 남동부는 산업화가 가속화된 이후 브라질에서 소득수준이 가장 높은 지역이었다. 따라서 국내기업과 외국기업 모

표 14.1 | 브라질 산업의 지리적 집중: 1980년

집중도	산업	부문별 부가가치 비율		
		1개 센터	3개 센터	4개 센터
매우 높은 집중	의약품	50	84	89
	향수, 담배 등	52	80	87
	인쇄 및 출판	46	80	85
높음 집중	전기장비	50	70	80
	플라스틱제품	50	70	77
	고무제품	56	66	75
상대적으로 집중	기계	44	58	66
	담배	22	58	72
집중	의류, 신발	28	50	60
	화학	21	44	60
	종이제품	32	43	52
	섬유	32	42	48
	가구	28	40	50
분산	비금속광물	20	34	41
	가죽제품	17	37	43
	식품	15	23	27
	음료	13	27	35
높은 분산	광업	8	21	30
	목재	8	27	22
합계		33	45	51

자료: IBGE, *Brasil: Uma Visão nos Anos 80*.

두 주요 시장에 가까운 이 지역에 투자하기를 원했다. 또한 이 지역
에는 숙련된 노동력과 전문 인력이 풍부하고, 커피 붐 시기의 유산
인 국내 최고 수준의 인프라 시설도 갖추고 있었다. 이로 인한 외부
경제효과로 비용 절감이 가능했고, 많은 기업들이 이를 고려해 이
지역에 자리를 잡았다.

남동부 지역 내에서도 특정 지역(상파울루, 바이사다산티스타Baixada
Santista, 깜삐나스Campinas, 리우데자네이루, 벨루오리존치)에 산업이 집
중되었다. 〈표 14.1〉은 브라질 산업의 지리적 집중에 대한 몇 가지
지표를 보여 준다. 이러한 산업의 지리적 집중으로 인해 기업의 수

가 점점 더 늘어남에 따라 정부는 이들 기업이 필요로 하는 적절한 수준의 교통, 전력 등 인프라 구축에 대한 압박을 받았다. 그러나 각 산업부문이 저마다의 오염물질을 토양, 물, 공기에 배출했고, 이들 산업체들이 인접해 있었기 때문에 오염이 매우 빠르게 확산되었다. 또한 사람과 물품의 이동을 주로 도로에 의존함에 따라 대기오염도 빠르게 증가했다.

최근까지도 브라질 정책입안자들은 산업의 지리적 집중으로 인한 오염 문제를 심각하게 받아들이지 않고 있다. 이는 1980년대 이전에 환경파괴가 주요 정책 이슈라는 인식이 거의 없었던 것이 근본적인 원인이다. 또한 정부가 신규 투자 증진에 지나치게 몰두하다 보니, 환경에 대한 우려가 정부의 이러한 노력에 방해가 될 것으로 보였기 때문이다.

수입대체산업화는 급속한 도시화와 동시에 진행되었다. 1940년에 브라질 인구의 31%가 도시에 거주했지만 1950년에는 36%로 증가했고 1965년 50%, 1991년 76%, 2010년에는 84%로 증가했다. 2010년 현재 100만 명 이상의 도시에 거주하는 인구는 전체 도시인구의 약 50%, 전체 인구의 약 40%였다. 이러한 변화는 농촌인구가 도시로 빠르게 이주했기 때문이다. 도시인구증가율은 1961년에 5.4%로 최고치를 기록했고, 이후 매년 감소해 2010년에는 1.4%를 기록했다. 농촌인구는 1971년 이래로 매년 감소하고 있다. 도시인구의 급격한 증가에 대응하는 적절한 수준의 도시 인프라 구축은 이루어지지 못했다. 이로 인해 도시빈민촌이 급속히 증가했고, 이곳에 거주하는 도시빈민들은 적절한 수준의 상수도, 하수도,

보건, 교육 서비스를 제공받지 못하고 있다.[6]

최근의 연구들은 도시화-산업화의 지리적 집중 현상이 어느 정도 감소하고 있다는 증거를 제시하고 있다.[7] 최근의 대외 지향적 개발, 상파울루 지역의 혼잡, 기술 및 조직 변화, 주정부의 산업 유치를 위한 특별 인센티브 및 보조금 제공, 남미공동시장의 영향 등이 산업 집중화를 감소시켰다. 그러나 이러한 변화의 움직임이 인상적인 수준은 아니었다. 상파울루를 중심으로 뻗어 나가는 몇 개의 산업 회랑들eixos, corridors을 따라 산업화가 확장되고 있는 것이 실제로 관찰되고 있다. 상파울루 주의 내부로 이어지는 주요 산업 회랑들 중 하나는 상파울루와 벨루오리존치를 연결하는 회랑이고, 다른 하나는 상파울루에서 꾸리치바Curitiba와 상따까따리나를 거쳐 최남단 뽀르뚜알레그리Porto Alegre로 이어지는 회랑이다. 이 모든 회랑들은 산업 중심지인 상파울루로부터 뻗어 나가고 있다. 또한 지리적 산업 집중의 감소에도 불구하고 핵심부의 통제권은 전혀 줄어들지 않고 있다.

산업화에 따른 오염

지난 40년 동안의 산업 성장 과정에서 브라질의 산업구조는 상당한 변화가 있었다(〈표 14.2〉 참조). 어떤 산업은 쇠퇴한 반면, 다른 산업은 급속히 성장했다. 상대적으로 쇠퇴한 산업은 섬유(전체 기업 중 섬유 기업 수가 1949년 20.1%에서 2003년 3.5%로 감소)와 식품

표 14.2 | 브라질 산업구조 변화: 총부가가치 비율: 1949~85년

	1949	1963	1975	1980	1985
비금속광물	7.4	5.2	6.2	5.8	4.30
금속제품	9.4	12.0	12.6	11.5	12.21
기계	2.2	3.2	10.3	10.1	9.20
전기장비	1.7	6.1	5.8	6.3	7.56
수송장비	2.3	10.5	6.3	7.6	6.43
목재	6.1	4.0	2.9	2.7	1.58
가구			2.0	1.8	1.45
종이제품	2.1	2.9	2.5	3.0	2.94
고무제품	2.0	1.9	1.7	1.3	1.84
가죽제품	1.3	0.7	0.5	0.6	0.60
화학			12.0	14.7	17.33
의약품	9.4	15.5	2.5	1.6	1.69
향수, 비누, 양초			1.2	0.9	0.89
플라스틱 제품			2.2	2.4	2.24
섬유	20.1	11.6	6.1	6.4	5.95
의류, 신발	4.3	3.6	3.8	4.8	5.17
식품	19.7	14.1	11.3	10.0	12.01
음료	4.3	3.2	1.8	1.2	1.24
담배	1.6	1.6	1.0	0.7	0.76
인쇄 및 출판	4.2	2.5	3.6	2.6	1.94
기타	1.9	1.4	3.7	4.0	2.67
합계	100.0	100.0	100.0	100.0	100.0

자료: IBGE, *industrial censuses and Anuario Estatístico* (각 년도).

(19.7% → 13.5%)이고, 급속히 팽창한 산업은 운송장비(2.3% → 7.7%), 전기장비(1.7% → 8.64%), 화학·의약품·향수·플라스틱 제품(9.4% → 19.89%)이다.

가장 빠르게 성장하는 산업은 오염 가능성도 가장 높은 부문이었다. 특히 화학-석유화학, 금속제품, 그리고 운송재료 부문 기업들의 오염 가능성이 가장 높았다(〈표 14.3〉 참조). 1980년대 이전에는 정부의 높은 보호 장벽 뒤에서 산업 발전이 이루어졌고, 정부의 정책 주안점은 가능한 한 많은 산업을 유치하는 것이었다. 정부는 산업에 불리한 것으로 인식될 수 있는 규제를 최소화하려 노력했고,

표 14.3 | 브라질 산업의 오염 잠재력

(0-3, 수치가 높을수록 오염 산업)

	대기오염	수질오염	합계
비금속광물	3	3	6
금속제품	3	3	6
화학제품	3	3	6
운송장비	2	3	5
음료	2	3	5
섬유	2	2	4
종이제품	1	3	4
전기장비	1	2	3
향수, 비누 등	0	3	3
가죽제품	1	2	3
식품	1	2	3
목재	2	1	3
플라스틱제품	1	1	2
인쇄출판	1	1	2
고무제품	1	1	2
의약품	1	1	2
의류, 신발	0	1	1
담배	1	0	1
가구	0	0	0
기계	0	0	0

자료: Haroldo Torres, "Emergência das industrias sujas e itensivas em recursos naturals no cenário industrial brasileiro," *Documento de Traballio no. 9, Institute for the Study of Society, Population and Nature, Brasília* (1992), p. 3.

따라서 환경 규제는 엄격하지 않았다. 이로 인해 최첨단 친환경 기술들이 채택되지 못하는 결과를 초래했다. 이러한 추세와 산업의 공간적 집중화가 결합되어 오염 증가를 유발하는 새로운 산업구조가 나타났다.

최근까지 체계적인 오염 데이터 수집이 이루어지지 않았기 때문에 산업화가 환경에 미치는 영향을 설명하기 위해서는 몇 가지 사례연구에 의존할 수밖에 없다. 몇 가지 예를 살펴보자.

리우데자네이루 주의 수질오염

리우데자네이루 주 인구의 대부분이 집중되어 있는 구아나바라 만은 대규모의 환경악화를 경험했다. 로저 핀들리는 브라질의 오염에 대한 조사에서 대규모 산업폐기물과 일일 50만 톤의 유기폐기물 유입으로 인한 오염에도 불구하고 엄청난 수량과 조석潮汐 활동의 정화 효과 덕분에 구아나바라 만이 생물학적 죽음을 가까스로 피할 수 있었다고 밝히고 있다. 여기는 브라질 전체에서 산업 시설 밀집도가 가장 높은 지역 중 하나로 만으로 이어지는 빠라이바두술 Paraiba do Sul 강을 따라 500개가 넘는 공장들이 있다.[8]

상파울루의 대기오염

상파울루 대도시 지역에 밀집되어 있는 산업 집중 현상이 환경문제의 주요 원인이었다. 이 도시는 해안에서 96킬로미터 떨어져 있고 해발 고도는 약 910미터이며, 겨울철에는 대기역전현상으로 자주 고통 받고 있다. 핀들리에 따르면, 1976년부터 1982년까지,

상파울루에서 미세먼지로 인한 대기오염 경보가 291차례 발령되었다. 대기오염 경보는 24시간 평균 미세먼지 농도가 세제곱미터당 375마이크로그램 이상이면 발령된다. 이는 미세먼지 허용 기준 240마이크로그램을 50% 이상 초과하는 경우이다. 또한 이산화황으로 인한 대기오염 경보는 363차례 발령되었다. 이산화황이 세제곱미터당 800마이크로그램 이상이면 경보가 발령되는데, 이는 허용 기준 365마이크로그램을 2배 이상 상회하는 것이다. 이 기간 동안 공장 가동은 제한된다.

상파울루 주 환경보호 기관인 환경관리공사Companhia Ambiental do Estado de São Paulo, CETESB는 미세먼지의 90%가 상파울루 대도시 지역의 7만 개 산업 시설 중 300개에서 배출된 것이라고 추정했다. 이산화황 주요 배출원은 유황 함유량이 많은 중유의 연소였다.[9]

수질오염도 상파울루 대도시 지역의 주요 문제이다. 최근까지도 도시의 많은 구역에 하수처리시설이 없고, 대부분의 산업체는 자체 폐기물을 처리하지 않고 방류한다. 37개 시와 1천만 이상의 거주자가 배출하는 산업폐기물과 가정폐기물이 도시를 관통하는 띠에떼 Tietê 강으로 흘러들어가고 있다. 핀들리는 이 강을 "거대한 노천 하수도이며, 지류도 마찬가지다"라고 말했다.[10]

상파울루 지역을 가로지르는 90킬로미터의 띠에떼 강을 따라 엄청난 수의 산업 및 가정 폐수 배출 경로가 있다(가정폐수는 하수도 시스템에 의해 수집되지만, 처리되지 않거나 부적절하게 처리된 후 강물로 흘려보내고 있다). 1990년대 초반, 산업폐수와 가정폐수의 대규모 방류가 띠에떼 강을 하수도로 만들어버렸다. 그 이후 강의 복구를 위한 장기 프로그램이 실행되었다. 거의 10년이 지난 지금, 단지 부분적인 개선만 이루어졌다. 산업폐수 방류는 무거운 벌금 부과, 사회의 거센 비난, 환경관리공사에 의한 엄격한 모니터링 등에 힘입어 많이 줄어들었다. 환경관리공사 조사에 따르면, 1991년에 띠에떼 강에 폐기물을 버리는 1,056개의 산업체 중 79개만이 적절한 처리를 거쳐 방류했다. 1999년에는 1,250개의 산업체 중 1,239개가 적절한 처리를 한 후 배출했고, 나머지 11개 업체 중 7개는 처리시설 완공을 앞두고 있다.

아직 해결되지 않은 문제는 가정의 생활하수이다. 상파울루 대도시 지역은 생활하수의 수집은 상당히 잘 이루어지고 있다. 그러나 대부분의 생활하수가 적절하게 처리되지 않은 상태로 그대로 하천에 방류되고 있고, 대부분이 띠에떼 강으로 흘러들어간다. 환경관리공사는 시정부에 벌금을 부과할 권한이 없기 때문에 생활하수처리에는 큰 진전을 보이지 못하고 있다. 그러나 이 문제도 변화가 나타나고 있다. 주정부는 상파울루 대도시 지역의 하수처리 시스템 개선을 위해 미주개발은행과 2억 달러 규모의 투자 차관 차입을 협의하고 있다. 이 사업은 생활하수처리 개선을 통한 띠에떼 강 정화 프로그램의 일부이다.[11]

꾸바떠웅의 비극

브라질 상투스 항에서 20킬로미터, 상파울루 시에서 60킬로미터 떨어진 상파울루의 산업도시인 꾸바떠웅Cubatão에서는 브라질 최악의 생태 파괴가 발생했다. 도시 안팎에는 가장 오래되고 큰 석유화학 단지, 제철소 및 기타 산업 시설이 있다. 1983년에 꾸바떠웅은 철강, 질소, 비료, 인산, 폴리에틸렌, 액화가스, 클로로소다 및 휘발유의 국가 주요 생산기지였다. 이 도시는 "죽음의 계곡" 또는 "지구상에서 가장 오염된 곳"이라고 불렸다. 핀들리에 따르면, 이 도시는

새나 곤충이 없었고, 나무는 검게 그슬린 해골이었다. 1981년에 한 시의원은 대기오염 때문에 20년 동안 별을 보지 못했다고 말했다. 그 당

시 도시에는 1킬로미터의 하수구가 있었으며 쓰레기는 수거되지 않았다. 호흡기질환 발병률은 다른 인근 도시의 4배나 높았으며, 출생 후 1년 이내의 유아사망률은 상파울루 주 전체 평균보다 10배 이상 큰 35%였다. 수천 명의 사람들이 살고 있는 주거지역이 산업 공장과 바로 인접해 있었다.[12]

1980년에 환경관리공사의 대기오염 모니터링 결과에 따르면, 꾸바떠웅의 미세먼지 평균 농도가 세제곱미터당 1,200마이크로그램이었고 산업체들은 매일 148톤의 미세먼지, 473톤의 일산화탄소, 182톤의 이산화황, 41톤의 질소산화물, 31톤의 탄화수소를 배출했다. 그해에 4만 건의 응급구조 요청이 있었고, 이 중 1만 건은 결핵, 폐렴, 기관지염, 폐기종, 천식, 기타 기관지 질환으로 인한 것이었다. 꾸바떠웅에서는 1천 명의 신생아 중 40명이 출생과 동시에 사망했고, 추가로 40명이 출생 후 1주일 이내에 사망했다.[13] 1992년 3월에 상파울루의 주요 신문사가 환경관리공사의 기밀문서를 입수해 보도했다. 이 문서에 따르면, 꾸바떠웅의 석유화학 공장들은 사람들이 사는 주거지 2킬로미터 이내의 대기, 물, 토양에 매일 100만 킬로그램의 오염물질을 배출했다.

로베르뚜 기마랑이스는 꾸바떠웅 사태가 브라질의 많은 지역에서 흔히 볼 수 있는 상황, 즉 토지이용계획의 부재가 오염 유발 업체의 밀집과 결합되어 급속한 환경파괴가 발생한 사례라고 평가했다.[14]

최근에는 꾸바떠웅의 상황이 크게 개선되었다. 주정부의 과감한 조치 덕분이었다. 이 지역에 입지한 산업체들은 오염 저감장치 설치가 의무화되었고, 환경파괴 방지를 위한 광범위한 프로그램이 시행되었다. 1984년의 대형 폭발사고와 화재로 인해 7천 리터의 휘발유가 불타고 100명 이상의 사망자가 발생한 이후 이러한 조치들이 취해졌다.[15] 정책 당국을 움직이게 만든 것은 이 사건에 대한 시민들의 격렬한 항의였다.

꾸바떠옹 지역의 환경 상황은 지속적으로 개선되고 있다. 이 지역의 강이 다시 살아났고, 바이사다상치스따 지역●의 맹그로브들은 다시 살아났고, 세하두마르Serra do Mar 지역●●의 식물들은 거의 회복되었다. 더욱이 현재 꾸바떠옹의 환경조건은 매우 양호하다. 환경관리공사에 따르면, 오랜 기간 지속된 노력과 5억2,500만 달러의 투자에 힘입어 현재 꾸바떠옹 지역의 오염원 중 약 93%가 적절하게 통제되고 있다. 가장 놀라운 사례 중 하나는 COSIPA 제철소이다. COSIPA는 15년 전에 이 지역 최악의 오염원 중 하나였으나, 최근 친환경 기업에게 주어지는 ISSO 14001 인증을 취득했다.[16] 그러나 이것이 위협과 벌금 또는 회사 경영진의 친환경정책만으로 이루어진 것은 아니라는 것을 언급할 필요가 있다. 가장 중요한 요인은 의심할 것 없이 수출을 늘리려는 COSIPA의 욕망이었다.

● 상파울루 주 해안 상투스 항 인근 대도시 지역.

● ● 브라질 남동부 상파울루 주부터 빠라나 주까지 약 1,500킬로미터에 이르는 산악지대와 급경사들을 포괄하는 산림지역.

펄프 및 종이 사례

최근까지 이 산업 분야는 브라질에서 매우 열악한 기록을 가지고 있다. 최악의 사례는 노르웨이 보레가드 아키티에셀스카펫Borregaard Aktieselskapet의 자회사인 리오셀Riocell이다. 이 회사는 뽀르뚜알레그리 남부 도시 근처에서 2,500명을 고용해 19만 톤 규모의 펄프 공장을 건설·운영했다. 그러나 이 공장은 환경에 대한 아무런 고려 없이 건설되었다. 이 공장의 환경오염이 뽀르뚜알레그리의 반대 여론을 불러일으켰고, 1973년에 주정부는 여론의 압력이 너무 강력해서 공장폐쇄를 명령했다. 이 공장은 나중에 보수를 거쳐 재가동되었다. 그러나 이는 일반 시민을 대상으로 오염 문제가 효과적으로 처리되고 있음을 납득시키기 위한 어렵고 값비싼 캠페인을 벌인 다음에야 가능했다. 다른 지역에서도 이와 유사한 사건이 발생했다. 1980년대 중반 이후 이 산업부문의 대기업 대부분은 최신 환경보호 기술에 투자했다. 1990년에 이 부문에는 191개의 기업이 브라질 17개 주에 236개의 공장을 보유하고 있었다. 제지 회사는 자가 사용을 위해 140만 헥타르의 인공조림을 소유하고 있다. 이 산업의 주요 환경 오염물은 대기 유황 방출, 강으로 방출되는 액체 폐기물, 그리고 펄프 생산을 위한 대규모의 목재 사용이었다.[17]

1993년 브라질의 펄프 무역수지는 6억5,340만 달러의 흑자, 종이는 5억2,090만 달러의 흑자를 기록했다.[18] 1990년대에 펄프 및 종이 산업에서 사용된 목재는 거의 모두 인공조림지에서 조달했다. 1993년에 브라질의 펄프 및 제지 회사는 약 150만 헥타르의 인공조림을 보유하고 있었다.[19]

브라질의 펄프 및 제지 산업의 생산 활동은 환경적으로 적절한 조건에서 이루어지는 등 상당한 개선이 있었다. 그러나 기업 간, 심지어 동일 회사의 계열사 간에도 큰 차이가 있었다. 일반적으로 수출 기업(또는 자회사)들은 친환경 기술 및 산림관리 방식을 채택하는 경향이 있다. 반면에 국내시장에서 활동하는 기업들은 친환경 기술과 관리 기법을 채택하지 않는 경향이 있다.

까마사리와 까라자스

산업 시설이 고도로 밀집되어 있는 또 다른 사례는 바이아 주의 까마사리Camaçari 석유화학단지이다. 이 산업단지는 1970년대 말 사우바도르 시 인근에 세워졌으며, 환경에 미칠 악영향이 꾸바떠웅보다 더 클 것으로 우려됐다. 예상했던 대로 수질오염과 토양 악화로 인한 심각한 환경문제가 발생했다.

1980년대 초, 아마존 동부 지역의 까라자스에 야금冶金 산업단지가 세워졌다. 주로 수출용 철광석 채굴과 선철 생산, 그리고 국내 및 해외 시장 공급을 위한 보크사이트 채굴과 알루미늄 생산이었다. 환경오염 방지를 위해 상당한 주의를 기울였지만, 직·간접적 산림벌채와 알루미늄 제조공정으로 인한 오염에 대한 우려가 제기되었다. 또한 목탄을 사용해 선철을 생산하는 것도 논란의 여지가 있었는데, 일부는 이것이 열대우림의 파괴를 가속시킬 것을 우려했다.[20]

도시 오염

브라질 도시인구의 폭발적인 성장에도 불구하고 도시 기반시설의 발전이 지체됨에 따라 환경오염이 증가했다. 한 가지 사례가 도시 교통이다. 1990년대에는 상파울루의 대기오염의 약 90%가 자동차 때문이었다. 대기 상공이 하층보다 기온이 높아지는 대기역전 현상이 발생해 대기가 잘 순환되지 않는 겨울철 몇 달 동안에는 상황이 더욱 나빠졌다. 브라질의 오염물질 저감장치 관련 기술의 낙후로 인해 자동차 매연 배출로 인한 대기오염은 놀라운 일이 아니었다.

대기오염 문제가 심각했던 상파울루의 주요 오염원은 화석연료를 사용하는 차량이었다. 내연기관 자동차는 미세먼지, 탄소 및 질소 일산화물, 탄화수소, 알데히드 및 유기산을 배출한다. 상파울루 대도시 지역에는 약 450만 대의 차량이 있으며, 하루에 3.8톤의 일산화탄소와 다른 유해물질을 배출했다.[21] 1974년 겨울에 대기오염이 심해져서 처음으로 비상사태가 선포되었다. 1980년대 중반까지 비슷한 상황이 지속되었다. 이 시기에 휘발유에 에탄올 25%를 첨가하고 납과 유사 첨가제를 금지함에 따라 도시의 대기질이 향상되었다.[22]

자동차가 상파울루 시 대기오염의 주요 원인이었기 때문에, 겨울철에 상황이 심각해지는 경향이 있을 때 정부는 개인 차량 홀짝제인 호디지오rodízio를 도입했다. 자동차 번호판의 숫자가 홀수로 끝나는 차량은 특정 일자들에만 운행이 허용되었고, 짝수인 경우에는 그 반대 일자들에만 격일제로 거리에 나오는 것이 허용되었다. 이 정책이 처음 도입되었을 때에는 상파울루 사람들의 불평이 매우 컸다. 그러나 시간이 지나면서 이 제도는 시민들의 폭넓은 지지를 얻었는데, 이는 공해 감소 때문보다는 도로 혼잡의 감소 때문이었다. 사실, 도시의 교통체증은 브라질의 급속한 도시화가 초래한 주요 환경문제 중 하나이다.

도시 빈곤과 환경

생산자가 아니라 '소비자'의 관점에서, 브라질 대도시 지역의 오염 집중(1990년대 초반, 인구의 30%가 9개 대도시권Metropolitan Regions 에 거주하고 있었고, 42% 이상은 10만 명 이상의 도시에 살고 있었다)에는 두 가지 유형의 환경악화가 있었다. 즉, 하나는 상대적으로 소수인 중산층과 고소득층의 소비 패턴으로 인한 환경악화이고, 다른 하나는 인구의 상당수를 차지하는 저소득층을 위한 도시 서비스의 부재로 인한 환경악화이다. 자동차로 인한 오염과 다량의 쓰레기로 인한 토지 황폐화는 주로 전자와 관련된 현상이다. 수많은 질병과 사고는 저소득층이 제대로 된 공공서비스를 제공받지 못하고 부적절한 지역에 대규모로 몰려 살기 때문에 발생하는 환경문제의 부산물이다.

빈곤이 유발하는 환경악화는 제3세계 환경문제에 관한 분석에서 소홀히 다루어지고 있다. 이는 선진국에서는 공중보건 정책을 통해 이미 여러 세대 전에 비슷한 문제가 해결되었고, 빈곤이 환경에 미치는 영향은 세계적으로 영향을 미치는 아마존의 산림벌채 문제와는 대조적으로 특정 지역에 국한된 문제이기 때문일 수 있다.

브라질의 빈곤 문제 악화는 불균등한 개발, 즉 개발로 인해 창출된 소득이 고르게 분배되지 않은 결과이다. 이러한 불균등한 분배는 소득 그룹의 상위 10%를 차지하는 소수의 인구가 재화와 용역의 상당 부분을 소비하고, 대량의 폐기물을 만들어 낸다는 것을 의미한다. 동시에, 인구의 상당 부분을 차지하는 빈곤층은 적절한 보건 및 위생 서비스를 이용할 수 없는 지역에 거주하며, 환경을 오염시키는 쓰레기를 무단투기하고 있다.

도시 빈곤층의 상당수는 가파른 언덕, 홍수가 잦은 지역 또는 공해로 오염된 지역과 같이 불법적인 장소에 지어진 부적절한 좁은 주택에서 몰려 살고 있다. 브라질 대도시의 빈민촌(파벨라favela) 대부분은 이런 상태에 처해 있다. 가난한 사람들이 무지해서 거기에 사는 것이 아니라 그들이 집을 짓거나 빌릴 수 있는 유일한 장소이기 때문에 거기서 살고 있는 것이다. 이런 지역은 건강에 해롭거나 위험하기 때문에 가격이 저렴하다. 이런 토지를 점유하는 것은 종종 불법이지만, 기회비용이 크지 않기 때문에 가난한 사람들이 여기서 퇴거당하는 경우는 많지 않다.

불균등한 개발은 도시의 빈곤층이 부적합한 도시 공간에 밀집해 거주하게 만들었고, 이로 인해 환경적으로도 취약해진다. 예를 들어, 리우데자네이루와 상파울루는 이러한 지역에서 산사태와 홍수가 자주 발생하고 있다. 하리도이·새터스웨이트는 "1988년에 리우데자네이루에서 폭우로 인한 산사태가 발생해 수백 명의 사람들이 사망하거나 심각하게 부상당했으며, 수천 명이 집을 잃어버렸다"고 언급했다.[23]

빈민촌이 종종 불법 지역 또는 시 정부가 지정한 구역 외부에 있기 때문에 도로나 배수 시스템과 같은 도시 기반시설이 잘 갖춰져 있지 않다. 이 밖에도 상수도, 하수도, 쓰레기수거 서비스 등이 제공되지 않거나 부적절한 상황이다. 이 지역 거주자들이 사용하는 물은 정수 처리가 되지 않은 경우가 많고, 사람들의 배설물과 가정용 폐수도 부적절하게 처리되고 있다. 비좁은 지역에서의 이런 환경으로 인해 병원균이 창궐해 설사, 이질, 장티푸스, 장기생충, 식중독과 같은 풍토병 발생률이 높다. 따라서 "많은 건강 문제는 물과 관련되어 있다. 즉, 물의 질과 사용 가능한 양, 그리고 얼마나 쉽게 물을 얻고 또 한 번 사용된 물을 버릴 수 있는가와 관련되어 있다."[24] 또한 물의 사용 가능성과 물의 질이 낮은 상태에서 쓰레기와 하수 처리가 제대로 이루어지지 않으면 눈과 귀 감염, 피부질환, 옴, 벼룩과 같은 개인위생 문제가 발생한다.[25]

혼잡하고 비좁은 주거환경은 결핵, 수막염, 인플루엔자, 유행성 이하선염, 홍역과 같은 질병의 확산을 촉진하기 때문에 상황을 더욱 악화시킨다. 이러한 질병의 확산은 종종 영양실조와 나쁜 건강 상태로 인한 낮은 면역력으로 인해 더 촉진된다. 또한 부적절한 기반시설과 밀집된 거주 형태로 인해 가정이나 이웃의 화재와 같은 사건 사고로 사망하거나 장애를 입을 확률이 높다.[26]

빈곤 지역에서는 쓰레기가 근처의 황무지 또는 거리에 쌓여서

"냄새, 질병 매개체, 해충, (그리고) 배수구 …… 막혀서 범람한다."[27]

어떤 경우, 가난한 사람들은 자신의 거주지를 최대한 일터에서 가까운 곳에서 선택한다. 다른 사람들은 거주 비용이 가장 중요한 기준이 된다. 이런 사람들은 일터와 먼 곳에 거주하게 되고, 매일 몇 시간씩 고물 버스를 타고 출퇴근을 한다. 그 결과 자동차 배기가스 배출로 인한 오염이 늘어난다.

도시 빈곤으로 인한 환경파괴

1988년 인구의 43.6%가 빈곤선 아래에 있다고 추정되었다. 이 빈곤율은 1995년에 약 35%, 2005년에는 약 30%로 감소했다. 2005년 이후에도 매년 감소해 2009년에는 21.4%를 기록했다. 빈곤층의 약 절반이 도시에 거주하고 있다.[28] 브라질에는 9개의 대도시권이 있고, 1989년에 4,060만 명(인구의 3분의 1)이 대도시권에 거주했다. 대도시권의 중심부에 고소득층이 집중되어 있다는 것은 매우 많은 수의 도시 빈곤층이 존재한다는 것을 의미하는 것이다. 이는 〈표 14.4〉와 그림 〈14.1〉에 잘 나타나 있다. 상파울루와 리우 데자네이루는 가난한 사람들의 수가 가장 많았지만 도시 빈곤층 비율이 가장 높은 곳은 도시의 북부와 북동부 외곽 지역이었다. 소니아 마리아 로차는 대도시권의 빈곤층 실업률이 11%이고, 빈곤층이 아닌 나머지는 3%라고 밝히고 있다. 대도시권 빈곤층의 38%는 비공식 직종에 종사하고 나머지는 이 비율이 26%였다. 학령기(7~14

표 14.4 | 브라질 9개 대도시권 인구 및 빈곤인구 추정치: 1989년

	대도시권 총인구 (1천 명)	빈곤 인구 (1천 명)	빈곤 인구 비율	전체 대도시 빈곤 인구 비율
벨렝	1,265.0	501.3	39.6	4.4
포르딸레자	2,144.0	872.6	40.7	7.5
헤시피	2,758.8	1,302.1	47.2	11.4
살바도르	2,325.7	907.0	39.0	7.9
벨루오리존치	3,288.6	894.5	27.2	7.8
리우데자네이루	9,444.7	3,069.5	32.5	26.8
상파울루	14,686.9	3,069.6	20.9	26.8
꾸리치바	1,865.6	251.9	13.5	2.2
뽀르뚜알레그리	2,867.7	602.2	21.0	5.2
합계	40,647.0	11,470.7	28.2	100.0

자료: 대도시 인구 추정치는 Martine (1991); 대도시 빈곤인구 추정치는 Sonia Rocha, "Pobreza Metropolitana: Balanço de uma Década," *Perspectivas da Economia Brasileira: 1992* (Brasília: IPEA, 1991).

세)의 빈곤층 아동의 학교 중퇴율은 14%였고, 빈곤층이 아닌 경우에는 그 비율이 6%였다.[29]

우리는 대부분의 환경문제가 불균등 개발과 빈곤에서 비롯된 것이라는 것을 살펴보았다. 빈곤 지역의 도시 혼잡, 부적절한 위생, 폐기물의 축적, 변두리의 환경악화는 상당 부분 기반시설과 기본 서비스가 불충분할 뿐 아니라 부적절하기 때문이다. 경제성장에도 불구하고 상당수의 빈곤층이 부적절한 주거지에 남아 있고, 기본 서비스를 제공받지 못하고 있다. 따라서 이들은 환경파괴의 원인 제공자이자 동시에 희생자이다.

도시 거주 빈곤층의 상황을 평가하는 데 사용 가능한 상수도 보급, 적절한 위생시설 및 쓰레기 수집과 처리 같은 기본 서비스의 가용성에 대한 지표가 있다. 도시 혼잡은 부적절한 수준의 기본 서비스와 함께 환경악화와 공중보건 문제를 야기한다. 비록 기본 인프

그림 14.1 ┃ 6개 대도시권 빈곤층과 극빈층 인구수: 2002~08년

단위: 명

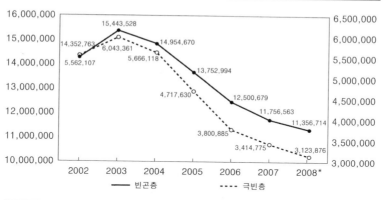

자료: IBEG. *Pesquisa Mensal de Emprego.*
주: *추정치.

라의 가용성이 상당히 개선되었지만 상당수의 브라질 인구가 취약한 환경에서 거주하고 있다. 첫째, 브라질의 상수도 보급률이 1960년 24.3%에서 2005년에는 82.3%로 증가했지만, 2005년에도 여전히 940만 가구는 상수도를 이용하지 못하고 있다. 둘째, 2005년 브라질 가구의 85.8%가 일반 쓰레기수거 서비스를 이용할 수 있었다(이 비율은 도시 가구의 경우 약 95%였다).

우리는 이미 분뇨와 가정용 폐수처리를 위한 위생 수단을 제공하는 것이 환경과 공중보건을 위해 필요하다고 언급했다. 그러나 이는 이용 가능한 데이터로 평가하기가 어렵다. 위생시설에 대한 투자가 가난하고 인구밀도가 높은 도시 지역의 환경을 개선할 것이라는 데는 의심의 여지가 없다. 그러나 분뇨와 폐수가 단지 그러한 지

표 14.5 | 대도시 지역 도시 인프라 이용 가능성

(가구 비율)

	상수도 보급률 (1970)	하수도 보급률 (1970)	위생설비 부적절 가구비율 (1970)	쓰레기 수거율 (1976)	상수도 보급률 (1989)	하수도 보급률 (1984)	위생설비 부적절 가구비율 (1984)	쓰레기 수거율 (1984)
벨렘	60.8	29.3	70.7	45.6	70.3	52.7	47.3	83.5
포르딸레자	28.9	25.6	74.4	48.2	53.2	52.1	47.9	66.9
헤시피	45.7	31.4	68.6	44.3	67.0	26.0	74.0	70.3
살바도르	53.7	30.4	69.6	47.3	78.8	42.9	57.1	73.6
벨루오리존치	58.1	44.7	55.3	44.5	86.7	62.9	37.1	70.5
리우데자네이루	75.7	63.5	36.5	70.3	82.8	82.3	17.7	72.5
상파울루	75.4	n.a.	n.a.	87.8	95.0	78.4	21.6	96.3
꾸리치바	61.1	51.1	48.9	60.3	87.2	71.2	28.8	86.5
뽀르뚜알레그리	72.9	54.6	45.4	67.5	89.6	80.8	19.2	86.6

자료: IBGE, *Indicadores Sociais para Areas Urbanas* (Rio de Janeiro, 1977); IBGE, *PNAD, 1976* (Rio de Janeiro, 1980); IBGE, *PNAD, 1984* (Rio de Janeiro, 1985); IBGE, *PNAD, 1989* (Rio de Janeiro, 1991).
주: n.a. = 센서스 자료 처리 과정의 실수로 자료 없음.

역에서 운송되고 처리되지 않은 상태로 강물에 버려지는 경우, 이는 단지 다른 형태의 환경악화를 일으킬 뿐이다. 또한 위생 시스템의 효율성과 같은 질적 측면도 고려해야 한다.

2005년까지 브라질 가구의 69.7%가 하수 시스템에 연결되어 있었고, 약 20%는 정화조가 있었으며, 나머지 10%는 위생설비가 부적절하거나 아예 없었다. 그러나 처음 두 그룹의 가구 중 상당 부분이 부적절한 서비스를 받았기 때문에 실제 상황은 더 나빴다.[30]

상수도, 쓰레기수거, 위생설비 서비스의 부족으로 인한 환경영향은 밀집 거주 형태로 인해 대도시 중심부 환경에 해를 입히는 것을 감안하면서 브라질 대도시의 상황을 살펴보자. 〈표 14.5〉는 대도시 지역 가구의 상수도 보급률과 위생 및 쓰레기처리 서비스 이용률을 나타낸 것이다. 모든 대도시 지역은 1970년에 낮은 상수도 보급률을 보이고 있었으나, 1970~91년 동안 상당히 개선되었다. 그러나 동북부의 일부 지역(예: 마라녀웅 61%, 빠라Pará 47%, 세아라 74%)은 2005년에도 여전히 이 비율이 낮았다.

위생 및 쓰레기수거 서비스도 비슷한 상황이 전개되었다. 1971년에는 대도시 가구의 상당수가 배설물과 폐수처리를 위한 위생설비를 이용할 수 없었다. 위생설비를 갖추고 있지 않은 가구 비율은 포르딸레자가 62.5%로 가장 높았고, 리우데자네이루는 20.3%로 가장 낮았다. 질적 측면을 고려할 때, 브라질 대도시의 가장 발전된 지역도 여전히 심각한 위생 및 환경문제를 가지고 있었다. 쓰레기수거 서비스 이용률은 1976년과 1989년 사이에 많이 개선되었다. 리우데자네이루, 상파울루, 그리고 남부의 두 대도시 지역은 상당한 진전이 있었으나, 여전히 이상적 수준과는 거리가 멀었다.

〈표 14.5〉의 자료들은 브라질 대도시 지역 문제의 심각성을 감추고 있다. 예를 들어, 1991년 상수도 보급률은 거의 모든 대도시가 상당히 높은 수치를 보이고 있다. 그러나 9개 대도시권의 약 700만 명의 시민이 이러한 기본적 서비스를 이용하지 못하고 있었다. 최소한의 위생설비도 없이 사는 사람들을 고려하면 상황은 더 심각하다. 2005년에는 9개 대도시권에 거주하는 1,600만 명이 위생적인 하수처리 서비스를 이용하지 못하고 있었다.

농업 성장과 환경

제2차 세계대전 이후 브라질의 농업 성장은 두 기간으로 나누어 볼 수 있다. 첫 번째 기간은 1945년부터 1970년까지이며, 이 시기의 특징은 경작지 확대이다. 두 번째 기간은 1970년부터 현재까지이며, 보수적이고 선별적인 현대화로 인한 농업 생산의 증가로 특징지어진다.

수평적 확장의 환경영향

첫 번째 시기의 농업 생산 증가는 경작지 확대를 통해 이루어졌다. 이미 경작이 이루어지고 있는 중남부와 새로 농장에 편입된 지역 모두에서 경작지 확대가 이루어졌다.[31] 대략 6,230만 헥타르의 새로운 토지가 경작지로 변했다. 이것은 새로운 지역에 대한 접근성을 개선해 준 도로건설 붐과 저장시설에 대한 투자 확대로 가능해졌다.[32] 이 기간 동안 자연자원의 관리 개선과 환경악화 감소를 위한 기술혁신 노력은 거의 없었고, 농업 생산성(헥타르당 생산량)은 정체되었다.[33] 1948~50년 기간부터 1967~69년 기간 동안 농업 생산이 4.3% 증가했으나, 이 중 91%는 경작지 확대에 기인한 것이었다.[34] 또한 이 시기에는 농업 확장을 위한 산림벌채에 아무런 제약이 없었다. 그 결과는 우리가 이미 살펴본 역사적 경험과 부합되는 것이었다. 예를 들어, 〈표 14.6〉은 대서양 연안의 마따아뜰랑치까Mata Atlantica가 한때 아마존과 사바나 지역 이외의 브라질 최대 열대우림지역이었으나, 1988년에는 겨우 11.7%만이 열대우림지

표 14.6 | 아마존 이외 지역의 브라질 산림

(a) 마따아뜰랑치까: 최초 산림면적과 잔존 산림면적

	최초 산림면적 (km²)	잔존 산림면적[a] (km²)	잔존 산림면적 비율 (%)
전통적 북동부[b]	63,600	4,000	63
바이아, 에스삐리뚜상뚜	185,500	12,033	6.5
중남부[c]	805,000	101,663	12.6
남부[d]	247,000	35,012	14.2
합계	1,301,100	152,708	11.7

자료: CIMA (1991), Table IV.2. Estimates by Keith Brown, 1990년 12월 호주 퍼스(Perth)에서 개최된
국제자연보호연맹(IUCA) 회의 발표 자료.
주: a. 자연산림은 천연산림과 조림 지역 합계.
　　b. 전통적 북동부: 세아라, 히우그랑지두노르치, 빠라이바, 뻬르낭부꾸, 알라고아스, 세르지삐.
　　c. 중남부: 미나스제라이스, 리우데자네이루, 상파울루, 빠라나, 마뚜그로수두술.
　　d. 남부: 상따까따리나와 히우그랑지두술.

(b) 브라질: 온대림 면적

	면적(100만 헥타르)	1990년 대비 비율
1900	16.1	100.0
1950	7.8	48.4
1980	3.2	19.9

자료: CIMA (1991).

역으로 남아 있다는 것을 보여 주고 있다.

농업 현대화의 환경적 영향

농업의 현대화는 신규 경작지 확대가 더 이상 농업 생산 증가로 이어지지 않는 시기에 시작되었다. 1960년대 후반에 신규 경작지는 중서부의 사바나까지 확대되었는데, 이 지역은 산성이 강하고 비옥하지 않은 토양이어서 경작을 위해서는 새로운 기술적 진보가 요구되었다. 이로 인해 아마존 지역의 농업 생산량이 크게 증가할 것이라고 기대할 수 없었다. 따라서 농업의 성장은 주로 수출을 통한 외화가득이나 산업이 필요로 하는 원료 공급과 같은 전략적으로

중요한 부문의 현대화 정책을 통해 이루어졌다. 이 기간 동안의 농업 전략의 핵심 요소는 기술의 진보였다. 대규모 상업농 단지 조성을 위한 정책이 시행되었다. 상업농에게 강력한 인센티브와 보조금이 지급되었다. 면세 혜택과 세금 환급이 이루어졌고, 대두분말, 인스턴트커피, 쇠고기 가공품, 냉동 가금류, 직물 등 농산물 가공 제품의 수출을 장려하기 위한 보조금이 지급되었다. 그러나 미가공 제품의 수출에 대해서는 무거운 세금이 부과되었고, 자주 행정제재 처분이 내려졌다.[35]

1970년 이후 브라질 농업 성장의 주요 동인은 생산성 증가였다. 그럼에도 경작지는 계속해서 확장되었고, 1970년에서 1985년 사이에 거대한 면적(8,210만 헥타르)의 토지가 농장으로 편입되었다. 농장 확장의 상당 부분은 아마존과 사바나 지역의 농업에 대한 정부의 인센티브 제공과 인플레이션이 유발한 토지 투기의 결과였다. 곡물 재배지 면적도 1970년과 1985년 사이에 1,840만 헥타르가 증가했다. 그러나 이들 대부분은 중남부의 기존 경작지와 중서부의 사바나 지역에서 일어났다. 그리고 많은 부분이 이 지역에서 농업 생산이 가능하게 해준 기술변화에 기인한 것이었다.[36]

브라질 농업의 현대화는 브라질 현실에 서둘러 맞춘 녹색 기술혁명의 도입을 의미했다. 대부분의 새로운 영농법은 매우 근시안적인 목적을 가지고 고안된 인센티브 및 보조금 정책에 따라 주로 중남부(사바나 지역 포함)의 상업농들에 의해 도입되었다. 1960년대 하반기부터 농업 전략을 책임지고 있었던 정책입안자들은 새로운 농업기술이 환경에 미치는 영향에 대해 거의 아무 생각이 없었다. 새

표 14.7 | 브라질의 농업 현대화 현황

(a) 트랙터 수

1920	1,706
1940	3,380
1950	8,372
1960	61,345
1970	165,870
1975	323,113
1980	545,205
1985	665,280
1995	799,742
2006	820,673

(b) 농업 고용 인구 수

1970	17,582,089
1980	21,163,735
1996	17,930,890
2006	16,567,544

(c) 트랙터당 재배면적

1920	3,893.35
1940	5,572.61
1950	2,280.82
1960	468.04
1970	204.88
1980	105.80
1995	62.65
2006	72.92

자료: IBGE.

로운 농업기술의 주요 내용은 다수확 곡물 품종의 재배, 비료 사용량과 기계 활용도 증가, 농축산물 생산을 위한 살충제와 약물의 남용 등이었다.[37] 〈표 14.7〉은 브라질 현대 농업부문의 생산요소 투입 확대에 관한 자료이다.

다수확 품종의 재배 확대는 종의 다양성을 감소시켜 환경 손실을 초래했다. 특히 중서부 사바나 지역에서는 콩 재배 및 목초지 확장으로 인해 생태계가 크게 변했다. 이러한 일들이 생태계의 보전에

대한 주의를 기울이지 않은 채 신속하게 이루어졌다.[38]

기계와 화학비료 및 살충제에 크게 의존하는 브라질의 현대 농경 방식은 환경에 부정적인 영향을 미칠 수 있다. 화학비료의 무분별한 사용은 토양의 성질을 변화시키는 문제를 유발한다. 자연상태에서 토양은 무기물질로부터 식물의 영양분 추출을 용이하게 해주는 많은 유기체를 포함하고 있다. 그러나 과도한 화학비료 사용은 토양의 자연적인 회복 기능을 파괴해 영구적으로 비료를 사용해야 하는 결과를 초래할 수 있다. 또한 비료 사용량이 많은 토양의 침투성이 강하면 강우로 씻겨 나간 화학비료의 성분들이 지하수로 스며들어 사람을 포함해 그 물을 사용하는 모두에게 해로운 영향을 준다.[39]

농기계의 광범위한 사용도 환경에 여러 가지 부정적인 영향을 미칠 수 있다. 첫째, 기계를 효율적으로 사용하려면 상당히 넓은 면적이 필요하다. 이를 위해 다양한 식물의 천연 서식지가 파괴되고 바람과 물로 인한 침식작용이 촉진된다. 또한 무거운 농기계가 토양 위를 자주 달리면서 토양의 압축을 초래할 수 있다. 브라질에서는 근대화가 급격히 진행되면서 환경에 영향을 미치는 이러한 현상들이 모두 발생했다. 토지 개간은 강변의 초목을 보존하기 위한 예방 조치가 없이 수행되었다. 일직선으로 농토를 경작하는 관행이 지배적이고, 기계로 수확을 하면서 주기적으로 초지를 제거함에 따라 국토의 상당 부분에서 상당한 규모의 토양침식이 일어났다.[40] 또한 토양유출수가 강과 저수지의 광범위한 침식을 초래했다.[41]

농약의 집중적인 사용은 식물 다양성을 파괴할 뿐 아니라 농약 사용 지역 밖의 인간과 생태계에도 유해한 영향을 줄 수 있다. 주의를 기울여 다루지 않으면, 농약은 사람이나 동물에게 건강 문제를 일으킬 수 있다. 그것은 또한 많은 사람이 사용하는 물과 농약을 사용해 재배한 식품과 기타 농산물을 오염시킬 수 있다. 브라질에서는 급속한 현대화가 진행되고, 농장 근로자들(종종 농장주 자신들)의 교육 수준이 낮고, 정부의 효율적인 감독이 부족해 농약의 무분별한 사용이 초래되었다. 지금까지 큰 재난은 발생하지 않았지만 여기서 언급된 문제들은 브라질 농업의 일반적 특징이다.[42]

공공기관과 일부 생산자가 몇몇 환경문제에 대처하고 있지만, 기타 환경문제는 거의 인식도 못하고 있다. 토양 보존 방식의 농법이 늘어나고 일부 주에서는 소규모의 토양관리 프로젝트가 수행되고 있다. 그러나 농약(특히 독성이 강한 농약)의 사용에 대한 모니터링은 아직 초기 단계에 있고, 현대 농업에서 광범위하게 사용되는 녹색혁명 기술의 장기적 영향이 환경문제를 야기할 수 있다는 것이 전혀 고려되지 않고 있다.

아마존 전략과 환경

브라질의 아마존 전략과 이로 인한 산림벌채는 엄밀하게 따져 보면 제2차 세계대전 이후 성장 촉진을 위한 개발정책과는 관련이 없다. 아마존 전략은 지정학적 요소가 더 강하며, 이것이 환경에 미치는 영향은 GNP 확대와는 전혀 상관이 없다.

아마존 개방의 환경영향

브라질의 환경문제에 대한 세계의 관심은 아마존 지역에 집중되어 왔다. 이는 브라질이 세계에서 마지막으로 남은 광대한 열대우림을 가지고 있기 때문이다. 인간의 정주와 상업적 개발로 인한 열대우림의 파괴는 국내적, 지역적, 심지어 지구적 환경문제를 일으킬 수 있다.

열대우림은 정규적인 물의 순환에 따라 일 년 내내 균등한 강우량과 일정한 강물의 흐름을 유지하고 있다. 광범위한 산림벌채가 있는 경우, 이러한 기능이 망가져서 넓은 지역에 기후변화와 범람을 발생시킬 수 있다. 또한 아마존의 벌거벗겨진 토양은 열대성 비로 인해 쉽게 굳어져서 물의 흡수를 감소시키고 유출량이 늘어나며 토양침식과 강 유역의 침적으로 이어진다.[43]

숲이 사라지면 또한 식생층과 표토 사이에서 발생하는 양분 순환도 중단된다. 표토의 유기물질이 집중되어 있는 층 아래의 아마존 토양은 부실하다. 따라서 이 지역의 농업은 토양 영양분을 빠르게 소진시켜 수확량이 급격히 감소하는 경향이 있다. 이런 상황이 발생하면, 이 지역은 버려져서 황무지가 된다. 이를 복원하는 것은 매우 어렵고 비용도 많이 든다.

아마존 산림벌채에 대해 세계가 관심을 갖는 주된 이유는 전 세계에 미칠 영향과 관련이 있다. 열대우림의 훼손은 온실효과와 대규모의 생물다양성 손실로 이어질 수 있다. 브라질의 아마존은 약 600억 톤의 탄소 또는 대기 중 탄소의 8%를 이산화탄소 형태로 저장하고 있다. 숲의 상당 부분을 벌채하고 태우는 것은 대기 중으로

대량의 이산화탄소를 방출해 온실효과를 증가시키는 것을 의미한다.[44]

열대우림을 대규모로 훼손하면 생물다양성이 감소할 수도 있다.[45] 아마존의 다양한 생태계는 생물 종의 다양성과 특정 종의 다양한 유전자 측면 모두에서 거대한 생물학적 다양성을 보유하고 있다. 산림벌채에 의한 자연 서식지의 파괴는 다수의 동식물 종의 개체 수와 서식 지역에 영향을 미친다. 지구에 있는 종 중 절반 이상이 세계 여러 곳의 열대우림에서 발견되었고, 이들 중 다수는 아직 분류나 연구가 이루어지지 않은 상태이다.[46] 아마존 산림벌채로 인해 인류에게 가치 있는 종들도 사라질 것이 우려되고 있다.

최근 아마존 지역의 정주와 산림벌채가 심한 곳은 주로 동-동남-남-남서 경계 지역이었다.[47] 열대우림은 정부의 인센티브와 보조금을 노린 축산 농장주들, 그들이 살던 지역의 변화나 가혹한 조건으로 쫓겨나서 새로운 땅을 찾아 아마존으로 온 이주민들, 값비싼 목재를 노린 벌목업자들, 광업기업들, 땅투기업자들, 금과 기타 귀금속을 찾는 개인 광부들, 그리고 수력발전소들에 의해 파괴되었다.

브라질 아마존 지역의 개발과 관련된 요인들은 다양하다. 가장 중요한 요인들은 다음과 같다.[48]

군사정권과 일부 국가 엘리트의 지정학적 목표. 아마존은 잠재력이 풍부한 지역으로 여겨졌기 때문에 외국의 이해관계에 의한 무력 개입을 막기 위해 어떤 비용을 들여서라도 이 지역을 차지하려 했다. 따라서 1960년대 후반부터 자연자원에 대한 사전조사나 타당성조사 없이 중남부 지역과 아마존을 연결하는 다수의 도로가 건설되었다. 국유지에서 공공 및 민간 주도로 주민들을 이주시키기 위한 식민 사업이 추진되었다. 이 지역에 벤처 투자를 하는 기업가와 투기자들에게 인센티브와 보조금이 지급되었다. 벤처 투자의 대부분이 소를 방목하는 목축업이었다.[49]

정착지에서의 무토지 농민들의 압력. 중남부 지역의 농업 현대화로 인해 수십만 명의 소규모 농민과 농업 근로자들이 일자리를 잃었다. 이들 대다수가 대도시로 이주했지만 꽤 많은 사람들이 자신의 토지를 소유할 수 있다는 소망을 안고 아마존 국경 지역에 몰려들었다. 북동부 지역에서는 전통적 농촌 엘리트들이 토지 분배를 막아내는 데 성공했고, 이로 인해 이 지역의 가난한 농촌 노동자들도 아마존으로의 이주 대열에 합류했다. 이주민들은 특히 아마존 동부의 빠라 주와 서서부의 홍도니아Rondônia 주에 집중적으로 이주했고, 이로 인해 식민 사업을 통해 이용 가능한 토지보다 훨씬 더 많은 토지 수요가 발생했다. 그 결과 수천 명의 자발적 이주자들이 국유지와 사유지에 침입해 농사와 토지소유권을 주장하기 위해 숲을 훼손했다.

대규모 수출지향적 프로젝트. 최근에 대형 수력발전소가 완공되었고 아마존 동부 까라자스 산맥에서 대규모 복합 광업 단지가 개발되었다.[50] 까라자스와 마라녀웅 주의 이따끼Itaqui 항구를 연결하는 850킬로미터의 철도가 건설되었고 철광석, 보크사이트, 망간의 채광과 가공을 위한 다수의 광산 개발 사업이 시행되었다.[51]

아마존 골드러시. 천연자원 조사를 통해 아마존에서 금속광물뿐 아니라 금과 기타 귀금속도 발견됐다. 이 소식을 듣고 수많은 개인

표 14.8 | 아마존법정관리구역(Legal Amazon) 내 산림훼손 지역

	(연평균, 1978~2008년, 제곱킬로미터)
1978~89	22,228
1990	21.05
1995	29.06
2000	18.226
2005	18.846
2008	12.911

자료: Institute Nacional de Pesquisas Espaciais (INPEP, Desflorestamento na Amazônia. Brasília, Ministério de Ciência e Tecnologia, 1997).

광산업자들(86만 명으로 추정)이 몰려들었다. 그들의 채굴 방법은 생산성이 낮고 환경파괴적이었다.[52]

아마존 벌목의 영향

1990년대 들어 대규모 농업과 목축업에 대한 공식적인 인센티브와 정부가 후원하는 식민 사업의 급격한 축소로 아마존 산림 벌목이 상당히 감소할 것으로 기대되었다. 〈표 14.8〉에서 알 수 있듯이, 1990년대 전반에는 이러한 기대가 충족되었다.

2000년대 후반의 벌목 급증은 주로 외국(주로 아시아) 기업들 때문이었다. 이들 기업 대부분은 목재가 부족해진 말레이시아와 여타 아시아 국가들에서 이주해 왔다. 이들은 지속 가능한 관리 기법을 채택하고 브라질 법령에 따라 기업을 운영할 것을 약속하고 이 지역에 들어왔다. 그러나 이들은 브라질의 법률과 규정이 너무 엄격하다는 것을 알고 난 후 불법적이거나 탈법적인 조치를 통해 브라

질의 법규를 우회했다. 브라질 법률에 따르면, 목재를 숲에서 벌목하기 전에 선택적 추출 및 특별 벌목 방식을 명시한 산림관리 계획을 작성해야 했는데, 이 때문에 외국기업들은 소위 "숲의 흰개미"(소규모 불법 벌목을 하는 종전의 금광 채굴업자, 무토지 농업 근로자, 원주민들)들이 불법적으로 나무를 자르도록 유도하고, 은밀하게 매우 저렴한 가격으로 이 목재들을 구입했다. 그들은 뇌물과 속임수를 이용해 목재와 부산물의 수송과 수출을 "합법화"했다.[53]

전문가들에 따르면, 아마존 목재 수출의 90% 이상을 담당하는 외국기업들은 "숲의 흰개미"가 벌목한 목재의 60%를 구매하고 있다. 이러한 불법 벌목이 최근 이 지역 산림벌채의 80% 정도를 차지하고 있다.[54] 이러한 관행을 금지하는 엄격한 법률이 있지만, 브라질 환경부 산하 환경·천연자원연구소IBAMA의 인력과 재원 부족, 그리고 목재 회사의 경제적 영향력이 함께 작용해 이 법률을 무용지물로 만들었다. 이것이 최근 산림황폐화가 급증한 원인이다.

아마존 산림벌채 면적

20세기 초 아마존 지역의 산림벌채 면적은 약 10만 제곱킬로미터에 달했고, 주로 원래부터 사람들이 정착한 아마존 동부와 북동부 지역에서 이루어진 것으로 추정된다.[55] 〈표 14.9〉에서 알 수 있듯이, 1978년까지 산림벌채 면적은 15만2,100제곱킬로미터, 즉 열대우림으로 덮인 원래 면적의 3.6%로 확대되었다. 10년 후 산림

표 14.9 | 브라질 아마존의 구역 분류

(a) 아마존 법정관리구역과 소지역 산림훼손 면적

	최초 산림면적 (1,000㎢)	합계(최초 산림면적 대비 %)			
		1978년 1월	1978년 4월	1989년 8월	1990년 8월
아마존 법정관리구역	4,275	152.1 (3.6%)	372.7 (8.7%)	396.6 (9.3%)	410.4 (9.6%)
아마존 중심부	1,881	2.0 (0.1%)	20.8 1.1%)	23.9 (1.2%)	24.9 (1.3%)
아마존 주변부	2,394	150.1 (6.3%)	351.9 (14.7%)	372.7 (15.6%)	385.5 (16.1%)
빠라 주	1,218	−56.3 (4.6%)	129.5 (10.6%)	137.3% (11.3%)	142.2 (11.7%)
홍도니아 주	224	4.2 (1.9%)	29.6 (13.2%)	31.4 (14.0%)	33.1 (14.8%)

자료: Jose Goldenberg, "Current Policies Aimed at Attaining a Model of Sustainable Development in Brazil," *Journal of Environment and Development* 5, no. 1 (1992), pp. 105-115. 브라질 항공우주연구소 촬영 위성사진 전문가(Philip M. Fearnside, A. T. Tardin, and L. G. Meira Filho.) 판독 기준.
주: 아마존 중심부는 아마빠(Amapá), 아마조나스(Amazonas), 호라이마(Roraima)이고, 아마존 주변부는 아끄리(Acre), 마라녀웅, 마뚜그로수, 빠라, 홍도니아, 또깡칭스(Tocantins)이다.

(b) 아마존 지역: 전체 지역, 농장 지역, 훼손 지역

	전체 지역 (1,000㎢)	농장 지역 (1,000㎢)	훼손 지역[a] (1,000㎢)	전체 지역 대비 농장 지역 비율	전체 지역 대비 훼손 지역 비율	농장 지역 대비 훼손 지역 비율
아마존 전체[b]	4,462.8	842.8	216.7	18.9	4.9	25.7
아마존 중심부[c]	2,799.4	190.1	19.8	6.8	0.7	10.4
아마존 주변부[d]	1,663.4	652.7	196.9	39.3	11.8	30.2

자료: IBGE, *Censo Agropecuario 1985.*
주: a. 훼손 지역(area cleared)은 곡물 재배지와 미사용 생산지의 합.
  b. 아마존 전체는 아마존법정관리구역(Legal Amazon) 지역의 추정치. 아마존법정관리구역의 마라녀웅과 호라이마 지역은 미포함.
  c. 아마존 중심부는 아마조나스 주와 다음 소지역으로 구성 — 아끄리 주의 알뚜주루아(Alto Jurua), 빠라 주의 메지우아마조나스(Medio Amazonas), 메지우따빠즈스(Medio Tapajos), 바이수아마조나스(Baixo Amazonas), 푸루스(Furos).
  d. 아마존 주변부는 홍도니아 주와 아마빠 주, 그리고 다음 소지역으로 구성 — 빠라 주의 마라주(Marajo), 바이수또깡칭스(Baixo Tocantins), 마라바(Maraba), 아라과이아빠라엥시(Araguaia Paraense), 또메-아꾸(Tome-Acu), 과자리나(Guajarina), 사우가두(Salgado), 브라간치나(Bragantina), 벨렝(Belém), 비세우(Viseu); 또깡칭스 주의 바이수아라과이아(Baixo Araguaia), 메지우또깡칭스-아라과이아(Medio Tocantins-Araguaia), 엑스뜨레미노르치(Extreme Norte); 마뚜그로수 주의 노르치마따그로셍시(Norte Matagrossense), 알뚜과뽀리-자우루(Alto Guapore-Jauru), 알뚜아라기아(Alto Araguia); 아끄리 주의 알뚜뿌루스(Alto Purus).

이 사라진 면적은 원래 산림면적의 9.3%인 37만2,700제곱킬로미터로 급격히 증가했다. 산림벌채는 1987년에 최고조에 달했고, 그 후 경제침체와 정부 정책의 변화로 인해 줄어들었다.[56] 그러나 이미

논의한 것과 같이, 1990년대 후반에는 주로 벌목으로 의한 산림벌
채가 급증했다.

〈표 14.9〉는 산림벌채가 아마존 주변부에 집중되어 있음을 보여
준다. 1990년에는 벌채된 전체 면적의 93.9%인 38만5,500제곱킬
로미터가 그곳에 있었다. 아마존 중심부는 2만4,900제곱킬로미터
가 사라졌다. 아마존 전체로는 1990년까지 9.6%의 산림이 훼손되
었다. 이 비율은 주변부가 16.1%, 중심부는 1.3%였다.

1985년의 마지막 농업 인구조사에 따르면, 아마존 지역은 농장
면적이 84만2,800제곱킬로미터(18.9%)이며, 이 중 약 4분의 1의
산림이 파괴되었다. 〈표 14.9〉에 나타난 산림벌채 추세를 역으로
추정하면, 1985년에 약 30만4천 제곱킬로미터의 산림이 사라졌고,
이는 그해 농업을 위한 산림 전용이 전체 산림벌채의 71%를 차지
한다는 것을 의미한다.[57]

아마존 중심부의 농업 전용을 위한 산림벌채는 주변부의 경우와
달리 제한적으로 이루어졌다. 1985년에 농업 전용을 위한 산림벌
채는 아마존 중심부의 경우 0.7%에 불과했지만, 주변부는 이미
11.8%에 달했다.

이 데이터는 세 가지 주요 결론을 암시한다. 첫째, 아마존에는 아
직 농장이 아닌 넓은 지역이 존재하며, 열대우림을 보존하기 위해
원시림 지역에서 더 이상 도로를 건설하지 말고, 이 지역 개발에 대
한 모든 인센티브와 보조금도 철저히 금지해야 한다. 둘째, 아마존
주변부에는 아직 농장에 통합되지 않은 상당한 산림이 존재한다.
더 이상의 산림훼손을 막기 위해 환경구역 설정에 관한 1988년 헌

법 조항을 적용하고, 열대우림에 대한 보존 법령을 엄격히 집행하기 위한 노력이 필요하다.[58] 셋째, 이미 개방되고 오염된 지역은 특별한 주의가 요구된다. 최근의 상당수의 아마존 토지 점거와 관련된 이동농법을 억제하기 위한 방법 중 하나는 이 지역의 지속 가능한 활용을 위한 기술개발 노력을 강화하는 것이다. 이는 또한 엄격한 재산권 확립을 위한 과감한 조치가 필요하다는 것을 의미한다. 실행 가능하고 확실한 대안을 마련하지 않는다면, 이주민들이 아마존의 새로운 지역으로 계속 이동하고 환경파괴의 악순환이 지속될 수 있다.[59]

브라질의 환경정책

1970년대에 브라질은 개발을 위해서라면 오염과 환경파괴라는 비용을 기꺼이 지불하겠다는 입장을 채택했다. 최근까지도 정책입안자들 사이에서 이러한 견해가 우세했다. 환경문제는 강대국들이 브라질의 개발을 막기 위해 사용하는 무기라는 견해도 있었다.[60] 개발 우선주의자와 음모론자의 견해가 브라질에 각인을 남겼고, 최근에서야 비로소 사라지기 시작했다.

가장 최근에는 환경보존에 대한 압박이 경제성장 둔화를 초래할 수 있다고 우려하는 환경 민족주의자들의 반대도 있었다. 그들의 주장은 빈곤과 경제침체 상황에서 환경 보호, 복구, 개선을 위한 정책을 시행하는 것은 불가능하다는 것이다. 환경 민족주의자의 좌파

세력은 제3세계 빈곤 문제가 환경에 미치는 영향을 무시하는 국제 환경단체들에게 분개했다. 그들이 보기에는 전 지구적 영향에 초점을 맞춘 환경보존주의자들의 입장이 다음과 같이 보였기 때문이다. "빈곤 문제로 기인한 환경파괴가 선진국들에게는 별로 문제가 되지 않는다. …… 왜냐하면 빈곤 문제는 전 지구적 현상을 일으키지 않기 때문이다."[61]

1970년대 초반부터 브라질은 환경과 관련된 비정부기구NGO가 급속히 늘어났다. 1990년까지 약 700개의 비정부기구가 있었고 그 중 90%가 남동부와 남부의 도시에 있었다.[62] 많은 사람들이 아마추어이고 효과도 별로 없었지만, 소수의 사람들은 고도로 전문적이며 국내 여론 형성에 상당한 영향을 미쳤다.

법률 및 제도적 기반의 진화

환경정책은 1970년대 중반에 형성되기 시작했다. 1973년에 환경특별사무국Special Secretariat for the Environment, SEMA이 내무부의 산하기관으로 창설되었다. 환경특별사무국의 주요 업무는 환경에 대한 규범을 수립하고 생산 부문의 과잉 환경오염을 억제하는 것이었다.[63] 그 직후, 상파울루 주는 1975년에 환경 기구인 환경관리공사 CETESB를 설립했으며, 리우데자네이루 주는 환경공학재단Fundação Estadual de Engenharia do Meio Ambiente, FEEMA을 창설했다. 이 두 기구는 환경과 관련된 대표적인 주정부 조직이 되었다.[64] 그러나 1970년대에는 성장이 최우선 과제였기 때문에 환경보호를 위한 법규 체계는 취약했다.

환경정책은 1981년에 국가환경정책을 규정한 법률 제6938호의 제정으로 강화되었다. 국가환경정책의 목적은 경제개발 및 국가안보와 일치하는 방식으로 환경의 보존, 회복 및 개선을 촉진하는 것이었다. 이 법은 이미 존재하는 규범을 통합해 보완하고 강화함으로써 일관된 법규 체계를 수립했다. 그러나 그것은 경제적 인센티브의 사용을 고려하지 않고, 명령과 통제 수단에만 의존하고 있었다.[65]

법률 제6937호는 정책의 제도적 인프라를 강화하고 주 환경단체 및 지역 환경단체의 발전을 촉진했다. 1980년대 후반에 정책의 법적 기반이 강화되었고 1988년 헌법에 환경 관련 장이 포함되었다. 제도적 구조에도 약간의 변화가 있었다. 1985년에 환경·천연자원연구소Instituto Brasileiro do Meio Ambiente e dos Recursos Naturais, IBAMA가 창설되었고, 주정부 기구들(예: 환경관리공사CETESB 및 환경공학재단FEEMA)이 확대 개편되었다.[66]

1990년에 꼴로르 행정부가 환경사무국을 설립했고, 1994년에 까르도주 행정부에서 이를 환경부로 전환시켰다. 환경부는 환경 분야를 총괄했고, 산하기관으로 편입된 환경·천연자원연구소는 환경정책 실행을 담당했다.

지난 10년 동안 브라질의 환경 관련 법률에 큰 변화가 있었다. 1998년까지 환경정책의 효과가 미진했던 원인은 환경에 관한 법률 시스템의 비효율성 때문이라는 주장이 우세했다. 기존 법률들이 여러 개로 흩어져 있어서 환경 침해를 줄이기 위한 조치를 실행하기가 어려웠다는 것이다. 그러나 1998년 3월에 의회는 소위 환경범죄법Law of Environmental Crimes으로 불리는 법률 제9605/98호를 통과시켰다. 이 법은 환경 관련 법률들을 통합했고 새로운 규정을 도입하고 환경에 대한 가혹한 처벌 규정을 제정했다. 무거운 벌금에서부터 징역형까지 환경 범죄에 대한 엄격한 처벌이 가능해졌다. 환경범죄법은 법률 전문가와 생산 부문의 강력한 반발을 야기했다.[67] 이로 인해 대통령이 법 조항 일부를 거부했을 뿐만 아니라, 행정부가 이 법의 시행을 위한 시행령과 규정들을 마련하는 데 오랜 시간이 걸렸다. 이 법의 시행이 지연된 이유는 경제계가 이 법에 적응하는 데 필요한 시간을 주기 위한 것이었다.

그러나 일부 환경론자들은 이 법이 너무 관대하다고 주장했다.[68] 법이 통과된 후 오히려 환경보호를 위한 정부의 조치가 감소했다는 것이 그 증거이다. 그러나 정작 이 법을 효율적으로 시행하기 위한 핵심 과제는 법 집행 기관을 완전히 개편하는 것이다. 현행 구조는 기껏해야 부분적으로만 이를 시행할 수 있다. 이는 여러 가지 측면에서 법은 있으나 시행되지는 않는 브라질 사법제도의 또 다른 사례처럼 보인다.

도시-산업 공해를 줄이기 위한 정책

1970년대 중반에 환경특별사무국SEMA과 몇몇 주정부 기관들은 산업화에 따른 오염을 방지하기 위한 규칙들을 조심스럽게 마련하기 시작했다. 그러나 성장을 중시하는 정책이 지속되면서 이러한 규칙들이 계속 약화되었다. 단계별로 처벌 수준에 차이가 있었다. 벌금 제도가 있었고, 법규를 위반한 회사는 연방정부로부터 세금 인센티브, 보조금, 그리고 이와 유사한 혜택을 받지 못하게 될 수 있었다. 극단적인 경우에는 법규 위반 회사의 운영을 중단시킬 수 있었다. 그러나 전략적으로 중요하다고 간주되는 여러 산업 분야는 환경 관련 조항의 적용을 면제받았다.[69]

1980년대에는 벌금 액수가 상승했고, 면제 사유도 감소했으며, 지방분권화 추세로 인해 주정부와 시정부의 환경 관련 조직(문제 지역에 훨씬 가까운 곳에 위치)의 권한이 증가했다. 미국 환경청이 설정한 것과 유사한 대기 및 수질 기준이 수립되었다.[70] 새로운 환경정책의 핵심 사항은 1988년 헌법에서 규정된 오염 발생 가능성이 있는 활동에 대한 허가 시스템이었다. 잠재적으로 환경에 미칠 영향이 있는 일정 규모 이상의 모든 프로젝트(고속도로, 공항, 항만, 철도, 수력발전소, 석유정제 시설 및 기타 대형 산업 플랜트 건설)는 사업 시행 전에 환경 면허를 취득해야 한다. 환경 면허가 부여되기 위해서는 환경영향보고서를 토대로 사전에 환경영향평가가 실시되어야만 한다.[71]

이러한 변화에도 불구하고 규제 시스템에 대한 제약이 있었다. 더 효과적으로 오염을 줄일 수 있게 되었지만, 성장에 대한 고려 때문에 규제 시스템이 더 발전하지 못했다. 새로운 프로젝트와 공장의 경우 오염 통제가 엄격해졌지만, 규제 프로그램이 시작되기 전에 이미 존재했던 공장들에 대해서는 이들의 경제적 어려움을 완화시켜 주기 위한 배려가 있었다. 더욱이 자동차 매연 배출 규제나 디젤을 제외한 자동차의 매연 저감장치 장착 의무와 같은 부분의 규정이 없는 등 규제에 큰 공백이 있었다.[72] 또한 환경 면허 시스템에도 어려움이 있었다. 당초 아이디어는 프로젝트의 환경영향보고서를 검토하고 프로젝트가 시행되기 훨씬 이전에 환경영향평가를 승인하도록 하는 것이었다. 그러나 최근까지 공사가 시작된 후 환경영향보고서가 마무리된 사례가 여러 건 있었다. 또한 형식적인 행정절차red tape가 매우 많았고, 환경 기관은 환경영향보고서를 철저하게 평가할 수 있는 충분한 전문 인력을 보유하고 있지 못했다.[73]

주정부의 환경보호 노력의 결과는 어느 정도 성과를 보였지만 아직 해결해야 할 과제도 남아 있다. 상파울루 환경관리공사는 산업체의 대기오염을 줄이는 데 상당한 성공을 거두었지만 자동차 매연은 아직 큰 성과가 없었다. 수질오염에 관해서 환경관리공사는 산업체의 폐수 배출에 대한 통제권을 행사할 수 있었지만, 축산 농가의 유기 오염은 여전히 다루기 힘든 문제로 남아 있다. 리우데자네이루 환경공학재단FEEMA이 직면한 주요 과제는 리우데자네이루의 과나바라 만 오염 문제이다. 1990년대에 일본 원조 기관과 미주개발은행의 지원을 통해 만을 정화하는 사업이 추진되었지만, 그 후 10년이 지날 무렵까지도 만의 오염 문제는 해결되지 못하고 있다.

주정부 환경 당국은 기존 기업의 반대를 극복하는 데 어려움을 겪는 것이 규칙처럼 되어 왔다. 기존 기업의 상당수는 정부가 소유하고 통제하고 있다. 이들 기업은 환경규제를 준수하라는 압박을 받으면 정치적 영향력에 의지하거나 공장 문을 닫겠다고 위협한다. 핀들리에 따르면, "주 및 연방 규제 당국은 동기 부여가 있을 경우 오염을 신속하고 효과적으로 줄이기 위해 행동한다." 그러나 꾸바떠웅의 사례에서 볼 수 있듯이, "매우 심각해 공중보건과 안전에 즉각적인 위협이 되고 일반 시민에게 잘 알려진 비상사태가 있어야 그러한 동기가 성립된다." 그러나 이러한 경우를 제외하면, "대개 생산 활동의 유지 또는 증가가 환경보호보다 더 중시된다."[74]

마지막으로 1990년대 연방정부와 주정부의 재정위기는 환경정책에 부정적인 영향을 미쳤다. 환경 기관의 투자 및 확장뿐만 아니라 현재 활동을 유지하기 위한 재원도 줄어들고, 기술 인력의 실질임금도 하락해 인센티브가 감소하고 이미 부족한 인력도 더 줄어들었다.

보존 정책

1960년대 후반에 아마존의 개발이 급증하기 시작했을 때, 역설적이게도 브라질은 이미 환경 관련 법 — 1965년의 산림법 — 이 있었다. 이 법률이 엄격히 적용되었다면 그 이후 발생한 최악의 과잉 개발을 피할 수 있었을 것이다. 이 법은 모든 농장이 50%의 면적을 원래 식생 상태로 유지해야 하며, 가파른 내리막, 저수지와 기타 수역, 그리고 기타 환경적으로 취약한 지역을 보호하기 위한 엄격한 규정을 포함하고 있었다. 또한 숲에서 취득한 원재료를 변형하는 산업(제재소, 종이 및 펄프 공장 등)과 산림자원(목탄 또는 장작)을 에너지로 사용하는 산업의 산림자원 추출에 대한 엄격한 규정도 있었다. 그러나 그 당시 이미 정착이 이루어진 지역에서 50%의 식생규칙을 적용하는 것이 불가능하다는 것을 인식하고 이 비율을 20%로 개정했다. 이 규정은 사바나 경계 지역의 농장에도 적용되었다.[75]

산림보존을 다루는 이후의 입법 활동은 단지 산림법을 강화했을 뿐이었다. 예를 들어, 1981년 국가환경정책 법과 1988년 헌법이 그러했다. 환경범죄법(법률 제9605/98호)의 경우도 마찬가지였다. 1989년 환경청이 창설됨에 따라 도시 산업 활동에만 적용되던 국가환경정책의 면허 조항이 산림개발 프로젝트로 확대되었다. 그리고 1990년에 환경법과 1988년 헌법이 명시한 국토이용 연구를 수행하기 위한 특별위원회가 설립되었다. 아마존은 국토이용 연구 우선 지역으로 선언되었으며, 1991년 시행령은 훼손되지 않은 아마존 열대우림에서 수행되는 프로젝트에 대한 재정 인센티브 및 보조금의 양허를 금지했다. 그 지역의 산림벌채도 금지되었다. 이 지역에서 수행되는 어떠한 경제활동에 대한 면허도 국토이용 연구가 끝난 후에나 고려될 수 있었다. 흥미롭게도 1990년대 말에도 이 연구는 완료되지 않았다.

이러한 조치에도 불구하고 산림벌채와 천연자원의 파괴는 현재까지, 특히 아마존에서 계속되고 있다. 이는 연방정부가 이 법을 시행하려는 정치적 의지가 없기 때문이다. 특히 군사정권 기간 동안에는 이 법의 엄격한 집행이 지정학적 아마존 전략과 모순되어 있었다.

1980년대 중반에 상황이 바뀌기 시작했다. 군사정권이 끝나고 열대우림의 파괴에 대한 국제적 분노가 고조되고 있었다. 1989년에 환경청을 창설한 것은 연방정부의 보존 노력의 일환이었으며 1990년대의 모든 행정부는 강력한 보존주의 입장을 채택했다. 이러한 성과에도 불구하고 아마존 산림벌채의 감소 목표는 당분간 달성하기 어려울 것으로 보인다. 특히 문제가 되는 것은 단속 활동에 소요되는 높은 비용이다. 아마존은 매우 크고 아마존 주변 여러 지역에서 열대우림에 영향을 미치는 활동이 분산되어 이루어지고 있다. 따라서 열대우림 보존이라는 성과를 달성하기 위해서는 대규모 단속 활동이 필요하다. 그러나 환경청이 가용할 수 있는 직원과 장비는 매우 부족하며, 정부의 재정위기로 인해 이에 필요한 자원을 배분하지도 못하고 있다. 1990년대에 연방정부가 열대우림 보존 노력을 강화했지만, 더 많은 성과를 거두려면 국가의 재정적 제약을 감안하더라도 현재보다 더 많은 대규모 자원 투자가 필요하다.

또 다른 문제는 이 지역의 개발 활동과 인센티브를 현저히 줄이려고 시도하는 일부 아마존 주들의 주지사와 하원 의원의 적극적인 반대이다. 일부 사람들은 보존이 아마존을 저개발 상태로 유지하는 것을 의미한다고 하고, 다른 사람들은 지역 이익집단의 압력에 따라 행동하고 있다. 주지사는 종종 연방정부의 노력에 협조하지 않으며, 의회에 압력을 행사해 재정 인센티브 시스템을 재편하기 위한 시도에 반대하고 있다.

열대우림 생태계 보전을 위해 환경보호 구역을 설정하는 방법이 효과적이며, 브라질에는 이러한 보호지역 제도가 있다. 보호지역은 두 가지 유형이 있다. 하나는 국립공원과 생물자원보호구역과 같은 보존지역이며, 이 지역에서는 자연자원 개발(관광 및 과학 연구 제외)이 금지되어 있다. 다른 하나는 생태 및 환경 보호지역으로, 이 지역에서는 엄격한 감독하에 지속 가능한 방식의 천연자원 개발이 허용된다.[76]

표 14.10 | 환경보호 구역: 1990년

보존 지역	면적(1천 헥타르)	비율	보호 지역 면적(1천 헥타르)	보호 지역 비율
브라질	37,583.2	4.5	12,516.4	1.5
북부	32,305.5	9.1	299.7	0.1
북동부	2,106.1	1.4	182.2	0.1
남동부	1,615.0	1.8	2,533.0	1.8
남부	881.7	1.6	380.0	0.7
중서부	674.9	0.4	9,121.5	4.9

자료: IBGE, *Anuario Estatístico* (1991), p. 130.

〈표 14.10〉에서 알 수 있듯이, 1990년에 브라질 영토의 6%가 특별 환경보호 구역으로 지정되어 있었다. 영토의 4.5%는 보존지역이고, 1.5%는 보호지역이었다. 보존지역의 상당 부분은 아마존이 위치한 브라질 북부 지역에 있다. 이 아마존 지역은 지리적 영역의 9% 이상이 보호되고 있다. 여기에는 국립공원, 생물자원 보호구역, 생태 보호지역, 추출 보호지역 등으로 구성되어 있고, 전체 면적은 3,500만 헥타르에 이른다. 이 수치는 인상적으로 보일지 모르지만 몇 가지 문제가 있다. 아마존의 많은 보호지역의 경계는 아직 법적으로 정의되지 않고 있다. 많은 보호지역의 경계가 확정되지 않았고, 이에 대한 많은 법적 분쟁도 지속되고 있다. 또한 여러 가지 침입도 발생하고 있다. 보존지역을 감시하는 직원 수의 축소로 이 지역에 무단 정착민들이 침입해 거주하는 것에 효과적으로 대처할 수 없다. 마지막으로, 이 분야의 관리계획은 부적절하거나 없으며, 이 지역을 관리하기 위한 전문 인력이 매우 부족하다.[77]

산림보존 분야에서의 가장 큰 진보는 1990년대의 추출 보호지역의 설정이었다. 1990년대 중반까지 아마존에는 이미 88만9,600헥타르에 이르는 10개의 추출 정착촌과 220만800헥타르에 이르는 9개의 추출 보호지역이 있었다. 1980년대 말에는 아무것도 없었다는 것에 주목해야 한다. 추출 정착촌은 브라질의 토지개혁을 담당하는 토지개혁청의 식민 프로젝트에서 흔히 볼 수 있듯이 직사각형으로 나눈 지역이 아니라 토지개혁청의 감독하에 있는 고무 등 열대산품 채취를 하는 가구들의 거주지이다. 정착민들은 숲을 제거할 수 없지만 과일을 채취할 수 있다. 추출 보호지역은 보존지역으로, 비정부기구NGO와 언론의 후원을 받은 노동자들의 투쟁 결과로 고무 채취가 허용되었다. 추출 보호지역은 환경청의 관할하에 있다.[78]

추출 보호지역의 설정을 이끈 두 가지 힘은 다음과 같다. 하나는 수년 동안 숲을 파괴하지 않고 산림에서 살았던 사람들, 즉 추출 노동자(고무 채취자 및 기타 산림 제품 수집과 관련된 사람들)의 필요에 대한 인정이다. 다른 하나는 열대우림 보존에 대한 국내 및 국제적 압력이다. 추출 보호지역의 유효성에 대한 판단을 내리는 것은 아직 너무 이르다.[79]

좀 더 극단적인 환경론자들은 숲에 있는 인간의 존재 자체가 환경에 해롭기 때문에 추출 보호지역을 억제하라고 주장한다. 일부 경제학자들은 보조금과 공적 지원이 없다면 대부분의 채취 활동은 경제성이 없다고 주장한다. 이것에 대한 더 많은 연구가 필요하지만, 추출 보호지역은 숲을 보존하기 위한 비교적 간단한 대안으로 보인다. 분명히 이것은 많은 다른 대안들 중 하나로 간주되어야 한다. 아마존 전체 숲이 추출 보호지역만으로 보존될 수 있다고 가정하는 것은 비현실적이다.

결론

식민지 시대부터 1970년대 후반까지 브라질에서 경제성장이 환경에 미치는 영향은 주요 관심 대상이 아니었다. 산업화 이전 시기에는 국가의 면적이 크고 자원이 풍부하기 때문에 자연보호론자들의 우려는 부적절한 것으로 치부되었으며, 자원을 남용하는 방식으로 수출과 내수를 위한 농산물생산이 이루어졌다. 산업화 시기에는 정책입안자들의 관심이 오르지 성장이었다. 이 장에서 우리는 산업화, 통제되지 않은 도시화, 그리고 산업화와 도시화가 진행되는 과정에서 불균등한 개발로 인한 소득 집중의 악화 등이 환경에 미치는 영향에 대한 무관심으로 인해 심각한 환경문제를 야기했고, 환경보호에 대한 압력이 커지면서 점차적으로 성장 방식이 변화되어 온 과정에 대해 살펴보았다. 우리는 또한 환경문제가 브라질로 하여금 새로운 경작지의 확대가 아닌 기존 경작지의 집중적 활용을 통해 생산을 증가시키는 농업 발전을 추구하도록 유도해 온 과정도 살펴보았다. 그러나 농업의 현대화는 환경에 미칠 영향에 대한 세심한 주의를 기울이지 않고 추진되었다. 마지막으로, 아마존 지역의 황폐화는 잘못된 지정학적 관심과 왜곡된 인센티브 제도로 인한 결과였고, 아마존 지역의 난개발을 막고 생태계를 복원하라는 국내외적 압력이 거세졌다. 브라질은 경제성장의 비용이 너무 비싸면 영구적으로 지속되지 못할 수도 있다는 교훈을 배운 것으로 보인다. 이 장에서 살펴본 바와 같이, 많은 면에서 긍정적인 변화가 있었다. 그러나 브라질의 환경정책이 아직도 개선의 여지가 크다는 것은 분명하다.

산림법 논쟁

단순화하기 위해 개발정책에 관심이 있는 두 개의 단체, 즉 '생산' 조직과 '환경보호' 조직을 가정하자. 생산 조직(우리는 이를 생산정책 네트워크라고 부른다)의 주요 관심사는 기본적으로 성장, 개발 및 경제적 안정이다. 환경보호 조직(우리는 이를 환경정책 네트워크라고 부른다)의 주요 관심사는 환경보전이다. 생산 조직은 환경문제가 개발 목표에 지장을 초래하거나 목표 달성을 위해 필요할 때에만 이에 대한 관심을 보인다. 반면, 환경 조직은 경제 전략이 지속 가능한 방향으로 움직이도록 영향을 주거나 조종하는 것에 주로 관심이 있으며, 환경이 성장이나 기타 생산 관련 목표보다 중요하다.

---

* 이 부록은 찰스 뮬러(Charles C. Mueller)가 작성했다.

산림법Forest Code, FC 논쟁의 필수적인 행위자는 농업정책 네트워크이다.

논의에 앞서, 산림법 논쟁에 깊이 관여된 생산정책 네트워크(농업정책 네트워크)를 간략히 살펴볼 필요가 있다. 생산정책 네트워크는 생산 부문에서 비교적 최근에 출현한 것이다. 특히 브라질이 주요 농산물 수출국이기는 하지만, 농업정책 네트워크가 출현해 정책결정 과정에 적극적으로 참여한 것은 전에는 없던 일이었다.[80] 이전에는 커피와 같은 농산품 정책 네트워크가 있었지만, 커피를 제외한 여타 농산품이나 농업 제품은 정책결정 과정에서 거의 고려대상이 되지 못했다. 그러나 이것이 최근에 바뀌어서 이제는 농민뿐만 아니라 브라질 경제의 중요한 요소로 성장한 기업농도 참여하는 강력한 정책 네트워크가 되었다. 앞으로 살펴보겠지만, 농촌정책 네트워크는 산림법 논쟁에도 깊숙이 관여하고 있다.

이것이 논쟁에 연루된 두 가지 주요 정책 네트워크 중 하나이다. 다른 하나는 최근에 등장한 새로운 정책 네트워크인 환경정책 네트워크이다.

환경정책 네트워크

환경정책 네트워크는 1980년대 초반에 출현했지만, 우리는 룰라 정부 출범 이후를 중심으로 살펴볼 것이다.[81] 룰라 대통령은 그의 첫 번째 임기를 시작하면서 그의 내각에 환경정책 네트워크의 발전에 크게 기여한 인물을 참여시켰다. 환경 근본주의자인 마리나 시우바Marina Silva 상원 의원이 초대 환경부 장관으로 발탁되었다. 일에 집중하고, 영리하며, 맺고 끊는 것이 분명한 성격의 시우바는 취임 직후 그녀가 이끄는 환경정책 네트워크의 힘을 강화하려는 의도를 분명히 했다.

사실, 그녀는 더 많은 것을 목표로 삼았다. 그녀의 목표는 환경부가 생산정책 네트워크를 구성하는 경제부처 및 기타 단체와 대등한 국가정책 의사결정 기구의 일원이 되는 것이었다. 그녀는 모든 공공정책이 환경에 영향을 미친다고 주장했다. 개발정책과 관련해, 개발사업의 단기 경제적 이익을 이 사업이 유발할 수 있는 환경비용과 비교해서 검토해야 하며, 이는 개별 프로젝트 수준이 아니라 정부 수준에서 이루어져야 한다고 주장했다.

그녀의 굳은 의지에도 불구하고 시우바의 이러한 노력은 부분적인 결실을 얻는 데 그쳤다. 그녀는 환경정책 네트워크의 제도적 하부구조를 개혁하고, 운영 역량을 강화하는 데 성공했다. 그녀의 취임 당시 거의 절름발이 수준이었던 환경정책 네트워크가 발전했고, 그들이 판단하기에 지속 가능하지 않은 것으로 간주되는 개발 프로젝트의 실행을 여러 차례 중단시킬 수 있었다.

그러나 이것은 농촌정책 네트워크뿐만 아니라 생산정책 네트워크의 여러 부문의 반발을 불러왔다.[82] 그리고 룰라 대통령 자신도 그녀의 정책 권고 중 일부에 대해 상당한 불안감을 느꼈다. 예를 들어, 경제성장의 재개라는 그의 목표를 위해 꼭 필요한 프로젝트가 환경정책 네트워크에 의해 차단당하자, 이에 대해 공개적으로 불평했다.

처음에 룰라 대통령은 시우바 및 환경정책 네트워크의 영향력 있는 인사들과의 논쟁을 피하는 등 공개적 대립을 원하지 않았다. 그러나 그는 시우바 장관의 환경보존에 대한 결의를 누그러뜨리는 데 성공하지 못했고, 생산정책 네트워크의 압력은 더욱 커져만 갔다. 이로 인해 시우바는 더 이상 장관으로서 자신의 주요 목표를 추구할 수 없을 정도로 영향력이 줄어들었고, 2008년 5월 사임했다.

이후 환경정책 네트워크는 정책결정 프로세스에 효과적으로 영향력을 행사할 수 있는 역량 대부분을 상실했다. 시우바의 후임 환경부 장관들은 환경운동가로서의 평판에도 불구하고 결코 그녀와 같은 수준의 단호한 태도를 보여 주지 못했다. 2013년까지 연방 환경 기구들은 기본적으로 전문가적 입장을 유지했다. 최근 대통령들 (룰라와 그 이후 후세피)은 연방정부의 환경 기구가 간섭을 최소화하는 것을 선호한다는 입장을 분명히 했다. 따라서 환경론자들의 반대에도 불구하고 아마존의 수력발전소와 같은 개발 프로젝트가 실행되었고, 마리나 시우바가 장관이었던 시절과 같이 환경부의 개입으로 개발 프로젝트가 중단되는 일은 없었다.

산림법

의회는 2012년 5월에 산림법(법률 제12651/12호)을 승인했다. 지우마 후세피 대통령은 이 법의 여러 조항에 대한 거부권을 행사한 후 서명했고, 거부권이 행사된 조항들은 임시조치Medida Provisória 571/12로 대체되었다.[83] 산림법은 기본적으로 브라질의 5개 주요 지역, 특히 농촌지역에서의 토지 이용을 규제하기 위한 것이었다. 5개 주요 지역은 마따아뜰랑치까(대서양림, 국가의 동부 지역 대부분을 포괄하는 지역으로 초기 식민 시대 이후 광범위한 산림훼손이 이루어진 지역), 아마존, 세하두(사바나), 빤따나우Pantanal(남서부의 광대한 습지), 그리고 건조한 북동부의 까아떵가caatinga(관목)이다. 이 지역 토지와 산림의 일부는 수세기 동안 인간의 개발 대상이었지만 다른 지역, 예를 들어 아마존 산림은 최근에야 전폭적인 각광을 받은 지역이다. 브라질은 1965년에 제정된 토지법(법률 제4771호)에 이미 이러한 규정을 가지고 있었다. 그러나 이 법은 사문화된 것으로 간주되어, 이를 대체하기 위한 조치가 취해졌고, 산림법의 제정이라는 결실을 맺었다.

산림법 논쟁의 핵심은 법의 적용 시기이다. 환경정책 네트워크의 극단주의자들은 법이 소급 적용되어야 한다고 주장한다. 즉, 아직 변형이 일어나지 않은 5개 생물군 지역에서 인간의 활동이 금지되어야 하며, 과거에 인간이 변형시킨 토지의 소유자는 가능한 한 완벽하게 원래의(자연적인) 특성을 되살려야 하며, 복구에 필요한 비용도 전적으로 부담해야 한다는 것이다. 반면, 농업정책 네트워크 구성원들은 생물군 지역을 복구한다는 아이디어에 동의하지 않으며, 산림법이 규정한 조치들(그들은 대부분의 조치에 거부권을 행사하며 동의하지 않았다)은 법이 통과된 2012년 이후에 일어난 행위에만 적용되어야 하며, 이전에 훼손된 생물군 복구를 위한 비용은 정부 보조금으로 충당되어야 한다고 주장한다.

논란이 되고 있는 것은 다음과 같다. 브라질의 환경 법규는 생물군 지역을 두 가지로 구분한다. 즉, 영구보호지역Áreas de Proteção Permanente, APP과 필수보호지역Áreas de Reservas Obrigatórias, ARO이다.

영구보호지역은 기본적으로 강과 기타 습기가 많은 지역, 언덕 꼭대기 및 가파른 경사면의 가장자리에 있는 토지로 구성된다. 산림법에 따르면, 아직 훼손되지 않은 지역은 개발이 금지된다. 그들의 본래 자연환경이 보존되어야 한다. 그리고 이미 개발이 완료된 상태라면, 원래의 조건으로 복구되어야 한다. 벌금과 기타 페널티가 부과될 수 있다.

필수보호지역에 관해서는, 산림법 승인 이전부터 관련 법규에서 모든 농업시설은 특정 비율 이상의 면적에서 자연환경을 유지해야 한다고 규정하고 있었다. 산림법은 이 비율을 거의 그대로 유지했다. 2012년에는 브라질 각각의 생물군별로 이 비율의 차이가 있었다. 아마존의 경우 농장의 80%가 영구보호지역이어야 했다. 세하두 사바나 지역의 경우, 이 비율은 농장 면적의 35%로 낮아진다. 나머지 국가 대부분 지역은 이 비율이 20%이다.[84] 상당수의 농장이 이러한 규정을 준수하지 않고 있었고, 산림법은 토지소유자가 불법적으로 훼손된 지역을 복구해야 한다고 규정했다.

산림법에 따라 법규 위반자에게 벌금이 부과되지만, 훼손된 지역이 복구되면 벌금이 취소될 수 있다. 한편, 농업시설 소유의 영구보호지역은 법으로 정한 자연환경 유지 비율의 일부로 계산될 수 있다.

산림법에 따르면, 모든 농업시설은 환경부가 관리하는 환경등록부Cadastro Ambiental에 등록해야 한다. 농업시설이 500만 개가 넘기 때문에 환경 등록을 완료하려면 오랜 기간이 필요할 것으로 예상되었다. 아울러 일정 시간이 경과하면 의무적으로 등록을 갱신해야 한다. 만약 이 제도가 제대로 운영된다면, 환경 등록은 산림법 시행의 중요 수단이 될 것이다.

한편, 산림법 논쟁의 가장 치열한 논쟁거리는 하천 가장자리에 있는 자연환경의 원상회복 의무에 관한 것이었다. 산림법은 자연환경을 훼손한 모든 시설에 대해 이러한 의무를 부과했으나, 시설마다 원상회복 면적이 달랐기 때문이다. 강의 폭이 넓고 농장이 클수록, 시설을 가로지르는 강을 따라 자연환경을 보존하거나 훼손되었을 경우에는 원상복구해야 하는 면적이 컸다.

환경정책 네트워크의 환경 근본주의자 분파는 이러한 산림법 적용에 마지못해 동의했다. 그들은 더 엄격한 조치를 원했고, 최소한 원상복구만큼은 더 이상의 양보 없이 즉시 시행되어야 하며, 예외는 절대 허용되지 말아야 한다는 입장이었다. 그러나 산림법은 보다 완화된 규제를 제정했다. 농업정책 네트워크의 영향력 있는 구성원들도 일부 조항에 대한 거부권 행사가 있기 전부터 이 법의 규제가 지나치게 강하다고 보았다. 이들은 훼손된 토지의 원상복구 기간도 충분히 길어야 하며, 강 가장자리의 원상복구를 위해 정부가 보조금이나 기타 지원을 제공해야 한다고 주장했다.

두 정책 네트워크가 적대감을 가지고 심하게 대립하는 가운데 다른 조치들도 승인되었다. 이 과정에서 각 네트워크의 근본주의자들은 더욱 비타협적인 태도를 유지했다. 법안이 제시되고, 의회의 심의와 공개 토론회, 그리고 시민 의견 수렴 등을 거쳐 법안이 통과되고 법이 제정될 마지막 순간까지 이러한 적대감이 여러 곳에서 표출되었다. 산림법에는 이러한 논쟁이 반영되었다. 환경정책 네트워크의 급진주의자들은 대통령이 의회에서 통과된 법안 전체에 대해 거부권을 행사하고, 자신들이 적극적으로 참여해 마련한 새로운 법안을 다시 논의해야 한다고 강력히 주장했다. 농업정책 네트워크는 (거부권 이전에) 의원 다수가 승인했으므로 국민의 뜻이 반영된 것이니 거부권을 행사하지 말고 서명해야 한다고 주장했다.

이것이 2013년 초의 상황이었다. 이 법은 일부 조항에 대한 대통령의 거부권 행사가 있었고, 이에 대한 보완을 위해 임시조치Medida Provisória를 취하고 최종적으로 대통령이 서명했다(임시조치는 브라질 행정부가 일시적으로 의회를 우회할 수 있는 방법이었다). 그러나 의회는 거부권 행사 조항과 임시조치 내용 모두를 검토해야 하고, 농업 이해관계를 대변하는 의원들로 구성된 농촌연합Rural Coalition은 이를 전복시키기 위해 모든 힘을 동원하겠다고 위협했다.[85] 이 연합은 과거에도 의회에서 자신들의 힘을 증명해 보인 적이 있었고, 이번에도 같은 일을 다시 할 가능성이 있다. 그러나 의회에 대한 정부의 영향력 또한 상당하다. 이는 서명된 대로 산림법을 유지하기 위해 정치적 수단을 사용하려는 정부의 의지에 달려 있다. 이렇게 함으로써 정부는 환경정책 네트워크의 이니셔티브(의회와 다른 곳에서)를 기대할 수 있으나, 이 네트워크의 요구에 굴복하지는 않을 것이다. 이 글을 쓰고 있는 지금(2013년) 이 순간에도 논쟁은 끝나지 않았다.

보건의료

경제발전의 주요 목적 중 하나는 일반 시민의 생활수준을 향상시키는 것이다. 즉, 형평성(즉, 과도한 소득 집중을 피하는 것)의 원칙을 지키면서 1인당 국민소득을 높이는 것 이외에도, 일반 시민에게 양질의 교육과 보건서비스를 제공하는 것 역시 경제발전의 중요 목표 중 하나이다. 물론, 국민소득과 교육 및 보건서비스의 인과관계에 대한 논란이 존재한다. 즉, 높은 국민소득이 양질의 교육 및 보건서비스의 결과인지, 아니면 그 반대로 양질의 교육 및 보건서비스가 높은 국민소득의 결과인가에 대한 논쟁이 지속되고 있다.

이 장은 안또니우 깜삐누(Antonio Campino), 띠아구 까바우깡치(Tiago Cavalcanti)와 공동으로 집필했다.

최근의 연구[1] 결과들은 보건과 영양이 교육과 생산성 증가에 긍정적으로 기여하는 것을 보여 준다. 인적자본이론이 제시한 것과 같이, 교육과 생산성 증가는 다시 장기 경제성장 달성에 기여하게 된다.[2] 따라서 보건과 교육은 인적자본 형성의 기본 경로이며, 미래 수익을 창출하는 투자로 간주되어야 한다. 교육의 투자수익률 측정은 쉬운 편이다. 이는 교육 연수가 교육 저량stock의 훌륭한 대용치proxy이기 때문이다. 그러나 보건의 투자수익률은 측정이 용이하지 않다. 이는 개인별 보건 저량을 측정할 수 있는 마땅한 지표를 구하기가 어렵기 때문이다.[3] 이는 보건이 경제발전과 개인의 복지에 미치는 영향이 매우 큼에도 불구하고, 인적자본 형성을 위한 보건투자에 대한 연구가 교육투자에 대한 연구보다 덜 주목받고 있는 이유를 부분적으로 설명해 준다.

또한 건강 증진을 통한 기대수명의 연장은 정부의 교육 및 사회 프로그램에 대한 투자의 감가상각률을 낮추고 따라서 수익률을 높여 주게 된다. 어느 개인이 어린 나이에 일찍 죽는다면, 이 사람에 대한 정부투자 수익도 줄어드는 것이다. 한 나라의 관점에서 보면, 과학자 또는 정치지도자의 조기 사망이 미치는 영향을 평가하는 것은 매우 어려운 일이다. 예를 들어, "아인슈타인이 제1차 세계대전 이후 독감 유행 시기에 사망했거나, 케인스의 생전 마지막 작품이 『화폐론』이었다면, 그 손실은 얼마쯤 되겠는가?"● [4]

● 존 메이너드 케인스(John Maynard Keynes)는 1930년에 『화폐론』(*Treatise on Money*), 1936년에 그의 대표작인 『고용, 이자 및 화폐의 일반이론』(*The General Theory of Employment, Interest*

경제성장과 1인당 국민소득 증가와 더불어 보건 상태도 전반적으로 호전된다는 통계자료가 있지만, 모든 소득 그룹이 이러한 혜택을 받는지에 대해서는 의문이 남는다. 소득분배가 개인의 수요 구성에 영향을 미치는 것과 마찬가지로 소득수준별로 보건을 위한 지출 규모나 비중이 다를 수 있다. 이는 소득불평등이 큰 개도국에서는 매우 중대한 문제이다. 개도국에서는 일반적으로 정치적 권력과 사회적 지위에 따라 사회복지 서비스가 결정되는 제도적 요인으로 작동하고 있기 때문이다.

전문가들은 오랫동안 보건 또는 건강이 모호한 개념이라는 것을 인식해 왔다. 모든 사람이 건강이 "질병이 없고 허약하지 않은 상태"를 의미한다는 데에는 동의한다. 그러나 "건강에 대한 기준이 높은 국가에서는 기생충 감염이나 1급(경증) 영양실조가 질병으로 인식되는 것과 달리, 건강에 대한 기준이 낮은 국가에서는 비정상으로 인정되지 않고 있다."[5] 또한 보건 통계는 "질병의 정의가 모호할 뿐 아니라 개도국의 많은 환자들은 의사와 상담하거나 병원에 입원하는 경우가 드물어서 보건 통계에서 누락"되는 등 개선의 여지가 많은 상황이다.[6]

우리는 이러한 맥락에서 브라질의 경제성장과 발전이 보건과 보건의료 시스템에 미친 영향에 대해 살펴볼 것이다. 우선, 브라질의 보건 현황에 대해 살펴보고, 그다음 보건의료에 배정된 예산과 보건의료서비스 제공 시스템의 발전 현황에 대해 알아볼 것이다.

---

and Money)을 집필했다.

보건 현황

브라질의 보건은 20세기 전반에 걸쳐 크게 개선되었다. 〈표 15.1〉에서 알 수 있듯이, 브라질의 기대수명은 1930년에 43세에서 2006년에는 72세로 증가했다. 그러나 브라질은 선진국과 라틴아메리카 국가들에 비해 여전히 뒤떨어져 있다. 브라질 국내 지역별 편차도 커서 북동부가 남동부보다 크게 뒤쳐져 있다. 〈표 15.2〉는 유아사망률이 1930년에 1천 명당 158명에서 2006년에는 1천 명당 29명으로 급격히 감소한 것을 보여 준다. 그러나 이 역시 선진국과 라틴아메리카 평균보다는 훨씬 뒤쳐져 있다. 한편, 브라질의 남동부 지역의 유아사망률은 라틴아메리카 평균 수준보다 낮다. 1990년대 라틴아메리카의 보건 현황에 대한 미주개발은행의 평가는 브라질에도 그대로 적용할 수 있다. 미주개발은행은 "라틴아메리카와 카리브 국가들은 지난 30년간 유아사망률, 기대수명, 의료보험 가입률 부문에서 상당한 개선을 이루었다. 그럼에도 교육과 소득수준을 감안한 보건 상태는 그리 좋은 편이 아니다. 아울러 라틴아메리카와 카리브 국가들은 낮은 의료보험 가입률, 낮거나 하락하고 있는 의료서비스의 질과 의료 비용의 상승과 같은 심각한 문제를 안고 있다."[7]

브라질 보건부문의 호전은 부분적으로 위생시설의 개선에 따른 결과이다. 안전한 물을 이용할 수 있는 상수도 보급률은 1970년 33%에서 2005년에는 82%로 증가했다. 위생시설 보급률은 1970년 26.6%에서 1995년에는 40%로 다소 개선되었다. 그러나 이는

표 15.1 │ 출생 시 기대수명: 1930~2006년

	1930~40	1940~50	1950~60	1960~70	1970~80	1998	2006
브라질	42.74	45.90	52.37	52.67	60.08	67.91	71.97
북동부	37.17	38.69	43.51	44.38	51.57		66.70
남동부	44.00	48.81	56.96	56.89	63.59		70.10
라틴아메리카				55.2		69.0	72.00
선진국				68.6		73.8	77.00

자료: IBGE, *Estatísticas Historicas do Brasil: Brazil em Numeros, 1998*; UNDP, *Human Development Report, 1997.*

표 15.2 │ 유아사망률

(1천 명당)

	1930~40	1940~50	1950~60	1960~70	1970~80	1998	2006
브라질	158.3	144.7	118.1	116.9	87.9	40.0	28.6
북동부	178.7	174.3	154.9	151.2	121.4	63.1	38.2
남동부	152.8	132.6	99.9	100.2	74.5	26.8	18.9

자료: IBGE, *Estatísticas Historicas do Brasil: Brazil em Numeros, 1998*; UNDP, *Human Development Report,*
    1997; World Bank, *World Development Report.*
주: 1996년: 미국 13; 독일 5; 스웨덴 4; 영국 6; 멕시코 32; 라틴아메리카 38.

표 15.3 │ 보건 인프라 보급률(인구 비율)

	상수도 보급률		위생시설 보급률		
	1980	1995	1980	1995	2004
브라질		82 (2005)		41	90
미국		90	98	85	
영국		100		96	
독일				100	
멕시코		83		66	
라틴아메리카	60	75		61	

자료: World Bank, *World Development Report*; UNDP, *Human Development Report, 1997.*

표 15.4 | 보건 관련 주요 지표의 국별 비교: 1988~91년

	의사당 인구 수	간호사당 인구 수	유아 영양실조율(5세 이하)
브라질	847	3,448	6
칠레	943	3,846	1
아르헨티나	329	1,746	5
멕시코	621		8
캐나다	446		
스웨덴	395		
덴마크	360		
미국	470 (1,984)	70	
독일	380 (1,984)	230	

자료: World Bank, *World Development Report*.

표 15.5 | GDP 대비 보건 지출 비중: 1998년과 2003년

	1998	2003
브라질	1.9	3.4
아르헨티나	4.3	4.3
미국	6.6	
영국	5.8	
스웨덴	7.2	
멕시코	2.8	

자료: World Bank, *World Development Report* (1999: 2004).

선진국이나 라틴아메리카 평균보다 매우 낮은 수준이었다(〈표 15.3〉 참조). 한편, 브라질의 의사 및 간호사 1인당 인구 수는 선진국이나 아르헨티나 보다 상당히 높았다(〈표 15.4〉 참조). 1990년대 브라질의 GDP 대비 보건 공공지출 비중은 미국, 아르헨티나, 또는 멕시코보다 훨씬 낮았다(〈표 15.5〉 참조).

지난 수십 년 동안 브라질의 인구구조 변화와 더불어 주요 질병도 바뀌었고, 이로 인해 브라질의 주요 사망원인도 변화해 왔다. 기

표 15.6 | 주요 사망 원인

	브라질 (1994)	아메리카 (1998)	유럽 (1998)	미국 (2003)	(%)
심혈관질환	7.7	17.9	25.5	27.9	
뇌혈관질환	9.3	10.3	13.7	6.4	
급성하기도염	9.1	4.2	3.6	5.1	
HIV/AIDS	4.5	1.8	0.2		
만성폐질환	7.1	2.8	2.7	5.1	
소화계통질환	4.2	2.0	0.7		
출산 전후 상태	4.2	2.6	1.2		
결핵	b	1.0	0.6		
기도/기관지/폐암		3.2	4.2		
교통사고	3.3	3.1	1.9	4.4	
기타ª	49.4	51.1	45.7		
합계	100.0	100.0	100.0		

자료: IBGE, *Brasil em Numeros* (Rio de Janeiro: IBGE, 1997); WHO, *The World Health Report 1999*.
주: a. 브라질의 경우 기타 항목에 다음 사항이 포함되었다. 자살률 3.7%, 사고 및 마약 및 약물중독 부작용 2.3%, 고혈압
　　질환 2%.
　　b. 브라질의 경우 기타에 결핵이 포함되었다.

대수명이 늘어나면서 만성적인 퇴행성 질환과 관련된 질병이 증가
했다. 그러나 경제적으로 보다 발전된 지역(유럽)이나 미주 대륙과
비교했을 때, 1990년대 브라질의 주요 사망원인 중 상당수가 만성
폐색성폐질환, 소화계통질환, 출산 전후 상태 등과 같이 낮은 생활
수준과 관련이 있는 것들이었다.

　병원 입원의 경우, 환자의 25.8%가 임신과 출산 합병증으로 입
원했다. 그 외의 주요 입원 사유는 호흡기질환(16%), 순환계 질환
(9.96 %), 전염성 기생충 질환(8.79 %)이었다. 이는 "사회계층간 소득
수준의 큰 격차로 인해 만성 퇴행성 질환●과 전염성 기생충 질환●●

● 선진국 주요 사망원인.

●● 개도국 주요 사망원인.

이 함께 나타나는 브라질 고유의 역학 패턴을 보여 주고 있다."[8]

요약하면, 브라질의 보건 문제는 유아와 어린이 질병(예: 설사)부터 노령인구의 만성 퇴행성 질환까지 다양한 분야에 걸쳐 있다. "개발도상국의 질병 패턴에서 선진국의 질병 패턴으로 전환되고 있기 때문에 두 종류의 보건 문제가 동시에 다루어질 필요가 있다."[9] 브라질 국내 지역 간 차이가 이러한 전환을 어렵게 만들고 있다. 부유한 남동부 및 남부 지역의 보건 상황은 선진국과 비슷하지만, 가난한 북부 및 북동부 지역의 보건 상황은 에티오피아 같은 가난한 아프리카 국가들과 유사한 수준이다.[10]

1980년대 중반 이전 브라질의 건강 및 보건의료서비스

브라질의 보건 지출 규모는 1950년대에 GDP의 1~2%에서 1980년대 중반에는 약 6%로 증가했다(당시 미국은 11%, 서독, 아르헨티나, 스웨덴은 각각 9.2%, 9.7%, 10%). 1982년 브라질의 1인당 건강 및 보건의료 지출 규모는 80달러였고, 당시 미국은 이보다 15배가 많은 금액을 지출하고 있었다.[11] 1950년 브라질 정부의 보건부문 지출 규모는 GDP의 1%에 불과했고, 이들 대부분은 예방과 공중보건 프로그램에 사용했다. 그러나 이후 40년 동안 브라질의 보건 지출은 주로 개인 치료약 부문에 집중되었고, 1982년에 이르면 이 부문이 전체 보건 지출의 85%를 차지했다.[12] 대부분의 의료서비스가 주로 공식부문의 근로자와 피고용인을 대상으로 한 사회보장제도에 의해 제공되었다.[13] 이로 인해 정부는 애초부터 사람들이 질병에 걸리지 않게 하는 예방조치를 등한시하게 되었고, 이는 국민들의 불평등을 심화시키는 결과를 초래했다.[14] 정부의 보건 지출 증가로 가장 큰 수혜를 받은 사람들은 주로 남동부 지역에 집중되어 있는 도시 거주 중산층과 고소득층이었다.

연방정부는 국립의료복지원INAMPS(의료 지원을 위한 사회보장기구)을 통해 의료서비스에 대한 재정지원을 실시했다. 연방정부는 근로소득세 원천징수를 통해 조달된 재원을 가지고 의료비에 대한 제3자 지급●을 실시하고, 보조금 성격의 대출을 통해 민간병원 건축을 위한 금융을 지원했다.[15] 1980년대 초까지 인구의 90%가 사회보장제도의 수혜를 받았고, 정부 사회보장 지출의 4분의 1이 의료서비스 부문에 사용되었다. 또한 1974년에 창설된 사회발전특별기금FAS은 3만 개가 넘는 병상 건설 자금을 지원했으며, 이 중 4분의 3이 민간병원이었다.[16] 보건부는 앰뷸런스와 응급의료서비스를 제공했으나, 이 예산은 1970년대를 지나면서 크게 축소되었다. 경제위기 시기 동안 재정긴축이 필요해지자 예방적 의료서비스 부문의 예산이 대폭 삭감되었다.[17] 1980~83년 동안 연방정부의 보건 지출은 20% 감소했다.[18]

이 기간 동안 주요 공중보건 문제(결핵, 기타 전염성 기생충 질환, 인플루엔자, 폐렴, 기관지염, 설사병 등)를 담당하는 보건부와 사회보장

● 의료비를 환자가 아니라 정부가 직접 지급하는 방식.

표 15.7 | 공공 및 민간 의료시설

(%)

	병상 구비 시설		병상 미구비 시설	
	공공	민간	공공	민간
1978	19	81	70	30
1980	20	80	71	29
1988	26	74	74	26
1990	28	72	77	23

자료: IBGE, *Estatisticas Historicas do Brasil: Brasil em Numeros* (1998); UNDP, *Human Development Report* (1997); World Bank (1994).

부, 그리고 의약계의 이익을 대변하는 국립의료복지원 사이의 분쟁이 있었다.

1980년대 초에 연방정부는 부유한 지역에서 가난한 지역으로 일부 재원을 재분배했다. 동북 지역은 보건의료 재정 기여도가 9%였으나, 재정지출 비율은 17.2%였다. 그러나 이러한 재분배에도 불구하고, 연방정부의 보건의료 지출 규모는 가난한 북동부보다 부유한 남동부 지역이 2배가 많았다.[19] 1980년에 동북부 지역은 1인당 1회 미만인 3,200만 건의 의료 진찰이 있었으나, 남동부에는 1인당 1.7회의 의료 진찰이 있었다.[20]

1973년에 4천 개의 지방자치체municipality 중 절반은 상주 의사가 없었다는 사실만 봐도 이 시기 브라질 보건시스템의 취약성을 잘 알 수 있다. 북부와 북동부 지역의 지방자치체 대부분에는 상주 의사가 없었고, 경제적으로 발전된 상파울루 주의 지방자치체 3분의 1에도 의사가 없었다.[21]

1980년대까지 의료 병원 시스템은 의료서비스의 가장 큰 부분을 차지했다. 1981년에는 병원비 지출의 85% 이상이 민간병원에서 발생했다. 따라서 "의료병원 서비스 제공의 주요 형태는 국립의료복지원을 통해 정부가 의료비를 지급하는 민간병원 시스템이었다."[22] 그러나 이 시스템의 운영 비용이 높았고, 가난한 사람들에 대한 서비스 제공은 취약했다. 이는 대부분의 의료서비스가 공공병원을 통해 제공되는 개발도상국의 전형적인 형태와는 매우 다른 것이었다 (〈표 15.7〉은 브라질의 공공병원과 민간병원의 비중을 보여 주고 있다).[23] 대부분의 브라질 의사는 특히 대도시의 경우 여러 곳에서 파트타임으로 근무했다. 그 이유는 다음과 같다.

의사는 일반적으로 공립 진료소 이외에도 다른 민간병원에서도 근무했다. 의사는 공립 진료소에서 일하는 것을 민간병원으로 환자를 유치하는 방법으로 이용했다. 의사는 민간병원에서 유료로 더 나은 의료서비스를 제공할 수 있고, 환자는 더 나은 특별진료 서비스를 향유할 수 있었다.…… 따라서 정부가 운영하는 공립 진료소는 의학 및 치과 진료의 43%를 담당했지만 병원 입원은 10%에 불과했다. 개인 의사, 치과 의사 및 민간병원은 의학 및 치과 진료의 30%와 입원의 86%를 담당했다.[24]

기존 연구들에 따르면, 1980년대에 공공병원 시설이 제대로 활용되지 못했다. 이는 낡고 비효율적인 시설과 민간병원보다 매우 낮은 의료수가 때문이었다. 국립의료복지원이 지급하는 의료수가는 민간병원보다 공공병원이 훨씬 낮았다. 또한 공공진료소에서 1차 진료를 담당하는 의사들이 민간병원을 추천하는 경향이 있었다.

일반적으로 브라질의 의료시스템은 의사들이 1차 진료에서 나온 결과보다 더 많은 과잉 진료를 권장하고 있었다. 100건의 환자 상담에 23건의 보완 검사가 이루어지는 것이 국제표준이었으나, 1981년에 국립의료복지원과 계약한 브라질 민간병원은 130건의 보완 검사를 실시했다. 브라질의 공공 및 민간 병원 전체로는 100건의 상담에 95건의 보완 검사를 실시했고, 전문가 조사 결과에 따르면 이 중 80%는 불필요한 것이었다.[25] 과도한 제왕절개 출산 비율이 이러한 주장의 근거가 되고 있다. 브라질 전역에서 제왕절개 출산 비율이 매우 과도하게 높았는데, 특히 1986년에 부유한 남동부 지역에서는 제왕절개 출산 비율이 평균 32%에 달했다. 아울러 이 비율은 소득수준과 비례해서 높게 나타났다. 이는 산모의 사망 위험 증가와도 직접적으로 연관되어 있다.[26]

1970년대 이후 브라질 의료시스템의 특징은 첨단 의료 장비의 급속한 확대이다. 1970년을 100으로 놓으면, 1981년에 의료 상담은 565, 입원은 469, 엑스레이 검사는 1,036, 다른 보완 검사는 1,530으로 확대되었다. 맥그리비 등의 연구에 따르면, 이 검사들 중 다수가 필요하지 않았다. 그러나 "현재 브라질에는 의료시스템에 엑스레이 필름과 관련 제품을 판매하는 상당한 규모의 의료-산업 공동체가 존재하기 때문에 변화에 저항하고 있다"고 주장했다.[27] 따라서 1980년대까지 브라질의 보건시스템은 미주개발은행의 라틴아메리카 보건시스템에 대한 보고서에서 제기한 일반적 비판 내용에 잘 들어맞는 경우라고 할 수 있다. 동 보고서는 "라틴아메리카와 카리브 지역 보건시스템의 주요 이슈는 조직과 재원 배분 형태이다. 이들이 비용 상승을 조장하고, 서비스 공급자의 노력을 좌절시키고, 고비용과 저효율로 편향된 서비스를 제공하며, 지역별·소득별 불평등한 수혜를 초래하고 있다."[28]

이 시점에서 우리는 높은 경제성장과 보건시스템의 개선으로 중산층과 상류층에게 상당히 수준 높은 서비스를 제공하고 있음에도 불구하고, 도시의 빈곤층과 농촌인구에 대한 서비스는 무시되고 있다는 것을 알 수 있다.

이 기간 동안 불평등하고 비효율적인 보건의료 모델에 반대하는 사회운동이 등장했다. 그들은 모든 시민들의 평등한 권리를 보장하고, 치료보다 예방접종 및 위생과 같은 예방 조치를 강조하는 보건개혁reforma sanitária을 요구했다.[29] 이 개혁은 1984년 통합보건행동Ações Integradas de Saúde, AIS 프로그램과 1987년 통합분권보건시스템SUDS을 통해 시행되었다. 아래에서 살펴볼 것과 같이, 1988년 헌법에서 이러한 움직임이 절정에 달했다.

1988년 헌법이 브라질 보건의료 전달 체계에 미친 영향

1988년 헌법은 개인의 소득이나 직업과 상관없이, "보편적이고 평등한 (보건) 서비스 접근 권리"를 선언했다. 국립의료복지원과 보건부를 통합해 단일보건시스템Sistema Único de Saúde, SUS을 창립했으며, 연방정부와 주정부의 기술 및 재정 지원을 통해 지방 시정부가 의료서비스를 제공해야 한다고 명시했다. SUS는 통합보건행동 프로그램과 통합분권보건시스템을 통해 추진되었던 개혁 노력들을 통합한 것이다. 이는 브라질과 같은 거대한 연방국가에서 매우 중요한 요소인 지방분권화(지방자치)를 장려하고, 보건서비스 전달의 상호 조율과 효율성을 개선하는 이점이 있는 것으로 인정되었다.[30] SUS에 따르면, 중앙정부는 보다 일반적인 업무를 담당하고 시정부는 공중보건서비스를 관리하고 책임지는 "단일 시스템"을 구성할 것으로 기대된다.[31] 브라질의 보건 개혁이 갖은 두 가지 주요 의미는 다음과 같다. 첫째, 모든 시민의 의료서비스 접근권을 보장하는 보편적 의료보장이 실시되었다. 둘째, 의료서비스 제공이 분권화되었다.

헌법은 연방, 주, 시 등 정부 수준별 책임을 명확히 규정하고 있지는 않지만, 연방기금 분배에 대해서는 매우 구체적이다. 1993년 말까지 연방정부 배정 비율은 1970년대 후반의 절반 수준인 36.5%로 지속 감소하고, 주정부는 소폭 증가, 시정부는 대폭 증가 (14% → 22%)했다. 이것이 지방정부 재정에 미치는 영향은 지방정부의 책임 증가와 수익 증가의 상대적 크기에 달려 있었다. 1988년 헌법이 지방분권 시스템의 토대를 구축했지만, 다음 사항에 주목할 필요가 있다.

[연방정부에서 지방정부로 자원을 이전]하는 것과 관련된 책임의 모호성으로 인해 시스템의 남용과 혼란이 초래될 수 있다. 어느 정부나 기관이 시스템과 비용을 통제하는 최종 권한을 가지고 있는지가 명확

하지 않다. 모든 수준의 정부가 재원 조달과 서비스 제공에 계속 참여하고 있다.[32]

1990년대 초까지 브라질에는 5,500개의 지방자치체가 있었고 대부분은 그들이 감당할 수 있는 것보다 더 많은 권한을 부여 받았다. 대도시(인구 100만 명 이상)는 규모의 경제와 유능한 관료를 가지고 있었으나, 소규모 지방자치체(인구 5천~3만 명)는 보건서비스 관리 능력이나 자원이 부족해서 보건서비스를 효과적으로 운영하지 못했다. 이런 경우에는 주정부가 시정부를 대신해 보건서비스의 관리자 또는 제공자 역할을 수행하고 있다.

민간부문도 보건서비스 공급자로서 보완적인 방식으로 SUS에 참여할 수 있다. 이 경우 보건서비스는 관리자인 정부와 제공자인 민간 사이의 용역 계약을 통해 이루어지며, 정부가 민간 서비스 제공자에게 용역 비용을 지불한다.

보건서비스의 지방분권화를 추진한 초기 4년 동안 소규모 지방자치체에서 공립 진료소 건설 붐이 일어났으나, 대부분이 자금 부족으로 완공되지 못했다. 지방분권화로 지방정부의 권한이 커진 만큼 책임도 무거워져서 공공지출의 효율성이 개선될 것이라는 생각에 대해 의문이 제기되었다. 루이스·메디시는 "시장들이 당장의 이익을 위해 병원이나 진료소와 같이 눈에 띄고 값비싼 건설 프로젝트에 주로 지출할 가능성이 높으며, 이로 인해 나중에 운영비용 문제가 심각해질 수 있다"고 결론지었다.[33] 지방분권화는 소규모 지방자치체들이 자체 병원을 소유하도록 유도하는 경향이 있다. 그러나 병원 신설과 운영을 위한 높은 고정비 문제를 감안할 때, 보건 수요에 비해 지나치게 많은 수의 병원이 생겨나는 위험이 상존하고 있다.

1970년대와 1980년대 초반에 국립의료복지원의 비용이 급증했는데. 이는 민간병원과의 계약이 증가하고, 의료 소비에 대한 통제가 거의 없었기 때문이었다. 의료비 심사에 대한 개선 노력에도 불구하고, 의료비 청구서 관리와 연방 및 병원 수준의 지출 규모 예측 문제가 증가했고, 의료비 부당 청구에 대한 비난도 불거졌다. 이로 인해 새로운 시스템의 핵심 요소인 전문가위원회가 구성되었다. 개혁의 우선순위는 ① 환자의 의료서비스 선택권, ② 병원의 시스템 참여 기준 정의, ③ 서비스 제공자에 대한 의료수가 재조정 메커니즘 정의, ④ 병원 입원 기준 결정, ⑤ 병원 및 의사의 수가 분리, ⑥ 재무 통제 및 감독 강화, ⑦ 의료수가와 병원 성과의 연계 등이었다. 새로운 시스템하에서 의료기관들은 평균 단가와 세계보건기구 WHO 기준을 적용한 평가 결과에 따라 고정 금액을 지급 받았다.[34] 1990년에 연방정부는 입원환자 의료비 지불과 병행해 외래환자의 료비지불시스템Unidade de Cobertura Ambulatirial, UCA을 도입했다. 이 시스템은 응급 및 외래 진료에 대한 별도의 지불 시스템도 포함하고 있었다. 이 시스템을 도입한 이유는 입원환자는 물론 외래환자에 대한 의료비 지불을 통해 불필요한 입원에 대한 유인을 제거하는 것이었다.

1991년 말에 SUS는 매달 120만 명의 환자가 입원해 평균 6.4일을 체류한 것으로 나타났다. 이것은 다른 개발도상국 및 선진국과 비교했을 때 낮은 수준이었다. 1987년과 1991년 사이에 인구증가율은 2% 미만이었으나, 병원 이용률은 53% 증가했다. 루이스·메디시는 "병원 이용 증가의 일부는 모든 시민들에게 시스템을 개방했기 때문이고, 나머지는 유령 환자 의료비 청구와 같은 사기 행위 증가와 병원 치료를 원하는 도시 거주자들의 효율적 병원 이용 때문이다"라고 밝히고 있다.[35] 보편적 의료서비스 제공과 기대수명의 증가로 인해 병원 이용이 늘어나고 있는 가운데, 정부가 경기침체와 재정위기에도 불구하고 의료서비스 수요를 계속 충족시킬 수 있는지에 대한 의문이 제기되고 있다.

브라질 보건의료서비스에 대한 공공 및 민간의 기여

브라질 보건의료시스템은 민간이 주로 담당하고 있다. 이는 1980년대의 의료서비스 부문의 성장이 주로 정부가 제공하는 보조금 성격의 대출을 활용해 민간투자자가 병원을 건설하는 방식으로 이루어졌기 때문이다. 민간병원이 입원환자 치료를 위한 시설 대부분을 보유하고 있고, 공공병원은 외래진료를 위한 인프라 대부분을 가지고 있다(〈표 15.7〉 참조). 1987년에 국립의료복지원은 모든 환자의 입원 치료 64%에 대해 의료수가를 지불했는데, 이중 공립병원이 차지하는 비중은 20% 미만이었다. 국립의료복지원은 또한 외래진료의 70% 이상을 지불했는데, 이 중 절반이 공공병원에 제공되었다. 1990년대에는 민간병원이 전체 병원 침상의 80%를 소유하고 있었고, 공공병원은 외래진료의 70%를 담당했다. 연방정부는 공중보건 지출을 위한 재정의 65%를 부담했고, 주정부와 시정부가 각각 20%와 15%를 기여했다. 정부가 보건서비스 비용의 주요 부담자라는 것은 분명하다. 특히 병원 치료가 가장 비용이 많이 드는 부분이다. 1990년대 정부의 공중보건 지출 규모는 GDP의 약 3.3%였고, 민간부문의 지출 규모는 GDP의 1.5% 미만이었다.[36]

의료서비스 제공

공공 시스템의 문제(예: 긴 줄, 기초의료 부문 의사 부족, 시설 낙후 등)로 인해, 민간 시스템이 지속적으로 성장했다. 민간 시스템은 건강보험에 가입한 중산층과 고소득층과 고용주가 건강보험을 제공하는 공식부문의 근로자들에게 의료서비스를 제공했다. 〈표 15.8〉은 소득분위에 따른 건강보험 가입률을 보여 주고 있고, 소득이 증가함에 따라 건강보험 가입률이 증가하는 것을 알 수 있다(최저 5분위 계층의 가입률은 1.4%, 최고 5분위 계층의 가입률은 63.4%).

민간 시스템은 1차 진료와 입원치료 서비스를 제공한다. 그러나 민간 시스템에서도 첨단기술이 필요한 서비스를 이용할 수 없기 때문에 이들도 공중보건서비스를 사용한다. 따라서 다음과 같은 역설적인 상황이 발생한다.

저소득 계층과 비공식부문의 근로자들도 이런 종류의 공공보건서비스

표 15.8 | 소득 5분위별 의료보험 가입률

(%)

의료보험	소득 5분위				
	1	2	3	4	5
가입	1.40	5.00	16.80	34.50	63.40
미가입	98.60	95.00	83.20	65.50	36.60

자료: Campino and collaborators, "Equity in Health in LAC: Brazil." (1999).

를 이용할 기회가 많지 않다. 대부분의 경우 이들은 이러한 서비스를 이용할 필요성에 대한 정보를 가지고 있지 않고, 그렇다 하더라도 이러한 서비스를 이용할 수 있는 수단이 없다.[37]

1990년대 중반에 약 3,700만 명의 인구(인구의 약 23%)가 민간 시스템을 사용했다.

미주개발은행이 1996년에 실시한 라틴아메리카 보건서비스 산업 연구는 브라질에 걸맞은 다음과 같은 결론을 내렸다.

민간 시스템이 의사 진찰의 절반, 병원 입원의 4분의 1 정도를 차지하고 있다. 이 시스템은 민간 소유이며, 이용자의 비용으로 운영된다. 또한 서비스에 대한 통제 능력이 거의 없는 이용자가 모든 위험을 부담한다. 정부 규제는 거의 없는 것이나 마찬가지이다. 의료서비스는 지불 능력이 있는 사람들의 개별적 보험계약으로 통합되어 가는 경향을 보이고 있다.[38]

또한 이 연구는 정부가 공공서비스 제공자를 통해 의료서비스 참여 비중을 늘려가고 있고, "일반 세금으로 이러한 의료서비스 비용을 부담하고, 거의 항상 이러한 재정 지출에 대한 명확한 정의가 없으며, 다양한 서비스가 통합되지 않고 분산되어 제공되고 있다."

자원배분이 수요 측면을 무시하고 투입 중심으로 이루어지는 경향이 있다. 이러한 투입 요소 관리에 대한 중앙 집중화는 공급자, 병원 또는 진료소가 필요한 시기에 필요한 투입 요소를 얻지 못하게 만든다. 공공부문은 일반적으로 고정 급여와 고용의 안정성이 보장되기 때문에 공공부문 직원이 자신의 책무를 완수하려는 유인이 거의 없다. 사실, 민간병원에서 서비스를 제공할 수 있는 의사의 경우, 공공병원의 시설 이용 목적으로 공공병원에서의 자신의 지위를 이용하고, 부수적인 수입을 얻을 수 있는 민간병원 서비스를 제공하려는 인센티브가 강하게 작용하고 있다.[39]

또한 "공공병원●은 무료이기 때문에 환자가 넘쳐나서 의료서비스의 질이 떨어지고 대기 줄이 매우 길다."[40]

브라질의 보건 상태

브라질의 북동부와 남동부를 대상으로 1996~97년에 실시된 특별 사회조사는 국가 보건시스템에 불평등이 존재한다는 사실을 보

● 병원, 진료소, 검사소의 총칭.

여 준다.[41] 즉, 소득수준이 높아질수록 건강도 좋아지는 것으로 나타났다. 응답자를 그들의 건강이 좋거나 아주 좋다고 답변한 사람들과 건강상태가 부적절하다고 말한 사람들 두 부류로 나누면, 인구의 80.9%가 전자, 19.1%가 후자 그룹에 속했다. 이를 소득분포 5분위별로 나누어 보면, 건강상태가 좋음 또는 매우 좋음에 해당하는 사람들은 가장 낮은 1분위가 76%, 가장 높은 5분위는 87%였다. 또한 소득이 증가함에 따라 심장질환, 고혈압, 당뇨병을 앓는 환자의 비율도 증가하는 반면, 소화계통 및 신경질환 환자의 비율은 감소하는 것으로 나타났다.

의료서비스에 대한 수요

의료서비스에 대한 수요는 ① 만성질환의 치료, ② 일시적인 질환의 치료, ③ 예방으로 나눌 수 있다. 앞에서 언급한 설문조사에서 소득이 증가함에 따라 의료서비스를 이용하는 사람들의 비율이 증가하고 정기적인 검사를 받는 빈도도 높아진 것으로 나타났다. 또한 치료 목적의 의료 수요가 소득수준에 따라 증가하는 것으로 나타났다. 소득수준이 가장 낮은 계층은 47%가 치료 목적의 수요를 가지고 있었으나, 가장 높은 계층은 69%에 달했다.

조사 결과에 따르면, 저소득층은 공공 병원이나 진료소를 주로 이용했고, 고소득층은 민간 시설(병원, 진료소, 개인 의사)에서 진료를 받았다(〈표 15.9〉 참조). 그러나 고소득층의 많은 사람들도 값비

표 15.9 | 소득 5분위별 의료서비스 접근율

	소득 5분위					
	1	2	3	4	5	전체
공공 병원과 진료소	80.7	80.4	67.6	42.5	18.7	54.7
민간 병원과 진료소	9.7	13.5	25.8	52.9	76.7	39.8
기타	9.6	6.1	6.6	4.6	4.7	5.5

자료: Campino and collaborators, "Equity in Health in LAC: Brazil," (1999).

싼 첨단기술 치료를 필요로 할 때에는 공공병원에서 치료를 받았다
는 점에 유의해야 한다.

건강 및 보건의료 관련 지출

상기 조사 결과는 건강 및 보건의료 관련 지출이 소득수준에 따
라 증가했다는 것을 보여 준다. 건강 및 보건의료 관련 지출 증가
수준은 소득 5분위 중 상위 소득계층인 4분위와 5분위 사이에서 그
차이(157%)가 가장 컸다. 고소득층인 5분위 계층의 건강 및 보건의
료 관련 지출은 저소득층인 1분위 계층보다 거의 6.5배가 많았다.
소득 1분위 계층의 민간의료보험 가입률은 1.4%에 불과했고, 4분
위와 5분위 계층은 각각 34%, 63.4%였다(〈표 15.8〉 참조).

고소득층이 재정적으로 여유가 있고 건강보험 가입률도 높다는
사실을 감안할 때, 고소득층이 저소득층보다 만성질환을 더 많이
가지고 있는 것은 그리 놀라운 일은 아니다. 두 가지 가능한 설명이
있을 수 있다. 저소득층은 자신의 건강 문제에 대해 잘 알지 못하거

나 인구통계적 특성● 때문에 만성질환 문제가 적을 수 있다.

이 설문조사 결과는 고소득층에게 유리한 의료서비스의 불평등 경향과 일치하는 것이다.

의료서비스 재원 조달

현재 브라질에는 네 가지의 의료서비스 재원이 있다. 여기에는 2개의 간접세, 금융거래세의 일부, 그리고 재정기금으로부터의 보전 금액이 있다.

브라질 헌법 제198조에 따르면, 단일보건시스템SUS은 연방정부, 주정부 및 시정부의 사회보장 예산으로 충당된다. 이 헌법은 각 정부의 보건 예산 조달 방안을 정확히 규정하지 않고 있다. 이용 가능한 정보가 있는 마지막 해인 1995년 자료에 따르면, 연방정부 63%, 주정부 21%, 시정부가 16%를 조달했다. 연방정부의 재원은 사회보장 예산과 관련된 사회보장기금들이었다. 1990년대 이래 5개의 자금 출처는 다음과 같다.

1. 기업 이익에 부과되는 사회공헌세CSLL. 1994년 보건부 총지출에서 차지하는 비중은 12.8%였고 1995~97년에는 9.27%였다.
2. 사회보장세COFINS. 1982년에 신설되었고, 기업 총매출에 부과되

● 예를 들어 평균수명이 짧은 것 등.

며, 계산 방식은 영업수익 또는 영업이익에 따라 다르다. 보건부 총지출에서 차지하는 비중은 1995년 49.08%, 1998년의 25.05% 사이에서 변동했다.

3. 금융거래세CPMF. 1997년에 금융거래에 부과하는 일시적인 세금으로 제정되었다. 보건부 총지출 비중은 1997년 27.8%, 1998년 33.9%였다.

4. 사회비상기금. 1994년에 창설되었으며, 보건부 총지출 비중은 1994년 36.8%에서 1998년 12%로 떨어졌다.

5. 다른 재원의 출처 구성은 해마다 다양했지만, 주요 출처는 일반적으로 연방정부 일반 예산과 내부 차입 등이었다. 1990년대 중반 보건부 총지출의 18% 정도를 차지했다.

브라질의 조세제도에 관한 연구에 따르면, 브라질의 보건의료 관련 조세 중 누진세가 적용되는 유일한 세금은 사회공헌세이다. 금융거래세는 누진적인가에 대한 논쟁을 불러일으켰다. 어느 학파는 소득수준이 낮은 사람들은 은행시스템을 사용하지 않기 때문에 금융거래세가 누진적이라고 주장했다. 그러나 다른 학파들은 금융거래의 이면에는 은행시스템을 중개자로 사용하는 실물경제가 있기 때문에 금융거래세가 모든 경제적 거래에 영향을 미치기 때문에 누진적이지 않다고 주장했다.

2012년 보건 상태

브라질의 21세기 첫 10년이 끝나갈 무렵, 브라질의 보건 상태가 크게 개선된 것을 확인할 수 있다. 유아사망률은 2001년 1천 명당 29.4명에서 2010년에는 17.3명으로 감소했다. 기대수명은 2000년 70세에서 2010년 73세로 늘어났다. 1988년 이전에는 3천만 명의 브라질 사람들이 의료서비스를 이용했지만, 2008년에는 이 숫자가 1억4천만 명으로 증가했다.[42]

그러나 여전히 지역적 편차가 크다. 2010년 인구조사 자료에 따르면, 북동부 지역의 유아사망률이 현저히 감소했지만 여전히 전국 평균을 상회했다.

2010년 기준으로 브라질 보건의료서비스는 여전히 선진국보다 뒤떨어져 있다. 인구 1천 명당 병상 수는 유럽이 5.8개인데 비해 브라질은 2.4개에 불과했다. 인구 1천 명당 의사 수도 2008년에 브라질은 1.8명이었지만 미국은 2.4명이었다.

브라질 보건의료시스템 지출(GDP의 9% 이상)은 라틴아메리카에서 가장 높았지만 그 효과는 다른 라틴아메리카 국가들과 비교해서 그리 좋지 못했다. 이는 공중보건 등 1차 보건의료 프로그램과 병원 간의 자원배분에 대한 갈등에 기인하고 있다. 또한 과다 청구 및 부정 청구로 인해 단일의료시스템의 과잉 지출을 초래하고 있다.

브라질 응용경제연구소IPEA의 연구 결과에 따르면 의료서비스 이용의 불평등이 지속되고 있다.[43] 단일의료시스템을 통한 보편적 의료 접근권과 무상의료서비스가 제공되고 있으나, 민간병원을 이용할 수 있는 인구는 소득이 높은 계층에 국한되어 있으며, 공무원 (민간 및 군인)도 전문 의료서비스에 대한 특권을 누리고 있다. 마지막으로, 이 보고서는 북부와 북동부 지역에 비해 남동부, 남부, 중서부 지역의 의료서비스가 특히 더 발전해 있다는 사실에 대한 관심을 촉구하고 있다.

결론

이 장에서 우리는 브라질 인구의 건강상태, 의료시스템, 그리고 발전 과정에 미치는 영향에 대해 살펴보았다. 지난 수십 년 동안 상당한 개선이 있었지만, 브라질은 여전히 적절한 위생시설 부족으로 인해 전염병과 기생충 질환(콜레라, 말라리아 등)이 유행하는 역학적 패턴을 보이고 있다. 이러한 패턴은 브라질의 소득불평등과 밀접하게 관련되어 있다. 중산층과 고소득층은 선진국과 유사한 수준의 의료서비스를 제공받을 수 있지만, 도시의 빈곤층과 농촌인구는 공중보건서비스에 대한 접근이 제한적이다.

지난 20세기 말 20년 동안, 주로 1988년 헌법이 제정된 후, 브라질은 의료서비스 부문의 형평성과 효율성 증진을 위한 제도 개혁을 시행했다. 그러나 이 개혁은 제한된 성공을 거두었다. 연방정부의 적절한 개입이 부족해서 새로운 제도가 목표로 했던 효과들이 반감되고 있다. 예를 들어, 의료서비스 시스템의 분권화가 진행될수록, 잦은 법규 변경으로 인한 자원 낭비가 증가하고 있다.[44] 아이러니한 것은 분권화의 목적이 의료서비스 제공의 효율성 제고였다는 것이다.

우리는 이 장에서 개발도상국의 보건 상태 개선을 위해서는 보건의료 부문에 대한 자원 투자뿐만 아니라 그러한 자원이 어떻게 쓰이고 누가 접근할 수 있는지에 달려 있음을 살펴보았다. 브라질의 높은 소득불평등은 예방을 위한 공중보건을 희생해 치료 부문에 지출이 집중됨에 따라 보건 지출 구조의 왜곡을 초래했다. 또한 고소득층이 종종 저소득층의 필요를 희생시키면서 국가의 공공의료 시설을 사용하고 있다.

신자유주의와 시장으로의 권력 집중
: 모순의 출현?

    20세기 후반 신자유주의 학파의 주요 정책 처방 세 가지는 첫째, 관세와 비관세장벽의 대폭 축소, 둘째, 외국기업의 국내시장 진입 허용, 셋째, 대규모 민영화 프로그램 시행을 통한 국가의 시장개입 축소이다.[1] 이러한 조치는 수입대체산업화의 비효율성을 제거할 것으로 기대되었다. 즉, 지나친 국내시장 보호, 국내시장의 세계 경쟁으로부터의 격리, 지대추구행위를 조장하는 독점 및 과점 시장구조를 제거하고, 생산성 증가를 위한 기술투자 인센티브가 없는 기업이나 비효율적 국영기업(정부의 거시경제정책 수단으로 이용되거나, 정

---

* 이 장은 에드몽드 아망(Edmund Amann)과 공동으로 집필했다.

치권의 과도한 고용 압박에 기인)을 퇴출시킬 것으로 기대되었다. 경제 개방은 시장경제의 새로운 바람을 가져와서 기존 회사의 효율성을 높이고 독점적 지대추구행위를 제거해 줄 것으로 기대되었다.

이 장에서는 신자유주의 정책(1990년대)이 도입된 이후 브라질 국내시장과 기업의 경쟁력에 대해 살펴볼 것이다. 특히 우리는 무역자유화와 국내시장개방이 기업 성과와 시장구조에 미친 영향을 평가할 것이다. 우리는 산업조직론에서 제기된 주요 논쟁들에 대해 주로 살펴볼 것이다. 기존 연구들은 기업의 효율성과 사회 전체 후생의 최대화를 달성하기 위한 정책 조건이 무엇인가에 대해 논쟁해 왔다. 이 문제에 대한 연구는 주로 구조-행동-성과Sturucture-Conduct-Performance, SCP 분석을 통해 이루어져 왔다. 이 분석 모형에 따르면, 기업의 행동과 성과는 궁극적으로 그 기업이 속해 있는 시장구조에 의해 결정된다.[2] 예를 들어, 소수의 생산자로 구성된 시장에 속한 기업은 에드워드 챔벌린과 조앙 로빈슨의 불완전경쟁이론에서 제시한 독점적 경쟁과 같은 방식의 행동을 할 것으로 기대된다.[3] 이는 사회적으로 최적이 아닌 가격과 생산량을 초래하고 그에 따른 사중손실deadweight loss이 발생한다.

SCP 분석은, 자연독점 또는 시장개입이 없는 경우, 시장구조의 집중도가 높을수록 사회후생 손실이 크다는 것을 시사하고 있다. 이는 정책적 관점에서 독과점 시장구조 개선을 위한 조치가 필요하다는 것을 의미한다. 즉, 독점 금지법 또는 자연독점이 존재하는 경우에는 직접규제와 같은 정부의 개입이 필요하다. 브라질의 시장 자유화 조치의 목적 중 하나는 수입대체산업화로 인한 독점적 시장구조를 해체하는 것이었다. 따라서 이 장에서는 브라질의 시장 자유화 정책이 성공했는가와 기업의 성과 및 국제경쟁력에 미친 영향은 무엇이었는지에 대해 살펴볼 것이다.

지난 20년 동안 SCP 패러다임은 다른 학파, 특히 경합가능시장가설Contestable Markets Hypothesis, CMH(독과점 기업이 완전경쟁 기업처럼 행동하는 시장이 가능하다는 주장) 학파로부터 비판을 받아 왔다. CMH는 SCP 패러다임과는 달리, 시장구조와 기업 성과 사이의 밀접한 관계에 대해 이의를 제기하고 있다. 시장구조가 기업 성과에 영향을 주는 것이 아니라, 주어진 시장구조와 부합하는 다양한 형태의 기업 성과가 있을 수 있다는 것이다. 이는 SCP 패러다임에 의해 강조된 시장구조라는 조건이 실제로는 외생변수이기 때문이다. 이 경우 기업의 행동 특성은 기존 시장구조 그 자체가 아니라 시장구조의 변화 가능성에 의해 더 영향을 받는다. CMH를 주창하는 대표적 학자인 윌리엄 보몰은 사회적 효율성 개선과 기업의 경쟁력 강화는 시장집중도가 아니라 신규 기업의 시장 진입 위협이 가하는 압박이라고 주장한다.[4] CMH에 따르면, 기업과 시장의 효율성 개선을 위한 정부 정책은 시장집중도 개선보다 시장 진입과 퇴출을 촉진하는 조치가 더 효율적이라고 주장한다. 이러한 맥락에서, 수입대체산업화의 종식이 시장집중도에 미친 영향과 상관없이 시장의 경쟁 수준과 기업의 경쟁력 강화를 초래했는지에 대해 살펴볼 것이다.

이 장에서는 다음과 같은 내용을 살펴볼 것이다. 첫째, 수입대체산업화의 해체, 특히 국내시장 규제 완화, 민영화 및 무역자유화와 관련된 정책 수단을 살펴본다. 둘째, 이들 정책이 국내시장 집중과 수입 증가에 미친 영향을 분석한다. 마지막으로, 시장구조와 경쟁 수준의 변화와 관련된 브라질 기업의 성과를 평가한다. 이 장의 목표는 브라질 시장을 대상으로 SCP 패러다임과 CMH 접근법의 상대적 타당성을 평가하는 것이다. 우리는 또한 시장집중도가 브라질의 소득분배에 미치는 영향에 대해서도 검토할 것이다. 마지막 결론을 대신해 몇 가지 정책 제언을 제시할 것이다.

수입대체산업화 종식

1980년대 말까지 브라질 경제는 관세와 비관세장벽을 통해 고도로 보호받고 있었다. 1960년대 중반 브라질의 평균 보호 수준은 85%였다.[5] 무역자유화 움직임이 전혀 없었던 것은 아니지만, 도널드 코스는 다음과 같이 밝히고 있다.

1964년 이후 브라질의 무역정책은 특히 수입과 관련해서 규제가 매우 심했다. 이 기간 동안 브라질 무역 체제의 본질적인 특징은 수입통제였다. 간혹 대규모 수입이 허용되었다. 그러나 무역 당국은 결코 수입통제 수단을 포기하지 않았다. …… 따라서 1974년 제1차 석유 위기 이후 비교적 쉽게 시장개방 추세를 역전시킬 수 있었다.[6]

1990년대 초반부터 10년 동안 브라질의 무역정책 방향은 점점

표 16.1 | 관세율: 1989~2002년

관세	1989	1990	1991	1992	1993	1994	2002
평균	41.1	32.2	25.3	21.2	17.7	14.2	13.8
최빈값		40.0	20.0	20.0	20.0	20.0	
표준편차	19.1	19.6	17.4	14.2	10.7	7.9	

(전체 품목, %)

자료: W. Fritsch and G. Franco, *Foreign Direct Investment in Brazil: Its impact on Industrial Restructuring* (Paris, 1991), p. 20; World Trade Organization, *World Trade Report* 2004.

표 16.2 | 경제개방도: 1985~2004년

	수출/GDP	수입/GDP	수출입/GDP
1985	12.95	7.50	20.45
1990	8.20	6.96	15.16
1995	7.72	9.49	17.21
2000	10.66	12.18	22.84
2004	18.00	13.33	31.33

자료: *Conjuntura Econômica*.
주: 상품과 서비스 수출입.

더 이른바 워싱턴컨센서스(즉, 재정 안정성 강조, 규제 축소, 국영기업 민영화 등)에 부합하는 모습을 보였다. 1989년 평균 관세율은 41% 였다. 꼴로르 대통령 취임 다음 해부터 관세율이 지속적으로 하락해 2002년에는 13.8%로 하락했다(⟨표 16.1⟩ 참조).[7] 꼴로르 대통령이 취임한 1990년에 대부분의 비관세장벽이 폐지되었다. 이로 인해 브라질 국내 기업은 외국 기업과의 경쟁에 노출되었다. 그 이후 15년 동안 시장개방이 지속되었다(⟨표 16.2⟩ 참조). 1990년과 2004년 사이에 수입/GDP 비중은 거의 2배가 증가했고, 수출/GDP 비중은 더 크게 상승했다.

⟨표 16.3⟩은 브라질 경제의 개방 정도에 대한 세분화된 정보를

표 16.3 | 시장집중도와 수입 비중

	대기업 매출 비중ª		매출 대비 수입 비중	
	1993	2004	1993	2003
수송	73	73		
공공사업	46	69		
정보기술	77	54		
통신	100ᵇ	72		
도매	56	80		
소매	54	66		
식품, 음료, 담배	55	76	3.5	4.6
자동차 부품	86	85	5.8	15.2
섬유, 의류	45	62	4.3	9.3
건설	47	67		
전자	38	46	7.2	26.4
의약품 및 화장품	62	63	6.9	9.9
건설자재	41ᶜ	56	0.3	
기계	51	56	26.3	32.1
광업	59	79	2.5	6.0
종이, 셀룰로오스	50	57	4.2	6.5
플라스틱, 고무	61	68	0.7	13.3
석유화학	80	91	5.8	25.1
철강, 금속	58	72	3.3	10.2

자료: 『에자미』(*Exame*) 1994년 8월과 2005년 7월 자료를 이용해서 계산.

주: a. 각 부문 20개 기업 중 상위 4개 기업 시장점유율.

　　b. 통신부문은 1998년 민영화되었음.

　　c. 1994년 자료.

제공하고 있다. 이 표는 다양한 부문의 수입 비중을 나타내고 있다.[8] 수입 비중이 크게 증가한 부문은 자동차 부품, 섬유 및 의류, 전자제품, 기계류, 플라스틱제품, 석유화학제품, 철강/금속제품 등이다.

경제개방은 무역뿐만 아니라 투자 부문에서도 이루어졌다. 특히 1995년 헌법 수정안이 국내외 기업의 법적 지위에 대한 차별을 금지한 이후 투자 자유화가 이루어졌다. 석유 탐사, 공공사업과 같이 과거에는 진입이 금지되었던 부문에 대한 외국자본의 참여가 허용되었다.[9]

경제개방과 더불어 꼴로르 정부는 민영화 과정을 시작했다. 처음에는 민영화를 철강 및 석유화학 부문으로 제한했다. 그러나 1995년 까르도주 대통령 취임 이후, 공공사업과 교통인프라 같은 부문으로 민영화 대상이 급속히 확대되었다.[10]

경제구조 변화

시장개방이 브라질 경제의 구조적 특성에 미친 영향은 무엇인가? 이 질문에 답하기 위해 먼저 다양한 분야의 시장집중도 변화를 살펴보자. 〈표 16.3〉은 다양한 분야의 시장집중도 측정 결과이다. 이 자료는 경제 전문지 『에자미』의 연간 설문조사 데이터를 기반으로 계산한 수치이다. 『에자미』는 1980년대부터 각 부문 상위 20개 회사를 대상으로 매년 설문조사를 실시했다. 〈표 16.3〉은 각 부문 20개 회사 중 상위 4개 회사의 시장점유율을 표시하고 있다. 이 표에 따르면 19개 부문 중 14개 부문에서 시장집중도가 증가했으며, 9개 부문은 두 자릿수 이상의 증가율을 기록했다. 시장집중도가 감소한 경우는 정보기술IT과 통신 두 부문이 유일했다. 정보기술 부문은 진입 비용이 상대적으로 적고, 수요가 급격히 증가하는 신산업이었고, 통신 부문은 종전의 정부 독점기업을 민간기업으로 전환시킨 민영화에 따른 결과였다.

시장개방과 시장집중도 증가는 무슨 관련이 있는가? 이론적으로 기업이 국제 경쟁에 대한 노출이 커질수록, 효율성을 높이기 위한 노력을 기울일 것이라고 예상할 수 있다. 효율성 개선 방법 중 하나는 규모의 경제를 달성하기 위해 합병을 통해 기업의 몸집을 키우는 것이다. 〈표 16.3〉은 이러한 가설에 대한 증거이다. 이용 가능한 자료가 존재하는 모든 부문에서 국내시장 집중도 증가와 총매출 중 수입이 차지하는 비중이 높은 정(+)의 상관관계를 보이고 있다. 그럼에도 특정 부문의 시장개방도와 시장집중도 사이에 선형 관계가 분명하게 보이지는 않는다. 그러나 이 자료는 무역자유화로 인한 경쟁 증가가 기업과 생산설비의 대형화를 유도한다는 경합가능시장가설CMH과 대체로 일치한다.

앞서 밝힌 바와 같이, 시장집중도의 증가는 효율성 개선이 이루어졌다는 의미를 함축하고 있다. 그러나 산업 집중도 측정치가 산업 효율성 측정을 위한 정교한 대용치proxy가 될 수는 없다. 효율성 개선과 관련해 자세히 살펴보기 위해 생산성 변화와 기술투자라는 두 가지 주요 변수를 살펴볼 것이다.

이와 관련한 자료는 합리적으로 추론이 가능한 강력한 결론을 제시하고 있다. 전반적으로 특정 부문의 개방(수입 비중 변화율로 측정)과 생산성의 증가(〈표 16.4〉 참조) 사이에는 명확한 정(+)의 상관관계를 보이고 있다. 그러나 이러한 상관관계가 모든 부문에서 나타나는 것은 아니다. 예를 들어, 직물, 전기 및 통신 장비의 경우, 시장개방으로 인한 대외 경쟁 증가에도 불구하고 생산성은 오히려 감소했다. 이는 모든 부문이 무역자유화로 인한 경쟁에 성공적으로 대처할 수 있는 것은 아니라는 것을 의미한다.

시장개방으로 인한 경쟁에 대처하기 위해 생산성 증가 이외에도

표 16.4 | 생산성 변화와 수입 비중 변화: 1996~2002년

(%)

	생산성 변화	수입 비중 변화
석탄	52	
원유	-65	
금속광물	230	
비금속광물	24	140
식품 및 음료	37	31
담배	70	
섬유	-42	116
의류	0	
가죽제품	15	
목재	55	
종이 및 셀룰로스	93	55
연료	507	333
화학제품	37	
고무 및 플라스틱	8	1,800
건설자재	59	
금속(철강 포함)	108	209
금속 구조물	23	
기계	24	26
사무용품	-4	
전자 및 통신장비	-7	267
자동차	50	162
기타 수송장비	160	
가구	21	

자료: IBGE 자료를 이용해 저자 직접 계산.

신제품과 신공정 기술개발을 위한 산업 혁신이 활성화될 수 있다. 〈표 16.5〉는 1998~2003년 동안 다양한 부문에서 이루어진 혁신 활동을 표시하고 있다. 이 자료는 브라질통계청IBGE이 실시한 설문 조사에 기초하고 있다. 놀랍게도 식품 및 음료와 섬유 및 의류 부문이 이 기간 동안 혁신 활동이 가장 활발했다. 이 자료를 〈표 16.3〉과 비교해 보면, 이 두 가지 부문의 시장집중도가 가장 크게 증가한 것을 알 수 있다. 이에 대한 가능한 설명 중 하나는 기업의 규모가 클수록 기술에 더 많이 투자할 수 있다는 것이다.[11] 이는 다시 국내 기업이 시장개방으로 인한 수입제품과의 경쟁에 더 잘 대처할 수

표 16.5 | 혁신 기업 현황: 부문별 비중

(%)

	1998~2000	2001~2003	수입 비중 변화 1996~2002
식품 및 음료	14.2	12.6	31
섬유 및 의류	16.3	17.7	116
종이, 셀룰로스	1.9	1.9	55
철강 및 금속제품	9.8	10.5	209
기계	5.4	6.4	26
광업	2.4	2.2	140
자동차	3.7	2.3	162
고무 및 플라스틱	5.9	6.0	1,800
가죽제품, 신발	4.6	4.6	n.a.
화학제품	4.2	4.2	n.a.

자료: IBGE. 혁신 관련 특별 연구.

있도록 해준다. 섬유 부문이 대표적인 경우로, 중국산 섬유 제품의 수입이 증가하면서 이러한 현상이 더 강화되었다.

시장집중도와 기술투자 간의 상관관계가 있어 보인다. 그러나 시장개방도(수입 비중으로 측정)와 기술투자 간의 상관관계는 어떠한가? 〈표 16.5〉는 이와 관련한 설득력 있는 증거를 제시하지 못하고 있다. 즉, 수입 비중이 가장 높은 부문과 기술에 대한 투자가 많은 부문 간의 상관관계를 확인할 수 없다. 이는 시장개방과 기술투자의 상관관계가 더 복잡하다는 것을 의미하며, 이 부문에 대한 더 많은 연구가 필요할 것으로 보인다.

인수·합병과 연방 독점금지 정책

시장개방, 민영화와 더불어 인수·합병M&A 물결이 거세었고, 이는 많은 부문에서 시장집중도가 증가하는 데 기여했다. 〈표 16.6〉은 1990년대 후반에 국내외 인수·합병이 급속히 증가한 것을 보여준다. 인수·합병이 가장 활발한 분야는 식품·음료·담배 부문이었으며, 이 부문의 시장집중도가 매우 높아졌다. 이 밖에도 금융기관, 석유 및 철강, 그리고 공공사업 부문에서 인수·합병이 활발했고, 이 부문의 시장집중도도 증가했다. 통신 부문은 정부 독점이 해체된 이후 다수의 민간 통신 회사들의 출현했고, 이후 이들 민간기업 간의 인수·합병이 활발히 진행되었다. 정보기술 부문도 중소기업의 대규모 시장 진입이 이루어졌고, 이후 이들 기업 간 인수·합병이 활발하게 진행됐다.

　브라질 정부의 반독점 제도 강화 노력에도 불구하고, 대부분의 부문에서 인수·합병 건수가 지속적으로 증가함에 따라 시장집중도가 증가했다. 브라질의 독점 금지법은 1962년에 제정되었으나, 그 후 30년 동안 독점 금지법이 적용된 사례는 미미하거나 거의 없었다.[12] 브라질의 경쟁정책은 1994년 법률 제8884호가 제정된 이후 더욱 중요해졌다. 이 법이 제정됨에 따라 기업 합병에 대한 규제가 도입되었고, 경제보호위원회Conselho Administrativo de Defesa Economica, CADE의 독립성이 강화되었다.[13] 이후 인수·합병 거래에 대한 CADE의 조사가 강화되었지만, 인수·합병으로 인한 시장집중도 강화 추세를 막지는 못했다. 예를 들어, 맥주와 청량음료 시장의 70% 이상을 점유하는 암베브Ambev의 설립을 가져온 기업합병 거래는 새로 출

● CADE는 한국의 공정거래위원회와 같은 브라질의 독립적 경쟁 당국이다.

표 16.6 | 인수·합병

(a) 브라질: 인수·합병

	1994	1995	1996	1997	1998	1999	2000	2001	2002	2003	2004
	81	82	161	168	130	101	123	146	143	116	100
	94	130	167	204	221	208	230	194	84	114	199
	175	212	328	372	351	309	353	340	227	230	299

(b) 부문별 인수·합병

부문	인수·합병 건수	부문	인수·합병 건수
식품, 음료, 담배	155	섬유	51
금융기관	135	시멘트	39
정보기술	127	위생	35
통신	111	포장	33
석유산업	100	채굴 산업	28
야금 및 제철	77	자동차 조립	27
화학 및 석유화학	70	항구 서비스	27
보험	62	항공	23
에너지	56	광산	21
자동자 부품	53	쇼핑센터	20
광고 및 출판	46	호텔	18
화학 및 제약	44	비료	17
슈퍼마켓	44	공공서비스	14
전기전자장비	41	철도	13
기업서비스	37	병원	12
수송	33	디자인 및 그래픽	11
목재 및 종이제품	31	의류 및 신발	8
엔지니어링	31	기타	229
건설	27		
소매 할인점	24	합계	3,366

자료: KPMG, *Mergers & Acquisitions Research* (2005).

(c) 인수 회사 국적별 인수·합병

인수 회사 국적	1996	1997	1998	2000	2001	2002	합계
브라질	4	7	14	79	90	68	262
외국	15	39	140	443	492	447	1,566
브라질과 외국[a]	0	0	0	1	2	3	6
합계	19	46	144	523	584	518	1,834

자료: CADE, 연보.
주: a. 합작회사(joint ventures).

범하는 회사가 시장점유율이 5%에 불과한 맥주 자회사의 주식을
매각하는 조건으로 승인되는 등 경제 집중 행위에 대한 규제가 강
력하게 집행되지 않았다.

비록 기업 인수·합병에 대한 심사가 의무화된 1994년 이후 경제 보호위원회CADE의 심사 건수가 급증했으나, CADE의 개입 정도는 크지 않을 뿐 아니라 감소해 왔다. 시장점유율이 CADE의 개입을 위한 필요조건이나 충분조건으로 간주되지 않고 있는 것으로 보인다. 오히려 인수·합병 행위 자체를 중시하고 있다.●●

더욱 엄격한 경쟁정책이 실행되었지만, 경제 집중도는 더 증가하는 역설적인 현상이 발생하고 있다. 경쟁 당국이 보다 경쟁적인 시장경제 질서 창출을 위해 노력했으나, 사실상 민간기업의 결합이 증가하고 국내시장의 경쟁 강도가 더 낮아지는 현상이 나타났다. 이러한 역설적 상황은 어떻게 설명될 수 있으며, 이론적으로 정당화될 수 있는 것인가?

만약 경쟁 당국이 시대에 뒤처진 구식 구조-행동-성과SCP 패러다임을 기각하고 경합가능시장가설CMH 관점을 채택한다면, 국내시장 집중도 증가를 인정하는 것이 정당화될 수 있을 것이다. 브라질의 신속한 무역 및 투자 자유화를 감안할 때, 경제 집중도는 증가했더라도 국내시장에서의 경쟁은 사실상 더 치열해지고 있다고 주장할 수 있다. 무역자유화로 인해, 적어도 교역재tradables 부문에서,

---

● 1999년 브라질의 양대 맥주 브랜드인 안따르치까(Antarctica)와 브라마(Brahma)가 합병해 암베브가 설립되었다.

●● 1994년 제정된 경쟁법인 법률 제8884/94호를 대폭 수정해 2012년에 법률 제12529/11호로 신경쟁법을 공표했다. 신경쟁법은 CADE의 반(反)경쟁 행위에 대한 조사와 CADE 행정 심판원의 심판 기능을 대폭 강화했고, 인수·합병 거래에 대한 사후 신고를 사전 신고 의무화로 변경했다.

브라질 시장이 외국과의 경쟁에 더 많이 노출되어 있으며, 투자 자유화로 인해 국내 기업이 인수 대상이 될 수 있다는 위협이 증가했다. 이러한 의미에서 볼 때, 시장의 집중도가 커지는 동시에 경쟁이 더 치열해지고 있다. 그러나 정책적 관점에서 볼 때, 실제로 중요한 것은 지난 몇 년 동안 시장의 경쟁이 더 치열해진 것이 생산성, 단위비용 또는 혁신과 같은 경쟁 성과의 향상으로 이어졌는지 여부이다. 여기서 제시된 증거들은 그러한 경쟁적 이득이 있었다는 것을 시사한다. 그러나 경쟁의 정도(수입 비중으로 측정)와 경쟁적 이득 간에 명확한 상관관계가 있는가는 불분명하다. 이러한 두 변수 간 상관관계의 성질이 상당히 복잡할 수 있고, 이는 추가적인 연구의 가치가 있는 것으로 보인다.

경합성contestability의 개념에서 벗어나서도 점점 더 경제 집중이 심화되는 현상이 정당화될 수는 없는가?● 새로운 무역 이론이 제시하는 개념에 따르면, 국내 기업의 결합(인수·합병)을 통해 몸집을 불리고 규모의 경제를 달성하는 것이 국제경쟁력을 강화하는 효과적인 방법이라고 주장할 수 있다.[14] 실제로 안따르치까와 브라마의 합병으로 암베브를 설립할 당시 이 기업결합을 정당화하는 논리가 바로 이러한 주장이었다(암베브는 2004년 인수·합병을 통해 현재는 벨기에-브라질 기업인 잉베브InBev의 일부가 되었다). '국가 챔피언'이라

● 경합성이란 무역 및 투자 자유화로 인해 외국기업의 국내시장에 대한 자유로운 접근이 허용되는 상태를 의미한다. 즉, 외국기업이 국내기업과 동등한 조건하에서 경쟁할 수 있는 기회와 여건이 제공되는 것을 의미한다.

고 명명된 대기업 육성을 통해 국내시장 판매뿐만 아니라 해외 수출 증가를 위해 필요한 규모의 경제를 실현한다는 것이었다. 음료 산업의 경우 운송비 부담으로 수출에 있어서 효율적인 규모의 경제 실현이 어렵기 때문에 이러한 주장을 고수하는 것이 다른 산업의 경우보다 더 어려울 수 있다. 그러나 브라질이 현재 세계 맥주 산업에서 중추적 위치를 차지하고 있다는 사실을 부인할 수는 없다. 같은 이유로, 다른 '국가 챔피언'(항공 산업의 엠브라에르와 광업의 발리 두리우도세회사 — 두 기업 모두 국내시장을 독점하고 있다)은 매우 효과적인 수출 기업임이 입증되었다. 실제로, 전체적인 관점에서 볼 때, 상대적으로 소수의 기업에게 수출 활동이 집중되어 있고, 이는 독일이나 일본 같은 수출 중심 경제의 경우보다 훨씬 제한된 역할을 하고 있다.[15]

경제 집중을 용인하는 것에 대한 가장 전통적인 정당화는 공공사업 부문에서 나타난다. 이 부문은 민영화 이후 많은 인수·합병이 일어났다. 에너지 부문에서도 인수·합병이 많았지만 특히 통신 부문이 가장 두드러졌다. 이러한 산업이 효과적인 규제의 대상이라면, 이 부문의 시장집중도가 증가한 것을 정당화하기 위해 굳이 노력할 필요도 없다. 이에 대한 증거는 일률적이지 못하다. 일반적으로 통신 부문은 규제가 매우 효율적이어서 민영화 이후 시기의 시장집중도 증가와 소비자 후생 증대(가격, 가용성, 서비스 품질 측면에서)를 달성할 수 있었으나, 전력 생산과 송전과 같은 에너지 부문에서는 이러한 효과를 관찰하기가 훨씬 더 어렵다.[16] 이는 특정 분야에서 시장집중도 증가가 초래할 수 있는 잠재적 위험에 대처하기 위해 보

표 16.7 | 부가가치 대비 급여 비중 및 1인당 부가가치

	급여/부가가치		종업원당 부가가치(1천 헤알)		수익성	
	1996	2002	1996	2002	1993	2003
석탄	32.8	26.3	27	41	-6.3	0.2
원유	0.9	12.1	1,157	409		
금속광물	34.2	8.9	68	225		
비금속광물	27.1	23.8	21	26		
식품 및 음료	24.1	17.8	30	41	7.8	10.6
담배	15.3	11.6	81	138		
섬유	35.9	28.9	19	11		
의류	44.7	43.5	9	9	3.9	1.4
가죽제품	36.9	30.0	13	15		
목재	36.1	26.8	11	17		
종이 및 셀룰로오스	28.5	15.9	41	79	-3.9	16.0
연료	29.0	5.7	57	346		
화학제품	25.2	19.9	68	93	0.9	7.0
고무 및 플라스틱	34.3	31.1	26	28	1.1	9.7
건설자재	32.4	20.8	22	35	6.0	11.8
금속(철강 포함)	30.4	16.0	49	102	2.2	17.0
금속 구조물	37.2	31.5	22	27		
기계	36.2	28.4	34	42	2.2	12.2
사무용품	18.4	19.5	68	65		
전자 및 통신장비	30.0	31.3	42	39	11.2	1.9
자동차	36.7	28.3	44	62		
기타 수송장비	34.6	18.0	35	91		
가구	37.2	26.8	14	17		
제조업 합계	30.5	26.8	31			
광업	21.2		58		10.0	25.6
공공사업					-2.2	9.1
수송					-6.3	8.3

자료: IBGE 자료를 이용해서 계산.

다 효과적인 규제가 필요하다는 것을 시사한다.

시장집중도가 소득분배에 미치는 영향

앞서 살펴본 바와 같이, 경제개방과 민영화는 인수·합병의 증가

뿐 아니라 새로운 기술에 대한 투자 촉진에도 기여했다. 이러한 기술투자 증가는 많은 산업부문에서 근로자의 생산성과 기업의 수익성 증가를 가져왔다. 〈표 16.7〉은 1996년과 2000년의 산업별 부가가치와 수익성을 비교한 것이다. 이 표에서 같은 기간 동안 3개 부문을 제외한 모든 산업에서 부가가치 대비 인건비 비율이 하락한 것을 알 수 있는데, 이는 대부분의 기업에서 자본집약도가 증가한 추세가 반영된 결과이다. 브라질의 소득불평등이 높은 상황을 감안하면, 최근의 산업 현대화는 소득분배를 더 악화시킬 수 있다. 또한 자본집약적 투자로 인해 많은 근로자들이 해고되고, 그 결과 임금과 복지후생 수준이 낮은 부문에 취업하거나 광범위한 비공식부문에 합류하는 근로자가 늘어난다는 점도 고려해야 한다.

브라질의 소득분배 문제는 노동집약적인 기술을 추구한다고 해결 될 수 있는 것이 아니다. 세계경제에 참여하기를 원하는 21세기의 모든 개발도상국은 세계의 산업부문에서 자신의 입지를 구축하기 위해 최신 기술을 채택해야 한다. 그리고 이는 필연적으로 산업의 고용 창출 능력을 심각하게 제한할 것이다. 농업부문도 유사한 추세를 보이고 있다. 즉, 이 부문의 현대화는 노동력 절감적인 기업식 농업의 성장을 초래할 것이다.[17]

선진국 경제활동인구의 대부분이 서비스 부문(미국의 경우 75% 이상)에 취업하고 있음을 감안할 때, 고용 창출은 이 부문에서 이루어져야 할 것이다. 서비스 부문의 고소득 일자리 창출을 위해서는 교육, 즉 대부분의 라틴아메리카 국가, 특히 브라질의 많은 분야에서 절대적으로 부족한 인적자본의 육성에 대한 대규모 투자가 필요하다.

결론

이 장에서 살펴본 바와 같이, 브라질이 경제를 개방하고 국영기업을 민영화한 목적이 국내 및 국제 시장의 힘에 국가를 더 많이 노출시키기 위한 것이었지만, 역설적이게도 경제의 집중도가 더 증가했다. 과거의 보호받는 시장에서는 비효율적인 기업들의 지대추구행위가 양산되었지만, 현재의 개방된 시장에서는 기업 간 인수·합병이 증가하고, 현대적이고 노동 절감적인 기술의 채택으로 임금보다 이윤의 몫이 더 커지는 결과를 초래했다.

문제는 경제 집중도의 증가가 경제자유화의 궁극적인 목적인 경제 효율성의 증가와 부합하는가이다. 이 장에서는 실제로 경제 집중도 증가와 생산성 증가, 기술투자, 그리고 수출 확대와 같은 전략적 목표들 사이에 정(+)의 상관관계가 있다고 주장했다.

이러한 행태는 구조-행동-성과SCP 패러다임으로 설명하기는 어렵지만, 경합가능시장가설CMH 패러다임으로는 쉽게 이해된다. 정책적 관점에서 이 CMH 패러다임을 받아들인다면, 자유로운 시장 진입과 퇴출이 보장된다는 전제하에서 브라질 경제의 집중도 증가를 지나치게 염려하지 않아도 된다. 우리는 무역자유화와 투자자유화가 자유로운 시장 진입과 퇴출을 확고히 하고 있다고 주장했다. 이는 다시 시장 참가자들에게 더욱 더 경쟁력을 갖추어야 한다는 매우 큰 압력으로 작용하고 있다. 그럼에도 브라질이 자기만족에 도취될 여지는 거의 없다. 과거와 비교해서 브라질 경제가 국제 경쟁에서 보인 성과는 경제자유화를 추진하던 시대에 현저하게 개선되었다. 그러나 동아시아와 동남아시아 국가들이 훨씬 더 좋은 성과를 보인 것도 사실이다. 이러한 경쟁에 맞서기 위해 시장개방과 더불어 기업의 효율성 개선을 위한 조치들이 보완되어야 한다. 주요 생산 투입 요소의 질과 가용성을 개선하기 위한 구조개혁을 추구해야 한다. 특히 교육과 인프라 확충이 가장 중요하다.

인적자본

수입대체산업화 시기 이전에 브라질의 인적자본 축적은 큰 성과를 보이지 못했다. 한 연구자는 군주국가 시대(1889년까지 지속)에 대한 연구에서 다음과 같이 언급했다. "문화와 교육을 중시했다. 그러나 젊은이들에 대한 격려와 유인이 거의 없었다. — 학교가 할 일을 가족이 담당했다. 이러한 진술이 타당하다는 것은 브라질 역사에서 분명하게 드러난다. 브라질에서 교육은 민간이 담당했고 실용적인 것들을 가르쳤다. 그것은 가정과 직장에서 이루어지는 훈련이었다. 학교는 나중에 생겼다."[1] 브라질의 교육 전문가인 끌라우지우 지 모우라 까스뜨루Claudio de Moura Castro는 20세기까지 브라질의 교육이 "국가의 전반적인 발전 수준에서 크게 벗어나 있지 않았다"고 밝히고 있다. 20세기 초반까지 문해율은 약 34%로 추정되고,

1930년 인구센서스에서도 여전히 약 30% 수준이었다. 문맹률은 1940년에 55%, 1950년에는 33%로 낮아졌다. 그러나 실제 문맹률은 훨씬 높았을 가능성이 있다.

1910년대에 브라질의 낮은 교육 수준에 대해 우려하는 지식인들이 "새로운 교육을 위한 선구자들의 선언문"Manifesto dos Pioneiros da Educação Novo을 발표했다. 이 단체를 이끌었던 아니시우 떼이세이라Anisio Teixeira는 나중에 영향력 있는 정부 교육기관인 국립교육연구원INEP과 고등인력관리청CAPES을 창설했으며, 교육부 장관 구스따부 깜빠네마Gustavo Campanema에게 영향을 미쳤다. 1930년대에 깜빠네마는 몇 가지 중요한 교육개혁을 단행했다. 동시에 신생 제조업 분야의 경제인들이 정부에 산업 훈련 체제를 구축하도록 압력을 가했다. 그 결과, 정부가 운영하는 직업훈련센터Serviço Nacional de Aprendizado Industrial, SENAI가 창설되었다.[2] 1960년대에는 약 100개의 중등 기술학교가 설립되었다. 이들은 충분한 재정 지원을 받았고 잘 정착되었으나, 국가경제에 미친 영향은 미미한 수준이었다.

20년의 진보

20세기 하반기 들어 브라질의 일반교육 수준은 개선된 것으로 보였다. 문해율은 90%로 높아졌다.[3] 그러나 인적자원의 육성과 분배에 대해 면밀히 살펴보면, 여전히 많은 부분에서 개선이 요구되고 있었다. 20세기 말 브라질 교육 현황에 관한 최근의 한 연구는 다음과 같은 사실을 밝히고 있다.

> 1994년에 소득분배 5분위 중 1분위(하위 20%)에 속하는 가정의 6세 아동은 북동부의 농촌지역에 거주하고, 그 아동의 어머니는 학교에 다녀 본 적이 없고, 여러 해를 학교에 다니더라도 낙제를 반복해 초등학교를 졸업하지 못할 확률이 높았다. 지역 초등학교는 교실 1~2개가 전부이고, 전기와 식수 공급시설이 없고, 교과서나 다른 교육 기자재가 구비되어 있지 않았다. 교사 채용은 보통 정치인과의 연줄을 통해 이루어졌다. 교사의 60% 정도의 학력이 중학교 중퇴였으며, 30% 정도는 초등학교 중퇴였다.[4]

비록 대도시와 부유한 지역의 교육 접근성과 교육의 질은 이보다 나은 상황이었지만, 1990년까지 브라질의 모든 교육지표는 라틴아메리카의 중소득국들보다 뒤떨어져 있었고, OECD 국가들과의 격차는 훨씬 더 컸다. 어린이의 40% 미만이 초중등학교 8학년(초등학교 5년 중학교 3년) 과정을 마쳤고, 고등학교 입학률은 38%에 불과했다. 노동인구의 평균 교육 기간은 3.8년이었다. 고등교육 이상의 학위를 가진 초등학교 교사는 20% 미만이었고, 농촌지역 교사의 임금은 최저임금의 절반이 안 되었다.[5]

1990~2010년 동안 극적인 변화가 일어났다. 2010년에 소득분배 하위 5분위 중 하위 1분위의 6세 아동이 부모보다 2배 이상의 학년을 마쳤다. 학교가 어디에 있는지와 상관없이 책상, 전기, 식수, 교과서, 연필, 연습문제집 등 교육인프라를 위한 예산이 배정되

었다. 교사들은 적어도 고등학교 이상의 학력을 갖추었고, 60% 이상의 교사가 그 이상의 학위를 가지고 있었다. 가장 큰 변화는 학교가 학생들이 무엇을 배우고 있는지에 대해 알게 되었다는 것이다.[6] 이러한 놀라운 진전은 수십 년에 걸친 일관된 교육정책과 지속적인 교육개혁의 결과였다. 번스 등이 실시한 세계은행 연구에 따르면, 교육예산 개혁, 교육의 질 평가, 조건부 현금 이전 프로그램이 중요한 역할을 했다.

교육예산 개혁

1990년대 이전에는 학생 1인당 교육예산이 큰 편차를 보였다. 그러나 1996년 정부교육재단인 초등교육및교원유지·발전기금 Fundo de Manutenção e Desenvolvimento do Ensino Fundamental e de Valorização do Magistério, FUNDEF을 설립한 이후 큰 변화가 나타났다. 이 기금의 예산 규모는 1998년 281억 헤알(2010년 기준)에서 2010년에는 838억 헤알로 증가했다. 이 기금은 전국의 모든 초중등학교를 대상으로 학생 1인당 지출 규모를 보장해 주었고, 이는 특히 가난한 지역의 초중등학교 학생들에 대한 예산 지원을 크게 증가시켰다. 이 기금을 통해 지방자치체는 어린이가 학교에 다니도록 유도하기 위한 통학버스 시스템, 학생 편입학 캠페인, 학교 급식 프로그램 등 다양한 프로그램을 시행했다. 이로 인해 학생의 학교 등록이 상당히 증가했다. 초등교육및교원유지·발전기금을 통해 교육 예산이 가난한 지역에 재분배되었다. 이 기금은 또한 학생 1인당 교육예산의 60%는 교사 임금, 나머지 40%는 여타 운영비용으로 지출한다는 기준도 마련했다.

교육성과 평가

1990년대까지는 학생들의 학업성취도를 측정할 수 있는 방법이 없었다. 그러나 까르도주 정부와 룰라 정부 시기에 교육부가 교육의 질을 측정하는 방법들을 고안했다.[7] 이는 다양한 유형의 교육 프로그램을 평가하고 새로운 프로그램을 개발하는 데 큰 도움이 되었다. 1995년에 학생평가시스템Sistema de Avaliação da Educação Básica, SAEB이 만들어졌다. 매 2년마다 초중등학교 4학년과 8학년, 그리고 고등학교 3학년 학생 중 표본을 선정해 수학과 포르투갈어 시험을 치르고 있다. 2000년에는 OECD의 국제학생평가프로그램PISA에 가입해 학생들의 학업성취도에 대한 국제 비교도 가능해졌다. 2005년에 학생평가시스템은 매 2년마다 4학년과 8학년 학생 전원을 대상으로 수학과 포르투갈어 시험을 실시하는 것으로 확대 개편했고, 프로그램 명칭도 '브라질 평가'Prova Brazil로 변경했다.

현금 이전 프로그램

이전 장에서 언급했듯이, 브라질의 룰라 정부는 볼사 파밀리아 프로그램으로 통합된 현금 이전 프로그램을 개발했다. 학교 출석을 조건으로 한 현금 이전이었다. 프로그램 수혜를 받는 가정의 수는 2002년 490만에서 2010년 1,200만으로 증가했다. 2012년까지 이 프로그램이 교육에 미치는 영향을 측정하기 위한 엄격한 방법이 개발되지 않았지만, 번스 등은 "대략적인 평가 결과, 등록, 출석, 승년, 중퇴율, 유지율, 학습 시간 등 다방면에 걸친 긍정적 효과가 있었다는 증거를 발견했다"고 주장했다.[8]

초중등교육 발전

1985년 이후 브라질 전체 초등학교 입학률이 매우 빠른 속도로 증가했다. 이는 연방정부로부터 재정지원을 받은 지방의 시와 주에서 초등학교 입학률이 빠르게 증가했기 때문이다. 이와 함께, 낙제로 인해 같은 학년을 다시 다니는 비율이 현저하게 증가했고, 이로 인해 특정 학년에서는 취학률이 100%를 상회했다.[9] 알버트 피쉬로우는 "1990년대에 4학년을 마친 많은 학생들이 대개 6년 이상을 재학했으며, 8학년을 마친 학생들 중 다수가 11년 이상 학교를 다녔다"고 밝히고 있다.[10] 1990년대와 2000년대에 상당한 개선이 있었지만, 학생들이 낙제해 같은 학년을 다시 다니는 비율이 계속 높게 유지되었다. 1995년에 초등학생의 45%가 낙제를 경험했고, 2000년대 중반에는 이 비율이 다소 감소했지만 여전히 25%에 이르고 있었다. 그리고 8학년 중 3분의 1이 넘는 학생들의 나이가 15세 이상이었다. 아울러 "자동 승년 제도에도 불구하고, 학생들이 8학년 과정을 마치는 데 평균 10년이 걸렸다."[11]

초등교육및교원유지·발전기금을 통해 지원된 기금의 상당 부분이 교사 임금이었고, 교사의 교육훈련에 대한 연방정부의 기준이 제정되었다. 2000년에는 교육훈련 과정을 마치지 않은 교사의 수가 초등학교 1~4학년의 경우 과거의 절반 수준으로 줄어드는 등 큰 진전을 보였다.

초등교육 시스템의 성과 측정에는 상당한 개선이 있었다. 2000년대 후반까지 수학과 포르투갈어 시험에서 약간의 개선이 있었다. 그러나 피쉬로우는 사립학교가 상대적으로 좋은 성과를 거두었고, 가난한 가정 출신의 많은 학생들이 여전히 뒤떨어져 있다고 결론지었다. "가난한 학생들의 학업성취도가 낮고, 이로 인해 부유한 학생들과 더 나은 직업을 위해 경쟁할 역량이 부족하다. 많은 가난한 학생들이 법으로 정한 최소한의 교육 기간을 마치지 못한다. 2004년에 북동부 지역 학생들의 40% 이하가 8년 교육과정을 마칠 것으로 기대되는데, 이는 남동부 지역의 70%에 비해 낮은 수준이다. 브라질 전체로는 이 비율이 평균 54%로 증가했다."[12]

1989년에는 단지 350만 명의 학생들이 고등학교에 등록했다. 그중 58%가 야간학교였다. 이후 20년 동안 고등학교 입학률이 급속히 증가해 2007년에는 830만 명을 기록했다. 이 중 12%는 사립학교, 56%는 야간학교였다(사립학교는 대부분 주간 프로그램을 제공하는 데 반해, 공립학교는 학생들이 낮에 일을 하기 때문에 야간학교로 운영되고 있다). 1984년 고등학교 졸업자 중 46%가 사립학교 출신이었고, 1993년에는 이 비율이 27%로 감소했다. 사립학교 졸업생의 대입시험vestibular 합격률이 더 높았다. 국공립 대학교는 일체의 학비가 무료이다. 이로 인해 대입시험 합격률이 낮은 공립학교 졸업생이 불리한 입장에 처해 있고, 이것은 소득불평등 감소에도 불리하게 작용하고 있다.

피쉬로우는 또한 대학 입학을 목표로 하는 학생과 고등학교 졸업을 목표로 하는 학생 사이에 거의 어떤 차이점도 없다는 사실에 주목할 것을 요구한다. 직업훈련을 받는 학생은 전체의 10% 미만이다. 그는 까스뜨루의 다음과 같은 말을 인용했다. "조만간, 이론상으로는 모두에게 학교를 다닐 기회를 제공하겠지만, 실제로는 아무것도 가르치지 않는 획일적 교육 시스템을 고치기 위한 용기가 필요하다."[13]

대학 교육

브라질의 대학 등록률은 전통적으로 높지 않았고, 1990년대 말까지 큰 진전을 보이지 못했다. 1990년대 중반 대학 등록률은 공립과 사립을 합쳐 12%였고, 그 당시 아르헨티나는 29%, 프랑스는 49%, 미국은 79%였다. 20세기 말, 대학에 등록한 학생의 80%가

소득분배의 최상위 5분위에 속하는 가정에 속했다. 사이먼 슈왈츠
만에 따르면, 18~24세 그룹 인구 중 대학 교육 등록자는 9.8%에
불과했다.[14] 1995년에 대학 재학생 170만 명 중 60%가 사립대학
에 다니고 있었다. 2005년에는 대학생 수가 440만 명으로 늘었고,
이 중 73%가 사립대학에 재학하고 있었다. 공립대학 재학생 중
33%가 일과 학업을 병행하지 않았고, 사립대학 재학생은 이 비율
이 21%였다.

슈왈츠만은 브라질 대학 교육의 규모가 작은 주요 이유는 고등학
교 졸업생 수가 작기 때문이라고 밝히고 있다. 예를 들어, 2002년
에 15~17세 연령층의 40%가 고등학교에 다니고 있었고, 38.5%
는 낙제로 인해 중학교에 다니고 있었다.[15]

사립대학은 일반적으로 순전히 영리를 추구하는 기업들이었다.
대부분이 야간학교였다. 사립대학은 교육에 중점을 두고 있었고,
연구는 거의 이루어지지 않았으며, 교수는 대부분 시간제로 일하고
있었다. 브라질의 연구 대부분은 공립대학에서 이루어졌다.

2000년대에 이를 개선하기 위한 다양한 시도가 있었다. 여러 대
학에서 다양한 유형의 할당제를 실험했다. 리우데자네이루연방대
학교와 바이아연방대학교는 유색인과 공립학교 출신 학생에 대한
할당제를 도입했다. 슈왈츠만은 다음과 같이 밝히고 있다. "대학 교
육에 대한 인종별 할당제는 논란의 여지가 있지만, 빈곤층 출신 학
생들을 위한 차별 철폐 조치는 그다지 논란거리가 되지 않는다. 이
러한 종류의 정책이 성공적이기 위해서는 이러한 학생들의 부적절
한 고등교육을 보전하기 위한 학습 프로그램과 이를 실행하기 위한

추가적인 재원을 제공하기 위한 각별한 노력이 필요하다. 현재까지, 이러한 노력은 찾아보기 힘들다. 그리고 이러한 프로그램을 무분별하게 인기에 영합해 확대할 경우 공교육의 질을 떨어뜨리고 엘리트 사교육을 부추길 수 있다."[16]

인적자본과 기술 진보

브라질의 인적자본 성장과 발전에 관한 조사 결과에 따르면, 브라질은 문맹 퇴치, 학교 교육연수 증가 등의 측면에서 상당한 진전을 보였다. 그러나 브라질의 교육제도가 사회 이동성을 증진시키고, 세계 기술발전에 기여하기 위해서는 여전히 많은 문제를 해결해야 한다.

〈표 17.1〉과 〈표 17.2〉는 브라질이 신흥국에서 벗어나 새로운 강대국으로 탈바꿈하기 위해서는 인적자본 분야의 많은 노력이 필요하다는 것을 보여 준다. 〈표 17.1〉은 브라질과 미국을 비교한 것으로, 브라질이 다양한 수준에서 훈련 수준을 향상시키고 교육의 질을 높이기 위해 교육 부문에 막대한 투자가 필요하다는 것을 시사하고 있다. 〈표 17.2〉는 브라질이 연구개발R&D 분야에서 여타 국가들에 비해 크게 뒤처져 있고, 신기술개발도 거의 없다는 것을 보여 주고 있다. 브라질의 특허권 취득 건수는 매우 낮은 수준인데, 이는 대학의 연구와 산업계와의 연계(민간과 공공 부문 모두)가 약하기 때문일 수 있다. 이는 또한 브라질 사회에 만연한 관료주의 때문

표 17.1 | 교육 비교 통계: 2010년

	브라질	미국
		(괄호 안 숫자는 세계 순위)
성인 평균 교육연수	4.9 (69)	12 (1)
미취학 아동 수: 초중등학교	799,691 (12)	1,324,215 (4)
의무교육 기간	8년 (120)	12년 (12)
취학률: 고등교육	3,579,252 (6)	16,611,711 (1)
교육비/GDP	4.2% (78)	5.7% (39)
교육비/정부지출	12% (73)	17.1% (38)
교원 1인당 학생 수	21.57 (80)	14.81
고등교육 취학률	16.5% (77)	72.6% (1)
상위 500위 대학 수	4 (24)	168 (1)
상위 200위 대학 수	1 (26)	54 (1)

자료: NationMaster.com.

표 17.2 | 연구개발 지표: 2010년

	연구개발/GDP	100만 명당 특허 취득 건수	지적재산권등록 (세계 순위)	기업 환경 순위 (세계 순위)
브라질	1.08	2	109	130
일본	3.45	994	64	24
한국	3.36	779	75	8
미국	2.79	289	25	4
독일	2.82	235	81	20
프랑스	2.23	205	146	34
아르헨티나	0.52	8	135	124
중국	1.47	1	44	91
콜롬비아	0.16	1	52	45
러시아	1.25	131	46	112

자료: World Bank; NationMaster.com.

일 수도 있다. 이러한 경향은 〈표 17.2〉의 지적재산권 등록과 기업활동 환경 순위 자료에서 쉽게 확인할 수 있다. 즉, 기업활동을 어렵게 만드는 환경이 경제계와 학계의 기술개발을 위한 투자나 연구 노력을 저하시키고 있다는 것이다.

대학의 연구개발을 위한 재원 배분도 질적 개선을 희생하고 양적 형평을 추구하는 방향으로 치우쳐 있다. 대학의 연구 재원 분배와 대학교수의 급여 체계 모두가 이러한 경향을 나타내고 있다. 비록 연방 기관들의 연구 재원에 대한 경쟁 시스템이 있지만, 특정 대학을 장기 연구과제에 대한 지속적인 지원이 가능한 '우수 센터'로 지정하는 것을 꺼리는 경향이 있다. 또한 모든 교수가 전국적으로 같은 급여를 받는다는 의미인 '이소노미아'isonomia(평등)라는 전통이 있는데, 이는 기술 진보에 필요한 인센티브 시스템 수립을 가로막고 있다.[17]

21세기 초반에는 사립대학이 크게 증가했고, 응용 사회과학 관련 강좌가 많은 비중을 차지하고 있다. 이와는 대조적으로 많은 연방 대학들에는 과학, 약학, 농학 관련 강좌가 많다. 슈왈츠만은 이에 대해 세 가지로 설명하고 있다. 첫째, 이런 강좌들이 값비싼 장비나 최고급 인재를 필요로 하지 않는 가장 저렴한 코스 프로그램이라는 것이다. 둘째, 대학에 입학한 학생들 대부분이 심화학습을 위해 필요한 자격 요건을 갖추지 못하고 있다. 셋째, 이러한 분야에 대한 노동시장 수요가 더 많다는 것이다. 처음 두 가지 설명은 사실일 가능성이 높으며, 문제는 세 번째 설명 역시 유효한지 여부이다.[18] 슈왈츠만은 "고용시장이 양질의 고임금 일자리를 창출하지 못하고 있으며, 학위를 취득한 다수의 사람들에게 사회 전문직social professions이 주요 대안이 되고 있다"라고 결론을 내리고 있다.[19]

브라질에서는 미국과 유럽의 경험과 비슷한 또 다른 흥미로운 현상이 관찰된다. 최고의 교육을 받은 다수의 과학자들(물리학자, 수학자, 엔지니어)이 금융 분야에서 일하고 있는 것이다. 비록 이것이 시장에서 결정된 것이라 할지라도, 이것이 브라질 경제와 사회의 장기적인 성장과 발전을 위해 유용한가에 대해서는 여전히 의문이 남는다.

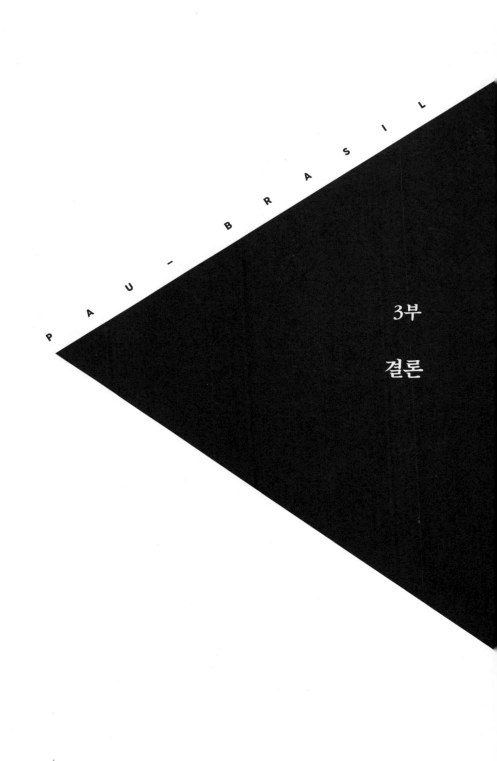

PAU-BRASIL

3부

결론

과거, 현재, 미래의 연결

 이 장에서는 이 연구에서 다루고 있는 기간 동안 발생한 브라질 경제의 구조적 변화에 대해 평가한다. 이어서 브라질 경제가 직면하고 있는 미래의 도전 과제에 대해 간단히 살펴볼 것이다.

 1950년대 브라질이 강력히 추진했던 수입대체산업화 정책은 산업 전체와 산업 내부에서 구조적 변화를 초래했다. 우리는 앞 장들에서 이러한 변화에 대해 살펴보았다. 이들 연구에 따르면, 브라질의 수입대체산업화 정책 유형이 고소득과 인구 탄력성이 높고, 전후방연관효과가 큰 여러 산업부문의 출현을 촉진했다.[1] 1960년대

---

* 이 장의 앞부분은 마누엘 퐁세까(Manuel A. R. Fonseca), 조아낌 길료뚜(Joaquim Guilhoto)와 공동으로 집필했다.

의 7년간의 침체 이후 브라질은 1960년대 후반과 1970년대 초반에 다시 매우 빠르게 성장했다. 1973~74년의 제1차 오일쇼크 이후에도 1981년까지 비교적 높은 경제성장과 산업생산 증가가 이어졌다.[2] 이러한 성장은 부분적으로 수입 대체(특히 자본재 부문에서)와 산업 수출의 확대 및 대규모 인프라 프로젝트 투자에 기인한다.[3]

수입대체산업화 시기 이후에는 어떤 유형의 산업구조 변화가 있었는가? 이전 추세가 지속되었는가? 아니면 이전 추세에서 벗어났는가? 횡단면 분석에 기초한 국제 비교 연구에 따르면 브라질의 최신 산업 경제구조는 어떠한가? 그리고 이러한 구조적 변화가 브라질 경제의 미래 성장 패턴에 어떤 의미를 가지며, 특히 1985년 3월에 출범한 민간 정부의 바램대로 소득불평등을 향상시켰는가?

이제는 산업센서스 및 산업연관표 자료가 21세기까지 사용 가능하기 때문에 이러한 의문에 대한 검증이 가능하다.

우리는 먼저 성장과 구조 변화의 관계에 대한 전통적 연구 결과를 요약해 제시할 것이다. 그다음에 브라질의 사례를 검증할 것이다. 마지막으로 우리는 브라질의 산업구조 변화가 얼마나 예측치와 일치하거나 벗어나는지를 검증하고, 향후 성장 전망과 관련해 이러한 결과가 갖는 의미에 대해 검토할 것이다.

전반적인 구조 변화

〈표 18.1〉과 〈표 18.2〉에서 볼 수 있듯이, 쿠즈네츠Kuznets의 횡

표 18.1 | 쿠즈네츠 횡단면 분석 결과: 산업별 GDP 비중

	I	II	III	IV	V	VI	VII	VIII (%)
1인당 GDP (1985년 미국달러)	51.8	82.6	138	221	360	540	864	1,382
농업	53.6	44.6	37.9	32.3	32.5	17.4	11.8	9.2
산업	18.5	22.4	24.6	29.4	35.2	39.5	52.9	50.2
서비스업	27.9	33.0	37.5	38.3	42.3	43.1	35.3	40.6

자료: Simon Kuznets, *Economic Growth of Nations: Total Output and Production Structure* (1971), p. 104.
주: 이 표는 1958년 기준 57개국에 대한 횡단면 분석한 결과이다.

표 18.2 | 산업별 GDP 비중: 1953~2009년

	1953	1960	1965	1970	1975	1980	1992	1998	2000	2009 (%)
농업	26	23	19	11.7	9.7	8.8	9.9	8.0	5.6	5.6
산업 (제조업)	24	25	33 (26)	35.4 (28.0)	36.8 (29.0)	38.2 (20.4)	31.6 (23.0)	36.0	27.7	26.8
서비스업	50	52	48	52.9	53.5	53.0	54.2	56.0	66.7	67.6

자료: *Conjuntura Econômica*; IBGE, *Sistema de Contas Nacionais*.
주: 산업에 제조업 포함.

표 18.3 | 쿠즈네츠의 산업별 GDP 비중

	I	II	III	IV	V	VI	VII	VIII (%)
1인당 GDP (미국달러)	723	107	147	218	382	588	999	1,501
농업	79.7	63.9	66.2	59.6	37.8	21.8	18.9	11.6
산업	9.9	15.2	16.0	20.1	30.2	40.9	47.2	48.1
서비스업	10.4	20.9	17.8	20.3	32.0	37.3	33.9	40.3

자료: Simon Kuznets, *Economic Growth of Nations: Total Output and Production Structure* (1971), p. 200.

단면 분석 결과는 1인당 소득이 농업과 부(-)의 상관관계, 산업 및
서비스업과는 정(+)의 상관관계를 갖고 있음을 분명히 보여 준다.
〈표 18.3〉을 보면, 브라질의 역사적 추세도 이와 같음을 알 수 있
다. 1950년대 초 브라질의 1인당 소득이 IV그룹과 V그룹의 중간
수준임을 감안하면, 브라질의 농업 비중은 쿠즈네츠의 횡단면 분석

표 18.4 | 산업별 고용 비중: 1950~2003년

	1950	1960	1965	1981	1992	1995	1998	2003
농업	62	48	49	30	28.3	26.1	23.0	20.0
산업	13	14	17	24	20.4	19.6	19.2	14.0
서비스업	25	38	34	46	51.4	54.3	57.8	66.0

자료: *Conjuntura Econômica*; IBGE, *Anuário Estatístico do Brazil* (1992; 1996; 2000).

결과에 부합하는 반면, 산업 비중은 1인당 GDP에 비해 작은 수준임을 보이고 있다. 만약 1980년대 초 브라질의 1인당 GDP 수준이 VI그룹과 VII그룹 사이에 있다고 가정하면, 농업 비중 감소는 횡단면 분석 결과보다 약간 크지만 산업 비중은 예측치보다 다소 작은 수준이다.[4]

〈표 18.4〉는 시대별 브라질 노동인구 분포의 변화를 보여 주고 있다. 〈표 18.4〉는 브라질의 1950년대부터 2000년대 초까지 농업의 고용 비중이 쿠즈네츠의 국제 비교기준과 비교해서 매우 높고, 산업의 고용 비중은 상대적으로 낮은 것을 알 수 있다(1990년대 초반까지 상승했고 그다음 1960년대 수준으로 하락했다).

브라질의 제2차 세계대전 이후 산업 약사

제2차 세계대전 이후 2000년대 초반까지의 브라질의 산업화 경험은 1950~62년, 1968~81년, 1990년대 초반부터 2010년까지의 세 개의 기간으로 나눌 수 있다. 첫 번째 기간은 수입대체산업화를 강력하게 추진하던 시기이다. 이 시기에 다양한 산업이 태동했고,

특히 소비재 산업의 발전이 두드러졌다. 기초산업도 비록 성장률이 높지는 않았지만 상당한 수준의 발전을 이루었다. 1960년대 들어 약 6년간의 침체와 조정을 겪은 이후, 1968년부터 1973년까지 브라질 경제는 산업부문을 중심으로 급성장했으며, 1973년부터 1981년까지 성장세가 다소 둔화되기는 했으나 상대적으로 높은 성장세를 지속했다. 이 기간 동안 중공업 부문에서 상당 수준의 수입대체가 이루어졌고, 수출도 꾸준히 증가했다.

브라질이 외채위기와 하이퍼인플레이션을 겪은 1980년대의 이른바 '잃어버린 10년' 이후 신자유주의 시대에 들어섰다. 경제의 대외 개방이 이루어졌고, 경제 안정화 프로그램을 통해 인플레이션이 안정을 되찾았고, 대규모 민영화 프로그램이 실시되었다. 이 시기에 농업이 GDP와 고용에서 차지하는 비중이 지속적으로 감소했다. 제조업이 GDP와 고용에서 차지하는 비중도 감소한 반면, 서비스업은 계속 증가했다. 제조업 부문이 현대화됨에 따라 서비스 유형의 업무에 대한 아웃소싱이 증가한 것이 제조업 비중 감소와 서비스업 비중 증가를 초래한 주요 원인 중 하나였다.

브라질의 산업연관표 자료는 1959년 이후 작성되었다. 따라서 산업연관표를 이용한 산업구조 변화에 대한 비교 연구가 곤란하지만, 이 시기 이후 작성된 산업센서스 자료를 통해 어느 정도 이에 대한 추론이 가능하다. 〈표 18.1〉 ~ 〈표 18.6〉은 브라질의 산업센서스 자료를 정리한 것이다.

〈표 18.2〉에서 1960년 기준 제조업이 GDP에서 차지하는 비중이 25%로 그 비중이 23%인 농업을 추월한 것을 알 수 있다. 그러

표 18.5 | 산업구조 변화: 1949~2009년

(총부가가치 비중, %)

	1949	1963	1975	1980	1992	2004	2009
비금속광물	7.4	5.2	6.2	5.8	4.7	4.5	4.09
금속제품	9.4	12.0	12.6	11.5	11.9	13.4	12.91
기계	2.2	3.2	10.3	10.1	12.5	6.7	5.74
전기장비	1.7	6.1	5.8	6.3	6.8	4.0	7.36
수송장비	2.3	10.5	6.3	7.6	7.1	10.5	8.83
목재	6.1	4.0	2.9	2.7	1.2	1.8	1.70
종이제품	2.1	2.9	2.5	3.0	3.7	4.2	2.85
고무제품	2.0	1.9	1.7	1.3	1.4	1.4	4.16
가죽제품	1.3	0.7	0.5	0.6	0.5	0.5	–
화학	–	–	12.0	14.7	13.0	12.0	14.24
의약품	9.4	15.5	2.5	1.6	2.3	1.6	4.10
향수, 비누, 양초	–	–	1.2	0.9	1.1	–	1.85
플라스틱제품	–	–	2.2	2.4	2.2	2.4	–
섬유	20.1	11.6	6.1	6.4	4.6	4.5	3.30
의류, 신발	4.3	3.6	3.8	4.8	3.2	3.2	5.63
식품	19.7	14.1	11.3	10.0	13.6	14.0	14.34
음료	4.3	3.2	1.8	1.2	2.1	2.9	4.10
담배	1.6	1.6	1.0	0.7	1.4	0.8	–
인쇄 및 출판	4.2	2.5	3.6	2.6	2.6	2.9	4.28
기타	1.9	1.4	3.7	4.0	3.2	7.6	0.52
합계	100.0	100.0	100.0	100.0	100.0	100.0	100.0

자료: IBGE, *Industrial Censuses and Perspectivas da Economia Brasileira 1994* (Rio de Janeiro: IPEA, 1993), p. 70; IBGE, 2012.

나 〈표 18.4〉에서 알 수 있듯이 제조업이 고용에서 차지하는 비중은 14%에 불과했고, 반면 농업의 고용 비중은 48%였다. 1949년부터 1963년까지의 산업구조 변화(〈표 18.5〉)를 보면, 운송 및 전기제품 부문이 가장 큰 성장세를 시현한 것을 알 수 있다. 반면, 금속제품 및 기계류는 완만한 성장세를 보였고, 이는 당시 자본재 부문에 대한 우선순위가 낮았다는 것을 반영하는 것이다. 또한 화학약품-향수-플라스틱 부문이 주목할 만한 성장세를 시현했다. 그러나 이 중 어느 부문이 더 중시되었는지는 구분하기가 쉽지 않다.

운송 및 전자제품 부문의 고용 비중은 상대적으로 작지만, 금속

표 18.6 | 산업별 고용구조 변화: 1950~2009년

(%)

	1950	1960	1975	1980	1985	1995	2004	2009
비금속광물	9.7	9.7	8.4	8.8	6.7	5.2	4.5	4.99
금속제품	7.9	10.2	11.6	10.8	10.3	8.9	9.3	8.46
전기장비	1.1	3.0	4.6	8.7	5.6	3.2	3.8	4.74
수송장비	1.3	4.3	5.8	5.7	6.2	3.8	5.5	4.61
목재	4.9	5.0	5.3	4.3	4.2	9.9	4.2	3.75
가구	2.8	3.6	3.6	3.6	3.5		3.6	
종이제품	1.9	2.4	2.2	2.2	2.4	5.1ª	2.5	1.67
고무제품	0.8	1.0	1.2	1.1	1.3	1.0	1.4	3.45
가죽제품	1.5	1.5	0.9	0.8	1.1	–	1.2	–
화학	3.7	4.1	3.3	3.3	4.0	3.6	5.4	3.26
의약품	1.1	0.9	0.9	0.7	0.6	–	0.8	0.96
향수, 비누, 양초	0.8	0.7	0.6	0.5	0.5	–	1.5	0.94
플라스틱제품	0.2	0.5	2.1	2.4	2.8	1.9	3.9	–
섬유	27.4	20.6	8.8	7.7	7.1	3.6	3.5	7.54
의류, 신발	5.6	5.8	7.9	9.4	13.6	23.5	14.4	20.70
식품	18.5	15.3	13.0	11.6	12.2	17.8	18.3	19.55
음료	2.9	2.1	1.4	1.2	1.2	–	2.6	–
담배	1.3	0.9	0.6	0.4	0.4	–	0.3	0.17
인쇄 및 출판	3.0	3.0	3.3	2.9	2.5	–	3.1	3.22
기타	1.7	2.1	4.2	3.0	3.1	6.1	6.1	7.41
합계	100.0	100.0	100.0	100.0	100.0	100.0	100.0	100.0

자료: IBGE, Industrial Censuses; Furtuoso and Guilhoto, "A Estrutura Produtiva da Economia Brasilira e o Agronegocio: 1980 a 1995," (1999).

주: a. 인쇄 및 출판 포함.

제품 및 기계류는 부가가치와 고용에서 차지하는 비중이 GDP에서 차지하는 비중과 거의 동일했다(〈표 18.6〉 참조). 섬유 및 농업 부문의 고용 비중이 가장 크게 감소했고, 이들 부문의 부가가치 비중은 더 크게 하락했다.

1960년대 말에는 상당히 다각화 된 산업구조를 갖게 되었지만, 산업의 수직적 통합이 이제 막 시작된 단계여서 각 산업부문이 서로 밀접하게 연계되어 있지는 못했다.

두 번째 성장 시기인 1960년대 후반부터 1980년대와 1990년대까지의 가장 주목할 만한 변화는 기계 및 화학제품의 성장, 섬유 및

표 18.7 | 쿠즈네츠 횡단면 자료: 제조업의 부가가치 비중

(%)

1인당 GDP 비교기준						
1953년 미국달러	81	135	270	450	900	1,200
1958년 미국달러	91.7	153	306	510	1,019	1,359
식품, 음료, 담배	33.8	37.4	34.8	27.2	17.6	15.5
섬유	18.3	14.2	10.5	9.4	7.1	5.6
의류 및 신발	4.8	6.3	7.8	7.5	6.3	5.5
목재 및 가구	6.9	5.4	4.9	5.1	5.7	5.4
종이 및 종이제품	0.9	1.3	1.9	2.9	3.9	4.3
인쇄 및 출판	2.5	2.6	2.9	3.5	4.7	5.3
가죽제품(특히 신발류)	1.1	1.3	1.2	1.1	0.8	0.7
고무제품	1.2	1.4	1.2	1.3	1.4	1.4
화학 및 석유제품	8.7	9.3	9.7	9.6	8.9	9.3
비금속광물	5.4	5.5	4.9	4.8	4.7	4.5
기초금속	4.0	3.5	4.3	5.2	5.7	6.0
금속제품	10.4	9.9	13.7	19.8	29.8	32.8
기타	2.0	1.9	2.2	2.6	3.4	3.7
합계	100.0	100.0	100.0	100.0	100.0	100.0

자료: Simon Kuznets, *Economic Growth of Nations: Total Output and Production Structure* (1971), p. 114.

식품/음료의 감소, 그리고 전기제품의 유지였다. 운송 부문은 소폭 감소했다. 이는 브라질 산업의 수직적 통합이 크게 진전한 것을 반영하는 것이다. 1990년대부터 2010년까지 운송장비, 화학, 식품이 소폭 증가한 반면, 기계류는 소폭 감소했다. 1950년대부터 1990년대까지 고용이 가장 크게 증가한 부문은 기계 및 전기제품이며, 가장 크게 감소한 부문은 섬유이다. 2000년대 들어 섬유, 의류, 신발, 음식과 같은 전통적인 부문의 고용 감소 추세가 역전되었다는 것은 흥미로운 사실이다.

브라질의 산업구조 변화와 쿠즈네츠의 횡단면 분석 결과를 비교하면 몇 가지 흥미로운 차이점이 나타난다(〈표 18.5〉와 〈표 18.7〉 비교). 브라질의 경우 섬유, 식품, 의류/신발의 비중이, 1인당 국민소득수준(1958년 가격 기준 약 1,259달러)과 비교해서 횡단면 분석 결

과의 예측치보다 상당히 낮은·비중을 차지하고 있지만, 쿠즈네츠의 자료와 비슷한 경향을 보이고 있다. 반면, 중공업(예: 금속제품 및 운송장비)과 화학제품은 예상보다 훨씬 큰 비중을 차지하고 있다. 중공업 제품과 소비재가 예상보다 높은 비중(국제적으로 비교했을 경우)을 차지하고 있는 것은, 브라질 경제 현실에 비추어 볼 때, 브라질의 소비와 생산이 1인당 국민소득수준뿐만 아니라 국민소득의 불평등한 분배에 의해 영향을 받고 있다는 것을 시사하는 것이다. 소득불평등이 국제적인 평균 수준보다 더 나쁜 상황이기 때문에 소비재에 대한 수요와 생산이 더 크게 나타나고 있는 것이다.[5]

구조 변화: 1959~2009년

1950년대의 수입대체산업화 시기와 1960년대 말에 시작된 본격적인 산업화 이후 브라질의 산업구조 변화를 살펴보자. 이를 위해 산업연관표를 활용할 것이다. 이를 통해 우리는 산업 전 부분에 걸친 구조 변화를 살펴볼 수 있다.

생산구조

〈표 18.8〉은 산업 분류 2단위 기준으로 각 산업이 총생산에서 차지하는 비중을 나타낸 것이다. 1959~75년 동안 자본재, 내구성 소비재 및 중간재(종이 및 고무제품 제외)의 비중이 증가한 반면, 비내구성 소비재(의류 및 신발 제외)와 농업의 비중은 감소했다. 이러한

표 18.8 | 부가가치 구조(분배)

	1959	1970	1975	1980	1992	1995	2000	2009
농업	16.23	11.11	9.43	9.90	9.89	9.79	5.60	5.63
채광	1.10	0.75	0.63	1.00	1.40	0.84	1.59	1.83
비금속광물	1.86	1.90	1.92	1.70	0.95	1.11	0.69	0.68
금속제품	4.98	5.71	6.28	3.45	2.39	2.57	1.90	2.15
기계	1.73	2.61	3.79	2.94	2.52	2.11	0.86	0.96
전기장비	1.87	2.14	2.40	2.14	1.36	1.71	1.41	1.22
수송장비	3.38	3.80	4.24	2.42	1.43	1.97	1.26	1.47
목재	1.06	1.04	1.05	0.78	0.25	0.86	0.44	0.28
목재제품	0.74	0.81	0.74	0.52	0.18			
종이	1.26	1.09	1.10	0.87	0.75	1.06[a]	0.77	0.47
고무	1.02	0.77	0.79	0.38	0.28	0.36	0.60	0.69
가죽	0.43	0.30	0.23	0.14	0.09	-	-	-
화학	7.22	5.09	7.36	4.44	2.62	4.2	1.84	2.37
의약품	0.85	0.98	0.73	0.52	0.44	0.75	0.76	0.68
화장품	0.62	0.63	0.48	0.30	0.22	-	0.45	0.31
플라스틱	0.27	0.76	0.88	0.71	0.44	0.57	-	-
섬유	5.03	4.10	3.41	1.98	0.93	0.80	0.82	0.55
의류 및 신발	1.37	1.55	1.47	1.53	0.65	0.84	1.26	0.94
식품	9.84	10.71	7.97	3.33	2.74	3.20	2.30	2.39
음료	0.97	0.75	0.62	0.39	0.43			
담배	0.45	0.45	0.39	0.21	0.29	-	0.14	0.09
인쇄	0.95	1.19	1.08	0.81	0.52	-	0.92	0.71
기타 산업용 제품	0.58	1.06	1.02	0.70	0.58	-	0.82	0.68
공공사업	0.93	2.25	2.32	1.75	3.18	2.63	18.33	19.43
건설	6.08	10.73	10.14	6.53	6.52	9.13	5.52	5.25
무역업	16.17	18.56	14.98	49.44	58.92	55.45	15.47	17.30
서비스업	13.01	9.16	14.55				36.25	33.92
합계	100.0	100.0	100.0	100.0	100.0	100.0	100.0	100.0

자료: 1959년, Willy Van Rijekenhem, "An Intersectoral Consistency Model for Economic Planning in Brazil" (1969); 1970년, IBGE, *Matriz de Relações Intersetoriais: Brasil 1970* (1979); 1975년, IBGE, *Censo Industrial de 1980* (1984); *Perspectivas da Economia Brasileira 1994* (Rio de Janeiro: IPEA, 1993); Furtuoso and Guilhoto, "A Estrutura Produtiva da Economia Brasileira e o Agronegocio: 1980 a 1995" (1999).
주: a. 인쇄 포함.

구조 변화는 산업화와 그에 수반되는 소득불평등의 증가와 관련이 있다. 1980년부터 1992년까지는 서비스업이 여타 부문의 비중을 축소시키면서 상대적으로 크게 증가했는데, 이는 상당 부분 같은 기간 동안 지속되었던 높은 인플레이션의 영향 때문이다. 그러나

서비스업의 비중은 하이퍼인플레이션의 시기가 끝난 이후부터 21세기 초반까지 지속적으로 증가했다. 수입대체산업화 시기에 역동적으로 증가했던 산업부문(예: 금속제품, 기계류, 운송장비, 화학제품)의 비중은 감소했고, 이는 상당 부분 경제개방에 따른 이들 부문의 제품 가격 하락과 2000년대 초반 10년 동안 소득불평등이 개선된 것에 기인한다.

최종 소비 구조

〈표 18.9〉는 각 부문이 민간소비에서 차지하는 비중(수입 제외)을 보여 주고 있다. 이 자료에서 가장 주목할 만한 것은 농산물의 비중 감소와 식품의 비중 증가이다. 내구성 소비재 부문은 소비에서 차지하는 비중이 크게 증가했으나, 비내구성 소비재는 크게 감소(의류/신발 및 식품 제외)했다. 이는 같은 기간 동안 소득불평등이 크게 증가했다는 사실에서 그 원인을 찾을 수 있다.

의류와 신발의 소비 비중 유지와 섬유의 소비 비중 감소는 밀접한 관련이 있다. 이는 가내 의류 생산의 감소를 반영하는 것이다. 다른 부문의 소비 비중 변화와 원인들은 다음과 같다. ① 기계 부문의 비중 증가는 내구성 소비재(냉장고, 세탁기, 사무용품 등)의 소비 증가 때문이다. ② 수송 부문의 비중 증가는 자동차와 자동차 부품의 소비 증가에 따른 결과이다. ③ 화학 부문의 소비 비중 증가는 휘발유, 액화가스 및 기타 석유 파생제품의 소비 증가에 기인한 것이다.

〈표 18.10〉은 각 부문의 민간소비를 위한 생산 비중의 변화를 보

표 18.9 | 국내생산 제품의 민간소비 구조

	1959	1970	1975	1995	2000	2009
농업	17.40	5.40	3.33	5.67	3.28	3.45
채광	0.00	0.00	0.01	–	0.09	0.18
비금속광물	0.51	0.18	0.07	0.20	0.09	0.19
금속제품	0.41	0.92	0.49	0.42	0.16	0.20
기계	0.32	1.07	1.20	0.03	0.14	0.13
전기장비	1.83	0.92	1.93	3.07	1.80	1.72
수송장비	0.79	2.89	5.13	3.06	2.45	3.37
목재	0.09	0.02	0.03	1.20	0.04	0.04
목재제품	1.34	1.98	1.58			
종이	0.11	0.22	0.19	0.77[a]	0.39	0.44
고무	0.96	0.16	0.18	0.02	0.29	0.24
가죽	0.11	0.08	0.01	–	–	–
화학	0.96	2.22	3.93	3.81	2.87	2.83
의약품	1.56	2.29	1.54	2.70	1.58	1.53
화장품	1.31	1.94	2.30		1.23	1.28
플라스틱	0.42	0.03	0.03	0.16	–	–
섬유	6.88	1.28	1.99	0.86	0.76	0.65
의류 및 신발	3.11	3.54	3.33	3.17	3.72	3.25
식품	15.14	25.34	21.12	15.07	10.40	11.20
음료	2.01	1.63	0.37			
담배	0.87	1.28	0.82	–	0.56	0.48
인쇄	1.21	0.55	0.76	–	0.71	0.70
기타 산업용 제품	1.03	1.03	0.88	0.94	1.49	1.53
공공사업	0.27	3.15	4.55	2.73	4.13	3.83
건설	2.42	0.00	0.00	–	0.00	0.04
무역업/수송	20.28	35.48	30.88	43.88	15.68	18.13
서비스업	18.66	6.40	13.35		48.13	44.77
합계	100.0	100.0	100.0	100.0	100.0	100.0

자료: 1959년, Willy Van Rijekenhem, "An Intersectoral Consistency Model for Economic Planning in Brazil"
(1969); 1970년, IBGE, *Matriz de Relações Intersetoriais: Brasil 1970* (1979); 1975년, IBGE, *Censo Industrial de 1980* (1984); Furtuoso and Guilhoto, "A Estrutura Produtiva da Economia Brasilira e o Agronegocio: 1980 a 1995" (1999).
주: a. 인쇄 포함.

여 주고 있다. 각 부문의 이러한 생산 비중 감소는 1959~79년 동안 부문 간 상호 의존성이 증가했다는 것을 의미한다.

앨버트 허시먼에 따르면 이러한 유형의 구조 변화는 보통 산업화 과정의 강화와 관련이 있다. 즉, 1인당 국민소득이 높고, 산업부문

표 18.10 | 총생산 대비 민간소비 비중

(%)

	1959	1970	1975	1995	2000	2009
농업	45.03	14.39	6.24	24.45	22.17	20.86
채광	0.00	0.00	0.32	-	1.62	1.08
비금속광물	11.57	2.84	0.61	4.81	3.02	2.91
금속제품	3.47	4.78	1.39	8.42	1.84	2.00
기계	7.68	12.17	5.61	0.40	3.61	2.54
전기장비	41.10	12.80	14.21	39.00	20.86	23.20
수송장비	9.84	22.50	21.37	50.30	27.03	26.84
목재	3.51	0.67	0.48	35.46	2.88	3.40
목재제품	76.42	72.16	37.56			
종이	3.61	5.88	3.13	11.61ª	11.63	16.46
고무	39.76	6.16	3.95	1.27	7.82	6.60
가죽	10.75	8.33	0.56	-	-	-
화학	5.59	12.93	9.43	31.64	16.14	15.67
의약품	77.24	68.98	37.44	-	61.73	64.80
화장품	89.22	90.62	84.44	87.75	67.92	79.66
플라스틱	64.84	1.19	0.63	6.98	-	-
섬유	57.43	9.25	10.33	17.41	22.15	26.92
의류 및 신발	95.79	67.76	39.97	69.06	71.69	82.63
식품	64.63	70.01	46.84	51.37	54.51	52.17
음료	86.90	64.12	10.43			
담배	81.66	83.78	37.44	-	82.07	70.37
인쇄	53.71	13.67	12.33	-	22.46	30.41
기타 산업용 제품	75.22	28.76	15.17	-	48.53	57.58
공공사업	11.97	41.30	34.62	32.19	9.11	7.47
건설	16.72	0.00	0.00	0.00	0.00	0.24
무역업/수송	52.67	56.58	36.47	-	41.18	39.67
서비스업	60.25	20.60	16.27	-	53.81	50.79

자료: 1959년, Willy Van Rijekenhem, "An Intersectoral Consistency Model for Economic Planning in Brazil" (1969); 1970년, IBGE, *Matriz de Relações Intersetoriais: Brasil 1970* (1979); 1975년, IBGE, *Censo Industrial de 1980* (1984); Furtuoso and Guilhoto, "A Estrutura Produtiva da Economia Brasilira e o Agronegocio: 1980 a 1995" (1999).
주: a. 인쇄 포함.

에서 고용된 인구의 비율이 높을수록 부문 간 거래는 더 커질 것이다.[6]

비금속광물 부문 비중의 급격한 감소는 산업연관표의 건설Construction 부문 작성 방법 변화에 따른 결과이다. 이 부문은 주로 건축자재(특히 시멘트)로 구성되어 있는데, 1970년과 1975년 자료

표 18.11 | 총생산 대비 수출 비중

(%)

	1959	1970	1975	1981[a]	1995	2000	2009
농업	2.56	3.88	4.80	–	1.64	7.15	11.42
채광	8.00	25.94	39.33	–	–	15.57	32.98
비금속광물	0.37	0.92	0.79	2.00	11.69	6.45	4.43
금속제품	0.01	3.63	1.69	6.00	12.93	19.31	15.85
기계	0.30	4.11	3.10	8.10	9.08	12.72	10.94
전기장비	0.02	1.59	4.55	–	7.52	10.67	7.71
수송장비	0.09	0.83	4.83	15.00	11.11	23.80	11.62
목재	0.25	16.24	3.87	6.70	9.58	23.09	13.80
목재제품	0.00	0.34	0.72	–			
종이	0.00	1.04	2.38	–	10.74	19.33	19.62
고무	0.12	1.01	1.27	–	–	6.31	5.93
가죽	16.09	15.49	11.14	23.00	–	–	–
화학	3.13	6.48	6.85	1.90	4.72	6.91	7.56
의약품	0.23	0.96	0.78	–	2.96	2.76	3.66
화장품	0.01	0.19	0.30	–		2.72	2.62
플라스틱	0.03	0.05	0.33	4.80	2.87	–	–
섬유	0.62	8.42	5.79	18.30	6.33	5.73	6.13
의류 및 신발	0.07	1.14	8.30	16.40	13.97	10.74	5.81
식품	21.71	15.20	10.02	18.70	11.28	9.02	12.98
음료	0.05	0.31	0.27	–			
담배	1.01	13.10	18.55	–	–	14.79	28.02
인쇄	0.27	0.36	0.71	–	–	0.79	0.35
기타 산업용 제품	0.33	1.55	2.73	–	–	5.65	3.14
공공사업	0.01	0.00	0.00	–	0.19	0.14	0.30
건설	0.00	0.00	0.00	–	–	0.85	0.53
무역업/수송	7.09	5.51	8.15	–	4.93	5.57	6.07
서비스업	0.00	0.59	0.00	–	–	2.12	2.69

자료: 1959년, Willy Van Rijekenhem, "An Intersectoral Consistency Model for Economic Planning in Brazil" (1969); 1970년, IBGE, *Matriz de Relações Intersetoriais: Brasil 1970* (1979); 1975년, IBGE, *Censo Industrial de 1980* (1984); 1981년, IBGE, *Matriz de Relações Intersetoriais: Brazil 1975* (1984); Furtuoso and Guilhoto, "A Estrutura Produtiva da Economia Brasilira e o Agronegocio: 1980 a 1995" (1999).

주: a. 1981년 자료는 이전 연도와 비교할 수 없다. 이는 동 자료가 IBGE의 총수출과 총생산 자료를 사용한 것이기 때문이다 (IBGE, *Matriz de Relações Intersetoriais: Brazil 1975*, 1984).

에서 이 제품들을 건설 부문의 투입물로 취급했고, 1959년에는 그렇지 않았다.

〈표 18.11〉은 각 부문별 총생산 대비 수출이 차지하는 비중을 보여 준다. 이러한 비율은 1959~75년 기간 동안 특히 금속제품, 기계류, 운송장비, 제지제품, 화학제품 부문에서 브라질 경제가 상당

표 18.12 | 총생산 대비 임금과 사회보장비 비중

(%)

	1959	1970	1975	1980	1995	2000	2009
농업	19.89	16.85	15.58	–	8.82	24.38	19.02
채광	12.69	27.23	13.08	15.10	12.46	11.45	13.90
비금속광물	20.86	20.65	14.38	14.50		19.47	19.15
금속제품	13.47	13.13	10.59	9.64	10.22	15.50	15.86
기계	15.37	24.24	20.85	24.27	19.38	22.66	23.09
전기장비	12.95	17.39	12.65	12.25	9.55	14.18	16.39
수송장비	11.04	15.90	10.62	10.75	10.17	16.35	14.97
목재	17.73	17.89	14.27	15.40	20.47	19.86	22.06
목재제품	22.85	22.02	17.15	17.10			
종이	11.01	15.98	10.64	9.33	15.59	14.13	16.72
고무	9.05	12.07	8.29	9.45	–	18.29	19.22
화학	4.64	8.79	3.48	3.14	5.95	6.52	7.06
의약품	15.20	12.78	8.99	8.43	13.50	20.03	18.97
화장품	8.11	8.33	6.04	6.66		12.07	12.45
플라스틱	14.18	13.60	11.54	11.40	13.13	–	–
섬유	17.71	16.59	10.14	10.09	7.87	14.67	18.20
의류 및 신발	17.83	16.83	15.38	14.95	27.06	17.55	25.25
식품	6.64	8.98	5.21	5.98	30.40	10.15	11.50
음료	15.04	18.69	9.60	11.61			
담배	9.66	10.32	8.04	8.10	–	10.24	11.01
인쇄	23.38	26.92	19.36	21.40	–	22.57	21.25
기타 산업용 제품	21.28	14.17	8.92	13.49	–	16.21	17.85
공공사업	4.36	31.58	30.36	–	44.57	48.84	50.39
건설	12.82	24.60	19.07	–	–	13.92	21.89
무역업/수송	29.09	27.38	25.42	–	63.36	27.77	29.58
서비스업	22.61	51.60	25.19	–	63.00	23.23	25.49

자료: 1959년, Willy Van Rijekenhem, "An Intersectoral Consistency Model for Economic Planning in Brazil" (1969); 1970년, IBGE, *Matriz de Relações Intersetoriais: Brasil 1970* (1979); 1975년, IBGE, *Censo Industrial de 1980* (1984); 1980년, IBGE, *Anuario Estatistico* (1984); Furtuoso and Guilhoto, "A Estrutura Produtiva da Economia Brasilira e o Agronegocio: 1980 a 1995" (1999).

한 수준의 개방이 이루어졌음을 나타낸다. 1981년 자료는 다른 연도의 자료와 직접 비교할 수 없는데. 이는 수출 비중이 생산 및 수출 통계로부터 직접 추출한 것이기 때문이다. 그러나 이 숫자들도 주요 산업부문의 수출 비중이 급속히 증가한 것을 보여 주고 있다. 이는 브라질의 총수출 중 제조업 비중이 50%를 상회하고 있다는 놀라운 사실과 부합하는 것이다.

표 18.13 | 부가가치 대비 임금과 사회보장비 비중

(%)

	1959	1970	1975	1980	1985	1995	2000	2009
농업	24.07	22.57	21.63	-	-	14.27	40.78	33.43
채광	35.99	34.18	19.16	23.60	-	27.04	24.70	35.56
비금속광물	37.46	33.26	24.87	25.56	19.99	27.04	52.37	52.55
금속제품	35.37	31.61	29.59	28.07	19.35	33.02	45.72	44.78
기계	46.76	42.14	41.47	44.37	31.40	34.54	66.88	73.22
전기장비	38.72	33.40	28.07	24.44	20.65	25.35	55.07	59.52
수송장비	31.74	34.55	37.46	27.22	29.39	31.40	74.62	76.53
목재	37.98	36.83	27.99	28.37	23.79	47.45	42.54	53.79
목재제품	49.37	40.60	33.84	34.43	2496	47.45	42.54	53.79
종이	30.00	34.55	27.43	20.25	19.54	46.79	38.83	56.92
고무	19.00	22.74	20.81	27.24	18.93	-	72.11	59.86
가죽	38.49	35.31	34.04	33.41	19.69	-		
화학	23.81	21.30	11.75	10.08	11.37	15.53	39.95	32.22
의약품	36.82	17.87	13.67	13.79	18.01	30.00	42.78	39.25
화장품	25.37	16.52	12.88	15.24	18.43	-	30.71	39.03
플라스틱	30.22	26.62	24.48	23.17	19.81	31.61		
섬유	42.51	34.97	29.38	24.72	15.83	27.14	39.04	47.89
의류 및 신발	43.49	36.88	34.84	29.06	22.43	72.77	45.88	63.41
식료	26.46	30.46	19.49	20.18	14.90	30.06	53.48	61.87
음료	33.83	32.97	17.73	24.69	21.24	30.06	53.48	61.87
담배	19.73	17.20	15.81	15.76	19.96	-	32.06	51.39
인쇄	48.66	41.17	30.00	32.44	30.48	-	49.66	41.31
기타 산업용 제품	42.59	39.48	21.83	21.83	19.68	-	38.50	41.47
공공사업	10.72	34.93	-	-	-	44.57	76.65	79.47
건설	41.55	61.51	37.63	37.63	25.53	19.63	27.83	42.54
무역업/수송	44.94	33.67	-	-	-	63.36	43.35	46.77
서비스업	27.62	61.98	-	-	-	63.00	36.33	39.65

자료: 1959년, Willy Van Rijekenhem, "An Intersectoral Consistency Model for Economic Planning in Brazil" (1969); 1970년, IBGE, *Matriz de Relações Intersetoriais: Brasil 1970* (1979); 1975년, IBGE, *Censo Industrial de 1980* (1984); 1980년, IBGE, *Anuario Estatistico* (1984); IBGE, *Anuario Estatístico do Brasil*(1992); Furtuoso and Guilhoto, "A Estrutura Produtiva da Economia Brasilira e o Agronegocio: 1980 a 1995" (1999).

생산 기술

1950년대의 산업화 과정에서 선진국의 중고 장비가 대량으로 활용되었다. 1970년대부터 1990년대까지 대부분의 부문이 생산시설을 확충하면서 최신 기술을 도입함에 따라 이러한 추세가 크게 바뀌었다.[7] 이는 〈표 18.12〉에서 알 수 있듯이 부가가치에서 노동이

표 18.14 | 노동자 1인당 가용 에너지(마력)

	1960	1970	1980
농업	n.a.	n.a.	n.a.
채광	1.77	8.05	12.99
비금속광물	3.15	4.86	6.15
금속제품	4.26	9.62	8.57
기계	2.89	3.80	4.52
전기장비	2.62	5.77	2.68
수송장비	4.14	5.73	4.00
목재	4.54	4.96	7.15
목재제품	2.07	2.62	3.60
종이	8.48	14.05	14.80
고무	7.45	6.82	9.82
가죽	3.27	4.94	5.49
화학	9.20	16.06	30.84
의약품	3.08	3.80	3.51
화장품	2.18	3.73	3.47
플라스틱	3.68	4.08	4.73
섬유	2.50	4.00	5.04
의류 및 신발	0.61	1.29	1.56
식품	5.46	6.86	7.30
음료	4.05	5.58	7.79
담배	1.19	1.36	10.82
인쇄	1.30	3.13	2.09
기타 산업용 제품	1.52	6.88	2.22
공공사업	n.a.	n.a.	n.a.
건설	n.a.	n.a.	n.a.
무역업/수송	n.a.	n.a.	n.a.
서비스업	n.a.	n.a.	n.a.

자료: 직접 계산. IBGE, "Matriz de Relações Intersetoriais: Brazil 1975," (1984); Baer and Geiger,
"Industrialização, Urbanização e a Persistencia das Desigualdades Regionais do Brasil," (1976).
주: n.a.=자료 없음.

차지하는 비중과 근로자 1인당 가용 에너지the installed power per worker
가 크게 증가한 것과 부합되는 사실이다.[8] 이는 1990년대 이전에
브라질 경제에서 실질임금 상승이 인플레이션에 거의 영향을 미치
지 않았고, 따라서 임금이 안정화 프로그램의 핵심 주제로 다뤄지
지 않았다는 다수 학자들의 주장을 뒷받침해 주고 있다.[9]

광업, 기계설비, 공공설비, 건설, 서비스 부문은 이와는 달리 총

표 18.15 | 총생산 대비 수입재 비중

(%)

	1959	1970	1975	1985	1995	2000	2009
농업	3.13	0.52	0.54	0.20	1.12	3.08	3.31
채광	53.21	0.00	0.13	0.61	1.60	4.82	5.49
비금속광물	3.67	0.92	1.32		1.93	5.78	5.68
금속제품	15.53	2.04	5.05	5.49	6.47	8.02	8.28
기계	33.99	3.40	3.72	4.12	4.42	7.93	7.49
전기장비	15.07	8.92	9.81	8.45	12.82	13.42	11.90
수송장비	19.81	2.88	4.63	4.03	8.31	11.58	9.20
목재	0.24	0.34	0.36	0.49	1.39	2.82	2.35
목재제품	0.03	0.19	0.21				
종이	5.63	2.19	2.97	1.38	5.90	6.09	5.52
고무	0.51	3.84	5.34	7.27	–	12.47	11.49
가죽	0.38	1.04	1.22	1.09[a]	–		
화학	15.60	16.28	26.94	14.11	9.32	13.63	12.05
의약품	8.22	8.48	10.22		10.12	5.28	5.01
화장품	1.03	3.15	6.05	4.78		7.62	7.85
플라스틱	0.15	9.88	3.72	3.55	5.58	–	–
섬유	0.31	0.99	0.81	0.61	8.77	6.66	6.32
의류 및 신발	0.08	0.35	0.28		4.56	4.43	4.69
식품	1.87	2.35	2.49			3.82	2.44
음료	2.51	3.37	6.02	2.08	2.24		
담배	0.00	0.26	0.42			2.96	2.74
인쇄	3.86	5.25	3.48	4.40	–	4.49	3.72
기타 산업용 제품	10.07	6.51	5.07	14.88	–	5.03	4.73
공공사업	0.00	0.19	1.23	0.49	3.80	1.86	1.95
건설	0.00	2.00	2.31	2.07	1.22	3.25	3.05
무역업/수송	0.00	1.58	2.32	4.34	4.74	2.57	2.19
서비스업	0.00	0.12	0.25	1.36	1.16	1.78	1.78

자료: 1959년, Willy Van Rijekenhem, "An Intersectoral Consistency Model for Economic Planning in Brazil" (1969); 1970년, IBGE, *Matriz de Relações Intersetoriais: Brasil 1970* (1979); 1975년, IBGE, *Censo Industrial de 1980* (1984); Furtuoso and Guilhoto, "A Estrutura Produtiva da Economia Brasilira e o Agronegocio: 1980 a 1995" (1999).
주: a. 신발 포함.

생산에서 인건비가 차지하는 비중이 증가했다(〈표 18.12〉 참조). 노동집약적인 기술(부가가치에서 임금 및 사회보장비가 차지하는 비중 기준) 부문은 고무제품, 공공사업, 건설이다(〈표 18.13〉 참조). 〈표 18.14〉는 근로자 1인당 설치된 가용 에너지를 나타낸 것이며, 이 기준에 따르면 모든 부문에서 자본집약도가 증가했다.

21세기 첫 10년간 대부분의 부문에서 인건비 비중이 증가하고, 특히 몇몇 부문은 1970년대 수준까지 상승한 이유는 근로자들의 실질소득 감소를 야기했던 인플레이션이 사라졌기 때문일 수 있다. 이는 또한 실질임금과 복지후생 증가를 선호하는 정부 정책의 결과로 볼 수도 있다.

〈표 18.15〉는 총생산액에서 수입된 투입물imported inputs의 비중을 표시한 것이며, 1990년대까지는 대부분의 부문에서 하향 추세를 보여 주고 있다. 이러한 추세는 브라질 경제의 복잡성이 증가한 것을 반영하며, 이는 아래 논의된 바와 같이 부문 간 연계의 증가를 가져왔다. 매우 전문적이고 단기에 국내에서 획득할 수 없는 특수부문은 수입에 의존할 수밖에 없었다. 그러나 이러한 추세가 2000년대 들어 반전된 것에 주목할 필요가 있고, 그 이유는 브라질 경제의 개방 수준이 더 커졌기 때문일 것이다.

전후방연관효과

〈표 18.16〉과 〈표 18.17〉은 브라질 경제의 시기별 라스무센Rasmussen의 전후방연관 지수Rasmussen's forward and backward linkage indices를 제시한 것이다.[10] 이 수치는 1959년에 총생산의 13.51%를 차지하고 있는 세 가지 부문(종이, 화학, 섬유)의 전후방연관효과가 가장 크다는 것을 보여 주고 있다. 1970년과 1975년에는 높은 전후방연관효과를 가진 산업부문의 숫자가 5개(금속제품, 기계, 종이, 섬유, 식품)로 증가했고, 1970년과 1975년에 각각 총생산의 24.22%와 22.55%를 차지했다. 특히 수입대체산업화 초기의 산업

표 18.16 | 후방연관 지수

	1959	1970	1975	1985	1995	2006
농업	0.6557	0.8200	0.8159	0.9043	0.8419	0.8930
채광	0.6291	0.7790	0.8261	0.9784	0.9468	0.9010
비금속광물	0.9129	0.9302	0.9105		1.0376	0.9809
금속제품	0.9818	1.2176	1.1755	1.2685	1.1981	1.0397
기계	0.8592	1.0151	1.0188	1.1000	0.4228	1.0670
전기장비	1.0302	1.0013	0.9854	1.0274	1.1436	1.0510
수송장비	0.9679	1.1630	1.3158	1.1799	1.1305	1.2068
목재	0.9673	1.0548	0.9743	1.0992	1.0363	1.0095
목재제품	1.0486	1.0654	1.0292			
종이	1.1675	1.1272	1.1462	1.1600	1.1038	1.0530
고무	1.0123	1.0136	1.1002	1.1387	–	–
가죽	1.0819	1.2154	1.1662	1.051ª	–	–
화학	1.1470	0.9844	0.9275	0.9585	1.0084	1.1678
의약품	1.0268	0.7828	0.7522	1.0239	0.9473	0.8905
화장품	1.2078	1.0866	1.0055			1.0921
플라스틱	1.0874	0.9718	1.0087	1.0463	0.9936	1.0965
섬유	1.0913	1.1008	1.2623	1.1958ᵇ	1.1330	1.0036
의류 및 신발	1.1360	1.1797	1.1999			1.0499
식품	1.1021	1.2689	1.2558	1.1561	1.1434	1.2001
음료	1.0135	0.9916	0.9507			1.1252
담배	0.9731	0.9544	0.9993			
인쇄	1.0513	0.8927	0.8715	1.0067	–	0.9321
기타 산업용 제품	0.9207	1.1635	1.1400	1.0663	–	
공공사업	1.1590	0.6821	0.7125	0.8702	0.8216	0.7756
건설	1.1760	1.0634	1.0815	1.1064	0.8437	0.9028
무역업/수송	0.8725	0.7359	0.7035	0.6953	0.8040	0.7962
서비스업	0.7210	0.7389	0.6649	0.8604	0.7338	0.7704

자료: 1959년, Willy Van Rijekenhem, "An Intersectoral Consistency Model for Economic Planning in Brazil" (1969); 1970년, IBGE, *Matriz de Relações Intersetoriais: Brasil 1970* (1979); 1975년, IBGE, *Censo Industrial de 1980* (1984); Guilhoto and Picerno, "Estrutura Produtiva, Setores Chaves e Multiplicadores Setoriais: Brasil e Uruguai Comparados" (1993); Furtuoso and Guilhoto, "A Estrutura Produtiva da Economia Brasilira e o Agronegocio: 1980 a 1995" (1999).
주: a. 신발 포함.
  b. 신발 제외.

화 과정에서 상대적으로 덜 중요 — 금속제품, 기계, 식품 — 했고, 나중에 주도적인 산업으로 부상한 부문들은 본질적으로 연관효과 가 큰 산업들이었다는 것에 주목할 필요가 있다. 그리고 2006년에 는 후방연관효과가 큰 부문이 13개로 증가했다.

표 18.17 | 전방연관 지수

	1959	1970	1975	1985	1995	2006
농업	2.1446	2.1988	1.9060	1.1614	3.4418	1.1632
채광	0.9575	0.8000	0.7376	1.0068	0.8402	1.4994
비금속광물	0.7873	0.8904	0.8409			1.2425
금속제품	1.9181	2.0456	2.1030	1.8889	1.3417	1.2362
기계	0.5705	1.0508	1.0107	0.8914	1.1629	0.8299
전기장비	0.6218	0.8719	0.8545	0.7051	0.7051	0.8730
수송장비	0.6757	0.8635	0.9161	0.7904	0.7441	0.8715
목재	0.8997	0.8521	0.8969	0.6964	0.7072	1.1916
목재제품	0.5478	0.6287	0.5729			
종이	1.3305	1.1803	1.1911	0.9967	1.1932	1.2098
고무	0.7090	0.8010	0.8438	0.7665	0.9118	1.3699
가죽	0.7605	0.7010	0.7282	0.5867[a]	–	–
화학	2.9454	2.0118	2.4571	1.4031	1.6741	1.4354
의약품	0.5647	0.6783	0.6089		0.5522	0.8152
화장품	0.5460	0.6225	0.5702	0.4962	–	0.7412
플라스틱	0.5970	0.8119	0.8085	0.7055	0.8262	
섬유	1.1620	1.3232	1.4488	0.9797[b]	1.3786	1.1587
의류 및 신발	0.5449	0.6253	0.5735		0.5313	0.6548
식품	0.6993	1.2332	1.0175	0.9001	0.7084	
음료	0.5817	0.6583	0.6026			0.8717
담배	0.6512	0.6230	0.6285			0.5616
인쇄	0.6366	0.6849	0.6368	0.5960	–	1.2083
기타 산업용 제품	0.5587	0.8338	0.7743	0.6683	–	0.7262
공공사업	0.9592	0.8816	0.8092	0.8975	1.4314	0.7116
건설	0.6854	0.6193	0.5560	0.6068	0.5684	0.6757
무역업/수송	1.9803	1.8433	2.2561	2.8617	1.6858	1.0246
서비스업	1.9648	0.6655	0.6505	0.6808	0.8164	0.9278

자료: 〈표 18.16〉과 같음.
주: a. 신발 포함.
  b. 신발 제외.

산업화 과정 또한 다양한 부문의 후방연관효과 크기의 변화를 유발했다. 이전에 투입의 수입 의존도가 높아서 후방연관효과가 작은 부문들이 국산품 투입 비중을 확대하기 시작했다. 이는 금속제품, 기계, 운송장비와 같은 부문의 후방연관효과의 증가에서 드러나고 있다. 허시먼의 연구 결과와 다르게, 농업부문은 높은 전방연관효과를 발전시켰다.[11] 21세기 첫 10년 동안 금속제품, 전기장비, 운송장비, 섬유와 같은 부문에서 후방연관효과가 소폭 감소한 것을 알 수 있는데, 이는 경제개방이 확대된 결과로 볼 수 있다.

1959년 스리랑카, 대만, 말레이시아, 한국의 데이터와 비교해 볼 때 1960년대 초에 브라질의 전후방연관효과가 더 큰 것으로 나타났다.[12] 이는 브라질 경제 내의 국내 산업간 연관효과가 매우 컸다는 것을 의미한다. 이는 미국 경제의 산업연관 순위를 이용한 브라질 경제에 대한 이전 연구 결과를 뒷받침해 주는 경향이 있다.[13] 1985년의 데이터는 후방연관효과가 지속적으로 증가했으나, 전방연관효과는 소폭 하락한 것을 보여 주고 있다. 2006년 데이터는 전후방연관효과가 상승과 하락이 뒤섞여 나타나는데, 이는 부분적으로 수입대체산업화 시기 이후에 경제개방이 확대된 것에 기인한다.

종합 결론

브라질 경제의 구조 변화와 산업연관의 속성 변화에 대한 우리의 연구 결과는 브라질 경제가 1950년대 수입대체산업화 초기부터 현재까지 수직적 통합이 크게 증가한 것을 보여 주고 있다. 그러나 이러한 추세가 국가의 경제적 자급률을 증가시키지 않았다는 것에 주목할 필요가 있다. 이와는 반대로 브라질 경제의 수직적 통합 증가는 대외 지향도가 증가하는 것과 동시에 발생했다. 대부분의 부문들에서 총생산 대비 수출이 차지하는 비중이 상승했다. 이는 브라질 정부가 1960년대와 1970년대에 도입한 다양한 수출 인센티브

와 가격 및 품질 면에서 국제시장에서 경쟁할 수 있는 역량이 증가한 결과이다.[14]

브라질의 총수출에서 반제품과 자본재 비중이 증가하고 있다. 그리고 이들 반제품과 자본재 수출은 브라질 기업이나 다국적기업의 브라질 현지 자회사를 통해 이루어지고 있다. 다국적기업의 자회사들은 브라질에서 생산한 부품을 해외 다른 제조 공장으로 수출하고 있다. 이는 적어도 수직적 통합이 국제무역을 방해하는 요소가 아니라는 것을 부분적으로 설명해 준다. 장기적으로 생산과정의 다양한 단계에서 상품교환, 즉 완제품과 중간재의 국제 교환이 증가할 것을 기대할 수 있다. 브라질의 경제발전 과정을 감안할 때, 브라질의 경제 규모, 자원과 산업구조의 다양성, 수직적 통합, 그리고 무역 성장은 미래에도 지속될 것이다.

경제의 국제화가 진행됨에 따라 여러 부문에서 수입이 증가할 것이다. 브라질의 국제무역 비중이 커질수록, 무역흑자를 지속하는 것이 점점 더 어려워질 것이다. 브라질은 또한 최종 산업 제품이나 중간재 중 어느 특정 상품에 특화해야 할 것이다. 즉, 브라질은 어떤 상품은 수입하고, 브라질이 특화한 다른 어떤 상품은 수출하게 될 것이다.

중국이 고도성장을 지속함에 따라 21세기 첫 10년 동안 지속된 브라질의 원자재 수출 호황은 단기간 동안 무역흑자를 달성하는 데 도움이 되었다. 그러나 브라질의 정책입안자들은 이 상황을 단기적인 현상으로 평가하고 있다. 장기적으로 경제의 다양화와 함께 수출의 다양화를 이루기 위해서는 제조업과 서비스업의 국제경쟁력 강화가 요구된다.

브라질 경제의 생산구조는 특정 소비구조를 반영하고 있고, 소비구조는 기존 소득분배구조와 연관되어 있다. 미래의 브라질 정부가 소득재분배 정책을 시행한다면, 소비구조와 생산구조의 변화가 나타날 것이다. 실제로, 호나우두 라모니에르 로까뗄리는 경제 시뮬레이션을 통해 브라질의 소득분배가 개선(영국과 유사한 수준)된다면, 브라질 산업 고용이 16% 증가할 것이라고 밝히고 있다. 이는 저소득 계층의 구매력 증가가 노동집약적인 기술을 사용하는 제품에 대한 수요를 증가시킬 것이기 때문이다.[15] 따라서 경제성장을 위해서는 내구성 소비재보다 대량 소비재에 초점을 맞춘 경제의 부문별 구조조정이 필요하다. 또한 현재의 경제구조를 감안할 때, 경제성장은 수출에 크게 의존할 것이다.

마지막으로 이 장에서 살펴본 바와 같이 1960년대 이후 지속적으로 최종 가격에서 임금이 차지하는 비중이 감소하고 있다. 임금 인상 억제는 안정화 프로그램의 성공을 위한 핵심 요소가 아니라는 것도 밝힌 바 있다.

21세기의 브라질 경제

우리가 살펴본 바와 같이 브라질은 21세기 들어 상당한 구조 변화를 겪고 있다. 브라질의 이미 성취한 것과 앞으로의 도전 과제는 무엇인가?

성과

2010년대에 접어들면서 브라질은 몇몇 거시경제 문제를 해결한 것으로 보인다. 인플레이션은 사라졌고, 기초 재정수지 흑자를 지속하고 있으며, 중앙은행의 물가안정목표제는 확고하게 지켜지고 있고, 무역수지는 흑자를 지속하고 있으며, 정부 외채 대부분은 상환했고, 헤알화는.강세를 지속하고 있다.

수출 호황은 부분적으로 브라질 광물과 농산품에 대한 세계적 수요 증가에 기인하고 있다. 브라질은 또한 엥브라에르의 중형 항공기로 대표되는 비전통적 공산품 수출도 지속하고 있다.

그리고 브라질의 고질적인 높은 소득불평등 문제도 지니계수가 하락세를 보이는 등 개선 추세를 보이고 있다. 브라질의 지니계수는 1997년 0.602에서 2009년에는 0.543으로 꾸준히 하락했다.[16] 많은 학자들이 브라질의 소득불평등 개선에 가장 큰 영향을 미친 것이 룰라 대통령의 사회보장 프로그램인 볼사 파밀리아 프로그램이라고 분석했다. 이 가족에 대한 조건부 현금 이전 프로그램은 2003년에 시작되었다.[17] 자녀가 학교에 출석하고 보건시설을 이용한다는 조건하에 월별로 저소득층 가족에게 현금을 지급했다. 2012년까지 약 1,400만 가족이 수혜를 받았다. 어느 연구에 따르면, 볼사 파밀리아 프로그램은 "현재까지 개발도상국에서 실시된 가장 큰 규모의 조건부 현금 이전 프로그램"이다.[18]

의문과 도전

이러한 성과에도 불구하고, 브라질 경제는 다른 각도에서 보면 여전히 좋지 못한 성과를 보이고 있다. 특히 실질 경제성장률은 실망스러울 정도로 낮은 수준이다. 1995~2006년의 브라질 연평균 성장률은 2.25%였다. 이는 브라질의 과거 성장률보다 낮을 뿐만 아니라 2000년대 초 10년 동안 연평균 10~15%의 고도성장률을 기록한 아시아 국가들과 비교하면 더욱 초라한 성과이다. 투자율도 GDP의 16~19%로 아시아 국가들의 25~35%와 비교해서 매우 미미한 수준이다. 투자가 가장 부족한 부분은 인프라이다. 도로와 전력 부문의 투자 부족이 미래 성장 가능성을 위협하고 있다.

볼사 파밀리아 프로그램이 브라질의 소득재분배 문제의 해결책인지에 대한 의문도 남아 있다. 저소득층 가정에 매월 44달러를 기부함으로써 극심한 가난을 완화하는 데 도움이 되었고, 빈곤층의 인적자본을 개선하는 데 기여할 수 있다는 것은 의심의 여지가 없지만, 볼사 파밀리아 프로그램이 궁극적으로 분배에 영향을 미칠지는 여전히 지켜봐야 할 문제이다. 2003년 1월 룰라 대통령이 취임했고, 그해 말에 볼사 파밀리아 프로그램을 시작했으나, 지니계수는 1997년부터 감소하기 시작했다. 따라서 이러한 소득불평등 개선이 볼사 파밀리아 프로그램의 결과인지는 의심스럽다. 대부분의 연구자들은 1990년대 중반 이후의 물가안정 달성과 1995년 이후 최저임금 상승을 분배 개선의 주된 이유로 제시하고 있다.[19]

볼사 파밀리아 프로그램이 브라질 GDP에서 차지하는 비중을 감안할 때 이 프로그램이 소득불평등 개선의 주요 요인이라는 주장에 대해서도 의문이 제기된다. 볼사 파밀리아 프로그램의 총비용은 브라질 GDP의 1%에도 미치지 못하고 있다.[20] 한편, 공공부문의 부채

원리금 상환액은 GDP의 약 7.4%에 달하고 있다.[21] 브라질 정부채 보유자 대부분이 고소득층이거나 고소득층이 저축을 하는 기관투자자인 점을 감안할 때, 볼사 파밀리아 프로그램이 소득불평등 문제를 해결할 수 있을지는 의문이다. 실제로, 공공부문의 재정 프로그램이 소득분배를 개선하기보다 악화시키고 있는 것으로 보인다.[22]

지우마 후세피 대통령*이 직면하고 있는 도전 과제는 높은 투자율과 높은 성장률을 달성하는 동시에 선진국과 비슷한 수준으로 소득불평등 상황을 개선하는 것이다. 미래의 발전 기회는 서비스 분야에 있고, 서비스 분야의 주요 투입 요소는 인적자본이라는 점을 감안할 때, 브라질의 도전 과제는 교육부문에 대한 투자를 늘리는 동시에 전체 교육 시스템의 구조를 변화시키고 교육에 대한 접근성을 개선하는 것이다.

● 후세피 대통령의 재임 기간은 2011년 1월~2016년 8월까지.

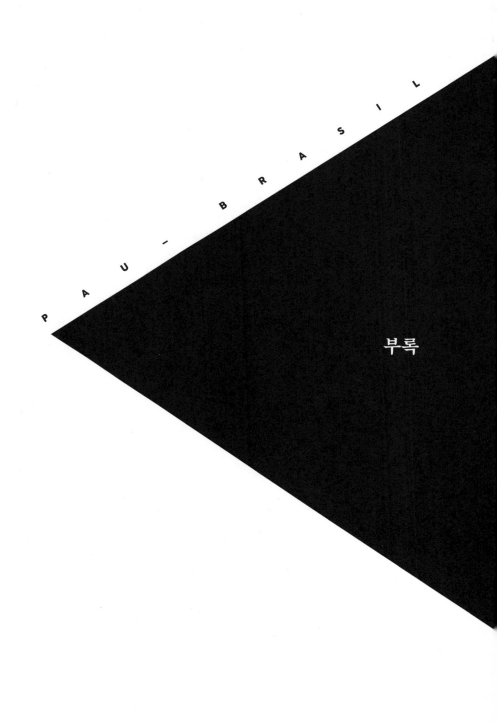

P A U - B R A S I L

부록

표 A.1 | 국제수지

(100만 달러)

	수출	수입	무역수지	이자지급	서비스수지
1950	1,359.00	934.0	425.00	-209.00	-283.00
1951	1,771.00	1,703.0	68.00	-379.00	-469.00
1952	1,461.00	1,702.0	-286.00	-300.00	-336.00
1953	1,540.00	1,116.0	424.00	-228.00	-355.00
1954	1,558.00	1,410.0	148.00	-241.00	-338.00
1955	1,419.00	1,099.0	320.00	-230.00	-308.00
1956	1,483.00	1,046.0	437.00	-278.00	-369.00
1957	1,392.00	1,285.0	107.00	-265.00	-358.00
1958	1,244.00	1,179.0	65.00	-220.00	-309.00
1959	1,282.00	1,210.0	72.00	-257.00	-373.00
1960	1,270.00	1,293.0	-23.00	-304.00	-459.00
1961	1,405.00	1,292.0	113.00	-205.00	-350.00
1962	3,215.00	1,304.0	-89.00	-203.00	-339.00
1963	1,406.00	1,294.0	112.00	-182.00	-269.00
1964	1,430.00	1,086.0	344.00	-128.00	-259.00
1965	1,596.00	941.0	655.00	-188.00	-362.00
1966	1,741.00	1,303.0	438.00	-266.00	-463.00
1967	1,654.00	1,441.0	213.00	-270.00	-527.00
1968	1,881.00	1,855.0	26.00	-328.00	-556.00
1969	2,313.00	1,933.0	378.00	-367.00	-630.00
1970	2,739.00	2,507.0	232.00	-462.00	-815.00
1971	2,904.00	3,245.0	-341.00	-560.00	-980.00
1972	3,993.00	4,235.0	-244.00	-730.00	-1,250.00
1973	6,399.00	6,392.2	7.00	-1,009.70	-1,722.10
1974	7,953.00	12,641.3	-4,690.30	-3,532.10	-2,432.60
1975	8,669.90	12,210.3	-3,540.40	-3,429.20	-3,162.00
1976	10,128.30	32,383.0	-2,254.70	-1,573.90	-3,763.00
1977	12,120.10	32,023.0	-97.10	-1,573.70	-4,134.30
1978	12,658.90	13,683.1	-1,024.20	-1,804.90	-6,037.20
1979	15,244.40	18,083.1	-2,838.70	-2,378.00	-7,920.20
1980	20,133.00	22,954.0	-2,821.00	-6,311.00	-10,152.00
1981	23,293	22,091	1,202	-10,272	-13,094
1982	20,175	19,395	780	-13,494	-17,039-
1983	21,899	15,429	6,470	-11,008	13,354
1984	27,005	13,916	13,090	-11,471	-13,156
1985	25,639	13,153	12,486	-11,258	-12,877
1986	22,349	14,044	8,304	-11,126	-13,707
1987	26,224	15,051	11,173	-10,319	-12,676
1988	33,789	14,605	19,184	-12,085	-15,096
1989	34,383	18,263	16,119	-12,547	-15,334
1990	31,414	20,661	10,752	-11,613	-15,369
1991	31,620	21,040	10,580	-9,651	-13,543
1992	35,793	20,554	15,239	-8,001	-11,336
1993	38,555	25,256	13,229	-10,210	-15,577
1994	43,545	33,079	10,486	-8,903	-14,692
1995	46,506	49,972	-3,406	-10,897	-18,541
1996	47,747	53,346	-5,599	-11,609	-20,350

1997	52,994	59,747	-6,753	-14,926	-21,522
1998	51,140	57,763	-6,624	-18,293	-28,299
1999	48,001	49,295	-1,283	-18,991	-25,825
2000	55,086	55,839	-753	-17,965	-25,048
2001	58,223	55,581	2,642	-19,839	-27,502
2002	60,362	47,240	13,121	-18,292	-23,229
2003	73,084	48,290	24,794	-18,661	-23,483
2004	96,475	62,835	33,641	(-20,701)[a]	-25,198
2005	118,308	73,560	44,748	(-26,182)[a]	-34,113
2006	137,807	91,343	46,456	-11,312	-37,143
2007	160,649	120,621	40,031	-7,305	-42,510
2008	197,942	172,985	24,835	-7,232	-57
2009	152,994	127,722	25,289	-9,069	-52
2010	201,915	181,761	201,147	-9,682	-71

	경상수지	외채상환	자본수지	국제수지	총외채
1950	140.00	-85.00	-65.00	52.0	559.00
1951	-403.00	-27.00	-11.00	-291.0	573.00
1952	-624.00	-33.00	35.00	-615.0	638.00
1953	55.00	-46.00	59.00	36.0	1,159.00
1954	-195.00	-334.00	-38.00	-203.0	1,317.00
1955	2.00	-140.00	3.00	17.0	1,445.00
1956	57.00	-387.00	151.00	194.0	1,580.00
1957	-264.00	-242.00	255.00	-180.0	1,517.00
1958	-248.00	-324.00	184.00	-253.0	2,044.00
1959	-311.00	-377.00	182.00	-254.0	2,234.00
1960	-478.00	-417.00	58.00	-41.0	2,372.00
1961	-222.00	-327.00	288.00	115.0	2,835.00
1962	-389.00	-310.00	181.00	-346.0	3,005.00
1963	-114.00	-364.00	-54.00	-244.0	3,089.00
1964	140.00	-277.00	82.00	4.0	3,160.00
1965	368.00	-304.00	-6.00	331.0	3,927.00
1966	54.00	-350.00	124.00	153.0	4,545.00
1967	-237.00	-444.00	27.00	-245.0	3,283.00
1968	-508.00	-484.00	541.00	32.0	3,780.00
1969	-281.00	-493.00	871.00	549.0	4,403.30
1970	-562.00	-672.00	1,015.00	545.0	5,295.60
1971	-1,037.00	-850.00	1,846.00	530.0	6,621.60
1972	-1,489.00	-1,202.00	3,492.00	2,439.0	9,521.00
1973	-3,688.00	-1,672.50	3,512.10	2,178.6	12,571.50
1974	-7,122.40	-1,920.20	6,253.90	-936.3	17,165.70
1975	-6,700.20	-2,172.10	6,188.90	-950.0	21,173.40
1976	-6,017.10	-2,986.90	6,593.80	3,193.07	25,985.40
1977	-4,037.30	-4,060.40	5,278.00	630.0	32,037.20
1978	-6,990.40	-5,323.50	11,891.40	4,262.4	43,510.70
1979	-10,741.60	-6,384.70	7,656.90	-3,214.9	49,904.20
1980	-12,807.00	-5,010.30	9,678.70	3,471.6	53,847.50
1981	-11,734	-6,241.60	12,722.70	624.7	61,410.80
1982	-16,311	-6,951.60	7,850.90	-8,828.0	70,197.50
1983	-6,837	-6,862.90	2,102.80	-5,404.5	81,319.20
1984	45	-6,468.20	252.90	700.2	93,093.00

1985	−242	−8,490.90	−2,553.90	−3,200.1	95,856.70
1986	−5,304	−11,546.50	−7,108.30	−12,356.7	101,758.70
1987	−1,438	−12,024.60	−8,330.10	−10,227.5	107,512.70
1988	4,175	−15,226.00	2,921.00	6,977.0	113,469.00
1989	1,033	−33,985.00	−4,179.00	−3,077.0	134,743.00
1990	−3,782	−8,665.00	−5,616.00	4,825.0	123,439.00
1991	−1,407	−7,768.00	4,463.00	−4,679.0	123,910.00
1992	6,144	−8,572.00	24,877.00	30,028.0	132,259.00
1993	−592	−9,978.00	10,115.00	8,404.0	145,726
1994	−1,689	−50,411.00	14,294.00	12,939.0	148,295
1995	−17,972	−11,023.00	29,359.00	13,480.0	159,256
1996	−23,502	−14,271.00	32,148.00	8,774.0	179,935
1997	−30,452	−26,021	25,800	−7,907	191,621
1998	−33,416	−31,381	29,702	−7,970	223,792
1999	−215,335	−52,907	17,319	−7,822	225,609
2000	−24,224	−34,989	19,326	−2,261	216,921
2001	−23,215	−33,119	27,052	3,307	209,934
2002	−7,637	−35,677	8,004	302	210,711
2003	4,177	−23,098	5,543	8,496	214,930
2004	11,679	−22,447	−7,330	2,244	201,374
2005	14,193	−15,334	−8,808	4,319	169,450
2006	13,621		15,982	30,569	172,549
2007	1,551		89,086	87,484	193,219
2008	−28,192		29,352	2,969	198,340
2009	−24,302		71,301	46,651	198,192
2010	−47,518		100,102	49,101	255,664

자료: *Conjuntura Econômica*, Banco Central do Brasil.
주: a. 추정치

표 A.2 | 총고정자본형성

(GDP %)

	경상가격 기준	1980년 가격 기준
1950	12.78	
1951	15.45	
1952	14.82	
1953	15.06	
1954	15.76	
1955	13.49	
1956	14.40	
1957	15.04	
1958	16.98	
1959	17.99	
1960	15.72	
1961	13.11	
1962	15.51	
1963	17.04	
1964	14.99	
1965	14.71	
1966	15.92	
1967	16.20	
1968	18.68	
1969	19.11	
1970	18.83	20.38
1971	19.91	21.12
1972	20.33	22.02
1973	20.37	23.38
1974	21.85	24.48
1975	23.33	25.54
1976	22.42	24.79
1977	21.35	23.35
1978	22.27	23.30
1979	23.38	22.67
1980	23.56	23.56
1981	24.31	21.62
1982	22.99	19.98
1983	19.93	17.22
1984	18.90	16.31
1985	18.01	16.45
1986	20.01	18.76
1987	23.17	17.87
1988	24.32	17.00
1989	26.86	16.68
1990	20.66	15.50

1991	18.11	14.62
1992	18.42	13.73
1993	19.28	13.91
1994	20.75	15.02
1995	20.54	15.46
1996	19.26	15.24
1997	19.86	16.13
1998	19.69	16.06
1999	18.90	14.78
2000	19.29	14.79
2001	19.47	14.76
2002	18.32	13.88
2003	15.28	13.83
2004	16.10	13.32
2005	15.94	13.32
2006	13.43	14.04
2007	17.44	15.08
2008	19.11	16.34
2009	18.07	15.28
2010	19.46	17.28
2011	19.28	17.54
2012	18.14	16.68

자료: Ipeadata; IBGE.

표 A.3 | 부문별 GDP

(경상가격, 미국달러)

	GDP 성장률	1인당 GDP	농업	산업	서비스업	합계
1950	6.8		24.28	24.14	51.58	100.00
1951	4.9		23.76	25.14	51.10	100.00
1952	7.3		24.99	24.18	50.83	100.00
1953	4.7		23.55	25.41	51.04	100.00
1954	7.8		24.12	25.76	50.12	100.00
1955	8.8		23.47	25.64	50.89	100.00
1956	2.9		21.09	27.32	51.60	100.00
1957	7.7		20.43	27.81	51.76	100.00
1958	10.8	195	18.40	31.12	50.49	100.00
1959	9.8	233	17.16	32.98	49.86	100.00
1960	9.4	256	17.76	32.24	50.01	100.00
1961	8.6	254	16.96	32.53	50.50	100.00
1962	6.6	270	14.46	32.48	50.06	100.00
1963	0.6	316	15.95	33.10	50.96	100.00
1964	3.4	277	16.28	32.52	51.21	100.00
1965	2.4	283	15.86	31.96	52.18	100.00
1966	6.7	345	14.15	32.76	53.09	100.00
1967	4.2	367	13.71	32.03	54.25	100.00
1968	8.8	390	11.79	34.77	53.45	100.00
1969	9.5	415	11.39	35.24	53.36	100.00
1970	10.4	457	11.55	35.84	52.61	100.00
1971	11.3	515	12.17	36.22	51.61	100.00
1972	12.1	601	12.25	36.99	50.75	100.00
1973	14.0	839	11.92	39.59	48.49	100.00
1974	9.0	1,075	11.44	40.49	48.07	100.00
1975	5.2	1,234	10.75	40.37	48.88	100.00
1976	9.8	1,427	10.86	39.91	49.24	100.00
1977	4.6	1,603	12.61	38.64	48.75	100.00
1978	4.8	1,776	10.26	39.49	50.25	100.00
1979	7.2	1,925	9.91	40.04	50.05	100.00
1980	9.2	2,005	10.20	40.58	49.22	100.00
1981	-4.5	2,133	9.47	39.09	51.44	100.00
1982	0.5	2,190	7.73	40.33	51.94	100.00
1983	-3.5	1,497	9.02	37.82	53.16	100.00
1984	5.3	1,468	9.29	39.44	51.27	100.00
1985	7.9	1,599	9.00	38.73	52.27	100.00
1986	7.6	1,915	9.24	39.87	50.89	100.00
1987	3.6	2,057	7.73	38.51	53.76	100.00
1988	-0.1	2,186	7.60	37.92	54.48	100.00
1989	3.3	2,923	7.20	34.38	58.42	100.00
1990	-4.4	3,202	8.10	38.69	53.21	100.00
1991	1.03	2,721	7.79	36.16	56.05	100.00
1992	0.54	2,556	7.72	38.70	53.58	100.00
1993	4.92	2,790	7.56	41.61	50.83	100.00
1994	5.95	3,472	9.85	40.00	50.15	100.00
1995	4.22	4,440	9.01	36.67	54.32	100.00
1996	2.66	4,807	8.32	34.70	56.98	100.00

1997	3.27	4,932	7.96	35.21	56.83	100.00
1998	0.13	4,739	8.23	34.62	57.15	100.00
1999	0.79	3,180	8.25	35.62	56.13	100.00
2000	4.38	3,516	7.97	37.53	54.50	100.00
2001	1.31	2,933	8.39	37.71	53.90	100.00
2002	1.93	2,604	8.75	38.30	52.95	100.00
2003	0.54	2,831	9.90	38.76	51.34	100.00
2004	5.72	3,665	6.91	30.11	62.97	100.00
2005	3.16	4,812	5.71	29.27	65.02	100.00
2006	4.00	5,867	5.48	28.75	65.76	100.00
2007	6.10	7,283	5.56	27.81	66.63	100.00
2008	5.20	8,706	5.91	27.90	66.18	100.00
2009	-0.30	8,348	5.63	26.83	67.54	100.00
2010	7.50	10,814				
2011	2.73					
2012	0.87					

자료: *Conjuntura Econômica*; IBGE (2003).

표 A.4 | 부문별 성장률

(%)

	1991	1992	1993	1994	1995	1996	1997	1998	1999
농업	1.37	4.89	-0.07	5.45	4.08	3.11	-0.83	1.27	8.33
광업	2.42	-5.46	1.69	4.72	5.16	1.04	3.25	-0.69	-8.22
제조업									
비금속광물	1.15	-7.19	5.27	4.58	3.24	5.48	6.18	-1.36	-2.47
금속제품	1.41	-5.75	10.41	17.83	1.76	6.25	0.17	-6.66	6.02
기계	-7.67	3.6	13.66	13.44	-2.07	0.5	4.88	-4.22	-4.71
전기장비	-0.87	-3.73	8.62	14.45	8.98	-1.52	3.52	-2.41	-8.65
수송장비	14.59	-4.14	23.53	13.20	3.86	0.69	15.2	-20.04	-12.93
목재제품	-7.71	-5.36	11.91	0.63	1.51	3.74	1.02	-2.04	1.79
종이제품	5.81	-1.72	9.69	3.65	1.33	1.89	1.41	-0.49	2.52
고무제품	0.78	-1.03	8.91	2.66	-1.42	0.80	2.58	-6.55	0.24
가죽제품	-7.93	4.53	15.27	-8.16	-6.17	2.25	-7.31	-6.22	-0.27
화학	7.88	-2.50	4.14	5.71	0.07	5.23	1.68	-1.24	-1.80
의약품	4.87	-7.23	8.82	-0.84	11.93	-2.00	6.48	1.54	1.79
플라스틱제품	-1.03	-10.49	7.60	1.82	8.93	9.65	1.31	0.60	-13.12
섬유	-4.81	-5.08	3.47	1.93	-5.84	-5.64	-6.65	-1.58	-4.79
의류, 신발	-14.89	-7.13	4.00	2.91	1.50	-1.65	-7.73	-1.94	-0.49
식품, 음료	6.39	-6.03	5.82	9.33	10.45	1.62	-2.41	3.36	0.36
기타	2.52	-1.86	3.60	7.21	0.12	-0.57	2.35	2.30	3.47
건설	-1.19	-6.30	4.49	6.99	-0.43	5.21	7.62	1.54	-3.67
서비스업	1.96	1.52	3.21	4.73	4.48	2.26	2.55	0.91	2.01

	2000	2001	2002	2003	2004	2005	2006	2007	
농업	2.15	4.43	6.31	6.67	2.97	0.78	3.50	4.01	
광업	7.49	1.76	9.79	2.69	2.48	9.50	5.62	4.07	
제조업									
비금속광물	3.80	-3.49	-1.88	-1.26	5.89	1.68	3.56	6.25	
금속제품	2.38	2.98	1.84	-0.08	7.77	-0.84	0.58	4.66	
기계	16.7	6.36	3.30	4.10	13.12	-2.04	2.95	18.54	
전기장비	16.26	-6.73	-9.16	0.35	15.55	5.24	8.11	7.49	
수송장비	22.80	2.49	1.95	2.94	23.08	6.19	1.22	14.87	
목재제품	10.07	-4.60	-1.95	6.98	7.88	-4.38	-2.67	-4.74	
종이제품	2.85	-0.40	-0.22	5.76	9.36	3.74	2.86	0.17	
고무제품	11.74	-4.30	0.07	-1.11	7.44	0.46	2.12	5.02	
가죽제품	9.12	0.79	-2.29						
화학	4.83	-3.83	0.93	2.78	3.92	-1.05	0.43	4.28	
의약품	-1.41	-4.62	-0.20	-2.35	3.31	13.58	2.68	0.80	
플라스틱제품	-7.30	-2.45	-1.01						
섬유	2.07	-4.97	-5.13	-3.74	11.33	0.56	-0.86	7.93	
의류, 신발	11.18	-5.50	0.46	-6.14	1.15	-2.98	-2.77	3.85	
식품, 음료	5.30	5.91	2.64	-0.60	6.01	1.89	2.21	2.53	
기타	2.86	-0.47	2.44	-5.91	7.33	-0.15	6.11	6.21	
건설	2.62	-2.27	-2.33	-4.49	5.24	1.28	4.78	5.54	
서비스업	3.80	1.09	3.37	0.66	4.27	4.20	4.20	6.58	

자료: IBGE.

주: a. 향수 포함.

표 A.5 | 환율과 인플레이션율

	헤알/달러 환율	최저임금 증가율	인플레이션율	명목이자율	실질이자율
1950	18.8	9.4	9.2		
1951	18.8	12.8	18.4		
1952	18.8	-63.0	9.3		
1953	18.8	14.4	13.8		
1954[a]		-17.2	27.1		
1955[a]		-9.5	11.8		
1956[a]		-1.3	22.8		
1957[a]		-9.6	12.7		
1958[a]		14.5	14.4		
1959[a]		-12.7	35.9		
1960[a]		19.4	25.4		
1961[a]		-14.7	34.7		
1962[a]		7.2	50.1		
1963[a]		7.0	78.4		
1964[a]		7.6	89.9		
1965	1.9	2.3	58.2		
1966	2.2	7.5	37.9		
1967	2.7	4.3	26.5		
1968	3.4	0.9	26.7		
1969	4.1	2.7	20.1		
1970	4.6	1.8	16.4		
1971	5.3	-0.9	20.3		
1972	5.9	-2.7	19.1		
1973	6.1	-3.4	22.7		
1974	6.8	5.4	34.8	17.27	-12.9
1975	8.1	-5.1	33.9	21.86	-5.87
1976	10.7	1.7	47.8	41.15	-3.63
1977	14.1	-0.9	46.2	41.94	2.15
1978	18.1	-1.7	389.0	46.40	3.90
1979	26.9	-17.0	55.8	42.57	-19.52
1980	52.7	2.5	110.0	46.35	-30.37
1981	93.1	-1.9	95.20	89.27	-3.24
1982	179.4	0.7	99.72	119.35	9.80
1983	576.2	-10.2	210.99	191.34	-0.32
1984	1,845.4	-8.8	223.81	242.48	5.78
1985	6,205	-10.1	235.11	272.81	15.05
1986	13.7	-0.4	65.03	68.60	3.83
1987	39.3	-18.5	415.83	353	-278
1988	260.15	0	1,037.56	1,057	12
1989	1.03E_06	-24.92	1,782.89	2,407	
1990	2.48E_05	-5.18	1,476.71	1,033.22	
1991	0.0001	8.08	480.23	538.33	
1992	0.0016	10.28	1,157.84	1,089.15	
1993	0.0322	-9.56	2,708.17	3,488.45	
1994	0.6307	11.41	1,093.89	1,153.60	
1995	0.9174	4.31	14.78	53.08	

1996	1.0051	2.54	9.34	22.73	
1997	1.0780	4.02	7.48	37.19	
1998	1.1606	0.92	1.70	31.24	29.54
1999	1.8147	3.43	19.98	19.03	-0.95
2000	1.8302	9.08	9.81	16.19	6.38
2001	2.3504	255	10.40	19.05	8.65
2002	2.9212	0.70	26.41	23.03	-3.38
2003	2.9253	3.72	7.67	16.92	9.25
2004	2.7182	6.96	9.40	17.50	8.10
2005	2.2855	8.67	5.97	18.24	12.27
2006	2.1761	3.25	4.90	13.08	
2007	1.9479	2.57	4.40	11.03	
2008	1.8346	7.62		13.36	
2009	1.7503	3.02	-1.43	8.56	
2010	1.6934	0.74	11.30	10.54	
2011		7.47			

자료: *Conjuntura Econômica*; Ipeadata; IBGE.
주: 1981~2003년, 2004년, 2005년 인플레이션율은 전년도 12월부터 당해 연도 12월까지 기준.
  a. IMF의 세계경제 전망 데이터베이스 추정치.

표 A.6 | 지니계수와 외국인직접투자 유입 규모

	지니계수	1인당 GDP (PPP)	외국인직접투자 유입액 (100만 달러)
1971			2,912.00
1972			3,404.00
1973			4,579.00
1974			6,027.00
1975		2,061.56	7,304.00
1976	0.623	2,340.88	9,005.00
1977	0.625	2,546.22	11,228.00
1978	0.004	2,766.74	13,740.00
1979	0.593	3,135.95	15,963.00
1980		3,671.14	17,479.99
1981	0.584	3,788.07	19,246.99
1982	0.591	3,996.45	21,175.99
1983	0.596	3,957.85	22,301.98
1984	0.589	4,227.96	22,843.54
1985	0.598	4,593.72	25,664.49
1986	0.588	4,929.10	27,897.71
1987	0.601	5,144.18	31,458.04
1988	0.616	5,201.52	32,031.00
1989	0.636	5,424.22	34,286.53
1990	0.614	5,282.68	37,143.41
1991		5,426.35	38,580.25
1992	0.583	5,418.48	39,975.01
1993	0.604	5,700.18	47,028.70
1994		6,091.70	56,548.90
1995	0.601	6,361.71	58,082.53
1996	0.602	6,589.00	9,644.00
1997	0.602	6,859.48	17,879.00
1998	0.600	6,876.23	26,346.00
1999	0.594	6,934.58	31,235.00
2000		7,366.20	33,331.00
2001	0.596	7,599.94	21,041.70
2002	0.589	7,776.49	18,778.30
2003	0.581	7,790.40	12,902.41
2004	0.572	8,201.91	20,265.34
2005	0.569	8,584.37	21,521.57
2006	0.563	8,964.23	
2007	0.556	9,355.98	
2008	0.548		
2009	0.543		

자료: Ipeadata; Banco do Brasil, *Boletim*; IMF World Economic Outlook Database.

| 1장 |

1 인구 데이터는 브라질 센서스와 브라질통계청(IBGE), *Censo Demográfico* (Rio de Janeiro, 1940; 1950; 1970; 1980; 2010) 및 IBGE, *Anuario Estatistico do Brasil* (각 년도) 자료에서 구했다. 이러한 데이터는 도시화 수준을 약간 과장하고 있다. 왜냐하면 브라질 센서스에서 '도시'의 정의는 행정 센터에 거주하는 모든 인구이기 때문이다. 이 센터는 인구가 500~1,000명인 작은 마을과 매우 큰 도시들로 구성될 수 있다. 그러나 작은 마을의 경제활동은 종종 도시라기보다 시골의 성격이 크기 때문에 2006년 브라질의 도시인구 비중은 공식 자료에서 제시된 것보다 낮을 것이다. 예를 들어, 도시인구를 5만 명 이상의 도시 거주자로 정의할 경우 2000년 브라질 도시인구는 63.3~78%로 낮아진다.

2 Carlos Herrán, *Reducing Poverty and Inequality in Brazil* (Washington, DC: Inter-American Development Bank, April 2005), p. 3.

3 상파울루의 1인당 국민소득은 전국 평균보다 53% 높았으며, 마라녀웅의 1인당 국민소득은 전국 평균의 26%였다.

4 하수 시스템에 대한 접근은 지역에 따라 크게 차이가 났다. 북부에서는 단지 4.5%의 가구만이 접근할 수 있었고, 북동부에서는 34.7%였으며 상파울루의 경우는 89.8%였다.

5 유선전화 사용은 1990년대 후반부터 급속히 감소해 왔는데, 이는 휴대전화 사용이 급속히 확산되었기 때문이다.

6 사실 1990년대 초부터 상수도 보급률이 급속히 개선되었다. 1990년대 초에는 상수도 보급률은 북동부가 48%였고, 남동부는 85% 이상이었다.

7 IBGE, *Diretoria de Pesquisas, Pesquisa Nacional por Amostra de Domicilios 1993/2003* 참조.

8 Preston E. James, *Latin America* (New York: Odyssey Press, 1969), p. 389; More detailed information on Brazil's geography can be obtained from FIBGE, *Sinopse Estatistica do Brasil, 1975*; Donald R. Dyer, "Brazil's Half-Continent," John Saunders ed., *Modern Brazil: New Patterns and Development* (Gainesville: University of Florida Press, 1979), pp. 29-50.

9 다이어는 북동부 가뭄에 대해 "건기는 규칙적이지만 가뭄은 그렇지 않다. 가뭄은 예기치 않게 발생하기 쉽고, 그 기간도 1년에서 4년까지 다양하다"고 말한다. Dyer, "Brazil's Half-Continent," pp. 41-42.

10 "Pesquisas de Recursos Minerais no Brasil," *Conjuntura Econômica,* January 1974, pp. 66-70; FIBGE, *Anuario Estatistico,* 1981.

11 T. Lynn Smith, "The People of Brazil and Their Characteristics," Saunders, *Modern Brazil,* pp. 52-53.

12 IBGE는 2004년 문맹률은 11.6%, 기능적 문맹률은 24.8%로 추정했다.

13 Smith, "The People," pp. 53-54.

14 Charles Wagley, *An Introduction to Brazil,* rev. ed. (New York: Columbia University Press, 1971), p. 5.

| 2장 |

1 William P. Glade, *The Latin American Economies: A Study of Their Institutional Evolution* (New York: American Book/Van Nostrand, 1969), chs. 3 and 4.

2 Caio Prado Junior, *Historia Econômica do Brasil,* 12th ed. (São Paulo: Editora Brasiliense, 1970), pp. 35-36; H. B. Johnson, "The Portuguese Settlement of Brazil, 1500-1580," Leslie Bethell ed., *The Cambridge History of Latin America,* vol. 1, *Colonial Latin America* (Cambridge: Cambridge University Press, 1984), pp. 253-286.

3 Prado Junior, *Historia,* pp. 24-27; Mircea Buescu and Vicente Tapajos, *Historia do Desenvolvimento Econômico do Brasil* (Rio de Janeiro: A Casa do Livro, 1969), pp. 29-31.

4 1548년 이전에는 브라질 식민지 무역에 필요한 선박 수는 연평균 2척에 불과했다. 40년 후, 연평균 선박 수가 45척이 되었고, 1620년에는 200척으로 증가했다. Ronald Dennis Hussey, "Colonial Economic Life," A. Curtis Wilgus ed., *Colonial Hispanic America,* vol. 4, *Studies in Hispanic American Affairs* (Washington, DC: George Washington University Press, 1936), p. 334.

5 Glade, *The Latin American Economies,* p. 156.

6 Ibid.; Buescu and Tapajos, *Historia,* pp. 100-104.

7 이 시기의 사회에 대한 가장 잘 알려진 연구로는 Gilberto Freyre, The Masters and the Slaves (New York: Alfred A. Knopf, 1946) 참조. 그러나 프레이리의 설명은 완벽하지 않다. 예를 들어, 그는 '주인'과 '노예' 사이의 자유로운 사탕수수 재배자를 무시한다. 프레이리는 19세기의 북동부(특히 뻬르낭부꾸)에 대해 다른 어떤 연구보다도 더 정확하게 기술했다. Stuart B. Schwartz, "Colonial Brazil, 1580-1730: Plantations and Peripheries," Leslie Bethell ed., *The Cambridge History of Latin America,* vol. 2, *Colonial Latin America* (Cambridge: Cambridge University Press, 1984), pp. 423-500 참조.

8 Prado Junior, *Historia,* pp. 34-38; Buescu and Tapajos, *Historia,* pp. 33-34.

9 Celso Furtado, *Formação Econômica do Brasil,* 11th ed. (São Paulo: Companhia Editora Nacional, 1972), pp. 30-31.

10 Ibid., pp. 45-46.

11 Ibid., pp. 50-52.

12 Ibid., p. 64. 부에스꾸와 따빠조스는 16세기와 17세기에 브라질 가축 수에 대한 추정치를 제시했다. Buescu and Tapajos, *Historia,* pp. 36-37.

13 Glade, *The Latin American Economies,* p. 162.

14 Ibid., pp. 163-171. 식민지 시대 설탕 수출량에 대한 추정치는 다음을 참조. Buescu and Tapajos, *Historia,* pp. 24-23; 128.

15 Prado Junior, *Historia,* pp. 81-82.

16 다른 책에서 쁘라두 주니어는 노예제도가 경제 및 사회 발전에 미치는 영향에 대해 매우 부정적인 평가를 내리고 있다. "경제사회 생활의 다양한 거래와 일을 수행하는 데 일반적으로 노예를 활용함에 따라 일을 천시하는 태도가 생겨났다." Prado Junior, *The Colonial Background of Modem Brazil* (Berkeley and Los Angeles: University of California Press, 1967), p. 325 참조.

17 Glade, *The Latin American Economies,* p. 166; Buescu and Tapajos, *Historia,* pp. 38-40; *Estudos Econômicos* 13, spec. no. (1983), 이 자료에는 17세기와 18세기 식민지 경제에 대한 논문들이 수록되어 있다. A. J. R. Russell-Wood, "Colonial Brazil: The Gold Cycle," Leslie Bethell ed., *The Cambridge History of Latin America,* vol. 2, *Colonial Latin America* (Cambridge: Cambridge University Press, 1984), pp. 547-600.

18 Furtado, *Formação,* p. 76; Glade, *The Latin American Economies,* p. 167.

19 Prado Junior, *Historia,* pp. 50-59.

20 쁘라두 주니어는 식민지 교육 수준에 대해 다음과 같은 간략하게 적고 있다. Prado Junior, *The Colonial Background,* pp. 160-161.

초등교육 시스템을 제공하지도 않는 등 식민지가 고립된 채로 존재하도록 강요당하는 것을 보상하기 위한 어떤 노력도 없었다. 식민지의 가장 큰 중심지 일부에서 존재했던 몇 개 안 되는 공식 학교에서 이루어진 빈약한 교습 활동은 읽기, 쓰기, 산수 수준을 넘어서지 못했다. …… 1776년 이후에 만들어진 이 학교들은 일반적으로 방기되었고, 직원이 부족했으며, 선생님에 대한 보수가 낮았고, 학생들은 통제되지 않았으며 수업은 조직적으로 이루어지지 않았다. 식민지의 문화적 수준은 극도로 낮았고, 어리석음과 무지가 팽배했다. 소수의 학자가 세상과 떨어져 고립되어 있었고, 그들을 도통 이해하지 못하는 나라에 의해서 무시당했다.

21 Buescu and Tapajos, *Historia,* pp. 110-111.

22 Prado Junior, *Historia,* pp. 82-83.

23 Glade, *The Latin American Economies,* p. 171.

24 Prado Junior, *Historia,* p. 346. 초기 브라질 인구의 추정치는 다음과 같다.

1550년	15,000
1600년	100,000
1660년	184,000
1690년	300,000
1776년	1,900,000

25 Thomas H. Holloway, *The Brazilian Coffee Valorization of 1906: Regional Politics and Economic Dependence* (Madison: State Historical Society of Wisconsin for the Department of History, University of Wisconsin, 1975), p. 5.

26 Prado Junior, *Historia,* p. 160.

27 Holloway, *The Brazilian Coffee,* p. 5; Stanley Stein, *Vassouras, A Brazilian Coffee County, 1850-1900* (Cambridge, Mass.: Harvard University Press, 1957).

28 Holloway, *The Brazilian Coffee,* p. 6.

29 Ibid., pp. 7-9.

30 Ibid., pp. 15-17. 1887년부터 1906년까지 약 120만 명의 이민자가 상파울루에 도착했으며, 그중 80만 명이 이탈리아 출신이었다.

31 Furtado, *Formação,* pp. 111-113.

32 Ibid., pp. 114-116.

33 David Denslow, "Exports and the Origins of Brazil's Regional Pattern of Industrialization," Werner Baer, Pedro Geiger, and Paulo Haddad eds., *Dimensões do Desenvolvimento Brasileiro* (Rio de Janeiro: Editora Campus, 1978); "As Origens da Desigualdade Regional no Brasil," Flavio R. Versiani and José Roberto Mendonça de Barros eds., *Formação Econômica do Brazil: A Experiencia da Industrialização*, Serie ANPEC Leituras de Economia (São Paulo: Editora Saraiva, 1977).

34 Denslow, "As Origens," pp. 59-60.

35 Prado Junior, *Historia*, pp. 236-241; Glade, *The Latin American Economies*, p. 297.

36 Glade, *The Latin American Economies*, p. 299; Werner Baer, *The Development of the Brazilian Steel Industry* (Nashville, Tenn.: Vanderbilt University Press, 1969), ch. 4.

37 Annibal V. Villela and Wilson Suzigan, *Política do Governo e Crescimento da Economia Brasileira, 1889-1945*, Serie Monográfica, no. 10, 2nd ed. (Rio de Janeiro: IPEA, 1973), pp. 378-383. 이들은 철도 양허 제도가 남용의 대상이었다는 점에 주목했다.

양허는 종종 이를 독점적인 특권으로 팔아버린 영향력 있는 사람에게 호의로서 주어졌다. 또한 투자 수익률 보장은 철도 노선의 합리적 배치가 이루어지지 못하게 만들었다. 철도 노선은 종종 필요 이상으로 길었고, 기술적으로 불완전했다(p. 381).

38 FIBGE, *Anuario Estatístico do Brasil*, 1939, p. 139.

39 Ibid., pp. 383-384.

40 Glade, *The Latin American Economies*, p. 303.

41 Ibid., p. 306; Douglas H. Graham, "Migração Estrangeira e a Questão da Oferta da Mão-de-Obra no Crescimento Econômico Brasileiro, 1880-1930," *Estudos Econômicos* 3, no. 1 (1973), pp. 10-13.

42 Glade, *The Latin American Economies*, p. 306.

43 Ibid., p. 303.

44 Holloway, *The Brazilian Coffee*.

3장

1 William P. Glade, *The Latin American Economies: A Study of Their Institutional Evolution* (New York: American Book/Van Nostrand, 1969), p. 300; Nicia Vilela Luz, *A Luta Pela Industrializaçãodo Brasil, 1808a1930?* (São Paulo: Difusão Europeia do Livro, 1961), p. 18.

2 Glade, *The Latin American Economies*, p. 301; Luz, *A Luta Pela*, pp. 19-29; Flavio Rabelo Versiani and Maria Teresa R. O. Versiani, "A Industrialização Brasileira antes de 1930: Uma Contribuição," *Formação Econômica do Brasil: A Experiencia da Industrialização*; Flavio R. Versiani and José Roberto Mendonça de Barros eds., *Serie ANPEC Leituras de Economia* (São Paulo: Editora Saraiva, 1977), p. 133.

3 Stanley Stein, *The Brazilian Cotton Manufacture: Textile Enterpriseinan Underdeveloped Area, 1850-1950* (Cambridge, Mass.: Harvard University Press, 1957), p. 61.

4 Ibid., p. 127.

5 농장주와 외국자본만이 인프라 개발 자금을 제공한 것은 아니었다. 현지 상인자본도 있었다(특히 리우데자네이루). Joseph Sweigert, "The Middlemen in Rio: A Collective Analysis of Credit and Investment in the Brazilian Coffee Economy, 1840-1910," Ph.D. dissertation, University of Texas at Austin, 1979 참조.

6 Warren Dean, *The Industrialization of São Paulo, 1880-1945* (Austin: University of Texas Press, 1969), pp. 9-10.

7 Versiani and Versiani, "A Industrialização," p. 126.

8 Albert Fishlow, "Origens e Consequencias da Substituição de Importações no Brasil," Versiani and Mendonça de Barros, *Serie ANPEC*, p. 15.

9 Versiani and Versiani, "A Industrialização," pp. 136-137. 그 기간에 산업체의 설립을 설명할 수 있는 다양한 힘에 대한 또 다른 좋은 분석은 다음을 참조. Wilson Suzigan, *Indústria Brasileira: Origeme Desenvolvimento* (São Paulo: Editora Brasiliense, 1986), pp. 78-84; Warren Dean, "The Brazilian Economy, 1870-1930," Leslie Bethell ed., *The Cambridge History of Latin America*, vol. 5, c. 1870-1930 (Cambridge: Cambridge University Press, 1986), pp. 685-724; André Villela, "A Bird's Eye View of Brazilian Industrialization," Werner Baer and David Fleischer eds., *The Economies of Argentina and Brazil: A Comparative Perspective* (Cheltenham, UK: Edward Elgar, 2011), ch. 2.

10 Stein, *The Brazilian Cotton*, p. 15. 최근의 연구에서 플라비우 베르시아니는 관세가 1914

년 이전에 브라질 산업에 대한 약간의 보호 효과가 있었다는 것을 발견했다. 그러나 이 것은 의도적인 개발정책 도구가 아니라 재정수입 필요에 따른 결과였을 뿐이다. Flavio Rabelo Versiani, "Industrial Investment in an 'Export' Economy: The Brazilian Experience Before 1914," *Journal of Development Economics* 7 (1980), pp. 307-329; Suzigan, *Indústria Brasileira*, p. 81 참조.

11 Annibal V. Villela, Sergio Ramos da Silva, Wilson Suzigan, and Mario José Santos, *Aspectos do Crescimento da Economia Brasileira, 1889-1969*, vol. 1 (Rio de Janeiro: Fundação Getúlio Vargas, 1971), pp. 287-289. 비록 대부분 비엘라의 초기 미발간 자료를 참조했지만, 대부분의 자 료가 다음 발간물에도 존재한다. Annibal V. Villela and Wilson Suzigan, *Políticado Governoe Crescimento da Economia Brasileira 1889-1945*, Serie Monográfica, no. 10, 2nd ed. (Rio de Janeiro: JPEA, 1973).

12 투자에 대한 평가절상의 영향은 다음 연구 결과에 의해서도 뒷받침된다. Versiani and Versiani, "A Industrialização," p. 132. 비록 평가절상이 기계 수입을 저가로 할 수 있게 만 들었지만 시장 보호 수준을 감소시켰다. 반면에, 평가절하는 국내시장 보호 수준을 높 이는 한편, 투자재의 수입 가격을 인상시켰다. 현재 지식에 비추어 볼 때, 평가절하의 경 우 내수 시장의 성장이 기계류 수입 비용 상승보다 더 큰 힘을 발휘한 것으로 보인다.

13 예를 들어 다음을 참조. Roberto C. Simonsen, *A Evolução Industrial do Brasil* (São Paulo: Empresa Gráfica da Revista dos Tribunaís, 1939); Caio Prado Junior, *Historia Econômica do Brasil*, 12th ed. (São Paulo: Editora Brasiliense, 1970), ch. 24; Luz, *A Luta Pela*, p. 45; Werner Baer, *Industrialization and Economic Development in Brazil* (Homewood, Ill.: Richard D. Irwin, 1965), p. 16.

14 Simão Silber, "Analise da Política Econômica e do Comportamento da Economia Brasileira Durante o Periodo 1929/1939," Versiani and Mendonça de Barros, *Serie ANPEC*, p. 187.

15 Flavio Rabelo Versiani, "Before the Depression: Brazilian Industry in the 1920s," Rosemary Thorp ed., *Latin America in the 1930s: The Role of the Periphery in World Crisis* (New York: Macmillan, 1984), pp. 166-168.

16 Villela et al., "Aspectos," vol. 1, pp. 243-246; Suzigan, *Indústria Brasileira*, pp. 87; 249-256.

17 Versiani, "Before the Depression," pp. 177-179.

18 Ibid., p. 171; Winston Fritsch, "Macroeconomic Policy in an Export Economy: Brazil 1889-1930," mimeo (Rio de Janeiro, 1986), ch. 6; "Sobre as Interpretações Tradicionais de Lógica da Política Econômica na Primeira Republica," *Estudos Econômicos* 15, no. 2 (1985), pp.

339-346 참조.

19 Versiani, "Before the Depression," pp. 171-172.

20 Stein, *The Brazilian Cotton,* pp. 108-113.

21 Baer, *Industrialization,* pp. 20-22; Villela and Suzigan, *Política do Governo,* ch. 6; Silber, "Analise da Política," pp. 199-201; Reynold E. Carlson, "Brazil's Role in International Trade," T. Lynn Smith and Alexander Marchant eds., *Brazil: Portrait of Half a Continent* (New York: The Dryden Press, 1951), pp. 274-281. 커피 가격은 1929년 파운드당 15.75센트에서 1932년 8.06센트, 1938년 5.25센트로 떨어졌으며, 커피 수출량은 1929년 85만9천 톤에서 1932년 71만 8천 톤으로 감소했고, 1938년에는 103만3천 톤으로 증가했다. 브라질 밀레이스화는 1929년 0.118달러에서 1932년 0.071달러로 하락했으며, 1937년에는 0.087달러로 상승했다.

22 Villela and Suzigan, *Política do Governo,* pp. 173-177.

23 Ibid., pp. 79-82.

24 Carlos M. Peláez, "A Balança Comercial, a Grande Depressão, e a Industrialização Brasileira," *Revista Brasileira de Economia,* March 1968, p. 47; Villela and Suzigan, *Política do Governo,* pp. 184-187.

25 상세한 내용은 다음을 참조. Werner Baer, *The Development of the Brazilian Steel Industry* (Nashville, Tenn.: Vanderbilt University Press, 1969).

26 Celso Furtado, *Formação Econômica do Brasil* (São Paulo: Companhia Editora Nacional, 1972), p. 188.

27 Ibid., p. 190.

28 Ibid., p. 192.

29 Ibid., pp. 193-194.

30 Carlos M. Peláez, *Historia da Industrialização Brasileira* (Rio de Janeiro: APEC Editora, 1972).

31 Ibid., pp. 50; 213.

32 Silber, "Analise da Política."

33 Ibid., pp. 192-195.

34 Fishlow, "Origens e Consequencias," pp. 26-28.

35 Silber, "Analise da Política," pp. 197-200.

36 상세한 내용은 다음을 참조. Baer, *The Development of the Brazilian Steel Industry*, ch. 4.

37 Villela et al., "Aspectos," vol. 1, p. 193.

38 Ibid., vol. 2, pp. 195-196. 1920년과 1940년의 경제센서스와 1907년의 비교 가능한 통계 자료에 근거해서 부가가치 추정치로부터 도출된 데이터이다.

39 Ibid., p. 128. 1919년과 1939년의 재화 생산량(농업과 산업의 부가가치)에서 이들 부문의 평균 점유율을 가중치로 사용해 농업과 산업의 실질생산지수로부터 구한 비율.

40 Ibid., vol. 1, p. 268. 수입 비중은 공산품의 수입액을 공산품의 총공급액으로 나눈 값을 나타낸다. 이 비율은 운임보험료 포함 가격(CIF) 기준 공산품 수입액과 산업생산 총액 자료를 기준으로 계산했다.

41 수입 비중 감소는 측정 방식 때문에 다소 과장되어 있다. 수입대체산업화 기간 동안 새로운 공산품 가격은 보호조치 때문에 CIF 수입 가격보다 상당히 높다. 이 비율의 분자는 CIF 수입 가격을 사용해 측정되는 반면, 분모는 고가의 국내 상품과 저가 수입의 합으로 구성된다. 따라서 이 비율은 수입대체 정도를 과장하는 경향이 있다. 이는 제2차 세계대전 이후의 수입 비중 분석에도 적용된다. 데이터가 수입대체의 정도를 과장할 수 있는 또 다른 이유는 부가가치가 아닌 총가치를 기반으로 계산되었고, 부가가치가 낮은 산업이 제일 먼저 수입대체가 될 가능성이 높기 때문이다.

42 Donald Huddle, "Postwar Brazilian Industrialization: Growth Patterns, Inflation and Sources of Stagnation," Eric N. Baklanoff ed., *The Shaping of Modern Brazil* (Baton Rouge: Louisiana State University Press, 1969), p. 96.

43 Villela and Suzigan, *Política do Governo*, p. 94.

44 상세한 내용은 다음을 참조. Villela et al., "Aspectos," vol. 2, pp. 71-72.

45 Villela and Suzigan, *Política do Governo*, pp. 87-88; Furtado, *Formação Econômica*, p. 195.

46 이 문단의 많은 내용은 다음 자료에서 참조. Dorival Teixeira Vieira, *O Desenvolvimento Econômico do Brasil e a Inflação* (São Paulo: Faculdade de Ciencias Econômicas e Administrativas, Universidade de São Paulo, 1962). 기타 참고 자료는 1960년대 초 제뚤리우 바르가스 경영대학원 강의 자료. "Desenvolvimento Econômico do Brasil," at the School of Business Administration, Fundação Getúlio Vargas, São Paulo.

47 상세한 내용은 다음을 참조. Fundação Getúlio Vargas, *A Missão Cooke* (Rio de Janeiro, 1949).

4장

1 양적 측면에서 볼 때, 1950년에 각 상품의 총생산량에서 수출이 차지하는 비중은 커피 95%; 코코아 88%; 면화 12%; 고무 14%; 담배 27%; 철광석 46%. Werner Baer, *Industrialization and Economic Development in Brazil* (Homewood, Ill.; Richard D. Irwin, 1965), p. 38 참조.

2 Ibid., p. 40.

3 전후 초기에 국가가 가격 정책에서보다 합리적이었다면 세계시장 점유율을 유지할 수 있는 더 나은 기회가 있었을 것이라고 주장할 수도 있다. 그러나 당시에는 국제수지에 어려움이 있었기 때문에 정책입안자들은 단기적으로 수출 이익을 극대화해야 한다는 압박을 받았다. 또한 브라질이 세계 커피 시장을 장악한 최초의 국가라는 점도 고려해야 한다. 이러한 국가가 항상 원래의 시장 점유율을 유지할 것으로 기대할 수는 없다. 제2차 세계대전 이후 커피를 생산할 수 있는 자연 조건을 갖춘 신생 독립국가들 대부분이 시장에 진입하는 것은 자연스러운 일이었다(세계 최초의 자동차 생산 국가가 필요한 자원을 가진 다른 나라들이 자동차를 생산하기 시작하면서 세계시장의 점유율을 상실한 것이 자연스러운 것과 마찬가지이다). 커피 정책에 대한 상세한 내용은 다음을 참조. A. Delfim Netto, *O Problema do Café no Brazil* (São Paulo: Universidade de São Paulo, 1959); A. Delfim Netto and Carlos Alberto de Andrade, "Uma Tentativa de Avaliação da Política Cafeeira," Flavio R. Versiani and José Mendonça de Barros eds., *Formação Econômica do Brasil* (São Paulo: Editora Saraiva, 1977), pp. 223-238.

4 United Nations, *World Economic Survey,* 1962, part 1, "The Developing Countries in World Trade," p. 6. "이 추정치는 개발도상국의 각 상품 그룹 수입에 대한 산업 선진국의 GDP를 회귀분석해 구했다. 샘플 기간은 1953~60년이다."

5 Rex F. Daly, "Coffee Consumption and Prices in the United States," *Agricultural Economics Research,* July 1958, pp. 61-71.

6 T. Schultz, "Economic Prospectus of Primary Products," H. Ellis and H. Wallich eds., *Economic Development for Latin America* (New York: St. Martin's Press, 1961), p. 313.

7 Joel Bergsman, *Brazil: Industrialization and Trade Policies* (London: Oxford University Press, 1970), pp. 27-28.

8 Donald Huddle, "Balança de Pagamentos e Controle de Câmbio no Brasil," *Revista Brasileira de Economia,* March 1964, p. 8; June 1964.

9 Bergsman, *Brazil,* p. 28.

10 Baer, *Industrialization,* p. 48; Joseph A. Kershaw, "Postwar Brazilian Economic Problems," *American Economic Review,* June 1948, pp. 333-334.

11 이 섹션에서 사용된 많은 자료는 다음 문헌에서 참고했다. Mario H. Simonsen, *Os Controles de Preços na Economia Brasileira* (Rio de Janeiro: Consultec, 1961); Lincoln Gordon and Engelbert L. Grommers, *United States Manufacturing Investment in Brazil: The Impact of Brazilian Government Policies, 1946-1960* (Boston: Division of Research, Graduate School of Business Administration, Harvard University, 1962). 환율의 과대평가는 수출을 저해하고 수입을 장려했을 뿐만 아니라 자본유입을 저해하고 이익송금 증가를 초래했다. 또한 외환 암시장이 형성되어 이곳에서 외화는 공식 가치를 훨씬 상회하는 환율로 거래되었다.

12 상세한 내용은 다음을 참조. Bergsman, *Brazil* Huddle, "Balança de Pagamentos."

13 Gordon and Grommers, *United States,* p. 16.

14 Ibid.

15 이 시스템에 대한 상세한 내용은 다음을 참조. A. Kafka, "The Brazilian Exchange Auction System," *Review of Economics and Statistics,* August 1956, pp. 308-322.

16 Gordon and Grommers, *United States,* p. 17.

17 상세한 내용은 다음을 참조. Bergsman, *Brazil,* pp. 31-32.

18 관세 제도에 대한 상세한 내용은 다음을 참조. ibid., pp. 32-54.

19 Gordon and Grommers, *United States,* p. 19.

20 Ibid., p. 20.

21 이 시기 정치에 대한 상세한 내용은 다음을 참조. Thomas E. Skidmore, *Politics in Brazil, 1930-64: An Experiment in Democracy* (New York: Oxford University Press, 1967).

22 Gordon and Grommers, *United States,* pp. 23-24.

23 SALTE에 대한 문장의 출처는 다음을 참조. BNDE, *XI Exposição sôbre o Programa de Reaparelhamento Econômico* (Rio de Janeiro, 1962), pp. 3-6; Hans W. Singer, "The Brazilian SALTE Plan," *Economic Development and Cultural Change,* February 1953; Dorival Teixeira Vieira, *O Desenvolvimento Econômico do Brasil e a Inflação* (São Paulo: Faculdade de Ciencias Econômicas e Administrativas, Universidade de São Paulo, 1962).

24 Singer, "The Brazilian SALTE Plan," p. 342.

25 United Nations, "Analyses and Projection of Economic Development," *The Economic Development of Brazil*, part 2 (New York, 1956) 참조.

26 물론 1950년대의 인구증가율은 1960년대 초까지 결정되지 않았다. 1940~50년 기간의 성장률은 약 2.5%였다.

27 Gordon and Grommers, *United States*, p. 123.

28 BNDE, *XI Exposição*, p. 14.

29 Gordon and Grommers, *United States*, p. 51.

30 수입대체에 대한 상세한 측정은 다음을 참조. S. Morley and G. W. Smith, "On the Measurement of Import Substitution," *American Economic Review*, September 1970.

31 도널드 허들은 제2차 세계대전 이후 다양한 하위 기간을 세밀하게 조사해 왔으며 1950년대 중반과 후반에 주로 수입대체산업화가 집중되어 있음을 발견했다. Donald Huddle, "Postwar Brazilian Industrialization: Growth Patterns, Inflation and Sources of Stagnation," Eric N. Baklanoff ed., *The Shaping of Modern Brazil* (Baton Rouge: Louisiana State University Press, 1969), pp. 91-97 참조.

32 농업은 완전히 무시당하진 않았다. 그러나 마케팅 시설 및 농촌 교육 서비스에 대한 투자는 광범위하게 이루어지지 않았으며, 산발적으로만 시행되었다. Julian Chacel, "The Principal Characteristics of the Agrarian Structure and Agricultural Production in Brazil"; Gordon W. Smith, "Brazilian Agricultural Policy, 1950-1967," both in Howard Ellis ed., *The Economy of Brazil* (Berkeley and Los Angeles: University of California Press, 1969) 참조.

| 5장 |

1 이 시기의 정치적 상황에 대한 상세한 내용은 다음을 참조. Thomas E. Skidmore, *Politics in Brazil, 1930-64: An Experiment in Democracy* (New York: Oxford University Press, 1967), ch. 6; Riordan Roett, *Brazil: Politics in a Patrimonial Society*, 3rd ed. (New York: Praeger, 1984).

2 이러한 정책에 대한 상세한 내용은 다음을 참조. Albert Fishlow, "Some Reflections on Post-1964 Brazilian Economic Policy," Alfred Stepan ed., *Authoritarian Brazil: Origin, Policy and Future* (New Haven, Conn.: Yale University Press, 1973); Harley H. Hinrichs and Dennis J. Mahar, "Fiscal Change as National Policy: Anatomy of a Tax Reform," H. J. Rosenbaum and W. G. Tyler eds., *Contemporary Brazil: Issues in Economic and Political Development* (New York:

Praeger, 1972); Werner Baer and Isaac Kerstenetzky, "The Economy of Brazil," Riordan Roett ed., *Brazil in the Sixties* (Nashville, Tenn.: Vanderbilt University Press, 1972).

3 Celso L. Martone, *Macroeconomic Policies, Debt Accumulation and Adjustments in Brazil, 1965-84*, World Bank Discussion Paper, no. 8 (Washington, DC: World Bank, March 1987), p. 5.

4 Paulo Nogueira Batista Jr., *International Financial Flows to Brazil Since the Late 1960's*, World Bank Discussion Paper, no. 7 (Washington, DC: World Bank, March 1987), p. 4.

5 자본형성에 관한 상세한 내용은 다음을 참조. *Conjuntura Eco nôm ica,* July 1977; February 1978.

6 한 연구에 따르면 1962~67년의 정체기에 유휴 생산능력은 거의 25%에 이르렀으며 이 후 호황기에는 자본 스톡이 8.3% 증가한 반면, 제조업 성장률은 14.5%였다. 이런 높은 수 준의 제조업 성장은 "유휴 생산능력이 있었기 때문에 가능했다. …… 그 결과 생산설비 가동률은 1967년 75%에서 1972년에는 100%로 증가했다." Pedro S. Malan and Regis Bonelli, "The Brazilian Economy in the Seventies: Old and New Developments," *World Development*, January-February 1977, p. 28.

7 외채에 대한 상세한 내용은 12장 참조.

8 John Wells, "Distribution of Earnings, Growth and the Structure of Demand in Brazil During the Sixties," *World Development,* January 1974, p. 10; Edmar L. Bacha, "Issues and Evidence on Recent Brazilian Economic Growth," *World Development,* January-February 1977, pp. 53-56.

9 Lance Taylor and Edmar Bacha, "The Unequalizing Spiral: A First Growth Model for Belindia," *Quarterly Journal of Economics,* May 1976, pp. 197-218. 이러한 제도의 옹호자들은 브라질의 성장이 매우 성공적이었기 때문에 상대적으로 부족한 숙련 노동에 대한 수요가 증가했 다고 주장했다. 따라서 시장은 숙련공, 기술자 및 관리자의 상대적 수입을 엄청나게 증가 시켰는데, 이는 실질 GDP 증가분의 상당 부분을 높은 수준의 인적자본 그룹이 차지했음 을 의미했다. Carlos G. Langoni, *Distribuição da Renda e Desenvolvimento Econômico do Brasil* (Rio de Janeiro: Editora Expressão e Cultura, 1973), ch. 5; Mario H. Simonsen and Roberto de Oliveira Campos, *A Nova Economia Brasileira* (Rio de Janeiro: Livraria Jose Olympio Editora, 1974), pp. 185-186 참조. 소득 집중 추세에 대한 다른 설명이 있었다. 시간이 지나면서 브 라질 산업은 점점 자본집약적으로 변했다. 따라서 산업의 선도 부문이 전통적 부문보다 자본/노동 비율이 훨씬 높았기 때문에 다른 조건이 동등하다면 수입 분배의 집중도가 높 아지는 것이 발생할 수밖에 없었다는 것이다. 또한 자원배분에 대한 세제 인센티브가 광 범위하게 사용되었고, 이것이 고소득층을 우대한 것도 소득 집중의 증가에 기여했다.

10 Roett, *Brazil,* ch. 6.

11 Bolívar Lamounier and Alkimar R. Moura, "Economic Policy and Political Opening in Brazil," Jonathan Hartlyn and Samuel A. Morley eds., *Latin American Political Economy: Financial Crisis and Political Change* (Boulder, Colo.: Westview Press, 1986), pp. 180-181.

12 상세한 내용은 다음을 참조. Annibal V. Villela and Werner Baer, *O Setor Privado Nacional: Problemas e Políticas para Seu Fortalecimento,* Coleção Relatorios de Pesquisa, no. 46 (Rio de Janeiro: IPEA, 1980), ch. 3. "Social" was later added to the end of the development bank's name, and the abbreviation became BNDES.

13 Martone, *Macroeconomic Policies,* p. 5.

14 Antonio Barros de Castro and Francisco Eduardo Pires de Souza, *A Economia Brasileira em Marcha Forçada* (Rio de Janeiro: Paz e Terra, 1985), p. 31.

15 J. P. Velloso, quoted in ibid., p. 32.

16 Ibid., p. 37.

17 Nogueira Batista Jr., *International Financial Flows,* p. 4.

18 Ibid., p. 6.

19 Ibid., p. 18.

20 Ibid., p. 20.

21 1977년을 100으로 놓은 교역조건은 지속적으로 하락해 1985년에는 58을 기록했다 (Banco Central do Brasil, *Boletin*).

22 Raul Gouvea, "Export Diversification, External and Internal Effects: The Brazilian Case," Ph.D. dissertation, University of Illinois at Urbana-Champaign, June 1987, pp. 43-62; Martone, *Macroeconomic Policies,* pp. 14-17.

23 Albert Fishlow, "A Economia Política do Ajustamento Brasileiro aos Cheques do Petróleo: Uma Nota Sobre o Periodo 1974/84," *Pesquisa e Planejamento Econô mico* 16, no. 3 (December 1986), p. 529.

24 Edmar L. Bacha, "Vicissitudes of Recent Stabilization Attempts in Brazil and the IMF Alternative," John Williamson ed., *IMF Conditionality* (Washington, DC: Institute for International Economics, 1983), p. 328.

25 Roberto Macedo, "Wage Indexation and Inflation: The Recent Brazilian Experience," Rudiger Dornbusch and Mario H. Simonsen eds., *Inflation, Debt and Indexation* (Cambridge, Mass.: MIT Press, 1983).

26 Lamounier and Moura, "Economic Policy," p. 176; Nogueira Batista Jr., *International Financial Flows*, p. 39. 1981~82년 동안 브라질 외채 중 단기외채 비율이 증가하고 있다는 것을 지적했다.

단기외채의 증가는 공식 통계를 보거나 단기외채에 대한 비공식적인 추정치를 보고 느끼는 것보다 훨씬 더 중요했다. 1982년 12월까지 브라질의 단기외채는 총외채의 27.8%에 이르렀다. 만약 브라질 거주자의 단기외채뿐만 아니라 브라질은행의 자회사를 고려한다면 1982년 말 브라질의 총외채는 약 900억 달러에 달했다.

27 Martone, *Macroeconomic Policies*, p. 10.

28 Nogueira Batista Jr., *International Financial Flows*, p. 39.

29 Ibid., p. 40.

30 Lamounier and Moura, "Economic Policy," pp. 176-177에서 다음과 같이 지적했다.

IMF 프로그램은 대출이라는 점에서 의미가 거의 없었지만 국제 금융계에 어려움에 처한 채무자의 '도덕적 해이'와 기타 전형적인 위험에 대한 일정한 보증을 제공했다. 브라질의 구조조정 프로그램에 대한 IMF의 보증은 민간은행도 재정적으로 프로그램을 지원한다는 것을 의미했다.

31 Winston Fritsch, "A Crise Cambial de 1982-3 no Brasil: Origens e Respostas," C. Plastino and R. Bouzas eds., *A América Latina e a Crise Internacional* (Rio de Janeiro: IRI/PUC, 1985); Maria Silvia Bastos Marques, "FMI: A Experiencia Brasileira Recente," E. L. Bacha and W. R. Mendoza eds., *Recessao ou Crescimento: O FMI e o Banco Mundial na America* (Rio de Janeiro: Paz e Terra, 1987), pp. 123-127. Dionlosio Dias Carneiro, "Long-Run Adjustment, Debt Crisis and the Changing Role of Stabilization Policies in the Recent Brazilian Experience," mimeo (Rio de Janeiro: PUC, 1985)에서 다음과 같이 언급했다.

브라질 정부와 IMF 간의 [의향서 체결]을 위한 이 고통스런 협상은 물가연동제를 실시하고 있는 브라질 같은 개도국에서 IMF의 정통적 안정화 정책을 시행하는 것이 얼마나 어려운지를 보여 주는 것이었다. 당시 브라질 정부는 총투자의 3분의 1에서 2분의 1 정도를 차지하고 있었고, 강제 저축 기금의 관리를 통해 민간투자의 상당 부분에 대한 자금 중개도 지원하고 있었다(pp. 101-102).

32 Michael Barzelay, *The Politicized Market Economy: Alcohol in Brazil's Energy Strategy* (Berkeley:

University of California Press, 1986).

33 Gustavo Maia Gomes, "The Impact of the IMF and Other Stabilization Arrangements: The Case of Brazil," Werner Baer and John F. Due eds., *Brazil and the Ivory Coast: The Impact of International Lending, Investment and Aid* (Greenwich, Conn.: JAI Press, 1987), pp. 159-161; Maria Silvia Bastos Marques, "FMI: A Experiencia Brasileira Recente," Bacha and Mendoza, *Recessao ou Crescimento*, pp. 123-127.

34 Fishlow, "A Economia Política," pp. 537-538.

35 Macedo, "Wage Indexation," p. 135.

36 Maia Gomes, "The Impact of the IMF," p. 158.

37 Rogerio F. Werneck, *Empresas Estatais e Política Macroeconômica* (Rio de Janeiro: Editora Campus, 1987); Rogerio Werneck, "Poupança Estatal, Divida External e Crise Financeiro do Setor Público," *Pesquisa e Planejamento Econômico* 16, no. 3 (December 1986) 참조.

38 Werneck, *Empresas Estatais*, pp. 12-14.

39 Ibid., p. 22.

40 Ibid., p. 31.

ı 6장 ı

1 Werner Baer, "The Inflation Controversy in Latin America," *Latin American Research Review* (Spring 1967).

2 *Conjuntura Econômica, March 1985, p. 13.*

3 Antonio Carlos Lemgruber, "Real Output: Inflation Trade-offs, Monetary Growth and Rational Expectations in Brazil, 1950/79," *Brazilian Economic Studies*, no. 8 (Rio de Janeiro: IPEA/INPES, 1984), p. 70.

4 Claudio R. Contador, "Crescimento Econômico e o Combate a Inflação," *Revista Brasileira de Economia* (January/March 1977), p. 163.

5 Claudio R. Contador, "Reflexões Sobre o Dilema entre Inflação e Crescimento Econômico na Década de 80," *Pesquisa e Planejamento Econômico* (April 1985), pp. 40-41.

6 Fernando de Holanda Barbosa, *A Inflação Brasileira no Pós-Guerra* (Rio de Janeiro: IPEA/INPES, 1983), p. 222.

7 Luiz C. Bresser Pereira and Yoshiaki Nakano, *Inflação e Recessão* (São Paulo: Editora Brasiliense, 1984); Francisco L. Lopes, "Inflação Inercial, Hiperinflação e Disinflação: Notas e Conjeturas," *Revista da ANPEC 7,* no. 8 (November 1984).

8 Bresser Pereira and Nakano, *Inflação,* pp. 19-20; Luiz Aranha Correa do Lago, Margaret H. Costa, Paulo Nogueira Batista Jr., and Tito Bruno B. Ryff, *O Combate a Inflação no Brasil: Uma Politíca Alternativa* (Rio de Janeiro: Paz e Terra, 1984), pp. 32-33.

9 Bresser Pereira and Nakano, *Inflação,* p. 25.

10 Ibid.

11 Ibid., pp. 27-28.

12 Correa do Lago et al., *O Combate,* p. 29.

13 Bresser Pereira and Nakano, *Inflação,* p. 30.

14 Ibid., p. 32.

15 Ibid., p. 37.

16 Ibid., pp. 66-67.

17 Ibid., p. 27.

18 Ibid., p. 51.

19 Ibid., p. 52.

20 Lopes, "Inflação Inercial"; Andre Lara Resende and Francisco L. Lopes, "Sobre as Causas da Recente Aceleração Inflacionaria," *Pesquisa e Planejamento Econômico* (April 1983); Francisco L. Lopes and Eduardo Modiano, "Indexação, Choque Externo e Nivel de Atividade: Notas Sobre o Caso Brasileiro," *Pesquisa e Planejamento Econômico* (April 1983) 참조.

21 Lopes, "Inflação Inercial," p. 58.

22 Ibid.

23 Ibid., pp. 64-65.

24 Bresser Pereira and Nakano, *Inflação,* 1974~79년의 인플레이션에 따른 자기몫 챙기기 투

쟁에 대한 해석을 제공한다. Werner Baer, "Social Aspects of Latin American Inflation," *Quarterly Review of Economics and Finance* 31, no. 3 (Autumn 1991) 참조.

25 1970년대의 임금 상황은 다소 모호하다. 1976년까지 부문별로 임금의 차이가 있었고, 1976년까지 실질임금이 감소했다는 것을 나타내는 임금 측정치도 있다. Russell E. Smith, "Wage Indexation and Money Wages in Brazilian Manufacturing: 1964-1978," Ph.D. dissertation, University of Illinois at Urbana-Champaign, 1985; Roberto Macedo, "Wage Indexation and Inflation: The Recent Brazilian Experience," Rudiger Dornbusch and Mario H. Simonsen eds., *Inflation, Debt and Indexation* (Cambridge, Mass.: MIT Press, 1983) 참조.

26 Werner Baer, *The Brazilian Economy,* 5th ed. (Westport, Conn.: Praeger, 2001), pp. 123-128.

27 1970년대에 크롤링페그제는 브라질과 무역 상대국 간의 인플레이션 차이와 상당히 밀접한 관계가 있었지만 제1차 오일쇼크 당시 환율은 이미 과대평가되어 있었다고 주장할 수 있다. 또한 1970년대 후반에 미국이 브라질에 대해 수출 인센티브 제도를 폐지하라는 압력을 가함에 따라 더 큰 폭의 평가절하로 이를 보상할 필요가 있었다.

28 Maria Silvia Bastos Marques, "FMI: A Experiêcia Brasileiza Recente," E. L. Bacha and W. R. Mendoza eds., *Recessão ou Crescimento: O FMI e o Banco Mundial na America* (Rio de Janeiro: Paz e Terra, 1987), pp. 343-384.

29 1983~84년에 농업 신용에 대한 금리 보조금이 제거되었다. 이것은 실질적으로 농업부문의 비용을 증가시켰고, 농산품 가격 상승에도 영향을 미쳤다.

30 브라질 산업의 과점적 구조와 가격인상에 대한 상세한 내용은 다음을 참조. Bresser Pereira and Nakano, *Inflação,* pp. 26-27.

31 Macedo, "Wage Indexation," p. 135.

32 Marques, "FMI," pp. 83-84.

33 이 책의 제5판은 통화 공급과 관련해 더 자세하게 설명했다.

34 Peter T. Knight, "Brazil, Deindexation, Economic Stabilization, and Structural Adjustments," mimeo (Washington, DC: World Bank, July 5, 1984), p. 34.

35 Mario H. Simonsen, "Inflation and Anti-Inflation Policies in Brazil," *Brazilian Economic Studies,* no. 8 (Rio de Janeiro: IPEA, 1984), pp. 8-9.

36 프랑시스꾸 로뻬스의 비정통적 충격요법 주장에 대해 아리다와 헤센지가 동조했다. Persio Arida and Andre Lara Resende, "Inertial Inflation and Monetary Reform," John

Williamson ed., *Inflation and Indexation: Argentina, Brazil and Israel* (Washington, DC: Institute for International Economics, 1985).

그들은 심각한 인플레이션이 진행되는 과정에서 경제주체들이 통화 단위보다 구매력 측면에서 현재와 미래의 소득을 생각하게 된다는 전제에서 출발했다. 이는 인플레이션에 강력한 관성적 특성을 존재한다는 것을 의미하는데, 이는 각 경제주체가 구매력을 유지하기 위한 가격과 소득을 주장하는 것이 사회 전체에서 자연스럽고 광범위하게 받아들여지기 때문이다. 이러한 통찰력을 가지고 그들은 독창적인 안정화 방안을 제안했다. 즉, 명목 가격이 아닌 실질가격의 일시적인 동결 또는, 다르게 표현하면, 크루제이루 구매력 단위를 영구적 구매력 단위로의 교체 …… 가격 동결의 마지막에는 구매력 단위가 새로운 통화 단위로 변환될 것이다. 이 제안은 널리 논의되었으며 화폐 단위의 변경은 시도되지 않았지만 일반적인 가격 동결에 대한 제안은 크루자두 플랜에 포함되었다.

37 크루자두 플랜 관련 법령에 대한 자세한 설명은 *Conjuntura Econômica*, 1986년 3월호에서 찾을 수 있다. 이 저널의 1986년 4월호에는 크루자두 플랜의 다양한 측면에 대한 브라질 주요 경제학자들의 긴 토론 내용이 수록되어 있다.

38 Besides Lopes, "Inflação Inercial"; Persio Arida ed., *Inflação Zero* (Rio de Janeiro: Paz e Terra, 1986); Eduardo Modiano, *Da Inflação ao Cruzado* (Rio de Janeiro: Editora Campus, 1986); Celso L. Martone, "Plano Cruzado: Erros e Acertos no Programa," *O Plano Cruzado na Visão de Economistas de USP* (São Paulo: Livraria Pioneira Editora, 1986).

39 도르넬리스(Dornelles) 재무 장관과 렘그루베르(Lemgruber) 중앙은행 총재가 대표적 인물이며, 중앙은행 총재는 1985년 8월 말 사임했다.

40 Gustavo Maia Gomes, "Monetary Reform in Brazil," mimeo (Recife, May 1986), pp. 13-14.

41 Angelo Jorge De Souza, "Inflação de Preços Relatives," *Conjuntura Econômica* (April 1986), pp. 29-30.

42 Dionisio Dias Carneiro, "Capital Rows and Brazilian Economic Performance," PUC/Rio, *Texto para Discussão, no.* 369 (April 1997), p. 15.

43 *Conjuntura Econômica*, February 1987, p. 83.

44 국내 부채에 대한 이자 지급은 극적으로 증가했다. 1982년에 GDP의 0.67%에서 1985년에는 2.83%, 그리고 1989년에는 거의 6%로 상승했다. Renato Villea, "Crise e Ajuste Fiscal nos Anos 80: Um Problema de Política Econômica on de Economia Política?," *Perspectivas da Economia Brasilieria* (Brasília: IPEA, 1992), pp. 27-29; 36-37 참조.

45 이는 GDP 대비 투자율이 1980년 22.9%에서 1989년에는 16.7%(<부록 표 A.2> 참조)로

하락한 반면, 공공부문의 국내 부채는 GDP의 5%에서 22.2%로 증가한 것을 고려하면 알 수 있다. 1980년에 민간부문은 전체 신용의 74%를 차지했고, 나머지가 공공부문 신용이었다. 1990년에는 민간부문이 47%, 공공부문이 53%를 차지할 정도로 이 구성 비율이 크게 바뀌었다. Perspectivas da Economia Brasileira 1992 (Brasília: IPEA, 1991) 참조.

46 금융시장, 특히 익일물 단기자금 시장의 고금리로 인해 많은 회사들이 그들의 보유 자금 중 더 많은 비중을 단기금융시장에 투자했다. 따라서 많은 기업들은 그들의 기본적인 생산 활동이 아니라 오히려 금융거래를 통해 이익을 시현하고 있었다.

47 Clovis de Faro ed., *Plano Collor: Avaliações e Perspectivas* (Rio de Janeiro: Livros Tecnicos e Cientificos Editora Ltd., 1990).

48 산업생산은 15.4% 감소했다. 제조업 지수(1981=100)는 3월의 106.8에서 4월에는 92.2로 하락했다.

49 Yashiaki Nakano, "As Fragilidades do Plano Collor de Estabilização," Clovis de Faro ed., *Plano Collor: Avaliações e Perspectivas* (São Paulo: Livros Tecnicos e Cientificos, 1990), p. 146.

50 IPEA, *Boletim Conjuntural.*

51 상세한 내용은 다음을 참조. Elba C. L. Rego, "Política Monetária em 90," F. A. de Oliveira ed., *A Economia Brasilieria em Preto e Branco* (São Paulo: Husitec, 1991).

52 평균 관세는 1987년 51%에서 1990년에는 32.2%로 떨어졌으며, 1990년대 상반기에도 계속 하락해 1994년에는 14.2%를 기록했다. *Perspectivas da Economia Brasileira 1992* (Brasília: IPEA, 1992), pp. 67; 76 참조.

53 Werner Baer and Annibal Villela, "Privatization and the Changing Role of the State in Brazil," Werner Baer and Melissa Birch eds., *Essays on Privatization in Latin America* (Westport, Conn.: Praeger, 1994).

54 데이터 출처는 *Conjuntura Econômica*이다.

55 꼴로르 행정부와 이따마르 프랑꾸 행정부의 경제정책에 관한 상세한 내용은 이 책의 제5판 9장을 참조하라. 제5판 9장은 끌라우지우 빠이바(Claudio Paiva)와 공동으로 작성했다.

| 7장 |

1 Werner Baer, "Social Aspects of Latin American Inflation," *Quarterly Review of Economics and*

Finance 31, no. 3 (Autumn 1991), pp. 45-57 참조.

2 계획 수립 과정에 대한 상세한 내용은 다음을 참조. Edmar L. Bacha, "Plano Real: Uma Avaliação Preliminar," *Revista do BNDES* (June 3, 1995): 3-26; Gustavo Franco, *O Plano Real e Outrow Ensaios* (Rio de Janeiro: Editora Francisco Alves, 1995).

3 실제가치단위(URV)에 관한 상세한 내용은 다음을 참조. *Conjuntura Econômica,* April 1994, pp. 5-7.

4 1985년 두 명의 브라질 경제학자가 최초로 물가연동 통화를 도입하는 안정화 프로그램에 대한 아이디어를 제안했다. Persio Arida and Andre Lara Resende, "Inertial Inflation and Monetary Reform," John Williamson ed., *Inflation and Indexation: Argentina, Brazil and Israel* (Washington, DC: Institute for International Economics, 1985) 참조. 아리다와 헤센지는 헤알 플랜을 수립을 지원한 자문가 그룹에도 참여했다.

5 상세한 내용은 다음을 참조. *Conjuntura Econômica* (August 1994), pp. 172-173.

6 *Boletim Conjuntural (October 1996).*

7 *Exame, June 5, 1995, p. 27.*

8 Winston Fritsch and Gustavo Franco, *Foreign Direct Investment in Brazil: Its Impact on Industrial Restructuring* (Paris: OECD, 1991), p. 20.

9 예를 들어, 주정부 및 지자체로의 이전지출 및 사회보장제도의 조정.

10 Antonio Delfim Netto, "Brasil, A Bola da Vez?" *Economia Aplicada* 2, no. 4 (October-December 1998): 731.

11 까스뜨루는 브라질 정부의 "과잉 지출에 대한 중독"에서 이를 강조. Paulo Rabello de Castro, *Wall Street Journal, November 6, 1998, p. A15.*

12 Pedro Parente, *Brazil's Macroeconomic Outlook* (Brasília: Presidencia da Republica, 1999), p. 20.

13 Ibid.

14 Armando Castelar Pinheiro, F. Giambiagi, and J. Gostkorzewicz, "O Desempenho Macroeconômico do Brasil nos Anos 90," F. Giambiagi and M. M. Moreira eds., *A Economia Brasileira nos Anos 90* (Rio de Janeiro: BNDES, 1999), p. 18. 이들은 또한 예산 항목의 "기타 경상 및 자본 지출"에 포함되는 다양한 연방정부 기관의 상당한 지출 증가도 지적했다.

15 *Veja*, January 20, 1999, p. 46.

16 A. C. Alem and F. Giambiagi, "O Ajuste do Governo Central: Além das Reformas," F. Giambiagi and M. M. Moreira eds., *A Economia Brasileira nos Anos 90* (Rio de Janeiro: BNDES, 1999), pp. 96-97.

17 Jorge Vianna Monteiro, *Economia e Política: Instituições de Estabilização Econômica no Brasil* (Rio de Janeiro: Fundação Getúlio Vargas, 1997).

18 *Brazil Financial Wire*, June 11, 1997.

19 Monteiro, *Economia e Política*, p. 254.

20 BNDES, http://www.bndes.gov.br.

21 McKinsey & Company, Inc., *Productivity: The Key to an Accelerated Development Path for Brazil* (São Paulo: McKinsey Brazil Office, 1998), p. 2.

22 Manuel A. R. Da Fonseca, "Brazil's *Real* Plan," *Journal of Latin American Studies* 30, pt. 3 (October 1998), p. 637.

23 Werner Baer and N. Nazmi, "Privatization and Restructuring of Banks in Brazil," *Quarterly Review of Economics and Finance* 40, no. 1 (2000), pp. 3-24.

24 Baer and Nazmi, "Privatization and Restructuring," p. 15.

25 Ibid., p. 17.

26 브라질 정부는 다음과 같은 280억 헤알 규모의 재정 개혁 프로그램을 추진하기로 합의 했다. ① 금융거래세 0.3%에서 0.37%로 인상, ② 공무원의 연금 기여금 인상, ③ 퇴직 공무원의 연금에 대한 세금 부과, ④ 은퇴 연령 조정.

27 의회는 민간 연금 대상자들이 더 오래 일하도록 장려(평균 은퇴 시기 52세 이후, 그리고 근로기간 33년 이상)하는 연금 혜택 조정안을 통과시켰다. 또한 직업 안정성을 낮추고 일부 지출을 축소하는 긴축 조치들도 통과시켰다.

28 1999년에 정부는 금융거래에 대한 세금인 금융거래세(CPMF)의 폐지로 인한 재정수입 감소 위협에 직면해 있었다. 이 금융거래세는 1996년에 처음 도입되어 1999년까지 유효한 한시세였다. 3월에 정부는 의회를 설득해 금융거래세를 3년 연장했다. 금융거래 세가 사라진다면 재정수입이 크게 감소할 수 있었기 때문이었다. 법원의 판례에 따르면, 정부는 기한 연장을 위한 이 법안에 잘못된 용어를 사용했다. 법원은 금융거래세에 대한 연장(prorrogar)이라는 용어가 아니라 갱신(renovar)이라는 용어를 사용해야 했다. *Latin American Economy & Business* (October 1999), p. 2.

29 Afonso S. Bevilaqua, "Macroeconomic Coordination and Commercial Integration in Mercosul," *Texto para Discussão,* no. 378, Rio de Janeiro, Departamento de Economia, PUC-Rio, October 1997.

| 8장 |

* 이 장의 초기 버전은 다음을 참조. Edmund Amann and Werner Baer, "Brazil as an Emerging Economy: A New Economic Miracle?," Working Paper No. 1 (Urbana-Champaign: Lemann Institute for Brazilian Studies,University of Illinois, 2011).

1 형평성과 효율성의 상충관계는 다음 자료에 가장 잘 예시되어 있다. Simon Kuznets, *Economic Growth of Nations: Total Output and Production Structure* (Cambridge, Mass.: Harvard University Press, 1971).

2 *Programa do Governo,* 2002 (São Paulo: Partido dos Trabalhadores).

3 Ibid., p. 30.

4 Ibid., p. 43.

5 이 선언문은 이전 정부 빈곤 퇴치 프로그램의 파편화되고 후견주의적인 성격에 대해 신랄하게 비판하고 있다. Ibid., p. 39.

6 포미 제로 프로그램에 대한 상세한 내용은 다음을 참조. Programa Fome Zero: Balanço de 2003.

7 이 정책은 볼사 파밀리아 프로그램(가계 보조)으로 알려졌다. 이 프로그램에 따라 월 소득이 50헤알 미만인 가정에 50헤알을 지급하고, 15세 미만 어린이 한 명당 15헤알을 추가로 지급했다. 월 소득이 50헤알에서 100헤알 사이인 가정에는 15세 미만 어린이 한 명당 15헤알을 지급했다. *O Estado de São Paulo,* October 21, 2003.

8 Fabio Giambiagi, "A Agenda Fiscal," F. Giambiagi, J. G. Reis, and A. Urani eds., *Reformas no Brasil: Balanco e Agenda* (Rio de Janeiro: Editora Nova Fronteira, 2004), p. 12.

9 IPEA, *Boletim de Conjuntura,* no. 67, December 2004.

10 Ibid., p. 13; Banco Central do Brasil, *Boletim.*

11 1999년 1월의 평가절하에 대한 상세한 내용은 다음을 참조. Edmund Amann and Werner

Baer, "Anchors Away: The Costs and Benefits of Brazil's Devaluation," *World Development* (June 2003): 1033-1046.

12 IPEA (Dec. 2003).

13 상세한 내용은 다음을 참조. Amann and Baer, "Anchors Away."

14 André Minella, Springer de Freitas, Ivan Goldfajn, and Marcelo Murinhos, *Inflation Targeting in Brazil: Constructing Credibility Under Exchange Rate Volatility* (Brasília: Banco Central do Brasil, 2003).

15 서비스는 GDP의 약 60%로 농업(10%)과 산업(30%)에 비해 매우 큰 비중을 차지하고 있다.

16 산업 설비 가동률의 증가는 자본축적이 이루어지기 전 단계에서 수요가 급격히 증가함에 따라 나타나는 현상이다.

17 *Conjuntura Econômica*, June 2005.

18 IPEA, *Boletim de Conjuntura*, March 2005.

19 상세한 내용은 다음을 참조. Amann and Baer, "Anchors Away."

20 이 데이터는 IBGE의 예산조사(PNADE)를 토대로 응용경제연구소(IPEA)가 계산한 것이다.

21 IPEA.

22 *The Economist*, August 14, 2003.

23 Ibid.

24 Alex Steffen, "Fome Zero," *World Changing: Another World Is Here,* December 4, 2003, http://www.worldchanging.com/archives/000168.ht.

25 Cathy Lindert, "Bolsa Família Program: Scaling Up Cash Transfers to the Poor," World Bank Report, 2005, p. 67; Gabriel P. Mathy, "Bolsa Família: A Study of Poverty Inequality and the State in Brazil," mimeo, University of Illinois, December 12, 2006 참조.

26 Ibid. 이는 극도로 높은 금리로 인해 금융 부문으로 이전된 소득과 비교했을 때 상대적으로 매우 적은 금액이었다. 한 관찰자는 "투자 및 산업 분야에서 국가가 지불하는 고금리로 인해 느린 속도로 성장하고 있을 때 은행들은 역사상 최고의 수익을 기록하고 있었다"고 말했다. Raul Zibechi, "The Resurrection of Lula," *International Relations Center:*

Americas Program Report, March 29 and December 8, 2006, http://www.cipamericas.org/ archives/995. 이자 지급액 추정치는 GDP의 7~8%에 달했다.

27 D. Cruz, "Primeiro Ano de Governo Lula Aprofunda Desemprego," *CMI Brasil* (January 1, 2004), 1.

28 Mauricio Rands, "Brazil Under the Government of President Lula: Social Security Reform: Will It Work?" mimeo, Brasília, Brazilian National Congress, 2003.

29 "Social Security Reform," *Banco Central do Brasil Focus,* December 18, 2003.

30 Rands, "Brazil Under the Government of President Lula."

31 2004년 6월에 룰라 정부는 최저임금을 275헤알로 인상하자는 모든 정치 세력의 압력에 대항해 260헤알로 인상하는 안이 의회를 통과하도록 모든 정치적 수단을 동원했다.

32 *IPEA Boletim de Conjuntura,* 2004 (March): 58.

33 상세한 내용은 다음을 참조. Gustavo Rangel, *Barclays Capital Research,* August 15, 2003.

34 여기에서 핵심적인 문제는 주정부의 수입 감소분에 대해 보상하기 위한 적절한 연방정 부의 이전지출 메커니즘이 없다는 것이었다. Giambiagi, "A Agenda Fiscal."

35 *Latin Trade,* December 2004. 룰라 대통령은 이 같은 개혁을 옹호하면서 브라질은행의 예 대 마진이 세계에서 가장 높으며, 경제를 파괴하고 있다고 주장했다.

36 Economist Intelligence Unit, *Brazil Country Report,* 1st quarter 2004.

37 Jorge Luiz Bachtold, "Os Lucros dos Bancos," *CMI Brasil,* February 18, 2004, http://www. midiaindependente.org.

38 물가안정목표제는 인플레이션 압력이 상승할 경우 통화당국이 재량에 따라 통화정책 을 완화하는 것을 엄격하게 제한한다는 것을 상기할 필요가 있다. 이러한 시나리오는 통화 약세가 발생한 후에 잘 나타날 수 있다.

39 이것은 개별 부처들이 책임감 있는 재정 운영에 따른 것이 아니라 재정지출 결정을 내 리는 노동자당 출신 장관들의 정치적 처신 때문이었다.

40 특히 특정 이익 단체에 영합하는 사회적 투자를 우선시하는 개혁이 매우 느리게 진전되 었다.

41 급속한 경제성장이 이루어질 경우 아무도 손해를 보지 않는 소득재분배가 가능하다.

42 브라질의 GDP 대비 투자율은 19% 수준으로 매우 미약한 상태가 지속되었다. 이와는

대조적으로 중국의 GDP 대비 투자율은 현재 약 40%에 이르고 있다(*Exame*, July 2005, p. 40). 브라질의 산업투자는 1998년 18.8%에서 2003년에는 15.2%로 감소했다(*O Globo*, June 22, 2005).

43 2005년의 경제성장을 억제하기 위한 당국의 최근 결정이 이러한 결론을 뒷받침해 주고 있다. 정부는 공급 측면의 제약으로 인한 인플레이션을 우려하고 있다.

44 그러나 규제의 불확실성, 특히 전기 부문의 불확실성은 투자를 방해한다고 주장할 수 있다.

45 많은 구조상 병목현상이 극복되어야 할 것이다. 정부의 관련 위원회는 브라질 고속도로의 80%를 "결함이 있는", "나쁜" 또는 "끔찍한" 수준으로 분류했다. 브라질 화물 운송의 단지 24%를 차지하고 있는 철도 인프라는 획기적인 개선이 요구되는 상황이다. 브라질의 항구는 동아시아 국가들의 항구와 비교해서 매우 비싸고 비효율적인 것으로 유명하다. 브라질의 톤당 평균 항만 비용은 41달러이며, 미국의 경우 18달러이다. 라틴아메리카 최대인 상투스 항구는 1시간에 30개의 컨테이너를 선적하지만 싱가포르에서는 1시간에 100개를 선적한다. 이러한 결함을 개선하기 위해 브라질 정부는 민관협력(PPP) 프로그램을 도입했다. 이를 통해 민간 기업이 정부와 계약을 맺고 인프라 서비스를 제공할 수 있으며, 정부는 특정 기간 및 특정 가격으로 서비스를 구매할 것을 보증한다. 이러한 협약의 이점은 부족한 공공부문의 자본에 의존하지 않고 민간으로부터 자본을 동원해 투자를 실행할 수 있다는 것이다. *Latin Finance*, October 2004

46 Mario Marcel and Andres Solimano, "The Distribution of Income and Economic Adjustment," Barry Bosworth, Rudiger Dornbusch, and Raul Laban eds., *The Chilean Economy: Policy Lessons and Challenges* (Washington, DC: Brookings Institution Press, 1994). Chile's natural-resource-based export sectors were particular beneficiaries of labor market reforms and became magnets for FDI.

47 Nora Lustig, *Mexico: The Remaking of an Economy* (Washington, DC: Brookings Institution Press, 1998).

48 2005년 중반에 룰라 정부의 상황은 더욱 위태로워졌다. 정부의 권위를 훼손하는 일련의 스캔들에 흔들리고, 이로 인해 의회에서의 지지를 위해 다른 정당들과 협상하는 것이 필요했다. 따라서 정부는 전통적으로 소득재분배에 반대하는 보수정당 인사들의 지지를 얻어야만 의회에서 진전을 이룰 수 있었다. 위기의 상세한 내용과 그 의미에 대해서는 다음을 참조. *Veja*, June 29, 2005, pp. 58-85; "O Gusto da Corrupção," *Exame,* July 20, 2005, pp. 22-28.

9장

1 *World Investment Report 2010* (Geneva: UNCTAD 2011).

2 제2차 세계대전 중 브라질에 망명한 오스트리아 작가 슈테판 츠바이크는 자신의 저서에서 이 나라의 잠재력을 설명했다. Stefan Zweig, *Brazil: Land of the Future* (originally titled *Brasilien: Ein Land der Zukunft*, Stockholm: Bermann-Fischer, 1941[『미래의 나라, 브라질』, 김창민 옮김, 후마니타스, 2016]). 브라질은 언제나 미래의 나라일 것이라는 재치 있는 답변이 이어졌다.

3 F. Blanco, F. Holanda Barbosa Filho, and S. Pessoa,"Brazil: Resilience in the Face of the Global Crisis," M. K. Nabli ed., *The Great Recession and Developing Countries* (Washington DC: The World Bank, 2011), pp. 101-103; Chapters 7 and 8.

4 실업률 데이터 출처는 IBGE이다.

5 *O Globo,* February 11, 2011.

6 상세한 내용은 다음을 참조. Edmund Amann and Werner Baer, "Economic Orthodoxy Versus Social Development? The Dilemmas Facing Brazil's Labour Government," *Oxford Development Studies* 34, no.2 (2006): 219-241.

7 Carlos Alvares da Silva Campos Neto and Fernanda Senra de Moura, "Investimentos na Infraestrutura Econômica: Avaliação do Desempenho Recente," *Radar No.18* (IPEA, February 2012), p. 19.

8 "O Brasil em 4 Décadas," *Texto para Discussão* 1500 (Rio de Janeiro: IPEA 2010).

9 *Sondagem Especial: China* (Rio de Janeiro: Confederação Nacional de Indústria 2011); Achyles Barcelos da Costa, "The Footwear Industry in Vale dos Sinos (Brazil): Competitive Adjustment in a Labour-Intensive Sector," *CEPAL Review* (August 2010) 참조.

10 *O Globo,* December 21, 2010.

11 *Financial Times,* February 21, 2011.

12 Edmund Amann and Werner Baer, "The Macroeconomic Record of the Lula Administration, the Roots of Brazil's Inequality and Brazil's Attempts to Overcome Them," J. Love ed., *The Political Economy of Brazil's Lula Administration* (New York: Palgrave 2009).

13 Luis de Mello, "Brazil's Achievements and Challenges," *CESifo Forum* 12, no. 1 (2011): 3-16.

14 M. Neri, "Brazil as an Equitable Opportunity Society," L. Brainard and L. Martinez-Diaz eds., *Brazil as an Economic Superpower* (Washington DC: Brookings Institution Press, 2009).

15 M. Neri, *The New Middle Class in Brazil: The Bright Side of the Poor* (Rio de Janeiro: Fundação Getúlio Vargas, 2010).

16 *O Globo,* February 16, 2011.

17 W. Baer and A. F. Galvão, "Tax Burden, Government Expenditures and Income Distribution in Brazil," *Quarterly Review of Economics and Finance* 48, no. 2 (2008): 345-359.

18 Amann & Baer, "The Macroeconomic Record."

19 M. Cimoli, G. Dosi, and J. Stiglitz, *Industrial Policy and Development* (Oxford: Oxford University Press, 2009).

20 BNDES, *Boletim de Desempenho,* December 2010.

21 *O Globo,* September 27, 2010.

22 *O Globo,* February 1, 2011.

23 J. Hermann, "Development Banks in the Financial Liberalisation Era: The Case of BNDES in Brazil," *CEPAL Review* (April 2010): 189-205.

24 R. J. Barro and J. W. Lee, "A New Data Set of Educational Attainment in the World, 1950-2010," NBER Working Paper no. 15,902 (2010).

25 *Radar: Tecnologia, Produção e Comércio Exterior,* no. 11 (Rio de Janeiro: IPEA, 2010).

ı 10장 ı

1 이러한 정책들에 대해서는 4장에 자세히 기술되어 있다. Joel Bergsman, *Brazil: Industrialization and Trade Policies* (London: Oxford University Press, 1970); Donald Huddle, "Balança de Pagamentos e Controle de Câmbio no Brasil," *Revista Brasileira de Economia* (June 1964 and March 1969); Carlos C. von Doellinger, Leonardo Cavalcanti, and Flavio Castelo Branco, *Política e Estrutura das Brasileiras* (Rio de Janeiro: IPEA/INPES, 1977) 참조.

2 Bergsman, *Brazil,* p. 42.

3 Carlos von Doellinger, Hugh B. de Castro Faria, and Leonardo C. Cavalcanti, *A Política Brasileira* *de Comercio Exterior e Seus Efeitos: 1967/73*, Coleção Relatorios de Pesquisa, no. 22 (Rio de Janeiro: IPEA/INPES, 1974), pp. 23-47; William G. Tyler, *Manufactured Export Expansion and Industrialization in Brazil*, Kieler Studien, no. 134 (Tubingen: J.C.B. Mohr, 1976).

4 Eduardo Matarazzo Suplicy, *Os Efeitos das Minidesvalorizações na Economia Brasileira* (Rio de Janeiro: Fundação Getúlio Vargas, 1976); von Doellinger et al., *Politíca e Estrutura.*

5 Carlos von Doellinger and Leonardo C. Cavalcanti, *Empresas Multinacionais na Indústria Brasileira*, Colegao Relatorios de Pesquisa, no. 29 (Rio de Janeiro: IPEA, 1975), p. 91.

6 Carlos von Doellinger, "Considerações Sobre o Recolhimento Compulsório dos Empréstimos Externos," *Pesquisa e Planejamento Econômico*, December 1973.

7 까르도주 대통령(1995~2003년)은 때때로 이 자유화 추세에 제동을 걸었다. 예를 들어, 브라질이 수입 자유화와 헤알화 평가절상의 결합 효과로 인해 1994년 말과 1995년 초에 자동차 수입이 급증했을 때, 산업계가 보호조치를 도입하라고 정부에 상당한 압박을 가했다. 정부는 '일시적으로' 자동차에 대한 관세를 다시 인상하고 몇 가지 직접적인 단기 양적 수입제한 조치를 도입했다.

8 Ibid., p. 444.

9 Ibid., p. 445.

10 Simão Davi Silber, "Foreign trade and foreign investment: The Brazilian experience in the last two decades," Werner Baer and David Fleischer eds., *The Economies of Argentina and Brazil: A Comparative Perspective* (Cheltenham, UK: Edward Elgar, 2011), p. 443.

11 Ibid.

12 이익송금은 2003년 56억 달러에서 2004년 73억 달러, 그리고 2005년에는 127억 달러로 크게 증가했다.

13 2005/06년에 브라질은 세계 오렌지주스의 58%를 생산했으며 오렌지주스 수출은 세계 수출의 85%에 달했다.

14 남미공동시장에 대한 상세한 내용은 다음을 참조. Jose Tavares de Araujo Jr., "Industrial Restructuring and Economic Integration: The Outlook for Mercosur," Werner Baer and Joseph S. Tulchin eds., *Brazil and the Challenge of Economic Reform* (Washington, DC: The Woodrow Wilson Center Press, 1993); Andre Averburg, "Abertura e Integração Comercial Brasileira na Década de 90," Favio Giambiagi and Mauricio Mesquita Moreira eds., *A Economia Brasileira nos Anos 90* (Rio de Janeiro: BNDES,1999).

15 이 이슈에 대한 상세한 내용은 다음을 참조. Werner Baer, Tiago Cavalcanti, and Peri Silva, "Economic Integration Without Policy Coordination: The Case of Mercosur," *Emerging Markets Review* 3 (2002).

16 리처드 그레이엄(Richard Graham)은 그의 고전적 연구에서 다음과 같이 언급했다. "영국이 철도, 수출 기업, 수입 비즈니스, 해운회사, 보험회사, 은행, 그리고 재무부도 영국 수입 의존을 줄이려는 노력을 제지하려 했다." Richard Graham, *Britain and the Onset of Modernization in Brazil, 1850-1914* (Cambridge: Cambridge University Press, 1968), p. 73.

17 Eric N. Baklanoff, "Brazilian Development and the International Economy," John Saunders ed., *Modern Brazil: New Patterns and Development* (Gainesville: University of Florida Press, 1971), p. 191.

18 1854년 대영 제국의 브라질 대사는 "양국 간 교역은 영국 자본, 영국 선박, 영국 회사에 의해 수행됩니다. 이익 …… 자본에 대한 이자 …… 보험료, 수수료, 그리고 사업에서 얻는 배당금은 모두 영국인들의 주머니에 들어갑니다"라고 말했다(Graham, *Britain and the Onset*, p. 73에서 인용). 코트렐은 다음과 같이 밝혔다. "브라질 수출 부문에 대한 영국의 우위는 회사 간 연계로 증가했다. 영국의 수출 상인들은 해운과 철도에 재무적 이해 관계를 가지고 있었기 때문에 더 나은 항구 시설에 대한 압력을 행사했고, 항구의 건설에 영국 자본이 자금을 지원했다. 영국 소유 은행에 대한 부채는 대부분 지역 예금이지만, 주로 외국 회사와 계약자에게 빌려주었다. 브라질의 수입품 대다수는 영국에서 왔으며 영국의 수출입 업체가 이를 담당했다"(P. L. Cotrell, *Brithsh Overseas Investment* (London: Macmillan, 1975, p. 42). 브라질 경제에 대한 영국의 영향에 대한 고전적 기술은 다음을 참조. Alan K. Manchester, British Preeminence in Brazil (Chapel Hill:University of North Carolina Press, 1933).

19 외국인 소유 철도에 대한 최저 수익률 보장의 부담이 너무 커서 정부는 세기가 바뀌면서 해외에서 돈을 빌려 이들을 구매하기 시작했다. 1929년까지 거의 절반이 정부의 손에 있었고 1932년에는 68%, 1945년에는 72%, 1953년에는 94%로 증가했다. Annibal V. Villela and Wilson Suzigan, *Político do Governo e Crescimento da Economia Brasileira, 1889-1945*, Serie Monográfica, no. 10, 2nd ed. (Rio de Janeiro: IPEA/INPES, 1973), pp. 397-399 참조.

20 Ibid., pp. 381-382.

21 민간 직접투자는 1914년 12억 달러에서 1930년 14억 달러로 증가한 반면, 투자국에 큰 변화가 있었다. 프랑스의 직접투자는 3억9,100만 달러에서 1억3,800만 달러로 감소했으며, 영국 투자는 6억 900만 달러에서 5억9천만 달러로 감소했다. 반면, 미국의 직접투자는 5천만 달러에서 1억9,400만 달러로 증가했다. Eric N. Baklanoff ed., *The Shaping of*

Modern Brazil (Baton Rouge: Louisiana State University Press, 1969), pp. 26-29 참조.

22 수입대체산업화(ISI) 정책 및 외국인투자 인센티브에 대해서는 4장 참조. 외국자본에 대한 민족주의 반응에 대한 분석은 다음을 참조. Werner Baer and Mario H. Simonsen, "Profit Illusion and Policy-Making in an Inflationary Economy," *Oxford Economic Papers* (July 1965), pp. 273-282.

23 다국적기업의 투자로 얻을 수 있는 혜택에 대한 문헌은 광범위하다. 예를 들어 다음을 참조. Joseph La Palombara and Stephen Blank, *Multinational Corporations and Developing Countries* (New York: The Conference Board, 1979), ch. 5; Raymond Vernon, *Storm over the Multinationals* (Cambridge, Mass.: Harvard University Press, 1977), ch. 7; von Doellinger and Cavalcanti, *Empresas Multinacionais,* pp. 54-78; Winston Fritsch and Gustavo Franco, *Foreign Direct Investment in Brazil: Its Impact on Industrial Restructuring* (Paris: OECD, 1991).

24 예를 들어 다음을 참조. Luciano Martíns, *Nação: A Corporação Multinacional* (Rio de Janeiro: Paz e Terra, 1975); Álvaro Pignaton, "Capital Estrangliro e Espansão Industrial no Brasil," *Tecto para Discussão,* Dept. de Economia: Universidade de Brasília, 1973; Peter Evans, *Dependent Development: The Alliance of Multinational, State, and Local Capital in Brazil* (Princeton, N.J.: Princeton University Press, 1979); Richard S. Newfarmer and Willard F. Mueller, *Multinational Corporations in Brazil and Mexico,* Report to the Subcommittee on Multinational Corporations of the Committee on Foreign Relations, US Senate (Washington, DC: US Government Printing Office, 1975); La-Palombara and Blank, *Multinational Corporations,* ch. 6; von Doellinger and Cavalcanti, *Empresas Multinacionais,* ch. IV.

25 이전가격 개념에 대한 문헌은 방대하다. 다음을 참조. Robert Hawkins ed., *The Economic Effects of Multinational Corporations* (Greenwich, Conn.: JAI Press, 1979), 특히 Thomas G. Parry and Donald R. Lessard의 글을 참조.

26 Newfarmer and Mueller, *Multinational Corporations,* p. 128.

27 Raul Gouvia, "Export Diversification, External and Internal Effects: The Brazilian Case," Ph.D. dissertation, University of Illinois at Urbana-Champaign, June 1988, p. 164.

28 Ibid., p. 185.

29 유용한 조사 자료로는 다음을 참조. Helson C. Braga, "Foreign Direct Investment in Brazil: Its Role, Regulation and Performance," Werner Baer and John F. Due eds., *Brazil and the Ivory Coast: Impact of International Lending, Investment and Aid* (Greenwich, Conn.: JAI Press, 1987), pp. 99-126.

30 Samuel Morley and Gordon W. Smith. "Limited Search and the Technology Theories at Multinational Firms in Brazil." *Quarterly Journal of Economics* (May 1977).

31 Ibid., p. 254.

32 Ibid., p. 255.

33 Ibid., p. 257.

34 Ibid., p. 261.

35 Newfarmer and Marsh, *Multinational Corporations,* p. 17.

36 Werner Baer, "The Brazilian Economic Miracle: The Issues, the Literature," *Bulletin of the Society for Latin American Studies,* no. 24 (March 1976), p. 128; Werner Baer and Larry Samuelson, "Toward a Service-Oriented Growth Strategy," *World Development* 9, no. 6 (1981).

37 Peter Evans, *Dependent Development: The Alliance of Multinational, State, and Local Capital in Brazil* (Princeton, N.J.: Princeton University Press, 1979), pp. 177 -178.

38 Von Doellinger and Cavalcanti, *Empresas Multinacionais,* pp. 67-68.

39 Evans, *Dependent Development,* pp. 121-131.

40 Richard S. Newfarmer, "TNC Takeovers in Brazil: The Uneven Distribution of Benefits in the Market for Firms," *World Development,* no.1 (January 1979), pp. 25-43.

41 민영화에 대한 외국인의 참여율은 금융(79.8%)과 전력(57.9%) 부문에서 가장 높았다. BNDES, Programa Nacional de Desestatizacao, Relatorio de Atividades, 2005.

42 1988년 헌법은 1990년대에 제정된 양허 제도의 기초를 제공했으며 1995년 양허법은 헌법 제175조에 근거해 정부가 공공서비스를 민간부문에 위임할 수 있는 규칙을 제정했다. *Concessoes de Servicos Publicos no Brasil* (Brasília: Presidencia da Republica) 참조.

43 이 자료는 검증이 필요하다. 왜냐하면 직접투자 중 일부는 사실상 위장된 포트폴리오 투자일 수 있다. 가르시아와 바르신스키는 1996년 외국인직접투자(FDI) 유입 증가를 조사한 결과 "금융지들은 이 증가액의 상당 부분을 고정수익 투자로 보았다. 즉, 자본유입(고정수익 투자에 대한) 규제를 회피하기 위해 직접투자로 위장한 고정수익 투자라는 것이다." Marcio G. P. Garcia and Alexandra Barcinski, "Capital Flows to Brazil in the Nineties: Macroeconomic Aspects of the Effectiveness of Capital Controls," *Quarterly Review of Economics and Finance* (Fall 1998): 319-384.

11장

1 Werner Baer, Isaac Kerstenetzky, and Annibal V. Villela, "The Changing Role of the State in the Brazilian Economy," *World Development,* November 1973.

2 브라질의 삼각대 모델에 대한 흥미로운 토론은 다음 연구 참조. Peter Evans, *Dependent Development: The Alliance of Multinational, State, and Local Capital in Brazil* (Princeton, N.J.: Princeton University Press, 1979).

3 Raymundo Faoro, *Os Donos do Poder: Fomação do Patronato Politíco Brasileiro,* 2nd ed. (São Paulo: Editora Globo, 1975), pp. 206-209, 222, 230.

4 Ibid., p. 434.

5 *Mauá, Autobiografia* (Rio de Janeiro: Edições de Ouro, Technoprint Gráfica, 1972), p. 107; Nicia Vilela Luz, *A Luta Pela Industrialização no Brasil* (São Paulo: Corpo e Alma do Brasil, 1960), pp. 170-171; 190.

6 특히 철도 건설의 경우가 그러했다. 정부가 수익률을 보증한 경우에만 외국기업이 투자 활동을 시작했다. Annibal V. Villela and Wilson Suzigan, *Política do Governo e Crescimento da Economia Brasileira, 1889-1945,* Serie Monográfica, no. 10 (Rio de Janeiro: IPEA/INPES, 1973), pp. 392-395 참조.

7 Benedito Ribeiro and Mario Mazzei Guimarães, *Historia dos Bancos e do Desenvolvimento Financeiro do Brasil* (Rio de Janeiro and São Paulo: Pro-Service Ltda. Editora, 1967), pp. 41-127; 314-315.

8 1887년 추정치에 따르면, 철도 부문에 1,800만 파운드가 투자되었고, 7%의 수익률 보증 금액은 130만 파운드로 총수출의 6%에 달했다. Villela and Suzigan, *Política do Governo,* p. 396.

9

	철도 관리	(%)
	공공부문	민간부문
1929년	49	51
1932년	68	32
1945년	72	28
1953년	94	6

10 Villela and Suzigan, *Política do Governo,* pp. 191-200.

11 이 자치기구들에 대한 법적·관리적 관점에서의 상세한 내용은 다음을 참조. Alberto Venancio Filho, *A Intervenção do Estado no Dominio Econômico* (Rio de Janeiro: Fundação

Getúlio Vargas, 1968), pp. 358-366. 자치기구의 기능에 대한 가치 있는 자료로는 다음을 참조. Centro de Estudos Fiscais, *O Setor Público Federal Descentralizad* (Rio de Janeiro: Fundação Getúlio Vargas/IBRE, 1967).

12 Villela and Suzigan, *Política do Governo*, p. 381.

13 Werner Baer, *The Development of the Brazilian Steel Industry* (Nashville, Tenn.: Vanderbilt University Press, 1969), pp. 68-76; John D. Wirth, *The Politics of Brazilian Development, 1930-1954* (Palo Alto, Calif.: Stanford University Press, 1970), pp. 71-129.

14 Conselho Federal de Comercio Exterior, *Dez Anos de Atividades* (Rio de Janeiro: Imprensa Nacional, 1944).

15 Annibal V. Villela, Sergio Ramos da Silva, Wilson Suzigan, and Maria José Santos, "Aspectos do Crescimento da Economia Brasileira, 1889-1969," mimeo (Rio de Janeiro: Fundação Getúlio Vargas, 1971), vol. 1, pp. 382-385.

16 Baer, *The Development of the Brazilian Steel Industry*, pp. 67-68; Wirth, *The Politics*, chs. 4 and 5.

17 브라질의 단계별 계획 활동에 대한 분석은 다음을 참조. Jorge Gustavo da Costa, *Planejamento Governamental: A Experiência Brasileira* (Rio de Janeiro: Fundação Getúlio Vargas, 1971); Betty Mindlin Lafer ed., *Planejamento no Brasil* (São Paulo: Editora Perspectiva, 1970); Octavio Ianni, *Estado e Planejamento Econômico no Brasil, 1930-70* (Rio de Janeiro: Civilização Brasileira, 1970); Nelson Mello e Souza, "O Planejamento Econômico no Brasil: Considerações Críticas," *Revista de Administração Pública* (2nd semester 1968), pp. 59-112.

18 영국은 산업화 과정이 점진적으로 이루어졌고, 처음에는 무역과 근대화된 농업에서, 그리고 나중에는 산업 자체에서 얻은 이익으로 상당한 규모의 자본 축적을 이루고 있었다. 따라서 산업 발전 목적의 장기자금 공급을 위한 특수 목적의 제도적 장치를 마련할 필요가 없었다. 이와는 대조적으로 상대적으로 개발이 늦은 국가들에서는 자본이 부족했다. 산업 활동에 대한 불신이 강했고, 산업화의 범위가 넓고, 대규모의 공장과 산업생산의 집중을 위해 투자 규모가 커야 한다는 부담(bigness)이 있었다. 이와 더불어 저개발국은 기업가적 재능이 희소하다는 문제도 있었다.
이러한 여건의 차이 때문에 대륙의 많은 국가들에서 영국과는 다른 다양한 형태의 은행업이 발달하게 되었다. 산업화를 위한 투자은행은 대륙의 관행이었고, 저개발국에서 산업화를 위한 특별 정책 수단으로 간주되었다.
Alexander Gerschenkron, *Economic Backwardness in Historical Perspective* (Cambridge, Mass.: Harvard University Press, 1962), p. 14.

19 Wilson Suzigan, José Eduardo de Carvalho Pereira, and Ruy Affonso Guimarães de Almeida, *Financiamento de Projetos Industriais no Brasil*, Coleção Relatorios de Pesquisa, no. 9 (Rio de Janeiro: IPEA, 1972), p. 106.

20 Ibid., pp. 106-108.

21 Baer, *The Development of the Brazilian Steel Industry*, pp. 80-83. 비슷한 형태로 경제개발은행 은 1950년대에 비또리아제철회사(Cia. Ferro e Aço de Vitoria)를 인수했고, 브라질은행 은 특수철강 회사인 아세시따(Acesita)의 소유주가 되었다.

22 상세한 내용은 다음을 참조. Wirth, *The Politics*, pp. 133-216; Getúlio Carvalho, *Petrobras: Do Monopolio aos Contratos de Risco* (Rio de Janeiro: Forense-Universitária, 1976).

23 Suzigan et al., *Financiamento de Projetos*, pp. 166-180.

24 Baer, *The Development of the Brazilian Steel Industry*, ch. 6 참조.

25 Ibid., chs. 6 and 7.

26 "Quem é Quem na Economia Brasileira," *Visão*, August 1986, pp. 384-390.

27 브라질의 가격통제에 대한 최고의 분석은 다음을 참조. Dionísio Dias Carneiro Netto, "Política de Controle de Preços Industriais," *Aspectos da Participação do Governo na Economia*, Serie Monográfica, no. 26 (Rio de Janeiro: IPEA/INPES, 1976), pp. 135-169.

28 Annibal V. Villela and Werner Baer, *O Setor Privado National: Problemas e Políticas para Seu Fortalecimento*, Coleção Relatorios de Pesquisa 46 (Rio de Janeiro: IPEA/INPES, 1980), ch. 3.

29 Walter L. Ness Jr., "Financial Markets Innovation as a Development Strategy: Initial Results from the Brazilian Experience," *Economic Development and Cultural Change* (April 1974): 453-472; John H. Welch, *Capital Markets in the Development Process: The Case of Brazil* (Pittsburgh: University of Pittsburgh Press, 1993).

30 네스에 따르면, 리우데자네이루 증권거래소에서 가장 많이 거래된 4개 주식 중 3개는 국영기업(브라질은행, 뻬뜨로브라스, 발리두리우도세회사) 주식이었다. 이것들은 1972년에 거래량의 38%를 차지했다. Ness, "Financial Markets," p. 470

31 『비서웅』(*Visão*)이 편집한 이 데이터는 주의해서 해석해야 한다. 5,113개의 회사는 주식 회사만 포함했다. 브라질에는 주식회사가 아닌 회사도 상당히 크기 때문에, 5,113개의 회사를 3개 부문(국영기업, 다국적기업 및 민간기업)으로 구분할 경우 민간부문을 과 소평가하게 된다. 자료를 편집하면서 조인트 벤처는 누가 통제하는가에 관계없이 민간

부문에 포함되는 기타 부문으로 취급했다. 이 경우 국영기업과 다국적기업이 과소평가 된다. 브라질은 연결 재무제표와 손익계산서의 발행을 요구하지 않는다. 따라서 하나 이상의 자회사를 소유한 대기업은 모회사와 자회사에서 각각 한 번씩 자본금이 두 번 계상된다. 이러한 상황이 발생하는 경우에는 국영기업과 브라질 민간기업이 과대평가 된다. 국영기업에 관한 추가 정보는 다음 연구에서 얻을 수 있다. Wilson Suzigan, "As Empresas do Governo e o Papel do Estado na Economia Brasileira," *Aspectos da Participação do Governo na Economia, Serie Monográfica*, no. 26 (Rio de Janeiro: IPEA, 1976) pp. 77-134; Enrique Saraiva, "Aspectos Gerais do Comportamento das Empresas Públicas Brasileiras e sua Ação International," *Revista de Administração Pública* (January/March 1977): 65-142.

32 공군 소유의 엠브라에르는 1960년대 중반에 설립되었다. 1982년까지 2,748대의 항공 기를 생산해 상당량을 미국과 유럽에 수출했다. "A Embraer em 1975," *Conjuntura Econômica*, March 1976, 138-139; "A Indústria Aeronautica a um Passo da Maturidade," *Exame*, May 25, 1977, pp. 22-27; Ravi Ramamurti, "State-Owned Enterprises and Industrialization: The Brazilian Experience in the Aircraft Industry," mimeo (Boston: College of Business Administration, Northeastern University, 1982) 참조. 1986년에 엠브라에르의 매출액은 440억 달러에 달했고, 이 중 2억8,700만 달러는 수출되었다. *Conjuntura Econômica*, February 1987, p. 90 참조.

33 1982년에 498개의 국영기업이 있었다. Presidencia da República, Secretaria de Planejamento-SEPLAN. SEST, *Relatoria SEST 1982: Cadastro das Empresas Estatais*, SEST, September 1982 참조.

34 Rogerio F. Werneck, "Public Sector Adjustment to External Shocks and Domestic Pressures in Brazil," Felipe Larrain and Marcelo Selowsky eds., *The Public Sector and the Latin American Crisis* (San Francisco: ICS Press, 1991), pp. 64-65.

35 Ibid., p. 65.

36 Rogerio F. Werneck, "Poupança Estatal, Divida Externa e Crise Financeira do Setor Público," *Pesquisa e Planejamento Econômico* 16, no. 3 (December 1986): 566- 567.

37 Werneck, "Public Sector Adjustment," pp. 82-83.

38 Dionisio D. Cameiro and Rogerio L. F. Werneck, "Public Savings and Private Investment: Requirements for Growth Resumption in the Brazilian Economy," mimeo (PUC/Rio de Janeiro, Departmento de Economia, June 1992), p. 27A.

39 "Melhores e Maiores," *Exame,* August 1991, p. 26.

40 "Balanço Anual 1991," *Gazeta Mercantil,* p. 80.

41 Ibid., p. 82.

42 Armando Castelar Pinheiro and Luiz Chrysostomo de Oliveira Filho, "O Programa Brasileiro de Privatização: Notas e Conjecturas," *Perspectivas da Economia Brasileira 1992* (Brasília: IPEA, 1992), p. 337.

43 Ibid., pp. 338-339.

44 Ibid., p. 338.

45 Ibid., p. 340.

46 *Programa Nacional de Desestatização* (Rio de Janeiro: BNDES, May 1992); Castelar Pinheiro and Oliveira Filho, "O Programa," p. 343; Rogerio L. F. Werneck, "El Primer Año del Program Brasileño de Privatization," Joaquin Vial ed., *Adonde Va America Latina? Balance de las Reformas Econômicas* (Santiago: CIEPLAN, 1992), pp. 267-268.

47 기타 수용 가능한 '통화'는 민영화 증명서, 제철회사인 시데르브라스(Siderbras)의 채권, 농지 개혁 채권, 국가개발기금 채무 및 증권화된 공공부문 부채였다.

48 *Programa Nacional de Desestatização (Rio de Janeiro: BNDES, May 1992).*

49 BNDES는 민영화에 약 9개월이 걸렸다고 주장했다. 민영화 과정이 거쳐야 하는 여러 단계별 소요시간은 다음과 같다.

	평균시간(일수)
1. 회사 민영화 프로그램 편입	-
2. 회사 주식 민영화 기금(FND)에 기탁	5
3. 민간 컨설턴트와 감리기관 선정	75
4. 컨설턴트 업무	90
5. 민영화 직전의 조정업무	20
6. 최저 가격과 매각 방법 승인	10
7. 매각 공고	15
8. 지분 매각 공개경매 실시	60
합계	275

50 이 부분은 다음 자료에서 대부분 참조. Armando Castelar Pinheiro and Fabio Giambiagi, "Os Antecedentes Macro-Econômico e a Estrutura Institucional da Privatização no Brasil," *A Privatização no Brasil* (Rio de Janeiro: BNDES, 2000).

51 이 위원회는 공화국 대통령과 상원에 의해 지명되고 의회의 승인을 받은 12~15명으로 구성되었으며 정부 대표자는 5명에 불과하다.

52 까스뗄라르 피네이루와 기암비아지는 다음과 같이 주장했다. "국가민영화프로그램 (PND)의 투명성을 위해 국영기업 매각 과정의 모든 단계를 감리하는 감사회사가 있었

다. 이 감리 회사가 감사 보고서를 발표한 후에만 매각을 마감할 수 있었다. 또한 하원 소위원회, 사법부 및 연방 감사 법원이 모든 민영화를 면밀히 감시하며, 연방 감사 법원 은 매각 대상 회사에 대해 설정된 최소 가격에 대한 검토 의견을 공표했다." Pinheiro and Giambiagi, "Os Antecedentes," pp. 13-45.

53 Ibid., p. 18.

54 Ibid., p. 19.

55 Ibid.

56 이 부분은 도날드 코에스(Donald V. Coes)와 공저한 미발표 자료에 기초해 작성했다.

57 이론적으로 완전자본시장에서는 모든 소득 흐름이 동등하게 부로 전환될 수 있다. 그 러나 이러한 가정과 브라질의 실제 경제 현실은 완전히 다르다.

58 Evans, *Dependent Development.*

59 Calculated from data in Gazeta Mercantil, *Balanço Annual 1999.*

60 Nelson Siffert Filho and Carla Souza e Silva, "As Grandes Empresas nos Anos 90," Fabio Giambiagi and Mauricio Mesquita Moreira eds., *A Economia Brasileira nos Anos 90* (Rio de Janeiro: BNDES, 1999), p. 383.

61 Ibid., p. 385.

62 하나의 흥미로운 사례는 1993년 CSN의 민영화인데, 이전에는 주로 섬유 부문에서 활 발히 활동하던 중형 구루뽀 비꾸냐((Grupo Vicunha)가 낙찰자로 선정되었다. 이 회사는 많은 국내 은행, 연기금 및 몇몇 외국 투자자와 제휴했다.

63 Aloisio Biondi, *O Brasil Privatizado* (São Paulo: Fundação Perseu Abramo, 1999), pp. 42-47은 경제사회개발은행 데이터를 기반으로 민영화 전후의 기업 소유구조의 광범위한 자료 를 제공한다.

64 Siffert Filho and Souza e Silva, "As Grandes Empresas," p. 392.

65 Carlos Kanall and Leal Ferreira, "Privatizing the Electric Power Sector in Brazil," Armando Castelar Pinheiro and Kiichiro Fukasaku eds., *Privatization in Brazil: The Case of Public Utilities* (Rio de Janeiro and Paris: BNDES and OECD, 1999), p. 154.

66 Newton de Castro, "Privatization of the Transportation Sector in Brazil," Castelar Pinheiro and Fukasaku eds., *Privatization in Brazil,* pp. 176-177 참조.

67 이 자료의 출처는 『에자미』(*Exame*)의 연보인 "Melhores e Maiores"이다.

68 국영기업 투자 감소에 대해서는 다음을 참조. Donald V. Coes, *Macroeconomic Crises, Policies, and Growth in Brazil, 1964 -90* (Washington, DC: The World Bank, 1995); Rogerio F. Werneck, *Empresas Estatais e Política Macroeconômica* (Rio de Janeiro: Editora Campus, 1987); Werner Baer and Curt McDonald, "A Return to the Past? Brazil's Privatization of Public Utilities: The Case of the Electric Power Sector," *Quarterly Review of Economics and Finance* (Fall 1998), pp. 503-524.

69 Ana Novaes, "The Privatization of the Brazilian Telecommunications Sector," Castelar Pinheiro and Fukasaku eds., *Privatization in Brazil*, p. 111.

70 Estado de São Paulo, January 3, 2000, http://www.estado.com. 이러한 차이는 요금 결정에 사용된 지수가 1999년에 20% 상승한 일반물가지수(IGP-DI)이었기 때문이다. 그러나 임금 조정은 1999년에 단지 7% 증가에 그친 소비자물가지수(IPC)에 기초했다.

71 *Conjuntura Econômica*, January 2000, p. xxxiv.

72 Armando Castelar Pinheiro, "Two Decades of Privatization in Brazil," Werner Baer and David Fleischer eds., *The Economics of Argentina and Brazil: A Comparative Perspective* (Cheltenham, UK: Edward Elgar, 2011), pp. 264-267.

ı **12장** ı

1 이 수치는 IBGE의 데이터를 이용해 계산. *Contas Regionais do Brasil* 2003.

2 Sonia Rocha, "Pobreza Metropolitana: Balanço de Uma Década," *Perspectivas da Economia Brasileira* (Brasília: IPEA, 1992), p. 454.

3 Werner Baer and Pedro Pinchas Geiger, "Industrialização, Urbanização e a Persistencia das Desigualdades Regionais do Brasil," *Revista Brasileira de Geografia* 38, no. 2 (April/June 1976): 3-99.

4 J. R. Hicks, *Essays in World Economics* (Oxford: Clarendon Press, 1959), p. 163. 기타 지역 불평등에 대한 연구는 다음을 참조. Gunnar Myrdal, *Economic Theory and Under-Developed Regions* (London: Gerald Duckworth, 1957); A. O. Hirschman, *The Strategy of Economic Development* (New Haven, Conn.: Yale University Press, 1958), p. 183; François Perroux, "Note sur la Notion de 'Pole de Croissance'," *Economie Appliquée* 8, nos. 1-2

(January-June 1955): 307-320.

5 Hicks, *Essays,* p. 163.

6 Manoel A. Costa, "Cenario Demografico do Brasil para o Ano 2000," Roberto Cavalcanti de Albuquerque ed., *O Brasil Social: Realidades, Desafios, Opções* (Rio de Janeiro: IPEA, 1993), p. 249.

7 Conselho de Desenvolvimento do Nordeste, *A Policy for the Economic Development of the Northeast* (Recife, 1959). 이 문헌은 푸르따두가 집필했으며, 북동부개발청(SUDENE)의 창설로 이어졌다. 북동개발은행(Banco do Nordeste)의 연구 부서가 이와 유사한 연구를 수행한 바 있다. 이 절의 분석 내용은 다음 자료에 부분적으로 수록되어 있다. Werner Baer, *Industrialization and Economic Development in Brazil* (Homewood, Ill.: Richard D. Irwin, 1965), pp. 174-183.

8 Conselho de Desenvolvimento do Nordeste, *A Policy,* p. 18.

9 Ibid., p. 19.

10 수출과 수입의 가격은 달러로, 국내 거래 상품의 가격은 크루제이루화로 측정되지만, 상대적 변화에 관심이 있기 때문에 이 비율은 의미가 있다.

11 Conselho de Desenvolvimento do Nordeste, *A Policy,* p. 18.

12 Ibid, p. 26.

13 Roberto Cavalcanti de Albuquerque and Clovis de Vasconcelos Cavalcanti, *Desenvolvimento Regional no Brasil,* Serie Estudos para o Planejamento, 16 (Brasília: IPEA, 1976), p. 49.

14 연방정부 지출의 지역별 분포 자료는 없다. 북동부 지역에 대한 연방정부 지출 추정치에 대한 자료는 다음을 참조. ibid., p. 122; Richard Paul Harber Jr., "The Impact of Fiscal Incentives on the Brazilian Northeast," Ph.D. dissertation, University of Illinois at Urbana-Champaign, 1982.

15 이러한 인센티브에 대한 상세 분석은 다음을 참조. David E. Goodman and Roberto Cavalcanti de Albuquerque, *Incentivos a Industrialização e Desenvolvimento do Nordeste,* Coleção Relatórios de Pesquisa, no. 20 (Rio de Janeiro: IPEA, 1974).

16 Cavalcanti de Albuquerque and Vasconcelos Cavalcanti, *Desenvolvimento Regional,* pp. 125-126.

17 북동부와 관련한 브라질 정책에 대한 역사적 분석은 다음을 참조. ibid., pp. 50-62; Albert

O. Hirschman, *Journeys Toward Progress: Studies of Economic Policy-Making in Latin America* (New York: Twentieth Century Fund, 1963), ch. 1.

18 Daelia Maimon, Werner Baer, and Pedro P. Geiger, "O Impacto Regional das Políticas Econômicas no Brasil," *Revista Brasileira de Geografia* 39, no. 3 (July/September 1977).

19 Cavalcanti de Albuquerque and Vasconcelos Cavalcanti, *Desenvolvimento Regional,* p. 78; Goodman and Cavalcanti de Albuquerque, *Incentivos,* chs. 8 and 9.

20 Ibid., pp. 74-75.

21 Maimon et al., "O Impacto Regional."

22 Gustavo Maia Gomes, "Da Recessão de 1981-83 aos Impactos do Plano Cruzado no Brasil e no Nordeste: Um Alerta para o Presente," mimeo (Recife: Faculdade de Economia, Universidade Federal de Pernambuco, 1987).

23 마이아 고메스에 따르면, 1984~86년 기간 동안 농업 성장의 대부분은 1986년에 이루어졌고, 그 해에 전국 농산물생산량이 7.3% 감소한 반면 동북부 농업생산량은 14.2% 증가했다. Ibid., p. 9.

24 Ibid., pp. 40-41.

25 이 절은 에두아르두 하다드(Eduardo Haddad)와 제프리 휴잉(Geoffrey Hewings)이 작성한 미발간 논문을 토대로 작성했다.

26 다음 자료 참조. SUDENE, *Boletim Conjuntural,* August 1996, *Boletim,* Banco Central do Brasil; *Relatorio 1996,* Banco Central do Brasil.

27 Republica Federativa do Brasil, 1988, *Constituição,* Artigo 159.

28 이 주제에 대한 많은 문헌이 있다. Gavin Wright, *Old South, New South: Revolutions in the Southern Economy Since the Civil War* (New York: Basic Books, 1986), pp. 257-264 참조.

29 상세한 내용은 다음을 참조. Jürgen Heimsoeth, "Algumas Teses Sobre a Politica Regional Alemã Pos-muro," *A Politica Regional na Era da Globalização* (São Paulo: Fundação Konrad Adenauer Stifung/IPEA, 1996); Manfred Holthus, "A Politica Regional da Alemanha no Processe de Unifcação Econômica: Um Exemplo para a Political Regional em Países em Desenvolvimento," *A Politíca Regional* Hans-Günter Krüsselberg, "The Heavy Burden of a Divestiture Strategy of Privatization: Lessons from Germany's Experiences for Latin American Privatization?" *Latin America:Privatization, Property Rights and Deregulation* 2, Werner Baer and

Michael E. Conroy eds., *Quarterly Review of Economics and Finance* 34, Special Issue (1994).

30 Gustavo Maia Gomes and José Raimundo Vergolino, "A Macroeconomia do Desenvolvimento Nordestino: 1960/1994," *Texto para Discussão,* no. 372 (Brasília: IPEA, Maio 1995).

31 S. Ko and Geoffrey J. D. Hewings, "A Regional Computable General Equilibrium Model for Korea," *Korean Journal of Regional Science* 2 (1986): 45-57; Edison Hulu and Geoffrey J. D. Hewings, "The Development and Use of Interregional Input-Output Models for Indonesia Under Conditions of Limited Information," *Review of Urban and Regional Development Studies* 5 (1993): 135-153; Budy P. Resosudarmo, Luck Eko Wuryanto, Geoffrey J. D. Hewings, and Lindsay Saunders, "Decentralization and Income Distribution in the Interregional Indonesian Economy," Geoffrey J. D. Hewings, Michael Stonis, Moss Madden, and Yoshio Kimura eds., *Understanding and Interpreting Economic Structure: Advances in Spatial Sciences* (Heidelberg: Springer- Verlag, 1999).

32 브라질 일반 경제정책의 지역적 영향에 대한 분석은 다음을 참조. Werner Baer ed., *The Regional Impact of National Policies: The Case of Brazil* (Cheltenham, UK: Edward Elgar, 2012).

ı **13장** ı

1 World Bank, *Brazil: A Review of Agricultural Policies* (Washington, DC: World Bank, 1982), p. 1. 브라질 농업에 관한 더 상세한 정보는 다음 자료를 참조. G. Edward Schuh, *The Agricultural Development of Brazil* (New York: Praeger, 1970); *Farm Growth in Brazil* (Columbus: Ohio State University, Department of Agricultural Economics, June 1975); Claudio Roberto Contador ed., *Technologia e Desenvolvimento Agrícola,* Serie Monográfica, no. 17 (Rio de Janeiro: IPEA/INPES, 1975).

2 World Bank, *Brazil,* p. 4.

3 이러한 기술은 국내 식량작물과 수출을 위한 생산을 구별하지 않고 있다. 특히 검은콩 생산이 급격히 감소한 반면, 수출용 대두 생산은 급격히 증가했다.

4 분절화 모델과 이 기간의 농업과 산업 부문의 관계에 대한 상세한 내용은 다음을 참조. D. E. Goodman, B. Sorj, and J. Wilkinson, "Agroindustria, Políticas Públicas e Estruturas Sociais Rurais: Análises Recentes Sobre a Agricultura Brasileira," *Revista de Economia Política* (October/December 1985): 31-36; David Goodman, "Economia e Sociedade Rurais a Partir de 1945," E. Bacha and H. S. Klein eds., *A Transição Incompleta: Brasil Desde 1945* (Rio de Janeiro:

Paz e Terra, 1986), pp. 115-125.

5 World Bank, *Brazil,* p. 11, Table 4

6 Jose Luiz Lima and Iraci del Nero da Costa, *Estatísticas Básicas do Setor Agricola,* Vol. 2 (São Paulo: Institute de Pesquisas Econômicas, Faculdade de Economia e Administração, Universidade de São Paulo, 1985), p. 74, Table 10.

7 Goodman, "Economia e Sociedade"; Goodman et al., "Agroindustria, Políticas Públicas" 참조.

8 Fernando Naves Blumenschein, "Uma Analise da Proteção Efetiva na Agricultura do Estado de São Paulo," *Estudos Econômicos* 14, no. 2 (1984): 299.

9 World Bank, *Brazil,* p. 12.

10 Ibid., p. 7, Table 2.

11 Ibid.

12 Goodman, "Economia e Sociedade," p. 127 참조.

13 Goodman et al., "Agroindustria, Políticas Públicas," p. 33 참조.

14 Goodman, "Economia e Sociedade," p. 127 참조.

15 Gervasio Castro de Rezende, "Retomada do Crescimento Econômico e Diretrizes de Política Agrícola," *Perspectivas de Longo Prazo da Economia Brasileira,* a special report by the Instituto de Planejamento Econômico e Social (Rio de Janeiro: IPEA/INPES, January 1985), p. 173.

16 Fernando Homem de Melo, *O Problema Alimentar no Brasil* (Rio de Janeiro: Paz e Terra, 1983). 특히 농업 성장을 위한 자원의 불균등 분배에 대한 상세한 내용은 이 책의 3장 및 José Roberto Barros and Douglas H. Graham, "A Agricultura Brasileira e o Problema da Produção de Alimentos," *Pesquisa e Planejamento Econômico* 8, no. 3 (December 1978): 701 참조.

17 이러한 현상에 대한 사례는 다음을 참조. Gabriel L.S.P. da Silva, "Contribuição de Pesquisa e Extensão Rural para a Productividade Agrícola: O Caso de São Paulo," *Estudos Econômicos* 14, no. 1 (1984): 315-353.

18 이 지역의 상대적 생산증가는 다음과 같은 1991년의 작물 생산량 현황에 잘 나타난다.

- 대두: 빠라나가 전체 생산의 23%를 차지했다. 상파울루는 6%로 6위였다.
- 옥수수: 빠라나가 전체 생산의 20%에 육박했다. 상파울루는 16%로 2위였다.
- 쌀: 히우그랑지두술이 전체 생산의 40%를 차지했고, 상파울루는 거의 없었다.

- 면화: 빠라나가 전체 생산의 50%를 차지했고, 상파울루는 22%로 2위였다.
- 사탕수수: 상파울루가 거의 50%, 뻬르낭부꾸가 10%로 2위였다.
- 오렌지: 상파울루가 거의 90%였다.
- 커피: 미나스제라이스가 전체 생산의 3분의 1, 상파울루가 10%를 약간 상회했다.
- 콩: 바이아가 14%, 상파울루가 10%로 3위였다.

주(州)별 순위는 다음과 같다.

- 커피: 리우데자네이루(소규모 생산자들)가 1989년 수확량 1위, 상파울루가 8위였다.
- 오렌지: 상따까따리나(소규모 생산자들)가 1위, 상파울루가 2위였다.
- 면화: 고이아스가 1위, 상파울루는 3위였다.
- 쌀: 히우그랑지두술이 1위, 상파울루는 9위였다.
- 사탕수수: 빠라나가 1위, 상파울루가 2위였다.
- 콩: 상파울루가 1위였다.
- 옥수수: 고이아스가 1위, 상파울루는 3위였다.
- 대두: 상파울루가 1위, 그 뒤를 큰 차이 없이 마뚜그로수, 마뚜그로수두술, 고이아스가 잇고 있다.
- 밀: 고이아스가 1위(소규모 생산, 관개농법), 상파울루가 5위였다.

19 Barros and Graham, "A Agricultura Brasileira," p. 695.

20 Homem de Melo, *O Problema Alimentar,* p. 18 참조.

21 Barros and Graham, "A Agricultura Brasileira," p. 704 참조.

22 World Bank, *Brazil,* p. 7.

23 Fernando Homem de Melo, *Prioridades, Agrícolas: Sucesso ou Fracasso?* (São Paulo: Pioneira, 1985), pp. ix-x.

24 그러나 성장은 안정적 증가가 아니라 회복이었고, <표 13.1(b)> 전체 기간을 보면 농업 부문을 위한 정부의 개입에도 불구하고 농업생산이 결코 1977년 수준을 회복하지 못한 것을 알 수 있다.

25 Homem de Melo, *Prioridades Agrícolas,* p. I 참조. 1983년은 북동부의 극심한 가뭄과 남부의 홍수로 인해 농업 작황이 매우 나쁜 해였다.

26 제뚤리우바르가스재단이 계산한 것이다. Homem de Melo, *Prioridades Agrícolas,* p. I 참조.

27 이 부분은 다음을 참조. Douglas H. Graham, Howard Gauthier, and José Roberto Mendonça de Barros, "Thirty Years of Agricultural Growth in Brazil: Crop Performance, Regional Profile and Recent Policy Review," *Economic Development and Cultural Change* (October 1987): 1-34.

28 Ibid., p. 14.

29 Richard Meyer, "Agricultural Policies and Growth, 1947-1974," *Farm Growth in Brazil* (Columbus: Ohio State University, Department of Agricultural Economics, 1975), pp. 3-9; IBGE, *Anuario Estatístico*, 1986.

30 다음 자료를 이용해 계산한 것이다. IBGE, *Anuario Estatístico*, 1986.

31 Carlos J. C. Bacha, "The Evolution of Brazilian Agriculture from 1987 to 2009," Werner Baer and David Fleischer eds., *The Economies of Argentina and Brazil: A Comparative Perspective* (Cheltenham, UK: Edward Elgar, 2011), p. 111 참조.

32 Charles C. Mueller, "Agriculture, Urban Bias Development and the Environment," mimeo, University of Brasília, 1992, p. 8.

33 Ibid.

34 Bacha, "The Evolution of Brazilian Agriculture," p. 118.

35 Meyer, "Agricultural Policies," pp. 3-14; Schuh, *The Agricultural Development*, ch. 5; Ruy Miller Paiva, Salomão Schattan, and Claus R. T. de Freitas, *Setor Agrícola do Brasil* (São Páulo: Secretaria do Agricultura, 1973), Ch. 4.

36 Bacha, "The Evolution of Brazilian Agriculture," p. 107.

37 Rodolfo Hoffman and José F. Graziano da Silva, "A Estrutura Agraria Brasileira," Contador, *Technologia e Desenvolvimento*, pp. 248-251. 토지 분배 지니계수는 콜롬비아 1960년 0.84, 베네수엘라 1961년 0.93, 멕시코 1960년 0.95였다.

38 광역 지역 기준으로 지니계수가 가장 높은 지역은 북동부로 1970년에 0.87이었다. 중서부는 0.86, 남부는 0.75였다. 주 기준으로는 마뚜그로수(0.93)가 가장 높았고, 에스삐리뚜상뚜(0.61)가 가장 낮았다. 기타 주들은 세아라 0.79, 뻬르낭부꾸 0.84, 바이아 0.80, 상파울루 0.78, 미나스제라이스 0.75, 빠라나 0.71, 히우그랑지두술 0.76이었다. Hoffman and da Silva, "A Estrutura Agraria," p. 251.

39 G. Edward Schuh, "A Modernizaçãao da Agricultura Brasileira: Uma Interpretatação," Contador, *Technologia e Desenvolvimento*, p. 12.

40 Roberto Cavalcanti de Albuquerque and Renato Villela, "A Situação Social no Brasil: Um

Balanço de duas Décadas," J. P. dos Reis Velloso ed., *A Questão Socialno Brasil* (São Paulo: Nobel, 1991), p. 91.

41 Ibid., p. 97.

42 Ruy Miller Paiva, "Os Baixos Niveis de Renda e de Salarios na Agricultura Brasileira," Contador, *Technologia e Desenvolvimento,* pp. 105-109.

43 Helga Hoffman, "Pobreza e Propriedade no Brasil: O Que Esta Mundando?" Edmar Bacha and Herbert S. Klein eds., *A Transição Incompleta: Brasil Desde 1945* (São Paulo: Paz e Terra, 1986), p. 89; Cavalcanti de Albuquerque and Villela, "A Situação Social," pp. 91-100.

44 Paiva et al., *Setor Agrícola,* pp. 201-202.

45 Cavalcanti de Albuquerque and Villela, "A Situação Social," p. 95.

46 Bacha, "The Evolution of Brazilian Agriculture," p. 114.

47 William H. Nicholls, "The Brazilian Agricultural Economy: Recent Performance and Policy," Riordan Roett ed., *Brazil in the Sixties* (Nashville: Vanderbilt University Press, 1972), p. 151.

48 Ibid., p. 156.

49 Donald E. Syvrud, *Foundation of Brazilian Economic Growth* (Palo Alto, Calif.: Hoover Institution Press, 1974), p. 219.

50 Ibid., p. 231.

51 Graham et al., "Thirty Years," p. 21.

52 Ibid.; Syvrud, *Foundation of Brazilian,* pp. 231-235; Meyer, "Agricultural Policies," pp. 10/5-10/11.

53 Graham et al., "Thirty Years," p. 24. 저자는 다음과 같이 부언했다.

농업 대출의 집중도가 높다는 것은 공식 대출에 대한 접근성만큼 농업 신용의 분배도 불균등하게 집중되어 있다는 사실을 보여 주는 것이었다. 1970년 농업센서스에 따르면 전체 농업 생산자의 11% 만이 공식 제도권 대출에 대한 접근성을 가지고 있었다. 농업에 대한 공식 신용이 10년 동안 빠르게 증가한 이후인 1970년대 말에 농업 생산자의 20%가 공식 신용을 이용할 수 있었다고 가정하더라도, 전체 농업신용의 50~60%가 농업 생산자 15~20%에게 배분되었으며, 이는 공식 농업신용의 대부분이 농업 생산자의 3~4%에게 돌아갔다는 것을 의미한다(p. 24).

54 Meyer, "Agricultural Policies," pp. 10/38-10/40. 까스뜨루는 1970년에 경상 운영을 위한 신

용을 제공받은 농업시설이 단지 20%에 불과했고, 투자를 위한 신용과 마케팅을 위한 신용을 제공받은 농업시설은 각각 10%와 6%에 불과했다. 또한 대부분의 신용은 대규모 농업시설에게 제공되었다. Paulo Rabello de Castro, "O Impasse da Política Agrícola," *Rumos do Desenvolvimento* (September/October 1978), pp. 4-8; Graham et al., "Thirty Years," p. 25 참조.

55 Syvrud, *Foundation of Brazilian,* p. 236.

56 Rodolfo Hoffmann and Jose F. Graziano da Silva, "A Estruturra Agraria Brasileira," Contador, *Technologia e Desenvolvimento,* p. 248.

57 José Pastore and Eliseu R. A. Alves, "A Reforma do Sistema Brasileiro de Pesquisa Agrícola," Contador, *Technologia e Desenvolvimento,* pp. 111-129; Graham et al., "Thirty Years," p. 6.

58 브라질 농업에 대한 농업기술연구원의 기여에 대한 간단한 리뷰는 다음을 참조. Geraldo B. Martha Jr., Elisio Contini, and Eliseu Alves, "Embrapa: Its Origins and Changes," Werner Baer ed., *The Regional Impact of National Policies: The Case of Brazil* (Cheltenham, UK: Edgar Elgar, 2012), pp. 204-226.

59 Graham et al., "Thirty Years," p. 6.

60 Ibid., p. 19.

61 Ibid., p. 20.

62 Charles C. Mueller, "Agriculture, Urban Bias Development and the Environment: The Case of Brazil," mimeo (University of Brasília, 1992), p. 6.

63 Ibid.

64 Ibid.

65 Ibid., pp. 6-7.

66 Ibid., p. 7; Charles C. Mueller, "Dinâmica, Condicionantes e Impactos Socioambientais da Evolução da Fronteira Agrícola no Brasil," *Revista de Administração Pública,* July/September 1992, pp. 70-73 참조.

67 이 부분은 1990년대 브라질 농업부문에 대한 찰스 뮬러의 미발간 보고서를 대부분 참조했다(Universidade de Brasília, 1999).

68 1990년대 이전의 농업정책에 대한 분석과 1990년대 개혁의 영향에 대해서는 다음을 참조. Guilherme Leite da Silva Dias and Cicely Moitinho Amaral, "Mundanças Estruturais na

Agricultural Brasileira, 1980- 1998," Renato Baumann ed., *Brasil: Uma Década em Transição* (Rio de Janeiro: Editora Campus, 2000)

69 Charles Mueller, unpublished manuscript (Universidade de Brasília, 1999).

70 Dias and Amaral, "Mundancas Estruturais," pp. 229-235 참조.

71 Ibid., pp. 238-239.

72 Ibid., pp. 242-243.

73 총요소생산성이 모든 생산물과 생산요소와의 관계를 나타낸다. José Garcia Garques, Carlos Monteiro Villa Verde, and José Arnaldo F. G. de Oliveira, "Crédito Rural e Estruturas de Financiamento," *IPEA: Texto para Discussão No 1036, Brasília, Agosto de 2004* 참조.

74 예를 들어 2003년 대두 수출의 40%는 대두 가루와 대두유였으며, 수출용 오렌지 전체는 오렌지주스였고, 모든 쇠고기와 닭고기는 가공품으로 수출되었다.

75 M. C. O. Furtuosa and Joaquim Guilhoto, "PIB do Agronegocio Movimenta 27% da Economia Brasileira," *Revista Gleba* 45, no. 170 (2000): 66-67.

76 그 해에 식물 농업 비즈니스가 GDP의 20%, 동물 농업 비즈니스가 GDP의 8%를 차지했다.

77 Mauro Lopes and Inês Lopes, "Os Desafios da Próxima Safra Agricola," *Conjuntura Econômica* 60, no. 1 (January 2006): 36-37.

78 Agroanalysis, *FGV* 25, no. 12 (December 2005): 43 참조.

79 1985~86년에도 비슷한 위기가 발생했고, 단기와 중기 부채를 장기 부채로 전환하는 방식의 연방정부가 지원하는 채무 증권화 프로그램을 통해 해결되었다. 그러나 그 당시에는 부채의 대부분이 국영 금융기관의 채무였다. *Gazeta Mercantil*, March 28, 2006, p. b-12 참조.

80 예를 들어, 대두의 운송비가 브라질은 톤당 50달러이고, 미국은 톤당 20달러이다 (*Conjuntura Econômica* 59, no. 5, May 2005). Ernesto Borges, "Um Setor a Beira do Colapso," *Conjuntura Econômica* 59, no. 7 (July 2005): 24-25 참조.

81 Charles C. Mueller, "Brazil: Agriculture and Agrarian Development and the Lula Government," paper delivered at the 2004 Meeting of the Latin American Studies Association in Las Vegas, Nevada, October 7-9, 2004, p. 15.

82 브라질 헌법은 정부가 토지개혁의 목적으로 유휴 토지만을 수용할 수 있다고 규정하고 있다.

83 뮬러에 따르면, 유휴 농장의 상당수가 1990년대의 정착 프로그램에 포함되었기 때문이 이것은 우연의 일치가 아니었다(Mueller, "Brazil")

84 Lee J. Alston, Gary D. Libecap, and Bernardo Mueller, *Titles, Conflict and Land Use: The Development of Property Rights and Land Reform on the Brazilian Amazon Frontier* (Ann Arbor: University of Michigan Press, 1999), p. 53.

85 두 명의 장관이 빠라나 주의 무토지농민운동(MST)과 농장주들에 대해 서로 상반된 의 견을 표명했다. 토지개혁부 장관인 미구에우 호세뚜(Miguel Rossetto)는 공격을 저지하 기 위해 민병대를 조직한 농장주들에 대해 "이들은 법정에서 자신들에 대해 설명해야 할 무책임한 사람들이다"라고 비난했다. 농업부 장관인 호베르뚜 호드리게스(Roberto Rodrigues)는 농장주들이 무력을 사용해서라도 그들의 토지를 보호할 권리가 있다며 "사유지를 가진 사람들이 자신들의 사유재산을 지켜야 한다"고 말했는데, 나중에 좌파 정부 내부에서 그의 발언에 대한 반발이 있은 후에 "사유재산에 대한 보호는 법에 의해 이루어져야 한다"고 첨언했다. *Estado de São Paulo*, July 5, 2003.

| 14장 |

1 Roberto P. Guimarães, "O Novo Padrão de Desenvolvimento para o Brasil: Interrelação do Desenvolvimento Industrial e Agricola com o Meio-Ambiente," J. P. Velloso ed., *A Ecologia e o Novo Padrão de Desenvolvimento no Brasil* (São Paulo: Nobel), p. 19.

2 Roy Nash, *The Conquest of Brazil* (New York: Harcourt, Brace and Company, 1926), p. 290.

3 Stanley J. Stein, *Vassouras: A Brazilian Coffee County, 1850-1900* (Cambridge, Mass.: Harvard University Press, 1957), pp. 214-215.

4 Ibid., pp. 217-218.

5 Nash, *The Conquest*, pp. 286-287.

6 브라질 도시 빈곤에 대한 글은 다음을 참조. Hamilton Tolosa, "Dimensão e Causas da Pobreza Urbana," *Estudos Econômicos* 7, no. 1 (1977); Hamilton Tolosa, "Pobreza no Brasil: Uma Avaliação dos Anos 80," J. P. Velloso ed., *A Ecologia*, pp. 105-136.

7 George Martine and Clélio Campolina Diniz, "Concentração Econômica e Demográfica no Brasil: Recente Inversão do Padrão Histórico," *Revista de Economia Politíca* 11, no. 3 (July-September 1991): 121-134.

8 Roger W. Findley, "Pollution Control in Brazil," *Ecology Law Quarterly* 15, no. 1 (1988): 31. 핀들리는 또한 1982년 브라질에서 발생한 수질오염에 대해 다음과 같이 기술하고 있다.

미나스제라이스 주의 빠라이부나 강(Paraibuna River)은 빠라이바두술 강(Paraiba do Sul River)의 지류이고, 빠라이부나 강의 하류는 리우데자네이루 대도시 지역의 취수원이다. 빠라이부나 강으로 흘러 들어가는 작은 시내 옆에는 3년도 채 되지 않은 브라질에서 두 번째로 큰 아연 공장이 있었다. …… 이 공장 인근에는 3만 내지 4만 톤의 중금속 침전지가 있는데, 이는 공장이 문을 연 때부터 쌓인 폐기물이었다. 1982년 5월 12일 폭우가 내린 후, 연못의 둑에서 균열이 발생했고 중금속 절반이 빠라이부나 강으로 흘러들어갔다. 맹독성 강물이 48시간도 채 되지 않아 빠라이바두술 강에 닿았다. 5월 19일까지 빠라이부나 지역의 12개 도시(빠라이부나 2개, 빠라이바두술 10개)에서 37만 명의 주민들의 수돗물 공급이 중단되었다. 많은 물고기들이 죽었다. 이 지역 공동체는 식량 부족과 쓰레기 처리 문제에 직면했다(p. 33).

핀들리는 리우데자네이루 대도시 지역의 취수원인 빠라이바두술 강 상류에서 사고가 발생했다면, 20배가 넘는 숫자의 사람들이 수돗물 공급 중단 피해를 입고, 수천 개의 사업체가 문을 닫았을 것이라고 말했다.

9 Findley, "Pollution Control," p. 35; Jorge Wilheim, "Perspectivas Urbanas: Infraestrutura, Ativadades e Ambiente," J. P. Velloso ed., *The Conquest*, pp. 82-133.

10 Findley, "Pollution Control," p. 37.

11 *Estado de São Paulo, October 20, 1999, p. C4.*

12 Roger W. Findley, "Cubatão, Brazil; The Ultimate Failure of Environmental Planning," P. Hay and M. Hoeflich eds., *Property Law and Legal Education* (Urbana: University of Illinois Press, 1988), pp. 53-72.

13 Ibid., p. 60.

14 Guimarães, "O Novo Padrão," p. 30.

15 CIMA, Comissão Interministerial para e Preparação da Conferencia das Nações Unidas Sobre o Meio Ambiente e o Desenvolvimento, *Subsidios Tecnicos para a Elaboração do Relatorio National do Brasil para a CNUMAD* (Brasília, June 1991), pp. 74-75; Findley, "Cubatão, Brazil" 참조.

16 José Rodrigues, "Guará Vira Símbolo de Recuperação de Cubatão," *O Estado de São Paulo*, October 13, 1999, p. C8.

17 CIMA, *Subsidios Tecnicos*, pp. 95-96.

18 From Carlos José Caetano Bacha, "O Uso Sustentável de Florestas: O Caso Klabin," Ignez Lopes Guilherme Bastos Filho, Dan Biller, and Malcolm Bale eds., *Gestão Ambiental no Brasil: Experiência e Sucesso* (Rio de Janeiro: Editora Fundação Getúlio Vargas, 1996), pp. 95-123.

19 Ibid., p. 98.

20 Guimarães, "O Novo Padrão," p. 31; Anthony L. Hall, *Developing Amazonia: Deforestation and Social Conflict in Brazil's Carajás Programme* (Manchester, UK: Manchester University Press, 1989).

21 Wilheim, "Perspectivas Urbanas," pp. 82-83.

22 Guimarães, "O Novo Padrão," p. 30.

23 Jorge Hardoy and David Satterthwaite, *Squatter Citizen: Life in the Urban Third World* (London: Earthscan Publications, 1989), p. 160.

24 Ibid., p. 150.

25 Ibid., p. 151.

26 Ibid., pp. 154-155.

27 Ibid., p. 160.

28 Tolosa, "Pobreza no Brazil," p. 124.

29 Sonia Maria Rocha, "Pobreza Metropolitana: Balanço de uma Década." In *Perspectivas da Economia Brasileira* (Rio de Janeiro: IPEA, 1992).

30 모든 하수 시스템이 적절하게 작동한 것은 아니다. 그리고 일부 정화조는 정교한 구덩이 화장실 정도에 불과했다. 더욱이 밀집된 가구들이 정화조에 붙어 있고 이 지역 토양 조건이 부적절해서 오염이 발생할 가능성이 높았다.

31 Charles C. Mueller, "Dinamica, Condicionantes e Impactos Socio-Ambientais da Evolução da Fronteira Agricola no Brasil," *Revista de Administração Pública* 26, no. 3 (July-September 1992): 64-87.

32 Gordon W. Smith, "Brazilian Agricultural Policy: 1950-1967," Howard Ellis ed., *The Economy of Brazil* (Berkeley: University of California Press, 1968), pp. 213-265.

33 13장 참조.

34 George F. Patrick, "Fontes de Crescimento na Agriculture Brasileira: O Setor Culturas,"

Claudio Contador ed., *Tecnologia e Desenvolvimento Agricola* (Rio de Janeiro: IPEA/INPES, 1975), pp. 89-110; Mueller, "Dinamica, Condicionantes," p. 69; Fernando Homem de Melo, *Prioridade Agricola: Sucesso ou Fracasso* (São Paulo: PIPE e Livraria Pioneira, 1985), ch. 2.

35 Charles C. Mueller, "Agriculture, Urban Bias Development, and the Environment: The Case of Brazil," 이 논문은 1992년 1월 22~24일 코스타리카 산호세에서 미래 자원(the Resources for the Future)이 개최한 컨퍼런스(Resources and Environmental Management in an Interdependent World)에서 발표되었다.

36 사바나 지역의 현대 농업 확산을 위해서는 기술 변화가 필수적이다. 이는 1970년대에 토양 산성을 줄이는 석회의 사용과 사바나 지역에 적합한 고수확 품종 개발을 통해 가능해졌다.

37 브라질은 미국과 프랑스 다음의 세계 3대 농약 시장이다. CIMA, *Subsidios Tecnicos*, p. 37.

38 Braulio F. de Souza Dias, "Cerrados: Uma Caracterização," *Alternativas de Desenvolvimento dos Cerrados: Manejo e Conservação dos Recursos Naturais Renovaveis* (Brasília: IB AMA, 1992), pp. 11-26.

39 Robert U. Ayres, *Resources, Environment, and Economics: Applications of the Materials/Energy Balance Principle* (New York: John Wiley & Sons, 1978), p. 47.

40 상파울루 주의 곡물 재배로 매년 약 194톤의 표토가 유실된다. 빠라나 주에서는 표토 유실량이 연간 1억 4,400만 톤에 이르고 있다. 브라질 전체로는 토양침식으로 인해 경작지 1헥타르당 25톤의 표토가 유실되고 있다. Guimarães, "O Novo Padrão," p. 37.

41 Mueller, "Agriculture, Urban Bias."

42 Mueller, "Dinamica, Condicionantes."

43 Herbert O. R. Schubart, "A Amazonia e os Temas Ecologicos Globais; Mitos e Realidade," *Documentos de Trabalho No. 6,* Institute for the Study of Society, Population and Nature, Brasília, 1991.

44 Ibid.; Eustaquio J. Reis, "A Amazonia e o Efeito-Estufa," *Perspectivas da Economia Brasileira: 1992* (Rio de Janeiro: IPEA, 1991), pp. 569-583. 온실 효과는 주로 화석 연료의 연소에 기인하지만, 최근 아마존 삼림 벌채로 인한 이산화탄소 배출로 브라질은 세계 5위의 배출국이 되었다. World Resources Institute, *World Resources 1992-93* (New York and Oxford: Oxford University Press, 1992), p. 118 참조. 1989년에 미국은 세계 이산화탄소 배출량의 18.4%를 차지했고 구소련 13.5%, 중국 5.4%, 일본 5.6%, 브라질 3.8%였다. 미국, 구소

련, 일본의 경우는 주로 화석 연료의 연소로 인한 것이다. 그러나 브라질의 배출량 중 82.1%는 토지 이용 변화, 특히 아마존 삼림 벌채로 인한 것이다.

45 Dennis J. Mahar, *Government Policies and Deforestation in Brazil's Amazon Region* (Washington, DC: The World Bank, 1989), p. 5, 이 연구는 "마나우스 근처 1헥타르의 열대우림에 ······ 직경 5센티미터 이상의 235종과 직경 15센티미터 이상의 179종이 있다. 조류, 물고기, 곤충의 양과 다양성은 타의 추종을 불허한다. 아마존 분지의 강에는 2천 종의 알려진 물고기가 있다"고 밝히고 있다.

46 현재의 추세로 세계 열대우림이 파괴된다면, 매년 4천에서 1만4천 종 또는 하루에 10 내지 38종이 멸종될 것이다. Schubart, "A Amazonia," p. 16.

47 이 경계 지역은 마라녀웅 주의 남부, 빠라 주의 동남동부, 또깡칭스 주와 마뚜그로수 주의 북부, 홍도니아 주, 아끄리 주를 포함한다.

48 상세한 내용은 다음을 참조. Charles C. Mueller, "Colonization Policies, Land Occupation and Deforestation in the Amazon Countries," *Documentos de Trabalho No. 15,* Institute for the Study of Society, Population and Nature, Brasília, May 1992.

49 아마존 정책과 그 영향에 대한 주요 연구는 다음을 참조. Stephen G. Bunker, *Underdeveloping the Amazon: Extraction, Unequal Exchange and the Failure of the Modern State* (Urbana: University of Illinois Press, 1985); Hall, *Developing Amazonia*; E. Moran ed., *The Dilemma of Amazonian Development* (Boulder, Colo.: Westview Press, 1983); David Goodman and Anthony L. Hall eds., *The Future of Amazonia: Destruction or Sustainable Development* (New York: St. Martin's Press, 1990).

50 투쿠루이 댐으로 인해 240만 헥타르의 산림이 물에 잠겼다. 이 지역의 평평한 지형 때문에 물에 잠긴 면적이 넓다.

51 CIMA, Subsidios Tecnicos; Hall, *Developing Amazonia.*

52 Anna Luiza O. de Almeida, "Colonização na Amazonia: Reforma Agraria Numa 'Fronteira Internacional'," *Perspectivas da Economia Brasileira: 1992* (Rio de Janeiro: IPEA, 1991), p. 609.

53 "Os Cupins da Floresta," *O Estado de São Paulo,* July 12, 1999, p. A3; "Papeis Contra Motoserras no Nortão," *Gazeta Mercantil,* November 22, 1999, p. 5; "Só 20 Percent da Madeira sai Legalmente da Amazônia," *Gazeta Mercantil,* October 19, 1999, p. A-9; "Mandeireiro Terá Pedido de Prisão Decretado," *O Estado de São Paulo,* April 5, 1999, p. A8.7

54 "Os Cupins da Floresta," *O Estado de São Paulo,* July 12, 1999, p. A3.

55 Schubart, "A Amazonia," p. 10.

56 World Resources Institute, *World Resources 1992-93* (New York and Oxford: Oxford University Press, 1992), p. 118.

57 <표 13.9 (a)>와 <표 13.9(b)>는 비교가 불가능하다. 자료 출처가 다르고, 특히 중심부와 주변부의 구성이 다르다. 그러나 이 둘을 대조하면 최소한 농장과 목장이 아마존 산림 훼손에 미치는 영향의 정도를 알 수 있다.

58 CIMA, *Subsidios Tecnicos*, ch. 2.

59 Lee Alston, Gary D. Libecap, and Robert Schneider, "The Settlement Process, Land Values, Property Rights, and Land Use on the Brazilian Amazon Frontier: Lessons from US Economic History," paper presented for the Economic History Workshop, University of Illinois, May 10, 1993.

60 수년 동안 환경보호단체를 이끈 존경받는 환경주의자 빠울루 노게이라 네뚜에 따르면 다음과 같다. Paulo Nogueira Neto, "Rio-92: um Porto de Convergenia de Meio Ambiente e Desenvolvimento," J. P. Velloso, *The Conquest*, pp. 53-56.

브라질에는 제1세계의 환경에 대한 입장에 대해 매우 부정적 시각을 가진 사람들이 있다. 그들이 좌파이건 우파이건, 그들 모두는 어떤 의미에서 브라질이 포위당해 있는 국가라는 확신을 공유한다. 그들은 다른 국가, 특히 제1세계 국가가 브라질을 해치려는 의도나 행동으로부터 브라질을 지키는 것을 자신의 의무 또는 평생의 사명으로 생각한다. 그들은 아마존에 대한 직접 개입을 포함해 [국가의] 발전을 둔화시키기 위한 '국제적인 음모'가 있다고 진심으로 믿는다. 1991년, [브라질] 군대의 고위 장교들은 실제로 아마존에 관해 이러한 맥락의 성명서를 발표했으며, [브라질] 언론은 그들의 견해를 크게 보도했다. 그러나 '음모론'을 믿는 사람은 군대뿐만 아니라 모든 곳에 존재한다. 대개 그들은 브라질을 포위당한 국가로 간주하고 환경주의자들을 배반자라고 생각한다.

61 Aloisio Barboza de Araujo, "O Brasil e a Agenda da ECO-92," *Perspectivas da Economia Brasileira: 1992* (Rio de Janeiro: IPEA, 1991), p. 562. 적절한 물과 위생시설 부족으로 인해 질병과 오염이 발생하지만, 이 질병과 오염은 국경을 넘지 않는다. 일부 외국 비정부기구(NGO)들은 브라질의 빈곤에 대해 우려를 표시하지만 아마존 지역의 농촌지역의 빈곤에만 주목하는 경향이 있다. 불균등 개발로 인한 빈곤은 대개 무시된다.

62 CIMA, *Subsidios Tecnicos*, p. 69.

63 Ibid.

64 Findley, "Pollution Control in Brazil," pp. 7-8.

65 Ronaldo Seroa da Motta, "Mecanismos de Mercado na Politíca Ambiental Brasileira," *Perspectivas da Economia Brasileira: 1992* (Brasília: IPEA, 1991), pp. 585-586.

66 브라질 환경정책 기관에 대한 상세한 내용은 다음을 참조. Findley, "Cubatão Brazil," p. 22; CIMA, *Subsidios Tecnicos*, pp. 38-42.

67 법률 전문가의 견해 사례는 존경받는 법학자 미구엘 레알르 교수의 신문 칼럼 참조. Miguel Reale Jr., "A Lei Hedionda dos Crimes Ambientais," *Folha de São Paulo* April 6, 1998. 이 칼럼에서 그는 상식에 어긋나는 불합리한 내용이 추가된 법의 중대한 실수를 보고 실망을 넘어 깊은 분노를 표현했다. 그는 또한 "환경을 지킬 의무가 의회에게 독재적인 형법을 제정하고 승인할 권한을 부여하지 않는다. 이 법은 단지 부적절한 행동을 범죄로 만들어버렸다. …… 무슨 뜻인지 이해할 수 없는 서술을 하고 있고, 명백히 행정 조치 위반 성격의 행위를 범죄로 간주하고, 최고조의 불안을 초래하고 있다."

68 Edis Milaré, "Tutela Penal do Ambiente Segundo a Lei n. 9605/98: Parte I," *Revista do Meio-Ambiente Industrial* 3, no. 14, (September/October 1998).

69 CIMA, *Subsidios Tecnicos*, pp. 49-50.

70 각 주들은 배출량 기준과 오염원별 장비 표준을 제정하도록 요청받았다. 이들은 일반적으로 기업의 경제적·기술적 능력을 고려해 사안별로 협상을 통해 정해졌다. Findley, "Cubatão, Brazil," p. 24 참조.

71 CIMA, *Subsidios Tecnicos*, p. 50.

72 Findley, "Cubatão, Brazil," p. 25.

73 CIMA, *Subsidios Tecnicos*, p. 51.

74 Findley, "Pollution Control in Brazil," p. 34.

75 CIMA, *Subsidios Tecnicos*, p. 54.

76 Ibid., pp. 57-58.

77 Ibid., p. 61.

78 상세한 내용은 다음을 참조. Rafael Pinzón Rueda, "Historical Development of Extractivism," Julio Ruiz Murieta and Rafael Pinzón Rueda eds., *Extractive Reserves* (Gland, Switzerland, and Cambridge: IUCN, 1995), pp. 3-12.

79 Carlos Aragón Castillo, "Viability of the Extractive Reserves," Muneta and Rueda eds., *Extractive Reserves*, pp. 19-36.

80 브라질의 농업 및 기타 정책 네트워크 형성 과정은 다음을 참조. Charles Mueller, "Agricultural, Agrarian and Environmental Policy Formation Under Lula: The Role of Policy Networks," Joseph Love and Werner Baer eds., *Brazil Under Lula: Economy, Politics and Society Under the Worker-President* (New York: Palgrave Macmillan, 2009), ch. 7.

81 룰라 정부 초기 환경정책 네트워크의 발전 과정에 대한 상세한 내용은 다음을 참조. ibid., pp. 143-159.

82 Mueller, "Agricultural, Agrarian." 우연하게도 인프라 프로젝트의 신속한 실행에 깊은 관심을 보이는 연방정부의 가장 영향력 있는 인물 중 한 명은 룰라의 오른손이자 그의 뒤를 이은 지우마 후세피 장관이었다. 그녀는 여러 차례 마리나의 방해 전술을 용인하지 않겠다고 밝혔다.

83 산림법 전체 내용(법률 제12651/12호, 거부권 행사 내용, 그리고 임시조치 571/12)은 다음을 참조. "Código Florestal: Lei n. 12651/12; Medida Provisória n. 571/12," *Agroanalysis* (Rio de Janeiro: Fundação Getúlio Vargas, 2012), vol. 32, n. 6 (July 2012), Annex.

84 *Agroanalysis* (Rio de Janeiro, Fundação Getúlio Vargas, 2012) vol. 32, n. 6 (July 2012).

85 브라질 농촌연합(Rural Coalition)인 반카다 루랄리스타(Bancada Ruralista)는 의회의 강력한 연합 세력으로 농촌/농업 문제에 관심이 있는 모든 정당의 의원들이 참여하고 있었다. 이들은 잠재적으로 거부권 내용 전부 또는 일부를 기각할 수 있었고, '임시조치' 내용 수정을 시도할 수도 있었다.

| 15장 |

1 Jere R. Behrman, "The Impact of Health and Nutrition on Education," *World Bank Research Observer* 11, no. 1 (1996); Beryl Levinger, "Nutrition, Health and Learning: Current Issues and Trends," School of Nutrition and Health Network Monograph Series, No. 1 (Newton, Mass.: Education Development Center, 1992); Reynaldo Martorell, "Enhancing Human Potential in Guatemalan Adults through Imported Nutrition in Early Childhood," *Nutrition Today* (1993).

2 Selma J. Mushkin, "Health as an Investment," *Journal of Political Economy* 70, no. 5 (1962); Theodore W. Schultz, "Reflections on Investment in Man," *Journal of Political Economy* 70, no. 5 (1962).

3 보건 저량의 대용치는 많지만, 이보다 더 좋은 것은 없다. 이들은 본질적으로 상호 보완

적인 지표들이다. 우리는 다양한 이유 때문에 개인의 보건 상태에 대한 대용치로서 개인
별 보건 지출액 통계를 사용할 수 없다.

4 Mushkin, "Health," p. 131.

5 Malcolm Gillis, Dwight H. Perkins, Michael Roemer, and Donald R. Snodgrass, *Economics of Development*, 4th ed. (New York: W. W. Norton & Company 1996), p. 273.

6 Ibid.

7 Inter-American Development Bank, "Making Social Services Work," *Economic and Social Progress in Latin America: 1996 Report*, Special Section (1996), p. 301.

8 *Brasil Em Numeros (Rio de Janeiro: IBGE, 1997), p. 89.*

9 World Bank, *The Organization, Delivery and Financing of Health Care in Brazil: Agenda for the 90s*, Report No. 12655-BR (Washington, DC, 1994), p. 7.

10 World Health Organization, *World Health Report* (1999).

11 William P. McGreevey, Sergio Piola, and Solon Maghalhao Vianna, "Health and Health Care Since the 1940s," Edmar L. Bacha and Herbert S. Klein eds., *Social Change in Brazil, 1945-1985* (Albuquerque: University of New Mexico Press, 1989), p. 313.

12 개인 치료 부문은 연방정부의 근로소득세 원천징수를 통해 재원을 조달했고, 이는 연방정부 보건부와 주정부 보건부 공중보건 프로그램과는 별도로 운영되었다.

13 도시 빈곤층과 농촌인구는 사회보장세를 납부하지 않기 때문에 단지 최소한의 서비스만 제공받을 수 있었다.

14 Kurt Weyland, "Social Movements and the State: The Politics of Health Reform in Brazil," World Development 23, no. 10 (1995): 1701. 한 연구자는 20세기 초에 위생시설 캠페인과 기초 보건서비스와 같은 공중보건 조치들이 도시 노동력의 창출, 유지, 그리고 재생산을 위한 필요조건이 되었다고 주장했다. Angela Atwood, "Health Policy in Brazil: The State's Response to Crisis," The Political Economy of Brazil: Public Policies in an Era of Transition (Austin: University of Texas Press, 1990), p. 143. 그리고 일반적으로 1964년 군사 쿠데타 이전에 보건부문에 대한 공공지출은 집단 예방 하위 시스템에 주로 사용되었다. 그러나 이후 점차 보건부의 중요하지 않은 업무로 변해서 결국은 집단 예방 조치를 포기하게 된다. 이후 개별 치료 하위 시스템이 전체 의료시스템의 주도적 위치를 차지하게 된다. Atwood, "Health Policy," p. 144.

15 국립의료복지원(INAMPS)은 사회보장지원제도(Sistema Nacional da Previdencia e Assistencia Social; SINPAS)의 일부였다. SINPAS는 근로소득세로 재원을 충당하고 부족한 재원은 연방정부의 일반 예산 이전을 통해 보충되었다. 이는 단지 공식부문 임금 근로자에게만 서비스를 제공했다. Maureen Lewis and Andre Medici. "Health Care Reform in Brazil: Phasing Change," Maria Amparo Cruz-Saco and Carmelo Mesa-Lago eds., *Do Options Exist? The Reform of Pension and Health Care Systems in Latin America* (Pittsburgh: University of Pittsburgh Press, 1998), p. 269; McGreevey, "Health and Health Care," p. 315.

16 이러한 대출은 많은 경우 실질이자율이 마이너스인 조건으로 이루어졌기 때문에 많은 논쟁을 불러일으켰다.

17 McGreevey et al., "Health and Health Care," p. 314.

18 Lewis and Medici, "Health Care Reform," p. 270.

19 McGreevey et al., "Health and Health Care," pp. 317-318.

20 Ibid., p. 319.

21 Carlos Gentile de Mello, *O Sistema de Saúde em Crise* (São Paulo; HUCITEC 1981), p. 34.

22 McGreevey et al., "Health and Health Care," p. 322.

23 World Bank, *The Organization*.

24 McGreevey et al., "Health and Health Care," p. 323.

25 Ibid., p. 325.

26 World Bank, *The Organization*.

27 McGreevey et al., "Health and Health Care," p. 529.

28 Inter-American Development Bank, *Economic and Social Progress,* pp. 299-300.

29 Weyland, "Social Movements," p. 1701.

30 World Bank, *The Organization*.

31 Antonio C. C. Campino and collaborators, "Equity in Health in LAC: Brazil," mimeo (São Paulo: FIPE/USP, 1999).

32 Lewis and Medici, "Health Care Reform," p. 273.

33 Ibid., p. 274.

34 Ibid., p. 275.

35 Ibid., pp. 277-280.

36 1996년 라틴아메리카 전체의 보건에 대한 미주개발은행(IDB) 보고서는 다음과 같이 밝히고 있다.

대부분 국가들에서 민간 시스템이 의사 진찰의 절반, 병원 입원의 4분의 1 정도를 차지하고 있다. 이 시스템은 민간 소유이며, 이용자의 비용으로 운영된다. 또한 서비스에 대한 통제 능력이 거의 없는 이용자가 모든 위험을 부담한다. 정부의 규제는 거의 없는 것이나 마찬가지이다.

37 Campino et al., "Equity in Health," p. 10.

38 Inter-American Development Bank, *Economic and Social Progress,* p. 305.

39 Ibid.

40 Ibid., pp. 305-306.

41 이 조사의 명칭은 "생활수준 측정조사"였고, IBGE가 세계은행과 협조해 1996년 3월부터 1997년 3월까지 수행했다. 조사대상은 포르딸레자, 헤시피, 사우바도르, 벨루오리존치, 리우데자네이루, 상파울루, 그리고 북동부와 남동부의 여타 농촌과 도시 지역이었다.

42 Carl Bob Willis, "Healthcare in Brazil: Signs of Progress, but More Needs to Be Done," *Brazilian Bubble* (blog), July 8, 2012, http://brazilianbubble.com/healthcare-in-brazil-signs-of-progress-but-more-needs-to-be-done/ 주로 참조.

43 "Saude," *Políticas Sociais: Acompanhamento e Análise,* no. 19, ch. 3.

44 예를 들어, 다수의 불필요한 공공병원이 선거를 목적으로 건설되었다.

| 16장 |

1 경제개방 이외에도 신자유주의 경제정책은 인플레이션 제거를 위한 긴축정책과 같은 조치들을 포함하고 있다. Edmund Amann and Werner Baer, "Neoliberalism and its Consequences in Brazil," *Journal of Latin American Studies* 34, pt. 4 (November 2002) 참조.

2 F. Scherer and D. Ross, *Industrial Market Structure and Market Performance,* 3rd ed. (New York: Houghton Mifflin, 1990).

3 Edward Chamberlin, *The Theory of Monopolistic Competition* (Cambridge, Mass.: Harvard University Press, 1933); Joan Robinson, *The Economics of Imperfect Competition*, 2d ed. (London: Macmillan, 1933).

4 W. Baumol, "Contestable Markets: An Uprising in the Theory of Industrial Structure," *American Economic Review* 73, no. 3 (1982): 491-496; W. Baumol and R. Willig, "Fixed Costs, Sunk Costs, Entry Barriers and Sustainability of Monopoly," *Quarterly Journal of Economics* (August 1981).

5 Joel Bergsman, *Brazil: Industrialization and Trade Policies* (London: Oxford University Press, 1970), p. 42.

6 Donald V. Coes, *Macroeconomic Crises, Politics, and Growth in Brazil, 1964-90* (Washington, DC: World Bank, 1995), p. 138.

7 자유화 추세는 종종 중단되었다. 예를 들어, 1994년 말과 1995년 초의 헤알화 평가절상으로 브라질의 수입이 급증했고, 정부는 일시적으로 자동차 수입과 같은 분야에 대한 직접 수량 제약을 부과했다.

8 특정 부문의 수입 비중(Import penetration)은 특정 부문 상품의 총판매액(수입액 + 국내 생산액) 대비 수입액 비율이다

9 Werner Baer, "Social Aspects of Latin American Inflation," *Quarterly Review of Economics and Finance* 31, no. 3 (Autumn 1991) 참조.

10 민영화 과정에 대한 상세한 내용은 11장 참조.

11 대규모 국내 및 외국 그룹은 내부 자원이 풍부할 뿐만 아니라 브라질 국영 경제사회개발은행(BNDES)의 자원도 더 쉽게 이용할 수 있다.

12 경제보호위원회(CADE)는 1962년 9월에 설립되었으나, 그 영향은 약했다. 실제로는 정부가 가격통제를 통해서 카르텔 형태의 그룹의 발전을 조장했다는 주장이 있다. Claudio Monteiro Considera and Paulo Corrêa, "The Political Economy of Antitrust in Brazil: From Price Control to Competition Policy," mimeo (January 2002), pp. 9-15 참조.

13 이 법으로 인해 경제보호위원회(CADE)는 성과 약속과 남용적 가격인상 여부 등을 근거로 합병에 대한 최종 의사결정을 하는 정책당국이 되었다. 재무부의 경제모니터링사무국(Secretariat for Economic Monitoring; SEAE), 법무부의 경제법규국(Secretariat for Economic Law; SDE), 경제보호위원회(CADE) 등 3개 기관이 브라질의 반독점 경쟁 당국이었다. Considera and Corrêa, "The Political Economy," p. 24; Lúcia Helena Salgado, *A Política da Ação Antitruste* (São Paulo: Editora Singular, 1977), pp. 175-185.

14 Paul R. Krugman, "Increasing Returns, Monopolistic Competition and International Trade," *Journal of International Economics* 9, no. 4 (1979).

15 Armando Castelar Pinheiro and Mauricio Mesquita Moreira, "Perfil dos Exportadores dos Manufaturados: Quais as Implicações da Política?" *Revista Brasileira de Comercio Exterior*, no. 65 (2000).

16 Andrea Goldstein and José Claudio Pires, "Brazilian Regulatory Agencies: Early Appraisal and Looming Challenges," Edmund Amann ed., *Regulating Development: Evidence from Africa and Latin America* (Cheltenham, UK, and Northampton, Mass.: Edward Elgar, 2006).

17 Leonard A. Abbey, Werner Baer, and Mario Filizzola, "Growth, Efficiency and Equity: The Impact of Agribusiness and Land Reform in Brazil," *Latin American Business Review, 2006* 참조.

| 17장 |

1 멕코이는 "학교가 할 일을 가족이 담당했다. 이러한 진술이 타당하다는 것은 브라질 역사에서 분명하게 드러난다. 브라질에서 교육은 민간이 담당했고 실용적인 것들을 가르쳤다. 그것은 가정과 직장에서 이루어지는 훈련이었다. 학교는 나중에 생겼다"라고 주장했다. Don B. McCoy, "Education in Brazil," *Peabody Journal of Education* 37, no. 1 (July 1959): 39.

2 직업훈련센터(SENAI)는 산업연맹(Federations of Industry)에 소속된 직업훈련 기관 네트워크로 구성되어 있으며, 임금의 1%를 부과해 마련된 기금을 재원으로 운영된다. 이와 유사하게, 상업협회의 SENAC, 농업협회의 SENAR, 운송부문의 SENAT, 소기업부문의 SEBRAE가 설립되었다. 까스뜨루에 따르면, 이 기관들은 양질의 교육기관으로 여타 브라질 교육기관보다 훨씬 뛰어난 성과를 보였다.

3 이 부분 내용은 주로 다음 문헌들에서 참조했다. Barbara Burns, David Evans, and Javier Luque, *Brazilian Education 1995-2010: Transformation* (Washington, DC: World Bank, 2012); Albert Fishlow, *Starting Over: Brazil Since 1985* (Washington, DC: Brookings Institution Press, 2011), ch. 4.

4 Burns et al., *Brazilian Education*, p. 1.

5 Ibid., p. 2.

6 Ibid., pp. 2-3.

7 Ibid., pp. 7-8.

8 Ibid., p. 10.

9 Fishlow, *Starting Over*, p. 89.

10 Ibid. p. 89.

11 Ibid., p. 94.

12 Ibid., p. 95.

13 Ibid., p. 99.

14 Simon Schwartzmann, "Equity, Quality and Relevance in Higher Education in Brazil," *Anais da Academia Brasileira de Ciências* (2004), p. 174.

15 Ibid., p. 175.

16 Ibid., p. 177.

17 슈왈츠만은 다음과 같이 말한다. Schwartzman, "Equity, Quality and Relevance", pp. 177-178.

헌법에 명시된 바에 따르면, 모든 대학은 연구와 교육, 그리고 봉사를 연계해야 한다. 그러나 이것은 역할이 아니라 예외이다. 심지어 공립대학에서도 …… 공공부문에는 67개의 연방 기관 네트워크가 있으며 그중 대다수는 같은 임금을 받고 일하는 대학들이다. 그러나 질적으로는 큰 차이가 있다. …… 상파울루주립대학교는 브라질의 박사학위의 대부분을 배출하고 있으며, 연구 중점 대학이다. 다른 주립대학들은 고급 학위 프로그램이 거의 또는 전혀 없고, 연구도 거의 이루어지지 않는다. …… 가장 큰 민간 기관들은 사립대학들이다. 그러나 이들은 중요한 학위 프로그램이 거의 없고, 연구도 거의 하지 않고 있다.

18 Ibid., pp. 181-182.

19 Ibid., p. 182.

| 18장 |

1 Werner Baer, *Industrialization and Economic Development in Brazil* (Homewood, Ill.: Richard D. Irwin, 1965), ch. 6.

2 Ibid., chs. 5 and 6.1

3 Ibid.

4 국제 횡단면 분석의 사용에 대한 논란이 컸지만, 우리는 쿠즈네츠의 연구 결과가 경제성 장 과정의 구조적 변화를 분석하는 데 유용한 비교기준이 될 수 있다고 생각한다. H. B. Chenery and M. Syrquin, *Patterns of Development 1950-70* (London: Oxford University Press, 1974); R. B. Sutcliffe, *Industry and Underdevelopment* (New York: Addison-Wesley Publishing Co., 1971) 참조.

5 브라질의 소득불평등 현황은 세계은행이 발간한 다음 자료에서 잘 알 수 있다. 1980년대 초 브라질의 소득 기준 상위 10%가 브라질 전체 소득의 50.6%를 차지하고 있다. 멕시코 40.6%, 터키 40.7%, 인도 33.6%, 인도네시아 34.0%, 미국 23.3%, 서독 24.0%였다. World Bank, *World Development Report 1985* (New York: Oxford University Press, 1985), pp. 228-229.

6 허시먼은 "상호의존성 및 연계성의 부재가 저개발국가 경제의 가장 전형적인 특성 중 하 나"라고 기술하고 있다. Albert O. Hirschman, *The Strategy of Economic Development* (New Haven, Conn.: Yale University Press, 1958), p. 109.

7 Annibal V. Villela and Werner Baer, "O Setor Privado Nacional: Problemas e Políticas para Seu Fortalecimento," *Coleção Relatorios de Pesquisa* 46 (Rio de Janeiro: IPEA, 1980): 185-189.

8 <표 16.7>과 <표 16.8>에서 두 가지 방법론을 사용해 부가가치를 구했다. 1959년, 1970년, 1975년 열에서 부가가치는 투입산출표 행렬로부터 도출했지만 1980년에는 브라질 산 업 센서스에서 자료를 구했다. 따라서 처음 3열과 마지막 열 사이의 엄격한 비교는 불가 능하지만 일반적인 추세에 대한 아이디어를 얻을 수 있다.

9 Roberto Macedo, "Wage Indexation and Inflation: The Recent Brazilian Experience," Debt and Indexation, R. Dornbusch and M. H. Simonsen eds., *Inflation* (Cambridge, Mass.: MIT Press, 1983), pp. 133-159 참조.

10 P. N. Rasmussen, *Studies in Inter-Sectoral Relations* (Amsterdam: North Holland, 1956).

11 허시먼은 "일반적으로 농업, 특히 자급자족 농업은 연관효과가 없다는 특성을 보인다" 고 주장했다. Albert O. Hirschman, *Journeys Toward Progress: Studies of Economic Policy-Making in Latin America* (New York: Twentieth Century Fund, 1963).

12 P. S. Laumas, "Key Sectors in Some Underdeveloped Countries," *Kyklos* 28, no. 1 (1975): 62-79.

13 Baer, *Industrialization*, pp. 138-144; 또한 1959년 투입산출표에 기초한 베어의 연구에 대

한 허들의 다음 문헌을 참조. Donald Huddle, "Review Article: Essays on the Economy of Brazil," *Economic Development and Cultural Change* (April 1972): 568-569. 우리의 결론에 동조하는 연구는 다음을 참조. Ronaldo Lamounier Locatelli, Industrialização, *Crescimento e Emprego: Uma Avaliação da Experiência Brasileira* (Rio de Janeiro: IPEA/INPES, 1985).

14 5장 참조

15 Locatelli, *Industrialização,* pp. 166-171; R. Bonelli and P. Vieira da Cunha, "Crescimento Econômico, Padrao de Consumo e Distribuição de Renda no Brasil: Uma Abordagem Multisetorial para o Periodo 1970/75," *Pesquisa e Planejamento Econômico* 2, no. 3 (1981): 703-756.

16 *Ipeadata, February 15, 2006.*

17 볼사 파밀리아 프로그램(BFP)은 4개의 현금 이전 프로그램을 1개의 단일 프로그램으로 통합했고, 신설 사회발전부가 총괄했다.

18 Kathy Lindert, *Brazil: Bolsa Família Program: Scaling-up Cash Transfers to the Poor* (Washington, DC: World Bank, 2006), p. 67.

19 Sergei Soares, "Distribuição de Renda no Brasil de 1974 a 2004 com Enfase no Periodo Entre 2001 e 2004," *Texto para Discussão,* 1166 (Brasília: IPEA, 2006); Sergei Soares, Marcelo Medeiros, and Rafael Osório, "Cash Transfers Programmes in Brazil: Impacts on Inequality and Poverty," Working Paper, no. 21, International Poverty Center, June 2006; Rogerio N. Costanzi and Helio V. M. Ribeiro, "Salário Minimo e Distribuição de Renda," *Informações Fipe,* São Paulo: October 2006.

20 Lindert, *Brazil,* p. 67.

21 Banco Central, *Relatorio Anual, 2005,* p. 87.

22 Werner Baer and Antonio Galvão, "Tax Burden, Government Expenditures and Income Distribution in Brazil," *Quarterly Review of Economics and Finance* (June 2007).

| 참고문헌 |

Abbey, Leonard A and Werner Baer, Mario Filizzola. 2006. "Growth, Efficiency and Equity: The
　　Impact of Agribusiness and Land Reform in Brazil." *Latin American Business Review.*

Abreu, Marcelo de Paiva ed. 1990. *A Ordem Do Progresso: Cem Anos de Politíco Econômica
　　Republicana, 1889-1989.* Rio de Janeiro: Editora Campus.

Abreu, Marcelo de Paiva and Winston Fritsch. 1987. "Brazil's Foreign Borrowing from
　　Multilateral and Government Agencies: An Overview of Past Experience and the Present
　　Challenge." Werner Baer and John F. Due eds. *Brazil and the Ivory Coast: The Impact of
　　International Lending, Investment and Aid.* Greenwich, Conn.: JAI Press.

Alem, A. C. and F. Giambiagi. 1999. "O Ajuste do Governo Central: Além das Reformas." F.
　　Giambiagi and M. M. Moreira eds. *A Economia Brasiliera nos Anos 90.* Rio de Janeiro:
　　BNDES.

Almeida, José. 1974. *Industrialização e Emprego no Brasil.* Coleção Relatorio de Pesquisa, no. 24
　　Rio de Janeiro: IPEA.

Alston, Lee J. and Gary D. Libecap, Bernardo Mueller. 1999. *Titles, Conflict and Land Use: The
　　Development of Property Rights and Land Reform on the Brazilian Amazon Frontier.* Ann
　　Arbor: University of Michigan Press.

Alston, Lee, Gary D. Libecap, and Robert Schneider. 1993. "The Settlement Process, Land
　　Values, Property Rights, Land Use on the Brazilian Amazon Frontier: Lessons from U.S.
　　Economic History." Mimeo. Urbana: University of Illinois Press.

Amann, Edmund. 2000. *Economic Liberalization and Industrial Performance in Brazil.* London:
　　Oxford University Press.

Amann, Edmund and Werner Baer. 2002. "Neoliberalism and its Consequences in Brazil."
　　Journal of Latin American Studies 34, Part 4.

_____. 2003. "Anchors Away: The Costs and Benefits of Brazil's Devaluation." *World
　　Development,* June.

704

Amann, Edmund, Werner Baer, and Donald V. Coes eds. 2011. *Energy, Bio Fuels and Development: Comparing Brazil and the United States*. New York: Routledge.

Arida, Persio ed. 1986. *Inflação Zero*. Rio de Janeiro: Paz e Terra.

Arida, Persio and Andre Lara Resende. 1985. "Inertial Inflation and Monetary Reform." John Williamson ed. *Inflation and Indexation: Argentina, Brazil and Israel*. Washington, DC: Institute for International Economics.

Atwood, Angela. 1990. "Health Policy in Brazil: The State's Response to Crisis." *The Political Economy of Brazil: Public Policies in an Era of Transition*. Austin: University of Texas Press.

Aulden, Dauriel. 1963. "The Population of Brazil in the Late Eighteenth Century: A Preliminary Survey." *Hispanic American Historical Review* 43, May.

Azzoni, Carlos Roberto. 1997. "Concentração Regional e Dispersão das Rendas Per Capita Estaduais: Analise a Partir de Series Historicas Estaduais de PIB, 1939-95." *Estudos Econômicos* 27, no. 3.

Bacha, Carlos Jose Caetano. 1996. "O Uso Sustentavel de Floretas: O Case Klabin." Ignez Lopes, Guilherme Bastos Filho, Dan Biller, and Malcolm Bale eds. *Gestão Ambiental no Brasil: Experiência e Sucesso*. Rio de Janeiro: Editora Fundação Getúlio Vargas.

Bacha, Edmar L. 1976. *Os Mitos de Uma Década: Ensaios de Economia Brasileira*. Rio de Janeiro: Paz e Terra.

_____. 1977. "Issues and Evidence on Recent Brazilian Economic Growth." *World Development*, January-February.

_____. 1983. "Vicissitudes of Recent Stabilization Attempts in Brazil and the IMF Alternative." John Williamson ed. *IMF Conditionality*. Washington, DC: Institute for International Economics.

_____. 1995. "Plano Real: Uma Avaliação Preliminar." *Revista do BNDES* 3.

Bacha, Edmar L. and Herbert S. Klein eds. 1986. *A Transição Incompleta: Brasil Desde 1945*. São Paulo: Paz e Terra.

Baer, Werner. 1965. *Industrialization and Economic Development in Brazil*. Homewood, Ill.: Richard D. Irwin.

_____. 1967. "The Inflation Controversy in Latin America." *Latin American Research Review*, Spring,

_____. 1969a. "Furtado on Development: A Review Essay." *Journal of Developing Areas*, January.

_____. 1969b. *The Development of the Brazilian Steel Industry*. Nashville, Tenn.: Vanderbilt University Press.

_____. 1972a. "Furtado Revisited." *Luso-Brazilian Review*, Summer.

_____. 1972b. "Import Substitution Industrialization in Latin America." *Latin American Research Review*, Spring.

_____. 1976. "The Brazilian Economic Miracle: The Issues, the Literature." *Bulletin of the Society for Latin American Studies* 24.

_____. 1984. "Brazil: Political Determinants of Development." Robert Wesson ed. *Politics, Policies, and Economic Development in Latin America.* Palo Alto, Calif.: Hoover Institution Press.

_____. 1986. "Growth with Inequality: The Cases of Brazil and Mexico." *Latin American Research Review* 21, no. 2.

_____. 1991. "Social Aspects of Latin American Inflation." *Quarterly Review of Economics and Finance* 31, no. 3.

_____. 1994. "Privatization in Latin America." *World Economy,* July.

Baer, Werner ed. 2012. *The Regional Impact of National Policies: The Case of Brazil.* Cheltenham, UK: Edward Elgar.

Baer, Werner and Adolfo Figueroa. 1981. "State Enterprise and the Distribution of Income: Brazil and Peru." Thomas C. Bruneau and Philippe Faucher eds. *Authoritarian Capitalism: Brazil's Contemporary Economic and Political Development.* Boulder, Colo.: Westview Press.

Baer, Werner and Annibal V. Villela. 1980. "The Changing Nature of Development Banking in Brazil." *Journal of Interamerican Studies and World Affairs,* November.

Baer, Werner and Curt McDonald. 1998. "A Return to the Past? Brazil's Privatization of Public Utilities: The Case of the Electric Power Sector." *Quarterly Review of Economics and Finance,* Fall.

Baer, Werner and David Fleischer eds. 2011. *The Economies of Argentina and Brazil: A Comparative Perspective.* Cheltenham, UK: Edward Elgar.

Baer, Werner, I. Kerstenetzky, and Annibal V. Villela. 1973. "The Changing Role of the State in the Brazilian Economy." *World Development,* November.

Baer, Werner, I. Kerstenetzky, and Mario H. Simonsen. 1965. "Transportation and Inflation: A Study of Irrational Policy-Making in Brazil." *Economic Development and Cultural Change.*

Baer, Werner and Joseph S. Tulchin eds. 1993. *Brazil and the Challenge of Economic Reform.* Washington, DC: The Woodrow Wilson Center Press.

Baer, Werner and Larry Samuelson. 1981. "Toward a Service-Oriented Growth Strategy." *World Development* 9, no. 6.

Baer, Werner and Mario H. Simonsen. 1965. "Profit Illusion and Policy-Making in an Inflationary Economy." *Oxford Economic Papers,* July.

Baer, Werner and Melissa Birch. 1992. "Privatization and the Changing Role of the State in Latin America." *New York University Journal of International Law and Politics* 25, no. 1.

Baer, Werner and Michael E. Conroy eds. 1993. *Latin America: Privatization, Property Rights and*

Deregulation 1, *Quarterly Review of Economics and Finance* 33.

Baer, Werner and N. Nazmi. 2000. "Privatization and Restructuring of Banks in Brazil." *Quarterly Review of Economics and Finance* 40, no. 1.

Baer, Werner and Pedro Geiger, Paulo Haddad eds. 1978. *Dimensões do Desenvolvimento Brasileiro.* Rio de Janeiro: Editora Campus.

Baer, Werner and Pedro Pinchas Geiger. 1976. "Industrialização, Urbanização e a Persistencia das Desigualdades Regionais no Brasil." *Revista Brasileira de Geografia* 38, no. 2.

Baer, Werner, Tiago Cavalcanti, and Peri Silva, 2002. "Economic Integration without Policy Coordination: The Case of Mercosur." *Emerging Markets Review* 3.

Baer, Werner and William Maloney. 1997. "Neo-Liberalism and Income Distribution in Latin America." *World Development*, March.

Baklanoff, Eric N. 1971. "Brazilian Development and the International Economy." John Saunders ed. *Modern Brazil: New Patterns and Development.* Gainesville: University of Florida Press.

Baklanoff, Eric N. ed. 1966. *New Perspectives of Brazil.* Nashville, Tenn.: Vanderbilt University Press.

_____. 1969. *The Shaping of Modern Brazil.* Baton Rouge: Louisiana State University Press.

Barbosa, Fernando de Holanda. 1983. *A Inflação Brasileira no Pós-Guerra.* Rio de Janeiro: IPEA/INPES.

Barros, Alexandre Rands. 2011. *Desigualdades Regionais no Brasil.* São Paulo: Elsevier Editora.

Barros, José Roberto and Douglas H. Graham. 1978. "A Agricultura Brasileira e o Problema da Produção de Alimentos." *Pesquisa e Planejamento Econômico* 8, no. 3.

Barzelay, Michael. 1986. *The Politicized Market Economy: Alcohol in Brazil's Energy Strategy.* Berkeley: University of California Press.

Behrman, Jere R. 1996. "The Impact of Health and Nutrition on Education." *World Bank Research Observer* 11, no. 1.

Bergsman, Joel. 1970. *Brazil: Industrialization and Trade Policies.* London: Oxford University Press.

Bevilacqua, Alfonso S. 1997. "Macroeconomic Coordination and Commercial Integration in Mercosul." *Texto para Discussão*, no. 378. Rio de Janeiro: Departamento de Economia, PUC/Rio.

Biasoto, Geraldo, Jr. 1992. *Divida Extema e Déficit Publico.* Brasília: IPEA.

Biondi, Aloisio. 1999. *O Brasil Privatizado.* São Paulo: Fundção Perseu Abramo.

Birch, Melissa H. "Economic Performance of Public Enterprises in Latin America: The Lessons from Argentina and Brazil." Paper prepared for the AIES Session of the Allied Social Science Association Meeting, New Orleans, December 1986.

Blumenschein, Fernando Naves. 1984. "Uma Analise de Proteção Efetiva na Agricultura do Estado de São Paulo." *Estudos Econômicos* 14, no. 2.

Bonelli, R. and P. Vieira da Cunha. 1981. "Crescimento Econômico, Padrão de Consumo e Distribuição de Renda no Brasil: Uma Abordagem Multisetorial para o Periodo 1970/75." *Pesquisa e Planejamento Econômico* 2, no. 3.

Borges, Ernesto, 2005. "Um Setor a Beira do Colapso." *Conjuntura Econômica* 59, no. 7.

Braga, Helson. 1987. "Foreign Direct Investment in Brazil: Its Role, Regulation and Performance." Werner Baer and John F. Due eds. *Brazil and the Ivory Coast: Impact of International Lending, Investment and Aid.* Greenwich, Conn.: JAI Press.

Brazil Em Numeros. 1997. Rio de Janeiro: IBGE.

Bresser Pereira, Luiz C. and Yoshiaki Nakano. 1984. *Inflação e Recessão.* São Paulo: Editora Brasiliense.

Bruneau, Thomas C. and Philippe Faucher eds. 1981. *Authoritarian Capitalism: Brazil's Contemporary Economic and Political Development.* Boulder, Colo.: Westview Press.

Buescu, Mircea and Vicente Tapajos. 1969. *Historia do Desenvolvimento Econômico do Brasil.* Rio de Janeiro: A Casa do Livro.

Burns, Barbara, David Evans, and Javier Luque. 2012. *Brazilian Education 1995-2010: Transformation.* Washington, DC: World Bank.

Camargo, José M. 1980. "A Nova Política Salarial, Distribução de Rendas e Inflação." *Pesquisa e Planejamento Econômico*, December.

_____. 1984. "Salario Real e Indexação Salarial no Brasil: 1969/81." *Pesquisa e Planejamento Econômico*, April.

Campello, Murillo Neto Carneiro. 1995. *Regulation, Size, Return and Risk in the Banking Industry: The Brazilian Experience.* Champaign, Ill.: Master of Science Dissertation, University of Illinois.

Campino, Antonio C. C. and collaborators. 1999. "Equity in Health in LAC: Brazil." Mimeo. São Paulo: FIPE/USP.

Cardoso, Eliana. 1982. "Imposto Inflacionario, Divida Pública, e Crédito Subsidiado." *Pesquisa e Planejamento Econômico*, December.

Carvalho, Getúlio. 1976. *Petrobras: Do Monopolio aos Contrates de Risco.* Rio de Janeiro: Forense-Universitária.

Castelar Pinheiro, Armando and Fabio Giambiagi. 2000. "Os Antecedentes Macroeconômico e a Estrutur a Institutional da Privatização no Brasil." *A Privatização no Brasil: O Caso dos Serviços de Utalidade Pública.* Rio de Janeiro: BNDES.

Castelar Pinheiro, Armando and Kiichiro Fukasaku eds. 1999. *Privatization in Brazil: The Case of Public Utilities.* Rio de Janeiro and Paris: BNDES and OECD.

Castillo, Carlos Aragon. 1995. "Viability of the Extractive Reserves." Julio Ruiz Murieta and Rafael Pinzon Rueda eds. *Extractive Reserves*. Gland, Switzerland and Cambridge, UK: IUCN.

Castro, Antonio Barros de and Francisco Eduardo Pires de Souza. 1985. *A Economia Brasileira em Marcha Forçada*. Rio de Janeiro: Paz e Terra.

Castro, Claudio M. 1974. *Investimento em Educação no Brasil: Um Estudo Socio-Econômico de Duas Comunidades Industriais*, Serie Monográfica, no. 12. Rio de Janeiro: IPEA/INPES.

Castro, Paulo Rabello de. 1978. "O Impasse da Política Agrícola." *Rumos do Desenvolvimento*, September/October.

_____. 1986. "Os Novos Espaços do Estado na Gestão Econômico." *Setor Público: Reordenamento e Privatização*, Temas e Teses, no. 3. Rio de Janeiro.

Cavalcanti de Albuquerque, Roberto ed. 1993. *O Brasil Social: Realidades, Desafios, Opções*. Rio de Janeiro: IPEA.

Cavalcanti de Albuquerque, Roberto and Clovis de Vasconcelos Cavalcanti. 1976. *Desenvolvimento Regional no Brasil*, Serie Estudos para o Planejamento, 16. Brasília: IPEA.

Cavalcanti de Albuquerque, Roberto and Gustavo Maia Gomes. 1996. "Nordeste: Os Desafios de uma Dupla Inserção." João Paulo dos Reis Velloso ed. *O Real, O Crescimento e as Reformas*. Rio de Janeiro: Jose Olympic Editora.

Cavalcanti de Albuquerque, Roberto. 2011. *O Desenvolvimento Social do Brasil*. Rio de Janeiro: José Olympio Editora.

Cavalcanti, Clovis de Vasconcelos. 1972. "Uma Avaliação das Estimativas de Renda e Produto do Brasil." *Pesquisa e Planejamento Econômico*, December.

Chacel, Julian, Mario H. Simonsen and Arnoldo Wald. 1970. *A Correção Monetária*. Rio de Janeiro: APEC Editora.

Chenery, H. B. and M. Syrquin. 1974. *Patterns of Development 1950-70*. London: Oxford University Press.

CIMA, Comissão Intel-ministerial para e Preparação da Conferença das Nações Unidas Sobre o Meio Ambiente e o Desenvolvimento. 1991. *Subsidies Tecnicos para a Elaboração National do Brasil para a CNUMAD*. Brasília, June.

Cinquetti, C. A. 2000. "The *Real* Plan: Stabilization and Destabilization." *World Development*, January.

Coes, Donald V. 1995. *Macroeconomic Crises, Policies, and Growth in Brazil, 1964-90*. Washington, DC: The World Bank.

Conceição Tavares, Maria da. 1972. *Da Substituição de Importações ao Capitalismo Financeiro*. Rio de Janeiro: Zahar Editora.

Conceição Tavares, Maria da and Mauricio Dias David eds. 1982. A *Economia Politíca da Crise: Problemas e Impasses da Política Econômica do Brasil*. Rio de Janeiro: Co-Edição Vozes Achiame.

Conselho Federal de Comercio Exterior. 1944. *Dez Anos de Atividade*. Rio de Janeiro: Imprensa Nacional.

Considera, Claudio Monteiro and Paulo Corrêa, "The Political Economy of Antitrust in Brazil: From Price Control to Competition Policy." Mimeo. January 2002.

Contador, Claudio R. 1975a. *Os Investidores Institucionais no Brasil*. Rio de Janeiro: IBMEC.

_____. 1975b. *Tecnologia e Desenvolvimento Agricola,* Serie Monográfica, no. 17. Rio de Janeiro: IPEA/INPES.

_____. 1977. "Crescimento Econômico e o Combate a Inflação." *Revista Brasileira de Economia*, January/March.

_____. 1985. "Reflexões Sobre o Dilema entre Inflação e Crescimento Econômico na Década de 80." *Pesquisa e Planejamento Econômico*, April.

Correa do Lago, Luiz Aranha, Margaret H. Costa, Paulo Nogueira Batista Jr., and Tito Bruno B. Ryff. 1984. *O Combate a Inflação no Brasil: Uma Política Alternativa*. Rio de Janeiro: Paz e Terra.

Costa, Margaret H. 1973. "Atividade Empresarial dos Governos Federal e Estaduais." *Conjuntura Econômica*, June.

Coutinho, Luciano Galvão. 1980. "Evolução da Administração Descentralizada em São Paulo: Questões Relevantes para as Políticas Públicas." *Empresa Pública no Brasil: Uma Abordagem Multidisciplinar.* Brasília: IPEA.

Cysne, R. P. and S. G. Da Costa. 1996. "Effects of the *Real* Plan on the Brazilian Banking System." Working Paper, Rio de Janeiro: Fundação Getúlio Vargas.

Da Costa, Jorge Gustavo. 1971. *Planejamento Governmental: A Experiência Brasileira*. Rio de Janeiro: Fundação Getúlio Vargas.

Da Fonseca, Manuel A. R. 1998. "Brazil's *Real* Plan." *Journal of Latin American Studies* 30, pt. 3.

Da Silva, Gabriel L.S.P. 1984. "Contribução de Pesquisa e Extensão Rural para a Productividade Agricola: O Case de São Paulo." *Estudos Econômicos* 14, no. 1.

De Almeida, Wanderly J. M. 1974. *Serviços e Desenvolvimento Econômico no Brazil: Aspectos Setoriais e SUMS Implicacoes,* Coleção Relatorio de Pesquisa, no. 23. Rio de Janeiro: IPEA/INPES.

De Almeida, Wanderly J. M. and Maria da Conceição Silva. 1973. *Dinâmica do Setor Serviços no Brasil-Emprego e Produto*, Coleção Relatorio de Pesquisa, no. 18. Rio de Janeiro: IPEA/INPES.

De Oliveira, Francisco. 1972. "A Economia Brasileira: Critica a Razao Dualista." *Estudos*

CEBRAP, October.

De Rezende, Gervásio Castro, 2006. "Labor, Land and Agricultural Credit Policies and their Adverse Impacts on Poverty in Brazil." IPEA, *Texto para Discussao, no.* 1180, Rio de Janeiro.

De Souza, Angelo Jorge. 1986. "Inflação de Preços Relatives." *Conjuntura Econômica*, April.

Dean, Warren. 1969. *The Industrialization of São Paulo, 1880-1945.* Austin: University of Texas Press.

_____. 1986. "The Brazilian Economy, 1870-1930." Leslie Bethell ed. *The Cambridge History of Latin America*, vol. 5. Cambridge: Cambridge University Press.

Delfim Netto, Antonio. 1959. *O Problema do Cafe no Brasil.* São Paulo: Universidade de São Paulo.

_____. 1998. "Brasil, A Bola da Vez?" *Economia Aplicada* 2, no. 4.

Dias Carneiro, Dionisio. 1985. "Long-Run Adjustment, Debt Crisis and the Changing Role of Stabilization Policies in the Recent Brazilian Experience." Mimeo. Rio de Janeiro: PUC, June.

_____. 1987. "The Cruzado Experience: An Untimely Evaluation After Ten Months." Mimeo. Rio de Janeiro: PUC, January.

_____. 1997. "Capital Flows and Brazilian Economic Performance." PUC/Rio, *Texto para Discussão*, no. 369.

Dias, Guilherme Leite da Silva and Cicely Moitinho Amaral. 2000. "Mundanças Estruturais na Agricultural Brasileira, 1980-1998." Renato Baumann ed. *Brasil: Uma Década em Transição.* Rio de Janeiro: Editora Campus.

Dornbusch, Rudiger. 1982. "Stabilization Policies in Developing Countries: What Have We Learned?" *World Development*, September.

_____. 1986. "Inflação, Taxas de Câmbio e Estabilização." *Pesquisa e Planejamento Econômico*, August.

Ellis, Howard S. ed. 1969. *The Economy of Brazil.* Berkeley and Los Angeles: University of California Press.

Evans, Peter. 1979. *Dependent Development: The Alliance of Multinational, State, and Local Capital in Brazil.* Princeton, N.J.: Princeton University Press.

Faoro, Raymundo. 1975a. *Farm Growth in Brazil.* Columbus: Ohio State University, Department of Agricultural Economics.

_____. 1975b. *Os Donos do Poder: Fomação do Patronato Politíco Brasileiro,* 2nd ed. São Paulo: Editora Globo/Editora da Universidade de São Paulo.

Faro, Clovis de ed. 1990. *Plano Collor: Avaliações e Perspectivas.* Rio de Janeiro: Livros Tecnicos e Cientificos Editora Ltd.

Faucher, Philippe. 1981. *Le Brésil des Militaires*. Montreal: Presses de l'Universite de Montréal.

Fendt, Roberto. 1977. *Mercado Aberto e Política Monetaria*. Rio de Janeiro: IBMEC.

Findley, Roger W. 1988a. "Cubatão Brazil: The Ultimate Failure of Environmental Planning." P. Hay, and M. Hoeflich eds. *Property Law and Legal Education*. Urbana: University of Illinois Press.

_____. 1988b. "Pollution Control in Brazil." *Ecology Law Quarterly* 15, no. 1.

Fishlow, Albert. 1972a. "Brazilian Size Distribution of Income." *American Economic Review*, May.

_____. 1972b. "Origins and Consequences of Import Substitutions in Brazil." Luis Eugenio di Marco ed. *International Economics and Development*. New York: Academic Press.

_____. 1986. "A Economia Política do Ajustamento Brasileiro aos Choques do Petróleo: Uma Nota Sobre o Periodo 1974/84." *Pesquisa e Planejamento Económico* 16, no. 3.

_____. 2011. *Starting Over: Brazil Since 1985*. Washington, DC: Brookings Institution Press.

Franco, Gustavo. 1995. *O Plano Real e Outros Ensaios*. Rio de Janeiro: Editora Francisco Alves.

Fritsch, Winston. 1985a. "A Crise Cambial de 1982-3 no Brasil: Origens e Respostas." C. Plastino and R. Bouzas eds. *A América Latina e a Crise Internacional*. Rio de Janeiro: IRI/PUC.

_____. 1985b. "Sobre as Interpretações Tradicionais da Lógica da Política Econômica da Primeira República." *Estudos Econômico* 15, no. 2.

_____. 1986. "Macroeconomic Policy in an Export Economy: Brazil 1889-1980." Mimeo. Rio de Janeiro.

Fritsch, Winston and Gustavo Franco. 1991. *Foreign Direct Investment in Brazil: Its Impact on Industrial Restructuring*. Paris: OECD.

Fundação Getúlio Vargas. 1949. *A Missão Cooke no Brasil*. Rio de Janeiro: Fundação Getúlio Vargas.

_____. 1967. *O Setor Público Federal Descentralizado*. Rio de Janeiro: Fundação Getúlio Vargas.

Fundação IBGE(FIBGE). *Anuário Estatístico do Brasil*. Rio de Janeiro: FIBGE, various years.

_____. *Censo Demográfico*. Rio de Janeiro: FIBGE, various years.

_____. *Pesquisa Nacional par Amostra de Domicilios*. Rio de Janeiro: FIBGE, various years.

_____. 1976. *Matriz de Relaçoes Interindustriais*, Brasil 1970. Rio de Janeiro: FIBGE.

Furtado, Celso. 1961. *Desenvolvimento e Subdesenvolvimento*. Rio de Janeiro: Editora Fundo de Cultura.

_____. 1972a. *Analise do Modelo Brasileiro*. Rio de Janeiro: Editora Civilização Brasileira.

_____. 1972b. *Formação Econômica do Brasil*, 11th ed. São Paulo: Companhia Editora Nacional.

Furtuoso, Maria Cristina Ortiz and Joaquim J. M. Guilhoto. 1999. "A Estrutura Produtiva da Economia Brasilira e o Agronegocio: 1980 a 1995." Mimeo.

Galvão, Antonio Carlos F., Maria Leila O. F. Rodriguez, and Nelson Fernando Zackseski. 1997.

"De Que Maneira Se Distribuem Os Recursos da União." *Anais do XXV Encontro Nacional de Economia: ANPEC,* Recife.

Garcia, Marcio G. P. and Alexandra Barcinski. 1998. "Capital Flows to Brazil in the Nineties: Macroeconomic Aspects of the Effectiveness of Capital Controls." *Quarterly Review of Economics and Finance,* Fall.

Gasques, José Garcia, Carlos Monteiro Villa Verde, and José Arnaldo F G de Oliveira. 2004. "Crédito Rural e Estruturas de Financiamento." *IPEA: Texto para Discussão,* no. 1036, Brazil.

Gavin, Michael and Ricardo Hausman. 1996. "The Roots of the Banking Crisis: The Macroeconomic Context." Ricardo Hausman and Liliana Rojas-Suarez eds. *Banking Crises in Latin America.* Washington, DC: Inter-American Development Bank.

Geiger, Pedro Pindas and Fany Rachel Davidovich. 1982. "Spatial Dimensions of Brazil's Social Formation." The Brazilian Geographical Studies International Geographical Union ed. *Latin American Regional Conference,* vol. 1. Rio de Janeiro: IBGE.

Gentile de Mello, 1981. Carlos. *O Sistema de Saúde em Crise.* São Paulo: HUCITEC.

Giambiagi, Fabio, J. G. Reis, and A. Urani eds. 2004. *Reformas no Brasil: Balanco e Agenda.* Rio de Janeiro: Editora Nova Fronteira.

Giambiagi, Fabio and Mauricio Mesquita Moreira eds. 1999. *A Economia Brasileira nos Anos 90.* Rio de Janeiro: BNDES.

Gillis, Malcolm, Dwight H. Perkins, Michael Roemer, and Donald R. Snodgrass. 1996. *Economics of Development,* 4th ed. New York: W. W. Norton & Company.

Glade, William P. 1969. *The Latin American Economies: A Study of Their Institutional Evolution.* New York: American Book/Van Nostrand.

Goldstein, Andrea and José Claudio Pires. 2006. "Brazilian Regulatory Agencies: Early Appraisal and Looming Challenges." Edmund Amann ed. *Regulating Development: Evidence from Africa and Latin America.* Cheltenham and Northampton, Mass.: Edward Elgar.

Goodman, David E. 1986. "Economia e Sociedade Rurais a Partir de 1945." E. Bacha and H. S. Klein eds. *A Transição Incompleta: Brasil desde 1945.* Rio de Janeiro: Paz e Terra.

Goodman, David E. and Anthony Hall eds. 1990. *The Future of Amazonia: Destruction or Sustainable Development.* London: Macmillan.

Goodman, David E. and B. Sorj, J. Wilkinson. 1985. "Agroindustria, Polítícas Públicas e Estruturas Sociais Rurais: Análises Recentes Sobre a Agriculture Brasileira." *Revista de Economia Politíca,* October/December.

Goodman, David E. and Roberto Cavalcanti de Albuquerque. 1974. *Incentivos a Industrialização e Desenvolvimento do Nordeste,* Coleção Relatórios de Pesquisa, no. 20. Rio de Janeiro: IPEA/INPES.

Gordon, Lincoln and Engelbert L. Grommers. 1962. *United States Manufacturing Investment in Brazil: The Impact of Brazilian Government Policies, 1946-1960.* Boston: Division of Research, Graduate School of Business Administration, Harvard University.

Gouvea, Raul. 1987. "Export Diversification, External and Internal Effects: The Brazilian Case." Ph.D. dissertation, University of Illinois at Urbana-Champaign, June.

Graham, Douglas H., Howard Gauthier, and José Roberto Mendonça de Barros. 1987. "Thirty Years of Agricultural Growth in Brazil: Crop Performance, Regional Profile and Recent Policy Review." *Economic Development and Cultural Change,* October.

Graham, Richard. 1968. *Britain and the Onset of Modernization in Brazil, 1850-1914.* Cambridge: Cambridge University Press.

Guilhoto, Joaquim J. M. and Alfredo E. Picerno. 1993. "Estrutura Produtiva, Setores Chaves e Multiplicadores Setoriais: Brasil e Uruguai Comparados." Mimeo. Universidade de São Paulo, ESALQ.

Haddad, Paulo Roberto. 1975. *Desequilibrios Regionais e Descentralização,* Serie Monográfica, no. 16. Rio de Janeiro: IPEA/TNPES.

_____. 1976. *Contabilidade Social e Economia Regional.* Rio de Janeiro: Zahar Editôres.

Hall, Anthony L. 1989. *Developing Amazonia: Deforestation and Social Conflict in Brazil's Carajás Programme.* Manchester: Manchester University Press.

Harber, Richard Paul, Jr. 1982. "The Impact of Fiscal Incentives on the Brazilian Northeast." Ph.D. dissertation, University of Illinois at Urbana-Champaign.

Heimsoeth, Jürgen. 1996. "Algumas Teses Sobre a Política Regional Alemã Pos-Muro." *A Político Regional na Era da Globalização.* São Paulo: Fundação Konrad Adenauer Stiftung/IPEA.

Hirschman, Albert O. 1958. *The Strategy of Economic Development.* New Haven, Conn.: Yale University Press.

_____. 1963. *Journeys Toward Progress: Studies of Economic Policy-Making in Latin America.* New York: Twentieth Century Fund.

Holloway, Thomas H. 1975. *The Brazilian Coffee Valorization of 1906: Regional Politics and Economic Dependence.* Madison: State Historical Society of Wisconsin for the Department of History, University of Wisconsin.

Holthus, Manfred. 1996. "A Política Regional da Alemanha no Processo de Unificação Econômica: Um Exemplo para a Political Regional em Paises em Desenvolvimento." *A Política Regional na Era da Globalização.* São Paulo: Fundação Konrad Adenauer Stiftung/IPEA.

Homem de Melo, Fernando. 1980. "A Agricultura nos Anos 80: Perspectivas e Conflitos entre Objectives de Política." *Estudos Econômicos* 10, no. 2.

_____. 1985. *Prioridades Agricolas: Sucesso ou Fracasso?* São Paulo: Pioneira.

Huddle, Donald. 1964. "Balança de Pagamentos e Controle de Câmbio no Brasil." *Revista Brasileira de Economia*, March and June.

_____. 1972. "Review Article: Essays on the Economy of Brazil." *Economic Development and Cultural Change*, April.

Hulu, Edison and Geoffrey J. D. Hewings. 1993. "The Development and Use of Interregional Input-Output Models for Indonesia under Conditions of Limited Information." *Review of Urban and Regional Development Studies* 5.

Humphrey, John. 1982. *Capitalist Control and Workers' Struggle in the Brazilian Auto Industry.* Princeton, N.J.: Princeton University Press.

Ianni, Octavio. 1971. *Estado e Planejamento Econômico no Brasil, 1930-70.* Rio de Janeiro: Civilização Brasileira.

IBGE. 1979. *Matriz de Relações Intersetoriais: Brasil 1970*, Versao Final. Rio de Janeiro: IBGE.

_____. 1984a. "Matriz de Relações Intersetoriais: Brazil 1975." Unpublished. Rio de Janeiro: IBGE.

_____. 1984b. *Anuario Estatistico*. Rio de Janeiro: IBGE.

_____. 1984c. *Censo Industrial de 1980*. Rio de Janeiro: IBGE.

Inter-American Development Bank. 1996. *Economic and Social Progress in Latin America: 1996 Report*. Special Section: "Making Social Services Work."

Jaquaribe, Helio ed. 1989. *Brasil: Reforma ou Caos*. Rio de Janeiro: Paz e Terra.

Johnson, H. B. 1984. "The Portuguese Settlement of Brazil, 1500-1580." Leslie Bethell ed. *The Cambridge History of Latin America*, vol. 1. Cambridge: Cambridge University Press.

Kafka, A. 1956. "The Brazilian Exchange Auction System." *Review of Economics and Statistics,* August.

_____. 1967. "The Brazilian Stabilization Program." *Journal of Political Economy,* August(supplement).

Kahil, Raouf. 1973. *Inflation and Economic Development in Brazil, 1946-1963.* Oxford: Oxford University Press.

Katzman, Martin T. 1974. "Urbanização e Concentração Industrial: 1940/70." *Pesquisa e Planejamento Econômico,* December.

_____. 1975. "Regional Development Policy in Brazil: The Role of Growth Poles and Development of Highways in Goiás." *Economic Development and Cultural Change,* October.

_____. 1977. *Cities and Frontiers in Brazil.* Cambridge, Mass.: Harvard University Press.

Kershaw, Joseph. 1948. "Postwar Brazilian Economic Problems." *American Economic Review,* June.

King, Kenneth. 1972. "Recent Brazilian Monetary Policy." Mimeo. Belo Horizonte:

CEDEPLAR, September.

Knight, Peter T. 1981. "The Brazilian Socioeconomic Development Issues for the Eighties." *World Development,* November/December.

_____. 1984. "Brazil, Deindexation, Economic Stabilization, Structural Adjustments." Mimeo. Washington, DC: World Bank, July 5.

Knight, Peter and Ricardo Moran. 1981. *Brazil: Poverty and Basic Needs.* Washington, DC: World Bank, December.

Ko, S. and Geoffrey J. D. Hewings. 1986. "A Regional Computable General Equilibrium Model for Korea." *Korean Journal of Regional Science* 1.

Krugman, Paul R. 1979. "Increasing Returns, Monopolistic Competition and International Trade." *Journal of International Economics* 9, no. 4.

Krüsselberg, Hans-Günter. 1994. "The Heavy Burden of a Divestiture Strategy of Privatization: Lessons from Germany's Experiences for Latin American Privatization?" Werner Baer and Michael E. Conroy eds. *Latin America: Privatization, Property Rights and Deregulation 2, Quarterly Review of Economics and Finance* 34, Special Issue.

Kuznets, Simon. 1971. *Economic Growth of Nations: Total Output and Production Structure.* Cambridge, Mass.: Harvard University Press.

Lafer, Betty Mindlin ed. 1970. *Planejamento no Brasil.* Coleção Debates. São Paulo: Editora Perspectiva.

Lamounier, Bolívar and Alkimar R. Moura. 1986. "Economic Policy and Political Opening in Brazil." Jonathan Hartlyn and Samuel A. Morley eds. *Latin American Political Economy: Financial Crisis and Political Change.* Boulder, Colo.: Westview Press.

Langoni, Carlos G. 1973. *Distribução da Renda e Desenvolvimento Econômico do Brasil.* Rio de Janeiro: Editora Expressão e Cultura.

LaPlane, Mariano and Fernando Sarti. 1997. "Investimentos Diretos Estrangeiros e a Retomada do Crescimento Sustentado nos Anos 90." *Economia e Sociedade,* Revista do Institute de Economia da UNICAMP, no. 8.

_____. 1998. "Novo Ciclo de Investimentos e Especialização Produtiva no Brasil." Mimeo. Universidade Estadual de Campinas, Institute de Economia, Nucleo de Economia Industrial e da Tecnologia, Maio.

Lara Resende, Andre and Francisco L. Lopes. 1983. "Sobre as Causas da Recente Aceleração Inflacionaria." *Pesquisa e Planejamento Econômico,* April.

Laumas, P. S. 1975. "Key Sectors in Some Underdeveloped Countries." *Kyklos* 28, no. 1.

Leff, Nathaniel. 1967. "Import Constraints and Development." *Review of Economics and Statistics.* November.

_____. 1968a. *Economic Policy-Making and Development in Brazil.* New York: John Wiley & Sons.

_____. 1968b. *The Capital Goods Sector in Brazilian Economic Growth.* Cambridge, Mass.: Harvard University Press.

_____. 1969. "Long-Term Brazilian Economic Development." *Journal of Economic History,* September.

Lemgruber, Antonio Carlos. 1984. "Real Output: Inflation Trade-offs, Monetary Growth and Rational Expectations in Brazil, 1950/79." *Brazilian Economic Studies,* no. 8. Rio de Janeiro: IPEA/INPES.

Levinger, Beryl. 1992. "Nutrition, Health and Learning: Current Issues and Trends." School of Nutrition and Health Network Monograph Series, No. 1. Newton, Mass.: Education Development Center.

Lewis, Maureen and Andre Medici. 1998. "Health Care Reform in Brazil: Phasing Change." Maria Amparo Cruz-Saco and Carmelo Mesa-Lago eds. *Do Options Exist? The Reform of Pension and Health Care Systems in Latin America.* Pittsburgh: University of Pittsburgh Press.

Lima, Jose Luiz and Iraci del Nero da Costa. 1985. *Estatisticas Bdsicas do Setor Agricola,* vol. 2. São Paulo: Instituto de Pesquisas Econômicas, Faculdade de Economia e Administração, Universidade de São Paulo.

Locatelli, Ronaldo Lamounier. 1985. *Industrialização, Crescimento e Emprego: Uma Avaliação da Experienda Brasileira.* Rio de Janeiro: IPEA/INPES.

Loeb, G. F. 1957. *Industrialization and Balanced Growth: With Special Reference to Brazil.* Groningen, Netherlands: Groningen.

Lopes, Francisco L. 1969. "Subsidies a Formulação de um Modelo de Desenvolvimento e Estagnação no Brasil." *Revista Brasileira de Economia,* June.

_____. 1972. "Desigualdade e Crescimento: Um Modelo de Programação com Aplicação ao Brasil." *Pesquisa e Planejamento Econômico,* December.

_____. 1984. "Inflação Inercial, Hiperinflação e Disinflação: Notas e Conjeturas." *Revista da ANPEC 7,* no. 8. November.

_____. 1986. *O Choque Heterodoxo: Combate a Inflacao e Reforma Monetaria.* Rio de Janeiro: Editora Campus.

Lopes, Francisco L. and Eduardo Modiano. 1983. "Indexação, Choque Externo e Nivel de Atividade: Notas Sobre o Caso Brasileiro." *Pesquisa e Planejamento Econômico,* April.

Lopes, Mauro and Inês Lopes, 2006. "Os Desafios da Próxima Safra Agricola." *Conjuntura Econômica* 60, no. 1.

Love, Joseph L. and Werner Baer eds. 2009. *Brazil Under Lula: Economy, Politics and Society Under the Worker-President.* New York: Palgrave-Macmillan.

Luz, Nicia Vilela. 1961. *A Luta Pela Industrialização do Brasil, 1808-1930.* São Paulo: Corpo e

Alma do Brasil, Difusão Europea do Livro.

Macedo, Roberto. 1983. "Wage Indexation and Inflation: The Recent Brazilian Experience."
Rudiger Dornbusch and Mario H. Simonsen eds. *Inflation, Debt and Indexation.*
Cambridge, Mass.: MIT Press.

Mahar, Dennis J. 1979. *Frontier Development Policy in Brazil: A Study of Amazonia.* New York:
Praeger.

_____. 1989. *Governmental Policies and Deforestation in Brazil's Amazon Region.* Washington, DC:
The World Bank.

Maia Gomes, Gustavo. 1979. *The Roots of State Intervention in the Brazilian Economy.* New York:
Praeger.

_____. 1986a. "Monetary Reform in Brazil." Mimeo. Recife, May.

_____. 1986b. "Poupança e Crescimento Pos-Cruzado." *Revista da ANPEC* 4, no. 11.

_____. 1987a. "Da Recessão de 1981-83 aos Impactos do Plano Cruzado no Brasil e no
Nordeste." Mimeo. Recife: Faculdade de Economia, Universidade Federal de
Pernambuco.

_____. 1987b. "The Impact of the IMF and Other Stabilization Arrangements: The Case of
Brazil." Werner Baer and John F. Due eds. *Brazil and the Ivory Coast: The Impact of
International Lending, Investment and Aid.* Greenwich, Conn.: JAI Press.

Maia Gomes, Gustavo and Jose Raimundo Vergolino. 1995. "A Macroeconomia do
Desenvolvimento Nordestino: 1960/1994." *Texto para Discussão,* no. 372. Brasília: IPEA.

Maimon, Dalia, Werner Baer, and Pedro P. Geiger. 1977. "O Impacto Regional das Politícas
Econômicas no Brasil." *Revista Brasileira de Geografia* 39, no. 3.

Malan, Pedro S. and R. Bonelli. 1977. "The Brazilian Economy in the Seventies: Old and New
Developments." *World Development,* January-February.

Malan, Pedro S., R. Bonelli, M. P. Abreu, and J. E. C. Pereira. 1977. *Politíca Econômica Externa e
Industrialização no Brasil (1939-1952),* Coleção Relatorio de Pesquisa, no. 36. Rio de
Janeiro: IPEA.

Marques, Maria Silvia Bastos. 1984. "Inflação, Politíca Econômica, Mecanismos de
Realimentasao e Cheques de Oferta, 1973-83." Mimeo. Rio de Janeiro: Fundação
Getúlio Vargas, IBRE, September.

_____. 1987a. "FMI: A Experiencia Brasileira Recente." E. L. Bacha and W. R. Mendoza eds.
Recessão ou Crescimento: O FMI e o Banco Mundial na America. Rio de Janeiro: Paz e Terra.

_____. 1987b. "O Plano Cruzado: Teoria e Pratica." Mimeo. Rio de Janeiro: Fundação Getúlio
Vargas, March.

Martine, George and Clelio Campolina Diniz. 1991. "Concentração Econômica e Demografica
no Brasil: Recente Inversão do Padrão Historico." *Revista de Economia Politíca* 11, no. 3.

Martins, Luciano. 1977. *A Epansão Recente do Estado no Brasil: Seus Problemas e Seus Atores*. Rio de Janeiro: IUPERJ-FINEP.

Martone, Celso L. 1986. "Plano Cruzado: Erros e Acertos no Programa." *O Plano Cruzado na Visão de Economistas de USP*. São Paulo: Livraria Pioneira Editora.

_____. 1987. *Macroeconomic Policies, Debt Accumulation and Adjustments in Brazil, 1965-84*. World Bank Discussion Paper, no. 8. Washington, DC: World Bank.

Martorell, Reynaldo. 1993. "Enhancing Human Potential in Guatemalan Adults Through Imported Nutrition in Early Childhood." *Nutrition Today*.

McCoy, Don B. 1959. "Education in Brazil." *Peabody Journal of Education* 37, no. 1.

McGreevey, William P., Sergio Piola, and Solon Magalhães Vianna. 1989. "Health and Health Care since the 1940s." Edmar L. Bacha and Herbert S. Klein eds. *Social Change in Brazil, 1945-1985*. Albuquerque: University of New Mexico Press.

McKinsey & Company, Inc. 1998. *Productivity: The Key to an Accelerated Development Path for Brazil*. São Paulo: McKinsey Brazil Office.

Mello e Souza, Nelson. 1968. "O Planejamento Econômico no Brasil: Considerações Criticas." *Revista de Administração Pública*.

Mendonça de Barros, Jose Roberto, Gustavo Jorge Laboissiere Loyola, and Joel Bogdanski. 1998. *Reestruturção do Setor Financeiro*. Brasília: Ministério da Fazenda, Secretaria de Política Econômica.

Merrick, Thomas W. 1976. "Population, Development, and Planning in Brazil." *Population and Development Review*, June.

Merrick, Thomas W. and Douglas H. Graham. 1979. *Population and Economic Development In Brazil: 1800 to the Present*. Baltimore: Johns Hopkins University Press.

Milare, Edis. 1998. "Tutela Penal do Ambiente Segundo a Lei n. 9.605/oi: Part I." *Revista do Meio-Ambiente Industrial* 3, no. 14.

Minella, André, Springer de Freitas, Ivan Goldfajn, and Marcelo Murinhos. 2003. *Inflation Targeting in Brazil: Constructing Credibility Under Exchange Rate Volatility*. Brasília: Banco Central do Brasil.

Mishkin, Frederick S. 1997. "The Causes and Propagation of Financial Instability: Lessons for Policymakers." *Maintaining Financial Stability in a Global Economy*. Kansas City: Federal Reserve Bank of Kansas.

Modiano, Eduardo. 1986. *Da Inflação ao Cruzado*. Rio de Janeiro: Editora Campus.

Monteiro, Jorge Vianna. 1997. *Economia e Política: Instituições de Estabilização Econômica no Brasil*. Rio de Janeiro: Fundação Getúlio Vargas.

Morley, Samuel. 1971. "Inflation and Stagnation in Brazil." *Economic Development and Cultural Change*, January.

719

_____. 1982. *Labor Markets and Inequitable Growth: The Case of Authoritarian Capitalism in Brazil.* Cambridge: Cambridge University Press.

Morley, Samuel and Gordon W. Smith. 1970. "On the Measurement of Import Substitution." *American Economic Review,* September.

_____. 1971. "Import Substitution and Foreign Investment in Brazil." *Oxford Economic Papers,* March.

_____. 1977a. "Limited Search and the Technology Theories at Multinational Firms in Brazil." *Quarterly Journal of Economics,* May.

_____. 1977b. "The Choice of Technology: Multinational Firms in Brazil." *Economic Development and Cultural Change,* January.

Moura da Silva, Adroaldo and Decio K. Kadota. 1982. "Inflação e Preços Relativos: Medidas de Disperção." *Pesquisa e Planejamento Econômico* 12, no. 1.

Mueller, Charles C. 1992a. "Agriculture, Urban Bias Development and the Environment: The Case of Brazil." Paper presented at the conference *Resources and Environmental Management in an Interdependent World,* San José, Costa Rica, January.

_____. 1992b. "Dinamica, Condicionantes e Impactos Socio-Ambientais da Evolução da Fronteira Agricola no Brasil." *Revista de Administração Pública* 26, no. 3.

_____. 2004. "Brazil: Agriculture and Agrarian Development and the Lula Government." Paper delivered at the 2004 Meeting of the Latin American Studies Association in Las Vegas, Nevada, October 7-9.

Mushkin, Selma J. 1962. "Health as an Investment." *Journal of Political Economy* 70, no. 5.

Nash, Roy. 1926. *The Conquest of Brazil.* New York: Harcourt, Brace and Company.

Nazmi, Nader. 1997. "Exchange Rate-Based Stabilization in Latin America." *World Development,* April.

Neri, Marcelo Cortes, Luisa Carvalhaes Coutinho de Melo, and Samanta dos Reis Sacramento Monte. 2012. *Superação Da Pobreza e a Nova Classe Média no Campo.* Brasília: Editora FGV.

Ness, Walter L., Jr. 1974. "Financial Markets Innovation as a Development Strategy: Initial Results from the Brazilian Experience." *Economic Development and Cultural Change,* April.

Neuhaus, Paulo. 1975. *Historia Monetaria do Brasil, 1900-45.* Rio de Janeiro: IBMEC.

Newfarmer, Richard S. 1979. "TNC Takeovers in Brazil: The Uneven Distribution of Benefits in the Market for Firms." *World Development* 1, no. 1.

Newfarmer, Richard S. and Willard F. Mueller. 1975. *Multinational Corporations In Brazil and Mexico.* Report to the Subcommittee on Multinational Corporations of the Committee on Foreign Relations, U.S. Senate. Washington, DC: U.S. Government Printing Office.

Nogueira Batista, Paulo, Jr. 1987. *International Financial Flows to Brazil Since the Late 1960's.* World Bank Discussion Paper no. 7. Washington, DC: World Bank.

Normano, J. F. 1935. *Brazil: A Study of Economic Types.* Chapel Hill: University of North Carolina Press.

Paiva, Ruy Miller, Salomão Schattan, and Claus R. T. de Freitas. 1973. *Setor Agricola do Brasil: Comportamento Econômico, Problemas e Possibilidades.* São Paulo: Secretaria do Agriculture.

Parente, Pedro. 1999. *Brazil's Macroeconomic Outlook.* Brasília: Presidencia da Republica.

Partido dos Trabalhadores, *Programa do Governo 2002.*

Pastore, Affonso Celso. 1973a. "A Oferta de Moeda no Brasil 1971/2." *Pesquisa e Planejamento Econômico,* December.

_____. 1973b. *Observacoes Sobre a Politica Monetaria no Programa Brasileiro de Estabilização.* São Paulo: Faculdade de Economia Administração, Universidade de São Paulo.

Pastore, Affonso Celso, José Roberto M. de Barros, and Decio Kadota. 1976. "A Teoria da Paridade do Poder de Compra, Minidesvalorizagoes e o Equilibrio da Balanfa Comercial Brasileira." *Pesquisa e Planejamento Econômico,* August.

Pastore, José. 1976. "Emprego, Renda e Mobilidade Social no Brasil." *Pesquisa e Planejamento Econômico,* December

Peláez, Carlos M. 1968. "A Balançã Comercial, a Grande Depressão, e a Industrialização Brasileira." *Revista Brasileira de Economia,* March.

_____. 1972. *Historia da Industrialização Brasileira.* Rio de Janeiro: APEC Editora.

Peláez, Carlos Manuel and Wilson Suzigan. 1981. *Historia Monetaria do Brasil.* 2nd ed. Brasília: Editoria Universidade de Brasília.

Pereira, José Eduardo C. 1974. *Financiamento Externo e Crescimento Econômico do Brasil, 1966/73,* Coleção Relatorios de Pesquisa, no. 27. Rio de Janeiro: IPEA.

Perspectivas da Economia Brasileira 1992. 1991. Brasília: IPEA.

Perspectivas da Economia Brasileira 1994, vol. 2. 1993. Rio de Janeiro: IPEA.

Prado Junior, Caio. 1967. *The Colonial Background of Modern Brazil.* erkeley and Los Angeles: University of California Press.

_____. 1970. *Historia Econômica do Brasil,* 12th ed. São Paulo: Editora Brasiliense.

Programa Fome Zero: Balanço de 2003.

Ramamurti, Ravi. 1987. *State-Owned Enterprises in High Technology Industries: Studies in India and Brazil.* New York: Praeger.

Rands, Mauricio, 2003. "Brazil Under the Government of President Lula: Social Security Reform: Will It Work?" Mimeo. Brasília, Brazilian National Congress.

Rasmussen, P. N. 1956. *Studies in Inter Sectoral Relations.* Amsterdam: North Holland.

Reis, Eustaquio J. 1991. "A Amazonia e o Efeito-Estufa." *Perspectivas da Economia Brasileira 1992.* Rio de Janeiro: IPEA.

Resosudarmo, Budy P., Luck Eko Wuryanto, Geoffrey J. D. Hewings, and Lindsay Saunders. 1999. "Decentralization and Income Distribution in the Interregional Indonesian Economy." Geoffrey J. D. Hewings, Michael Stonis, Moss Madden, and Yoshio Kimura eds. *Understanding and Interpreting Economic Structure: Advances in Spatial Sciences.* Heidelberg: Springer-Verlag.

Reynolds, Clark W. and Robert T. Carpenter. 1975. "Housing Finance in Brazil: Toward a New Distribution of Wealth." Wayne A. Cornelius and Felicity M. Trueblood eds. *Latin American Urban Research,* vol. 5. Beverly Hills, Calif.: Sage.

Rezende da Silva, Fernando A. and Dennis Mahar. 1972. *Avalição do Setor Publico na Economia Brasileira? Estrutura Funcional da Despesa Relatorios de Pesquisa,* no. 13. Rio de Janeiro: IPEA/INPES.

_____. 1974a. *O Sistema Tributario e as Desigualdades Regionais: Uma Analise, da Recente Controversia Sobre o ICM.* Serie Monográfica, no. 13. Rio de Janeiro: IPEA/INPES.

_____. 1974b. *Saude e Previdencia Social: Uma Analise Econômica,* Coleção Relatorios de Pesquisa, no. 21. Rio de Janeiro: IPEA/INPES.

Rezende, Fernando and Armando Cunha. 2002. *Contribuintes e Cidadãos: Compreendendo o Orçamento Federal.* Rio de Janeiro: Fundação Getúlio Vargas.

Rezende, Gervasio Castro de. 1985. "Retomada do Crescimento Econômico e Diretrizes de Politíca Agricola." *Perspectivas de Longo Praia da Economia Brasileira.* Rio de Janeiro: IPEA/INPES.

Ribeiro, Benedito and Mario M. Guimarães. 1967. *Historia dos Bancos e do Desenvolvimento Financeiro do Brasil.* Rio de Janeiro and São Paulo: Pro-Service Ltda. Editora.

Robock, Stefan H. 1963. *Brazil's Developing Northeast.* Washington, DC: Brookings Institution Press.

_____. 1975. *Brazil: A Study in Development Progress.* Lexington, Mass.: Lexington Books, D.C. Heath and Co.

Rocca, Carlos A. 1972. *O ICM e o Desenvolvimento Nacional.* Finanças Públicas, no. 308. Brasília: Ministério da Fazenda.

Rocha, Sonia Maria. 1992. "Pobreza Metropolitana: Balanço de uma Década." *Perspectivas da Economia Brasileira.* Rio de Janeiro: IPEA.

Roett, Riordan. 1984. *Brazil: Politics in a Patrimonial Society,* 3rd ed. New York: Praeger.

Roett, Riordan ed. 1972. *Brazil in the Sixties.* Nashville, Tenn.: Vanderbilt University Press.

_____. 1976. *Brazil in the Seventies.* Washington, DC: American Enterprise Institute.

Rosenbaum, H. J. and W. G. Tyler eds. 1972. *Contemporary Brazil: Issues in Economic and Political*

Development. New York: Praeger.

Saint, William. 1982. "Farming for Energy: Social Options Under Brazil's National Alcohol Programme." *World Development,* March.

Salazar-Carillo, Jorge and Roberto Fendt Jr. eds. 1985. *The Brazilian Economy in the Eighties.* New York: Pergamon Press.

Salgado, Lúcia Helena. 1977. *A Política da Ação Antitruste.* São Paulo: Ed. Singular.

Saraiva, Enrique. 1977. "Aspectos Gerais do Comportamento das Empresas Públicas Brasileiras e sua Ação International." *Revista de Administração Pública* 11.

Sardenberg, Carlos Alberto. 1987. *Aventura e Agonia: Nos Bastidores do Cruzado.* São Paulo: Companhia das Letras.

Saunders, John ed. 1971. *Modern Brazil: New Patterns and Development.* Gainesville: University of Florida Press.

Sayad, João. 1977. "Planejamento, Credito e Distribuição de Renda." *Estudos Econômicos* 7, no. 1.

_____. 1978. *Credito Rural no Brasil.* Relatorios de Pesquisas, no. 1. São Paulo: IPE/USP.

Scherer, F., D. Ross. 1990. *Industrial Market Structure and Market Performance,* 3rd ed. New York: Houghton Mifflin.

Schlittler Silva, Helio. 1962. "Comercio Exterior do Brasil e Desenvolvimento Econômico." *Revista Brasileira de Ciencias Socias,* March.

Schuh, G. Edward. 1970. *The Agricultural Development of Brazil.* New York: Praeger.

Schultz, Theodore W. 1962. "Reflections on Investment in Man." *Journal of Political Economy* 70, no. 5.

Schwartz, Stuart B. 1984. "Colonial Brazil, 1580-1730: Plantations and Peripheries." Leslie Bethell ed. *The Cambridge History of Latin America,* vol. 2. Cambridge: Cambridge University Press.

Schwartzmann, Simon. 2004. "Equity, Quality and Relevance in Higher Education in Brazil." *Anais da Academia Brasileira de Ciências.*

Shapiro, Helen. 1994. *Engines of Growth: The State and Transnational Auto Companies in Brazil.* Cambridge: Cambridge University Press.

Silveira, A. N. 1973. "Interest Rates and Rapid Inflation: The Evidence from the Brazilian Economy." *Journal of Money, Credit and Banking* 5.

Simonsen, Mario H. 1967. "Brazilian Inflation: Postwar Experience and Outcome of the 1964 Reform." *Economic Development Issues: Latin America.* Supplementary Paper no. 21. New York: Committee for Economic Development.

_____. 1972. *Brasil 2001.* Rio de Janeiro: APEC Editora.

_____. 1982. "Divida Externa e Crescimento Econômico." *Simposium* 14.

_____. 1984. "Inflation and Anti-Inflation Policies in Brazil." *Brazilian Economic Studies,* no. 8.

Rio de Janeiro: IPEA.

Simonsen, Mario H. and Roberto de Oliveira Campos. 1974. *A Nova Economia Brasileira.* Rio de Janeiro: Livraria Jose Olympio Editora.

Simonsen, Roberto C. 1939. *A Evolução Industrial do Brasil.* São Paulo: Empresa Gráfica da Revista dos Tribunais.

Singer, Hans W. 1953. "The Brazilian SALTE Plan." *Economic Development and Cultural Change,* February.

Skidmore, Thomas E. 1967. *Politics in Brazil, 1930-64: An Experiment in Democracy.* New York: Oxford University Press.

_____. 1988. *The Politics of Military Rule in Brazil, 1964-85.* New York: Oxford University Press.

Smith, Russell E. "Wage Indexation and Money Wages in Brazilian Manufacturing: 1964-1978." Ph.D. dissertation, University of Illinois at Urbana-Champaign, 1985.

Smith, T. Lynn. 1963. *Brazil: People and Institutions.* Baton Rouge: Louisiana State University Press.

Smith, T. Lynn and Alexander Marchant eds. 1951. *Brazil: Portrait of Half a Continent.* New York: The Dryden Press.

Solnik, Alex. 1987. *Porque Nao Deu Certo.* São Paulo: L&PM.

Soskin, Anthony B. 1988. *Non-Traditional Agricultural and Economic Development: The Brazilian Soybean Expansion, 1964-1982.* New York: Praeger.

Steffen, Alex. 2003. "Fome Zero." *World Changing: Another World Is Here,* December 4. http://www.worldchanging.com.

Stein, Stanley J. 1957a. *The Brazilian Cotton Manufacture: Textile Enterprise in an Underdeveloped Area, 1850-1950.* Cambridge, Mass.: Harvard University Press.

_____. 1957b. *Vassouras: A Brazilian Coffee County, 1850-1900.* Cambridge, Mass.: Harvard University Press.

Stepan, Alfred ed. 1973. *Authoritarian Brazil: Origin, Policy and Future.* New Haven, Conn.: Yale University Press.

Suplicy, Eduardo Matarazzo. 1976. *Os Efeitos das Minidesvalorizações na Economia Brasileira.* Rio de Janeiro: Fundação Getúlio Vargas.

Sutcliffe, R. B. 1971. *Industry and Underdevelopment.* New York: Addison-Wesley Publishing Co.

Suzigan, Wilson and Annibal V. Villela. 1997. *Industrial Policy in Brazil.* São Paulo: UNICAMP, Institute de Economia.

Suzigan, Wilson, Jose E. de Carvalho Pereira and Ruy A. Guimarães de Almeida. 1972. *Financiamento de Projetos Industriais no Brasil.* Coleção Relatorios de Pesquisa, no. 9. Rio de Janeiro: IPEA.

Suzigan, Wilson. 1976. "As Empresas do Governo e o Papel do Estado no Economia Brasileira."

Aspectos da Participação do Governo na Economia. Serie Monográfica, no. 26. Rio de Janeiro: IPEA/INPES.

_____. 1986. *Indústria Brasileira: Origem e Desenvolvimento.* São Paulo: Editora Brasiliense.

Syvrud, Donald E. 1974. *Foundations of Brazilian Economic Growth.* AEI-Hoover Research Publications, no. 1. Palo Alto, Calif.: Hoover Institution Press.

Tendler, Judith. 1968. *The Electric Power Industry in Brazil.* Cambridge, Mass.: Harvard University Press.

Tolipan, Ricardo and Arthur Carlos Tirelly eds. 1975. *A Controvérsia Sobre Distribuição de Renda e Desenvolvimento.* Rio de Janeiro: Zahar Editores.

Tolosa, Hamilton C. 1977a. "Dimensão e Causas da Pobreza Urbana." *Estudos Econômicos,* no. 1.

_____. 1977b. "Polftica Urbana e Redistribuição de Renda." *Pesquisa e Planejamento Econômico,* April.

Topik, Steven. 1987. *The Political Economy of the Brazilian State, 1889-1930.* Austin: University of Texas Press.

Trebat, Thomas J. 1983. *The State as Entrepreneur: The Case of Brazil.* Cambridge: Cambridge University Press.

Tyler, William G. 1976. *Manufactured Export Expansion and Industrialization in Brazil.* Kieler Studien, no. 134. Tubingen: J.C.B. Mohr.

_____. 1981. *The Brazilian Industrial Economy.* Lexington, Mass.: Lexington Books.

Van Rijekenhem, Willy. 1969. "An Intersectoral Consistency Model for Economic Planning in Brazil." H. S. Ellis ed. *The Economy of Brazil.* Berkeley and Los Angeles: University of California Press.

Velloso, J. P. ed. 1993. *A Ecologia e o Novo Padrão de Desenvolvimento no Brasil.* São Paulo: Nobel.

Velloso, João Paulo dos Reis. 1986. *O Último Trem para Paris.* Rio de Janeiro: Editora Nova Fronteira.

Velloso, João Paulo dos Reis ed. 1991. *Brasil em Mudança.* São Paulo: Nobel.

Venancio Filho, Alberto. 1968. *A Intervenção do Estado no Dominio Econômico.* Rio de Janeiro: Fundação Getúlio Vargas.

Versiani, Flavio R. 1972. "Industrialização e Emprego: O Problema de Reposição de Equipamentos." *Pesquisa e Planejamento Econômico,* June.

_____. 1980. "Industrial Investment in an 'Export' Economy: The Brazilian Experience Before 1914." *Journal of Development Economics* 7.

_____. 1984. "Before the Depression: Brazilian Industry in the 1920s." Rosemary Thorp ed. *Latin America in the1930s: The Role of the Periphery in World Crisis.* Oxford: Macmillan.

_____. 1987. *A Década de 20 na Industrialização Brasileira.* Rio de Janeiro: IPEA/INPES.

Versiani, Flavio R. and José Roberto M. de Barros eds. 1977. *Formação Econômica do Brasil: A*

Experiencia da Industrialização. São Paulo: Editora Saraiva.

Vianna Monteiro, Jorge. 1982. *Fundamentos da Política Pública.* Rio de Janeiro: IPEA/INPES.

_____. 1983a. "Mecanismos Decisorios da PolitícaEconômica no Brasil." *Revista IBM,* no. 16.

_____. 1983b. "Uma Analise do Processo Decisorio no Setor Publico: O Caso do Conselho de Desenvolvimento Econômico: 1979/81." *Pesquisa e Planejamento Econômico,* April.

Vieira, Dorival Teixeira. 1962. *O Desenvolvimento Econômico do Brasil e a Inflação.* São Paulo: Faculdade de Ciencias Econômicas e Administrativas, Universidade de São Paulo.

Villela, Annibal V. 1962. "As Empresas do Governo Federal e sua Importancia na Economia Nacional: 1956-1960." *Revista Brasileira de Economia,* March.

Villela, Annibal V., Sergio Ramos da Silva, Wilson Suzigan, and Mario José Santos. 1971. "Aspectos do Crescimento da Economia Brasileira, 1889-1969." Mimeo. Rio de Janeiro: Fundação Getúlio Vargas.

Villela, Annibal V. and Werner Baer. 1980. *O Setor Privado Nacional: Problemas e Polítícaspara Seu Fortalecimento.* Coleção Relatorios de Pesquisa 46. Rio de Janeiro: IPEA.

Villela, Annibal V. and Wilson Suzigan. 1973. *Política do Governo e Crescimento da Economia Brasileira, 1889-1945.* Serie Monográfica, no. 10, 2nd ed. Rio de Janeiro: IPEA/INPES.

Von Doellinger, Carlos. 1991. "Reordenação do Sistema Financeiro." *Perspectivas da Economia Brasileira 1992.* Brasília: IPEA.

Von Doellinger, Carlos, Hugh B. de Castro Faria, and Leonardo C. Cavalcanti. 1974. *A Política Brasileira de Comercio Exterior e Seus Efeitos: 1967/73.* Coleção Relatorios de Pesquisa, no. 22. Rio de Janeiro: IPEA/INPES.

Von Doellinger, Carlos and Leonardo C. Cavalcanti. 1975. *Empresas Multinacionais na Indústria Brasileira.* Coleção Relatorios de Pesquisa, no. 29. Rio de Janeiro: IPEA.

Von Doellinger, Carlos, Leonardo C. Cavalcanti, and Flavio Castelo Branco. 1977. *Política e Estrutura das Importações Brasileiras.* Rio de Janeiro: IPEA/INPES.

Wagley, Charles. 1971. *An Introduction to Brazil,* rev. ed. New York: Columbia University Press.

Welch, John H. 1993. *Capital Markets in the Development Process: The Case of Brazil.* Pittsburgh: University of Pittsburgh Press.

_____. 1996. *Emerging Markets: Latin America.* New York: Lehman Brothers, July 15.

_____. 1998. *Brazil: Back to Fundamentals.* New York: Paribas.

Wells, John. 1973. "Euro-Dollars, Foreign Debt and the Brazilian Boom." Working Paper no. 13. Cambridge: Center of Latin American Studies, University of Cambridge.

_____. 1974. "Distribution of Earnings, Growth and the Structure of Demand in Brazil During the Sixties." *World Development,* January.

_____. 1976. "Underconsumption, Market Size and Expenditure Patterns in Brazil." *Bulletin of the Society for Latin American Studies,* no. 24.

Werneck, Rogerio F. 1986. "Poupança Estatal, Divida External e Crise Financeira do Setor Público." *Pesquisa e Planejamento Econômico* 16, no. 3.

_____. 1987. *Empresas Estatais e Politíca Macroeconômica.* Rio de Janeiro: Editora Campus.

_____. 1991. "Public Sector Adjustment to External Shocks and Domestic Pressures in Brazil." Felipe Larrain and Marcelo Selowsky eds. *The Public Sector and the Latin American Crisis.* San Francisco: ICS Press.

Weyland, Kurt. 1995. "Social Movements and the State: The Politics of Health Reform in Brazil." *World Development* 23, no. 10.

Willumsen, Maria J. F. and Eduardo Giannetti da Fonseca eds. 1996. *The Brazilian Economy: Structure and Performance in Recent Decades.* Miami: North-South Center Press.

Wirth, John D. 1970. *The Politics of Brazilian Development, 1930-1954.* Palo Alto, Calif.:Stanford University Press.

World Bank. 1985. *World Development Report 1985.* New York: Oxford University Press.

_____. 1994. *The Organization, Delivery and Financing of Health Care in Brazil: Agenda for the 90s.* Report No. 12655-BR. Brazil, Washington DC.

World Health Organization. 1999. *World Health Report.*

Wright, Gavin. 1986. *Old South, New South: Revolutions in the Southern Economy since the Civil War.* New York: Basic Books.

Zini, Alvaro Antonio, Jr. 1992. "Monetary Reform, State Intervention, and the Collor Plan." A. A. Zini Jr. ed. *The Market and the State in Economic Development in the 1990s.* Amsterdam: North Holland.

베르너 베어Werner Baer는 이 책을 통해 라틴아메리카 최대 경제 대국인 브라질에 대한 철저한 분석과 설명을 제공하는 한편, 식민지 시대부터 지우마 후세피 정부 초기(2011~12년)까지 브라질의 경제발전과 성과의 궤적을 추적한다.

이 책 7판에서는 최신 정보 이외에도 룰라/후세피 정부 시기의 도전과 성과, 그리고 브라질 인적자본의 성격과 교육제도의 역할에 대한 새로운 장들이 추가되었다. 브라질이 세계경제 무대에서 점점 더 중요한 역할을 하고 있다는 점을 감안할 때, 이 책은 교실에서 또한 권위 있는 참고 문헌으로도 가치가 있을 것이다.

베르너 베어는 일리노이주립대학교 어바나-샴페인 캠퍼스 경제학과의 조르지 빠울루 레망Jorge Paulo Lemann 재단의 후원을 받는 교수이다.

베르너 베어 교수를 추모하며

이 책은 식민지 시대부터 2012년까지 브라질 경제의 성장과 발전 과정, 그리고 주요 경제 이슈들에 대한 분석과 평가를 제시하고 있다. 이 책은 1979년 초판에 이어 2판(1983년), 3판(1989년), 4판(1995년), 5판(2001년), 6판(2007년), 7판(2013년)까지 출간되었으며, 여러 나라에서도 다양한 언어로도 번역·출간되었다. 이번 한국어판은 원서 7판을 번역한 것이다.

베르너 베어(1931. 5. 6.~2016. 3. 31.)는 독일 오펜바흐의 유태인 가정에서 태어나, 1945년 가족과 함께 미국으로 이주한 후 평생에 걸쳐 브라질과 라틴아메리카 경제를 연구한 저명한 브라질 경제 전문가이다. 베어는 1958년 하버드대학교에서 개발경제학 박사학위를 받은 후 하버드대학교, 예일대학교, 밴더빌트대학교 등을 거쳐 1974년부터 2016년까지 일리노이대학교에서 교수를 역임했다. 또한 브라질 제뚤리우바르가스대학교, 상파울루대학교 등에서도 강의했으며, 브라질 기획부 산하 응용경제연구소IPEA에서 초빙 연구원으로 근무하기도 했다.

베어는 생전에 150종 이상의 책과 논문을 발표했는데, 그중에서도『브라질 경제』가 대표적인 저술로 꼽힌다. 그는 미국 경제학자들이 선정한 가장 많이 인용되는 경제학자 중 한 명이기도 하며, 브라질 정부가 국가 발전에 기여한 외국인에게 수여하는 히우브랑꾸Rio Branco 훈장을 수상하기도 했다. 베어는 특히 수입대체산업화, 인플레이션, 임금과 비용의 물가연동제, 경제개발에 있어서 중공업의 역할, 국가 주도 경제개발, 그리고 지역 불균형 문제에 대한 연구 성과를 남겼다. 하버드대학교 동창생인 브라질 최대 부호인 조르지 빠울루 레망Jorge Paulo Lemann과의 오랜 인연으로 2009년 일리노이대학교에 레망브라질연구소를 설립하는 데 큰 역할을 하기도 했다. 베어가 가르친 많은 제자들 중 에콰도르의 대통령 하파에우 꼬레아Rafael Correa 등이 있다.

『브라질 경제』는 브라질 관련 전문 서적이 턱없이 부족한 우리나라의 실정에 비추어 꼭 필요한 도서이다. 이 책은 브라질 경제를 시기별로 나눠 설명한 제1부와 브라질의 주요 경제 이슈들을 분석한 제2부에, 서론과 결론을 덧붙이는 방식으로 구성되어 있다.

서론에서는 브라질의 기본적인 정보를, 결론에서는 브라질 경제의 향후 과제와 전망을 소개한다. 제1부 "역사적 고찰"에서는 브라질 경제사에 대한 설명이 주를 이루며 브라질의 산업발전 과정, 외채 문제의 대두, 인플레이션 충격 및 그 해결 과정, 그리고 소득불평등 심화로 인한 갈등에 이르기까지의 상황을 자세히 분석하고 있다. 제2부 "주제별 고찰"에서는 무역 및 외국인투자 등의 대외 부문, 공공부문 역할 변화와 민영화의 충격, 지역별 소득불평등, 환경, 농업, 보건의료, 신자유주의 경제개혁 이후의 시장구조, 그리고 인적자본에 이르기까지 브라질의 주요 경제 이슈에 대해 다루고 있다.

이 책은 브라질 경제의 역사적 발전과정에 대해 구조주의 학파나 신자유주의 학파 어디에도 치우치지 않은 객관적 분석과 평가를 통해 브라질 경제가 지속 가능하고, 보다 균등한 발전을 이루기 위한 정책 방안을 다루고 있다. 저자는 브라질의 낮은 성장률과 투자율의 제고, 도로건설 등 인프라 개선, 인적자본 육성을 위한 교육투자 확대, 소득불평등 개선 등을 브라질 경제의 가장 큰 도전 과제로 제시하고 있다. 이 책이 브라질 경제의 과거와 현재 모습을 시기별 서술과 주제별 접근이라는 두 가지 프레임을 통해 자세히 분석하는 만큼 브라질 경제를 처음 접하는 사람들부터 특정 개별 이슈에 관심을 갖는 전문 연구자에 이르기까지 폭넓은 독자들을 대상으로 브라질 경제를 살펴볼 수 있는 길잡이 역할을 할 것으로 기대한다.

2019년 5월

김영석

주한 브라질문화원이 심는 나무

브라질만큼 이름만 들어도 설레는 나라가 또 있을까 싶다. 카니발, 아름다운 해변, 축구, 아마존 밀림 등등 활기차고 흥겹고 신비로운 경험이 보장된 느낌을 주는 나라가 브라질이기 때문이다. 하지만 브라질의 위상은 그 이상이다. 우리가 잘 몰라서 그렇지 국제무대에서 브라질은 종종 대국이라는 표현이 어울리는 나라로 평가되고 있다. 세계 5위의 면적, 2억 명을 상회하는 인구는 대국으로서의 한 단면에 불과할 뿐이다. 유엔 안전보장이사회의 상임이사국 확대, 개편이 이루어질 경우 라틴아메리카를 대표하는 상임이사국이 당연히 될 나라일 정도로 국제정치의 주역이 바로 브라질이고, 풍부한 천연자원과 노동력 덕분에 경제적으로 늘 주목을 받아 온 나라가 바로 브라질이다. 그뿐만 아니라 세계 열대우림의 3분의 1을 차지하고 있어서 지구의 허파 역할을 하고 있는 아마존 밀림은 기후변화나 생물의 종 다양성 같은 인류의 미래를 둘러싼 시험장이다. 또한 5세기 전부터 다양한 인종, 다양한 문화가 공존하면서 풍요로운 문화를 일구어 낸 나라가 브라질이고, 세계사회포럼을 주도적으로 개최하면서 '또 다른 세상은 가능하다'는 희망의 메시지를 전 세계 확산에 기여한 나라가 브라질이다.

하지만 지구 반대편에 있는 머나먼 나라이다 보니 한국에서는 브라질의 진면목을 제대로 인식하기 힘들었다. 심지어 라틴아메리카 국가이다 보니 일종의 '라틴아메리카 디스카운트'가 작용하기도 했다. 브라질 이민이 시작된 지 반세기가 넘었고, 최근 한국과 브라질 사이의 정치·경제 교류가 상당히 늘었는데도 불구하고 상황은 크게 변한 것이 없다. 그래서 주한 브라질 대사관과 서울대학교 라틴아메리카연구소가 협약을 맺고 두산인프라코어의 후원으로 2012년 3월 16일 주한 브라질문화원을 설립하게 된 것은 대단히 뜻깊은 일이었다. 한국과 브라질의 문화 교류 증진이야말로 세계화 시대에 양국 간 우호를 다지는 길이자 브라질에 대한 한국인의 올바른 인식 제고를 위해 필수 불가결한 일이기 때문이다. 실제로 브라질문화원은 브라질의 다채롭고 역동적인 문화를 소개하기 위해 2012년부터 전시회, 브라질데이 페스티벌, 영화제, 음악회, 포르투갈어 강좌 개설 등 다양한 활동을 해왔다.

하지만 브라질에 대한 올바른 이해를 위해서는 문화 교류 외에도 더 전문적인 노력이 필요하다는 것이 주한 브라질문화원 개원 때부터의 인식이었다. 이에 브라질문화원은 열 권의 빠우-브라질 총서를 기획·준비했고, 이제 드디어 그 결실을 세상에 내놓게 되었다. 한국과 브라질 교류에서 문화원 개원만큼이나 의미 있는 한 획을 긋게 된 것이다. 총서 기획 과정에서 몇 가지 고려가 있었다. 먼저 브라질문화원이 공익단체임을 고려했다. 그래서 상업적인 책보다는 브라질 사회와 문화를 이해하는 데 근간이 될 만한 책, 특히 학술적 가치가 높지만 외부 지원이 없이는 국내에서 출간이 쉽지 않을 책들을 선정했다. 다양성도 중요한 고려 대상이었다. 빠우-브라질 총서가 브라질 사회를 다각도로 조명할 수 있는 토대가 되었으면 하는 바람에서였다. 그래서 브라질에서 유학하고 돌아와 대학에서 강의를 하고 있는 사람들로부터 자신의 전공 분야에서 필독서로 꼽히는 원서들을 추천받았다. 그 결과 브라질 연구에서는 고전으로 꼽히는 호베르뚜 다마따, 세르지우 부아르끼 지 올란다, 세우수 푸르따두, 지우베르뚜 프레이리 등의 대표적인 책들이 빠우-브라질 총서에 포함되게 되었다. 또한 시의성이나 외부에서 브라질을 바라보는 시각 등도 고려해 슈테판 츠바이크, 에두아르두 비베이루스 지 까스뜨루, 래리 로터, 재니스 펄먼, 베르너 베어, 크리스 맥고완/히까르두 뻬샤냐 등의 저서를 포함시켰다. 이로써 정치, 경제, 지리, 인류학, 음악 등 다양한 분야의 고전과 시의성 있는 책들로 이루어진 빠우-브라질 총서가 탄생하게 되었다.

놀랍게도 이 총서는 국내 최초의 브라질 연구 총서다. 예전에 이런 시도가 없었던 것은 국내 브라질 연구의 저변이 넓지 않았다는 점이 크게 작용했다. 하지만 아는 사람은 안다. 국내 출판 시장의 여건상 서구, 중국, 일본 등을 다루는 총서 이외에는 존립하기 어렵다는 것이 가장 큰 이유라는 것을. 그래서 두산인프라코어 대표이사이자 주한 브라질문화원 현 원장인 손동연 원장님에게 심심한 사의를 표한다. 문화 교류와 학술 작업의 병행이 한국과 브라질 관계의 초석이 되리라는 점을, 또 총서는 연구자들이 주도해야 한다는 점을 쾌히 이해해 주시지 않았다면 이처럼 알차게 구성된 빠우-브라질 총서가 탄생하지 못했을 것이기 때문이다. 주한 브라질문화원 개원의 산파 역할을 한 에드문두 S. 후지따 전 주한 브라질 대사님에게도 깊은 감사를 표한다. 문화원 개원을 위해 동분서주한 서울대학교 라틴아메리카연구소 전임 소장 김창민 교수와도 총서의 출간을 같이 기뻐하고 싶다. 또한 문화원 부원장직을 맡아 여러 가지로 애써 주신 박원복, 양은미, 김레다 교수님들께도 이 자리를 빌려 그동안의 노고를 특별히 언급하고 싶다. 쉽지 않은 결정이었을 텐데 총서 제안을 수락한 후마니타스 출판사에도 깊은 감사를 표하는 바다. 마지막으로 기획을 주도한 전 부원장이자 현 단국대학교 포르투갈어과 박원복 교수와 서울대학교 라틴아메리카연구소 우석균 HK교수에게도 특별한 감사를 표한다.

잘 알려져 있다시피 '브라질'이라는 국명의 유래는 한때 브라질 해안을 뒤덮고 있던 '빠우-브라질'Pau-Brasil이라는 나무에서 유래되었다. 총서명을 '빠우-브라질'로 한 이유는 주한 브라질문화원이 국내 브라질 연구의 미래를 위해, 그리고 한국과 브라질의 한 차원 높은 교류를 위해 한 그루의 나무를 심는 마음으로 이 총서를 기획하고 출간했기 때문이다. 이 나무가 튼튼하게 뿌리 내리고, 풍성한 결실을 맺고, 새로운 씨앗을 널리 뿌리기 바란다.

서울대학교 라틴아메리카연구소 소장 김춘진